Sascha Wilkens

Optionsbewertung und Risikomanagement unter gemischten Verteilungen

GABLER EDITION WISSENSCHAFT

Empirische Finanzmarktforschung / Empirical Finance

Herausgegeben von Professor Dr. Jan Pieter Krahnen
und Professor Richard Stehle, Ph.D.

Im betriebswirtschaftlichen Gebiet Finanzierung hat die empirische Forschung in den vergangenen Jahren beträchtlich an Bedeutung gewonnen. In die vorliegende Schriftenreihe sollen Dissertationen und Habilitationen aufgenommen werden, die zur empirischen Finanzmarktforschung (im weitesten Sinne) einen wichtigen Beitrag leisten. Autoren bzw. die sie betreuenden Hochschullehrer werden aufgefordert, sich bei Interesse an einer Aufnahme der Arbeit in die Reihe mit den Herausgebern in Verbindung zu setzen.

Sascha Wilkens

Optionsbewertung und Risikomanagement unter gemischten Verteilungen

Theoretische Analyse und empirische Evaluation am europäischen Terminmarkt

Mit einem Geleitwort von Prof. Dr. Klaus Röder

Deutscher Universitäts-Verlag

Bibliografische Information Der Deutschen Bibliothek
Die Deutsche Bibliothek verzeichnet diese Publikation in der Deutschen Nationalbibliografie; detaillierte bibliografische Daten sind im Internet über <http://dnb.ddb.de> abrufbar.

Dissertation Universität Münster, 2002

D 6 2002

1. Auflage September 2003

Lektorat: Brigitte Siegel / Sabine Schöller

Der Deutsche Universitäts-Verlag ist ein Unternehmen der Fachverlagsgruppe BertelsmannSpringer.
www.duv.de

Umschlaggestaltung: Regine Zimmer, Dipl.-Designerin, Frankfurt/Main

Gedruckt auf säurefreiem und chlorfrei gebleichtem Papier

ISBN-13:978-3-8244-7928-3 e-ISBN-13:978-3-322-81598-9

DOI: 10.1007/978-3-322-81598-9

MEINEN ELTERN

Vorwort der Herausgeber

Das betriebswirtschaftliche Gebiet Finanzierung hat sich in den vergangenen dreißig Jahren im Hinblick auf die Abgrenzung von anderen wirtschaftswissenschaftlichen Teildisziplinen, aber auch im Hinblick auf die Forschungsinhalte und die Forschungsmethoden stark gewandelt. Finanzierung wird heute meist, dem amerikanischen Gebrauch des Begriffes „Finance" folgend, als Oberbegriff für die Gebiete Unternehmensfinanzierung, Investition und Bankbetriebslehre verwendet. Diesen drei Gebieten ist gemein, dass die Funktionsweise der relevanten Geld-, Kapital- und Devisenmärkte von zentraler Bedeutung ist. In der Forschung wird üblicherweise mit mehr oder weniger stark formalisierten Modellen in einem ersten Schritt versucht, Hypothesen über die betrachteten Sachverhalte abzuleiten, in einem zweiten Schritt werden diese Hypothesen dann empirisch überprüft, d. h. mit der Realität konfrontiert.

Gemessen am zeitlichen Aufwand der beteiligten Wissenschaftler und am Umfang der vorgelegten Arbeiten hat im Gebiet Finanzierung die empirische Forschung in den vergangenen Jahren beträchtlich an Bedeutung gewonnen. Dabei haben die EDV-mäßige Verfügbarkeit von Daten und die verbesserten Möglichkeiten ihrer Verarbeitung eine wichtige Rolle gespielt.

In die vorliegende Schriftenreihe sollen Dissertationen und Habilitationen aufgenommen werden, die zur empirischen Finanzmarktforschung (im weitesten Sinne) einen wichtigen Beitrag leisten. Autoren bzw. die sie betreuenden Hochschullehrer werden aufgefordert, sich bei Interesse an der Aufnahme einer Arbeit in die Reihe mit den Herausgebern in Verbindung zu setzen.

Wichtigstes Ziel der Reihe ist die effiziente Verbreitung der Forschungsergebnisse. Um den Lesern die wichtigsten Teile der Arbeit leicht zugänglich zu machen, soll im jeweiligen Geleitwort des Betreuers auf die besonderen Stärken der Arbeit hingewiesen werden. Auch die bei Drucklegung bereits bekannten Schwächen der Arbeit sollen in diesem Geleitwort Erwähnung finden.

Eine Liste der bisher erschienenen Schriften ist am Ende dieser Arbeit und auf den Web-Seiten der Herausgeber zu finden.

Prof. Dr. J. P. Krahnen
Johann Wolfgang Goethe-Universität
Fachbereich Wirtschaftswissenschaften
Professur für Kreditwirtschaft und Finanzierung
Mertonstraße 17-21
60325 Frankfurt am Main
E-Mail: krahnen@wiwi.uni-frankfurt.de
http://www.finance.uni-frankfurt.de

Prof. R. Stehle, Ph. D.
Humboldt-Universität zu Berlin
Wirtschaftswissenschaftliche Fakultät
Inst. für Bank-, Börsen- und Vers. wesen
Spandauer Straße 1
10178 Berlin
E-Mail: stehle@wiwi.hu-berlin.de
http://www.wiwi.hu-berlin.de/finance

Geleitwort

Seit der Entwicklung des Modells von BLACK/SCHOLES hat das Gebiet der Optionsbewertung einen festen Platz in der theoretischen und empirischen Finanzmarktforschung inne. Bei der Frage nach der Wertbestimmung für Optionen lassen sich verschiedene Herangehensweisen unterscheiden: Eine Variante besteht in der modelltheoretischen Abbildung aller derjenigen unsicherheitsbehafteten Faktoren, die einen Einfluss auf den Optionswert haben könnten. Ein anderer Ansatz wird verfolgt, wenn der Preis einer Option als gegebenes Datum akzeptiert wird, aus dem unter größtmöglicher Abstraktion von Annahmen zur stochastischen Entwicklung von Marktgrößen – und damit stets implizit – ein Preisbildungsmechanismus extrahiert wird.

In der vorliegenden Arbeit widmet sich mein Mitarbeiter Sascha Wilkens dem zweitgenannten Ansatz: Die Ausklammerung konkreter Strukturmodellierungen lässt sich dahingehend begründen, dass alle heutzutage diskutierten und im Einsatz befindlichen komplexen Bewertungsmodelle, z. B. mit stochastischer Volatilität, missspezifiziert sind. In aller Regel erhält man bei einer impliziten Modellkalibrierung einzelne Parameterwerte, die nicht mit der zugrunde liegenden realen Datenhistorie in Einklang zu bringen sind. Alternativ greift Herr Wilkens daher methodisch auf das Konstrukt der risikoneutralen Verteilungen als Repräsentanten des Marktpreismechanismus zurück.

Im Vorfeld des theoretischen Teils der Arbeit begegnet Herr Wilkens der sehr großen Zahl an Erweiterungen und Modifikationen des Grundmodells von BLACK/SCHOLES mit einer systematischen Bestandsaufnahme, in welcher er die Gruppe der Strukturmodelle (prozessgetriebene Modelle) einerseits und Ansätze auf Basis risikoneutraler Verteilungen andererseits unterscheidet und diesen detailgetreu und umfassend den Stand der Literatur subsumiert. Zusätzlich geht er der für die praktische Anwendung wichtigen Frage nach der Übertragbarkeit von Bewertungsansätzen auf Optionen amerikanischen Typs und auf solche mit zinssensitiven Basiswerten nach.

Zur konkreten Ermittlung impliziter risikoneutraler Verteilungen werden im Rahmen der Arbeit unterschiedliche parametrische Verfahren verwendet: Der im BLACK/SCHOLES-Modell unterstellten – mit einer Vielzahl empirisch nachgewiesener Phänomene inkonsistenten – Log-Normalverteilung für den Kurs des Basiswertes wird zunächst der auf einer Reihenentwicklung der risikoneutralen Renditeverteilung basierende GRAM/CHARLIER-Ansatz entgegengesetzt. Dieser wird von Herrn Wilkens detailliert hergeleitet, um auf diesem Wege u. a. einen Fehler in der Originalpublikation zu beseitigen. Im Anschluss werden die auf einer Linearkombination von Log-Normalverteilungen aufbauenden Mischungsmodelle analysiert, deren Einsatz durch ihre guten Approximationseigenschaften motiviert wird. Im Gegensatz zu reinen nichtparametrischen Verfahren wird dabei eine Grundstruktur der Verteilung erhalten, die zu geschlossenen Bewertungsformeln führt. Mit Blick auf die praktische Anwendung werden ergänzend u. a. die Sensitivitäten in allen Modellen berechnet und vergleichend diskutiert.

Im Vorfeld der empirischen Untersuchung der Modelleignung beeindruckt zunächst die akribische und systematische Bestandsaufnahme der einschlägigen Studien zum Optionsmarkt an der Eurex/DTB. Mit der Analyse der Praxiseignung der skizzierten Bewertungsansätze an der weltweit umsatzstärksten Terminbörse Eurex geht die Arbeit weit über die bisher im Schrifttum dokumentierten, vergleichbar gelagerten Studien hinaus: So ist die von Herrn Wilkens durchgeführte Untersuchung die erste, die eine parallele Betrachtung von – in den Charakteristika zudem sehr unterschiedlichen – Teilmärkten vornimmt. Auf diesem Wege werden mit DAX-, Aktien- und Euro-Bund-Future-Optionen Produkte aus allen bedeutenden Handelssegmenten der Eurex untersucht. In Anbetracht von insgesamt mehr als 1,7 Mio. verarbeiteten Datensätzen stehen alle Analysen auf äußerst solidem statistischem Boden. Aus methodischer Perspektive verdient speziell das von Herrn Wilkens eingesetzte Simulated Annealing besondere Würdigung, mit Hilfe dessen die komplexen nichtlinearen Optimierungsprobleme, die im Rahmen der Extraktion der z. T. hoch parametrisierten risikoneutralen Verteilungen auftreten, in vertretbarer Rechenzeit gelöst werden.

Die empirische Studie deckt insgesamt fünf Teilaspekte ab, die parallel für alle drei Optionssegmente anhand von je fünf verschiedenen Modellen untersucht werden. Zu diesen gehören das BLACK/SCHOLES-Modell, das auf Basis von am-Geld notierenden Optionen kalibrierte BLACK/SCHOLES-Modell, das GRAM/CHARLIER-Modell sowie die Mischungsmodelle mit zwei bzw. drei Komponenten. Die Arbeit liefert höchst interessante Ergebnisse: In-the-sample nimmt die *Anpassungsgüte* der Modell- an die Marktpreise mit der Modellkomplexität zwar zu, bei Mischungsmodellen mit drei Komponenten tritt jedoch bereits das Problem der numerischen Instabilität der Verteilungen zutage. Der komplexere GRAM/CHARLIER-Ansatz und speziell die Mischungsmodelle sind gut für die *Preisprognose* geeignet. Bei restlaufzeitabhängiger Kalibrierung der Modelle ist eine nahezu vollständige Eliminierung von Verzerrungen aufgrund von Optionsspezifika wie Typ, Basispreis und Restlaufzeit möglich. Der Einsatz eines komplexeren Bewertungsmodells ist am ehesten für Indexoptionen mit ausgeprägten Basispreiseffekten zu empfehlen. Mit Blick auf das *Hedgingverhalten* zeigen die komplexeren Modelle im Vergleich zu BLACK/SCHOLES keine Verbesserungsmöglichkeiten. Den impliziten risikoneutralen Verteilungen attestiert Herr Wilkens darüber hinaus einen signifikanten *Prognosegehalt für den Basiswert*: Zwar sind z. B. alle Ex-ante-Schätzer für die zukünftige Volatilität verzerrt, dennoch aber vom Informationsgehalt historischen Schätzgrößen überlegen. Mit dem praxisüblichen Value-at-Risk liegt ein verteilungsabhängiges *Risikomaß* vor, das auf Basis impliziter risikoneutraler Verteilungen berechnet werden kann, aufgrund der regelmäßigen Überschätzung der realen Volatilität jedoch erwartungsgemäß konservativ ausfällt.

Die verwendete Technik der Extraktion risikoneutraler Verteilungen stößt insofern an ihre Grenzen, als dass der Restlaufzeitabhängigkeit der impliziten Volatilität mit einer für jedes Zeitintervall gesonderten Berechnung von Verteilungen begegnet werden muss. Hinzu kommt in unvollständigen Märkten deren fehlende Eindeutigkeit. Bei Anwendung auf Standard-Optionen belegt die Arbeit jedoch, dass verteilungsbasierte Ansätze trotz ihres statischen Charakters eine ähnlich gute (bzw. schlechte) Erfassung des Marktpreismechanismus ermöglichen wie Strukturmodelle. Erweiterungsmöglichkeiten des von Herrn Wilkens verwendeten Mischungskonzeptes bestehen in vielfältiger Hinsicht, etwa über die Dynamisierung mit Hilfe von Switching-Modellen. Als problematisch gestaltet sich dabei allerdings u. a. der sehr hohe Rechenaufwand sowie, bei Verwendung zeitveränderlicher Übergangswahrscheinlichkeiten, der i. d. R. unvermeidliche Einsatz von Monte-Carlo-Simulation.

Die mit der vorliegenden Studie erzielten theoretischen und empirischen Ergebnisse stimulieren nicht nur die weitere Forschung, sondern werden sicherlich auch in der Praxis auf großes Interesse stoßen. Ich wünsche der sehr gelungenen Arbeit eine gute Aufnahme in der Fachwelt.

Münster/Westfalen, im Mai 2003 Professor Dr. Klaus Röder

Vorwort

Die vorliegende Arbeit, die im Dezember 2002 von der wirtschaftswissenschaftlichen Fakultät der Westfälischen Wilhelms-Universität Münster als Dissertationsschrift angenommen wurde, entstand während meiner Tätigkeit am dortigen Lehrstuhl für Betriebswirtschaftslehre, insbesondere Finanzierung. Der Eurex Frankfurt AG danke ich für die finanzielle Unterstützung bei der Drucklegung. Mein Dank gilt darüber hinaus allen denjenigen, die mir bei der Erstellung der Arbeit hilfreich zur Seite gestanden haben.

Als Betreuer meines Dissertationsprojektes hat Herr Professor Dr. Klaus Röder mir stets den notwendigen persönlichen Freiraum zur Erstellung der Arbeit eingeräumt und mich zudem in meiner begleitenden Publikationstätigkeit, die z. T. auch in andere Forschungsfelder der Finanzwirtschaft führte, unterstützt. Hierfür sowie für die Erstellung des Erstgutachtens und hilfreiche inhaltliche Kommentare bin ich ihm sehr dankbar. Des Weiteren gilt mein Dank Herrn Professor Dr. Bernd Wilfling, der sich ohne Zögern zur Übernahme des Zweitgutachtens bereit erklärt und ebenfalls hilfreiche Anmerkungen zum Manuskript beigetragen hat. Auch möchte ich Herrn Professor Dr. Dietmar Pfeifer (jetzt Universität Oldenburg) danken, der während meines Studiums der Wirtschaftsmathematik an der Universität Hamburg meine seit jeher vorhandene „Affinität“ zu Finanzmärkten in wissenschaftlicher Hinsicht stimulierte und mir insbesondere mit der Anfertigung meiner Diplomarbeit zur numerischen Optionsbewertung die Grundsteinlegung für die vorliegende Schrift ermöglichte.

Viele wertvolle Anmerkungen und Kommentare verdanke ich darüber hinaus meinen (ehemaligen) Kollegen am Lehrstuhl sowie mit diesem eng verbundenen Personen. Bereits in meiner frühen Zeit als wissenschaftlicher Mitarbeiter waren mir die mit Herrn Dr. Lutz Hahnenstein geführten wissenschaftlichen Diskussionen eine große Bereicherung. Auch konnte ich von seiner kritischen Durchsicht des Manuskriptes sehr profitieren. Weiterhin war mir Herr Carsten Erner als Diskussionspartner während der Entstehung der Arbeit sowie als Korrekturleser eine große Hilfe. Ebenfalls möchte ich Herrn Dirk Lamprecht und Herrn Ulrich Sonnemann für die abschließenden Korrekturen des Textes sehr herzlich danken.

Mein außerordentlicher Dank gebührt Herrn Pavel A. Stoimenov, der sich in der „kritischen" Endphase der Erstellung der Arbeit zu jeder Tages- und Nachtzeit mit großer Selbstverständlichkeit bereit fand, kritische Diskussionen mit mir zu führen und das Manuskript formal als auch inhaltlich zu perfektionieren.

Ich möchte abschließend allen – ehemaligen und heutigen – Kollegen am Lehrstuhl für die stets äußerst angenehme Arbeitsatmosphäre und die sehr erfrischenden „außerdienstlichen" Unternehmungen danken.

Die vorliegende Schrift widme ich meiner Mutter, Frau Hanna-Lore Wilkens, sowie meinem leider früh verstorbenen Vater, Herrn Wilfried Wilkens, der mich als Freund und steter Förderer auf einem Großteil meines Lebensweges begleitet hat.

Münster/Westfalen, im Mai 2003 Sascha Wilkens

Inhaltsverzeichnis

Abkürzungsverzeichnis

AEX	Amsterdam Exchange
ALV	Allianz AG
ARCH	Auto Regressive Conditional Heteroskedasticity
ATM	At-the-money
BAS	BASF AG
BAY	Bayer AG
BM	Brownian Motion
BM&F	Bolsa de Mercadorias & Futuros
BS	BLACK/SCHOLES, BLACK/SCHOLES-Modell
BS-ATM	BLACK/SCHOLES-Modell auf Basis am-Geld notierender Optionen
CAPM	Capital Asset Pricing Model
CBK	Commerzbank AG
CBOE	Chicago Board Options Exchange
CBOT	Chicago Board of Trade
CEV	Constant Elasticity of Variance
CME	Chicago Mercantile Exchange
CPRA	Constant Proportional Risk Aversion
CtD	Cheapest-to-Deliver
DAX	Deutscher Aktienindex
DBK	Deutsche Bank AG
DCX	DaimlerChrysler AG
DJ	Dow Jones
DTB	Deutsche Terminbörse
DTE	Deutsche Telekom AG

E-VaR	Economic Value-at-Risk
EBF	Euro-Bund-Future
EEX	European Energy Exchange
EGARCH	Exponential GARCH
EMM	Equivalent Martingale Measure
Eurex	European Exchange
Euribor	European Interbank Offered Rate
GARCH	Generalized Auto Regressive Conditional Heteroskedasticity
GBM	Geometric Brownian Motion
GC	GRAM/CHARLIER, GRAM/CHARLIER-Modell
GE	Geldeinheiten
HE	Hedging Error
HEX	Helsinki Exchange
i. d. R.	in der Regel
i. e. S.	im engeren Sinne
i. i. d.	independent, identically distributed
KKMDB	Karlsruher Kapitalmarktdatenbank
LEPO	Low Exercise Price Option
Libor	London Interbank Offered Rate
LIFFE	London International Financial Futures and Options Exchange
M i	i-te Moneynessklasse
MATIF	Marché A Terme International de France
MAE	Mean Absolute Error
MAHE	Mean Absolute Hedging Error
MAPE	Mean Absolute Percentage Error
ME	Mean Error
Misch k	Mischungsmodell mit k Komponenten
MHE	Mean Hedging Error
MLP	Multilayer Perceptron
MONEP	Marché des Options Négociables de Paris
MPE	Mean Percentage Error
MSE	Mean Square[d] Error
NGARCH	Nonlinear Asymmetric GARCH

OM	OM Stockholm Exchange
OTC	Over-The-Counter
RLZ i	i-te Restlaufzeitklasse
RMSE	Root Mean Square[d] Error
RMSPE	Root Mean Square[d] Percentage Error
RND	Risk-Neutral Distribution
S&P	Standard & Poor's
S-VaR	Statistical Value-at-Risk
SAP	SAP AG
SFE	Sydney Futures Exchange
SIE	Siemens AG
SMI	Swiss Market Index
SOFFEX	Swiss Options and Financial Futures Exchange
SPD	State Price Density
VaR	Value-at-Risk
VOW	Volkswagen AG
WTB	Warenterminbörse
XTF	Exchange Traded Fund

Symbolverzeichnis

α_j	Erwartungswert der j-ten von k Log-Normalverteilungen
$\acute{\alpha}_j$	Erwartungswert der j-ten von k Normalverteilungen
β_j	Standardabweichung der j-ten von k Log-Normalverteilungen
$\acute{\beta}_j$	Standardabweichung der j-ten von k Normalverteilungen
B_t	Geldanlage bzw. Kreditaufnahme im Zeitpunkt t
c_t	Theoretischer Wert einer europäischen Kaufoption zur Zeit t
c_t^{BS}	Theoretischer Wert einer europäischen Kaufoption zur Zeit t im BLACK/SCHOLES-Modell
c_t^{GC}	Theoretischer Wert einer europäischen Kaufoption zur Zeit t im GRAM/CHARLIER-Modell
c_t^{Markt}	Marktpreis einer europäischen Kaufoption zur Zeit t
$c_t^{\mathrm{Misch}k}$	Theoretischer Wert einer europäischen Kaufoption zur Zeit t im Mischungsmodell mit k Komponenten
C_t	Theoretischer Wert einer amerikanischen Kaufoption zur Zeit t
C_t^{FS}	Theoretischer Wert einer amerikanischen Kaufoption zur Zeit t bei Abrechnung im Futures-style-Verfahren
δ_t, δ_t^c, δ_t^p	Hedge-Parameter
D	Barwert der in die Restlaufzeit einer Option fallenden Dividendenzahlungen
D_i	i-te Dividendenzahlung auf eine Aktie
$\mathfrak{e}$	Koeffizient für die Exzess-Kurtosis

E	Erwartungswert
E*	Erwartungswert unter Risikoneutralität
$f_{t,T}$	Dichtefunktion der realen Kursverteilung für das Zeitintervall $[t,T]$
$f_{t,T}^{\mathrm{BS}}$	Dichtefunktion der realen Kursverteilung für das Zeitintervall $[t,T]$ im BLACK/SCHOLES-Modell
$f_{t,T}^{\mathrm{GC}}$	Dichtefunktion der realen Kursverteilung für das Zeitintervall $[t,T]$ im GRAM/CHARLIER-Modell
$f_{t,T}^{\mathrm{Misch}k}$	Dichtefunktion der realen Kursverteilung für das Zeitintervall $[t,T]$ im Mischungsmodell mit k Komponenten
$f_{t,T}^{*}$	Dichtefunktion der risikoneutralen Kursverteilung für das Zeitintervall $[t,T]$
$f_{t,T}^{*,\mathrm{BS}}$	Dichtefunktion der risikoneutralen Kursverteilung für das Zeitintervall $[t,T]$ im BLACK/SCHOLES-Modell
$f_{t,T}^{*,\mathrm{GC}}$	Dichtefunktion der risikoneutralen Kursverteilung für das Zeitintervall $[t,T]$ im GRAM/CHARLIER-Modell
$f_{t,T}^{*,\mathrm{Misch}k}$	Dichtefunktion der risikoneutralen Kursverteilung für das Zeitintervall $[t,T]$ im Mischungsmodell mit k Komponenten
$F_{t,T}^{*}$	Verteilungsfunktion der risikoneutralen Kursverteilung für das Zeitintervall $[t,T]$
F_t	Kurs eines Futures zur Zeit t
γ_1	Schiefe einer Verteilung
γ_2	Kurtosis einer Verteilung
Γ_t	Informationsmenge auf einem Kapitalmarkt zur Zeit t
$g_{t,T}$	Dichtefunktion der realen Renditeverteilung für das Zeitintervall $[t,T]$
$g_{t,T}^{\mathrm{BS}}$	Dichtefunktion der realen Renditeverteilung für das Zeitintervall $[t,T]$ im BLACK/SCHOLES-Modell
$g_{t,T}^{\mathrm{GC}}$	Dichtefunktion der realen Renditeverteilung für das Zeitintervall $[t,T]$ im GRAM/CHARLIER-Modell
$g_{t,T}^{\mathrm{Misch}k}$	Dichtefunktion der realen Renditeverteilung für das Zeitintervall $[t,T]$ im Mischungsmodell mit k Komponenten
$g_{t,T}^{*}$	Dichtefunktion der risikoneutralen Renditeverteilung für das

	Zeitintervall $[t, T]$
$g_{t,T}^{*,\mathrm{BS}}$	Dichtefunktion der risikoneutralen Renditeverteilung für das Zeitintervall $[t, T]$ im BLACK/SCHOLES-Modell
$g_{t,T}^{*,\mathrm{GC}}$	Dichtefunktion der risikoneutralen Renditeverteilung für das Zeitintervall $[t, T]$ im GRAM/CHARLIER-Modell
$g_{t,T}^{*,\mathrm{Misch}k}$	Dichtefunktion der risikoneutralen Renditeverteilung für das Zeitintervall $[t, T]$ im Mischungsmodell mit k Komponenten
$G_{t,T}^{*}$	Verteilungsfunktion der risikoneutralen Renditeverteilung für das Zeitintervall $[t, T]$
$\mathrm{HE}_t^c, \mathrm{HE}_t^p$	Hedgingfehler
$H_n(x)$	n-tes Hermite-Polynom
k	Anzahl der gemischten Verteilungen
K	Ausübungspreis (Basispreis) einer Option
λ, λ_i	Gewichtungsfaktor/-en im Rahmen einer Mischung von Verteilungen
ln	Natürlicher Logarithmus
$\mathcal{LN}(a; b^2)$	Log-Normalverteilung mit Parametern a und b^2
μ_k	k-tes zentrales Moment einer Verteilung
μ_k'	k-tes Moment einer Verteilung
M	Moneyness einer Option
$n^{[m]}$	Kurznotation für $n(n-1)(n-2)\ldots(n-(m-1))$
$\mathbb{N}$	Menge der natürlichen Zahlen
$\mathcal{N}(a; b^2)$	Normalverteilung mit Erwartungswert a und Varianz b^2
$\varphi(x)$	Dichtefunktion der Standard-Normalverteilung
ϖ_j	Gewichtungsfaktor im Rahmen einer GRAM/CHARLIER-Reihenentwicklung
$\Phi(x)$	Verteilungsfunktion der Standard-Normalverteilung
Π_t	Wert eines Portefeuilles zur Zeit t
p_t	Theoretischer Wert einer europäischen Verkaufsoption zur Zeit t

p_t^{BS}	Theoretischer Wert einer europäischen Verkaufsoption zur Zeit t im BLACK/SCHOLES-Modell
p_t^{GC}	Theoretischer Wert einer europäischen Verkaufsoption zur Zeit t im GRAM/CHARLIER-Modell
p_t^{Markt}	Marktpreis einer europäischen Verkaufsoption zur Zeit t
$p_t^{\text{Misch}k}$	Theoretischer Wert einer europäischen Verkaufsoption zur Zeit t im Mischungsmodell mit k Komponenten
P_t	Theoretischer Wert einer amerikanischen Verkaufsoption zur Zeit t
P_t^{FS}	Theoretischer Wert einer amerikanischen Verkaufsoption zur Zeit t bei Abrechnung im Futures-style-Verfahren
$\mathfrak{P}_t$	Preisvektor auf einem Markt zur Zeit t
$\mathbb{P}$	Wahrscheinlichkeitsmaß
ρ	Korrelation
ϱ	Driftparameter eines Kursprozesses
ϱ_c	Driftparameter eines Wertprozesses für eine Option
r	Zinssatz für kurzfristige risikolose Anlagen
R^2	Bestimmtheitsmaß
R^2_{korr}	Korrigiertes Bestimmtheitsmaß
$\mathbb{R}$	Menge der reellen Zahlen
$\mathbb{R}_0^+$	Menge der nichtnegativen reellen Zahlen
σ	Volatilität
$\hat{\sigma}$	Geschätzte oder prognostizierte Volatilität
σ_{imp}	Implizite Volatilität
σ_c	Volatilität eines Wertprozesses für eine Option
$\mathfrak{s}$	Schiefekoeffizient
S_t	Kurs eines Wertpapiers oder Indexes zur Zeit t
τ	Restlaufzeit einer Option
ϑ	Modellspezifischer Parametervektor
Θ_3	Korrekturterm für nicht-normale Schiefe einer Renditeverteilung (Call)
Θ_4	Korrekturterm für nicht-normale Kurtosis einer Renditeverteilung (Call)

t	Zeitpunkt
t_i^D	Zeitpunkt der i-ten Dividendenzahlung auf eine Aktie
T	Verfallzeitpunkt einer Option
$\mathcal{T}$	Menge möglicher Zeitindizes
U^{C}	Unsystematischer Fehleranteil (THEILsche Zerlegung)
U^{M}	Systematischer Fehleranteil (THEILsche Zerlegung)
U^{S}	Systematischer Fehleranteil (THEILsche Zerlegung)
v_t	Theoretischer Wert einer europäischen Option zur Zeit t
$\hat{V}$	Prognostizierter Wert/Preis einer Option
V^{Markt}	Marktpreis einer Option
Var	Varianz
$\mathrm{VaR}_{t,T}^{1-\kappa}$	Value-at-Risk zum Konfidenzniveau $1-\kappa$
$(X_t)_{t\in\mathcal{T}}$	Stochastischer Prozess

Abbildungsverzeichnis

Tabellenverzeichnis

Was wir wissen, ist ein Tropfen, was wir nicht wissen, ein Ozean.

Sir Isaac Newton, 1642-1727, englischer Mathematiker, Physiker und Astronom

Kapitel 1

Einführung

Die Bewertung von Kauf- und Verkaufsoptionen ist seit nahezu 30 Jahren – seit den als Meilensteine geltenden Arbeiten von BLACK/SCHOLES (1973) und MERTON (1973a) – fester Bestandteil der theoretischen und empirischen Kapitalmarktforschung. Die Vorläufer reichen mit BACHELIER (1900) bis zum Anfang des vergangenen Jahrhunderts zurück.

Vor dem Hintergrund uneinheitlicher Definitionen in der Literatur soll als Ausgangspunkt einer näheren Diskussion zunächst die präzise begriffliche Abgrenzung zwischen Optionen im Kapitalmarktkontext und Rechten in einem übergeordneten Zusammenhang dienen: Der börsliche und außerbörsliche *Terminhandel* umfasst alle diejenigen Geschäfte, deren Erfüllung auf einen zukünftigen Zeitpunkt oder -raum gerichtet ist. *Optionen* sind in diesem Zusammenhang Instrumente des Terminhandels, deren Wert bei unterstellter Unsicherheit bezüglich der Ausprägung zukünftiger Umweltzustände von der stochastischen Entwicklung der dem Termingeschäft zugrunde liegenden Größen (z. B. dem Kurs einer Aktie) beeinflusst wird.[1] Nach dieser Abgrenzung sollen Optionen als eine Form *derivativer Instrumente* oder kurz *Derivate* verstanden werden.[2] In einer engeren Definition spricht etwa MERTON nur dann von Derivaten, wenn deren Auszahlungsstrukturen von den Preisen eines oder mehrerer *gehandelter* Güter abhängen.[3] Da diese Definition in Anbetracht einer Vielzahl

[1] Vgl. HULL (2003), S. 1, RUDOLPH (1995), S. 5 f.

[2] Es handelt sich bei Optionen speziell um Derivate mit *bedingter* Zahlungsstruktur. Zu anderen Formen vgl. den Überblick in Kapitel 2, Abschnitt 2.1.

[3] Vgl. MERTON (1990), S. 10 und S. 429, ebenso die Definition von GARMAN (1976), S. 22.

von Instrumenten mit nicht handelbarem Basiswert (etwa bei Zinsoptionen) sehr eingeschränkt ist, soll der Begriff des Derivats im Weiteren in der umfassenderen Abgrenzung verwendet werden. Dem Vorschlag von ELLER und dessen Terminus der *Finanzinnovation* folgend seien darüber hinaus auch Finanzprodukte mit derivativem Charakter, die nicht an speziellen Terminbörsen gehandelt werden, z. B. strukturierte Finanzprodukte,[4] zu Derivaten – im weiteren Sinne – gezählt.[5] Neben den somit erfassten Formen von Kauf- und Verkaufsrechten auf Finanzinstrumente und sonstige Basisgüter besitzen jedoch auch andere, nicht notwendigerweise börsengehandelte Zahlungsansprüche den Charakter von Optionen. So kann etwa das Eigenkapital einer haftungsbeschränkten Kapitalgesellschaft als Kaufoption auf das gesamte Unternehmensvermögen gedeutet werden. Wird eine Zahlungsverpflichtung an die Gläubiger fällig, die den Wert des Unternehmensvermögens überschreitet, so verfällt der Anspruch der Eigentümer wertlos.[6] In diesem umfassenderen Sinne können letztlich alle *bedingten Ansprüche* (engl.: *contingent claims*) auf zukünftige Zahlungen als Optionen bzw. Portefeuilles aus Optionen aufgefasst – und auch als solche bewertet – werden.

Eine der wichtigsten Ursachen für das in Theorie und Praxis nach wie vor ungebrochene Interesse an derivativen Instrumenten ist – neben der im Grunde unbegrenzten Zahl möglicher Optionspreismodelle[7] – in dem seit Jahrzehnten beständigen weltweiten Wachstum der Umsätze für derivative Kontrakte an Terminbörsen sowie im außerbörslichen Handel zu sehen. RUBINSTEIN beziffert den weltweiten „Open Interest“, verstanden als Wert aller offenen Kontrakte, zu deren Abschluss einseitig Interesse bekundet wurde, die aber noch nicht gehandelt worden sind, weltweit auf mehr als 50 Billionen US-Dollar. Ein jährliches Handelsvolumen von mehr als einer Billiarde US-Dollar macht derivative Instrumente zur weltweit größten „Industrie“.[8] Trotz aktuell turbulenter Börsenzeiten ist der Wachstumstrend ungebrochen, da speziell in

---

[4] Siehe hierzu Kapitel 2, Abschnitt 2.1.4.

[5] Vgl. ELLER (1999), S. 4 ff.

[6] Sieht man eine Aktie selbst als eine Option auf das Firmenvermögen einer Aktiengesellschaft an, so beschreibt eine Aktienoption eine Option auf eine Option – eine *Compound Option*; vgl. hierzu GESKE (1979a).

[7] Vgl. BAKSHI/CAO/CHEN (1997), S. 2003.

[8] Vgl. RUBINSTEIN (2001), S. 76. Hierbei wird unter dem Handelsvolumen der Wert aller Basisinstrumente verstanden, die bei Fälligkeit und/oder Ausübung der Terminkontrakte unter den Parteien ausgetauscht werden.

Zeiten angespannter Marktlagen und hoch volatiler Kursentwicklungen derivative Instrumente aus dem institutionellen Risikomanagement nicht mehr wegzudenken sind.[9] Des Weiteren zeichnen sich immer neue Anwendungsfelder für derivative Kontraktformen ab: So etablieren sich auf liberalisierten Märkten z. B. neue Typen von Derivaten – mittlerweile wird etwa der Handel in Stromderivaten an der *European Energy Exchange (EEX)* angeboten, bei derivativen Wetterkontrakten steht die Einführung des börslichen Handels an der *European Exchange (Eurex)*, der europäischen Derivatebörse, bevor.[10] Die Verfügbarkeit großer Mengen an historischen Daten und die Möglichkeit einer effizienten Verarbeitung begünstigen speziell die empirische Forschungsarbeit. Aufseiten der Theorie haben sich vor dem Hintergrund der skizzierten weiter gefassten Begriffsabgrenzung z. B. mit der Abbildung unternehmerischer Handlungsspielräume und der damit verbundenen Bewertung von Investitionsobjekten über Realoptionen neue Anwendungsgebiete erschlossen. Außerhalb der Finanzwirtschaft bedienen sich auch andere Teildisziplinen der Betriebs- und Volkswirtschaftslehre vermehrt der speziell durch die Optionsbewertungstheorie in den Vordergrund gerückten Techniken – wie z. B. der maßgeblich durch ARROW (1964) und DEBREU (1959) geprägten Theorie zustandsabhängiger Preise (engl.: *state preference theory*).

Den Ausgangspunkt des Umgangs mit derivativen Vereinbarungen stellt eine rationale Bewertung der mit dem Abschluss solcher Geschäfte verbundenen Rechte und Pflichten dar.[11] Trotz einer Vielzahl von Vorgängerbeiträgen sind die Arbeiten von BLACK/SCHOLES (1973) und MERTON (1973a) die bis heute gültige Basis nahezu aller Entwicklungen auf diesem Gebiet. Im Jahre 1997 wurde SCHOLES und MERTON aufgrund ihrer Verdienste der „Nobelpreis" für Wirtschaftswissenschaften verlie-

---

[9] Aufgrund des hohen Risikogrades dieser Geschäfte mussten bei Crashszenarien einige Marktteilnehmer jedoch auch finanzielle Fiaskos erleben (z. B. *Procter & Gamble*, *Orange County* und *Metallgesellschaft*) – die zeitweise Verdammung als „Product[s] of the devil" war die Folge. Vgl. FABOZZI/MODIGLIANI (1996), S. 15, MILLER (1997), S. 15 ff. oder JORION (2001), S. 36 ff.

[10] Zu Details vgl. auch *http://www.eex.com* und *http://www.xelsius.com.*

[11] Die im Schrifttum z. T. synonym verwendeten Begriffe *Wert* und *Preis* sollen im Weiteren dahingehend abgegrenzt werden, dass unter dem Wert eine aus der Theorie rational bestimmte Größe verstanden werden soll, die einem Gut oder Recht beigemessen wird, während der Preis den auf Basis realer Handelsbedingungen zustande gekommenen Betrag, zu dem ein Geschäftsabschluss getätigt wurde oder werden kann, bezeichnen möge. Vgl. zu einer solchen Differenzierung der Begriffe auch TERSTEGE (1995), S. 27 ff. und TRAUTMANN (1986a), S. 7-3. Ergänzend sei angemerkt, dass die Bezeichnungen *Preis* und *Kurs*, Letzterer verstanden als Preisangabe bei Vorliegen eines organisierten Handels, als Synonyme verwendet werden.

hen.[12] Die grundlegende Idee, die heterogenen und nicht beobachtbaren Präferenzen der Marktteilnehmer aus der Bewertung von Kauf- und Verkaufsrechten ausklammern zu können, hat die Optionsbewertungstheorie in der Folge zu einem der Kernzweige der finanzwirtschaftlichen Forschung werden lassen und ist aus deren Kanon heute nicht mehr wegzudenken. Restriktive Prämissen führen jedoch dazu, dass die Anwendbarkeit der Grundform des BLACK/SCHOLES-Modells[13] heutzutage, speziell vor dem Hintergrund einer intensiven empirischen Forschung, in Frage gestellt wird. JACKWERTH konstatiert für den US-Markt, dass z. B. Indexoptionen heute nicht mehr mit dem BLACK/SCHOLES-Modell zu bewerten sind.[14] Neben Marktfriktionen kann speziell die restriktive Modellierung des Kurses bzw. der Rendite für den Optionsbasiswert als mögliche Ursache angesehen werden.

Die vorliegende Schrift setzt an diesem Punkt an: Üblicherweise werden in der Literatur konkrete stochastische Prozesse zur Abbildung der zeitlichen Entwicklung von Kurs/Rendite des Basiswertes einer Option sowie ggf. weiterer wertbestimmender Faktoren verwendet. Vor dem Hintergrund des von COX/ROSS (1976a) eingeführten Konzepts der Risikoneutralität induzieren diese Strukturannahmen in Arbitrage- oder Gleichgewichtsmodellen – unter gewissen Voraussetzungen – zu jedem zukünftigen Zeitpunkt risikoadjustierte Verteilungen, die den Ausgangspunkt der Optionsbewertung darstellen.[15] Anstatt, wie sonst häufig, eine konkrete und damit i. d. R. sehr eingeschränkte Modellstruktur zu entwerfen, soll in der vorliegenden Arbeit eine Konzentration auf die Analyse geeigneter Verteilungsformen stattfinden, mit Hilfe derer es möglich ist, die sich aus einer prozessbasierten Modellierung ergebenden risikoneutralen Verteilungen geeignet zu approximieren. Ziel soll es dabei sein, die Hauptdefizite des BLACK/SCHOLES-Ansatzes soweit wie möglich zu mildern. Erklärte Nebenbedingung ist die praktische Handhabbarkeit der resultierenden Modelle. Der Schwerpunkt

---

[12] Vgl. WENGER/KASERER (1998). Genau genommen gehört diese Auszeichnung nicht zu den Nobelpreisen, sondern ist ein von der Bank of Sweden seit 1969 gestifteter Preis für Wirtschaftswissenschaften in Erinnerung an Alfred Nobel. BLACK wurde diese Ehrung aufgrund seines Todes im Jahre 1995 nicht mehr zuteil. Zur zunächst von der Fachwelt nahezu unbeachteten Theorie vgl. jedoch schon BLACK (1989b), S. 4: „Like many great inventions, it started with tinkering and ended with delayed recognition."

[13] Im Weiteren wird stets auf diese Bezeichnung rekurriert, auch wenn sich in der Literatur aufgrund des Verdienstes MERTONS z. T. der Name BLACK-SCHOLES-MERTON-Modell findet.

[14] Vgl. JACKWERTH (1999), S. 66.

[15] Vgl. zum Konzept der Risikoneutralität die Ausführungen in Kapitel 3.6, Abschnitt 3.6.4.1.

liegt auf der Untersuchung der speziellen Klasse *gemischter Kurs- bzw. Renditeverteilungen.* Als eine „natürliche" Erweiterung der mit dem BLACK/SCHOLES-Modell verbundenen Log-Normalverteilungshypothese für den Kurs des Basiswertes wird durch eine endliche Mischung von Log-Normalverteilungen eine hoch flexible Verteilungsform beschrieben. Die hierauf aufbauenden Bewertungsformeln für Optionen liegen in geschlossener Form vor und sind demnach unmittelbar anwendbar; Gleiches gilt etwa für Sensitivitätskennzahlen.

Ein solches Mischungsmodell wurde bereits in der Literatur vorgeschlagen – eine eingehende Analyse, speziell vor dem Hintergrund der praktischen Implikationen, fehlt bislang. So ist zum einen die Einbeziehung in das Konzept der risikoneutralen Bewertung zu beleuchten, zum anderen stellt sich etwa die Frage nach Möglichkeiten zur Erklärung empirischer Anomalien des BLACK/SCHOLES-Modells, vor allem im Zusammenhang mit Volatilitätsphänomenen. Neben Ausarbeitungen zu diesen Aspekten wird im theoretischen Teil der Arbeit zudem eine spezielle Klasse alternativer Modelle betrachtet, die auf Reihenentwicklungen der risikoneutralen Kurs- oder Renditeverteilung des Optionsbasiswertes fußen. Eines dieser Modelle, nach CORRADO/SU (1996a), soll in der empirischen Analyse neben dem BLACK/SCHOLES-Modell als Vergleichsmaßstab für den Mischverteilungsansatz dienen und wird daher näher untersucht. Vor dem Hintergrund eines nicht unwesentlichen Fehlers in der Originalpublikation wird als „Beiprodukt" eine korrigierte Herleitung geliefert und eine Reihe auf dem originären Ansatz fußender empirischer Arbeiten in Frage gestellt. Ergänzend ist für das Modell von CORRADO/SU (1996a) eine enge Beschränkung der Wertebereiche für die Parameter von Nöten, die ebenfalls in der Empirie bislang kaum Beachtung gefunden hat und daher besonders herausgestellt werden soll. Analog zum Mischungsmodell durchgeführte Sensitivitätsanalysen und die Beantwortung der Frage nach der Abbildbarkeit von Volatilitätsphänomenen sind in der vorgestellten Form noch nicht in der Literatur zu finden.

Zur empirischen Evaluation der im theoretischen Teil diskutierten Modelle dienen die protokollierten Transaktionsdaten der Eurex – als weltweit umsatzstärkster Terminbörse – aus dem zweijährigen Zeitraum von 1999/2000. Die Datenbasis umfasst alle Umsätze in Optionsprodukten aus den drei wichtigsten Handelssegmenten der Eurex (Index-, Aktien- und Kapitalmarkt-Produkte) und geht damit allein in Bezug auf die Zahl der zugrunde gelegten Datensätze weit über bisherige Untersuchungen des europäischen Derivatemarktes hinaus. Konkret stehen, nach adäquater Bereinigung, mehr als 1,2 Millionen Umsätze in Optionen auf den *Deutschen Aktienindex (DAX)* sowie jeweils mehrere hunderttausend protokollierte Transaktionen in Optionen auf ausgewählte DAX-Aktien und den Euro-Bund-Future für die Analyse zur Verfügung. Darüber hinaus werden mit Optionen auf Aktienindizes, Aktien und Zinsfutures, die sich selbst bereits in Optionstyp und Handelsusancen unterscheiden, Instrumente auf Basiswerte mit sehr unterschiedlichen Charakteristika untersucht. Hervorzuheben ist die Tatsache, dass die Untersuchungen auf Basis aller Transaktionsdaten und nicht, wie in der Literatur häufig zu finden, lediglich auf Basis täglicher Schlussabrechnungskurse durchgeführt werden. Während DAX-Optionen an der Eurex und der *Deutschen Terminbörse* (*DTB*) als deren Vorgänger bereits Gegenstand einer Reihe von Beiträgen sind, existieren nur vereinzelte Untersuchungen zu den beiden anderen Segmenten. Parallel für verschiedene Typen von Basiswerten durchgeführte Studien – mit der Möglichkeit eines direkten Vergleichs – liegen bislang nicht vor.

Im Rahmen der empirischen Analyse und der zu diesem Zweck entwickelten großen Zahl eigener Computerprogramme werden darüber hinaus wichtige Aspekte zur praktischen Anwendung der diskutierten Modelle beleuchtet: Hierzu zählt etwa die Frage nach einzusetzenden Optimierungsverfahren, die speziell im Falle gemischter Verteilungen und in Anbetracht der sehr großen Zahl von Datensätzen *globaler* Natur sein müssen. Mit Hilfe des *Simulated Annealing* als stochastischem Suchverfahren wird diskutiert, wie eine solche Methode für Zwecke der Optionsbewertung als Alternative zu lediglich lokal konvergenten Standardverfahren der Optimierung verwendet werden kann.

Die Arbeit gliedert sich den skizzierten Zielsetzungen folgend in einen theoretischen und einen empirischen Teil. Nach dieser Einführung wird in *Kapitel 2* ein Überblick zu den Grundlagen des Terminhandels gegeben. Neben einer Klassifizierung von Termingeschäften und einer Klärung wichtiger Begriffe und Instrumente findet sich dort u. a. eine Darstellung der Entwicklung der weltweiten Terminmärkte, und hier speziell der Eurex, deren Produkte Gegenstand der empirischen Analyse der Arbeit sind. Ergänzend wird ein kurzer Abriss zu wichtigen Einsatzbereichen für Termingeschäfte geliefert.

Kapitel 3 beschäftigt sich mit den Grundlagen der Bewertung von Optionen. Nach einer Einführung in die im Weiteren verwendete Symbolik und Terminologie sowie die momentenbasierte Charakterisierung von Verteilungen folgt zunächst ein Überblick zur Theorie informationseffizienter Kapitalmärkte und die Festlegung der grundlegenden Prämissen von Optionsbewertungsmodellen. Anschließend werden verteilungsfreie Eigenschaften von Optionen hergeleitet, die speziell im Rahmen der Empirie – zur Voranalyse und -bereinigung von Datenbasen – eine wichtige Rolle spielen. Zu diesen arbitragebasierten Wertbeziehungen zählen vor allem solche zwischen Optionen und ihren Basiswerten sowie Relationen zwischen Optionen, die sich nur in einzelnen Ausstattungsmerkmalen (z. B. Basispreis, Laufzeit) unterscheiden. Zu diskutieren sind des Weiteren Eigenschaften von Optionen mit dem Recht zur vorzeitigen Ausübung, insbesondere im Falle von Dividendenzahlungen bei Aktien als Basiswerten. Wiederum mit Blick auf die spätere empirische Untersuchung wird die verteilungsfreie Analyse durch einen Exkurs zu Optionen ergänzt, deren Abrechnung analog zu Futures durch eine tägliche Gewinn-/Verlustverrechnung erfolgt und die im Hinblick auf vorzeitige Ausübung und Bewertung einige Besonderheiten aufweisen. Um von Wertgrenzen zu konkreten Werten für Optionen zu gelangen, ist eine nähere Modellspezifikation erforderlich, etwa über die Vorgabe eines modelltheoretischen Kursprozesses – dieses ist der eigentliche Kern der Optionsbewertungstheorie. Hierzu wird im weiteren Verlauf des dritten Kapitels ein kurzer Überblick zur „historischen" Entwicklung von Optionsbewertungsmodellen gegeben, bevor im Anschluss die wesentlichen Elemente des BLACK/SCHOLES-Modells diskutiert werden. Insbesondere die Grundidee der risikoneutralen Bewertung nach COX/ROSS (1976a) erfährt eine nähere Würdigung. Eine Sonderstellung nimmt die Bewertung von Optionen auf zinssensitive Basiswerte ein: Deren Besonderheiten und der vereinfachte Umgang bei der Bewertung von Optionen auf Zinsfutures sind Gegenstand eines abermals auf die empirische Analyse abstellenden notwendigen Exkurses. Aufbauend auf dem zentralen Beitrag von BLACK/SCHOLES (1973) und den empirisch festgestellten Modellanomalien hat sich eine nahezu unüberschaubare Vielfalt von Forschungslinien in der Optionsbewertungstheorie gebildet, deren wichtigste in Grundzügen zum Ende des Kapitels aufgezeigt werden. Unterschieden wird dort im Wesentlichen in Strukturmodelle mit konkreten Prozess- oder Verteilungsannahmen auf der einen und in Ansätze auf Basis der impliziten risikoneutralen Kurs-/Renditeverteilung auf der anderen Seite, wobei sich die zweite Gruppe weiter in parametrische und nichtparametrische Verfahren unterteilen lässt.

Im Fokus von *Kapitel 4* steht die parametrische Erfassung der risikoneutralen Verteilungen im Rahmen der Optionsbewertung. Das Augenmerk liegt dabei zunächst auf den viel versprechenden Vorschlägen, lediglich geringe Erweiterungen am Grundmodell von BLACK/SCHOLES vorzunehmen, um realiter beobachtbaren Phänomenen bei dessen Anwendung Rechnung zu tragen. Diese Vorgehensweise wird u. a. am Beispiel des vorgenannten CORRADO/SU (1996a)-Modells näher erörtert. Im Anschluss wird der zentrale Untersuchungsgegenstand in Form endlicher Mischungen von Verteilungen im Hinblick auf Konstruktion, Anwendung und Implikationen gewürdigt. Das Kapitel liefert ergänzend eine vergleichende Darstellung der modellspezifischen Sensitivitäten bei partieller Änderung einzelner Parameter und beleuchtet die jeweiligen Verteilungshypothesen im Hinblick auf die Vereinbarkeit mit empirisch festgestellten Volatilitätsphänomenen. Geschlossen wird mit einer kurzen Zusammenfassung der zentralen Ergebnisse der theoretischen Analyse; neben einer Würdigung der Vor- und Nachteile einer rein verteilungsbasierten Herangehensweise findet sich dort auch eine Diskussion potenzieller Erweiterungsmöglichkeiten.

In *Kapitel 5* werden die diskutierten Bewertungsansätze einer empirischen Überprüfung unterzogen. Nach einem ausführlichen Literaturüberlick zu bisherigen Untersuchungen im europäischen Derivatemarkt folgt ein Überblick zur hier durchgeführten Studie und deren Zielen sowie zu verwendeten Datenbasen und Modellparametern. Der Datensynchronisation, Fehlerbereinigung und Klassenbildung schließt sich eine Voranalyse an, die zunächst die Notwendigkeit einer alternativ zum BLACK/SCHOLES-Modell vorzunehmenden Bewertung begründet, indem dessen systematische Fehlspezifikation in allen betrachteten Produktgruppen – anhand impliziter Volatilitäten – aufgezeigt wird. Die eigentliche Analyse ist in insgesamt fünf Module gegliedert: Ausgehend von einer impliziten Betrachtungsweise hat das erste Modul die Anpassung der Modellstrukturen an die beobachteten Transaktionspreise von Optionen zum Gegenstand (In-the-sample-Analyse). Als Zeitintervall werden hier Handelstage bzw. bei den Aktienoptionen – aufgrund eines wenig liquiden Handels – jeweils fünf Handelstage mit ihren jeweiligen Transaktionen verwendet. Speziell bei den Mischungsmodellen tritt die Schwierigkeit der numerischen Handhabung des damit verbundenen hochdimensionalen nichtlinearen Optimierungsproblems auf; einer näheren Diskussion bedürfen daher die verwendeten Lösungstechniken. Mit Hilfe der kalibrierten Modelle wird deren Prognosegüte im zweiten Modul untersucht (Out-of-the-sample-Analyse). Ergänzend zu dieser statischen Analyse stehen im dritten Modul die dynamischen Modellfähigkeiten am Beispiel der Möglichkeit zur Bildung risikoloser Hedgeportefeuilles im Mittelpunkt: Während die Out-of-the-sample-Analyse auf die Wertbestimmung als solche abstellt, werden hierbei speziell die partiellen Ableitungen der Bewertungsformeln herangezogen, um zu prüfen, ob neben dem Preis auch die Wirkung einer Veränderung einzelner Modellparameter korrekt abgebildet wird. Sofern möglich beinhalten alle Analysen detaillierte Unterscheidungen nach potenziellen Einflussgrößen auf die Ergebnisse, etwa Basispreis, Restlaufzeit oder Typ der Optionen. Die Module vier und fünf widmen sich schließlich der Frage nach einer möglichen Verbindung zwischen „realer" und für Zwecke der Optionsbewertung unterstellter „risikoneutraler" Welt. Dieses geschieht anhand der Analyse der modellspezifischen risikoneutralen impliziten Verteilungen im Hinblick auf die Voraussagefähigkeit für die reale Kursentwicklung der Basiswerte. Konkret werden die modellgestützt antizipierten Volatilitäten sowie die höheren Momente der risikoneutralen Renditeverteilung des Basiswertes ex-post mit den eingetretenen Realisationen verglichen. Eine mögliche Anwendung im Risikomanagement basiert ebenfalls auf diesem Ansatz: Aus dem Optionsmarkt extrahierte Verteilungen werden dahingehend untersucht, ob diese Informationen für Zwecke der Value-at-Risk-Berechnung enthalten.

Im abschließenden *Kapitel 6* werden die Ergebnisse des theoretischen und empirischen Teils zusammengefasst. Eine kritische Schlussbetrachtung und ein Ausblick beschließen die Arbeit.

Ergänzend sei angemerkt, dass – soweit möglich – bewusst auf eine strikte mathematisch-formale Darstellung (z. B. im Rahmen der Arbeit mit Wahrscheinlichkeitsräumen und stochastischen Prozessen) verzichtet wird. Umfangreichere mathematische Analysen und einige ergänzende tabellarische Übersichten zum empirischen Teil sind aus Gründen der Übersichtlichkeit in die Anhänge ausgelagert.

Ich sag' es dir: ein Kerl, der spekuliert,
Ist wie ein Tier, auf dürrer Heide
Von einem bösen Geist im Kreis herumgeführt,
Und ringsumher liegt schöne grüne Weide.

Johann Wolfgang von Goethe, 1749-1832, deutscher Dichter der Klassik, Naturwissenschaftler und Staatsmann

Kapitel 2

Grundzüge des Terminhandels

2.1 Definition und Klassifikation von Termingeschäften

2.1.1 Grundlegende Abgrenzungen

Ausgehend von der begrifflichen Abgrenzung des Terminhandels lassen sich die zwei Grundformen *unbedingter* und *bedingter Termingeschäfte* unterscheiden – zu den wichtigsten Ausprägungen zählen im ersten Fall die Forwards und Futures (Termingeschäfte i. e. S., oft auch nur als Termingeschäfte bezeichnet) sowie im zweiten Fall die Optionsgeschäfte. Letztere lassen sich weiter in standardisierte und nicht standardisierte Formen von Geschäften untergliedern. Zur ersten Kategorie gehören Optionen (i. e. S.), die aufgrund der Standardisierung an Terminbörsen gehandelt werden. Die zweite Kategorie umfasst alle übrigen Erscheinungsformen von Optionsgeschäften: Hierzu gehören individuell vereinbarte Optionsverträge (engl.: *OTC, over-the-counter*), aber auch Spezialformen wie Optionsscheine, die Optionsrechte verbriefen und diese an Wertpapierbörsen sowie außerbörslich handelbar machen.[16]

Abbildung 2.1 gibt einen Überblick zu den wichtigsten Ausprägungen von Termingeschäften.

---

[16] Vgl. zu einer ähnlichen Abgrenzung auch STEINER/BRUNS (2002), S. 453 ff. Siehe zudem PERRIDON/STEINER (2002), S. 307 ff., die Termingeschäfte zunächst nach Warentermin- und Finanzterminstrumenten unterscheiden.

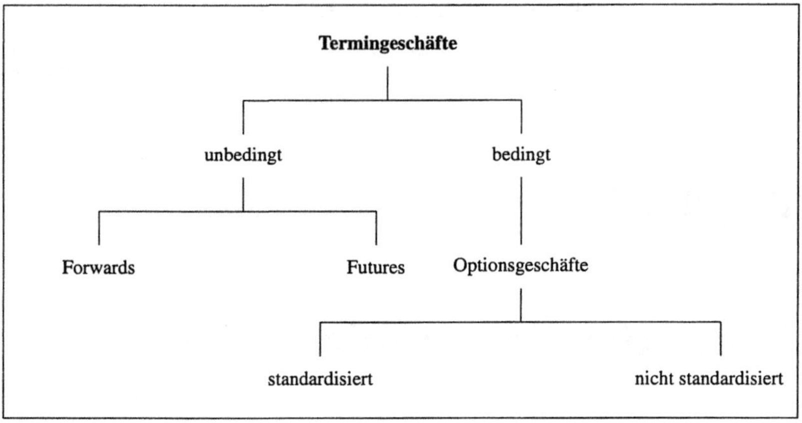

Abbildung 2.1. Systematisierung von Termingeschäften.

Quelle: In Anlehnung an STEINER/BRUNS (2002), S. 453.

2.1.2 Forwards und Futures

Bei einem *Forward*[17] einigen sich – i. d. R. zwei – Vertragsparteien darauf, Güter zu einem zukünftigen Zeitpunkt zu einem bereits bei Vertragsschluss festgelegten Preis zu handeln. Der Käufer geht dabei eine *Long-Position*, der Verkäufer eine *Short-Position* ein. Zum vereinbarten Zeitpunkt wird der vertraglich fixierte Handel abgewickelt, indem der Verkäufer dem Inhaber der Long-Position das Gut zum vereinbarten Preis liefert. Da auf beiden Seiten bei Vertragsschluss vereinbarungsgemäß keine Zahlungen anfallen,[18] erzielt der Inhaber der Long-Position am Fälligkeitstag ein Ergebnis in Höhe von

$$S_T - K^{\mathrm{F}}, \tag{2.1}$$

der Inhaber der Short-Position als Konsequenz ein solches in Höhe von

$$K^{\mathrm{F}} - S_T, \tag{2.2}$$

[17] Hiervon abzugrenzen sind *Forward Rate Agreements (FRA)*, die den Spezialfall unbedingter außerbörslicher Absicherungsgeschäfte gegen Zinsänderungsrisiken beschreiben. Vgl. PERRIDON/STEINER (2002), S. 308.

[18] Vgl. zur Festlegung des im Abschlusszeitpunkt „fairen“ Wertes, in dessen Ermittlung u. a. die *Haltekosten* (engl.: *cost-of-carry*) für den Basiswert eingehen, etwa HULL (2003), S. 46 ff., STEINER/BRUNS (2002), S. 460 ff. oder FABOZZI/MODIGLIANI (1996), S. 221 ff.

wobei S_T den im Fälligkeitszeitpunkt gültigen Preis des Gutes und K^{F} den Lieferpreis bezeichnen mögen. *Abbildung 2.2* verdeutlicht das Gewinn-/Verlustprofil für Long- und Short-Seite.[19]

Während Forwardgeschäfte im Allgemeinen individuell zwischen den Vertragsparteien ausgehandelt werden, weisen *Futures* standardisierte Konditionen auf und werden an Terminbörsen gehandelt. Vertragsparameter wie mögliche Stückelungen und Ausübungszeitpunkt, bei Verbrauchsgütern auch Lieferort und Qualität, werden in standardisierter Form vorgegeben.[20]

Da sich im Falle von Futures die in den Vertrag eintretenden Parteien i. d. R. nicht kennen, trägt eine Abwicklungsstelle dafür Sorge, dass die Kontraktkonditionen auch tatsächlich eingehalten werden. Zu diesem Zweck werden von den Marktteilnehmern adäquate Sicherheitsleistungen (engl.: *margins*) erhoben. Speziell für *Financial Futures*, unter die z. B. Aktienindex-, Devisen- und Zinsfutures fallen, wird eine spezifische tägliche Abwicklungsprozedur – das *Marking-to-Market* – zur Verrechnung aufgelaufener Gewinne und Verluste durchgeführt.[21] Es gilt zu beachten, dass sich die Parteien eines Futurekontraktes durch den Abschluss eines entsprechenden Gegengeschäftes von ihrer Vertragspflicht befreien können (*Glattstellung*).

Forward- und Futureskontrakte lassen sich im Wesentlichen wie folgt voneinander abgrenzen:[22]

- Im Gegensatz zu Forwards werden Futures auf organisierten Märkten – zu festen Zeiten – gehandelt.
- Zentral zugänglichen und transparenten Futurespreisen stehen bei jedem Vertragsschluss individuell verhandelbare Forwardpreise gegenüber.

---

19 Der im Englischen in diesem Zusammenhang verwendete Begriff *payoff* ist in seiner direkten Übersetzung als „Zahlung“ oder „Auszahlung“ irreführend, da bei lieferbaren Gütern von der Verkäuferseite aus keine Zahlung erfolgt.

20 Vgl. HULL (2003), S. 5 f.

21 Das Verfahren wird im Rahmen von Abschnitt 2.2.2.3 anhand des Optionshandels detailliert beleuchtet. Zu Details zum Futurehandel vgl. auch ausführlich SHARPE/ALEXANDER/BAILEY (1999), S. 654 ff.

22 Vgl. z.B. GERKE/BANK (1998), S. 446 f., MUSIELA/RUTKOWSKI (1998), S. 7 f. Auf die in Fußnote 18 thematisierte Bewertung und deren Unterschiede bei Forwards und Futures soll hier nicht näher eingegangen werden; vgl. hierzu grundlegend die Beiträge von BLACK (1976), COX/INGERSOLL/ROSS (1981) und JARROW/RUDD (1981).

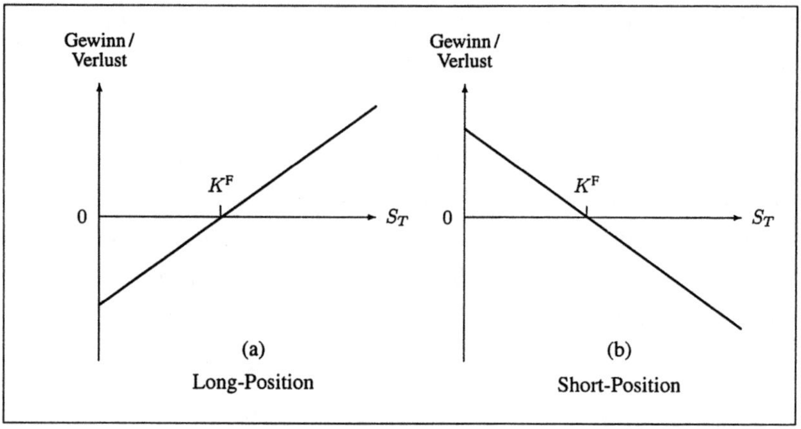

Abbildung 2.2. Gewinn/Verlust aus einem Forwardkontrakt für Long- und Short-Position. Da bis zum Fälligkeitstag keine Zahlungsströme auftreten, ergibt sich der Gewinn/Verlust für beide Vertragsseiten allein aus dem Güterpreis S_T und dem Lieferpreis K^{F}.

Quelle: HULL (2003), S. 4.

- Während das Forwardgeschäft erst am Verfalltag abgewickelt wird, erfolgt bei Financial Futures i. d. R. ein börsentäglicher Gewinn-/Verlustausgleich nach einem festen Verfahren. In Bezug auf Sicherheitsleistungen gibt es bei Futures ein Marginerfordernis, für Forwards existiert eine derartige Absicherung der Teilnehmer nicht; es besteht somit ein Ausfallrisiko, falls keine vertraglich festgelegte Besicherung erfolgt.

- Futures umfassen standardisierte Konditionen; die Erfüllung ist nicht Ziel des Engagements: So werden weniger als 2 % der zugrunde liegenden Geschäfte tatsächlich abgewickelt. Forwards können in Bezug auf Datum, Ort und Liefermodalitäten individuell gestaltet werden und werden zu über 90 % auch geliefert.[23] Ein Rücktritt von einem Forwardvertrag bedarf i. d. R. der Zustimmung beider Vertragspartner bzw. einer entsprechenden vorab geschlossenen Vereinbarung. Futureskontrakte können durch Eingehen des Gegengeschäftes – unter der Voraussetzung ausreichender Liquidität – jederzeit glattgestellt werden.

[23] Vgl. MUSIELA/RUTKOWSKI (1998), S. 7.

- Transaktions- und Verwaltungskosten beim Eingehen von Futurespositionen liegen aufgrund der Standardisierung unter denen für den Abschluss von Forwardgeschäften.

- Handelsvolumen und *Open Interest*[24] für Futures werden im Gegensatz zu Forwards veröffentlicht. Die i. d. R. sehr hohe Liquidität an Futuresmärkten, für die u. a. der Open Interest ein wichtiger Indikator ist,[25] liegt für Forwardkontrakte aufgrund der bilateralen Vertragsverhältnisse nicht vor.

2.1.3 Optionen

Es werden im Wesentlichen zwei Arten von *Optionen* unterschieden: So gibt eine Kaufoption – nach anglo-amerikanischer Terminologie als *Call* bezeichnet – dem Besitzer das Recht, ein zugrunde liegendes Basisgut (engl.: *underlying*) innerhalb eines festen Zeitraumes oder zu einem bestimmten Zeitpunkt zu einem festgelegten Preis – dem *Basis- oder Ausübungspreis* (engl.: *strike price* oder kurz *strike*) – zu erwerben. Ist die Wahrnehmung dieses Rechtes auf den Verfallzeitpunkt der Option beschränkt, spricht man von *europäischen* Optionen; kann das Optionsrecht jederzeit während der Laufzeit in Anspruch genommen werden, handelt es sich um *amerikanische* Optionen[26] – diese sind die in der Praxis vorherrschende Ausübungsform.[27] Analog gewährt eine Verkaufsoption – auch *Put* genannt – dem Inhaber ein Verkaufsrecht für das Basisgut.

Man spricht davon, dass der Erwerber einer Option eine *Long-Position* eingeht, während der Verkäufer der Option eine *Short-Position* aufbaut. Es sind – in Anlehnung an die vorgestellte Terminologie – prinzipiell vier Optionspositionen denkbar:

---

[24] Der *Open Interest* bezeichnet die Zahl der offenen Kontrakte an einer Terminbörse. Da zu jeder Long- auch eine Short-Position existieren muss, wird regelmäßig nur die einfache Kontraktzahl (Long- oder Short-Seite) quotiert. Siehe z. B. MURPHY (1999), S. 42, SHARPE/ALEXANDER/BAILEY (1999), S. 662 f.

[25] Vgl. MURPHY (1999), S. 157 ff.

[26] Es sei angemerkt, dass die Begriffe „europäisch“ und „amerikanisch“ nicht auf die geographische Verbreitung der Optionstypen schließen lassen.

[27] Vgl. HULL (2003), S. 6.

- Long Call,
- Long Put,
- Short Call und
- Short Put.[28]

Während die Rechte vom Optionsinhaber nicht ausgeübt werden müssen, hat der Verkäufer – auch *Stillhalter* genannt – dem ggf. in Anspruch genommenen Optionsbegehren am Verfalltag (europäische Option) bzw. während der gesamten Laufzeit (amerikanische Option) zu entsprechen. Optionen unterscheiden sich von Futures somit hauptsächlich dadurch, dass bei einem Futurekontrakt beide Vertragspartner eine feste – unbedingte – Verpflichtung eingehen, während bei einem Optionsgeschäft nur der Stillhalter einer – bedingten – Verpflichtung unterliegt und der Optionsinhaber lediglich ein Recht innehat.[29] Die Handlungsalternativen der Vertragspartner von Optionskontrakten sind in *Abbildung 2.3* zusammengefasst. Für den Stillhalter ist es möglich, seine Short-Position *glattzustellen*: Durch Eingehen des Gegengeschäftes, d. h. den Rückkauf der Option, befreit er sich von seiner Verpflichtung. Dieses Vorgehen ist vor allem dann wichtig, falls nur eine temporäre Short-Position aufgebaut werden soll und der Stillhalter keine effektive Abwicklung des zugrunde liegenden Geschäftes wünscht.

Für jede der vier Grundpositionen lassen sich Gewinn-/Verlustprofile des Optionsgeschäftes in Abhängigkeit vom Preis des Basisgutes am Verfalltag ermitteln. Diese sind in *Abbildung 2.4* skizziert, wobei Optionen europäischen Typs zugrunde gelegt werden. Beispielsweise ist der Gewinn/Verlust aus einer Long-Call-Position (europäischen Typs) am Verfalltag gleich

$$\max\{S_T - K; 0\} - c_0, \tag{2.3}$$

---

[28] Vgl. HULL (2003), S. 8 ff.

[29] Zu einem Vergleich von Optionen mit Futures vgl. auch SHARPE/ALEXANDER/BAILEY (1999), S. 681 f.

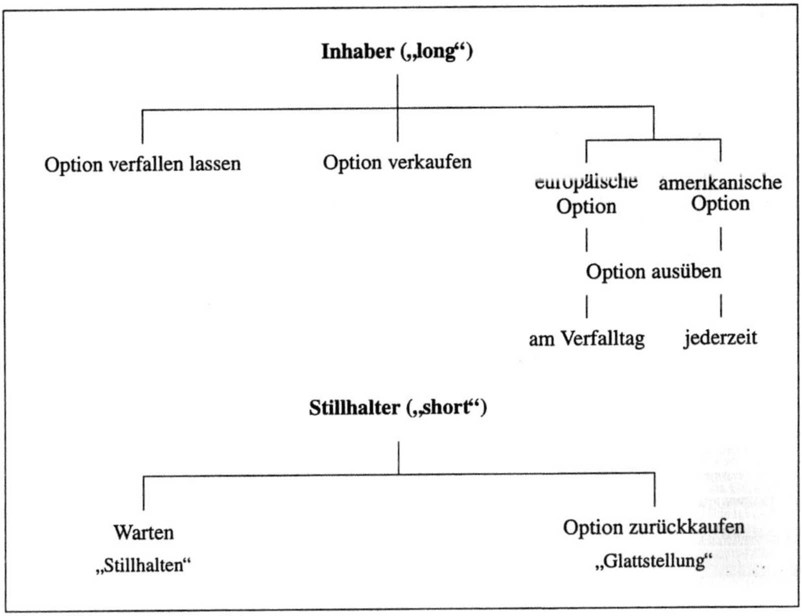

Abbildung 2.3. Handlungsalternativen auf der Long- und Short-Seite eines Optionsgeschäftes.

Quelle: Eigene Darstellung.

wobei K den Ausübungspreis der Option und c_0 die gezahlte Optionsprämie bezeichne.[30] Die Option wird nur dann ausgeübt, falls der Marktpreis des Basisgutes S_T den Ausübungspreis K am Verfalltag übersteigt. Den Diagrammen lässt sich z. B. auch entnehmen, dass der Gewinn auf der Short-Seite durch die Optionsprämie nach oben beschränkt ist. Der Vergleich von *Abbildung 2.4* mit *Abbildung 2.2* verdeutlicht den zentralen Unterschied zwischen Optionen und Futures bzw. Forwards: Optionen weisen durch die konvexen oder konkaven Funktionsverläufe ein asymmetrisches Gewinn-/Verlustprofil auf, während der Erfolg bei Futures und Forwards linear von der Veränderung im Preis des Basiswertes abhängt.[31]

[30] p_0 gebe die jeweilige Put-Optionsprämie an. Zinseffekte aufgrund des zeitlich unterschiedlichen Anfalls der Zahlungen werden hierbei zu Gunsten einer reinen „Kassenbetrachtung“ vernachlässigt. Gleiches gilt für die in *Abbildung 2.4* dargestellten Gewinn-/Verlustprofile.

[31] Vgl. auch FABOZZI/MODIGLIANI (1996), S. 251 f.

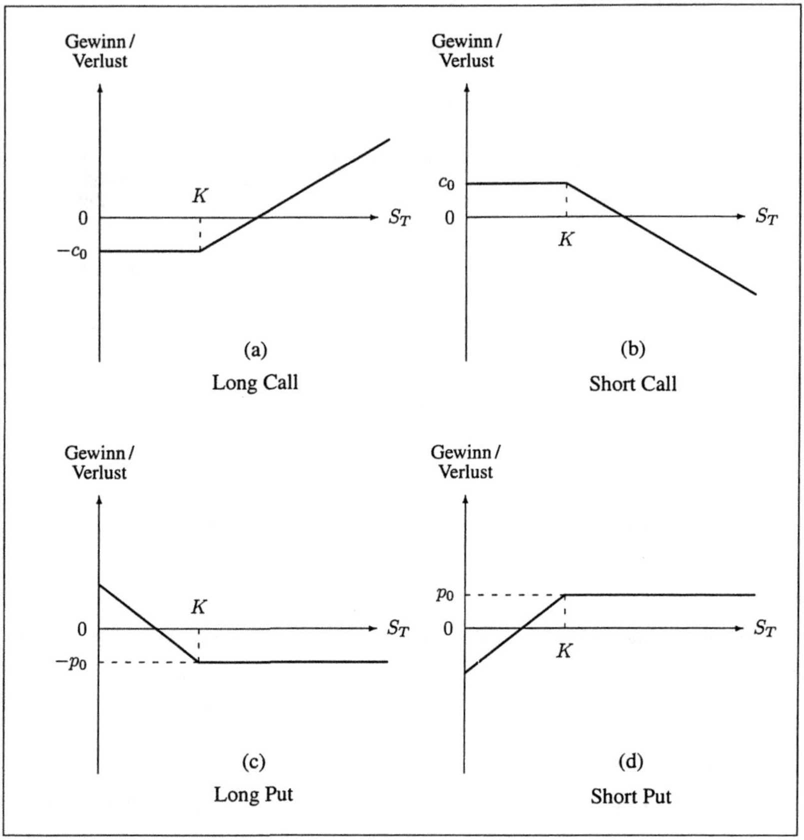

Abbildung 2.4. Gewinn/Verlust aus den vier Grundpositionen im Optionshandel in Abhängigkeit vom Kurs des Basiswertes am Verfalltag.

Quelle: Eigene Darstellung, vgl. auch HULL (2003), S. 7 ff., FABOZZI/MODIGLIANI (1996), S. 252 ff.

Als Basiswerte im Handel mit Optionsrechten an Terminbörsen sind insbesondere Aktien, Devisen, Rohstoffe bzw. Waren und Zinsinstrumente gebräuchlich. Liegen einer Option synthetische Basisgüter, z. B. Aktienindizes, zugrunde, erfolgt bei Ausübung ein Barausgleich (engl.: *cash settlement*). Speziell im Rahmen der Liberalisierung der Energiemärkte in den USA und Europa haben sich seit 1997 neue Formen von Basiswerten wie Strompreise und Wetterparameter (Temperaturen, Regenmengen etc.) etablieren können. Im Handel mit Energie- und Wetterderivaten weist allerdings nach wie vor der OTC-Markt die größte Bedeutung auf.[32] Eine mittlerweile viel beachtete Sonderform stellen *Kreditderivate* dar, die Kreditereignisse (z. B. den Ausfall der Zahlungen von Unternehmen oder Staaten) als „Basiswerte" haben.[33]

Eine Spezialform von Optionsrechten stellen Optionsscheine dar, die in ihrer originären Form im Rahmen von Optionsanleihen von Aktiengesellschaften begeben und später i. d. R. abgetrennt von der Anleihe gehandelt werden. Eine Modifikation stellen direkt begebene Optionsscheine (engl.: *naked warrants*) dar, die nicht an eine Anleihe gebunden sind. Beiden Formen ist gemein, dass das emittierende Unternehmen mit der Begebung eine bedingte Kapitalerhöhung durchzuführen hat, die bei Wahrnehmung des Optionsrechtes zu einer Erhöhung des Eigenkapitals führt.[34] Eine wichtige dritte Version stellen Optionsscheine dar, die unabhängig von Kapitalmaßnahmen eines Unternehmens – speziell von Banken – direkt emittiert werden. Diese Formen der Optionsscheine können sich auf einen bereits vorhandenen Bestand an Aktien des Emittenten oder aber die eines Dritten beziehen (engl.: *covered warrants*).[35] In allen genannten Fällen werden zwangsläufig Kaufrechte auf Aktien verbrieft. Eine weitere und heute in Deutschland vorherrschende Form von Optionsscheinen wird von Finanzinstituten emittiert und unterliegt im Hinblick auf die Bezugsobjekte sowie die Ausgestaltung der Optionsrechte prinzipiell keinen Beschränkungen.[36] Diese nicht an Kapitalmaßnahmen gebundenen Optionsscheine sind in ihrer Ausgestaltung der Rechte denen von Optionen identisch – im Folgenden wird daher nicht zwischen beiden Formen unter-

---

32 Vgl. zum Handel in Energie- und speziell Stromderivaten z. B. einführend BAUMEISTER (2000) und GRICHNIK/VORTMEYER (2002), ergänzend auch die Informationen der EEX, *http://www.eex.com*. Zum Komplex der Wetterderivate siehe beispielsweise WILKENS/KAMP (2002) sowie HULL (2003), S. 678 ff.

33 Vgl. etwa HARTMANN-WENDELS/PFINGSTEN/WEBER (2000), S. 217 f. und S. 298 ff., HULL (2003), S. 610 ff. sowie STEINER/BRUNS (2002), S. 584 mit näheren Informationen zur Entwicklung des weltweiten Handelsvolumens und – einführend – zu Einsatzmöglichkeiten von Kreditderivaten.

34 Zu einem Vergleich zwischen abgetrennten und getrennt emittierten Optionsscheinen vgl. z. B. THIEL (2001), S. 102 ff.

35 Vgl. ZIMMERMANN (2001), Sp. 1611 ff. Optionsscheine nach dieser Definition werden von Banken emittiert, wobei die Basiswerte beim Emittenten oder nahe stehenden Gesellschaften hinterlegt („stillgelegt") werden.

36 Vgl. zu Formen von Optionsscheinen etwa STEINBRENNER (1996), S. 58 ff. und BAXMANN (1991), S. 496 f.

schieden.[37] Es gilt zu beachten, dass sich der im anglo-amerikanischen Sprachgebrauch übliche Begriff *Warrant* i. d. R. auf Optionsrechte im Rahmen von Kapitalmaßnahmen einer Aktiengesellschaft bezieht und somit nicht als Synonym für einen Optionsschein verstanden werden darf.[38]

Neben den beschriebenen Standard-Optionen (engl.: *plain vanilla*) existiert eine Fülle von abgewandelten Optionskonstruktionen, die dem Sammelbegriff *exotischer Optionen* subsumiert und vorwiegend in OTC-Form sowie als Optionsscheine gehandelt werden.[39] Der Unterschied zu Standard-Optionen liegt in der Auszahlungsfunktion, die im Grunde eine beliebige Gestalt annehmen kann. Neben der Unterscheidung in Optionen europäischen und amerikanischen Typs lässt sich bei exotischen Optionen eine weitere Untergliederung in *pfadunabhängige* und *pfadabhängige* Optionen vornehmen. Im ersten Fall erfolgt die Auszahlung aus der Option unabhängig vom Kursverlauf des Basiswertes während der Optionslaufzeit; im zweiten Fall kann ggf. die gesamte Kurshistorie des Basiswertes in die Auszahlung aus der Option einfließen.[40]

Analog zu Forwards und Futures bestehen die Hauptvorteile des Optionshandels an Terminbörsen im Vergleich zum börslichen und außerbörslichen Handel mit Optionsscheinen sowie zu sonstigen OTC-Optionsgeschäften in den standardisierten Kontraktspezifikationen, dem Austausch über eine Clearingstelle und dem damit entfallenden

---

[37] Allein die Verbriefung der Rechte sowie die i. d. R. längere Laufzeit von Optionsscheinen können als im Schrifttum genannte Unterscheidungsmerkmale überzeugen. Ein Vergleich einzelner Charakteristika von Optionen und Optionsscheinen findet sich bei FABOZZI/MODIGLIANI (1996), S. 348 f. und THIEL (2001), S. 115 ff.

[38] Vgl. auch FABOZZI/MODIGLIANI (1996), S. 329 ff. Diese Unterscheidung ist speziell im Rahmen der Bewertungstheorie für Optionsrechte von Bedeutung, in der genau zwischen Modellen für Optionen (und losgelöst von Kapitalmaßnahmen emittierten Optionsscheinen) und solchen für Warrants differenziert werden muss. Letztere beziehen die Wirkung einer mit der Wahrnehmung des Optionsrechtes verbundenen Veränderung der Kapitalstruktur des zugrunde liegenden Unternehmens in die Bewertung explizit mit ein.

[39] Zu einer einführenden Übersicht vgl. z. B. RODT/SCHÄFER (1996) und ADAM-MÜLLER/SCHÄFER (1998).

[40] Vgl. z. B. SANDMANN (2001), S. 55. Zu einer der wichtigsten Klassen exotischer Optionen gehören – pfadabhängige – Schrankenoptionen (engl.: *barrier options*), deren Auszahlung an das Erreichen bzw. Nichterreichen bestimmter Kursgrenzen durch den Basiswert während der Optionslaufzeit gekoppelt ist. Zu Charakteristika und Einsatzgebieten am Beispiel einseitiger Schrankenoptionen vgl. etwa HAFFNER/LOISTL (1999) und HAFFNER/LOISTL (2000).

Ausfallrisiko sowie in den geringeren Transaktionskosten, da eine „Maßschneiderung“ im OTC-Handel mit hohen Kosten einhergeht.[41]

2.1.4 Andere Derivate

Neben den beschriebenen Formen von Derivaten hat sich eine Reihe eng verwandter Produkte an organisierten Märkten und im OTC-Handel etablieren können. Einige wichtige Produkte, die größtenteils eine Kombination von Elementarinstrumenten darstellen, seien nachstehend herausgestellt.

Swaps. Unter *Swaps* versteht man Geschäfte, bei denen sich – i. d. R. zwei – Vertragsparteien auf den periodischen Austausch von Geldbeträgen in der Zukunft zu im Voraus festgelegten Modalitäten einigen. Swaps können daher auch als Portefeuille von Forwardkontrakten aufgefasst werden, ohne jedoch in der Praxis redundant zu sein: Swaps weisen i. d. R. eine längere Laufzeit als Forwards (und Futures) auf; zudem sind beim Abschluss von Swapgeschäften keine Verhandlungen für einzelne Forwardverträge notwendig.[42] Zu den wichtigsten Ausprägungen von Swaps zählen solche auf Basis von Zinsen und Währungen.

Bei einem *Zinsswap* einigen sich die Vertragsparteien über den zukünftigen Austausch von Zinszahlungen auf einen Kapitalbetrag. Dabei werden die Zahlungen der einen Seite für einen festen Zeitraum (i. d. R. zwischen zwei und 15 Jahren) fixiert, während die andere Partei Zinszahlungen auf Basis eines variablen Zinssatzes (engl.: *floating interest rate*), etwa dem Libor (London Interbank Offered Rate)[43], zu leisten hat. Daneben sind auch beidseitig fixe oder beidseitig variable Zahlungen üblich, z. B. in unterschiedlichen Zeitintervallen oder auf Basis verschiedener variabler Zinssätze.[44]

---

41 Vgl. FABOZZI/MODIGLIANI (1996), S. 251.

42 Vgl. FABOZZI/MODIGLIANI (1996), S. 282 ff., GERKE/BANK (1998), S. 450 f. Zu Details zum Swaphandel und zur Beurteilung von Swappositionen sei z. B. auf HULL (2003), S. 125 ff. und MUSIELA/RUTKOWSKI (1998), S. 387 ff. verwiesen. Daneben zeigen z. B. STEINER/BRUNS (2002), S. 581 f. innovative Produkte im Swaphandel auf.

43 Zu diesem Zinssatz bieten Banken der „ersten Kategorie“ am Finanzplatz London anderen erstklassigen Banken Einlagen mit Laufzeiten zwischen einem und zwölf Monaten an.

44 Vgl. zu Details und zu Motiven der Vertragspartner etwa STEINER/BRUNS (2002), S. 578 ff.

Bei *Währungsswaps* – in ihrer einfachsten Form – werden zwischen den Parteien Gelder mit fester Verzinsung, aber in unterschiedlichen Währungen, ausgetauscht. Ziel eines Währungsswaps ist es, Kapital in Fremdwährung auch dann aufnehmen zu können, falls z. B. der eigene Bekanntheitsgrad und damit die Bonität in einem Zielland nicht ausreichen, Kredite in der dortigen Landeswährung zu erhalten. Falls sich ein anderes Unternehmen findet, das das analoge Problem im Heimatland des ersten Unternehmens hat, bietet sich ein Währungsswap an. Unter Ausnutzung der komparativen Konditionsvorteile nimmt jedes der Unternehmen Kapital in Landeswährung auf und tauscht dieses zu gewissen Modalitäten in die gewünschte Zielwährung.[45]

Strukturierte Finanzprodukte. Strukturierte Finanzprodukte können als Kombination von Elementarinstrumenten der Kassa- und Terminmärkte (z. B. Aktien, Anleihen, Optionen) verstanden werden. Mit Hilfe strukturierter Produkte werden Instrumente verbunden und am Kapitalmarkt verbrieft, die entweder nur einzeln gehandelt werden können oder auf die z. B. wie im Falle von Short-Positionen in Optionen ein ausschließlicher Zugang über Terminbörsen besteht.[46] Über die Kombination mehrerer einzelner Instrumente lassen sich u. a. Produkte mit besonders hervorstechenden Merkmalen, z. B. „Anleihen" mit weit über dem aktuellen Zinsniveau liegenden Kupons, generieren.

Während strukturierte Finanzprodukte bereits seit Mitte der 80er Jahre in den USA gehandelt werden, hat diese Klasse von Instrumenten speziell in Deutschland Mitte der 90er Jahre – in Phasen niedrigen Zinsniveaus – Einzug gehalten und sich mittlerweile fest etablieren können. Der mit der Auflage strukturierter Finanzprodukte befasste Arbeitsbereich des „Financial Engineering" ist inzwischen von seinem Platz in größeren Bankhäusern nicht mehr wegzudenken.[47]

Zu den wichtigsten Produktausprägungen im deutschen Raum zählen *Aktienanleihen* und die mit diesen eng verwandten *Diskontzertifikate* (auch *Discountzertifikate*), die

---

[45] Vgl. FABOZZI/MODIGLIANI (1996), S. 283 f., HULL (2003), S. 140 ff., zu einer Systematisierung des Handels in Währungsswaps und weiteren Anwendungsmöglichkeiten auch STEINER/BRUNS (2002), S. 575 ff.

[46] Vgl. zu strukturierten Finanzprodukten einführend ELLER (1999), S. 29 ff.

[47] Vgl. BEIKE (2000), S. v.

beide eine Kombination aus festverzinslichen Wertpapieren und Optionen darstellen und in Wertpapierform institutionellen und privaten Anlegern offeriert werden. Mit Hilfe von Duplikation, d. h. über die Nachbildung der Zahlungsprofile, lassen sich strukturierte Finanzprodukte über die Summe ihrer Einzelbestandteile analysieren (engl.: *pricing by duplication*).[48] Speziell bei den weit verbreiteten Aktienanleihen und Diskontzertifikaten liegt ein Hauptaugenmerk auf den impliziten Optionspositionen.[49]

2.2 Terminmärkte

2.2.1 Historische Entwicklung des Terminhandels

Auch wenn CHANCE die Wurzeln derivativer Vereinbarungen bis in die Bibel zurückverfolgt,[50] werden die frühen Anfänge des Terminhandels im 17. Jahrhundert in Holland gesehen: Dort sicherten sich Tulpenhändler gegen stark schwankende Marktpreise ab, indem sie in – kostenpflichtige – Verträge eintraten, die ihnen einen fixierten Mindestpreis für ihre Ernte garantierten. Diese Verträge stellen den Urtyp von Verkaufsoptionen dar. Nach dem Zusammenbruch des Tulpenmarktes in den Jahren 1636/37 – man spricht auch vom „Tulpenkrach" – konnten die Stillhalter ihren Verpflichtungen vielfach nicht nachkommen. Eine ernste Wirtschaftskrise und ein geschwundenes Interesse und Vertrauen in Optionen und vergleichbare Geschäfte waren die Folge.[51]

Die Etablierung des organisierten Terminhandels geht auf das Jahr 1848 zurück, in dem in den USA das *Chicago Board of Trade (CBOT)* gegründet wurde, an der der weltweit erste Handel in Futureskontrakten – mit landwirtschaftlichen Gütern als Ba-

48 Man spricht in diesem Zusammenhang auch von *stripping* oder *unbundling*.

49 Vgl. zum Themenkomplex strukturierter Finanzprodukte einführend z. B. WILKENS/SCHOLZ/VÖLKER (1999) oder WILKENS/SCHOLZ/VÖLKER (2000). WILKENS/RÖDER (2002) zeigen am Beispiel von Schrankenoptionen, wie in Form von strukturierten Finanzprodukten auch Positionen in exotischen Optionen über den Kassamarkt eingenommen werden können.

50 Vgl. CHANCE (1998), S. 16 ff. zu einem ausführlichen Rückblick auf die Historie des Terminhandels.

51 Vgl. KORN/KORN (2001), S. 92, LUDWIG (1978), S. 4.

sisgrößen – stattfand.[52] Bis heute zählt das CBOT mit dem Handel von Futures auf eine Vielzahl unterschiedlicher Güter (z. B. Bodenschätze wie Gold und Aluminium, Naturprodukte wie Weizen und Schweinefleisch, aber auch Finanzgüter wie Aktienindizes und Währungen) zu den weltweit wichtigsten Terminbörsen.[53] Der Ursprung im Handel in Financial Futures liegt im Jahr 1972 an der *Chicago Mercantile Exchange (CME)*.[54] Der organisierte Handel mit Optionen wird bis in das 18. Jahrhundert in London zurückverfolgt, den organisierten Börsenhandel gibt es seit Gründung des *Chicago Board Options Exchange (CBOE)* im Jahr 1973. Das ursprüngliche Angebot an Aktienkaufoptionen wurde 1977 durch Verkaufsoptionen und im Jahr 1983 durch Indexoptionskontrakte (auf den S&P 100-Index) ergänzt.[55] Die Einrichtung der CBOE wird als ein bedeutender Impuls für die Etablierung eines weltweiten Optionshandels gesehen.[56]

Im europäischen Raum stellte die im Jahr 1982 gegründete *London International Financial Futures and Options Exchange (LIFFE)* einen wichtigen Entwicklungsschritt im börslichen Terminhandel dar. Der Börsenterminhandel in Deutschland – im Rahmen der Weltwirtschaftskrise verboten seit Juli 1931 – wurde im Juli 1970 wieder zugelassen.[57] Der wieder aufgenommene Handel in Aktienoptionen wurde in einem langjährigen Entwicklungsprozess zwecks Erhöhung von Transparenz und Fungibilität durch zunehmende Produktstandardisierung begleitet. Im April 1986 wurde in Deutschland der Optionshandel in Rentenpapieren gestattet, der sich jedoch nicht erfolgreich etablieren konnte.[58] Einem funktionierenden Terminmarkt in Deutschland stand bis zur Börsengesetznovelle im Jahr 1989 eine unklare Rechtslage entge-

---

[52] Vgl. CHICAGO BOARD OF TRADE (1999), S. 1.

[53] Vgl. HULL (2003), S. 5, CHICAGO BOARD OF TRADE (1999) sowie zu einem Überblick zu zentralen Entwicklungsschritten CHICAGO BOARD OF TRADE (2000).

[54] Basiswert der ersten Futures war der Standard & Poor's (S&P) 500-Index. Vgl. PLÖTZ (1991), S. 195.

[55] Vgl. FRANCIS/TOY/WHITTAKER (2000), S. 36, PLÖTZ (1991), S. 195.

[56] Vgl. HULL (2003), S. 5 f.

[57] Vgl. LUDWIG (1978), S. 1.

[58] Vgl. BAXMANN (1991), S. 494 f.

gen.[59] Einen wichtigen Entwicklungsschritt stellte die Eröffnung der *DTB* in Frankfurt am Main im Januar 1990 dar: Mit deren Etablierung fand eine Abkehr vom Konzept der bis dahin üblichen Präsenzbörsen mit Handel im Open-outcry-Verfahren (Handel durch Zuruf/Handzeichen) zu Gunsten einer Computerbörse mit vollelektronischem Handelssystem statt.[60] Der zunächst ausschließliche Handel in Optionen wurde noch im Jahr 1990 durch die Einführung von Futureskontrakten (auf den DAX- und den Bund-Future) ergänzt. Die *Warenterminbörse (WTB)* in Hannover nahm im Jahr 1996 ihr Geschäft auf und offeriert seither den Handel in Futures auf vorwiegend landwirtschaftliche Erzeugnisse wie z. B. Schlachtschweine und Kartoffeln. Im Jahr 1998 ging schließlich die DTB in der europäischen Derivatebörse *Eurex* auf, die im folgenden Abschnitt 2.2.2 detailliert beleuchtet wird.

Neben den genannten haben sich eine Vielzahl weiterer, z. T. stark spezialisierter Terminbörsen etablieren können.[61] Als Basiswerte im Optionshandel fungieren vornehmlich Aktien, Währungen, Aktienindizes und eine Vielzahl von Futureskontrakten. Der direkte *OTC-Handel* in Optionen zwischen Finanzinstituten und Unternehmen, bei denen die individuell festlegbaren Konditionen an die Bedürfnisse der Handelspartner angepasst werden können, hat seinen Schwerpunkt im Bereich der Währungs- und Zinsgeschäfte.[62]

---

[59] Konkret wurde der potenzielle Termin- und Differenzeinwand von Privatpersonen (§§ 762, 764 BGB) zu Gunsten einer Termingeschäftsfähigkeit kraft Information (§ 53 Abs. 2 Börsengesetz) „entschärft". Vgl. z. B. BAXMANN (1991), S. 498. Zu einer Darstellung der Rechtslage im Vorfeld sowie nach der Novellierung vgl. DIWALD (1999), S. 42 ff., zum deutschen Recht des Terminhandels FRANKEN (1997), insbesondere S. 53 ff. Die gesetzlichen Regelungen finden sich derzeit in §§ 37d bis g Wertpapierhandelsgesetz in der Fassung der Bekanntmachung vom 9. September 1998 (BGBl., Jg. 1998, Teil I, Nr. 62, S. 2708-2725), zuletzt geändert durch Artikel 4 des *Gesetzes zur Änderung des Mineralölsteuergesetzes und anderer Gesetze* vom 23. Juli 2002 (BGBl., Jg. 2002, Teil I, Nr. 52, S. 2778-2781). Zu Details der neuen Rechtslage bei Finanztermingeschäften siehe auch BAUR/WAGNER (2002), S. 534 f. und SAMTLEBEN (2003), S. 73 ff.

[60] Vgl. z. B. BAXMANN (1991), S. 498.

[61] Zu einer Auswahl internationaler Futures- und Optionsbörsen vgl. z. B. DIWALD (1999), S. 114 ff., HULL (2003), S. 151 ff.

[62] Vgl. HULL (2003), S. 151 ff.

2.2.2 Die Eurex als paneuropäische Handelsplattform

2.2.2.1 Überblick

Kennzeichnend für die weltweiten Finanzmärkte des 21. Jahrhunderts sind permanente Veränderungs- und Erneuerungstendenzen, zum überwiegenden Teil bedingt durch zunehmend global agierende Marktteilnehmer, die umfangreiche international ausgerichtete Produktpaletten und einen liquiden Handel in den angebotenen Instrumenten erwarten.[63] Speziell im europäischen Raum wurde dieser Wandlungsprozess mit Einführung des Euro als Handelswährung zum 1. Januar 1999 noch verstärkt.

Im Dezember 1996 wurde von der Deutschen Börse AG sowie der Schweizer Börse die Absichtserklärung zur Gründung der europäischen Derivatebörse Eurex abgegeben. Durch den Zusammenschluss der DTB und der schweizerischen *SOFFEX (Swiss Options and Financial Futures Exchange)* nahm die Eurex im Mai 1998 ihr Geschäft auf, wobei die Anteile an der Publikumsgesellschaft paritätisch von Deutscher Börse AG und Schweizer Börse gehalten werden. Im April 1999 wurde eine Allianz mit der finnischen Helsinki Exchanges Group Ltd. (HEX) geschlossen, deren Produkte im September 1999 in den Eurex-Handel aufgenommen wurden. Ein weiterer bedeutender Entwicklungsschritt wurde mit Beschluss der Allianz zwischen Eurex und CBOT im Oktober 1999 vollzogen.[64]

Die Eurex bietet eine vollelektronische Handels- und Clearing-Plattform mit dezentralen standardisierten Zugangsmöglichkeiten für die Marktteilnehmer. Außerhalb Deutschlands und der Schweiz ist ein Börsenzugang über diverse „Access Points" (z. B. in Chicago, London, Paris) möglich, wobei dieses Netzwerk stetig erweitert wird.[65] Das im Optionshandel eingesetzte Market-Maker-System birgt u. a. den Vorteil der Sicherstellung der Liquidität in allen Produktgruppen und die Möglichkeit zur Abwicklung hoher Handelsvolumina. Die Pflicht der Market-Maker zur Quotierung von

---

[63] Vgl. EUREX (2000a), S. 8.

[64] Vgl. EUREX (2000a), S. 7 ff., SCHILLER/MAREK (2000).

[65] Vgl. EUREX (2000a), S. 8, zu Details der Organisationsstruktur auch EUREX (2003c), S. 6 ff., SCHILLER/MAREK (2000); mögliche Auftragsarten erläutert DIWALD (1999), S. 86 ff.

Geld- und Briefkursen ermöglicht eine effiziente Informationsversorgung der Marktteilnehmer hinsichtlich des aktuellen Preisniveaus.[66]

Die Eurex selbst sieht ihre Stärken

- im einfachen Zugriff auf eine breite Produktpalette,
- in der hohen Liquidität – bedingt durch stetig wachsende Mitgliederzahlen –,
- in niedrigen Transaktions- und Clearingkosten,
- in geringen Marginanforderungen – aufgrund von *Cross-Margining*[67] – sowie
- im zentralisierten Zugriff auf verschiedene Börsen.[68]

Die von der Eurex ausgehenden Impulse für die europäische und außereuropäische Börsenlandschaft werden durch wachsende Mitgliederzahlen[69] unterstrichen. Von 1998 bis Ende 2000 stieg die Zahl der Eurex-Mitgliedsunternehmen von 313 auf 429, im Jahr 2001 war eine Stagnation auf diesem Niveau zu beobachten. *Abbildung 2.5* zeigt anhand der im Dezember 2001 insgesamt 427 Mitgliedsunternehmen die dominierende Rolle Deutschlands mit ca. einem Drittel der Teilnehmer, dahinter folgen Großbritannien und die USA, die zusammen immerhin ca. 30 % der Mitgliedsunternehmen stellen.

---

[66] Zu Details vgl. EUREX (2003c), S. 12 ff., DIWALD (1999), S. 50 ff., zur Funktion von Market-Makern auch LÜDECKE (1996), S. 44 ff., der speziell deren „Sofortigkeitsservice" – die fortlaufende oder auf Anfrage erfolgende simultane Stellung von Geld- und Briefkursen – hervorhebt. Voraussetzung für ein gut funktionierendes Market-Maker-System ist es, diese Gruppe von Marktteilnehmern einer ständigen Kontrolle auf Wahrnehmung ihrer Aufgaben zu unterziehen. Anreizmechanismen für Market-Maker bestehen z. B. in stark vergünstigten Handelsgebühren. Auf der anderen Seite sorgt etwa die Begrenzung von maximalen Geld-Brief-Spannen für niedrige Transaktionskosten aufseiten außen stehender Marktteilnehmer. Kritiker führen an, dass ein Market-Maker-System nur für illiquide Werte, z. B. einzelne Aktienoptionen, sinnvoll ist, da sich ein Einsatz in allen Handelssegmenten aufgrund der Kontrollerfordernisse als zu aufwendig gestaltet. Zu einem Vergleich zwischen Computer- und Präsenzbörsen und der kontroversen Diskussion um Market-Maker-System vs. Auktionsverfahren – allgemein und speziell im Terminhandel – vgl. z. B. RISTAU/FISCHER (1993), GRÜNBICHLER (1994) und STEINER/WITTROCK (1993), S. 682 ff.

[67] Vgl. dazu Abschnitt 2.2.2.3.

[68] Vgl. EUREX (2000a), S. 6.

[69] Unter *Mitgliedern* sind hier neben Banken Unternehmen mit kommerziellem Derivategeschäft zu verstehen. An die Qualifikation der Börsenhändler, das haftende Eigenkapital bei Nichtbanken, die technische Anbindung an das Eurex-System und die Clearing-Teilnahme werden dabei hohe Anforderungen gestellt. Der Kontakt außen stehender Investoren mit der Eurex erfolgt über eines der zugelassenen Mitglieder.

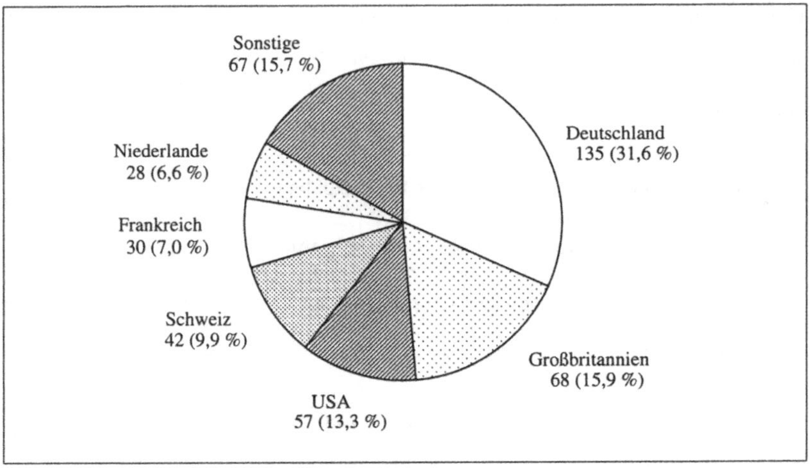

Abbildung 2.5. Eurex-Mitgliedsunternehmen nach Ländern. Stand: Dezember 2001.

Quelle: DEUTSCHE BÖRSE (2002), S. 20, eigene Darstellung.

2.2.2.2 Produktpalette

Eine Übersicht zur Produktpalette der Eurex, die sich in Aktien-, Index-, Geld- und Kapitalmarktprodukte gliedert, bietet *Abbildung 2.6.*[70]

Die *Indexprodukte* der Eurex umfassen Futures und europäische Optionen auf den Deutschen Aktienindex, den NEMAX 50, den TecDAX, den schweizerischen Aktienindex SMI (Swiss Market Index) sowie den finnischen Aktienindex HEX25. Daneben werden Futures und Optionen auf die Dow-Jones-Indizes STOXX 50, Euro STOXX 50 und Global Titans 50 – angeboten. Ergänzt wird diese Indexproduktsparte um Sektorindex-Futures und -Optionen; Basiswerte sind branchenbezogene Dow-Jones Euro STOXX- und STOXX 600-Indizes, z. B. aus den Bereichen Energie, Gesundheit und Telekommunikation.

---

[70] Zu Details der einzelnen Produkte vgl. EUREX (2003a). Im Rahmen der empirischen Analyse in Kapitel 5, Abschnitt 5.3.1 wird auf die Charakteristika ausgewählter Instrumente näher eingegangen.

Index-Produkte	**Aktien-Produkte**	**Geldmarkt-Produkte**	**Kapitalmarkt-Produkte**
Future/Option auf den DAX*	Optionen auf 41 deutsche Aktien	Future auf den Einmonats-Euribor	Euro-Schatz-Future*
Future/Option auf den NEMAX 50	Optionen auf 26 schweizerische Aktien	Future auf den Dreimonats-Euribor	Option auf den Euro-Schatz-Future*
Future/Option auf den TecDAX	Optionen auf 25 niederländische Aktien	Option auf den Dreimonats-Euribor-Future	Euro-Bobl-Future*
Future/Option auf den SMI*	Optionen auf 36 französische Aktien	Einmonats-EONIA-Future	Option auf den Euro-Bobl-Future*
Future/Option auf den HEX25	Optionen auf drei italienische Aktien		Euro-Bund-Future*
Future/Option auf den DJ STOXX 50*	Optionen auf sechs finnische Aktien		Option auf den Euro-Bund-Future*
Future/Option auf den DJ Euro STOXX 50*	Optionen auf zehn US-amerikanische Aktien		Euro-Buxl-Future
Future/Option auf DJ Global Titans 50	LEPO auf alle genannten Aktien		CONF-Future
Futures/Optionen auf ausgewählte DJ Sektor-Indizes	Futures/Optionen auf ausgewählte XTF		

*Zusätzlich: Delta-Neutral-Trading-Produkte

Abbildung 2.6. Übersicht zur Produktpalette der Eurex. Stand: März 2003.

Quelle: EUREX (2003a), *http://www.eurexchange.com*, eigene Darstellung.

Zur Sparte der *Aktienprodukte* gehören Optionen amerikanischen Typs auf die im DAX enthaltenen 30 Aktien sowie elf ausgewählte weitere deutsche Aktientitel.[71] Des Weiteren wird der Handel in Optionen auf die Aktien ausgewählter schweizerischer, niederländischer, französischer, italienischer, finnischer sowie US-amerikanischer Unternehmen angeboten. Eine Besonderheit stellt das Angebot an LEPO (Low Exercise Price Option) für alle Aktien-Basiswerte dar: Aufgrund eines sehr niedrig gewählten Basispreises, i. d. R. 1 €, weisen die zugehörigen Optionen einen sehr ähnlichen Charakter wie der Basiswert auf. Zum einen wird der Wert der Option nahe am aktuellen Kassamarktkurs des Basiswertes liegen, zum anderen wird auch die absolute Kursänderung in der LEPO sehr stark mit der Kursbewegung des Basistitels korrelieren.[72] LEPO gestatten somit einen *synthetischen Handel* von Basiswerten über die Eurex. Diese Möglichkeit eröffnet speziell bei kombinierten Termin- und Kassamarkttransaktionen abwicklungstechnische Vorteile sowie ggf. eine Verringerung der Transaktionskosten.

Der *Geldmarktbereich* umfasst Futures auf den Euribor (European Interbank Offered Rate) für Ein- und Drei-Monats-Termingelder in Euro, ergänzt um eine Option auf den Drei-Monats-Euribor-Future. Zu den Geldmarktprodukten gehört seit Anfang 2003 auch der Ein-Monats-EONIA-Future, bei dem der Durchschnittssatz aller während der Laufzeit von einem Kalendermonat durch die Europäische Zentralbank (EZB) berechneten, effektiven Zinssätze für Tagesgeld in Euro (EONIA, European Overnight Index Average) – unter Berücksichtigung des Zinseszinseffektes – als Basiswert fungiert. Zinsfutures für unterschiedliche Laufzeitbereiche, u. a. in Form des Euro-Schatz-, Euro-Bobl- und Euro-Bund-Futures, sowie Optionen auf diese Futures sind dem *Kapitalmarktbereich* der Eurex-Produktpalette zugeordnet. Hierzu ist anzumerken, dass im börslichen Zinsderivatebereich mittlerweile der Handel in Optionen auf Zinsfutures vorherrscht, Kassaoptionen (z. B. Optionen auf Treasury Notes) sind nicht mehr üblich. Eine Produktinnovation im Index- und Kapitalmarktbereich sind die seit Anfang 2003 angebotenen *Delta-Neutral-Trading*-Produkte, die als synthetische

---

[71] Neben Optionen auf die DAX-30-Werte werden solche auf die Aktien von Aixtron, Consors Discount Broker, Continental, Degussa, EM.TV & Merchandising, Epcos, Intershop, Karstadt, MobilCom, Porsche und T-Online gehandelt (Stand: März 2003).

[72] Vgl. STEINER/BRUNS (2002), S. 522, ergänzend auch die Ausführungen zu theoretischen Optionswerten und deren Sensitivitäten in Kapitel 4, Abschnitt 4.4.

Konstrukte aus Option und Future das Eingehen Delta-neutraler Positionen ermöglichen.[73] Bereits Ende 2002 neu zum Angebot der Eurex hinzu gekommen sind keinem der vier Hauptproduktgruppen zuordenbare Futures und Optionen auf ausgewählte *Exchange Traded Funds (XTF)*.[74] Für den Handel in Futures und Optionen erhebt die Eurex verhältnismäßig geringe Gebühren,[75] für Nicht-Eurex-Mitglieder sind jedoch die i. d. R. weit höheren Spesen des eingeschalteten Kreditinstitutes zu berücksichtigen.

Die standardisierten Optionen der Eurex werden wie im Terminhandel üblich in Klassen und Serien unterteilt: Eine *Optionsklasse* beschreibt Optionen auf den gleichen Basiswert, wobei Kaufoptionen einerseits und Verkaufsoptionen andererseits unterschiedliche Klassen bilden. Eine *Optionsserie* als Unterkategorie einer Optionsklasse umfasst sämtliche Kauf- bzw. Verkaufsoptionen mit gleichem Basiswert und -preis sowie identischer Restlaufzeit.[76] In Ergänzung dieser Definitionen soll im Folgenden zur Identifikation von Optionen aus allen Optionsklassen auf denselben Basiswert und mit identischer Restlaufzeit der Begriff der *Optionsrestlaufzeitklasse* verwendet werden. Darüber hinaus wird von *Optionsgruppen* gesprochen, wenn auf alle Optionen eines Marktsegments, z. B. alle Optionen auf Aktienindizes, rekurriert wird.

Im Rahmen der zunehmenden Integration europäischer und internationaler Börsen arbeitet die Eurex nach eigenen Angaben beständig an der Ausweitung ihrer Produktpalette.[77] Wenig nachgefragte Produkte, wie etwa der nur bis 17. Dezember 1999 gehan-

---

[73] Vgl. zur Kennzahl *Delta* auch Kapitel 4, Abschnitt 4.4.2.

[74] Zu Produktdetails sei auf die Informationen unter *http://www.eurexchange.com* verwiesen.

[75] Im Optionshandel etwa werden pro Geschäftsabschluss (Eröffnung oder Glattstellung einer Position) für einen DAX-Optionskontrakt derzeit 0,75 €, für einen Optionskontrakt auf deutsche Aktien oder auf einen Zinsfuture 0,20 € berechnet. Gebühren in gleicher Höhe fallen für die Ausübung der jeweiligen Optionen an (Stand: März 2003). Vgl. EUREX (2003d), S. 3 ff.

[76] Vgl. HULL (2003), S. 153. Im Schrifttum finden sich z. T. Abweichungen von dieser Definition. NEUMANN (1999), S. 120 etwa subsumiert einer Optionsserie alle Optionen gleicher Fälligkeit auf denselben Basiswert, aber mit *unterschiedlichen* Basispreisen.

[77] Vgl. EUREX (2000a), S. 10 f.

delte Future auf den M-DAX, werden dabei wieder aus der Angebotspalette herausgenommen (engl.: *delisting*).[78]

Die Bedeutung der einzelnen Instrumente lässt sich anhand eines Vergleichs einer Vielzahl von Kenngrößen beurteilen, z. B. über die Anzahl der Handelstransaktionen, die Anzahl der gehandelten Kontrakte[79], das Handelsvolumen, die Höhe der gezahlten Prämien oder den Open Interest (gemessen in € oder Anzahl von Kontrakten) innerhalb eines bestimmten Zeitraumes – jeweils gesamt und differenziert nach den am Handel teilnehmenden Gruppen (z. B. Market-Maker). Die Entwicklung der einzelnen Instrumentklassen anhand der Anzahl der gehandelten Kontrakte und des Handelsvolumens (in Mio. €) zeigt *Abbildung 2.7.*[80]

Die Betrachtung der gehandelten Kontrakte zeigt die dominierende Stellung der Kapitalmarktprodukte, die im Betrachtungszeitraum von 1998 bis 2001 aufgrund hoher Zuwachsraten jährlich weiter ausgebaut wurde. Im Jahr 2001 entfielen ca. 60 % der 674 Mio. an der Eurex gehandelten Kontrakte auf den Kapitalmarktbereich. Der Anteil der Index- und Aktienkontrakte an den gehandelten Kontrakten betrug je ca. 20 %, während der Geldmarktbereich ohne Bedeutung war. Die Vormachtstellung des Kapitalmarktbereiches wird bei einer Betrachtung des Handelsvolumens unterstrichen –

---

[78] Die von vielen Marktteilnehmern erwartete Aufnahme des Handels in standardisierten *Wetterkontrakten* hat die Eurex schon mehrfach angekündigt. Bereits seit 2001 berechnet und veröffentlicht die Eurex Wetterindizes und stellt historische Wetterdaten in Form von Tagestemperaturen unter *http://www.xelsius.com* zur Verfügung.

[79] Ein *Kontrakt* als standardisierter Umfang eines Geschäftsabschlusses umfasst – je nach Basiswert – mehrere Einheiten eines Instrumentes, z. B. 100 Optionen.

[80] Die Anzahl der im Betrachtungszeitraum *gehandelten Kontrakte* in einem Produkt bzw. in einer Produktgruppe fungiert als Indikator für die Liquidität des Handels und wird nur für eine Kontrahentenseite gezählt.

Das *Handelsvolumen* gibt den Gegenwert der gehandelten Kontrakte in € wieder – wiederum nur für eine Kontrahentenseite gezählt – und ermöglicht so eine Vergleichbarkeit zwischen verschiedenen Produkten. Rechnerisch erhält man das Handelsvolumen aus der Kontraktgröße, der Anzahl der gehandelten Kontrakte in den einzelnen Serien sowie den Produktpreisen dieser Serien. Bei Futures wird als Produktpreis der Abrechnungspreis (engl.: *settlement price*), bei Optionen der Ausübungspreis verwendet. Mit n als Anzahl der verschiedenen Serien eines Produktes, ps_i als Produktpreis der Serie i, TC_i als Anzahl gehandelter Kontrakte in der Serie i und CS als Kontraktgröße (z. B. DAX-Future: 25 € pro Indexpunkt, Euro-Bund-Future: 100.000 €) erhält man das Handelsvolumen HV einer Produktgruppe über

$$\mathrm{HV} = \mathrm{CS} \cdot \sum_{i=1}^{n} \mathrm{ps}_i \cdot \mathrm{TC}_i. \tag{2.4}$$

Vgl. DEUTSCHE BÖRSE (2003a), S. 10 ff., zu den Kontraktspezifikationen der einzelnen Produkte EUREX (2003a).

ca. 86 % des Handelsvolumens entfielen im Jahr 2001 auf diese Produktgruppe. Die Einordnung der drei anderen Bereiche ist allerdings zu relativieren. Während Indexkontrakte ca. 12 % des Handelsvolumens ausmachten, lagen Aktien- und Geldmarktprodukte bei je ca. 1 % Anteil am Handelsvolumen.

Im internationalen Vergleich hat die Eurex mittlerweile die weltweit führende Position in der Zahl der jährlich gehandelten Kontrakte erreicht. *Abbildung 2.8* zeigt, dass die Eurex weit vor den französischen MATIF (Marché A Terme International de France) und MONEP (Marché des Options Négociables de Paris) als auch vor allen drei wichtigen US-Börsen (CBOE, CBOT, CME) liegt; Optionskontrakte wurden allein an der CBOE mehr als an der Eurex gehandelt. In einer genaueren Aufschlüsselung nach Produktgruppen zeigt sich, dass die Eurex bei den gehandelten Index-Produkten im Jahr 2001 im weltweiten Vergleich zusammen mit der MATIF/MONEP mit je ca. 132 Mio. gehandelten Kontrakten den führenden Platz belegt. In Bezug auf Aktien-Produkte dominierte im Jahr 2001 weltweit die CBOE mit 236 Mio. gehandelten Kontrakten; MATIF/MONEP und Eurex liegen hier mit 178 und 133 Mio. Kontrakten weit entfernt auf dem zweiten und dritten Platz. Im Geldmarktbereich führend war die CME mit 274 Mio. gehandelten Kontrakten im Jahr 2001, gefolgt von der LIFFE mit 162 Mio. Kontrakten. Während die Eurex in dieser Produktgruppe im internationalen Vergleich ohne Bedeutung ist, wird die dominierende Rolle der europäischen Terminbörse im Kapitalmarktbereich mit 409 Mio. gehandelten Kontrakten untermauert.[81] An der CBOT belief sich die Zahl der Kapitalmarkt-Kontrakte im Jahr 2001 nur auf 194 Mio. Kontrakte.[82]

---

[81] Speziell der zunächst durch ein dynamisches Wachstum gekennzeichnete Handel an der LIFFE verlor mit der Gründung der Eurex stark an Bedeutung; vgl. DIWALD (1999), S. 91. Diese Entwicklung wird z. B. anhand der an der LIFFE seit 1988 gehandelten Bund-Future-Kontrakte sowie der Optionen hierauf deutlich (LIFFE (2001), S. 22 f.): Aufgrund des parallelen Handels an der DTB und der späteren Eurex wurde nahezu das gesamte Handelsvolumen von der LIFFE abgezogen; zum Vergleich der Handelssysteme an LIFFE – bis 1998 Parketthandel im Open-outcry-Verfahren – und DTB/Eurex vgl. auch LEMSTER (1992).

[82] Vgl. DEUTSCHE BÖRSE (2002), S. 38 ff., zur Entwicklung der Terminmärkte zudem RUDOLPH (1995), S. 8 f. Bei diesem Vergleich ist zu berücksichtigen, dass die Rangfolge bei anderen Vergleichsparametern (z. B. dem Handelsvolumen) anders ausfallen kann.

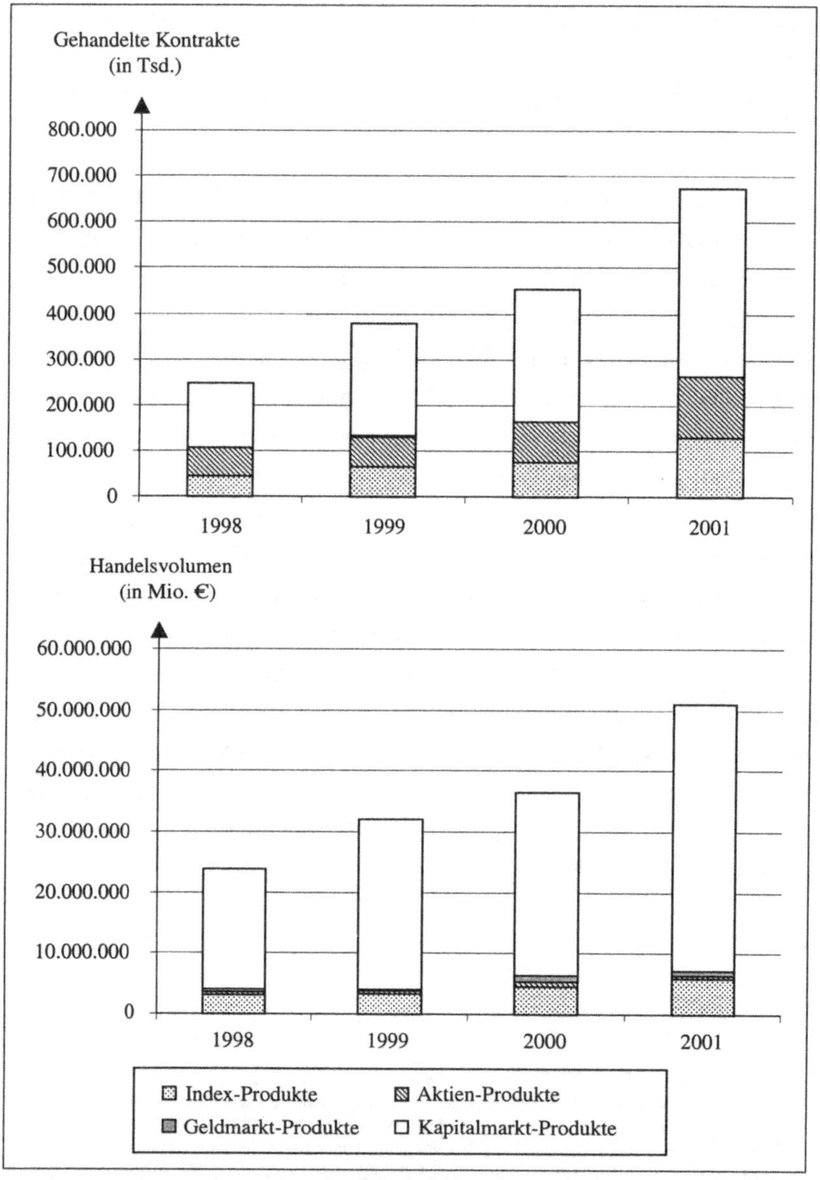

Abbildung 2.7. Entwicklung der Anzahl der gehandelten Kontrakte sowie des Handelsvolumens für die vier Produktgruppen der Eurex im Zeitraum 1998 bis 2001.

Quelle: DEUTSCHE BÖRSE (2002), S. 21 ff., eigene Darstellung.

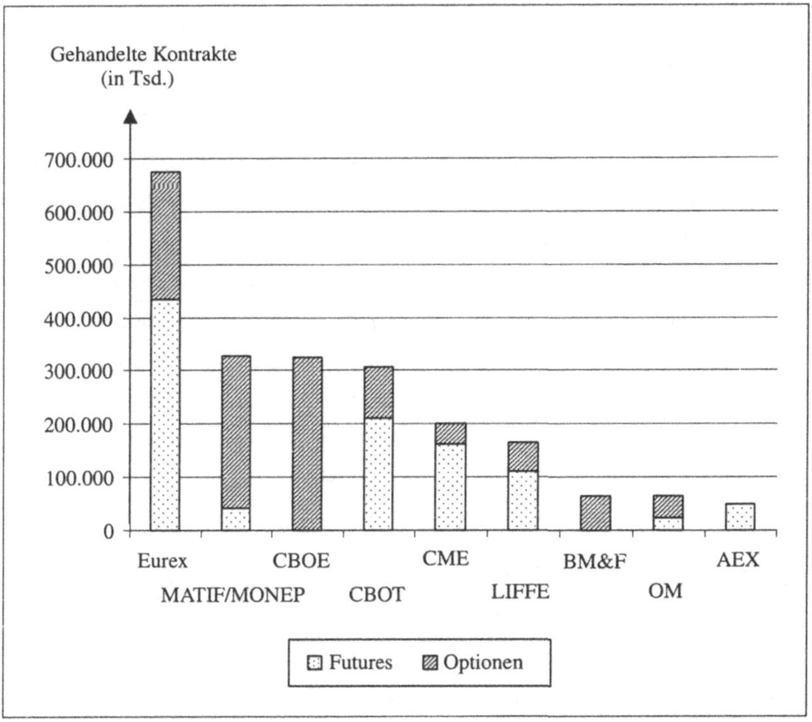

Abbildung 2.8. Umsatzvergleiche wichtiger internationaler Terminbörsen nach gehandelten Kontrakten im Jahr 2001. Eurex: European Exchange, Deutschland/Schweiz; MATIF: Marché A Terme International de France/MONEP: Marché des Options Négociables de Paris, Frankreich; CBOE: Chicago Board Options Exchange, USA; CBOT: Chicago Board of Trade, USA; CME: Chicago Mercantile Exchange, USA; LIFFE: London International Financial Futures and Options Exchange, Großbritannien; BM&F: Bolsa de Mercadorias & Futuros, Brasilien; OM: OM Stockholm Exchange, Schweden; AEX: Amsterdam Exchange, Niederlande.

Quelle: DEUTSCHE BÖRSE (2002), S. 37, eigene Darstellung.

2.2.2.3 Clearing und Risk-Based-Margining

Ein effizientes Sicherungssystem ist unabdingbare Voraussetzung für den Erfolg einer Terminbörse. Kommt an einer solchen ein Geschäftsabschluss zustande, stellt sich eine *Clearing-Instanz* zwischen die Kontrahenten und garantiert die Erfüllung der gehandelten Kontrakte – an der Eurex ist die Eurex Clearing AG die zentrale Gegenpartei für alle Käufer und Verkäufer, die neben dem Kontrahentenrisiko auch die Koordination des anfallenden Zahlungs- und Verwahrverkehrs übernimmt. Die Clearing-Organisation an der Eurex wird von ausgewählten Kreditinstituten des Mitgliederkreises – unterschieden in General-, Direct- und Non-Clearing-Mitglieder – gebildet, die u. a. gewisse Anforderungen an haftendes Eigenkapital und zu hinterlegende Bankgarantien erfüllen müssen.[83]

Um die geforderte Sicherung der Kontrakterfüllung gewährleisten zu können, fordert die Clearing-Instanz von allen Clearing-Mitgliedern, die ihrerseits als Kontrahenten der übrigen Eurex-Mitgliedsunternehmen fungieren, die Hinterlegung dem jeweiligen Gesamtrisiko entsprechender Sicherheitsleistungen in Form von Geld oder Wertpapieren.[84] Diese täglich angepassten Marginbeträge dürfen weder zu hoch noch zu niedrig angesetzt werden, da im ersten Fall unnötig Liquidität entzogen und der zweite Fall eine potenzielle Gefahr für die Erfüllungsgarantie darstellen würde. Die Marginanforderungen werden von den Clearing-Mitgliedern – sowie ggf. über die übrigen Eurex-Mitgliedsunternehmen –, häufig mit einem Sicherheitsaufschlag, bis zu den eigentlichen Kontrahenten des Terminhandels weitergegeben.

Nach einer anfänglichen Sicherheitsleistung werden Gewinne und Verluste, die durch Preisänderungen des Basisgutes entstehen, börsentäglich verrechnet (engl.: *daily settlement*). So wird z. B. das Verrechnungskonto des Inhabers einer Futures-Long-Position, der eine Kaufverpflichtung eingegangen ist und auf steigende Kurse des Basiswertes spekuliert, nach einem Kursverlust des Basisgutes am Ende des Tages mit dem Verlust belastet. Der Investor muss seine Einlage aufstocken, während die Gewinne durch die börsliche Abwicklungsstelle an die Short-Partei weitergezahlt werden. Im Optionshandel erwirbt der Optionskäufer lediglich ein Recht, geht dabei aber keine Verpflichtung ein. Da die Zahlung der Optionsprämie somit keinem weiteren Risiko unterliegt, werden von ihm keine Marginleistungen verlangt. Der Optionsverkäufer hingegen geht die Verpflichtung ein, auf Verlangen eine feste Menge des Basisgutes zum Basispreis anzukaufen bzw. zu verkaufen oder einen Barausgleich vorzunehmen. Bei einer für den Stillhalter ungünstigen Preisentwicklung muss sichergestellt werden, dass dieser seiner Verpflichtung bei Ausübung der Option durch den Käufer auch nachkommen kann – bei nicht ausreichenden Sicherheiten, die anfänglich vor allem aus den erhaltenen Optionsprämien bestehen, ergeht an den Stillhalter die Aufforderung zu ei-

---

83 Vgl. EUREX (2003b), S. 4 ff., DIWALD (1999), S. 69 ff.

84 Daneben bestehen weitere Sicherungsinstrumente, z. B. ein Clearing-Fonds und Rückstellungen der Eurex Clearing AG.

ner Erhöhung seiner Pfandleistungen (engl.: *margin call*).[85] An der Eurex kommt das *Risk-Based-Margining* zum Tragen, bei dem zunächst sich gegenseitig ausschließende Risiken innerhalb eines Portefeuilles verrechnet werden. Nur die Glattstellungsrisiken der resultierenden Netto-Positionen werden dann zur Ermittlung der Marginhöhe herangezogen.[86]

2.3 Einsatzbereiche für Termingeschäfte

Die Existenz von Terminbörsen als Ergänzung des Kassahandels wird zum einen damit begründet, dass mit Hilfe von Termingeschäften Rendite-Risiko-Profile erzeugt werden können, die allein über den Kassamarkt nicht erreichbar sind.[87] Zum anderen bieten Termingeschäfte, sofern deren Zahlungsstruktur nachgebildet werden kann, im Vergleich zu den hierfür notwendigen Einzelinstrumenten des Kassamarktes Vorteile in Form niedrigerer Transaktionskosten.[88]

Die Teilnehmer an Terminmärkten lassen sich im Wesentlichen in drei Klassen unterscheiden.[89]

---

[85] Die Bedeutung eines soliden Clearing-Konzeptes wird vor allem im Zusammenhang mit dem Verkauf ungedeckter Optionen (engl.: *naked* oder *uncovered*) deutlich, bei denen der Stillhalter, der als anonyme Gegenpartei des Optionskäufers nach dem Zufallsprinzip ermittelt wird, das Basisgut nicht oder in nicht ausreichender Zahl hält.

[86] Um ein für die Kontraktparteien liquiditätsschonendes Clearing anbieten zu können, werden die Risiken innerhalb von Marginklassen und auch -gruppen miteinander verrechnet. Dieses *Cross-Margining*, das nicht an allen Terminbörsen üblich ist, erhöht die Attraktivität des Terminhandels an der Eurex. Vgl. zu Details der Clearing-Abwicklung, zu den Formen von Marginleistungen bei einzelnen Kontraktarten und weiteren Informationen EUREX (2002b) und EUREX (2003b).

[87] Vgl. z. B. STEINER/WITTROCK (1993), S. 703, zudem mit einer näheren Diskussion um Terminmarktstrukturen im Hinblick auf Risiko- und Allokationseffizienz, Absicherungsflexibilität, Liquidität und Transaktionskosten. Siehe DRESIG (2000) zu Funktionen der Risikoallokation und den Anforderungen an die Handelbarkeit von Risiken sowie die Ausgestaltung von Märkten und Instrumenten.

[88] Weitere Argumente für den Einsatz von Terminmarktinstrumenten sind die i. d. R. hohe Liquidität und die vermutete schnellere Verarbeitung kursbeeinflussender Informationen im Vergleich zum Kassamarkt. Vgl. RUDOLPH (1995), S. 16 f.

[89] Zu Informationen hinsichtlich des strategischen Einsatzes der Eurex-Produktpalette für die genannten Zielsetzungen sei auf EUREX (2000b) und EUREX (2002a) verwiesen.

Hedging. *Hedger* sind risikoaverse Wirtschaftssubjekte, die die Absicherung einer Kassaposition – oder allgemeiner eines bereits eingegangenen Risikos – durch das Eingehen einer Terminposition mit dem Ziel der Risikoreduktion (z. B. in Form einer geringeren Varianz) oder -eliminierung anstreben.[90] Das Hedging mit Terminkontrakten zur Absicherung gegen einen Kursrückgang im Basiswert wird als *Short Hedge (Inventory Hedge)* bezeichnet. Der Einsatz von Termingeschäften kann aber auch dann sinnvoll sein, wenn eine Kassaposition erst zu einem späteren Zeitpunkt aufgebaut und der Kurs nach oben abgesichert werden soll. In diesem Fall spricht man von einem *Long Hedge (Anticipatory Hedge)*.[91]

Als Gründe für ein Hedging auf Unternehmensseite werden zunehmende Risiken bei Zins-, Währungs- und Warenpreisen genannt. Mittels Hedging auf Unternehmensebene ist es möglich, die erwartete Steuerlast und etwaige Insolvenzkosten zu senken sowie die Möglichkeiten zur Fremdkapitalaufnahme – zu geringeren Kosten – zu verbessern, um so letztlich zu einer Steigerung des Shareholder Value beizutragen.[92]

Spekulation. *Spekulanten* stellen auf kurzfristige Gewinnerzielung durch die Ausnutzung von Preis- oder Wertunterschieden eines Gutes zu verschiedenen Zeitpunkten ab. So eignen sich etwa Forwards und Futures sehr gut für Spekulationszwecke, da zunächst keine Güter erworben werden müssen, aber trotzdem von Preisänderungen profitiert werden kann.[93] Spekulanten gehen gezielt offene Position ein und nehmen

---

[90] Vgl. BÜSCHGEN (1988), S. 31 f., HULL (2003), S. 11. BÜSCHGEN (1988), S. 32 unterscheidet noch weiter in *Routine-Hedger* und *selektive Hedger*. Vgl. z. B. zum Einsatz von Termingeschäften im Risikomanagement, speziell im Portefeuille-Kontext (engl.: *portfolio insurance*) einführend STEINER/BRUNS (2002), S. 399 ff., insbesondere zum Hedging mit Futures und Optionen grundlegend MEYER (1994), S. 93 ff., FABOZZI/MODIGLIANI (1996), S. 228 ff., GERKE/BANK (1998), S. 443 ff. und S. 454 ff. Zu Optionsstrategien, speziell mit der Ziel der Absicherung von Aktienportefeuilles, siehe auch ADAM (2001).

[91] Vgl. etwa RUDOLPH (1995), S. 15 f. Diese Definition müsste noch dahingehend erweitert werden, dass mit den heute zur Verfügung stehenden Instrumenten mittlerweile auch Termingeschäfte durch andere Termingeschäfte gehedgt werden können – so erlauben Futures-Optionen die Steuerung des Risikos oder den Aufbau von antizipativen Hedgingstrategien in Futures-Positionen.

[92] Zudem lässt sich auf Managerebene eine Nutzenerhöhung erreichen, sofern das Hedging Einfluss auf deren eigene Reputation sowie deren Privatvermögen hat. Vgl. FABOZZI/MODIGLIANI (1996), S. 239 ff., SMITH/SMITHSON/WILFORD (1989) sowie den kritischen Rückblick zur Hedging-Diskussion von AMMON (1998). CHANCE (1999), S. 41 sieht die Frage nach Gründen für ein Hedging nach wie als Forschungsgegenstand. Vgl. zum Hedging mit Termingeschäften und dessen Implikationen am Beispiel von Forwards auch detailliert HAHNENSTEIN (2001).

[93] Vgl. HULL (2003), S. 11 ff.

damit eine für Märkte wichtige Funktion wahr, indem sie Risiken von Risikoabsicherung suchenden Marktteilnehmern übernehmen und so dazu beitragen, eine ausreichende Liquidität sicherzustellen.[94]

Arbitrage. Der Gruppe der *Arbitrageure* kommt eine wichtige Bedeutung in organisierten Märkten zu: Arbitrage bezeichnet die Gewinn erzielende Ausnutzung von Preisunterschieden ohne Kapitaleinsatz und ohne Risiko.[95] Zu Arbitrage führen demnach Transaktionen, die Preis- oder Wertunterschiede an verschiedenen Handelsorten zur gleichen Zeit durch den Kauf zum niedrigen und den Verkauf zum höheren Preis ausnutzen (*Raumarbitrage*).[96] Notiert etwa eine Aktie in London (nach Währungsumrechnung) niedriger als in New York, wird ein Arbitrageur Aktien in London erwerben und im Anschluss umgehend in New York zum höheren Preis verkaufen und so einen risikolosen Profit erzielen. Wenn Preisunterschiede an verschiedenen Börsen für gleiche Güter bestehen, werden Arbitrageure solange ihre Transaktionen durchführen, bis die Preise überall (nahezu) übereinstimmen.[97] Des Weiteren wird auch dann von Arbitrage gesprochen, wenn risikolose Gewinne ohne Mitteleinsatz durch zeitlich auseinander fallende Transaktionen möglich sind (*Zeitarbitrage*).[98] Diese können sich dabei auf ein einzelnes Gut, aber auch auf den Einsatz von mehreren Instrumenten beziehen.[99]

---

94 Vgl. BÜSCHGEN (1988), S. 33. Weiterhin lässt sich noch das *Spreading* als Motiv zwischen Hedging und Spekulation unterscheiden. Spreading bezeichnet begrenzt spekulative Geschäfte durch das Eingehen und Halten zweier entgegengesetzter Terminkontraktpositionen, die später durch Glattstellung wieder aufgehoben werden. Auf diesem Wege lässt sich das Risiko einer Position im zugehörigen Basiswert begrenzen, gleichzeitig eröffnen sich (in begrenztem Maße) Spekulationschancen. Im Rahmen des Futurehandels etwa geht das Spreading zudem mit geringeren Marginerfordernissen einher. Vgl. auch RUDOLPH (1995), S. 16.

95 Vgl. SCHMIDT/TERBERGER (1999), S. 95.

96 Vgl. FRANKE/HAX (1999), S. 358, BÜSCHGEN (1988), S. 32.

97 Vgl. z.B. HULL (2003), S. 14 f., zum Begriff der Arbitrage und dessen Verwendung und Auslegung in der Literatur auch TERSTEGE (1995), S. 35 ff.

98 Zur Zeitarbitrage auf Kapitalmärkten vgl. formal FRANKE/HAX (1999), S. 359 f. BUESCHGEN1 subsumiert der (Zeit-)Arbitrage auch „risikoarme Gewinnchancen" – eine Umschreibung, die nicht zur üblichen Definition von Arbitrage passt, da diese auf Risikolosigkeit abstellt. Siehe BÜSCHGEN (1988), S. 33.

99 Eine dritte, seltener postulierte Form der Arbitrage liegt vor, wenn in einer Untersuchung von mehreren Kombinationen von Geschäften in gleichartigen Titeln – des Kassa- und Terminmarktes – die „beste" Alternative durchgeführt wird. Da dabei ausschließlich Opportunitätsgewinne möglich sind, findet der Begriff *Quasi-Arbitrage* Verwendung. Vgl. BÜSCHGEN (1988), S. 33.

Behind Galileo and Newton lay the inventor of the telescope.
Behind Darwin and Crick-Watson lay the invention of the microscope.
Behind Black-Scholes-Merton lay Norbert Wiener, A. N. Kolmogorov and Kyosi Itô.
I cannot explicate the point better than by quoting the works of the infallible poet:

Nature and Nature's law lay hid in night:
God said. Let Itô be! and all was light.

Paul A. Samuelson, *1915, US-amerikanischer Wirtschaftsprofessor und Nobelpreisträger

Kapitel 3

Grundlagen der Bewertung von Optionen

3.1 Überblick

In diesem Kapitel sollen die notwendigen Grundlagen zur Bewertung von Optionen entwickelt werden: *Abschnitt 3.2* führt in die im Weiteren verwendete Symbolik ein, vereinbart die Konventionen zum Umgang mit Renditegrößen (diskrete vs. stetige Größen) und stellt wichtige Begriffe zur Charakterisierung von Optionen vor. Im Vorfeld der späteren Arbeit mit Verteilungen wird in *Abschnitt 3.3* auf Möglichkeiten zu deren Beschreibung eingegangen. In *Abschnitt 3.4* werden nach einer kurzen Diskussion des Begriffes eines informationseffizienten Kapitalmarktes die im Folgenden unterstellten Annahmen, basierend auf der Grundprämisse eines vollständigen und vollkommenen Kapitalmarktes, getroffen. *Abschnitt 3.5* hat die Analyse verteilungsfreier Eigenschaften von Optionen, d. h. derjenigen Charakteristika, die nicht von einer Hypothese über die zeitliche Entwicklung des Kurses des Optionsbasiswertes und ggf. anderer Einflussgrößen abhängen, zum Gegenstand. Im Einzelnen werden Verbindungen zwischen Optionen betrachtet, die sich nur in einzelnen Ausstattungsmerkmalen (Basispreis, Restlaufzeit) unterscheiden, sowie solche zwischen Kauf- und Verkaufsoptionen untersucht. Einen weiteren wichtigen Analysepunkt stellt die Ausübungspolitik amerikanischer Optionen – speziell im Fall von Dividendenzahlungen bei Aktien als Basiswerten – dar. Der Abschnitt zu verteilungsfreien Eigenschaften wird durch einen Exkurs zu Optionen abgeschlossen, die analog zu Futures in einem täglichen Verfahren abgerechnet werden und dadurch einige Besonderheiten aufweisen.

Von diesem Fundament ausgehend verbleibt die Kernfrage nach der konkreten Wertbeimessung für Optionen.[100] Die vorab angestellten Arbitrageüberlegungen liefern i. d. R. ein breites Intervall zulässiger Werte für Optionen – für eine Konkretisierung sind weitere Annahmen von Nöten. *Abschnitt 3.6* verfolgt das Ziel, die große Vielfalt möglicher Modellierungsansätze zu ordnen und die wichtigsten Entwicklungslinien aufzuzeigen. Nach einer kurzen Diskussion „historischer" Modelle fungiert das BLACK/SCHOLES-Modell, das in Anbetracht seiner großen Bedeutung ausführlich gewürdigt wird, als Ausgangspunkt. In der sich anschließenden Systematisierung möglicher Modellalternativen wird insbesondere die Unterscheidung in prozess- bzw. verteilungsbasierte Strukturmodelle einerseits sowie Ansätze über die risikoneutrale Verteilung andererseits herausgestellt. Mit einem Fokus auf der zweitgenannten Gruppe von Verfahren und der Diskussion um deren größere Allgemeingültigkeit wird zum nächsten Kapitel übergeleitet.

3.2 Symbolik, Berechnungskonventionen und Terminologie

Es gebe im Weiteren S_t den Kurs (Preis) eines Basiswertes zur Zeit t an.[101] Daneben mögen c_t und p_t bzw. C_t und P_t die theoretischen Werte europäischer bzw. amerikanischer Kauf- und Verkaufsoptionen zur Zeit $t \leq T$ bezeichnen, wobei T den Verfallzeitpunkt der Option und $\tau := T - t$ deren Restlaufzeit symbolisieren. Sofern nicht

[100] Ausgehend von der in Kapitel 1 geführten Diskussion um die Begriffe *Wert* und *Preis* ließe sich hier anmerken, dass die häufig als *Optionspreistheorie* bezeichnete Forschungsrichtung, die sich mit der Wertbestimmung für Optionen beschäftigt, in präziserer Form als *Optionswerttheorie* oder *Optionsbewertungstheorie* bezeichnet werden sollte. Der Terminus *Optionspreistheorie* lässt sich in diesem Zusammenhang eher dahingehend interpretieren, dass eine umgekehrte Zielsetzung besteht, wonach mit Marktpreisen als fixen Daten Modelle zu deren Erklärung gesucht werden. Siehe auch ZIMMERMANN (1988), S. 3, der bei der Frage nach der Prämienfestsetzung für Optionen, die zu einem Abschluss des Geschäftes führt, von der *Optionspreisbildungstheorie* spricht.

[101] Im Falle eines Futures als Basiswert wird – der in der Literatur üblichen Konvention folgend – abweichend mit F_t gearbeitet.

anders angegeben, werden Laufzeiten bei konkreten Berechnungen als Jahresbruchteile (1/365) angegeben. Des Weiteren werde der Ausübungspreis einer Option mit K bezeichnet.

Definition von Renditegrößen. Für die im Folgenden durchgeführten Analysen sind stetige und diskrete Renditegrößen voneinander abzugrenzen: Mit S_t als Kurs des Basiswertes im Falle diskreter Zeitpunkte $t = 0, 1, 2, \ldots$ und unter Ausklammerung von Kurseinflüssen wie Dividendenzahlungen, Kapitalmaßnahmen etc. gelte für die *stetige Rendite* $\mathfrak{r}_{t-1,t}$ zwischen den Zeitpunkten $t-1$ und t die Definition ($t \geq 1$)

$$\mathfrak{r}_{t-1,t} := \ln\frac{S_t}{S_{t-1}} = \ln S_t - \ln S_{t-1}. \tag{3.1}$$

Daneben sei die *diskrete Rendite* $\mathfrak{R}_{t-1,t}$ zwischen zwei Zeitpunkten über

$$\mathfrak{R}_{t-1,t} := \frac{S_t}{S_{t-1}} - 1 \tag{3.2}$$

erklärt.[102] Im Weiteren wird für die Zwecke der Optionsbewertung, sofern nicht anders angegeben, mit stetigen Renditen nach (3.1) gearbeitet. Ein gewichtiger Vorteil der stetigen Variante ist die zeitliche *Additivitätseigenschaft* der Renditen, d. h. die Rendite eines zweiperiodigen Zeitintervalls ist durch die Summe der – nicht notwendigerweise auf gleich lange Intervalle bezogenen – einperiodigen Renditen gegeben. Speziell beim Umgang mit zeitreihenbasierten Modellen sind daher stetige Renditen aufgrund dieser Kumulationseigenschaft die einzige Alternative.[103] Als einer der Nachteile stetiger Renditen kann wegen $\lim_{x \to 0^+} \ln x = -\infty$ die *fehlende Beschränkung des Wertebereichs* nach unten angesehen werden, d. h. Definition (3.1) lässt Renditen kleiner als -100 % zu.[104] Demgegenüber ließe sich anführen, dass der Umgang mit diskreten Renditen verteilungstheoretisch erschwert wird, da etwa eine Normalverteilung

[102] Vgl. zu Renditedefinitionen etwa CAMPBELL/LO/MACKINLEY (1997), S. 9 ff.

[103] Bei diskreten Renditen müsste für die Ermittlung der Durchschnittsrendite mit dem geometrischen Mittel der Wachstumsfaktoren gearbeitet werden.

[104] Der diskreten Definition (3.2) ist z. B. im Portefeuillekontext der Vorzug zu geben, da die Portefeuillerendite durch die nach ihren wertmäßigen Anteilen gewichtete Summe der diskreten, nicht jedoch der stetigen Renditen der Portefeuillepositionen beschrieben werden kann. Vgl. z. B. STEINER/UHLIR (2001), S. 137 ff.

mit ganz $\mathbb{R}$ als Träger wegen $\mathfrak{R}_{t-1,t} \geq -1$ als Modellprämisse höchst ungeeignet erscheint.[105]

Zwischen stetigen und diskreten Renditen besteht offenbar der Zusammenhang $\mathfrak{r}_{t-1,t} = \ln(1 + \mathfrak{R}_{t-1,t})$. Für numerische Abschätzungen erweist es sich als hilfreich, dass sich die diskrete Rendite nach (3.2) als *Taylor-Approximation* 1. Ordnung[106] von (3.1) ergibt.[107]

Für die nähere Charakterisierung von Optionen sind einige finanzmarkttechnische Termini von Bedeutung, die nachstehend kurz skizziert werden:[108]

Innerer Wert und Zeitwert. Der Wert einer Option lässt sich grundsätzlich in zwei Komponenten aufteilen – den *inneren Wert* (engl.: *intrinsic value*) und den *Zeitwert* (engl.: *extrinsic value* oder *time value*). Nachstehende Ausführungen beziehen sich

---

105 Bei der Analyse stetiger Prozesse sind stetige Renditen die „natürliche Wahl"; vgl. auch EBERLEIN/KELLER (1995), S. 281. Zu einer ausführlichen Diskussion um stetige und diskrete Renditen und deren richtigen Einsatz vgl. DORFLEITNER (2002).

106 Der im Weiteren häufig verwendete *Satz von Taylor* im Falle eindimensionaler Funktionen lautet (vgl. z. B. FORSTER (2001), S. 232 ff.): *Sei $I \subset \mathbb{R}$ ein Intervall und $f\colon I \to \mathbb{R}$ eine $(n+1)$-mal stetig differenzierbare Funktion. Dann gilt für $x_0 \in I$ und $x \in I$:*

$$f(x) = f(x_0) + \frac{f'(x_0)}{1!}(x - x_0) + \frac{f''(x_0)}{2!}(x - x_0)^2 + \cdots + \frac{f^{(n)}(x_0)}{n!}(x - x_0)^n + R_{n+1}(x) \quad (3.3)$$

mit

$$R_{n+1}(x) = \frac{1}{n!}\int_{x_0}^{x} (x - t)^n f^{(n+1)}(t)\, dt. \quad (3.4)$$

Eine geeignet oft stetig differenzierbare Funktion $f(x)$ lässt sich demnach um einen Entwicklungspunkt x_0 als Summe von Polynomen und eines Restgliedes darstellen. Bei „kleinem" Restglied kann $f(x)$ in einer Umgebung von x_0 somit durch ein Polynom

$$T_n(x) = \sum_{j=0}^{n} \frac{f^{(j)}(x_0)}{j!}(x - x_0)^j, \quad (3.5)$$

das *Taylor-Polynom n-ten Grades (n-ter Ordnung)*, approximiert werden.

107 Die Logarithmusfunktion $\ln x$ lässt sich um einen Entwicklungspunkt x_0 als $\ln x = \sum_{j=0}^{\infty} \frac{f^{(j)}(x)}{j!}(x - x_0)^j$ darstellen. Die Approximation 1. Ordnung um x_0 ist dann durch $\ln x \approx \ln x_0 + \frac{1}{x_0}(x - x_0)$ gegeben. Setzt man $x := \frac{S_t}{S_{t-1}}$ und $x_0 := 1$, ergibt sich $\mathfrak{r}_{t-1,t} = \ln\frac{S_t}{S_{t-1}} \approx \frac{S_t}{S_{t-1}} - 1 = \mathfrak{R}_{t-1,t}$. Speziell für kleine Renditen ist der Unterschied zwischen beiden Definitionen gering, numerisch lässt sich bei Bedarf der Approximationsfehler über die Analyse der Restglieder abschätzen.

108 Vgl. HULL (2003), S. 151 ff.

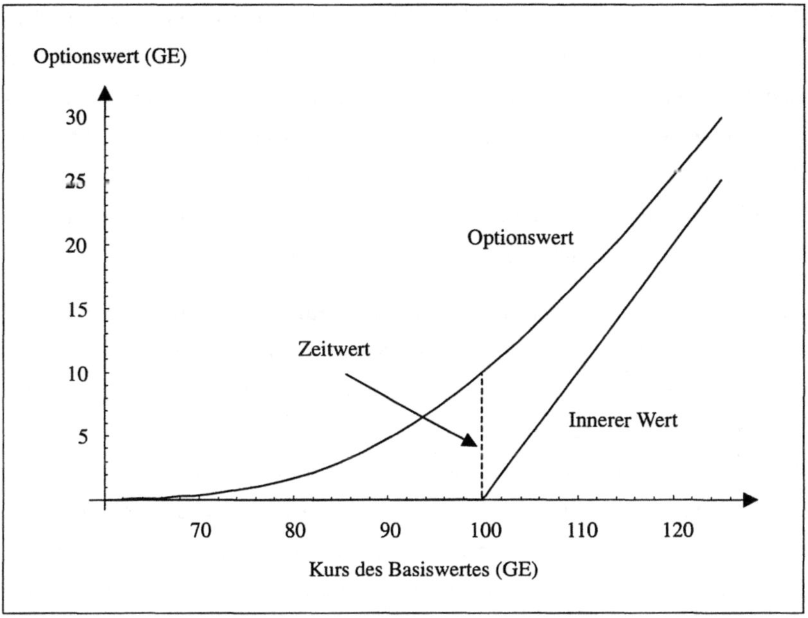

Abbildung 3.1. Innerer Wert und Zeitwert einer Option. Der Wert einer Option, hier dargestellt am Beispiel einer Kaufoption (mit Basispreis $K = 100$), setzt sich vor Fälligkeit aus ihrem *inneren Wert* und ihrem *Zeitwert* zusammen. Letzterer ist vom konkreten Bewertungsmodell abhängig und als *Hoffnungsprämie* die eigentliche modellgestützt zu erklärende Größe.

Quelle: Eigene Darstellung.

stellvertretend nur auf eine Kaufoption; die Terminologie kann analog auf Verkaufsoptionen übertragen werden.

Der *innere Wert* einer Option gibt die nichtnegative Differenz zwischen dem Marktpreis des Basiswertes und dem Basispreis der Option an und symbolisiert somit den „Wert“ für den Inhaber der Option bei sofortiger Ausübung. Da sich der innere Wert einer Option auf die mögliche Ausübung bezieht, kann dieser nicht negativ werden. Notiert der Marktpreis des Basiswertes unter dem Basispreis, wird der Optionsinhaber sein Recht nicht wahrnehmen, sodass der innere Wert gleich null ist.[109]

Neben dem inneren Wert weist eine Option ein zweites Wertelement, den *Zeitwert*, auf. Selbst wenn der innere Wert einer Option gleich null ist, d. h. eine sofortige Ausübung

[109] Speziell in der Praxis findet sich z. T. auch die Angabe negativer innerer Werte, wenn der Marktpreis des Basiswertes unter dem Basispreis liegt. Bei dieser Definition ist der innere Wert eine lineare Funktion des Marktpreises für den Basiswert.

der Option nicht rational wäre, wird der Wert einer Option vor dem Verfalltag i. d. R. positiv sein. Der Zeitwert gibt die Differenz zwischen Marktpreis und innerem Wert an und spiegelt – vereinfacht – den Wert einer künftig möglichen für den Optionsinhaber günstigen Kursentwicklung des Basisinstrumentes wider.[110] Am Verfalltag ist der Zeitwert somit gerade gleich null und der Optionswert entspricht dem inneren Wert. *Abbildung 3.1* zeigt grafisch die Zusammensetzung des Optionspreises aus innerem Wert und Zeitwert in Abhängigkeit vom Kurs des Basiswertes.[111]

Aus dieser Zerlegung des Optionswertes in zwei Komponenten folgt, dass sich die Theorie um den Wert eines Optionsrechtes allein auf den Zeitwert konzentrieren könnte, da der innere Wert qua Definition bei Kenntnis von Marktpreis des Basiswertes und Basispreis der Option feststeht. In der Literatur ist ein solches Vorgehen wenig verbreitet,[112] obwohl die Konzentration auf den Zeitwert dazu beiträgt, den Blick auf die eigentlich zu modellierende – und empirisch zu testende – Größe zu lenken. Durch die Betrachtung des Optionswertes als Ganzes wird, wie in *Abbildung 3.1* ersichtlich, in Bereichen eines positiven inneren Wertes der Zeitwert optisch „verschleiert“, da er für $S_t > K$ in Summe mit der in S_t linearen Funktion $S_t - K$ ausgewiesen wird.[113] Die Verwendung des Optionswertes als solchem birgt den Vorteil, dass ein unmittelbarer Vergleich zwischen dem theoretischen Wert und dem beobachteten Preis erfolgen kann.

Im-Geld, am-Geld, aus-dem-Geld. Je nach ihrem inneren Wert werden Optionen in die Kategorien

- im-Geld (engl.: *in-the-money*),
- am-Geld (engl.: *at-the-money*) und
- aus-dem-Geld (engl.: *out-of-the-money*)

---

110 Es findet daher gelegentlich auch der Terminus *Hoffnungsprämie* Verwendung. Vgl. z. B. NAGEL (2001), S. 103.

111 Es gilt zu beachten, dass der Zeitwert einer Option von den konkreten Annahmen zur stochastischen Kursentwicklung des Basiswertes bzw. zu dessen zukünftiger Kursverteilung abhängig ist.

112 Vgl. als ein Beispiel etwa die Arbeit von NAGEL (2001).

113 Eine nähere Diskussion um die Problematik der Fehlermaße wird im Rahmen der empirischen Analyse in Kapitel 5, Abschnitt 5.6.1 geführt.

unterteilt. Der erste Fall liegt vor, wenn der innere Wert einer Option positiv ist, bei einer aus-dem-Geld notierenden wäre die sofortige Ausübung nicht rational, da z. B. bei einer Kaufoption der Marktpreis unter dem Basispreis liegt. Im Falle einer am-Geld befindlichen Option schließlich notiert der Marktpreis nahe am Basispreis – der innere Wert ist in etwa gleich null. Die Bedeutungen der Begriffe können durch die Angaben *weit im-Geld* (engl.: *deep in-the-money*) und *weit aus-dem-Geld* (engl.: *deep out-of-the-money*) noch verstärkt werden.

Moneyness (Ratio). Um die Begriffe im-, am- und aus-dem-Geld zu quantifizieren, wird die *Moneyness* (auch: *Moneyness Ratio*)[114] verwendet, die in der Literatur in einer Vielzahl unterschiedlicher Definitionen zu finden ist. Im Weiteren soll unter Moneyness einer Option die prozentuale Abweichung des Marktpreises des Basiswertes vom Basispreis der Option verstanden werden. Für Calls und Puts gelte

$$\mathrm{M}_{\mathrm{Call}} = \frac{S_t - K}{K}, \tag{3.6}$$

$$\mathrm{M}_{\mathrm{Put}} = \frac{K - S_t}{K}. \tag{3.7}$$

Eine im-Geld (aus-dem-Geld) notierende Option weist nach dieser Definition eine Moneyness größer (kleiner) als null auf.[115]

3.3 Charakterisierung von Verteilungen

Neben der *Wahrscheinlichkeits- bzw. Dichtefunktion* (engl.: *probability density function (pdf)*) $f(x)$ und der *Verteilungsfunktion* (engl.: *cumulative distribution functi-*

---

[114] Eine deutsche Übersetzung des Begriffes „Moneyness" hat sich nicht durchsetzen können. Ein möglicher Vorschlag besteht in der Verwendung des Wortes *Geldwertigkeit*.

[115] Eine andere weit verbreitete Definition verwendet den Quotienten aus Marktpreis des Basiswertes und Basispreis für Calls und den reziproken Wert für Puts, d. h. $\mathrm{M}_{\mathrm{Call}} = \frac{S_t}{K}$, $\mathrm{M}_{\mathrm{Put}} = \frac{K}{S_t}$. Im-Geld (aus-dem-Geld) notierende Optionen gruppieren sich hierbei oberhalb (unterhalb) des Wertes eins. Eine weitere Variante besteht in der Verwendung des Quotienten $\frac{S_t}{K}$ sowohl für Calls als auch für Puts – folglich sind dann Puts mit Moneyness kleiner eins solche mit einem positiven inneren Wert.

on (cdf) $F(x)$ können im Falle ihrer Existenz auch die *Momente* zur Charakterisierung einer reellwertigen Zufallsvariablen X herangezogen werden:[116]

$$\mu_j' := \mathrm{E}((X-a)^j),\ j \in \mathbb{N} \tag{3.8}$$

mit beliebigem $a \in \mathbb{R}$. Üblicherweise werden die Momente einer Verteilung auf den Wert $a = 0$ bezogen. Für die Wahl $a = \mathrm{E}(X)$ erhält man für $j \geq 2$ die *zentralen Momente* einer Verteilung, die über

$$\mu_j := \mathrm{E}((X-\mathrm{E}(X))^j) \tag{3.9}$$

erklärt sind. Insbesondere gilt $\mu_1 = 0$, darüber hinaus sei $\mu_0 = \mu_0' = 1$ vereinbart. Das j-te Moment einer Zufallsvariablen X ist über

$$\mathrm{E}(X^j) = \int_{-\infty}^{\infty} x^j f(x)\,dx \tag{3.10}$$

gegeben.[117]

Aus den ersten vier (zentralen) Momenten lassen sich die häufig zur Beschreibung von Verteilungen herangezogenen Größen ermitteln. Neben dem *Erwartungswert* μ_1' (als erstem Moment bezüglich null) und der *Varianz* μ_2,

$$\mu_2 := \mathrm{Var}(X) := \mathrm{E}((X-\mathrm{E}(X))^2), \tag{3.11}$$

---

116 Für Zwecke dieser Arbeit wird von reellwertigen stetigen Zufallsvariablen mit existierenden (Riemann-)Dichten ausgegangen; auf verallgemeinerte Definitionen von Zufallsvariablen auf Basis der Maßtheorie, vgl. etwa BEHNEN/NEUHAUS (1995), S. 186 ff., kann daher verzichtet werden. Definitionen und Analysen lassen sich i. d. R. jedoch unmittelbar auf diskrete Zufallsvariablen mit Zähldichten $f(x)$ übertragen.

Darüber hinaus werden die Begriffe *Zufallsvariable* und *Verteilung* im Weiteren häufig synonym verwendet, da eine Zufallsvariable über ihre Verteilung(-sfunktion) charakterisiert wird. So wird z. B. sowohl von den Momenten einer Zufallsvariablen als auch – gleichbedeutend damit – von den Momenten der (zugehörigen) Verteilung gesprochen.

117 Vgl. etwa STUART/ORD (2000), S. 74 f. Sofern sich dieses aus dem Zusammenhang ergibt, wird im Weiteren auf eine gesonderte Spezifikation des *Trägers* einer Verteilung (z. B. $\mathbb{R}^+$ für lognormalverteilte Zufallsvariablen) verzichtet. Etwaige notwendige Anpassungen, z. B. in der Definition von $\mathrm{E}(X^j)$, sind offensichtlich.

können aus dem dritten zentralen Moment die *Schiefe*

$$\gamma_1(X) := \frac{\mu_3}{(\mu_2)^{\frac{3}{2}}} = \frac{\mathrm{E}((X - \mathrm{E}(X))^3)}{\sqrt{\mathrm{Var}(X)}^3} \tag{3.12}$$

und aus dem vierten zentralen Moment die *Wölbung (Kurtosis)* der Verteilung

$$\gamma_2(X) := \frac{\mu_4}{(\mu_2)^2} = \frac{\mathrm{E}((X - \mathrm{E}(X))^4)}{(\mathrm{Var}(X))^2} \tag{3.13}$$

abgeleitet werden.[118]

Bei einer schiefen Verteilung, d. h. für $\gamma_1(X) \neq 0$, wird zwischen Linksschiefe bzw. Rechtssteilheit ($\gamma_1(X) < 0$) und Rechtsschiefe bzw. Linkssteilheit ($\gamma_1(X) > 0$) unterschieden. Leptokurtische (platykurtische) Verteilungen erhält man für $\gamma_2(X) > 3$ ($\gamma_2(X) < 3$).

Es ist wichtig festzuhalten, dass eine Verteilung nicht notwendigerweise vollständig durch ihre Momente beschrieben werden kann – auch dann nicht, wenn alle Momente existieren.[119] Die Charakterisierbarkeit einer Verteilung über ihre Momente ist an gewisse Voraussetzungen gebunden, die jedoch in der „statistischen Praxis“ i. d. R. gegeben sind.[120]

---

118 In der Literatur finden sich unterschiedliche Definitionen des Begriffes *Kurtosis*: HARTUNG (2002), S. 118 etwa erklärt diese über

$$\gamma_2(X) := \frac{\mathrm{E}((X - \mathrm{E}(X))^4)}{(\mathrm{Var}(X))^2} - 3. \tag{3.14}$$

Diese Größe, die dem Umstand Rechnung trägt, dass eine normalverteilte Zufallsvariable eine Kurtosis von drei aufweist, die hier qua Definition bereits subtrahiert wird, soll im Folgenden in Abgrenzung zu (3.13) als *Exzess-Kurtosis* oder kurz *Exzess* bezeichnet werden.

119 Im Spezialfall stetiger Verteilungen ist die „Nichtexistenz“ eines Momentes äquivalent zu $\mu_k = \pm\infty$ bzw. $\mu'_k = \pm\infty$. Als Standardbeispiel sei die *Cauchy-Verteilung* mit Dichtefunktion $f(x) = \frac{1}{\pi} \cdot \frac{1}{1+x^2}$, $x \in \mathbb{R}$ genannt, deren Erwartungswert nicht existiert. Siehe auch BEHNEN/NEUHAUS (1995), S. 229.

120 „[...] fortunately for statisticians, those conditions are satisfied by most of the distributions commonly arising in statistical practice“, STUART/ORD (2000), S. 111. Zu einer genaueren Diskussion der Bedingungen vgl. etwa STUART/ORD (2000), S. 111 f. und S. 142 ff.

3.4 Rahmenbedingungen der Optionsbewertung

3.4.1 Theorie effizienter Kapitalmärkte

Im Vorfeld der Aufstellung von Prämissen für die Optionsbewertung soll zunächst ein kurzer Überblick zum Begriff der (Informations-)Effizienz von Kapitalmärkten gegeben werden.

Kapitalmärkten kommt die Funktion zu, Kapitalnehmern Finanzmittel von Kapitalgebern mit dem Ziel der optimalen Verwendung zuzuleiten (*Allokationsfunktion*).[121] Zu diesem Zweck müssen den Marktteilnehmern Informationen über die bestmögliche Verwendung der Mittel zeitnah zur Verfügung stehen und ohne Verzögerung in den Marktpreisen zum Ausdruck kommen. Für die im Rahmen dieser Arbeit durchgeführten Analysen steht diese *Informations(verarbeitungs)effizienz* von Kapitalmärkten im Vordergrund.[122] Die Frage nach der Informationseffizienz von Kapitalmärkten ist mit der Analyse von Wegen und Geschwindigkeit der Verarbeitung von Informationen auf Kapitalmärkten verbunden und hat ihren Niederschlag in einer Vielzahl unterschiedlicher Definitionen gefunden – zudem sind für kaum eine andere ökonomische These mehr empirische Analysen zu finden als für die zur Effizienz von Kapitalmärkten.[123]

Trotz einiger Vorläuferbeiträge[124] sieht HEINKE (1998) die erste Ereignisstudie auf Kapitalmärkten von FAMA ET AL. (1969) und die dort für einen effizienten Markt geforderte „schnelle Anpassung“ an neue Informationen als Ausgangspunkt der Diskussion um die Theorie effizienter Kapitalmärkte.[125] Der Begriff der *Informationseffizienz* von Kapitalmärkten geht im Wesentlichen auf die Definition von FAMA (1970) zurück, der einen Markt als effizient bezeichnet, auf dem der Kurs S_t eines Wertpapiers in je-

121 Vgl. etwa FRANKE/HAX (1999), S. 355 f., FRANTZMANN (1989), S. 6 ff.

122 Der Begriff der *Kapitalmarkteffizienz* umfasst weitergehende Funktionen, auf die hier nicht näher eingegangen werden soll. Vgl. z. B. SAPUSEK (1998), S. 13 f.

123 Vgl. JENSEN (1978), S. 95, zu überblicksartigen Diskussionen der Kapitalmarkteffizienz auch STEPHAN (1998), S. 211 ff., SCHMIDT/TERBERGER (1999), S. 209 ff.

124 Vgl. zu solchen z. B. FRANTZMANN (1989), S. 11 ff., LEROY (1989), S. 1586 ff.

125 Vgl. FAMA ET AL. (1969), S. 1, HEINKE (1998), S. 137.

dem Zeitpunkt t den vorhandenen Informationsstand Γ_t vollständig widerspiegelt.[126] Die Definition FAMAS wird u. a. wegen ihrer zu geringen Konkretisierung kritisiert: Es bleibt unklar, was unter den „verfügbaren Informationen“ und der „vollständigen Widerspiegelung“ verstanden werden soll.[127, 128] Speziell als Reaktion auf die Kritik von LEROY (1976) reformuliert FAMA seine Konzeption und stellt in FAMA (1976a), FAMA (1976b) eine modellgestützte Beschreibung der Informationseffizienz vor.[129]

Ausgehend von einem Wettbewerbsmarkt und den Prämissen (i) kostenloser Verfügbarkeit aller Informationen für alle Marktteilnehmer, (ii) dem Fehlen von Marktfriktionen und (iii) der Rationalität aller Marktteilnehmer[130] wird unter Markteffizienz die korrekte Verarbeitung aller verfügbaren Informationen verstanden. Es bezeichnen in einem Zwei-Zeitpunkt-Modell zum Zeitpunkt t $\mathfrak{P}_t = (p_{1,t}, p_{2,t}, \ldots, p_{n,t})$ den Preisvektor der n am Markt gehandelten Güter, Γ_t bzw. Γ_t^m die zum Zeitpunkt t verfügbaren bzw. vom „Markt“ verarbeiteten Informationsmengen; zusätzlich sei unterstellt, dass die Preise der Periode $t-1$ ausschließlich von der gemeinsamen Preisverteilung der Güter im Zeitpunkt t abhängen. Mit $f(\mathfrak{P}_t \,|\, \Gamma_{t-1})$ als „wahrer“ und $f_m(\mathfrak{P}_t \,|\, \Gamma_{t-1}^m)$ als vom Markt verwendeter Dichtefunktion gelte formal:

$$f(\mathfrak{P}_t \,|\, \Gamma_{t-1}) = f_m(\mathfrak{P}_t \,|\, \Gamma_{t-1}^m). \tag{3.15}$$

Die von FAMA nicht näher konkretisierte Informationsmenge Γ_{t-1}^m lässt sich dahingehend interpretieren, dass die Marktteilnehmer die ihnen im Zeitpunkt $t-1$ individuell zur Verfügung stehenden Informationsmengen auswerten. Die so entstehenden

---

126 Vgl. FAMA (1970), S. 383. Informationsmengen werden bezüglich der Zeit (hier gegeben durch einen diskreten Index t) aufsteigend mittels $\Gamma_{t-s} \subseteq \Gamma_{t-s+1} \subseteq \cdots \subseteq \Gamma_t \; \forall \; s > 0$ definiert, da Informationen einer vergangenen Periode auch in der jeweils aktuellen vorhanden sein sollen. Vgl. z. B. GONEDES (1976), S. 612, FAMA (1976b), S. 135.

127 Vgl. etwa BEAVER (1981), S. 27 f., FRANTZMANN (1989), S. 15 f., mit einer leicht modifizierten Definition auch GONEDES (1976), S. 612.

128 Eine enger gefasste Definition effizienter Märkte ohne Transaktions- und Informationskosten stammt von RUBINSTEIN (1975) und LATHAM (1986): In Erweiterung der ausschließlich preisbezogenen Definition FAMAS ist ein Markt bezüglich einer Informationsmenge nur dann effizient, wenn zusätzlich zu einem unveränderten Gleichgewichtspreis keine Umstrukturierungen in den Portefeuilles der Marktteilnehmer erfolgen. Vgl. auch FRANTZMANN (1989), S. 17 ff., SAPUSEK (1998), S. 33.

129 Hierzu weiterhin kritisch LEROY (1989), S. 1593 ff., vgl. auch SAPUSEK (1998), S. 31.

130 Vgl. NEUMANN (1999), S. 168 f., FAMA (1970), S. 387.

heterogenen Einzelerwartungen werden dann zu einer Markterwartung aggregiert, die sich durch die Informationsmenge Γ_{t-1}^m und die vom „Markt“ erwartete Preisverteilung $f_m(\mathfrak{P}_t \mid \Gamma_{t-1}^m)$ auszeichnet.

Zur Operationalisierung der Bedingung (3.15) bedarf es einer Konkretisierung des Zusammenhangs zwischen dem Marktpreisvektor $\mathfrak{P}_{t-1}$ und der vom Markt unterstellten Verteilung zukünftiger Kurse $f_m(\mathfrak{P}_t \mid \Gamma_{t-1}^m)$. Die Effizienzhypothese nach FAMA kann demnach nicht als solche, sondern nur in Verbindung mit einem Gleichgewichtsmodell überprüft werden.[131] Hierfür dient i. d. R. ein Renditeerwartungsmodell.[132] Das Problem eines solchen Tests *verbundener Hypothesen* (engl.: *joint hypothesis*) besteht darin, dass festgestellte Abweichungen (z. B. abnormale Renditen) nicht zwangsläufig ein Zeichen für Marktineffizienz sind, sondern auf ein falsches bzw. falsch angewandtes Bewertungsmodell hindeuten können.[133] Auf Basis von $f_m(\mathfrak{P}_t \mid \Gamma_{t-1}^m)$ und der vom Markt erwarteten Preise und Renditen für jedes Gut j, $\mathrm{E}_m(p_{j,t} \mid \Gamma_{t-1}^m)$ und $\mathrm{E}_m(R_{j,t} \mid \Gamma_{t-1}^m)$, werden die Marktpreise $p_{j,t-1}$ zum Zeitpunkt $t-1$ so festgelegt, dass

$$p_{j,t-1} = \frac{\mathrm{E}_m(p_{j,t} \mid \Gamma_{t-1}^m)}{1 + \mathrm{E}_m(R_{j,t} \mid \Gamma_{t-1}^m)} \tag{3.16}$$

gilt. Der Gleichgewichtspreis eines Wertpapiers ergibt sich demnach als mit der erwarteten Gleichgewichtsrendite diskontierter Erwartungswert des Gleichgewichtspreises in der Folgeperiode. Markteffizienz nach (3.15) impliziert

$$\mathrm{E}(p_{j,t} \mid \Gamma_{t-1}) = \mathrm{E}_m(p_{j,t} \mid \Gamma_{t-1}^m) \text{ und } \mathrm{E}(R_{j,t} \mid \Gamma_{t-1}) = \mathrm{E}_m(R_{j,t} \mid \Gamma_{t-1}^m), \tag{3.17}$$

d. h. für jedes Wertpapier entspricht die erwartete Rendite der „wahren“ erwarteten Rendite.[134]

---

131 Vgl. FAMA (1991), S. 1575 f.

132 Vgl. FAMA (1970), S. 413 f., zu möglichen Modellen NEUMANN (1999), S. 175 ff. und FAMA (1976b), S. 137 ff.

133 Vgl. FAMA (1976b), S. 137, SAPUSEK (1998), S. 13.

134 Der konkrete Zusammenhang zwischen der erwarteten Preisverteilung $f_m(\mathfrak{P}_t \mid \Gamma_{t-1}^m)$ und der erwarteten Rendite $\mathrm{E}_m(R_{j,t} \mid \Gamma_{t-1}^m)$ hängt dabei vom verwendeten Modell ab. Häufig wird das Marktmodell als Renditemodell, demzufolge die Wertpapierrendite linear von der Rendite des Marktportefeuilles abhängt, verwendet; vgl. hierzu im Zusammenhang mit Ereignisstudien etwa RÖDER (1999), S. 23 ff.

Zur Konkretisierung des Terminus „verfügbarer Informationen“ unterscheidet FAMA (1970) – ausgehend von dem Konzept der Informationsmengen – zwischen schwacher, halbstrenger und strenger Informationseffizienz.[135] Verwendet der Markt ausschließlich Elemente einer Informationsmenge $\Gamma_t^{\text{schwach}}$, die historische Daten wie Kursverläufe und Umsätze von Wertpapieren enthält, spricht man von *schwacher Informationseffizienz* eines Kapitalmarktes. Auf diesem werden zukünftige Kursentwicklungen von den Erwartungen der Marktteilnehmer, basierend auf den historischen und allgemein verfügbaren Marktinformationen, determiniert. Unter der Voraussetzung einer unbeeinträchtigten Informationsverarbeitung lassen sich auf schwach informationseffizienten Märkten auf Basis des Informationsstandes $\Gamma_t^{\text{schwach}}$ (z. B. über technische Analyse, etwa mit Hilfe von Charts) keine Handelsstrategien mit systematischen, risikoadjustierten Überrenditen erzielen. Im Falle eines *halbstreng informationseffizienten* Marktes verarbeiten die Marktteilnehmer zusätzlich zu den historischen auch alle sonstigen, frei verfügbaren Informationen aus einer Menge $\Gamma_t^{\text{halbstreng}}$ mit $\Gamma_t^{\text{halbstreng}} \supset \Gamma_t^{\text{schwach}}$, sodass auch aus der Fundamentalanalyse keine zusätzlichen Informationen generiert werden können, die Grundlage für systematische Überrenditen darstellen könnten. Sind zusätzlich zu den historischen und frei zugänglichen aktuellen auch nicht veröffentlichte oder monopolisierte Informationen (Insiderinformationen) in den Wertpapierkursen enthalten, Γ_t^{streng} mit $\Gamma_t^{\text{streng}} \supset \Gamma_t^{\text{halbstreng}}$, liegt ein *streng informationseffizienter* Markt vor.[136, 137] Eine Überprüfung der schwachen Form der Informationseffizienz kann z. B. durch die Verwendung technischer Handelsstrategien erfolgen, die sich auf Kursverläufe der Vergangenheit gründen. Im Vergleich mit einer einfachen Buy-and-Hold-Strategie lässt sich ein Test auf systematische Überrenditen durchführen. Die halbstrenge Informationseffizienz lässt sich durch die Beobachtung

---

135 Vgl. FAMA (1970), S. 387, KRESS (1996), S. 40 sowie ausführlich PODDIG (1998), S. 78 ff.

136 Vgl. FAMA (1970), S. 383, FRANKE/HAX (1999), S. 390 ff.

137 In der Praxis wird das Vorliegen speziell der strengen Form der Informationseffizienz weitestgehend bezweifelt – der Gesetzgeber versucht, mit Hilfe des strafbedrohten Verbots von Insiderhandel und der Pflicht zur Ad-hoc-Publizität auf die starke Form der Informationseffizienz hinzuwirken. Vgl. zu den in Deutschland geltenden Regeln für den Insiderhandel und die Überwachung von Kurs- und Marktpreismanipulationen §§ 12 bis 20b des WERTPAPIERHANDELSGESETZES in der Fassung der Bekanntmachung vom 9. September 1998 (BGBl., Jg. 1998, Teil I, Nr. 62, S. 2708-2725), zuletzt geändert durch Artikel 4 des *Gesetzes zur Änderung des Mineralölsteuergesetzes und anderer Gesetze* vom 23. Juli 2002 (BGBl., Jg. 2002, Teil I, Nr. 52, S. 2778-2781).

des Kursverlaufes bei Auftreten kursrelevanter Ereignisse bzw. deren Ankündigung, z. B. Dividendenerhöhungen oder Fusionen, untersuchen.[138, 139]

Bei jeder der drei Formen der Informationseffizienz nach FAMA und ausgehend von den Voraussetzungen (i) bis (iii) resultiert ein *Informationsparadoxon*: Als Folge der homogenen Erwartungen aller Marktteilnehmer herrscht Einigkeit über die Preise aller Güter. Diese spiegeln demnach den aktuellen Informationsstand vollständig wider. Wenn jedoch Informationen vollständig in den aktuellen Preisen enthalten sind und neue Informationen in diesen ihren unmittelbaren Niederschlag finden, besteht für die Marktteilnehmer kein Anreiz, aktiv Informationen für ihre Anlageentscheidungen zu suchen und auszuwerten. Es stellt sich daher die Frage, wie es dann möglich sein kann, dass der jeweilige Preis sämtliche Informationen wiedergibt. NEUMANN/KLEIN (1982) sprechen der Theorie FAMAS, speziell aufgrund dieses Paradoxons, die unmittelbare empirische Relevanz ab. Wegen der fehlenden Anreize zur Informationsbeschaffung und der Übereinstimmung aller Marktteilnehmer hinsichtlich des Marktpreises kann der Preis seine Kommunikationsfunktion nicht erfüllen.[140] FAMA selbst räumt ein, dass die Voraussetzungen eines friktionslosen Marktes mit für alle Investoren frei verfügbaren Informationen, die zudem von allen übereinstimmend gedeutet werden, in der Realität nicht zu finden sind.[141] Auf realen Märkten liegen subjektive Informationsmengen und heterogene Erwartungen und demnach nur eine begrenzte Informationseffizienz vor; die aktuellen Marktpreise können somit nicht

---

[138] Vgl. z. B. KRESS (1996), S. 48 ff., zum konkreten Vorgehen bei Ereignisstudien etwa RÖDER (1999), S. 17. Zu Methoden und Erfolgsaussichten der Wertpapieranalyse bei verschiedenen Formen der Informationseffizienz vgl. auch FRANKE/HAX (1999), S. 394 ff. Testverfahren und empirische Ergebnisse zur schwachen, halbstrengen und strengen Form der Informationseffizienz und ausgewählten Ergebnissen finden sich bei FAMA (1970), S. 388 ff., STEINER/BRUNS (2002), S. 44 ff. und ausführlich bei HAWAWINI (1984), S. 33 ff., S. 105 ff. und S. 148 ff.

[139] Zu empirischen Ergebnissen in Bezug auf Informationseffizienz, speziell der Geschwindigkeit der Informationsverarbeitung (untersucht anhand von Ereignisstudien), vgl. MAY (1991), speziell zur Informationseffizienz des deutschen Aktienmarktes auch MÖLLER (1985), FRANTZMANN (1989), S. 108 ff., SAPUSEK (1998), S. 197 ff. Zu speziellen Phänomenen auf dem deutschen Aktienmarkt in Form von *Bubbles* (temporäre Abweichung der Güterpreise, i. d. R. Aktienkurse, von ihren Fundamentalwerten), *Exzess-Volatilität* (permanente stärkere Schwankung der Kurse als es die Ankunft neuer Informationen am Markt rechtfertigen könnten) siehe etwa BRUNS (1994) und SALGE (1997), zu Ansätzen aus der *Chaostheorie* (hoch nichtlineare deterministische und stochastische Bildungsgesetzmäßigkeiten in Renditezeitreihen) am Beispiel deutscher Aktien ELSNER (1996).

[140] Vgl. NEUMANN/KLEIN (1982), S. 168 f., zur Unvereinbarkeit der Informationseffizienz mit den realen Existenzbedingungen eines Kapitalmarktes auch SCHNEIDER (1993), S. 1432 ff.

[141] Vgl. FAMA (1970), S. 387.

sämtliche Informationen widerspiegeln. Nach FAMA lässt sich ein Markt aber schon als effizient beschreiben, wenn eine gewisse Zahl von Investoren Zugang zu sämtlichen Informationen besitzt. Des Weiteren werden heterogene Erwartungen akzeptiert, sofern diese nicht einzelne Investoren zur Erzielung systematischer Überrenditen befähigen.[142] NEUMANN/KLEIN (1982) schlagen entgegen FAMA eine Aufteilung der Informationstypen nach den jeweiligen Grenzkosten der Informationsbeschaffung vor: (a) Zentral veröffentlichte Informationen mit Grenzkosten von null, (b) dezentrale Informationen mit positiven Grenzkosten für mindestens einige Marktteilnehmer und (c) vorübergehend monopolisierte Informationen, deren Grenzkosten für Nichtinformierte im gegenwärtigen Zeitpunkt unendlich groß sind. Darauf aufbauend wird nur noch in schwache und starke Informationseffizienz unterschieden: Erstere umfasst die Verarbeitung aller zentral veröffentlichten Informationen im Markt und geht damit über die auf Kurshistorien basierende Definition von FAMA (1970) hinaus. Die zweitgenannte Form umfasst alle zentral und dezentral veröffentlichten Informationen und bildet den Ausgangspunkt einer Effizienztheorie bei Informationskosten.[143]

Vor dem Hintergrund einer Diskussion um realistischere Annahmen kommen GROSSMAN/STIGLITZ (1976) und GROSSMAN/STIGLITZ (1980) in ihrer Analyse zu dem Ergebnis, dass positive Informationskosten stets zu Kapitalmarktineffizienzen führen. Kostenlose Informationen sind danach notwendige Voraussetzung für Informationseffizienz.[144] HELLWIG (1982) nimmt dieses unbefriedigende Ergebnis zum Anlass, die Annahmen hinsichtlich der Informationsverarbeitung zu modifizieren: Investoren bestimmen ihre Erwartungen demnach anhand historischer statt laufender Informationen (z. B. Wertpapierpreise). Die bezüglich neuer Informationen Uninformierten haben auf diese nur einen zeitlich verzögerten Zugriff – durch die Auswertung des laufenden Gleichgewichtsprozesses. Je kleiner der Zeitraum der ungleichen Informationsverteilung, desto geringer der Grad der Informationsineffizienz. Somit lässt sich das Ideal eines informationseffizienten Marktes beliebig „approximieren", wobei weiterhin ein

---

[142] Vgl. FAMA (1970), S. 388, KRESS (1996), S. 40, NEUMANN/KLEIN (1982), S. 170.

[143] Vgl. NEUMANN (1999), S. 170 ff.

[144] Nähere Erläuterungen zu den Beiträgen von GROSSMAN/STIGLITZ (1976) und GROSSMAN/STIGLITZ (1980) finden sich z. B. bei HEINKE (1998), S. 165 ff., STEPHAN (1998), S. 248 ff. und FRANTZMANN (1989), S. 23 ff.

Anreiz zur Informationsbeschaffung besteht.[145] In einem anderen Ansatz ergänzt BEAVER (1981) den Begriff der Informationseffizienz um die Unterschiede in der Wahrnehmung der Marktindividuen.[146] Trotz dieser im Vergleich zu FAMA als vorteilhaft angesehenen Definition steht dieser die eingeschränkte empirische Validierbarkeit entgegen.[147, 148]

FAMA reagiert auf die Kritik an seiner Definition der Informationseffizienz und grenzt in FAMA (1991) zwei verschiedene Grundformen ab. In der einfachen Form liegt Informationseffizienz vor, wenn die Wertpapierpreise sämtliche Informationen reflektieren – verbunden mit der Annahme einer kostenlosen Informationsgenerierung. Die abgeschwächte und ökonomisch relevantere Version besagt, dass Informationen bis zu dem Zeitpunkt in die Preisbildung einfließen, bis der Grenznutzen zusätzlicher Informationen gleich deren Grenzkosten ist.[149] Daneben gliedert FAMA die drei Formen der Informationseffizienz neu: Die erste Form der schwachen Informationseffizienz umfasst demnach zusätzlich zu den Tests auf die Prognosekraft historischer Preise auch solche Prüfverfahren, die die Vorhersage von Renditen mit Hilfe von Variablen wie z. B. Dividendenerträgen analysieren („Tests auf die Vorhersagbarkeit von Renditen"). Die beiden anderen Formen werden lediglich namentlich als „Ereignisstudien" bzw. „Tests auf private Informationen" neu deklariert.[150]

Die skizzierte Theorie effizienter Märkte erlangt im Rahmen dieser Arbeit ihre Bedeutung, wenn empirische Untersuchungen zur Optionspreisbildung angestellt wer-

---

145 Vgl. hierzu auch WAHL (1983), S. 6 f.

146 Vgl. BEAVER (1981), S. 24 ff.

147 Vgl. SAPUSEK (1998), S. 33. Zu einem Literaturüberblick von Modellierungsansätzen bei kostenpflichtigen Informationen siehe FRANTZMANN (1989), S. 23 ff., zur Einbeziehung heterogener Erwartungen in die Effizienzdiskussion exemplarisch STREIT (1983) und WAHL (1983).

148 Ergänzend sei angemerkt, dass auch die Aufgabe der vielfach in Frage gestellten Prämisse rational handelnder Anleger – vgl. zu *Anomalien* des menschlichen Verhaltens und zu deren Implikationen für die Kapitalmarkteffizienz einführend OEHLER (1992) – nicht notwendigerweise zu Marktineffizienzen führt, sofern ein geeignetes (dynamisches) Gleichgewichtsmodell zur Abbildung dieser Phänomene existiert. Vgl. FAMA (1970), S. 388 und SAPUSEK (1998), S. 11 und S. 46. Zu Anomalien, verstanden als wissenschaftliche Beobachtung, die nicht mit dem bestehenden Theoriegebäude in Einklang zu bringen ist, in der Empirie und speziell bei deutschen Aktien und Indizes (kalenderzeitliche Anomalien und Bewertungsanomalien) vgl. auch ausführlich FRANTZMANN (1989), S. 66 ff. und S. 108 ff.

149 Vgl. FAMA (1991), S. 1575.

150 Vgl. FAMA (1991), S. 1576 f., RÖDER (1999), S. 7.

den. Derartige Analysen beinhalten stets die verbundene Hypothese auf Gültigkeit des Modells selbst bei gleichzeitiger Informationseffizienz des untersuchten Marktes. Des Weiteren ist der Effizienzbegriff z. B. im Zusammenhang mit dem Informationsgehalt von Marktpreisen von Bedeutung – etwa bei der Frage danach, ob im Optionsmarkt bislang nicht in den Basiswerten verarbeitete Informationen antizipiert werden.[151]

3.4.2 Prämissen zur Optionsbewertung

Ausgangspunkt der im Weiteren durchgeführten Analysen ist ein idealisierter, *vollkommener* und *vollständiger Kapitalmarkt.*[152] Auf einem *vollkommenen Kapitalmarkt* existiert für jeden zu einem bestimmten Zeitpunkt gehandelten Zahlungsstrom ein eindeutiger Preis, der nicht von den Marktteilnehmern beeinflusst werden kann.[153] Expressis verbis seien folgende Prämissen eines vollkommenen Kapitalmarktes vereinbart:

- Alle Marktteilnehmer handeln rational, d. h. ein Mehr an Vermögen wird einem Weniger vorgezogen.[154]
- Informationen stehen allen Marktteilnehmern ohne Kosten und zeitliche Verzögerung zur Verfügung (homogener Informationsstand).
- Marktteilnehmer agieren mit unendlicher Reaktionsgeschwindigkeit.
- Es liegt ein Markt mit vollständiger Konkurrenz vor.[155] Neben einer atomistischen Angebots- und Nachfragestruktur gibt es insbesondere zwischen den

---

151 Vermeintlich besser informierte Investoren (Insider) werden in einem nicht streng informationseffizienten Markt aufgrund der Hebelwirkung eines Handels in Optionsrechten diesen dem im Basiswert vorziehen – so eine Hypothese von HECKER (1993), S. 16 ff.

152 Zu einer kritischen Diskussion der Annahme vollständiger und vollkommener Märkte vgl. MERTON (1987), S. 484 ff.

153 Vgl. SCHMIDT/TERBERGER (1999), S. 91.

154 Die Marktteilnehmer maximieren ihren Erwartungsnutzen; vgl. z. B. HARTMANN-WENDELS/PFINGSTEN/WEBER (2000), S. 21.

155 Aufgrund des homogenen Informationsstandes treten demnach alle Marktteilnehmer als Mengenanpasser auf – ein *Mengenanpasser* oder auch *Preisnehmer* (engl.: *price taker*) kann den Marktpreis eines Gutes nicht beeinflussen. Vgl. z. B. SCHMIDT/TERBERGER (1999), S. 91, Fußnote 6.

Marktteilnehmern keine Präferenzen räumlicher, persönlicher oder sachlicher Natur.[156]

- Von Transaktionskosten (z. B. Geld-Brief-Spannen, Provisionen), Steuern und Sicherheitsleistungen wird abstrahiert.

Neben der Vollkommenheit sei die *Vollständigkeit* des Kapitalmarktes unterstellt, auf dem der Handel jedes beliebigen (auch anteiligen) Zahlungsstromes möglich ist.[157] Im Einzelnen gelte:

- Alle gehandelten Güter sind beliebig teilbar.
- Leerverkäufe sind uneingeschränkt zulässig.

Der Annahmenkatalog muss speziell die Existenz einer risikolosen Anlageform garantieren und die Kapitalaufnahme und -anlage zum Zinssatz für risikolose Anlagen, im Weiteren mit r bezeichnet, in unbegrenzter Höhe gestatten (*unbeschränkter* und *unrationierter* Kapitalmarkt).[158] Unter den getroffenen Prämissen werden keine Arbitragemöglichkeiten (engl.: *free lunches*) existieren, d. h. die Prämisse der Arbitragefreiheit eines Kapitalmarktes ist implizit im beschriebenen Modellrahmen enthalten.[159]

Der zur Arbitragefreiheit führende Marktmechanismus setzt eine vollständige Information (eines Teils) der Marktteilnehmer voraus und führt auf das in der Ökonomie häufig herangezogene „Gesetz des Einheitspreises“ (engl.: *law of one price*): Zukünftige – bedingte oder unbedingte – identische Zahlungsströme werden danach zum gleichen Preis gehandelt; zudem erhält man den Preis zusammengesetzter Zahlungsansprüche als Summe der Preise der einzelnen (Wertadditivitätstheorem).[160] Daneben wird der Zusammenhang zwischen Arbitragemöglichkeiten und Gleichgewichten auf Märkten deutlich: Soweit (noch) Arbitragemöglichkeiten bestehen, werden sich Akteure finden, die Arbitragegeschäfte tätigen. Erst wenn keine dieser Transaktionen mehr möglich ist,

---

156 Vgl. SCHUMANN/MEYER/STRÖBELE (1999), S. 207 f.

157 Vgl. SCHMIDT/TERBERGER (1999), S. 91.

158 Vgl. SCHMIDT/TERBERGER (1999), S. 98.

159 Zu Formen der Arbitrage siehe Kapitel 2, Abschnitt 2.3.

160 Vgl. auch HARTMANN-WENDELS/PFINGSTEN/WEBER (2000), S. 639 f.

kann ein Gleichgewicht entstehen, d. h. Arbitragefreiheit ist notwendige – allerdings nicht hinreichende – Voraussetzung für ein Gleichgewicht. Auf Arbitrage basierende Argumentationen haben den großen Vorteil, weitgehend unabhängig von weiteren Prämissen hinsichtlich der Marktteilnehmer (z. B. deren Risikopräferenzen) zu sein. Allein Nichtsättigung muss vorausgesetzt werden[161] – „[...] it is surprising how much of what is central to modern finance is based solely on the arbitrage principles [...]".[162]

3.5 Verteilungsfreie Eigenschaften von Optionen

3.5.1 Arbitragefreiheit als modellunabhängige Forderung

Der Wert von Optionen unterliegt – unter den in Abschnitt 3.4.2 getroffenen Annahmen – gewissen Beschränkungen, d. h. unabhängig von einem etwaigen konkreten Bewertungsmodell dürfen Optionen einige Bedingungen auf einem arbitragefreien Markt nicht verletzen. Diese großenteils bereits durch MERTON (1973a) aufgestellten Kriterien spielen speziell für die Arbeit mit empirischen Daten eine große Rolle, die vor einer Analyse mit Hilfe der Bedingungen auf Widerspruchsfreiheit geprüft werden müssen. Die Arbitragebeziehungen werden nachfolgend parallel für europäische und amerikanische Optionen entwickelt und – sofern möglich – im Falle von Aktien als Basiswerten mit Dividendenzahlungen während der Optionslaufzeit um weitere Relationen ergänzt.[163, 164] Im Falle von Dividendenzahlungen, gezahlt in der Höhe D_i zur Zeit $t_i^D < T$, $i = 1, 2, \dots, n$, bezeichne $D = \sum_{i=1}^{n} D_i e^{-r(t_i^D - t)}$ deren summierte Barwerte. Es gilt zu beachten, dass gemäß Annahmenkatalog speziell von Transaktionskosten und Leerverkaufsbeschränkungen abstrahiert wird.

---

161 Vgl. FRANKE/HAX (1999), S. 358 ff., SPREMANN (1986), S. 192, 199.

162 ROSS (1978), S. 471.

163 Siehe auch MERTON (1973a), S. 142 ff. Ergänzend sei auf TERSTEGE (1995), S. 108 ff. mit einer äußerst kritischen Diskussion um die Möglichkeiten präferenz- und insbesondere verteilungsfreier Relationen verwiesen, die seiner Meinung nach in der Literatur häufig nicht korrekt abgegrenzt werden; insbesondere implizierten viele Aussagen bereits Verteilungsannahmen.

164 Zu verteilungsfreien Eigenschaften von Optionen vgl. auch TRAUTMANN (2001), Sp. 1476 ff., STEINER/UHLIR (2001), S. 216 ff. sowie ausführlich PLÖTZ (1991), S. 55 ff.

Über die dargestellten Beziehungen hinaus lassen sich noch komplexere Arbitrageportefeuilles mit Kauf- und Verkaufsoptionen aufstellen. Dahinter stehen Optionsstrategien wie z. B. *Bull/Bear Spreads*, *Strangles* und *Collars*.[165] Weiterhin lassen sich Put-Call-Paritäten für Optionen mit zwei oder mehr Basispreisen ableiten. Diese Arbitragebeziehungen sollen aufgrund der sehr untergeordneten praktischen Bedeutung nicht näher betrachtet werden.[166]

3.5.2 Verteilungsfreie Arbitragebeziehungen bei Kaufoptionen

3.5.2.1 Arbitragebeziehungen zwischen Optionen und Basiswert

Der Wert eines Optionsrechtes ist durch aus Arbitrageüberlegungen resultierende Grenzen sowohl nach oben als auch nach unten beschränkt.

Wertobergrenze. Das Recht, einen Basiswert zu erwerben, kann maximal dessen aktuellen Wert aufweisen, d. h. die Wertobergrenze einer Kaufoption ist zu jedem Zeitpunkt durch den Kurs des Basiswertes gegeben. Diese Eigenschaft ist europäischen und amerikanischen Optionen gemein, d. h. es gilt für alle $t \leq T$

$$c_t \leq S_t, \tag{3.18}$$

$$C_t \leq S_t. \tag{3.19}$$

Bei Verletzung von (3.18) bzw. (3.19) ließe sich über den Kauf des Basiswertes und den Verkauf der Kaufoption ein Mittelzufluss in Höhe von $c_t - S_t$ bzw. $C_t - S_t$ erzielen. Wird die Option dann – bis zum oder am Verfalltag – ausgeübt, ist der Basiswert zum Preis von K zu liefern, d. h. es verbleibt ein Gesamtgewinn in Höhe von K zuzüglich des anfänglichen Mittelzuflusses inkl. der Zinsen bei zwischenzeitlicher risikoloser

165 Zu Optionsstrategien vgl. etwa HULL (2003), S. 185 ff.

166 Die hier als „untergeordnet“ klassifizierte Praxisrelevanz bezieht sich insbesondere auf die Vereinbarkeit mit der unterstellten Abstraktion von Transaktionskosten. Erscheint eine solche bereits bei den im Folgenden aufgezeigten einfacheren Arbitragebeziehungen mit Blick auf die reale Umsetzung nur schwer vertretbar (z. B. nur bei einem nahezu spesenfreien Handel, wie er etwa von Banken und deren Market-Makern durchgeführt werden kann), fehlt es insbesondere komplexeren Arbitragestrategien an praktischer Relevanz.

Anlage des Betrages. Falls die verkaufte Option verfällt, hält man bei dieser Strategie den Basiswert mit Wert $S_T \geq 0$, wiederum zuzüglich des verzinsten anfänglichen Zuflusses. Somit wird in beiden möglichen Szenarien Arbitrage erzielt.[167]

Wertuntergrenze. Der Wert einer Kaufoption, europäischen oder amerikanischen Typs, liegt niemals unter der nichtnegativen Differenz zwischen dem Wert des Basisgutes und dem diskontierten Basispreis:

$$c_t \geq \max\{S_t - Ke^{-r(T-t)}; 0\}, \tag{3.20}$$

$$C_t \geq \max\{S_t - Ke^{-r(T-t)}; 0\}. \tag{3.21}$$

Um diese Bedingungen nachzuvollziehen, ist zunächst festzustellen, dass $c_t \geq 0$ bzw. $C_t \geq 0$ gelten muss. Anderenfalls könnte über Kauf der Option und deren Halten ein Mittelzufluss erreicht werden, der von nichtnegativen Zahlungen begleitet wird. Im Folgenden kann die Betrachtung somit auf die Fälle $c_t \geq S_t - Ke^{-r(T-t)}$ und $C_t \geq S_t - Ke^{-r(T-t)}$ beschränkt werden. Falls die jeweiligen rechten Seiten dieser Relationen negativ werden, greifen die Maximumfunktionen in (3.20) und (3.21).

Eine Verletzung der Wertuntergrenze bei europäischen Optionen ließe Arbitrage zu, indem die Option zu c_t gekauft und der Basiswert zu S_t verkauft wird. Legt man den wegen $S_t - c_t > Ke^{-r(T-t)}$ verbleibenden Betrag von mindestens $Ke^{-r(T-t)}$ risikolos an, ergibt sich folgendes Rückzahlungsprofil: Im Fall $S_T \leq K$ verfällt die Option wertlos, der Basiswert ist zu S_T zurückzukaufen und aus der risikolosen Anlage erhält man einen Betrag in Höhe von K. Der Gesamtzahlungsstrom $K - S_T$ ist wegen $S_T \leq K$ nichtnegativ, im ungünstigsten Fall ist die Rückzahlung gleich null. Gilt am Verfalltag der Option $S_T > K$, übe man die Option aus, nutze die erhaltene Rückzahlung von $S_T - K$, zusammen mit dem Betrag K aus der risikolosen Anlage, um den Basiswert zu S_T zurückzukaufen. Die Gesamtrückzahlung ist in diesem Fall gerade gleich null. Bedingung (3.21) für amerikanische Optionen folgt unmittelbar aus der Möglichkeit zur sofortigen Ausübung im Falle $C_t < S_t - K$.[168]

---

[167] Vgl. COX/RUBINSTEIN (1985), S. 129 f., HULL (2003), S. 171 f.

[168] KÖPKE (1995) unterscheidet neben der Wertuntergrenze noch eine *schwache Wertuntergrenze*, bei Calls $\max\{S_t - K; 0\}$. Bei deren Verletzung ist – bei amerikanischen Optionen – eine unmittelbare (indirekte) Raumarbitrage möglich. Bei Verletzung der Grenze durch eine europäische Option ist nur eine indirekte Zeitarbitrage möglich. Vgl. KÖPKE (1995), S. 61 f.

Im Falle von Dividendenzahlungen während der Restlaufzeit der Option lassen sich geringfügig modifizierte Bedingungen der Form

$$c_t \geq \max\{S_t - Ke^{-r(T-t)} - D; 0\}, \tag{3.22}$$

$$C_t \geq \max\{S_t - Ke^{-r(T-t)} - D; S_t - K; 0\} \tag{3.23}$$

aufstellen. Diese ergeben sich analog zu den vorigen Überlegungen – mit dem Unterschied, dass bei $c_t < S_t - Ke^{-r(T-t)} - D$ bzw. $C_t < S_t - Ke^{-r(T-t)} - D$ zusätzlich der Betrag D risikolos anzulegen ist, der abzurufen ist, wenn auf die verkaufte Aktie Dividendenzahlungen fällig sind. Für amerikanische Optionen bleibt zudem die jederzeitige Ausübung als Alternative.[169]

Ergänzend lässt sich festhalten, dass aus (3.20) bis (3.21) der verteilungsfreie Zusammenhang

$$S_t = 0 \Longrightarrow c_t = 0 \ \wedge \ C_t = 0, \tag{3.24}$$

$$K = 0 \Longrightarrow c_t = S_t \ \wedge \ C_t = S_t \tag{3.25}$$

folgt.

3.5.2.2 Arbitragebeziehungen zwischen Optionen mit unterschiedlichen Basispreisen

Basispreis-Bedingung 1. Für zwei ansonsten ausstattungsgleiche Kaufoptionen, jeweils einheitlich europäischen oder amerikanischen Typs, mit unterschiedlichen Basispreisen gilt der Zusammenhang:

$$c_t(K_1) \geq c_t(K_2) \ \text{ für } \ K_2 > K_1, \tag{3.26}$$

$$C_t(K_1) \geq C_t(K_2) \ \text{ für } \ K_2 > K_1. \tag{3.27}$$

Der Wert einer Kaufoption ist demnach eine im Basispreis monoton fallende – nicht notwendigerweise streng monoton fallende – Funktion.

---

[169] Vgl. HULL (2003), S. 179, COX/RUBINSTEIN (1985), S. 129 f. mit weiteren Erläuterungen und dem entsprechenden Arbitragetableau zur Ableitung der Wertuntergrenze.

Bei Verletzung der Bedingungen kaufe man Option 1 zum Preis von $C_t(K_1)$ und verkaufe Option 2 zu $C_t(K_2)$, woraus ein Mittelzufluss resultiert. Im Falle amerikanischer Optionen kann eine vorzeitige Ausübung der Option 2 gegen den Stillhalter auftreten. In diesem Fall übe man die gekaufte Option 1 aus, bediene die Lieferverpflichtung und vereinnahme die Differenz in den Basispreisen, $K_2 - K_1$. Bei ausbleibender vorzeitiger Ausübung sowie im Falle europäischer Optionen halte man den gekauften Call bis zum Verfalltag. Bei $S_T \leq K_1$ verfallen beide Optionen wertlos. Gilt $K_1 < S_T < K_2$, so verfällt die verkaufte Option wertlos, die gekaufte kann unter Vereinnahmung eines Gewinns in Höhe von $S_T - K_1$ ausgeübt werden. Im dritten möglichen Fall, $K_2 \leq S_T$, werden beide Optionen ausgeübt: Man beziehe mittels Option 1 den Basiswert zu K_1 und bediene damit die Lieferverpflichtung mit Preis K_2. Wegen $K_2 > K_1$ entsteht ein positiver Rückfluss.[170]

Basispreis-Bedingung 2. Die Wertdifferenz zwischen zwei ansonsten ausstattungsgleichen Kaufoptionen ist durch die (diskontierte) Differenz der Basispreise nach oben beschränkt. Mit $K_2 > K_1$ gilt:

$$c_t(K_1) - c_t(K_2) \leq (K_2 - K_1)\, e^{-r(T-t)}, \tag{3.28}$$

$$C_t(K_1) - C_t(K_2) \leq K_2 - K_1. \tag{3.29}$$

Ist die Bedingung bei amerikanischen Optionen nicht erfüllt, verkaufe man Option 1 zu $C_t(K_1)$, kaufe Option 2 zu $C_t(K_2)$ und tätige eine risikolose Anlage von (mindestens) $K_2 - K_1$. Falls die Option 1 vorzeitig – zur Zeit t^* bei einem Preis des Basiswertes von S_{t^*} – ausgeübt wird, betrachte man den Wert der gekauften Option 2: Liegt dieser oberhalb des positiven inneren Wertes, d. h. gilt $C(S_{t^*}, t^*, K_2) > S_{t^*} - K_2$, verkaufe man die Option, anderenfalls übe man sie aus. In beiden Fällen gelingt es, der resultierenden Zahlungsverpflichtung zusammen mit Hilfe eines Betrages von $K_2 - K_1$ aus der risikolosen Anlage nachzukommen. Es verbleibt ein Zinsgewinn sowie im zweiten Szenario aus dem Verkauf des Calls zusätzlich ein Betrag in Höhe von $C(S_{t^*}, t^*, K_2) - (S_{t^*} - K_2)$. Wird die verkaufte Option nicht vorzeitig ausgeübt oder liegen europäische Optionen zugrunde, halte man die Position bis zum Verfalltag. In allen drei möglichen Szenarien, $S_T \leq K_1$, $K_1 < S_T < K_2$ und $K_2 \leq S_T$, ergibt sich ei-

---

170 Vgl. COX/RUBINSTEIN (1985), S. 133.

ne nichtnegative Rückzahlung.[171] Die „Verschärfung“ für europäische Optionen gemäß (3.28) ergibt sich aus der Tatsache, dass der anfängliche Mittelzufluss von $K_2 - K_1$ stets während der Optionslaufzeit erhalten bleibt. Er würde demnach in obiger Arbitragestrategie bereits ausreichen, einen Betrag in Höhe von $(K_2 - K_1)e^{-r(T-t)}$ risikolos anzulegen, um trotzdem die resultierenden Verpflichtungen am Verfalltag erfüllen zu können.

Basispreis-Bedingung 3 („Butterfly“). Bei drei ansonsten ausstattungsgleichen Kaufoptionen mit Basispreisen $K_3 > K_2 > K_1$ kann der Wert der „mittleren“ Option nicht über dem gewogenen Durchschnitt der Werte der „äußeren“ Optionen liegen. Als Gewichtungsfaktoren sind dabei $\Lambda = \frac{K_3-K_2}{K_3-K_1}$ bzw. $1 - \Lambda = \frac{K_2-K_1}{K_3-K_1}$ zu verwenden:

$$c_t(K_2) \leq \frac{K_3 - K_2}{K_3 - K_1} \cdot c_t(K_1) + \frac{K_2 - K_1}{K_3 - K_1} \cdot c_t(K_3), \tag{3.30}$$

$$C_t(K_2) \leq \frac{K_3 - K_2}{K_3 - K_1} \cdot C_t(K_1) + \frac{K_2 - K_1}{K_3 - K_1} \cdot C_t(K_3). \tag{3.31}$$

Der Wert einer Kaufoption ist demzufolge eine im Basispreis konvexe – nicht notwendigerweise streng konvexe – Funktion.

Die Konvexitätsbedingungen (3.30) bzw. (3.31) wären bei $C_t(K_2) > \Lambda C_t(K_1) + (1 - \Lambda)C_t(K_3)$ verletzt. Aus dem Verkauf der Option 2 und dem Kauf von Λ Optionen 1 und $(1 - \Lambda)$ Optionen 3 folgt dann ein Mittelzufluss. Im Falle amerikanischer Optionen kann die mittlere Option 2 zwischenzeitlich – zur Zeit t^* bei einem Preis des Basiswertes von S_{t^*} – ausgeübt werden. Hat die Option 1 zu diesem Zeitpunkt einen Wert, der über ihrem positiven inneren Wert liegt, d. h. gilt $C(S_{t^*}, t^*, K_1) > S_{t^*} - K_1$, ist diese zu verkaufen, anderenfalls auszuüben. Werden beide Kaufoptionen ausgeübt, entsteht in der Summe ein Ergebnis von null, denn es gilt $\Lambda(S_{t^*} - K_1) + (1 - \Lambda)(S_{t^*} - K_3) = S_{t^*} - K_2$. Wird die Option 1 verkauft, erhält man einen zusätzlichen positiven Betrag in Höhe von $\Lambda[C(S_{t^*}, t^*, K_1) - (S_{t^*} - K_1)]$. Bei ausbleibender Ausübung der Option 2 oder im Falle europäischer Optionen ergeben sich am Verfalltag vier mögliche Szenarien: Bei $S_T \leq K_1$ erfolgt keine Ausübung von Optionen, es fallen keine Zahlungen an. Im Szenario $K_1 < S_T \leq K_2$ übe man

[171] Vgl. COX/RUBINSTEIN (1985), S. 133 f. und S. 137, inkl. des Arbitragetableaus mit den Rückzahlungen in den drei Szenarien.

die Option 1 aus und vereinnahme $\Lambda(S_T - K_1)$. Der Fall $K_2 < S_T < K_3$ führt wieder zur Ausübung von Option 1 mit Zahlung $\Lambda(S_T - K_1)$, Option 2 wird gegen den Stillhalter ausgeübt. Dies zieht einen Zahlungsstrom der Höhe $K_2 - S_T$ nach sich. Die Summe $\Lambda(S_T - K_1) + K_2 - S_T$ ist dabei stets positiv: Wegen $K_3 > S_T$ gilt $(1 - \Lambda)K_3 > (1 - \Lambda)S_T$. Daraus folgt

$$\Lambda S_T > S_T - (1 - \Lambda)K_3 \Longleftrightarrow \Lambda S_T - \Lambda K_1 > S_T - \Lambda K_1 - (1 - \Lambda)K_3$$
$$\Longleftrightarrow \Lambda(S_T - K_1) + K_2 - S_T > 0.$$

Im letzten Fall $K_3 \leq S_T$ schließlich werden alle Optionen ausgeübt. Der Mittelzufluss aus den ausgeübten Long-Positionen beläuft sich auf $\Lambda(S_T - K_1) + (1 - \Lambda)(S_T - K_3)$, aus der Short-Position in Option 2 resultiert ein Zahlungsstrom in Höhe von $K_2 - S_T$, d. h. die Summe beläuft sich auf null.[172]

3.5.2.3 Arbitragebeziehungen zwischen Optionen mit unterschiedlichen Laufzeiten

Der Wert einer amerikanischen Kaufoption kann niemals kleiner sein als der Wert einer ansonsten ausstattungsgleichen Kaufoption mit einer kürzeren Restlaufzeit:

$$C(\tau_2) \geq C(\tau_1) \text{ für } \tau_2 > \tau_1. \tag{3.32}$$

Bei Verletzung von (3.32) ließe sich über den Verkauf der Option 1 zu $C(\tau_1)$ und Kauf der Option 2 zu $C(\tau_2)$ ein Mittelzufluss generieren. Wird die Option mit der kürzeren Restlaufzeit – zur Zeit t^* bei einem Preis des Basiswertes von S_{t^*} – vorzeitig ausgeübt, verkaufe man die andere Option, sofern $C(t^*) - \max\{S_{t^*} - K; 0\} > 0$ gilt; in diesem Fall kann der Zahlungsverpflichtung nachgekommen und ein Gewinn realisiert werden. Ist die Bedingung nicht erfüllt, übe man die Option aus und schließe die Position mit einem Ergebnis von null.[173]

---

172 Vgl. COX/RUBINSTEIN (1985), S. 133 ff., inkl. Arbitragetableaus.

173 Vgl. COX/RUBINSTEIN (1985), S. 138. Man beachte, dass eine „Butterfly"-Bedingung analog zu den Basispreisen nicht möglich ist.

Eine (3.32) entsprechende Arbitragebedingung für europäische Optionen kann nicht aufgestellt werden, da diese nicht vorzeitig ausgeübt werden können.

3.5.2.4 Optimale Ausübungspolitik

Speziell für amerikanische Kaufoptionen lassen sich einige weitere verteilungsfreie Bedingungen ableiten, die u. a. für den theoretischen und empirischen Umgang mit Optionen auf Aktien, auf die während der Optionslaufzeit Dividenden gezahlt werden, von großer Bedeutung sind. Es werde davon ausgegangen, dass kein *Dividendenschutz* – eine auf Optionsebene gewährte Kompensation der Kurswirkung von Dividendenzahlungen (z. B. durch Anpassung des Basispreises) – vorliegt. Im Einzelnen gelten folgende Arbitragebeziehungen:

1. Eine amerikanische Kaufoption hat stets, außer bei Fälligkeit oder unmittelbar vor einem Dividendentermin, einen Wert größer als $\max\{S_t - K; 0\}$.

2. Die Ausübung einer amerikanischen Kaufoption ist, außer bei Fälligkeit oder unmittelbar vor einem Dividendentermin, nicht rational.[174] Daraus folgt speziell, dass amerikanische Kaufoptionen bei Ausbleiben von Dividendenzahlungen sowie dividendengeschützte amerikanische Kaufoptionen nicht vorzeitig ausgeübt werden sollten.

3. Falls die Bedingung

$$D_i \leq K\left(1 - e^{-r\left(t_{i+1}^D - t_i^D\right)}\right) \; \forall\, i < n \;\; \wedge \;\; D_n \leq K\left(1 - e^{-r\left(T - t_n^D\right)}\right) \qquad (3.33)$$

erfüllt ist, ist eine vorzeitige Ausübung amerikanischer Kaufoptionen niemals optimal.[175]

Falls die Bedingung in Eigenschaft 1 zwischen zwei Dividendenterminen verletzt ist und $C_t = S_t - K$ gilt, lassen sich über den Kauf der Option, den Leerverkauf der Aktie und eine Kreditaufnahme in Höhe des Basispreises Arbitragegewinne generieren,

---

[174] Vgl. COX/RUBINSTEIN (1985), S. 139 ff., zudem mit weiteren Eigenschaften zur Ausübung amerikanischer Kaufoptionen.

[175] Vgl. z. B. HULL (2003), S. 254 f.

wenn diese Position unmittelbar vor dem nächsten Dividendentermin wieder geschlossen wird; der Arbitrageur erzielt mindestens einen Zinsertrag auf den Basispreis.[176] Eigenschaft 2 folgt unmittelbar aus Eigenschaft 1: Mit Ausnahme eines unmittelbar bevorstehenden Dividendentermins gilt $C_t > S_t - K$, d. h. ein etwaiger Verkauf einer amerikanischen Kaufoption ist deren Ausübung stets vorzuziehen.[177] Für den Nachweis von Eigenschaft 3 lässt sich wie folgt argumentieren: Ausgehend von der letzten Dividendenzahlung D_n wäre eine Ausübung unmittelbar vor t_n^D mit einem Ertrag in Höhe $S_{t_n^D} - K$ verbunden. Bei Halten der Kaufoption und dem auf $S_{t_n^D} - D_n$ fallenden Aktienkurs gilt nach (3.23)

$$C_t \geq S_{t_n^D} - D_n - Ke^{-r\left(T-t_n^D\right)}.$$

Ein Vergleich dieser Wertuntergrenze bei Nichtausübung mit dem Ertrag bei Ausübung, $S_{t_n^D} - K$, zeigt, dass

$$S_{t_n^D} - D_n - Ke^{-r\left(T-t_n^D\right)} \geq S_{t_n^D} - K \Longleftrightarrow D_n \leq K\left(1 - e^{-r\left(T-t_n^D\right)}\right)$$

eine hinreichende Bedingung für ein rationales Halten der Option über den Dividendentermin hinaus darstellt. Sofern die Dividende D_n geringer als der auf den Basispreis erzielbare Zinsbetrag, $e^{-r\left(T-t_n^D\right)}\left(Ke^{r\left(T-t_n^D\right)} - K\right) = K\left(1 - e^{-r\left(T-t_n^D\right)}\right)$, ausfällt, ist eine vorzeitige Ausübung nicht sinnvoll. Mit analoger Argumentation lassen sich Bedingungen für die Perioden zwischen den vorhergehenden Dividendenterminen herleiten.[178]

Analog zu den Kaufoptionen lassen sich verteilungsfreie Eigenschaften für Verkaufsoptionen gewinnen. Aufgrund der großenteils analog verlaufenden Beweisschritte wird eine komprimierte Darstellungsweise gewählt.

---

176 Vgl. auch Formel (3.23). COX/RUBINSTEIN (1985), S. 139 weisen auf den wichtigen Punkt hin, dass ein Halten des beschriebenen Portefeuilles über den nächsten Dividendentermin hinaus keine risikolosen Gewinne garantiert.

177 Zu einer detaillierteren Diskussion siehe auch KWOK (1998), S. 149 ff.

178 Vgl. auch HULL (2003), S. 254 f., KWOK (1998), S. 150 f.

3.5.3 Verteilungsfreie Arbitragebeziehungen bei Verkaufsoptionen

3.5.3.1 Arbitragebeziehungen zwischen Optionen und Basiswert

Wertobergrenze. Der Wert einer europäischen und amerikanischen Verkaufsoption ist durch den Basispreis nach oben beschränkt. Aufgrund der fehlenden Möglichkeit zur vorzeitigen Ausübung lässt sich die Obergrenze für europäische Optionen auf den diskontierten Basispreis „verschärfen“:

$$p_t \leq Ke^{-r(T-t)}, \tag{3.34}$$

$$P_t \leq K. \tag{3.35}$$

Wertuntergrenze. Der Wert einer Verkaufsoption liegt niemals unter der positiven Differenz zwischen dem Wert des Basisgutes und dem diskontierten Basispreis:

$$p_t \geq \max\{Ke^{-r(T-t)} - S_t; 0\}. \tag{3.36}$$

Die Wertuntergrenze lässt sich im Falle amerikanischer Verkaufsoptionen noch weiter erhöhen:

$$P_t \geq \max\{K - S_t; 0\}. \tag{3.37}$$

Im Zusammenhang mit europäischen Verkaufsoptionen ist folgende Besonderheit herauszustellen: Während der innere Wert einer Kaufoption aufgrund eines vor Fälligkeit stets strikt positiven Zeitwertes die Wertuntergrenze der Option darstellt, ist für Verkaufsoptionen mit hohem inneren Wert der Fall denkbar, dass dieser oberhalb des Gesamtwertes der Option liegt. Das Phänomen eines folglich *negativen Zeitwertes* liegt darin begründet, dass der innere Wert bei europäischen Optionen erst am Verfalltag realisiert werden kann.[179] Als Konsequenz bleibt festzuhalten, dass im Fall europäischer Verkaufsoptionen genau zwischen dem *inneren Wert* einer Option und deren (niedrigerer) *Wertuntergrenze* unterschieden werden muss.

---

[179] Vgl. hierzu auch STEINER/BRUNS (2002), S. 368 f. sowie die dortige Abbildung 5.25 zur Sensitivität des Optionswertes auf ein Abnehmen der Restlaufzeit. Bei weit im-Geld notierenden Optionen treten *Zeitwertgewinne* auf.

Im Falle von Dividendenzahlungen müssen folgende Bedingungen gelten:

$$p_t \geq \max\{Ke^{-r(T-t)} - S_t + D; 0\}, \tag{3.38}$$

$$P_t \geq \max\{Ke^{-r(T-t)} - S_t + D; K - S_t; 0\}. \tag{3.39}$$

3.5.3.2 Arbitragebeziehungen zwischen Optionen mit unterschiedlichen Basispreisen

Basispreis-Bedingung 1. Für zwei ansonsten ausstattungsgleiche Verkaufsoptionen, jeweils einheitlich europäischen oder amerikanischen Typs, mit unterschiedlichen Basispreisen gilt der Zusammenhang:

$$p_t(K_2) \geq p_t(K_1) \quad \text{für} \quad K_2 > K_1, \tag{3.40}$$

$$P_t(K_2) \geq P_t(K_1) \quad \text{für} \quad K_2 > K_1. \tag{3.41}$$

Der Wert einer Verkaufsoption ist demnach eine im Basispreis monoton steigende Funktion.

Basispreis-Bedingung 2. Die Wertdifferenz zwischen zwei ansonsten ausstattungsgleichen Verkaufsoptionen ist durch die (diskontierte) Differenz der Basispreise nach oben beschränkt. Mit $K_2 > K_1$ gilt:

$$p_t(K_2) - p_t(K_1) \leq (K_2 - K_1)e^{-r(T-t)}, \tag{3.42}$$

$$P_t(K_2) - P_t(K_1) \leq K_2 - K_1. \tag{3.43}$$

Basispreis-Bedingung 3 („Butterfly"). Bei drei ansonsten ausstattungsgleichen Verkaufsoptionen mit Basispreisen $K_3 > K_2 > K_1$ kann der Wert der „mittleren" Option nicht über dem gewogenen Durchschnitt der Werte der „äußeren" Optionen liegen. Als Gewichtungsfaktoren sind dabei $\Lambda = \frac{K_3-K_2}{K_3-K_1}$ bzw. $1 - \Lambda = \frac{K_2-K_1}{K_3-K_1}$ zu verwenden:

$$p_t(K_2) \leq \frac{K_3 - K_2}{K_3 - K_1} \cdot p_t(K_1) + \frac{K_2 - K_1}{K_3 - K_1} \cdot p_t(K_3), \tag{3.44}$$

$$P_t(K_2) \leq \frac{K_3 - K_2}{K_3 - K_1} \cdot P_t(K_1) + \frac{K_2 - K_1}{K_3 - K_1} \cdot P_t(K_3). \tag{3.45}$$

Auch der Wert einer Verkaufsoption ist demzufolge eine im Basispreis konvexe Funktion.

3.5.3.3 Arbitragebeziehungen zwischen Optionen mit unterschiedlichen Laufzeiten

Der Wert einer amerikanischen Verkaufsoption kann niemals kleiner sein als der Wert einer ansonsten ausstattungsgleichen Verkaufsoption mit einer kürzeren Restlaufzeit:

$$P(\tau_2) \geq P(\tau_1) \text{ für } \tau_2 > \tau_1. \tag{3.46}$$

Auch hier kann keine entsprechende Arbitragebedingung für europäische Optionen entwickelt werden.

3.5.3.4 Optimale Ausübungspolitik

Hinsichtlich der Ausübung amerikanischer Verkaufsoptionen lassen sich weit weniger Aussagen als bei Kaufoptionen treffen. Zum einen lässt sich keine allgemein gültige Wertgleichheit zwischen europäischen und amerikanischen Puts begründen. Zum anderen kann es, selbst falls keine Zahlungen auf den Basiswert anfallen, rational sein, einen amerikanischen Put vorzeitig auszuüben.[180]

3.5.4 Arbitragebeziehungen zwischen Kauf- und Verkaufsoptionen mit gleichen Basispreisen und gleicher Restlaufzeit – Die Put-Call-Parität

Einfache Arbitrageüberlegungen führen auf den wichtigen Wertzusammenhang zwischen ausstattungsgleichen europäischen Kauf- und Verkaufsoptionen, wobei Dividendenzahlungen ausgeschlossen seien.[181] Die Entwicklung dieser als *Put-Call-*

---

[180] Auf eine nähere Diskussion sei hier daher verzichtet; zu einigen einführenden Analysen um verteilungsfreie Eigenschaften amerikanischer Puts vgl. COX/RUBINSTEIN (1985), S. 146 ff.

[181] Vgl. z. B. HULL (2003), S. 174.

Parität bekannten Relation wird STOLL (1969) zugeschrieben.[182] Betrachtet werde ein Portefeuille A, das eine europäische Kaufoption und einen Geldbetrag in Höhe von $Ke^{-r(T-t)}$ enthalte, sowie ein Portefeuille B, das eine europäische Verkaufsoption und eine Einheit des Optionsbasiswertes (z. B. eine Aktie) umfasse. Daraus folgt, dass beide am Verfalltag der Optionen einen Wert von $\max\{S_T; K\}$ aufweisen. Da eine vorzeitige Ausübung ausgeschlossen ist, müssen beide Portefeuilles in jedem Betrachtungszeitpunkt $t \leq T$ denselben Wert haben, d. h.

$$c_t + Ke^{-r(T-t)} = p_t + S_t \Longleftrightarrow p_t = c_t - S_t + Ke^{-r(T-t)}. \tag{3.47}$$

Im Falle von Dividendenzahlungen ist (3.47) wie folgt zu modifizieren:

$$p_t = c_t - S_t + Ke^{-r(T-t)} + D. \tag{3.48}$$

Die Put-Call-Parität in Gleichung (3.47) bzw. (3.48) gilt *nicht* für amerikanische Optionen. Für diese lässt sich eine Relation der Form

$$S_t - K \leq C_t - P_t \leq S_t - Ke^{-r(T-t)}, \tag{3.49}$$

im Dividendenfall der Form

$$S_t - K \leq C_t - P_t \leq S_t - Ke^{-r(T-t)} + D \tag{3.50}$$

ableiten.[183]

3.5.5 EXKURS: Verteilungsfreie Eigenschaften von Futures-style-Optionen

Speziell mit Blick auf die spätere empirische Untersuchung bedarf eine spezielle Form von Optionen einer gesonderten Analyse.

---

182 Vgl. auch die kontroverse Diskussion in MERTON (1973b) und STOLL (1973) um die Anwendbarkeit bei Optionen amerikanischen Typs.

183 Siehe z. B. HULL (2003), S. 178 f., COX/RUBINSTEIN (1985), S. 151 ff.

In einer ersten Abgrenzung sind die üblichen Optionen auf Finanzinstrumente des Kassamarktes (*Kassa-Optionen*) von solchen auf Futures-Kontrakte als Basiswerte (*Futures-Optionen*) zu unterscheiden. Im Falle von Kassa-Optionen findet bei deren Ausübung eine physische Lieferung und Abnahme des Basiswertes zum Basispreis oder ein Barausgleich statt. Eine Ausübung von Futures-Optionen, die sich i. d. R. auf Produkte derselben Börse beziehen, führt zu einer Einbuchung von Positionen im später fälligen Future und einem Barausgleich eventueller seit der letzten Futureabrechnung angefallener Gewinne bzw. Verluste. Bei Ausübung eines Futures-Calls erhält die Käuferseite eine Long-Position im zugrunde liegenden Future sowie den Differenzbetrag zwischen dem letzten Abrechnungskurs des Futures und dem Basispreis. Der zugeteilte Stillhalter hat diesen Betrag zu zahlen und erhält die korrespondierende Short-Position im Future.[184]

Der Einsatz von Futures-Optionen ist speziell dann sinnvoll, wenn sich der Futures-Markt durch eine höhere Effizienz im Sinne von Marktliquidität sowie Frequenz und Transparenz des Handels auszeichnet. Dies gilt etwa dann, wenn Futures-Kontrakte die auf viele einzelne Kassamarktprodukte verteilte Liquidität bündeln – ein gutes Beispiel hierfür stellt der Euro-Bund-Future-Kontrakt für den Bereich festverzinslicher Wertpapiere dar.[185] Zudem ist der parallele Handel in Futures und Futures-Optionen an der gleichen Terminbörse möglich, womit z. B. die Durchführung von Hedgingstrategien erleichtert wird. Auch die Tatsache, dass die bei Ausübung einer Futures-Option eingenommene Position kurzfristig glattgestellt werden kann und so z. B. im Vergleich zu einem Kauf des Basiswertes verhältnismäßig wenig Kapital eingesetzt werden muss, wird als Vorteil gesehen.[186]

Neben der Besonderheit bei der Art des Basiswertes ist beim Handel mit Futures-Optionen nach der Art der Prämienabrechnung zu differenzieren. Bei einer „traditionellen" Abrechnung von Optionen ist die Prämie bei Geschäftsabschluss[187] zu entrich-

---

[184] Vgl. HULL (2003), S. 278 f., BEILNER (1992), S. 374.

[185] Aufgrund dieses großen Vorteils und der damit einhergehenden Nachfrage stellt die Eurex Optionen auf sämtliche Zinsfutures zur Verfügung. Vgl. hierzu auch Kapitel 2, Abschnitt 2.2.2.2.

[186] Vgl. HULL (2003), S. 283 f., CHICAGO BOARD OF TRADE (1997), S. 3 f.; zu Einsatzmöglichkeiten und Handelsstrategien mit Futures-Optionen siehe auch TOMPKINS (1991), S. 68 ff. und LESNY (1996).

[187] Ggf. abrechnungstechnisch bedingt wenige Börsentage später; an der Eurex etwa sind Optionsprämien bei „traditioneller" Abrechnung einen Börsentag nach Geschäftsabschluss fällig.

ten – man spricht bei diesem Vorgehen auch vom *Stock-style-Verfahren*. Der Inhaber einer Long-Position deckt durch die sofortige Zahlung der Optionsprämie sein maximales Verlustrisiko ab, sodass keine Sicherheitsleistungen zu erbringen sind. Für die Short-Position sind wie üblich Margins (etwa in Wertpapierform) zu hinterlegen.

Speziell für Futures-Optionen hat sich aufgrund der Besonderheit des Basiswertes eine abgewandelte Form der Abrechnung entwickelt: Beim *Futures-style-Verfahren* ist die Optionsprämie nicht in einer Summe, sondern über die Kontraktlaufzeit verteilt zu entrichten. Analog zum Marking-to-Market-Verfahren bei Futures finden tägliche Ausgleichszahlungen für aufgelaufene Gewinne und Verluste statt. Durch die bei Verfall oder Ausübung einer Futures-style-Option fällige Abschlusszahlung in Höhe des täglichen Abrechnungspreises ist gewährleistet, dass der Optionskäufer insgesamt die vereinbarte Prämie zahlt. Bei vorzeitiger Glattstellung entfällt, mit Ausnahme der bisherigen täglichen Gewinn-/Verlustausgleiche, ein Prämienaustausch. Im Rahmen des Futures-style-Verfahrens sind sowohl auf der Long- als auch auf der Short-Seite des Optionskontraktes Marginleistungen zu erbringen.[188] Der zentrale Unterschied zwischen Stock-style- und Futures-style-Abrechnung liegt damit in der temporären Verteilung von Gewinnen und Verlusten.[189] Beim Futures-style-Verfahren ist der Zahlungsstrom, wie bei Futures, symmetrisch, ohne dass dadurch jedoch die originären Risikoprofile der Optionen verändert werden.

Das Futures-style-Verfahren bei Optionen ist speziell dann von Bedeutung, wenn mit einer Futures-Option eine Position im zugrunde liegenden Future abgesichert (gehedgt) werden soll. Bei Abrechnung im Stock-style-Verfahren können Optionsgewinne nicht zur Kompensation der damit einhergehenden täglichen Verluste für die Future-Position herangezogen werden, ohne die Optionsposition aufzulösen. Der Einsatz zusätzlichen Kapitals zur Begleichung der Verluste ist demnach unvermeidbar. Bei einer Abrechnung der Optionen im Futures-style-Verfahren finden tägliche Gewinngutschriften statt, die Ausgleichszahlungen bei den Future-Positionen abdecken können.[190]

---

188 Vgl. auch BEILNER (1992), S. 375 ff.

189 Vgl. BARONE/MENGONI (1997), S. 114, zum Vergleich von Stock-style- und Futures-style-Verfahren auch CHEN/SCOTT (1993), S. 241 f.

190 Vgl. z. B. FEDERAL REGISTER (1997), S. 66571 f.

Eine Futures-style-Abrechnung findet an der Eurex für die Optionen auf Zinsfutures statt und ist daneben z. B. bei Optionen an der LIFFE und der *Sydney Futures Exchange (SFE)* im Einsatz. Die Einführung eines Futures-style-Marginings für Optionen an US-amerikanischen Terminbörsen, speziell für Warenoptionen (engl.: *commodity options*), steht seit Jahren zur Diskussion, wurde aber bis heute nicht umgesetzt. Den Vorteilen eines Futures-style-Marginings stehen Bedenken, u. a. wegen eines erhöhten Abrechnungsaufwandes und zusätzlicher Clearingkosten, entgegen.[191]

Obwohl auch auf andere Werte anwendbar, seien unter *Futures-style-Optionen* im Folgenden stets solche auf Futures – oder allgemeiner auf ertragslose Basisinstrumente – verstanden. Auf diese auch als „pure futures options"[192] bezeichneten Instrumente können grundsätzlich die in Abschnitt 3.5 hergeleiteten verteilungsfreien Eigenschaften übertragen werden, allerdings sind folgende Anpassungen nötig:[193]

Put-Call-Parität für Futures-style-Optionen. Die Put-Call-Parität, in der Form (3.47) gültig für europäische Stock-style-Optionen auf ertragslose Basiswerte, nimmt für europäische und amerikanische Futures-style-Optionen die Gestalt

$$P_t = K - \mathrm{F}_t + C_t \tag{3.51}$$

mit F_t als Notierung des Basiswertes zur Zeit t an.[194] Während der Nachweis dieser Form der Put-Call-Parität zunächst nur für einen konstanten Zinssatz geführt werden konnte, gelang CHEN/SCOTT (1993) auf Basis des Modellrahmens von COX/INGERSOLL/ROSS (1985a) der Nachweis der Gültigkeit auch bei stochastischer Zinsentwicklung.[195] Eine wichtige Implikation dieser Erkenntnis ist die Möglichkeit, (3.51) auch auf Optionen mit zinssensitiven Basiswerten, speziell Zinsfutures, anwenden zu können.

---

191 Vgl. z.B. FEDERAL REGISTER (1997), S. 66569 ff., FEDERAL REGISTER (1998) und KUTNER/PORTER/THATCHER (2001), S. 239 f.

192 BARONE/MENGONI (1997), S. 114.

193 Siehe hierzu auch detailliert BARONE/MENGONI (1997), S. 113 ff., TOMPKINS (1991), S. 58 ff.

194 Siehe ASAY (1982), S. 5, zum Nachweis detailliert LIEU (1990), S. 330, 337 f., HAHN (1994), S. 47 f. Für Futures-Optionen ohne Futures-style-Margining gilt $P_t = e^{-r(T-t)}(K - \mathrm{F}_t) + C_t$. Siehe etwa HULL (2003), S. 283 f.

195 Vgl. CHEN/SCOTT (1993), S. 17, ergänzend EASTON (1997), S. 216 ff.

Wertgleichheit europäischer und amerikanischer Futures-style-Optionen, keine rationale vorzeitige Ausübung. Im Unterschied zu Optionen, die im Stock-style-Verfahren abgerechnet werden, weisen europäische Calls und Puts stets den gleichen Wert wie ihre amerikanischen Äquivalente auf:

$$c_t = C_t, \tag{3.52}$$

$$p_t = P_t. \tag{3.53}$$

Eine vorzeitige Ausübung amerikanischer Futures-style-Optionen – sowohl Calls auch Puts – vor Verfall ist zu keiner Zeit vorteilhaft.[196] Diese Eigenschaften sind unmittelbar einzusehen: Offenbar gilt $C_t \geq c_t$ und $P_t \geq p_t$. Nach der Put-Call-Parität (3.51) setzt sich der Wert eines amerikanischen Futures-style-Calls aus seinem (nichtnegativen) inneren Wert und dem Wert des zugehörigen Puts zusammen; Analoges gilt für Futures-style-Puts. Da auf den inneren Wert und den Gesamtwert die Nichtnegativitätsbedingung zutrifft, besitzt eine amerikanische Futures-style-Option stets einen nichtnegativen Zeitwert. Eine vorzeitige Ausübung ist nicht sinnvoll, da diese den Verlust dieses Zeitwertes zur Folge hätte. Demnach sind bei einer Futures-style-Abrechnung europäische und amerikanische Calls (Puts) wertgleich.

3.6 Optionsbewertung nach BLACK/SCHOLES

3.6.1 Historische Entwicklung der Optionsbewertung

Der Grundstein der modernen Optionspreistheorie ist in der Arbeit von BACHELIER (1900) zu sehen.[197] Dort wird, plausibel und wie bis heute üblich, der Wert einer Option als Erwartungswert ihrer Auszahlung dargestellt. Als problematisch erweist sich lediglich die Normalverteilungsannahme BACHELIERS für die Kurse des Basiswertes, da so zum einen negative Kurse und zum anderen – speziell bei Optionen mit langer Restlaufzeit – Werte von Kaufoptionen oberhalb des aktuellen Kurses für den

---

196 Vgl. LIEU (1990), S. 328 ff., NATENBERG (1994), S. 241 ff.

197 Vgl. hierzu sowie der jüngeren Historie auch den Rückblick auf die Entwicklung der Finanzierungstheorie im 20. Jahrhundert bei WILMOTT (2002), mit speziellem Fokus auf die Optionsbewertung auch SMITH (1976).

Basiswert resultieren können.[198] Letztlich fehlt es diesem Modell zudem an der auf friktionslosen Märkten von der Theorie postulierten Arbitragefreiheit.[199] Für die mathematische Modellierung unsicherheitsbehafteter Größen in Form stochastischer Prozesse ist die *Brownsche Bewegung* (engl.: *Brownian Motion (BM)*) von zentraler Bedeutung: Die Beobachtung des englischen Botanikers BROWN im Jahre 1827, dass sich in einem Tropfen Wasser suspendierte Teilchen in regelloser, zitternder Weise bewegen – ein durch regellose Stöße der Flüssigkeitsmoleküle hervorgerufenes Phänomen – wurde von EINSTEIN im Jahre 1905 erstmals physikalisch gedeutet und von WIENER (1923) mathematisch exakt abgebildet. Darauf gründet sich die z. T. synonym zur Brownschen Bewegung verwendete Bezeichnung *Wiener-Prozess*, der aufgrund seiner Eigenschaften ein wichtiges Element der prozessorientierten Optionspreistheorie darstellt.[200]

Neben diesen mathematisch-formalen Arbeiten ist der Beginn der eigentlichen Bewertungstheorie bei den ersten multiplen Regressionsmodellen, mit einer vor allem für Warrants konzipierten Anwendung über die Messung funktionaler Zusammenhänge, zu sehen.[201] Hierzu zählen etwa die Arbeiten von GIGUÈRE (1958), SHELTON (1967a) bzw. SHELTON (1967b) und KASSOUF (1969). Wesentliches Charakteristikum dieser „historischen" Ansätze ist die rein statische Natur: Die vorgeschlagenen Regressionsmodelle ermitteln, großenteils in einer „Ad hoc"-Konzeption ohne jeglichen theoretischen Unterbau, rein vergangenheitsorientierte Relationen, ohne Erklärungen der Ursachenzusammenhänge für Bewertung und festgestellte Wertabweichungen zu liefern.[202] Die nächste Entwicklungsstufe stellte die Einbeziehung zukünftiger Kursentwicklungen in partielle Gleichgewichtsmodelle dar.[203] Hervorzuheben sind hier etwa

---

[198] Ein Widerspruch zu den verteilungsfreien Eigenschaften (3.18) und (3.19) aus Abschnitt 3.5.

[199] Zu den Defiziten des Modells von BACHELIER vgl. ausführlich SMITH (1976), S. 47 ff.

[200] Vgl. z. B. IRLE (1998), S. 127, KWOK (1998), S. 25 oder HULL (2003), S. 218 f. Auf die Definition des Prozesses wird in Abschnitt 3.6.3 näher eingegangen.

[201] Vgl. GRÜNWALD (1980), S. 154, 160 ff.

[202] Vgl. auch MERTON (1987), S. 483, der sich – als einer der Begründer der zeitstetigen Finanzierungstheorie – äußert kritisch gegenüber der gesamten Forschung bis zur Mitte des 20. Jahrhunderts äußert: „[...] finance theory was little more than a collection of anecdotes, rules of thumb [...]".

[203] Vgl. etwa KÖPF (1987), S. 129, auch als *Gleichgewichtsmodelle ohne Hedgeansatz*, *Erwartungswertmodelle* oder *Wahrscheinlichkeitsmodelle* bezeichnet; vgl. BÖS (1991), S. 91.

die Arbeiten von SPRENKLE (1961), BONESS (1964) und SAMUELSON (1965a).[204] Ein Überblick zu den älteren Optionsbewertungsansätzen, die heutzutage in Theorie und Praxis ohne jegliche Bedeutung sind, findet sich z. B. bei LUDWIG (1978), GRÜNWALD (1980) und THIEL (2001).[205]

3.6.2 Modellgrundlagen und -einordnung

Die Bewertung von Optionen unterscheidet sich grundlegend von jener anderer Finanzgüter wie etwa Aktien: Der Wert bzw. Preis einer Option als derivativem Instrument wird so festgelegt, dass Arbitragemöglichkeiten ausgeschlossen sind. Demgegenüber lässt sich z. B. der Wert einer Aktie zwar mittels technischer oder fundamentaler Analyse bestimmen, es existiert jedoch kein „unmittelbarer Mechanismus", der dazu führt, dass der tatsächliche Kurs – ohne jegliche Verzögerung – dem theoretischen entspricht.[206]

Von der *arbitragebasierten* Optionsbewertung, zu der u. a. der Ansatz von BLACK/SCHOLES gehört, wird in der Literatur die *präferenzbasierte* Bewertungstheorie abgegrenzt. Letztere stellt explizite Annahmen an die Präferenzen eines repräsentativen Investors – wie etwa RUBINSTEIN (1976), der u. a. von konstanter proportionaler Risikoaversion (engl.: *constant proportional risk aversion (CPRA)*) ausgeht. Im Weiteren soll das Augenmerk jedoch zunächst auf den arbitragebasierten Ansätzen liegen.[207]

---

204 SAMUELSON (1965a) ersetzte u. a. die von BACHELIER verwendete Kurshypothese einer arithmetischen Brownschen Bewegung (ohne Drift) durch eine geometrische Variante, sodass negative Kurse des Basiswertes einer Option ausgeschlossen werden konnten. Bemerkenswert ist die bereits große Ähnlichkeit dieser drei Ansätze zum späteren Modell von BLACK/SCHOLES; vgl. SMITH (1976), S. 16 ff.

205 Vgl. LUDWIG (1978), S. 164 ff., GRÜNWALD (1980), S. 154 ff. und THIEL (2001), S. 26 ff.

206 Vgl. ZIMMERMANN (1988), S. 4.

207 Zu einem ausführlichen Überblick zur Theorie der Contingent Claims im zeitstetigen Rahmen siehe auch MERTON (1990), S. 213 ff. Erwähnenswert ist in diesem Zusammenhang, dass nach RUBINSTEIN (1976) das BLACK/SCHOLES-Modell auch ohne die Prämisse der *zeitstetigen Handelbarkeit* von Aktien und Optionen Gültigkeit besitzen kann, falls im Rahmen eines Gleichgewichtsmodells ein repräsentativer Investor mit logarithmischen Präferenzfunktionen existiert.

Das BLACK/SCHOLES-Modell in Verbindung mit dem Beitrag von MERTON (1973a) gilt als eine der größten Errungenschaften der modernen Finanzierungstheorie und hat u. a. auch wesentlich zum Verständnis von optionsähnlichen Verträgen beigetragen.[208]

> „The [...] contributions on option pricing by Black and Scholes (1973) and Merton (1973a) are unquestionably among the most influential papers in financial economics [...] These papers changed the landscape of research in finance [...]"[209]

Den Ausgangspunkt bilden im Folgenden die in Abschnitt 3.4.2 getroffenen Rahmenannahmen. Für die Herleitung des Modells ist eine Einschränkung auf die Betrachtung *europäischer Optionen* auf ertragslose Basisinstrumente (d. h. bei Aktien ohne anfallende Dividenden) notwendig. Daneben werde unterstellt, dass der Kurs des Basiswertes einer *geometrischen Brownschen Bewegung* mit konstanter Volatilität folgt.[210]

Im nächsten *Abschnitt 3.6.3* wird zunächst diese Prozessannahme illustriert. Die konkrete Herleitung von Bewertungsformeln ist Gegenstand von *Abschnitt 3.6.4*: Dort wird in *Abschnitt 3.6.4.1* der von BLACK/SCHOLES gewählte Ansatz zur Optionsbewertung skizziert, der auf die Lösung einer partiellen Differenzialgleichung führt. Mit Blick auf die spätere Fokussierung auf Verteilungsannahmen wird darüber hinaus eine verstärkt wahrscheinlichkeitstheoretische Fundierung diskutiert, die in dem Konzept der risikoneutralen Bewertung in Anlehnung an COX/ROSS (1976a) mündet. Ergänzend wird kurz auf die Verbindung zur alternativen Sichtweise des Bewertungsproblems nach HARRISON/KREPS (1979) und HARRISON/PLISKA (1981) und die

---

208 Vgl. FORTUNE (1996), S. 20.

209 SUNDARESAN (2000), S. 1570, mit Bezug auf die Periode 1969 bis 1980. SAMUELSON (2002), S. 44 spricht gar vom „Holy Grail". Diskussionsbedürftig erscheint die Auffassung LOISTLs, der im Rahmen eines Rückblicks auf die Finanzierungstheorie zwar die Bedeutung des ARROW-DEBREU-Konzepts zur Abbildung von Unsicherheit mit Hilfe zustandsabhängiger Ansprüche betont, als einer der Wenigen allerdings – auf Basis einer Prämissenkritik – den mit der BLACK/SCHOLES-Formel erzielten Durchbruch als „zu relativieren" einstuft. Vgl. LOISTL (1990), S. 48 und S. 73.

210 Vgl. auch SMITH (1976), S. 15 f.; insbesondere muss die Prozessspezifikation eine endliche Varianz der Renditeverteilung sicherstellen. Siehe auch BÜHLER (1990), S. 74, FORTUNE (1996), S. 23, zu einer Diskussion um Realitätsnähe der BLACK/SCHOLES-Annahmen etwa NATENBERG (1994), S. 385 ff. Siehe ergänzend BLACK (1989a), BLACK (1975), S. 61 ff. sowie PLATE (1999), S. 60 ff., die u. a. die Rahmenprämissen aus Abschnitt 3.4.2, z. B. die Abstraktion von Transaktionskosten, kritisch würdigen und einige Vorschläge zum praktischen Umgang mit deren Realitätsferne unterbreiten.

auf diese Beiträge zurückgehende Technik äquivalenter Martingalmaße abgestellt. Auf Basis der Prozessannahme und der damit implizierten Verteilungsprämisse werden dann die konkreten Bewertungsformeln für europäische Calls und Puts hergeleitet. Vor dem Hintergrund der beschränkten Möglichkeiten zur analogen Bewertung amerikanischer Optionen stellt *Abschnitt 3.6.4.2* einige Vorschläge zum praktischen Umgang mit diesem weit verbreiteten Optionstyp zur Diskussion. Abschließend wird der bereits im Rahmen der verteilungsfreien Annahmen analysierte Spezialfall der Futures-style-Optionen mit Blick auf die Übertragbarkeit des BLACK/SCHOLES-Modells in *Abschnitt 3.6.4.3* erneut in Form eines Exkurses aufgegriffen. Das besondere Augenmerk liegt dabei – mit Blick auf die spätere empirische Analyse – auf der Bewertung von Optionen mit einem Zinsfuture als Basiswert.

3.6.3 Der Kursprozess als geometrische Brownsche Bewegung

Modellierung. Zur Abbildung des Kursverhaltens für den Basiswert einer Option im Zeitablauf wird regelmäßig auf stochastische Prozesse zurückgegriffen.[211] Eine der am einfachsten handhabbaren Prozessklassen für die modelltheoretische Abbildung stellen zeitstetige *Itô-Prozesse* der Form

$$dx = a(x,t)\,dt + b(x,t)\,dz \tag{3.54}$$

---

[211] Unter *stochastischen Prozessen* lassen sich allgemein Familien von Zufallsvariablen der Form $(X_t)_{t\in\mathcal{T}} = \{X_t \,|\, t \in \mathcal{T}, \omega \in \Omega\}$ auf einem Wahrscheinlichkeitsraum $(\Omega, \mathcal{A}, \mathbb{P})$ verstehen. (Zu einer grundlegenden Einführung in Maß- und Wahrscheinlichkeitsräume siehe etwa BEHNEN/NEUHAUS (1995), S. 23 ff.) Für die Indexmenge $\mathcal{T}$ gilt bei diskreten Prozessen $\mathcal{T} \subseteq \mathbb{N}$ oder $\mathcal{T} \subseteq \mathbb{Z}$, eine zeitstetige Modellierung erhält man für $\mathcal{T} \subseteq \mathbb{R}$ (bzw. $\mathcal{T} \subseteq \mathbb{R}_0^+$ bei Einschränkung auf nichtnegative Zeitindizierung). Für festes t ist $X_t(\omega)$ eine Zufallsvariable, für gegebenes ω beschreibt $X_t(\omega)$ eine Funktion auf $\mathcal{T}$, d. h. eine Realisierung von (X_t). (Vgl. zur Theorie stochastischer Prozesse z. B. STIER (2001), S. 40 ff.)

Ohne im Folgenden explizit darauf Bezug zu nehmen, sei angemerkt, dass stochastische Prozesse i. d. R. *adaptiert* zu einer *Filtration* $(\mathcal{F}_t)_{t\in\mathcal{T}}$ beschrieben werden. Die Filtration charakterisiert den zeitlichen Verlauf der bis zu einem Zeitpunkt t beobachtbaren Ereignisse $\mathcal{F}_t \subseteq \mathcal{A}$. Ein aufsteigendes Mengensystem mit $\mathcal{F}_t \subseteq \mathcal{F}_s$ für alle $s > t$ beschreibt den für einen Finanzmarkt regelmäßig unterstellten Fall, dass in einem späteren Zeitpunkt nicht weniger Informationen vorliegen können als zuvor. Siehe auch IRLE (1998), S. 36 f., zu Filtrationen zudem NIELSEN (1999), S. 14 ff. oder NEFTCI (2000), S. 120. Ohne nähere Erwähnung wird im Weiteren für einen Kursprozess $(S_t)_{t\in\mathcal{T}}$ von einer solchen Adaption ausgegangen.

mit reellwertigen Funktionen $a(x,t)$ und $b(x,t)$ dar.[212] Die Notation in (3.54) lässt sich dahingehend veranschaulichen, dass das infinitesimale Inkrement der Zufallsgröße x im Zeitablauf zwei voneinander unabhängigen Einflüssen unterliegt: Zum einen bestimmt $a(x,t)$ die erwartete Drift (den erwarteten Trend) des Prozesses und gibt über

$$\Delta x = a(x,t)\Delta t \tag{3.55}$$

im Zeitpunkt t für $\Delta t \to 0$ die erwartete Wertänderung in x in einem infinitesimal kleinen Zeitintervall an. Zum anderen ist der Term $b(x,t)\,dz$ als „Störeinfluss" interpretierbar, der den Trend des Prozesses überlagert. Die Größe dz steht für das infinitesimale Inkrement einer (einfachen) *Brownschen Bewegung* (engl.: *Brownian Motion (BM)*) bzw. eines (einfachen) *Wiener-Prozesses*, der die zufällige Änderung der Größe x in einem infinitesimal kleinen Zeitintervall beschreibt.[213] In einem klein gewählten Zeitintervall Δt gilt der Zusammenhang

$$\Delta x = b(x,t)\varepsilon\sqrt{\Delta t} \quad \text{mit} \quad \varepsilon \sim \mathcal{N}(0;1). \tag{3.56}$$

Der infinitesimale Störeinfluss im Zeitpunkt t wird somit durch eine Normalverteilung beschrieben.[214]

Für Zwecke der Kursmodellierung muss sichergestellt sein, dass negative Realisationen des Prozesses ausgeschlossen sind. Da die durch eine allgemeine Brownsche

---

[212] Vgl. hierzu z. B. einführend HULL (2003), S. 216 f.

[213] Im Spezialfall eines eindimensionalen Prozesses (X_t) mit Drift $\varrho \in \mathbb{R}$ und Volatilität $\sigma > 0$ spricht man von einer allgemeinen *Brownschen Bewegung*, wenn gilt:

1. X_0 ist deterministisch.
2. (X_t) ist stetig, d. h. (X_t) besitzt stetige Pfade.
3. Für $0 \leq t_0 < t_1 < \cdots < t_n$ sind die Zuwächse $X_{t_1} - X_{t_0}, \ldots, X_{t_n} - X_{t_{n-1}}$ stochastisch unabhängig.
4. Für $0 \leq s < t$ sind die Zuwächse $X_t - X_s$ normalverteilt mit Erwartungswert $(t-s)\varrho$ und Varianz $(t-s)\sigma^2$.

Die „einfache" Prozessform liegt vor, wenn die Zuwächse einen Erwartungswert von null aufweisen. Vgl. IRLE (1998), S. 149 oder NIELSEN (1999), S. 10 f., wobei Letzterer entgegen der ansonsten synonymen Verwendung die Begriffe „Wiener-Prozess" und „Brownsche Bewegung" voneinander unterscheidet: Erstere beziehen sich seiner Definition nach auf konkrete, durch Filtrationen gegebene Informationsstrukturen; siehe NIELSEN (1999), S. 17 f.

[214] Siehe allgemein zur Stochastik zeitstetiger Optionspreismodelle auch SANDMANN (2001), S. 249 ff.

Bewegung (X_t) beschriebenen Pfade keiner Beschränkung unterliegen und insbesondere auch negative Werte annehmen können, findet für Zwecke der Kursmodellierung i. d. R. eine Transformation der Form (e^{X_t}) statt, die auf eine *geometrische Brownsche Bewegung* (engl.: *geometric Brownian Motion (GBM)*) führt.[215] Für den Kursprozess des Basiswertes, (S_t), wird formal die Annahme

$$\frac{dS_t}{S_t} = \varrho\, dt + \sigma\, dz \Longleftrightarrow dS_t = \varrho S_t\, dt + \sigma S_t\, dz, \quad \varrho \in \mathbb{R}, \ \sigma > 0 \tag{3.57}$$

getroffen.[216] Ein exemplarischer Kurspfad ist – zusammen mit dem zugehörigen Renditeverlauf – in *Abbildung 3.2* dargestellt.[217]

Implikationen für die Kurs- und Renditeverteilung. Um aus der in (3.57) gegebenen Kurshypothese auf die Kursverteilung in einem zukünftigen Zeitpunkt zu schließen, kann das *Lemma von Itô* Verwendung finden.[218] Allgemein gilt für einen Itô-Prozess der Form (3.54) mit zweifach stetig differenzierbarer Funktion $H_t := H(x,t)$:[219]

$$dH_t = \left(\frac{\partial H_t}{\partial t} + \frac{\partial H_t}{\partial x} a(x,t) + \frac{1}{2}\frac{\partial^2 H_t}{\partial x^2} b^2(x,t)\right) dt + \frac{\partial H_t}{\partial x} b(x,t)\, dz. \tag{3.58}$$

---

215 Der Vorschlag, den Kursprozess als geometrische („economic“) Brownsche Bewegung zu modellieren, geht auf SAMUELSON (1965a) zurück. Für die beschriebene Transformation wird von einem deterministischen Startwert der Brownschen Bewegung ausgegangen. Vgl. NIELSEN (1999), S. 12.

216 Es gilt zu beachten, dass beide Prozessparameter als *stetige* Größen in die Modellierung einfließen (engl.: *instantaneous* drift and volatility), weshalb präzise von der *Momentandrift* und der *Momentanvolatilität* gesprochen werden muss.

217 Bei der Kurssimulation gilt es zu beachten, dass die Drift bei Zeitintervallen $\Delta t > 0$ gleich $(\varrho - \sigma^2/2)\Delta t$ ist. Vgl. auch HULL (2003), S. 234 ff. und S. 410 ff. sowie Gleichung (3.61) für das Verhalten des logarithmierten Kurses. Allerdings ist der Unterschied zu $\varrho\Delta t$ bei sehr kleinem Δt gering.

218 Vgl. z. B. HULL (2003), S. 226 f., zu einer mathematisch-formalen Fassung etwa NIELSEN (1999), S. 52 ff. Itôs Lemma lässt sich als „Kettenregel“ für stochastische Integrale interpretieren; siehe NEFTCI (2000), S. 232 ff. Zum generellen Umgang mit stochastischen Differenzialgleichungen vgl. auch NEFTCI (2000), S. 204 ff.

219 Siehe z. B. in anderer Notation NIELSEN (1999), S. 54 f.

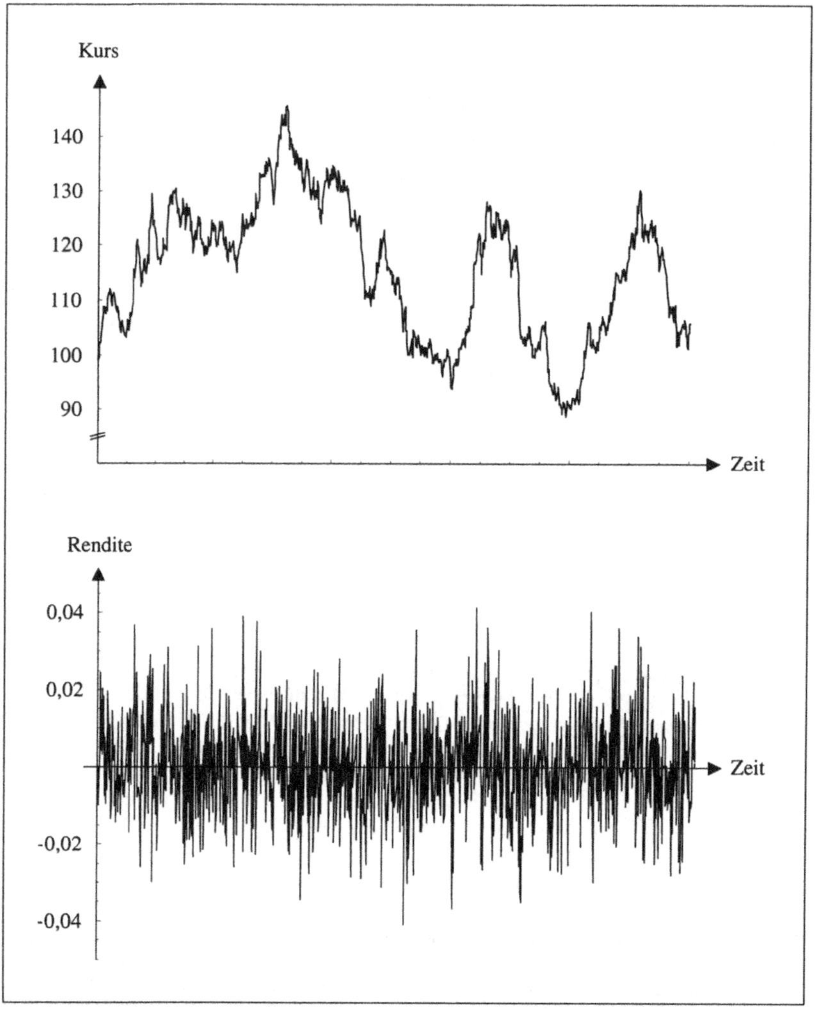

Abbildung 3.2. Modelltheoretischer Kurs- und Renditeprozess für den Basiswert einer Option im BLACK/SCHOLES-Modell. Die Abbildung zeigt – ausgehend von einem aktuellen Kurs von $S_t = 100$ – einen Pfad der durch $dS_t = \varrho S_t\, dt + \sigma S_t\, dz$ beschriebenen geometrischen Brownschen Bewegung am Beispiel der Parameterwahl $\varrho = 0{,}08$ und $\sigma = 0{,}40$. Der zum Kurspfad gehörende Renditeverlauf ist im unteren Teil dargestellt.

Quelle: Eigene Darstellung.

Bei Anwendung auf den Kursprozess (3.57) (rechte Darstellungsform) mit $a(x,t) = \varrho S_t$ und $b(x,t) = \sigma S_t$ nimmt die Itô-Formel (3.58) die Gestalt

$$dH_t = \left(\frac{\partial H_t}{\partial t} + \frac{\partial H_t}{\partial S_t} \varrho S_t + \frac{1}{2} \frac{\partial^2 H_t}{\partial S_t^2} \sigma^2 S_t^2 \right) dt + \frac{\partial H_t}{\partial S_t} \sigma S_t\, dz \tag{3.59}$$

an. Setzt man $H_t := \ln S_t$, so folgt mit den Eigenschaften

$$\frac{\partial H_t}{\partial S_t} = \frac{1}{S_t}, \quad \frac{\partial^2 H_t}{\partial S_t^2} = -\frac{1}{S_t^2} \quad \text{sowie} \quad \frac{\partial H_t}{\partial t} = 0 \tag{3.60}$$

für den Prozess des logarithmierten Kurses:

$$d\ln S_t = dH_t = \left(\varrho - \frac{\sigma^2}{2}\right) dt + \sigma\, dz. \tag{3.61}$$

Man erhält somit für den logarithmierten Kurs nach (3.61) eine Brownsche Bewegung, die sich von der Prozessform für dS_t/S_t nach (3.57) lediglich durch eine modifizierte Drift unterscheidet.

Zur wahrscheinlichkeitstheoretischen Handhabung des Kursprozesses wird auf die durch diesen implizit gegebene Verteilung des Kurses zu einem zukünftigen Zeitpunkt $t \leq T$ abgestellt. Bei einer Fokussierung auf den Verfalltag der Option, d. h. für $t = T$, erhält man über die Eigenschaften einer Brownschen Bewegung:[220]

$$\ln\frac{S_T}{S_t} \sim \mathcal{N}\left(\left(\varrho - \frac{\sigma^2}{2}\right)(T-t); \sigma^2(T-t)\right) \tag{3.62}$$

bzw. äquivalent dazu

$$\ln S_T \sim \mathcal{N}\left(\ln S_t + \left(\varrho - \frac{\sigma^2}{2}\right)(T-t); \sigma^2(T-t)\right). \tag{3.63}$$

Die Rendite folgt damit in jedem Zeitintervall $[t, T]$ einer Normalverteilung in der angegebenen Parametrisierung; die zugehörige Dichtefunktion werde mit

$$g_{t,T}(u) = \frac{1}{\sigma\sqrt{T-t}} \cdot \varphi\left(\frac{u - \left(\varrho - \frac{1}{2}\sigma^2\right)(T-t)}{\sigma\sqrt{T-t}}\right), \quad u \in \mathbb{R} \tag{3.64}$$

---

[220] Vgl. Fußnote 213.

bezeichnet. Eine Normalverteilung von $\ln S_T$ ist gleichbedeutend mit einer Log-Normalverteilung für S_T. Ausgehend vom Zeitpunkt t und mit $\mathbb{P}$ als Wahrscheinlichkeitsmaß erhält man für die Dichtefunktion $f_{t,T}(x)$ des Kurses S_T in T:[221]

$$\mathbb{P}(S_T \leq x) = \mathbb{P}(\ln S_T \leq \ln x) = \Phi\left(\frac{\ln x - \mathrm{E}(\ln S_T)}{\sqrt{\mathrm{Var}(\ln S_T)}}\right) \tag{3.65}$$

$$\Longrightarrow f_{t,T}(x) = \varphi\left(\frac{\ln x - \mathrm{E}(\ln S_T)}{\sqrt{\mathrm{Var}(\ln S_T)}}\right) \cdot \frac{1}{\sqrt{\mathrm{Var}(\ln S_T)}} \cdot \frac{1}{x} \tag{3.66}$$

bzw. explizit mit (3.63)

$$f_{t,T}(x) = \frac{1}{x\sigma\sqrt{T-t}} \cdot \varphi\left(\frac{\ln\frac{x}{S_t} - \left(\varrho - \frac{1}{2}\sigma^2\right)(T-t)}{\sigma\sqrt{T-t}}\right), \quad x > 0. \tag{3.67}$$

Die Dichtefunktion (3.67) zeigt, dass lediglich Kursen größer null Wahrscheinlichkeitsmasse zugeordnet wird. *Abbildung 3.3* veranschaulicht die aus der Prozessprämisse resultierende log-normale Kursverteilung des Basiswertes, wobei auf die in *Abbildung 3.2* gewählten Parameter zurückgegriffen wird.

3.6.4 Bewertung von Optionen

3.6.4.1 Europäische Optionen

Für die Herleitung der Bewertungsformel für europäische Standard-Optionen finden sich in der Literatur verschiedene Wege. Im Folgenden soll zunächst die Grundidee aus dem originären Beitrag von BLACK/SCHOLES skizziert werden.[222]

Betrachtet werde stellvertretend der Fall einer europäischen Kaufoption, deren Basiswertdynamik durch (3.57) beschrieben werde. Ein Portefeuille, das aus einer Short-Position in einer Kaufoption mit Wert $c_t = c(S_t, t)$ und einer Long-Position in δ_t

---

[221] Zu Definition und Eigenschaften der Log-Normalverteilung vgl. z. B. HARTUNG (2002), S. 151 f.

[222] Vgl. zu ähnlichen Herleitungen z. B. NEFTCI (2000), S. 275 ff., KWOK (1998), S. 32 ff., DEUTSCH (2001), S. 91 ff. oder INGERSOLL (1987), S. 310 ff. Zu einer formalen Darstellung der Bewertung bedingter Ansprüche vgl. auch KARATZAS/SHREVE (1998), speziell zu Optionen in vollständigen Märkten S. 36 ff.

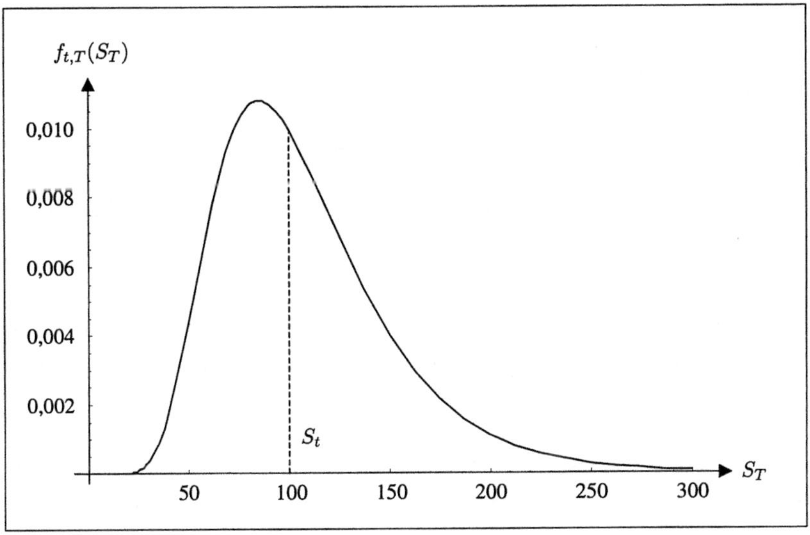

Abbildung 3.3. Verteilung des Kurses für den Basiswert einer Option. Die Abbildung zeigt die nach BLACK/SCHOLES für einen aktuellen Kurs $S_t = 100$ (GE), $\varrho = 0{,}08$, $\sigma = 0{,}40$ und $T - t = 1$ resultierende Log-Normalverteilung des Kurses für den Basiswert zum Zeitpunkt T. Die Kursstochastik wird dabei durch Pfade wie in *Abbildung 3.2* beschrieben.

Quelle: Eigene Darstellung.

Einheiten des Basiswertes (mit aktuellem Kurs S_t) besteht, hat zur Zeit t einen Wert von

$$\Pi_t = -c_t + \delta_t S_t. \tag{3.68}$$

Auf c_t und Π_t kann als Zufallsvariablen, unter Berücksichtigung der unterstellten Kursdynamik, das Itô-Lemma in der Form (3.59) angewandt werden; als stochastische Differenziale ergeben sich

$$dc_t = \left(\frac{\partial c_t}{\partial t} + \frac{\partial c_t}{\partial S_t} \varrho S_t + \frac{1}{2} \frac{\partial^2 c_t}{\partial S_t^2} \sigma^2 S_t^2 \right) dt + \frac{\partial c_t}{\partial S_t} \sigma S_t \, dz \tag{3.69}$$

$$\overset{(3.57)}{=} \frac{\partial c_t}{\partial t} dt + \frac{\partial c_t}{\partial S_t} dS_t + \frac{1}{2} \frac{\partial^2 c_t}{\partial S_t^2} \sigma^2 S_t^2 \, dt \tag{3.70}$$

und

$$d\Pi_t = -dc_t + \delta_t dS_t \tag{3.71}$$

$$= \left(-\frac{\partial c_t}{\partial t} - \frac{1}{2}\frac{\partial^2 c_t}{\partial S_t^2}\sigma^2 S_t^2\right) dt + \left(\delta_t - \frac{\partial c_t}{\partial S_t}\right) dS_t \tag{3.72}$$

$$\overset{(3.57)}{=} \left[-\frac{\partial c_t}{\partial t} - \frac{1}{2}\frac{\partial^2 c_t}{\partial S_t^2}\sigma^2 S_t^2 + \left(\delta_t - \frac{\partial c_t}{\partial S_t}\right) \varrho S_t\right] dt + \left(\delta_t - \frac{\partial c_t}{\partial S_t}\right) \sigma S_t \, dz. \tag{3.73}$$

Durch $(\delta_t - \partial c_t/\partial S_t)\,\sigma S_t\,dz$ ist der stochastische Portefeuilleanteil gegeben. Für die Wahl $\delta_t = \partial c_t/\partial S_t$ wird dieses Portefeuille – bei *kontinuierlicher* Umschichtung – risikolos.

Ein auf diese Weise gehedgtes Portefeuille auf einem vollkommenen und arbitragefreien Markt muss gerade zum Zinssatz für risikolose Anlagen (r) rentieren. Bei einer Verzinsung von mehr als r fänden sich Marktteilnehmer, die das Hedgeportefeuille, unter Einsatz aller verfügbaren Kreditmittel, kauften und risikolose Gewinne erzielten. Analoges gilt für den Fall einer Portefeuillerendite kleiner als r und die daraus resultierenden Leerverkäufe. Aus der Forderung

$$d\Pi_t \overset{!}{=} r\Pi_t dt \tag{3.74}$$

folgt mit $\delta_t = \partial c_t/\partial S_t$:

$$d\Pi_t = \left(-\frac{\partial c_t}{\partial t} - \frac{1}{2}\frac{\partial^2 c_t}{\partial S_t^2}\sigma^2 S_t^2\right) dt \overset{!}{=} r(-c_t + \delta_t S_t)dt \tag{3.75}$$

$$\Longleftrightarrow \frac{\partial c_t}{\partial t} + \frac{1}{2}\frac{\partial^2 c_t}{\partial S_t^2}\sigma^2 S_t^2 + rS_t\frac{\partial c_t}{\partial S_t} - rc_t = 0. \tag{3.76}$$

Die Gleichung (3.76) in Form einer parabolischen Differenzialgleichung (2. Ordnung) wird auch als BLACK/SCHOLES-Gleichung bezeichnet und diente der Herleitung der BLACK/SCHOLES-Formel im Originalbeitrag. Eine entsprechende Gleichung lässt sich auch für den Fall europäischer Puts gewinnen. Bedeutsam ist die Tatsache, dass die Lösung von (3.76) unabhängig vom Drift-Parameter ϱ zu erhalten ist.[223]

[223] Die Größe ϱ kommt auch weder in der Auszahlungsbedingung (3.77) noch in den Nebenbedingungen (3.78) und (3.79) vor.

Zur Ableitung einer konkreten Bewertungsformel aus der Differenzialgleichung (3.76) sind zusätzliche Nebenbedingungen erforderlich. Im Falle einer europäischen Kaufoption muss zur Bestimmung von $c_t = c(S_t, \tau)$ die Auszahlungsbedingung

$$c(S_T, 0) = \max\{S_T - K; 0\} \tag{3.77}$$

eingehalten werden. Der Optionswert ist zudem – für einen gegen null und gegen unendlich tendierenden Kurs des Basiswertes – nach oben und unten durch

$$c(0, \tau) = 0 \tag{3.78}$$

$$c(S_t, \tau) \longrightarrow S_t - Ke^{-r\tau} \quad \text{für} \quad S_t \longrightarrow \infty \tag{3.79}$$

begrenzt. Diese beiden Zusammenhänge fungieren als Nebenbedingungen und erlauben zusammen mit (3.77) die eindeutige Lösung von (3.76). Zum recht aufwendigen Rechenweg sei auf die zahlreiche diesbezügliche Literatur verwiesen.[224] Für eine Verkaufsoption kann eine analoge Herleitung unter Änderung der Auszahlungsfunktion und der Nebenbedingungen erfolgen.

Neben diesem Lösungsweg lässt sich mit einer anders orientierten Argumentation an die Problemstellung herantreten: Diese soll im Folgenden kurz aufgezeigt werden, um damit den in der Literatur vielfach, häufig nicht ganz zutreffend verwendeten Begriff der Risikoneutralität und die darauf basierende Bewertung (in Anlehnung an COX/ROSS (1976a)) zu illustrieren. Dazu unterstelle man, dass der Wert einer europäischen Kaufoption selbst durch einen stochastischen Prozess der Form

$$\frac{dc_t}{c_t} = \varrho_c\, dt + \sigma_c\, dz \Longleftrightarrow dc_t = \varrho_c c_t\, dt + \sigma_c c_t\, dz \tag{3.80}$$

---

224 Die BLACK/SCHOLES-Gleichung (3.76) hat als lineare parabolische partielle Differenzialgleichung 2. Ordnung große Ähnlichkeit zur einfachsten Gleichung dieser Art – der *Wärmeleitungsgleichung* (engl.: *heat transfer equation*, auch *heat diffusion equation*); vgl. etwa BROWN/CHURCHILL (1993), S. 129 ff. Zur konkreten Lösung des Bewertungsproblems unter den genannten Nebenbedingungen vgl. z. B. PAUL/BASCHNAGEL (2000), S. 147 ff., NIELSEN (1999), S. 228 ff. und 370 ff., DUFFIE (1992), S. 83 ff. oder DEUTSCH (2001), S. 103 ff.

mit ϱ_c als erwarteter Rendite und σ_c als zugehöriger Standardabweichung beschrieben werde. Aus (3.69) ist bekannt, dass

$$dc_t = \left(\frac{\partial c_t}{\partial t} + \frac{\partial c_t}{\partial S_t} \varrho S_t + \frac{1}{2} \frac{\partial^2 c_t}{\partial S_t^2} \sigma^2 S_t^2 \right) dt + \frac{\partial c_t}{\partial S_t} \sigma S_t \, dz \tag{3.81}$$

gilt. Durch den Vergleich von (3.80) und (3.81) folgt für die erwartete Optionsrendite

$$\varrho_c = \frac{1}{c_t} \left(\frac{\partial c_t}{\partial t} + \frac{\partial c_t}{\partial S_t} \varrho S_t + \frac{1}{2} \frac{\partial^2 c_t}{\partial S_t^2} \sigma^2 S_t^2 \right) \tag{3.82}$$

sowie für die Standardabweichung

$$\sigma_c = \frac{1}{c_t} \left(\frac{\partial c_t}{\partial S_t} \sigma S_t \right). \tag{3.83}$$

Gleichung (3.82) lässt sich auch als

$$\frac{\partial c_t}{\partial t} + \frac{1}{2} \frac{\partial^2 c_t}{\partial S_t^2} \sigma^2 S_t^2 + \varrho S_t \frac{\partial c_t}{\partial S_t} - \varrho_c c_t = 0 \tag{3.84}$$

schreiben. Der durch (3.84) gegebene Wert einer Option hängt, entgegen der BLACK/SCHOLES-Gleichung (3.76), von den Driftparametern ϱ und ϱ_c, d. h. den erwarteten Renditen von Basiswert und Option, ab. Um deren Einfluss auf die Bewertung zu eliminieren, kommt auch hier die Bildung eines risikolosen Hedgeportefeuilles zum Einsatz: Die Aufgabe besteht in der Konstruktion eines solchen Portefeuilles auf Basis der Dynamiken von Kurs und Option, gegeben durch (3.57) und (3.80). Hierzu halte man $\sigma_c c_t$ Einheiten des Basiswertes und verkaufe σS_t Einheiten der Option; der Wert dieses Portefeuilles beträgt

$$\Pi_t = \sigma_c c_t S_t - \sigma S_t c_t = (\sigma_c - \sigma) c_t S_t, \tag{3.85}$$

das zugehörige stochastische Differenzial ergibt sich als

$$d\Pi_t = (\varrho \sigma_c c_t S_t - \varrho_c \sigma c_t S_t) \, dt = (\varrho \sigma_c - \varrho_c \sigma) c_t S_t \, dt. \tag{3.86}$$

Damit Π_t – bei infinitesimaler Betrachtung – risikolos wird, muss das Portefeuille zur Vermeidung von Arbitragemöglichkeiten gerade den risikolosen Zins erbringen. Die Forderung $d\Pi_t \stackrel{!}{=} r\Pi_t dt$ führt auf

$$\varrho\sigma_c - \varrho_c\sigma \stackrel{!}{=} r(\sigma_c - \sigma) \Longleftrightarrow \frac{\varrho_c - r}{\sigma_c} = \frac{\varrho - r}{\sigma}. \tag{3.87}$$

Gleichung (3.87) lässt sich dahingehend deuten, dass die – mit der jeweiligen Standardabweichung als Risikomaß normierten – Überrenditen von Option, $(\varrho_c - r)/\sigma_c$, und Basiswert, $(\varrho - r)/\sigma$, gleich sein müssen. Die Quotienten in (3.87) geben damit gerade den *Marktpreis des Risikos* an, verstanden als zusätzliche Rendite für eine zusätzlich übernommene Einheit Risiko. Dieser Marktpreis ist einem gehedgten Portefeuille wie gezeigt gleich. Schreibt man die Überrendite der Option mittels (3.87) als

$$\varrho_c - r = \frac{\sigma_c}{\sigma}(\varrho - r), \tag{3.88}$$

erhält man mit (3.82) und (3.83) auch über diesen Ansatz die BLACK/SCHOLES-Gleichung:

$$\frac{1}{c_t}\left(\frac{\partial c_t}{\partial t} + \frac{\partial c_t}{\partial S_t}\varrho S_t + \frac{1}{2}\frac{\partial^2 c_t}{\partial S_t^2}\sigma^2 S_t^2\right) - r = \frac{1}{\sigma c_t}\left(\frac{\partial c_t}{\partial S_t}\sigma S_t\right)(\varrho - r) \Longleftrightarrow \tag{3.89}$$

$$\frac{\partial c_t}{\partial t} + \frac{1}{2}\frac{\partial^2 c_t}{\partial S_t^2}\sigma^2 S_t^2 + rS_t\frac{\partial c_t}{\partial S_t} - rc_t = 0. \tag{3.90}$$

Das Ergebnis entspricht der Festsetzung $\varrho_c = \varrho = r$ in (3.84).

Mit Rückgriff auf die Tatsache, dass der Driftparameter ϱ nicht in die Lösung einfließt, lässt sich schließen, dass der Optionswert unabhängig von den Risikopräferenzen der Marktteilnehmer ist: Zu *Vereinfachungszwecken* kann daher deren Risikoneutralität – oder allgemeiner eine *risikoneutrale Welt* – unterstellt werden. Die *Fiktion* einer risikoneutralen Welt stellt unter den beschriebenen Rahmenbedingungen keine Beeinträchtigung der Aussagekraft der abgeleiteten Resultate dar, sodass die sich einstellenden Bewertungsergebnisse auch in der realen Welt gelten[225] – ein Umstand, der in der

[225] Vgl. HULL (2003), S. 245.

Literatur z. T. nicht korrekt dargestellt wird.[226] Im Kontext der Präferenzfreiheit ist darauf hinzuweisen, dass die Risikopräferenzen der Marktteilnehmer *nicht irrelevant* für den *absoluten*, sondern nur für den *relativen* Preis von Optionen sind, d. h. den Preis im Verhältnis zu dem des Basiswertes. Der Preis des Basiswertes selbst, S_t, wird als gegeben angesehen, ist aber – durch irgendeinen Mechanismus – aus den Risikopräferenzen der Marktteilnehmer abgeleitet worden.[227] Vor dem Hintergrund der Prämissen eines vollkommenen und vollständigen Kapitalmarktes und der Annahme einer geometrischen Brownschen Bewegung für den Kursprozess[228] sind Optionen *redundante Instrumente*, da ihre Replikation über eine dynamische Handelsstrategie – man spricht auch von einem dynamischen *selbstfinanzierenden Duplikations- oder Replikationsportefeuille* in Basiswert und risikoloser Anlageform – möglich ist.[229]

In einer risikoneutralen Welt ist speziell der am Verfalltag der Option erwartete Kurs des Basiswertes gleich dem risikolos aufgezinsten gegenwärtigen Kurs:[230]

$$\mathrm{E}^*(S_T) = S_t e^{r(T-t)}. \tag{3.91}$$

[226] „Unfortunately, much of the research on derivatives has left the impression that the *use of risk neutrality* is equivalent to the *assumption of risk neutrality*"; CHANCE (1999), S. 37 (Hervorhebungen entsprechen dem Original).

[227] Vgl. CHANCE (1998), S. 104 f., TERSTEGE (1995), S. 47 sowie COX/ROSS (1976a), S. 153 und TRAUTMANN (2001), Sp. 1481. Da eine auf die beschriebene Weise bewerkstelligte Ermittlung des Wertes einer Option nur Bezug auf den beobachtbaren, exogen gegebenen Kurs des Basiswertes in t nimmt, wird diese auch als „relative" Bewertung bezeichnet; siehe SCHLAG (1995), S. 17.

[228] Die risikoneutrale Bewertung ist auch unter anderen Prozessannahmen möglich. Zu Grenzen der Anwendung im Hinblick auf Prozessannahmen (Diffusionsprozesse) vgl. auch GARMAN (1976). Zu Bedingungen für die Anwendbarkeit der risikoneutralen Bewertung – am Beispiel einer zeitdiskreten Ökonomie und stetig verteilten Renditen – siehe zudem CÂMARA (2003).

[229] Vgl. BATES (1991), S. 1012. Der große Vorteil des Ansatzes von BLACK/SCHOLES (1973) und MERTON (1973a), den Wert eines Contingent Claims auf Basis von Arbitragefreiheitsannahmen abzuleiten, liegt darin, dass keine vollständige Gleichgewichtsanalyse erforderlich ist. Allerdings lässt sich das BLACK/SCHOLES-Modell auch als *Gleichgewicht* aus dem stetigen Capital Asset Pricing Model (CAPM) herleiten; vgl. BATES (1996b), S. 570 sowie ergänzend die Ausführungen zur risikoneutralen Verteilung in Abschnitt 3.7.4.

[230] Zur Frage der adäquaten Abzinsung des Erwartungswertes der erwarteten Auszahlung einer Option: Falls die erwartete Rendite für den Basiswert dem risikolosen Zins entspricht, muss dies auch für die Option gelten. Die Möglichkeit zur Diversifikation des Kursrisikos erlaubt dieses auch für die Option, deren erwartete Auszahlung demnach stets mit dem risikolosen Zinssatz zu diskontieren ist. Vgl. auch BLACK (1989b), S. 6.

Gleiches gilt für den Wert einer Option

$$E^*(c_T) = c_t\, e^{r(T-t)}. \tag{3.92}$$

Der Erwartungswertoperator E^* in (3.91) und (3.92) deutet darauf hin, dass die Erwartungswertbildung nicht bezüglich des originären Wahrscheinlichkeitsmaßes, sondern bezüglich dessen *risikoadjustierter* Form gebildet werden muss. Gleichung (3.92) liefert nach Umformung den Ausgangspunkt der auf COX/ROSS (1976a) zurückgehenden *risikoneutralen Bewertung*:

$$c_t = e^{-r(T-t)} E^*(c_T). \tag{3.93}$$

Wie stellvertretend am Beispiel einer Kaufoption dargestellt, erhält man den theoretischen Wert einer Option demnach als risikolos diskontierten Erwartungswert der Auszahlung bezüglich des risikoadjustierten Wahrscheinlichkeitsmaßes.[231]

Erwähnenswert ist der Zusammenhang zwischen der risikoneutralen Bewertung und der späteren, durch HARRISON/KREPS (1979) und HARRISON/PLISKA (1981) geprägten Optionsbewertung mittels *äquivalenter Martingalmaße* (engl.: *equivalent martingale measures (EMM)*).[232] Ausgehend von Risikoneutralität gilt nach (3.91) $E^*(e^{-r(T-t)}S_T) = S_t$, d. h. der diskontierte risikoneutrale Kursprozess, $e^{-r(T-t)}S_T$, erfüllt die Martingaleigenschaft.[233] In den Beiträgen von HARRISON/KREPS (1979) und HARRISON/PLISKA (1981) wird gezeigt, dass die risikoadjustierte Verteilung ge-

---

231 Siehe ähnlich etwa SCHLAG (1995), S. 2 f., zum Konzept der risikoneutralen Bewertung auch STOLL/WHALEY (1993), S. 213 ff. und PFENNIG (1998), S. 42 ff.

232 Vgl. zu HARRISON/PLISKA (1981) auch die Ausarbeitung bei LAMBERTON/LAPEYRE (1997), S. 1 ff., ergänzend SCHLAG (1995), S. 6 ff.

Zwei Wahrscheinlichkeitsmaße $\mathbb{P}_1$ und $\mathbb{P}_2$ auf demselben Raum sind *äquivalent*, wenn beide das gleiche System von Nullmengen aufweisen, d. h. $\{A \in \mathcal{A} \,|\, \mathbb{P}_1(A) = 0\} = \{A \in \mathcal{A} \,|\, \mathbb{P}_2(A) = 0\}$. Siehe z. B. IRLE (1998), S. 25. Ein stochastischer Prozess $(X_t)_{t \in T}$ ist ein *Martingal*, falls $E(|X_t|) < \infty$ für alle t und $E(X_t \,|\, \mathcal{F}_s) = X_s$ für alle $s < t$ gilt. Die zweite Bedingung besagt, dass künftige Wertänderungen, im konkreten Kontext Kursänderungen, vollkommen unvorhersehbar sind, da der bedingte Erwartungswert auf Basis der im Zeitpunkt s verfügbaren Informationen gleich dem aktuellen Kurs X_s ist. Vgl. IRLE (1998), S. 43.

233 Die Martingaleigenschaft muss in dem hier beschriebenen Kontext für die diskontierten Preise von Wertpapieren *nach geeigneter „Normierung“* gelten, wofür in einer BLACK/SCHOLES-Ökonomie die risikolose Anlageform herangezogen wird.

rade derjenigen Verteilung entspricht, unter der der Kursprozess des Basiswertes ein Martingal bildet.[234]

Nach den geleisteten Vorüberlegungen verbleibt die konkrete Herleitung einer Bewertungsformel auf Basis von (3.93):[235] Ausgehend vom Kursprozess gemäß (3.57) ist dessen Verteilung wie gesehen über (3.67) gegeben. Mit der nicht einschränkend wirkenden Festlegung $\varrho = r$ erhält man die zugehörige risikoneutrale Dichtefunktion $f^*_{t,T}$ für den Kurs des Basiswertes am Ende des Zeitintervalls $[t, T]$:

$$f^*_{t,T}(x) = \frac{1}{x\sigma\sqrt{T-t}} \cdot \varphi\left(\frac{\ln\frac{x}{S_t} - (r - \frac{1}{2}\sigma^2)(T-t)}{\sigma\sqrt{T-t}}\right), \quad x > 0. \tag{3.94}$$

Bei Betrachtung der realen Renditeverteilung $g_{t,T}(u)$ des Basiswertes gemäß (3.64) entspricht die Risikoneutralisierung der Verschiebung des Erwartungswertes von $\left(\varrho - \frac{\sigma^2}{2}\right)(T-t)$ zu $\left(r - \frac{\sigma^2}{2}\right)(T-t)$, wobei die Standardabweichung unverändert bleibt[236] – *Abbildung 3.4* illustriert diesen Zusammenhang und die Gewinnung der risikoneutralen Dichtefunktion $g^*_{t,T}(u)$. Auf Ebene des Prozesses bedeutet dies eine Drift-Korrektur, die keine Auswirkungen auf die Volatilität hat. Formal kann dieser Umstand mit Hilfe des *Theorems von Girsanov* gezeigt werden.[237]

Mit $\max\{S_T - K; 0\}$ als innerem Wert einer Kaufoption am Verfalltag unter der Dichte (3.94) lässt sich (3.93) wie folgt explizit schreiben:

$$\begin{aligned} c_t &= e^{-r(T-t)} \int_{-\infty}^{\infty} \max\{x - K; 0\}\, f^*_{t,T}(x)\, dx \qquad (3.95) \\ &= e^{-r(T-t)} \int_{K}^{\infty} (x-K) \frac{1}{x\sigma\sqrt{T-t}} \cdot \varphi\left(\frac{\ln\frac{x}{S_t} - (r - \frac{1}{2}\sigma^2)(T-t)}{\sigma\sqrt{T-t}}\right) dx. \end{aligned}$$

---

234 Zur Verbindung der risikoneutralen Bewertung und der Martingaltheorie siehe auch EPPS (2000), S. 15 ff. Zur Verbindung von äquivalenten Martingalmaßen mit Arbitragefreiheit siehe auch ZIMMERMANN (1998), S. 65. Zu einer formalen Darstellung von Arbitragestrategien, -freiheit sowie der formalen Äquivalenz von Arbitragefreiheit und der Existenz eines äquivalenten Martingalmaßes vgl. JENSEN/NIELSEN (1996). Siehe auch allgemein zum Einsatz von Martingalen bei der Modellierung von Preisen bei Finanzgütern bereits MANDELBROT (1966).

235 Siehe zu nachfolgendem Teil der Herleitung auch HAHNENSTEIN/WILKENS/RÖDER (2001), zu einer ähnlichen wahrscheinlichkeitstheoretischen Argumentation zudem LOISTL (1994), S. 188 ff. und BORCH (1984).

236 Vgl. auch PFENNIG (1998), S. 45.

237 Zum Theorem von GIRSANOV vgl. auch CHANCE (1998), S. 109, NEFTCI (2000), S. 322 ff., ZIMMERMANN (1998), S. 134 ff. oder detailliert DUFFIE (1992), S. 100 ff.

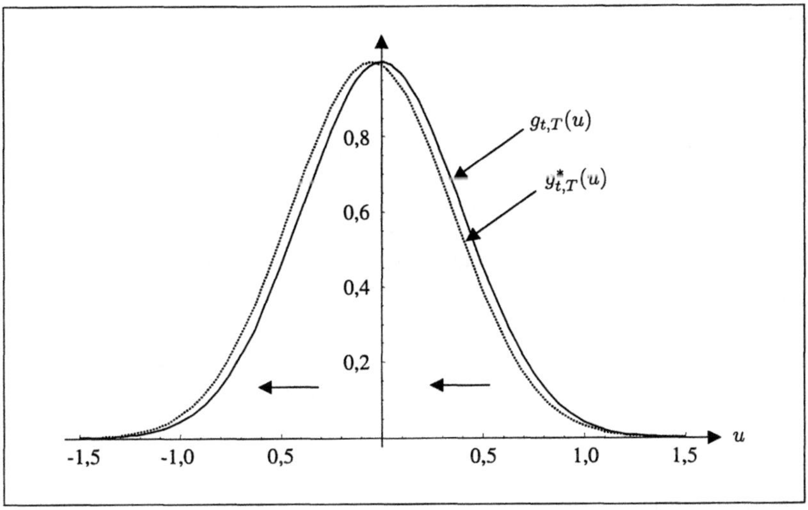

Abbildung 3.4. Risikoneutrale Bewertung durch Verschiebung der Dichtefunktion der Renditeverteilung des Basiswertes. Die Abbildung zeigt die durch Risikoneutralisierung resultierende Verschiebung der Renditeverteilung $g_{t,T}(u)$ zu $g^*_{t,T}(u)$ für die Parameterkonstellation $\varrho = 0{,}08$, $\sigma = 0{,}40$, $r = 0{,}03$ und ein Zeitintervall $[t, T]$ mit $T - t = 1$. Diese Transformation ändert den Erwartungswert der zugrunde liegenden Normalverteilung von $\left(\varrho - (\sigma^2/2)\right)(T - t)$ auf $\left(r - (\sigma^2/2)\right)(T - t)$, wobei die Standardabweichung unverändert bleibt. Die reale Kursdichte $f_{t,T}(x)$ wird so in ihr risikoneutrales Äquivalent $f^*_{t,T}(x)$ überführt.

Quelle: Eigene Darstellung.

Durch geeignete Substitution,

$$w := w(x) = \frac{\ln\frac{x}{S_t} - (r - \frac{1}{2}\sigma^2)(T - t)}{\sigma\sqrt{T - t}}, \tag{3.96}$$

und mit

$$\frac{dw}{dx} = \frac{1}{x\sigma\sqrt{T - t}} \Longleftrightarrow dx = x\sigma\sqrt{T - t}\, dw \tag{3.97}$$

sowie der zur Vereinfachung der Notation eingeführten Größe

$$a := \frac{\ln\frac{K}{S_t} - (r - \frac{1}{2}\sigma^2)(T - t)}{\sigma\sqrt{T - t}} \tag{3.98}$$

ergibt sich aus (3.95):

$$c_t = e^{-r(T-t)} \int_a^{\infty} \left(S_t e^{(r-\frac{1}{2}\sigma^2)(T-t)+\sigma w\sqrt{T-t}} - K \right) \varphi(w)\, dw \tag{3.99}$$

$$= S_t \underbrace{\int_a^{\infty} e^{-\frac{1}{2}\sigma^2(T-t)+\sigma w\sqrt{T-t}} \varphi(w)\, dw}_{=:A_1} - K e^{-r(T-t)} \underbrace{\int_a^{\infty} \varphi(w)\, dw}_{=:A_2} \tag{3.100}$$

Für A_1 aus Ausdruck (3.100) erhält man durch Ausschreiben von φ sowie Zusammenfassen des Exponenten:

$$A_1 = \frac{1}{\sqrt{2\pi}} \int_a^{\infty} e^{-\frac{1}{2}\sigma^2(T-t)+\sigma w\sqrt{T-t}-\frac{1}{2}w^2} dw = \frac{1}{\sqrt{2\pi}} \int_a^{\infty} e^{-\frac{1}{2}\left(w-\sigma\sqrt{T-t}\right)^2} dw. \tag{3.101}$$

Die Substitution

$$v := v(w) = w - \sigma\sqrt{T-t} \tag{3.102}$$

mit

$$\frac{dv}{dw} = 1 \Longleftrightarrow dv = dw \tag{3.103}$$

überführt (3.101) in

$$\frac{1}{\sqrt{2\pi}} \int_{a-\sigma\sqrt{T-t}}^{\infty} e^{-\frac{1}{2}v^2} dv = \int_{\frac{\ln\frac{K}{S_t}-(r-\frac{1}{2}\sigma^2)(T-t)-\sigma^2(T-t)}{\sigma\sqrt{T-t}}}^{\infty} \varphi(v) dv \tag{3.104}$$

$$= \Phi(\infty) - \Phi\left(\frac{\ln\frac{K}{S_t} - (r+\frac{1}{2}\sigma^2)(T-t)}{\sigma\sqrt{T-t}} \right)$$

$$= 1 - \Phi\left(\frac{\ln\frac{K}{S_t} - (r+\frac{1}{2}\sigma^2)(T-t)}{\sigma\sqrt{T-t}} \right)$$

$$= \Phi\left(-\frac{\ln\frac{K}{S_t} - (r+\frac{1}{2}\sigma^2)(T-t)}{\sigma\sqrt{T-t}} \right)$$

$$= \Phi\left(\underbrace{\frac{\ln\frac{S_t}{K} + (r+\frac{1}{2}\sigma^2)(T-t)}{\sigma\sqrt{T-t}}}_{=:d_1} \right) = \Phi(d_1).$$

Für A_2 aus (3.100) ergibt sich

$$A_2 = \int_a^\infty \varphi(w)\,dw = \Phi(\infty) - \Phi(a) \tag{3.105}$$

$$= 1 - \Phi\left(\frac{\ln\frac{K}{S_t} - (r - \frac{1}{2}\sigma^2)(T-t)}{\sigma\sqrt{T-t}}\right) = \Phi\left(\underbrace{\frac{\ln\frac{S_t}{K} + (r - \frac{1}{2}\sigma^2)(T-t)}{\sigma\sqrt{T-t}}}_{=:d_2}\right)$$

$$= \Phi(d_2).$$

Aus (3.100) erhält man damit die *zeitstetige Bewertungsformel* für europäische Kaufoptionen nach BLACK/SCHOLES (1973):[238]

$$c_t = S_t\Phi(d_1) - Ke^{-r(T-t)}\Phi(d_2) \tag{3.106}$$

mit

$$d_1 = \frac{\ln\frac{S_t}{K} + (r + \frac{1}{2}\sigma^2)(T-t)}{\sigma\sqrt{T-t}} \quad \text{und} \quad d_2 = d_1 - \sigma\sqrt{T-t}. \tag{3.107}$$

Für europäische Verkaufsoptionen ergibt sich analog – oder durch Anwendung der Put-Call-Parität (3.47) auf (3.106)[239] –

$$p_t = Ke^{-r(T-t)}\Phi(-d_2) - S_t\Phi(-d_1). \tag{3.108}$$

3.6.4.2 Amerikanische Optionen

Bei der Betrachtung europäischer Optionen kann die Betrachtung für Zwecke der Bewertung auf einen etwaigen Zahlungsstrom am Verfalltag T konzentriert werden. Im Falle einer vorzeitigen Ausübbarkeit ist das BLACK/SCHOLES-Modell gemäß der Diskussion in Abschnitt 3.5 nur unmittelbar bei amerikanischen Calls auf ertragslose Basiswerte anwendbar. Im Falle von Dividendenzahlungen stellt Bedingung (3.33) sicher,

---

238 Dieses Ergebnis findet sich auch bei BLACK/SCHOLES (1973), S. 644, Gleichung (13). Dass die BLACK/SCHOLES-Formel (3.106) tatsächlich die partielle Differenzialgleichung (3.76) erfüllt, ist offensichtlich. Vgl. auch BECK (1993), S. 85 ff.

239 Es gilt:

$$\begin{aligned} p_t &= c_t - S_t + Ke^{-r(T-t)} = S_t\Phi(d_1) - Ke^{-r(T-t)}\Phi(d_2) - S_t + Ke^{-r(T-t)} \\ &= Ke^{-r(T-t)}(1 - \Phi(d_2)) - S_t(1 - \Phi(d_1)) \\ &= Ke^{-r(T-t)}\Phi(-d_2) - S_t\Phi(-d_1). \end{aligned}$$

dass eine vorzeitige Ausübung auch im Dividendenfall – modellunabhängig – nicht rational ist. Falls dieses Kriterium für amerikanische Calls nicht erfüllt ist, muss eine Abwägung zwischen der Ausübung am oder unmittelbar vor einem Ex-Dividenden-Tag und der damit vermiedenen Reduktion des Aktienkurses und des Wertverlustes aufgrund der Verkürzung der Laufzeit bei Ausübung der Option erfolgen.[240]

BLACK (1975) schlägt eine einfache Korrektur der BLACK/SCHOLES-Formel vor, um die etwaige Vorteilhaftigkeit der Ausübung *amerikanischer Calls* im Falle von Dividendenzahlungen einzubeziehen: Er berechnet die Werte solcher europäischer Optionen, die jeweils an einem der in die Restlaufzeit fallenden Dividendentermine auslaufen und vermindert den Aktienkurs dabei um den jeweiligen Dividendenbarwert. Das Maximum aus diesen Optionswerten und dem Wert der europäischen Option, die bis zum originären Verfalltag läuft, dient als „Pseudo"-amerikanischer Optionswert.[241] Daneben leiten ROLL (1977), GESKE (1979b), GESKE (1981) und WHALEY (1981) auf Basis des BLACK/SCHOLES-Modellrahmens eine Formel zur Bewertung amerikanischer Calls im Falle von Dividendenzahlungen, in der Literatur häufig als ROLL-GESKE-WHALEY-Formel zitiert, her.[242] GESKE/ROLL (1984) kommen zu dem Ergebnis, dass diese Formel einige empirisch festgestellte Anomalien bei Anwendung der BLACK/SCHOLES-Formel auf amerikanische Calls, auch bei Einsatz des Pseudo-Verfahrens nach BLACK (1975), erklären kann.

Amerikanische Puts sind im Allgemeinen wesentlich schwieriger zu bewerten als europäische, da *zu jeder Zeit* eine positive Wahrscheinlichkeit für eine vorzeitige Ausübung besteht.[243] Zwar leiten etwa GESKE/JOHNSON (1984) eine analytische Bewertungsformel für amerikanische Puts ab, jedoch ist damit – aufgrund einer auftretenden unendlichen Folge von Integralen – keine direkte Berechnung von Optionswerten möglich. Für die praktische Anwendung ist auf Approximationen zurückzugreifen.[244]

---

240 Vgl. auch GESKE (1979b), S. 444.

241 Vgl. auch HULL (2003), S. 255 f. oder GEMMILL (1993), S. 95 ff.

242 Vgl. z. B. HULL (2003), S. 265 f. und STEINER/UHLIR (2001), S. 268 ff.

243 Vgl. GESKE/JOHNSON (1984), S. 1511 und detailliert MERTON (1973a), S. 156 ff.

244 Vgl. GESKE/JOHNSON (1984), S. 1514 ff., zur analytischen Approximation für amerikanische Puts auch JOHNSON (1983) und MACMILLAN (1986).

Aufgrund der Schwierigkeiten im Umgang mit der Möglichkeit der vorzeitigen Ausübung konzentriert sich die Forschung im Bereich von Optionsrechten amerikanischen Typs auf die Ermittlung effizienter Approximationsverfahren, verbunden mit der Berechnung oberer und unterer Wertschranken.[245] In diskreter Zeit stehen zudem einfach implementierbare Möglichkeiten zur Wertapproximation für amerikanische Optionen zur Verfügung.[246]

Es bleibt festzuhalten, dass in der Literatur dokumentierte Wertnäherungen i. d. R. *modellgebunden* sind und sich auf die Annahmen des BLACK/SCHOLES-Modells, speziell dessen Prozess- bzw. Verteilungshypothese für den Kurs des Basiswertes, stützen. Im allgemeinen Fall alternativer Modellannahmen muss daher stets eine gesonderte Analyse der Implikationen für eine etwaige Vorteilhaftigkeit der vorzeitigen Ausübung erfolgen. Im Rahmen dieser Arbeit wird die sehr komplexe Wertbestimmung für amerikanische Optionen nicht näher verfolgt; es wird – hilfsweise – auf verteilungsfreie Eigenschaften, konkret zur nichtrationalen vorzeitigen Ausübung amerikanischer Calls bei Dividendenzahlungen, zurückgegriffen, um das für europäische Optionen ausgelegte Instrumentarium anwenden zu können.

3.6.4.3 EXKURS: Futures-style-Optionen auf zinssensitive Basiswerte

Grundlagen. Im Rahmen dieser Arbeit sollen im empirischen Teil neben Optionen auf Aktien und Aktienindizes auch solche auf einen *zinssensitiven* Basiswert – in Form des Euro-Bund-Futures – untersucht werden. Euro-Bund-Future-Optionen sind amerikanischen Typs und werden in Form des in Abschnitt 3.5.5 skizzierten Futures-style-Marginings abgerechnet. Daher bedarf die Frage nach der Übertragbarkeit von Optionsbewertungsmodellen auf diese spezielle Klasse von Instrumenten eines kurzen Exkurses.

Liegen einer Option statt Aktien oder im Kurs-/Preisverhalten vergleichbaren Gütern (z. B. Aktienindizes, Waren) zinsabhängige Basiswerte zugrunde, sind deren Beson-

---

[245] Vgl. z. B. BARONE-ADESI/WHALEY (1987), BROADIE/DETEMPLE (1996). LO (1987) leitet etwa obere Grenzen für die erwartete Auszahlung von Calls und Puts her; bemerkenswerterweise werden hierfür ausschließlich Erwartungswert und Varianz der zugrunde gelegten Verteilung benötigt.

[246] Vgl. einführend z. B. KRUSCHWITZ/SCHÖBEL (1984b), PFLÜGER/ULRICH (1997).

derheiten bei der Modellierung zu berücksichtigen: Aktien weisen eine unbegrenzte Laufzeit auf, *Anleihen* werden grundsätzlich nur für eine begrenzte Zeit emittiert. Während sich der Kurs einer Aktie als Basiswert einer Option während deren Restlaufzeit theoretisch ohne Einschränkung im Intervall $[0; \infty)$ bewegen kann, wird eine Anleihe zu einem festen Betrag zurückgezahlt. Daher muss sich deren Kurs zum Ende der Anleihenlaufzeit dem Rückzahlungskurs von i. d. R. 100 (%) annähern – diese Charakteristik wird auch als *Basiskonvergenz* (engl.: *pull-to-par*) bezeichnet und muss mit einer gegen null tendierenden Volatilität des Anleihenkurses bei Annäherung an den Rückzahlungszeitpunkt einhergehen. Zudem besteht insbesondere kurz vor Fälligkeit eine serielle Abhängigkeit der Kursänderungen und auch der Einfluss von Zinsänderungen am Markt ist von der verbleibenden Restlaufzeit abhängig und tendiert gegen null. Weiterhin ist der Kurs einer Anleihe entgegen dem einer Aktie jederzeit nach oben beschränkt: Da Anleihen den Barwert zukünftiger Zahlungen während einer begrenzten Laufzeit verbriefen, bildet die Summe der Zahlungen (für einen gegen null tendierenden Marktzinssatz) die Kursobergrenze.[247] Daneben fallen beim Handel mit Anleihen von einer Vielzahl von Parametern (Kupontermin, -höhe, Kaufzeitpunkt) abhängige Stückzinsen an.[248]

Dass etwa das originäre BLACK/SCHOLES-Modell neben der Volatilitätsproblematik vor allem aufgrund des als konstant unterstellten Zinssatzes nicht für zinssensitive Basiswerte anwendbar ist, ist unmittelbar einsichtig.[249] Die grundlegenden Spezifika der Kursdynamik von Anleihen haben im Rahmen der Optionsmodellierung mit der Theorie der *Zinsderivate* zu einem eigenen Forschungszweig geführt, wobei sich zwei unterschiedliche Vorgehensweisen,

- kursorientierte Ansätze und
- zinsorientierte Ansätze

---

[247] Nach unten ergibt sich – analog zu Aktien – für einen gegen unendlich tendierenden Marktzinssatz eine natürliche Begrenzung des Anleihenkurses durch null.

[248] Zu Prozesscharakteristika bei Optionsbasiswerten mit begrenzter Laufzeit siehe auch STEINER/UHLIR (2001), S. 275 ff.

[249] UHRIG (1996), S. 3 hält die Anwendung des gegenüber BLACK/SCHOLES leicht modifizierten BLACK (1976)-Modells, ursprünglich konzipiert für Waren oder Futures als Basiswerte, bei Anleihenkursen noch für anwendbar, wenn die Anleihenrestlaufzeit nicht zu kurz ist.

herausgebildet haben.[250]

Eine *kursorientierte Modellierung* setzt bei der Stochastik des Anleihenkurses an, für die – unter Berücksichtigung der skizzierten Besonderheiten – direkte Hypothesen aufgestellt werden. Der Wert einer Option lässt sich dann analog zum BLACK/SCHOLES-Modell aus dieser Kursdynamik ableiten. Bekannte Vertreter dieser Modellklasse sind etwa die Ansätze von BALL/TOROUS (1983), SCHÖBEL (1987), SCHAEFER/SCHWARTZ (1987) und BÜHLER (1988).

Grundlage einer *zinsorientierten* Modellierung von Anleihen ist die Beschreibung der Stochastik der Zinsentwicklung – etwa anhand der *Zinsstrukturkurve* (engl.: *term structure of interest rates*) –, aus der sich der Kurs der Anleihe funktional ergibt. Zinsorientierte Modelle werden weiter in endogene und exogene Zinsstrukturmodelle unterschieden: *Endogene* Ansätze beschreiben die Zinsstruktur durch Arbitrageüberlegungen oder im Rahmen eines allgemeinen Gleichgewichtsmodells. Zu den endogenen Zinsmodellen[251] zählen etwa die einfaktoriellen Ansätze von VASICEK (1977), DOTHAN (1978), COURTADON (1982) und COX/INGERSOLL/ROSS (1985b) sowie die Mehrfaktormodelle von BRENNAN/SCHWARTZ (1979), SCHAEFER/SCHWARTZ (1984) und LONGSTAFF/SCHWARTZ (1992). Das Hauptproblem einer modellendogen abgeleiteten Zinsstruktur besteht i. d. R. darin, dass diese nicht mit der aktuell am Markt beobachtbaren Ausgangszinsstruktur übereinstimmt. Die gesamten Informationen der Zinsstrukturkurve zum Bewertungszeitpunkt werden von *exogenen* Modellen verarbeitet, wobei eine weitere Unterscheidung in zwei Subklassen vorgenommen werden kann. *Inversionsmodelle* (auch *indirekt evolutorische* Modelle genannt) erweitern die endogenen Zinsstrukturmodelle um zeitabhängige Parameter, um die Anpassung der modellendogenen an die aktuelle Zinsstruktur zu ermöglichen. Zu dieser Modellklasse zählen etwa die Arbeiten von BLACK/DERMAN/TOY (1990), HULL/WHITE (1990) und BLACK/KARASINSKI (1991). Bei den *Evolutionsmodellen* (auch: *direkt evoluto-*

---

250 Die Anwendung einzelner im Folgenden diskutierter Ansätze ist nicht notwendigerweise auf den Bereich der Derivate beschränkt. Die Frage nach einer adäquaten Modellierung von Zinsstrukturen lässt sich auch auf andere Problemstellungen übertragen. Vgl. zu einem Überblick zu Zinsmodellen – unterschieden in kurs-, zinsorientierte und zinstrukturkonforme Modelle – z. B. MADJLESSI (1996), S. 54 ff.

251 UHRIG (1996), S. 14 spricht auch von „klassischen“ Zinsmodellen.

rische Modelle oder: *Modelle der gesamten Zinsstruktur*) fungiert die gesamte Zinsstrukturkurve als Basisgröße, die qua Konstruktion mit der Ausgangszinsstruktur übereinstimmt – die beiden bekanntesten Beiträge hierzu sind die von HO/LEE (1986) und HEATH/JARROW/MORTON (1992).[252]

Besonderheiten bei Zinsfutures als Basiswerte von Optionen. Während die Kursdynamik von Anleihen einer besonderen Modellierung bedarf, lässt sich für einen *Zinsfuture* i. d. R. ein vereinfachter Ansatz vertreten. Mit dem Eingehen eines Zinsfutures verpflichtet sich der Verkäufer zur Lieferung bestimmter festverzinslicher Wertpapiere, dem Käufer obliegt deren Abnahme am Fälligkeitstag. Der theoretische Wert eines Futures entwickelt sich allgemein in Abhängigkeit vom Kursverlauf des jeweiligen Basiswertes und wird i. d. R. erst am Fälligkeitstag mit dem Preis des Kassatitels übereinstimmen, da beim Eröffnen einer Future-Position im Gegensatz zum Erwerb des Basiswertes – unter Vernachlässigung von Marginleistungen – vor Fälligkeit keine Finanzierungskosten (Kreditkosten für Fremdkapital, Opportunitätskosten bei Eigenkapital) entstehen. Demgegenüber entfallen beim Erwerb des Futures allerdings Vorteile, die z. B. bei Anleihen aus Stückzinsen resultieren.

Da sich am Markt nur in Ausnahmefällen Anleihen finden, die den idealtypischen Anforderungen aus einem Zinsfuture-Kontrakt an die zu liefernden Anleihen exakt entsprechen, darf der Verkäufer i. d. R. aus einer für jeden Verfalltermin veröffentlichten Liste der als lieferbar klassifizierten Anleihen eine auswählen – die am günstigsten zu liefernde wird auch als *Cheapest-to-Deliver (CtD)-Anleihe* bezeichnet. Mit Hilfe von *Preis- bzw. Konversionsfaktoren* wird eine Vergleichbarkeit der lieferbaren Anleihen erreicht, indem deren Kurse – mit Hilfe eines Barwertansatzes – im Hinblick auf den geforderten Nominalzins normiert werden.[253]

Für den Fall, dass der Futurekontrakt weit vor Fälligkeit der zugrunde liegenden und vom Verkäufer des Futures zu liefernden Anleihen ausläuft, treten die Anleihenspezi-

---

[252] Vgl. zu ausführlichen Überblicken zur Zinsmodellierung mit Anwendung auf Zinsderivate z. B. HO (1995), S. 13 ff., VETZAL (1994), UHRIG (1996), S. 4 ff., HEITMANN (1997), S. 9 ff. und HULL (2003), S. 564 ff. BRIGO/MERCURIO (2001) liefern eine sehr praxisorientierte aktuelle Bestandsaufnahme, zu konkreten Modellformeln vgl. auch HAUG (1998), S. 143 ff.

[253] Zur hier nicht näher zu diskutierenden Bewertung von Futures im Spezialfall von Zinsfutures vgl. z. B. STEINER/BRUNS (2002), S. 460 ff. und S. 471 ff. sowie ausführlich STEINER/MEYER/LUTTERMANN (1994) und BERENDES/BÜHLER (1994).

fika – etwa die Basiskonvergenz – noch nicht offen zutage. Die Stochastik im Kurs des Zinsfutures wird sich i. d. R. gut durch eine einfache Prozess- bzw. Verteilungshypothese beschreiben lassen, wobei die naheliegendste Form diejenige aus dem originären BLACK/SCHOLES-Modell darstellt. Im Falle von Zinsfutures wird daher im Rahmen dieser Arbeit – ohne Berücksichtigung der Zinsstruktur – eine Prozess- bzw. Verteilungsannahme hinsichtlich der zukünftigen Kurse des Futures getroffen. Ein derartiger Ansatz umgeht die komplexe Modellierung der Zinsstruktur und erscheint speziell bei solchen Zinsfutures vertretbar, die sich auf langfristige Kapitalmarktzinsen beziehen. Auch BÜHLER (1991) hält die kursorientierte Modellierung und z. B. die Annahme einer geometrischen Brownschen Bewegung für Zinsfutures und eine darauf gegründete Bewertung für vertretbar; die aus der Verwendung eines Zinsstrukturmodells resultierende Komplexität sieht er als nicht gerechtfertigt an.[254]

Kursorientierte Bewertung von Futures-style-Optionen auf Zinsfutures. Mit einer Kaufoption auf einen Zinsfuture kann von sinkenden Zinsen profitiert werden, vice versa mit einer Verkaufsoption von einem steigenden Zinsniveau. Mit Erwerb einer Kaufoption (engl.: *cap*) lässt sich z. B. ein Maximalzinssatz (Ceiling) für eine variabel verzinsliche Verbindlichkeit – einen Floater – festlegen. Der Kauf einer Verkaufsoption (engl.: *floor*) gestattet z. B. das Festsetzen einer Minimalverzinsung für eine variabel verzinsliche Einlage.[255]

Der kursorientierten Bewertung von Optionen auf Waren/Futures als Basiswerte widmet sich erstmals BLACK (1976) – bei gleichen Annahmen wie bei BLACK/SCHOLES liegt der Unterschied darin, dass zum Aufbau des Hedgeportefeuilles keine Zinsen für

---

[254] Vgl. BÜHLER (1991), S. 4 und S. 22 f., zu den Gegebenheiten des deutschen Zinsfuturesmarktes auch LEVIN/SCHULTE-MATTLER (1994) und BEILNER (1992), S. 376.

[255] Mit dem Basispreis wird ein bestimmter Future-Kurs und damit ein bestimmter Zinssatz „festgeschrieben". Marktteilnehmer können auf Zinsänderungen spekulieren, einem Zinsrisiko ausgesetzte Positionen absichern oder auch temporäre Ungleichgewichte zwischen Options- und Futuremarkt oder zwischen vergleichbaren Optionskontrakten ausnutzen. Vgl. zur Anwendung von Optionen auf Zinsfutures auch BEILNER/SCHOESS (1991b) und DIWALD (1999), S. 397.

Dass Zinsfuture-Optionen bei Ausübung in Futures-Positionen münden, wird nicht durchweg als Vorteil gesehen. NIEUWENHUIS/SCHLOTTAU (1995) argumentieren, dass speziell von institutioneller Seite „Kassaware" gewünscht wird und Futurespositionen nur zu höheren Kosten führen. Auch das Marking-to-Market wird eher kritisch gesehen, da es angeblich einen höheren Aufwand bedeute. Demgegenüber ist zu sehen, dass eine physische Lieferung wesentlich teurer als elektronische Buchungen am Futures-Markt ist. Vgl. auch BEILNER/SCHOESS (1991b), S. 374.

ein Investment in den Futurekontrakt zu berücksichtigen sind.[256] Im Spezialfall von Futures-style-Optionen kann eine auf ASAY (1982) und LIEU (1990) zurückgehende kursorientierte Bewertung vorgenommen werden. Da die Optionsprämie beim Futures-style-Verfahren vom Käufer nicht in voller Höhe, sondern nach und nach zur Begleichung etwaiger Gewinne/Verluste entrichtet wird, entfallen die bei BLACK/SCHOLES entstehenden Finanzierungskosten.[257] Bei analoger Herleitung vereinfacht sich die Formel (3.106) zur Bewertung von Calls zu

$$C_t^{\text{FS}} = F_t\Phi(d_1) - K\Phi(d_2) \tag{3.109}$$

mit

$$d_1 = \frac{\ln\frac{F_t}{K} + \frac{1}{2}\sigma^2(T-t)}{\sigma\sqrt{T-t}} \quad \text{und} \quad d_2 = d_1 - \sigma\sqrt{T-t}; \tag{3.110}$$

Analog ist über

$$P_t^{\text{FS}} = K\Phi(-d_2) - F_t\Phi(-d_1) \tag{3.111}$$

die Bewertung von Puts möglich.[258] Wird, wie diskutiert, eine kursorientierte Modellierung von Zinsfutures verwendet, lassen sich (3.109) und (3.111) zur Bewertung von Optionen auf diese Kontrakte anwenden.[259]

---

[256] Vgl. zum BLACK (1976)-Modell auch WOLF (1982).

[257] Zur Bewertung von Optionen auf Bund-Futures vgl. auch TOMPKINS (1991), S. 57 ff. Eine wichtige Implikation liegt darin, dass auf Ebene der Option keine Auswirkungen bei Änderungen im kurzfristigen Zinssatz auftreten. Siehe auch TOMPKINS (1991), S. 67.

[258] Ohne ein Futures-style-Margining sind Futures-style-Optionen amerikanischen Typs nur approximativ bewertbar. Vgl. hierzu z. B. WHALEY (1986) und BALL/TOROUS (1986). Bei amerikanischen Optionen mit einem Futures-style-Margining, die Instrumente mit negativen Haltekosten als Basiswert haben, zeigen KUTNER/PORTER/THATCHER (2001) in einer Erweiterung der Modelle von WHALEY (1986) und BARONE-ADESI/WHALEY (1987), dass eine Prämie für die vorzeitige Ausübbarkeit existieren kann.

Das Futures-style-Margining führt damit zu leicht höheren Prämien (vgl. zu dieser Frage auch die kritische Diskussion bei LIEU (1990), CHEN/SCOTT (1993)) und einer höheren Liquidität auf Käuferseite. Die Anreize aufseiten der Stillhalter sind geringer als bei einer Stock-style-Abrechnung. Auch wird die Liquidität im Markt erhöht, da Gewinnrealisationen nicht nur über eine vorzeitige Ausübung oder Glattstellung möglich sind. Speziell bei weit im-Geld notierenden Optionen gibt es keine „prohibitiven" Optionsprämien. Vgl. THIESSEN/GITH (1992), S. 88 ff.

[259] Daneben finden sich für den Spezialfall von Futures-style-Optionen in der Literatur einige Beiträge für zinsorientierte Bewertungsansätze – vgl. etwa die Arbeiten von KUO (1991) und den entsprechenden Kommentar von SY (1991) sowie die Beiträge von CHEN/SCOTT (1993), BARONE/MENGONI (1997) und IOVINO (1997). Ergänzend sei auf die Bestandsaufnahme von Modellen bei WHITE (2000), S. 50 ff. verwiesen.

3.7 Forschungslinien im Anschluss an BLACK/SCHOLES

3.7.1 Klassifikationsmöglichkeiten von Bewertungsansätzen

Die Ansätze von BLACK/SCHOLES (1973) und MERTON (1973a) können als Ausgangspunkt einer bis heute andauernden intensiven Forschung auf dem Gebiet der Bewertung bedingter Ansprüche gesehen werden.[260] Verallgemeinerungen, Erweiterungen und die Anwendung in so vielfältigen Zusammenhängen und auf so viele verschiedene Güter lassen eine erschöpfende Darstellung nicht möglich erscheinen.[261] SUNDARESAN (2000) liefert einen exzellenten, ausführlichen Rückblick auf die Entwicklung in der zeitstetigen Finanzierungstheorie (engl.: *continuous-time finance*) mit der Theorie der Derivate als einem der Schwerpunkte.[262] In Anbetracht der kaum zu überschauenden Zahl von Forschungsbeiträgen und der Vielzahl damit untersuchter Facetten haben sich in der Literatur keine eindeutigen Klassifikationsmerkmale für Optionsbewertungsansätze durchsetzen können.

Eine erste Unterscheidungsmöglichkeit für Optionspreismodelle stellt die Annahme bezüglich der Abbildung der Laufzeit dar: *Zeitstetige* Ansätze gehen von der Fiktion eines kontinuierlichen Handels während der gesamten Optionslaufzeit aus. In einem *zeitdiskreten* Ansatz wird die Laufzeit in endlich viele diskrete, i. d. R. äquidistante Zeitpunkte bis zum Verfalltag der Option zerlegt. Es wird unterstellt, dass Handel und Wertbestimmungen nur zu diesen Zeitpunkten möglich sind.[263] Als wichtigster zeitdiskreter Ansatz gilt das *Binomialmodell* nach COX/ROSS/RUBINSTEIN (1979) und RENDLEMAN/BARTTER (1979), auch wenn SHARPE (1978) sich selbst die Entwick-

---

[260] BAKSHI/CAO/CHEN (1997), S. 2003 sprechen von einer wahren „Explosion" neuer Modelle.

[261] So auch die Ansicht von HUTCHINSON/LO/POGGIO (1994), S. 851.

[262] Vgl. ergänzend die Hinweise auf weitere Überblicksartikel bei SUNDARESAN (2000), S. 1570. Als einer der Pioniere der zeitstetigen Finanzierungstheorie bietet darüber hinaus MERTON (1975) eine frühe Bestandsaufnahme, speziell auch zur Theorie stochastischer Prozesse und zu Derivaten. Siehe zudem die Rückblicke bei HODGES ET AL. (1992), BATES (2002), S. 2 ff. und SAMUELSON (2002).

[263] Die mitunter postulierte bessere formale Nachvollziehbarkeit zeitdiskreter Optionsbewertungsmodelle im Vergleich zu zeitstetigen Ansätzen erscheint diskussionsbedürftig und ist in dieser Verallgemeinerung sicherlich in Frage zu stellen.

lung zuschreibt.[264] Das Binomialmodell hat den zusätzlichen Vorteil, dass es für eine gegen unendlich strebende Anzahl von Subperioden in das BLACK/SCHOLES-Modell mündet.[265] Zeitdiskrete Modelle finden insbesondere dann Verwendung, wenn einzelne Annahmen des Bewertungsrahmens aufgehoben werden, die auf einfachem Wege in diskreten Modellen abgebildet werden können (z. B. bei Dividendenzahlungen auf den Basistitel[266] oder bei „exotischen" Optionskonstruktionen wie etwa Schrankenoptionen). Im Rahmen dieser Arbeit soll eine Konzentration auf zeitstetige Ansätze stattfinden, das Unterscheidungskriterium der Zeitmodellierung wird nicht weiter verfolgt.

Hier soll stattdessen eine Klassifikation der Ansatzpunkte für die Optionsbewertung in zwei große Gebiete vorgenommen werden.[267] Unterschieden wird zum einen die Gruppe der *Strukturmodelle*, die einen Ausbau des Grundmodells von BLACK/SCHOLES zum Gegenstand haben und dabei versuchen, mit Hilfe gelockerter und realistischerer Annahmen empirisch festgestellte Anomalien zu eliminieren.[268] Demgegenüber stehen Verfahren, die unmittelbar an der *risikoneutralen Kursverteilung* für den Basiswert ansetzen. Hierzu ist festzuhalten, dass sich die Annahmen eines Strukturmodells zwangsläufig in der Kursverteilung zu einem zukünftigen Zeitpunkt niederschlagen. Bei komplexeren Prozessstrukturen ergeben sich jedoch häufig komplizierte und aufgrund einer fehlenden expliziten Form für den praktischen Einsatz schwer handhabbare

---

264 Siehe SHARPE (1978), S. 366 ff. Vgl. auch CHANCE (1999), S. 36, zum Binomialmodell einführend z. B. die Beiträge von KRUSCHWITZ/SCHÖBEL (1984a), KESTING/SCHULTE-MATTLER (1992b) und BENNINGA/WIENER (1997).

265 Vgl. einführend z. B. KESTING/SCHULTE-MATTLER (1992a). Bei mathematisch fundierter Beweisführung erfordert der Grenzübergang einige komplexere Hilfsschritte; vgl. z. B. die Darstellungen bei MUSIELA/RUTKOWSKI (1998), S. 40 ff., BINGHAM/KIESEL (1998), S. 113 ff. oder SANDMANN (2001), S. 183 ff.

266 Vgl. etwa PFLÜGER/ULRICH (1997), WESSELS (1992), S. 47 ff. Zu einer Darstellung der Theorie bedingter Ansprüche im zeitdiskreten Rahmen vgl. ausführlich PLISKA (1998).

267 Zu sonst üblichen Einteilungen vgl. auch ANDRES (1998), S. 126: Dieser unterscheidet zunächst in (1) empirisch-ökonometrische Modelle und verteilungsfreie Abschätzungen sowie in (2) verteilungsabhängige Gleichgewichtsmodelle. Letztere werden weiter nach partiellen (d. h. präferenzabhängigen) und vollständigen (d. h. präferenzfreien) Gleichgewichtsmodellen unterteilt. Neben der Klassifikation als stetig bzw. diskret folgt für die Modelle der Klasse (2) noch die Differenzierung nach stationären oder nichtstationären Renditen/Volatilitäten. Siehe zur Unterscheidung in präferenzfreie und präferenzabhängige Bewertungsansätze auch einführend TRAUTMANN (2001).

268 Vgl. auch BAKSHI/CAO/CHEN (1997), S. 2004, wonach jedes Optionspreismodell von Prozess- oder Verteilungsannahmen (i) für den Basiswert und (ii) den Zinssatz sowie (iii) vom Marktpreis für das Faktorrisiko ausgeht.

Verteilungen.[269] Das Abstellen auf die Verteilungsannahme hat den Vorteil einer größeren Allgemeingültigkeit: Ein Strukturmodell führt – implizit – zu einer Verteilung (am Verfalltag der Option), während eine gegebene Verteilung mit einer Vielzahl von Modellstrukturen konsistent ist.[270] Die Parameter von Strukturmodellen lassen sich auf zwei Arten ermitteln – aus historischen Parametern oder implizit aus gegebenen Optionspreisen.[271] Die Modellkalibrierung muss bei Ansätzen über die risikoneutrale Verteilung regelmäßig auf implizitem Wege erfolgen, um den Bewertungsmechanismus des Marktes zu extrahieren.

Im Weiteren liefert *Abschnitt 3.7.2* zunächst eine kurze Motivation zur näheren Auseinandersetzung mit der Optionsbewertung anhand empirischer Sachverhalte, die mit dem BLACK/SCHOLES-Modell nicht in Einklang zu bringen sind. *Abschnitt 3.7.3* zeigt einige wichtige Entwicklungen von Strukturmodellen auf, die sich vornehmlich auf realistische Kursprozesse und die Einbeziehung weiterer Unsicherheitsquellen, wie etwa einer stochastischen Volatilität, beziehen. Die Herangehensweise über die risikoneutrale Verteilung, für deren Bestimmung parametrische und nichtparametrische Verfahren verwendet werden können, wird in *Abschnitt 3.7.4* beleuchtet und leitet als in dieser Arbeit verwendete Technik zum nächsten Kapitel über.

3.7.2 Defizite des Grundmodells als Ausgangspunkt

3.7.2.1 Empirische Renditephänomene

Im BLACK/SCHOLES-Modell wird von einer Normalverteilung der (realen) Renditen des Basiswertes ausgegangen. Insbesondere gelte diese Eigenschaft ohne Einschränkung in jedem beliebigen Intervall $[t, T]$ mit $t < T$. Eine solche Annahme ist mit

---

269 Vgl. auch BOOKSTABER/MCDONALD (1987), S. 401 f.

270 Vgl. BAHRA (1999), S. 143. KNIGHT/SATCHELL/WANG (2001), S. 233 ff. sowie BRIGO/MERCURIO (2002) diskutieren den Fall verschiedener Prozessannahmen, die zur gleichen risikoneutralen Verteilung und damit zur gleichen Optionswertformel führen. Die risikoneutrale Verteilung lässt sich mit der von HARRISON/KREPS (1979) verwendeten Theorie äquivalenter Martingalmaße vereinbaren, denn dieses Maß wird in vollständigen Märkten eindeutig durch die Verteilung beschrieben. Vgl. AÏT-SAHALIA/LO (1998), S. 500.

271 Zu Schätzverfahren für stetige Modelle (z. B. Maximum-Likelihood, Generalized Method of Moments) und der Forschung auf diesem Gebiet vgl. auch SUNDARESAN (2000), S. 1598 ff.

empirischen Beobachtungen nicht in Einklang zu bringen. Häufig festgestellte Renditephänomene (engl.: *stylized facts*), vornehmlich bezogen auf Aktienkurse, lassen sich wie folgt zusammenfassen:[272]

- Renditen in Finanzmarktzeitreihen, insbesondere Tagesrenditen, unterliegen keiner Normalverteilung, ihre Verteilungen weisen im Vergleich mit dieser *stärkere Flanken* (engl.: *fat tails*)[273] und *Spitzgipfligkeit* auf.[274] Die starken Flanken resultieren daraus, dass große Kursbewegungen viel häufiger auftreten als nach der Normalverteilung zu erwarten wäre. Des Weiteren kann bei Verteilungen von Tagesrenditen, zumindest im Aktienbereich, eine statistisch signifikante *Schiefe* festgestellt werden.[275]
- Renditen sind nicht unabhängig: Auch wenn *Autokorrelation* in Renditezeitreihen häufig nicht nachweisbar ist, lässt sich i. d. R. in den betragsmäßigen und speziell den quadrierten Renditen signifikante Autokorrelation diagnostizieren.

---

[272] Die Frage nach der adäquaten Modellierung von Renditen hat einen umfassenden Niederschlag in der Literatur gefunden. Den jüngeren Ausgangspunkt markiert die „Wiederentdeckung" der Normalverteilung als Ausgangspunkt der Brownschen Bewegung durch OSBORNE (1959); siehe hierzu auch OSBORNE (1962). Mit Abweichungen realer Renditeverteilungen von der Normalverteilungshypothese beschäftigten sich bereits MANDELBROT (1963) (vgl. auch den leicht veränderten Neuabdruck von MANDELBROT (1963) in MANDELBROT (1997), S. 373 ff.) und FAMA (1965). Siehe zudem z. B. MANDELBROT (1997), S. 257 f., zu ausführlichen Literaturüberblicken im Zusammenhang mit Renditeverteilungen siehe BATES (1996a), MCDONALD (1996) und NAGEL (2001), S. 7 ff. Es gilt in diesem Zusammenhang zu beachten, dass eine Vielzahl von Beiträgen in Titel und Zusammenfassung von *Aktienrenditen* spricht, sich aber bei der konkreten empirischen Analyse ausschließlich auf *Aktienindexrenditen* bezieht.

[273] Eine synonyme Bezeichnung ist *schwere Ränder* (engl.: *heavy tails*).

[274] In der Literatur wird mitunter das Vorliegen beider Eigenschaften gefordert, um von *Leptokurtosis* einer Verteilung zu sprechen. Nach der Definition in Abschnitt 3.3 wird der Begriff Leptokurtosis in dieser Arbeit im Falle einer gegenüber der Normalverteilung erhöhten Kurtosis verwendet.

[275] Im Rahmen der Diskussion um Leptokurtosis ist die Definition in der Literatur nicht ganz einheitlich: I. d. R. wird dabei auf die *Renditeverteilung*, in einigen Fällen aber auch auf die *Kursverteilung* – Letztere dann z. B. im Vergleich mit der Log-Normalverteilung – abgestellt. Vgl. z. B. BAHRA (1999), S. 137 f.

- Festgestellte Muster deuten auf *Volatilitätscluster* hin, d. h. die Standardabweichung der Renditen ist offenbar von der Historie abhängig – große Kursbewegungen etwa ziehen weitere große Kursbewegungen nach sich.[276]

- Bei längeren Beobachtungszeiträumen nehmen Leptokurtosis und Schiefe ab; je größer die Intervalle zur Renditeberechnung gewählt werden, desto besser kann die resultierende Verteilung durch eine Normalverteilung beschrieben werden.[277]

Die Ursachen für diese empirischen Phänomene können vielfältiger Natur sein: Die Normalverteilung von Renditen ist z. B. dann in Frage zu stellen, wenn Informationen am Markt nicht linear eintreffen bzw. die Marktteilnehmer nicht linear auf diese reagieren. Gelangen etwa Informationen gebündelt und in unregelmäßigen Abständen an den Markt, werden die Marktteilnehmer zu einer analogen Reaktion gezwungen, d. h. falls die Verteilung der Informationen leptokurtisch ist, müssen es auch die Verteilungen der Renditen sein. Analog verhält es sich, wenn Informationen linear am Markt ankommen, aber erst kumuliert zu einem gewissen Zeitpunkt von den Marktteilnehmern verarbeitet werden.[278] Vom statistischen Standpunkt aus kann die Leptokurtosis

---

[276] Auf dieses Phänomen gründet sich u. a. die intensive Forschung im Bereich zeitreihenbasierter Modelle, die eben diese Erscheinungen abzubilden vermögen. Vgl. auch BLACK (1990), S. 4 zu dem Phänomen, dass die Volatilität mit fallendem (steigendem) Aktienkurs steigt (fällt). Diesen Hebeleffekt begründet er damit, dass ein Kursverfall i. d. R. mit einem Ertragsrückgang bei dem entsprechenden Unternehmen verbunden ist.

[277] Dass die Normalverteilung bei längeren Zeiträumen eine sinnvolle Verteilungsannahme sein kann, wird in der Literatur z. T. mit dem *zentralen Grenzwertsatz* begründet: Je länger das Zeitintervall für die Renditeberechnung gewählt wird, desto mehr sollte die sich ergebende Verteilung einer Normalverteilung ähneln, da man z. B. Monatsrenditen gerade über die Aggregation der Tagesrenditen erhält. Diese Argumentation erfordert, bei Abstellen auf den zentralen Grenzwertsatz in seiner Grundform, – als hinreichende Bedingung – neben einer endlichen Varianz der einzelnen Verteilungen die Unabhängigkeit der Renditen im Zeitablauf. Vgl. BEHNEN/NEUHAUS (1995), S. 316 f.

[278] Vgl. PETERS (1991), S. 10 ff.

der Renditeverteilung z. B. über Autokorrelation der Renditen und/oder *Heteroskedastizität*, d. h. eine zeitveränderliche Prozessvarianz, erklärt werden.[279]

Im Kontext der Optionsbewertung erlangen die skizzierten Phänomene unmittelbare Bedeutung, wenn die Datenhistorie zur Schätzung der zukünftigen Volatilität des Basiswertes verwendet wird. Hierfür wird auf Basis der Normalverteilungsprämisse die *historische Volatilität* herangezogen. Die beobachteten Renditen, speziell von Aktien, weisen jedoch – wie diskutiert – Abweichungen von der Normalverteilung, speziell in Bezug auf Schiefe und Kurtosis, auf. Damit ist eine der Grundannahmen des BLACK/SCHOLES-Modells verletzt und aus der Historie ermittelte Schätzwerte für die Volatilität müssen zwangsläufig verzerrt sein. Als üblicher Schätzer für die Volatilität fungiert die (annualisierte) korrigierte Stichprobenstandardabweichung der stetigen Renditen: Auf Basis von n Renditebeobachtungen r_i, $i = 1, 2, \ldots, n$ in aufeinander folgenden, äquidistanten Schätzperioden und m Perioden pro Jahr erhält man[280]

$$\hat{\sigma}^{\text{ann}} = \sqrt{\frac{m}{n-1}\sum_{i=1}^{n}(r_i - \bar{r})^2} \quad \text{mit} \quad \bar{r} = \frac{1}{n}\sum_{i=1}^{n} r_i. \tag{3.112}$$

279 Zu Gründen für die fehlende Normalverteilungseigenschaft von Renditen siehe auch einführend GEMMILL (1993), S. 112 ff. Zu Phänomenen in Zeitreihen von Finanzmarktdaten (schwere Ränder, Volatilitätscluster, langes „Gedächtnis") und speziell den Implikationen für den Umgang damit, z. B. im Rahmen statistischer Tests, vgl. etwa KRÄMER/SIBBERTSEN/KLEIBER (2002) und KRÄMER (2002). Trotz Verwerfung der Normalverteilungsannahme bei Indizes und Aktien diagnostiziert FISCHER (2002), S. 24 ff. Anzeichen dafür, dass die ersten vier, zumindest jedoch die ersten zwei Momente der zugehörigen Verteilung existieren. BAMBERG/DORFLEITNER (2002) widmen sich der kritischen Diskussion um die verteilungstheoretische Modellierung schwerer Ränder, speziell der Problematik nicht existierender Verteilungsmomente. Zur fehlenden Normalverteilungseigenschaft und Unabhängigkeit für deutsche Aktienrenditen vgl. auch EBERLEIN/KELLER (1995), S. 284 ff. sowie KLÄHN (2000), zu Renditen in anderen Finanzmarktzeitreihen, z. B. bei Wechselkursen, etwa CHIN (1999), S. 4 ff.

280 Vgl. HEIDORN (2002), S. 213 ff., HULL (2003), S. 238 ff. Alternativ kann mit der Maximum-Likelihood-Methode gearbeitet werden; vgl. BATES (1996b), S. 574 f. Zudem ist die Wahl der Anzahl der heranzuziehenden Perioden n dabei nicht einfach: Ceteris paribus führt ein Mehr an Daten zu einer höheren Genauigkeit, aber da das σ veränderlich ist, können die verwendeten Daten ggf. zu alt sein. Für Praxiszwecke wird vorgeschlagen, so viele Handelstage heranzuziehen wie der Restlaufzeit der Option entsprechen.

Zur Frage nach der adäquaten *Annualisierung* von Volatilitäten siehe bereits FAMA (1965) und FRENCH (1984): Letzterer widmet sich den Implikationen des „Wochenendeffektes" von Aktienkursverteilungen auf Optionspreise. Zwar lassen sich Volatilitäten im Gegensatz zu Zinsen weder auf Handels- noch auf Kalendertage beziehen, jedoch stellt eine handelstagsbasierte Berechnung von Volatilitäten die wesentlich bessere Näherung dar. Vgl. zur Ermittlung historischer Volatilitäten und der Diskussion um die Verwendung von Handels- oder Kalendertagen auch CAMPENHAUSEN (1995), S. 110 und UHLIR/SIÈVI (1990b), S. 397.

$\hat{\sigma}^{\text{ann}}$ leidet bereits bei kleinen Abweichungen von der Normalverteilungsprämisse unter einer systematischen Verzerrung.[281]

Auch FORTUNE (1996) nennt als möglichen wichtigen Grund für die wenig befriedigenden Ergebnisse des BLACK/SCHOLES-Modells u. a. die fehlende Normalverteilungseigenschaft der Renditen.[282] BOYLE/ANANTHANARAYANAN (1977) untersuchen den Bias bei historischer Schätzung der Volatilität in Abhängigkeit von der Stichprobenlänge und unterbreiten Vorschläge zum Umgang mit dem Schätzfehler. GARMAN/KLASS (1980) untersuchen verschiedene historische Volatilitätsschätzer und deren systematische Verzerrungen. BROWN (1990) sieht die Verwendung historischer Volatilitäten als Eingabegröße für die Optionsbewertung speziell dann als problematisch an, wenn diese zeitveränderlich sind[283] – ein empirisch vielfach dokumentiertes Phänomen, das sich z. B. durch einen statistischen Vergleich zwischen den auf Monats- und Jahresbasis ermittelten Volatilitäten untersuchen lässt.[284] Insbesondere kann eine historische Volatilität als Schätzer der zukünftigen Volatilität nur sehr *zeitverzögert* auf kurzfristige Markterscheinungen „reagieren". ABKEN/NANDI (1996) liefern einen Überblick zur Volatilität in der Optionsbewertung und kommen u. a. zu dem Schluss, dass die historische Volatilität ein ungeeigneter Schätzer für die zukünftige Volatilität ist[285] – die heutzutage in der Literatur dominierende Ansicht.[286]

---

281 Vgl. GESKE/TOROUS (1991), die zudem einen alternativen und robusteren Schätzer vorschlagen.

282 Vgl. FORTUNE (1996), S. 34 ff.

283 Bereits in frühen empirischen Untersuchungen von BLACK/SCHOLES (1972) muss die Prämisse konstanter Volatilität verworfen werden. Mittlerweile herrscht Einigkeit darüber, dass die Volatilität von Aktienrenditen stochastisch und u. a. mit der Veränderung des Aktienkursniveaus korreliert ist. Die systematische Fehlbepreisung von Optionen durch das BLACK/SCHOLES-Modell ist in der Literatur zur Empirie ausführlich dokumentiert. Siehe hierzu auch BLACK (1975): „One possible explanation for this [mispricing] pattern is that we have left something out of the formula." Vgl. auch CORRADO/SU (1996a), S. 175 f.

284 Statt wie üblich nur einen Kurs pro Tag lassen sich für die Schätzungen der historischen Volatilität auch mehrere einsetzen (vgl. GARMAN/KLASS (1980)) oder Gewichtungen vornehmen, auch wenn diese Alternativen nicht überzeugend wirken; so auch HECKER (1993), S. 139 ff.

285 Vgl. z. B. ABKEN/NANDI (1996), S. 22.

286 Anders allerdings THIEL (2001), der – auch nach Verwerfung der Normalverteilungshypothese für die Renditen – auf historische Volatilitäten zur Bewertung von Optionsscheinen mit dem BLACK/SCHOLES-Modell zurückgreift. Vgl. THIEL (2001), S. 177 ff.

3.7.2.2 Implizite Volatilitäten von Optionen

Ein anderer Ansatzpunkt zur Frage nach der Eignung des BLACK/SCHOLES-Modells besteht darin, eine Analyse auf Basis gegebener Marktpreise von Optionen durchzuführen. Dabei sind vielfach Phänomene nachgewiesen worden, die mit dem originären Modell nicht in Einklang zu bringen sind. Als Indikator hierfür kann die *implizite Volatilität* σ_{imp} herangezogen werden: Die Größe bezeichnet diejenige Volatilität, die bei Unterstellung des Wertzusammenhangs nach BLACK/SCHOLES in einem gegebenen Preis einer europäischen Option c_t^{Markt} bzw. p_t^{Markt} zum Ausdruck kommt: $c_t(\sigma_{\text{imp}}) = c_t^{\text{Markt}}$ bzw. $p_t(\sigma_{\text{imp}}) = p_t^{\text{Markt}}$. Zur Bestimmung der impliziten Volatilität müssen, wegen fehlender Inversionsmöglichkeit der Bewertungsformeln, iterative Algorithmen eingesetzt werden.[287]

Die implizite Volatilität von Optionen ist Gegenstand einer kaum überschaubaren Anzahl empirischer Studien. Zu den bekannten frühen Analysen zählen etwa die von LATANÉ/RENDLEMAN (1976), GALAI (1977), CHIRAS/MANASTER (1978), SCHMALENSEE/TRIPPI (1978), PATELL/WOLFSON (1979) und MANASTER/RENDLEMAN (1982). Im Zusammenhang mit impliziten Volatilitäten sind empirisch eine Vielzahl von Phänomenen dokumentiert worden. So besteht im Widerspruch zum BLACK/SCHOLES-Modell eine Abhängigkeit der impliziten Volatilität vom Ausübungspreis K der Option (bzw. deren Moneyness) und/oder der Restlaufzeit $T - t$:

$$\sigma_{\text{imp}} = \sigma_{\text{imp}}(K, T - t). \tag{3.114}$$

---

[287] Die Aufgabenstellung besteht dabei in der Nullstellenbestimmung für eine nichtlineare Funktion. Üblicherweise wird man das *Newton-Raphson-Verfahren* oder eine *Bisektionsroutine* verwenden. Das Newton-Verfahren liefert bei der angegebenen Problemstellung angewandt auf Kaufoptionen die Iteration

$$\sigma_{n+1} = \sigma_n - \frac{c_t(\sigma_n) - c_t^{\text{Markt}}}{\frac{\partial c_t}{\partial \sigma}(\sigma_n)}, \; n > 1, \tag{3.113}$$

wobei σ_n die n-te Iteration für σ_{imp} angebe. Da das Newton-Verfahren lediglich ein *lokal* konvergentes Verfahren darstellt, kann sich die Startpunktwahl im Allgemeinen als ein durchaus nicht triviales Problem erweisen. Vgl. KWOK (1998), S. 62 ff., HAUG (1998), S. 169 f. und MANASTER/KOEHLER (1982). Ausgehend von der Tatsache, dass der Optionswert nach BLACK/SCHOLES eine in der Volatilität streng monoton steigende Funktion $c_t(\sigma)$ ist – vgl. hierzu die Diskussion um Sensitivitäten in Kapitel 4, Abschnitt 4.4 –, gibt es genau eine globale Lösung für das Problem. Zur Vereinfachung lassen sich approximative Formeln für die implizite Volatilität gewinnen; vgl. z. B. HAUG (1998), S. 171 ff.

Die Abhängigkeit der impliziten Volatilität vom Basispreis der Option dokumentieren bereits die Arbeiten von MACBETH/MERVILLE (1979) und ausführlich RUBINSTEIN (1985). Aufgrund der konvexen Form des Funktionsgraphen von $\sigma_{\text{imp}} = \sigma_{\text{imp}}(K)$ hat sich der Begriff *Smile-Effekt*, bei mit der Moneyness monoton fallenden oder steigenden Funktionsverläufen auch die Bezeichnung *Smirk/Sneer-Effekt* manifestieren können. RUBINSTEIN (1985) stellt fest, dass der Smile i. d. R. zeitabhängig und umso stärker ausgeprägt ist, je kürzer die Restlaufzeit der Option ist. Weitere Spezialfälle und -muster ergeben sich z. B. bei sehr hoher Volatilität. JACKWERTH (1999) konstatiert, dass die Hauptursache der Fehlspezifikation des BLACK/SCHOLES-Modells der seit dem Aktiencrash 1987 in den USA existierende Volatilitäts-Smile/Smirk/Sneer ist.[288] Mögliche Gründe für das Auftreten von Volatilitäts-Smiles lassen sich nach heutiger Literaturmeinung wie folgt zusammenfassen:[289]

- Es liegen Marktunvollkommenheiten (z. B. Transaktionskosten) oder -unvollständigkeit (und damit z. B. fehlende Duplikationsmöglichkeiten) vor.[290] Daneben existieren optionsspezifische Angebots- und Nachfragepräferenzen.[291]
- Die Verteilungsannahme für den Basiswert ist fehlspezifiziert – implizite Volatilitätsmuster sind starke Indikatoren für alternative Verteilungshypothesen.[292]
- Speziell bei kurz laufenden Optionen können geringe Zeitwerte auftreten, die – verbunden mit der Rundungsproblematik und relativ zum Optionswert gesehen hohen Transaktionskosten – zu stark ausgeprägten Smile-Effekten führen.

Die ebenfalls vielfach dokumentierte *Restlaufzeitabhängigkeit* der impliziten Volatilitäten (engl.: *term structure of implied volatilities*) kann z. B. damit begründet wer-

---

288 Vgl. JACKWERTH (1999), S. 66.

289 Vgl. hierzu z. B. BOLEK (1999), S. 126 ff., RIPPER/GÜNZEL (1997), S. 475 f. und HAFNER/WALLMEIER (2001), S. 3.

290 Transaktionskosten allein sind als Ursache für Smile-Phänomene allerdings unwahrscheinlich, da die Kosten im Zeitablauf in konstanter Höhe anfallen, der Smile jedoch zeitvariabel ist.

291 BOLLEN/WHALEY (2003) etwa untersuchen die Verbindung zwischen dem Angebots-/Nachfrageverhalten und dem Verlauf der impliziten Volatilität am Beispiel von Index- und Aktienoptionen. Sie gelangen für den US-amerikanischen Markt u. a. zu dem Ergebnis, dass bei Indexoptionen die Nachfrage nach Puts, bei Einzeloptionen die Nachfrage nach Calls einen bestimmenden Faktor für die Änderung der impliziten Volatilität darstellt.

292 Vgl. auch BATES (1996b), S. 595.

den, dass in den zukünftigen Zeitintervallen unterschiedlich viele neue Informationen erwartet werden. Diese Begründung steht aber eigentlich im Widerspruch zur Empirie, wo häufig die implizite Volatilität umso größer ausfällt, je kleiner die Restlaufzeit ist. Eine andere Argumentation geht dahin, dass die Volatilität einem Mean-Reversion-Prozess folgt: Dann sind die Auswirkungen von neu am Markt eintreffenden Informationen auf die durchschnittliche Volatilität nicht sehr hoch, kurzfristig kann keine „Rückbildung" mehr zum langfristigen Volatilitätsniveau stattfinden.[293] Der Restlaufzeiteffekt tendiert gegen null, da bei Ausübung nur noch der innere Wert vorhanden ist.[294] Weitere viel zitierte Studien zum systematischen Basispreis- und Laufzeiteffekt der impliziten Volatilität mit häufig sehr heterogenen Ergebnissen sind etwa die von HAMMER (1989), DERMAN/KANI (1994), LONGSTAFF (1995), DERMAN/KANI/CHRISS (1996), BATES (1996b), JACKWERTH/RUBINSTEIN (1996), FIGLEWSKI (1997) und DUMAS/FLEMING/WHALEY (1998).[295]

Trotz der aufgezeigten Probleme hat sich im Schrifttum die empirische Erkenntnis durchgesetzt, dass die zukünftige Volatilität stärker mit der impliziten als mit der historischen Volatilität verbunden ist.[296] Die bisherige Forschung hat zudem ergeben, dass aus historischen Zeitreihen bestimmte Parameter auch bei komplexeren Bewertungsmodellen implizit ermittelten Modellgrößen z. B. im Hinblick auf die Prognosefähigkeit für zukünftige Marktpreise unterlegen sind. In der Praxis wird die Verwendung *gewichteter Durchschnitte* der impliziten Volatilitäten von Optionen als Schätzer für die Volatilität des Basiswertes vorgeschlagen.[297] Die Gewichtung ist dabei problematisch, denn während eine am-Geld befindliche Option eine hohe Volatilitätssensitivität aufweist, ist z. B. eine weit aus-dem-Geld liegende Option i. d. R. verhältnismäßig unempfindlich gegenüber Volatilitätsschwankungen.[298] Daneben stellt eine Gewichtung

---

[293] Vgl. auch BOLEK (1999), S. 133. Siehe zur Hypothese eines Mean-Reversion-Prozesses und Phänomenen der „Überreaktion" auch STEIN (1989): Während Optionen mit langer Restlaufzeit weniger stark auf Veränderungen der impliziten Volatilität als Kurzläufer reagieren sollten, zeigt sich am US-Indexoptionsmarkt gerade für die Langläufer eine stärkere Reaktion.

[294] Vgl. MACBETH/MERVILLE (1979), S. 1182 f.

[295] Vgl. zu einer Aufstellung weiterer empirischer Untersuchungen, getrennt z. T. nach historischer und impliziter Volatilität THIEL (2001), S. 135 ff.

[296] Vgl. bereits die frühen Studien von BLACK/SCHOLES (1973) und BECKERS (1981).

[297] Siehe etwa MAYHEW (1995), in einer aktuellen Diskussion auch EDERINGTON/GUAN (2002).

[298] Vgl. HULL (2003), S. 316 ff., zu gewichteten Volatilitäten bei zeitveränderlichen Volatilitäten auch BATES (1996b), S. 588 und RESNICK/SHEIKH/SONG (1993).

im Grunde einen Widerspruch zum Modell dar: So werden Smile-Strukturen impliziter Volatilitäten mittels des BLACK/SCHOLES-Modells berechnet, wobei dieses gerade von der Nichtexistenz solcher Phänomene ausgeht. Es ist vielmehr das Modell selbst in Frage zu stellen.[299]

3.7.3 Strukturmodelle

3.7.3.1 Grundlegende Erweiterungen des Ausgangsmodells

Stochastische Volatilität und Modelle der ARCH-Familie. Aufgrund der festgestellten Defizite der ersten Nachfolgermodelle des BLACK/SCHOLES-Modells mit *deterministischer Volatilität* – etwa das Constant-Elasticity-of-Variance (CEV)-Modell nach COX/ROSS (1976a)[300] – wurde der Ruf nach Lösungen mit weniger restriktiven Annahmen laut. Eine nahe liegende Erweiterung des BLACK/SCHOLES-Modellrahmens liegt darin, neben dem Kurs des Basiswertes weitere für die Optionsbewertung relevante Faktoren, speziell die Volatilität, über stochastische Prozesse zu beschreiben.[301]

Zu bekannten Optionspreismodellen mit *stochastischer Volatilität* zählen die Arbeiten von JOHNSON/SHANNO (1987)[302], HULL/WHITE (1987) und HULL/WHITE (1988), WIGGINS (1987), SCOTT (1987), CHESNEY/SCOTT (1989), MELINO/TURNBULL (1990) und EISENBERG/JARROW (1991), die i. d. R. nur numerische Lösungen gestatten. STEIN/STEIN (1991) leiten ein Modell mit geschlossener

---

[299] Vgl. NEUMANN (1999), S. 58 sowie sehr treffend REBONATO (1999), S. 78: „A smiley implied volatility is the wrong number to put in the wrong formula to obtain the right price."

[300] Das CEV-Modell ist analog zu BLACK/SCHOLES arbitragebasiert. Volatilitätsveränderungen sind negativ mit Renditeänderungen des Basiswertes korreliert (Leverage-Effekt), sodass es mit einigen Phänomenen aus dem BLACK/SCHOLES-Modell verträglich ist. Vgl. auch die allgemeineren Versionen von MACBETH/MERVILLE (1980) und EMANUEL/MACBETH (1982). Einen Überblick zu den mittlerweile umfassend erweiterten Modellen mit deterministischer Volatilität vgl. SKIADOPOULOS (1999).

[301] Zu einer Unterscheidung in Modelle mit deterministischer und stochastischer Volatilität vgl. etwa den Überblick bei BURASCHI/JACKWERTH (2001). Bei deterministischer Volatilität sind Optionen, wie im originären BLACK/SCHOLES-Ansatz, redundante Instrumente. Bei stochastischer Volatilität als systematischem Risikofaktor werden Optionen jedoch für Zwecke der Duplikation benötigt (*Spanning-Eigenschaft*). Siehe zur Definitionen des Spannings auch HARTMANN-WENDELS/PFINGSTEN/WEBER (2000), S. 640.

[302] Die Version in JOHNSON (1979) gilt als erstes Modell auf diesem Gebiet.

Bewertungsformel her, in dem die Volatilität einem (arithmetischen) Mean-Reversion-Prozess in Form eines Ornstein-Uhlenbeck-Prozesses folgt.[303] Ein viel beachteter und bis heute in der Praxis häufig zu findender Ansatz ist der von HESTON (1993), der eine geschlossene Bewertungsformel bei stochastischer Volatilität mit Berücksichtigung der Korrelation zwischen Volatilität und Rendite des Basiswertes herleitet.[304] BALL/ROMA (1994) vergleichen die Modelle von STEIN/STEIN (1991) und HESTON (1993) und liefern für Ersteres einige Korrekturen. Erwähnenswert ist zudem die Arbeit von SCHÖBEL/ZHU (1999), die das Modell von STEIN/STEIN (1991) um die Korrelation zwischen der Momentanvolatilität und der Rendite des Basiswertes erweitern und – mittels Fourier-Inversion – eine geschlossene Bewertungsformel herleiten.[305]

Speziell für Finanzmarktapplikationen, z. B. im Rahmen der Renditemodellierung, haben zeitdiskrete Prozesse der ARCH-Familie (engl.: *Auto Regressive Conditional Heteroskedasticity*), speziell GARCH-Prozesse (engl.: *Generalized Auto Regressive Conditional Heteroskedasticity*), große Beachtung gefunden.[306] Die Modellierung erlaubt die Aufhebung der Prämisse einer konstanten bedingten Varianz eines Prozesses zu Gunsten einer zeitveränderlichen Funktion – mit konstanter unbedingter Varianz. Dies gestattet z. B. in Renditezeitreihen die Abbildung von Phasen mit hoher bzw. niedriger Volatilität (Volatilitätscluster). Mittels ARCH-Prozessen erzeugte Verteilungen weisen

---

[303] Zur Definition und ökonomischen Anwendung von Ornstein-Uhlenbeck-Prozessen vgl. etwa IRLE (1998), S. 249 f. oder WILFLING (2003).

[304] Seit der Arbeit von HESTON (1993) hat zudem die Technik der *Fourier-Inversion* Einzug in die Optionsbewertung gefunden, die auf geschlossene Bewertungsformeln führt, für die lediglich numerische Integrationen erforderlich sind.

[305] Die große Bedeutung der Berücksichtigung der Korrelation zwischen Volatilität und Rendite des Basiswertes in Optionspreismodellen weist NANDI (1998) für den US-amerikanischen Indexoptionsmarkt, und dort speziell für den Aufbau von Hedgingstrategien, nach. Zu einer Diskussion um stochastische Volatilitätsmodelle siehe auch GHYSELS/HARVEY/RENAULT (1996), Überblicke zu Optionspreismodellen bei stochastischer Volatilität liefern etwa FOUQUE/PAPANICOLAOU/SIRCAR (2000) und LEWIS (2000), speziell zu Empirie und Problemen bei der Schätzung BATES (1996b), S. 581 ff.

[306] Ein Prozess der Form $(\varepsilon_t)_{t\in\mathbb{Z}}$ heißt GARCH(p,q) mit $p,\, q \in \mathbb{N}$, wenn $\mathrm{E}(\varepsilon_t \,|\, \mathcal{F}_{t-1}) = 0$, $\sigma_t^2 = \omega_0 + \sum_{i=1}^{q} a_i\varepsilon_{t-i}^2 + \sum_{j=1}^{p} b_j\sigma_{t-j}^2$, $\mathrm{Var}(\varepsilon_t \,|\, \mathcal{F}_{t-1}) = \sigma_t^2$ gilt und $Z_t = \varepsilon_t/\sigma_t$ unabhängig identisch verteilt (i. i. d.) sind („starkes GARCH"). Dabei gelte $\omega_0, a_q > 0$, $0 \leq a_i < 1$ für $i = 1, 2, \ldots, q-1$, $b_p > 0$ und $0 \leq b_j < 1$ für $j = 1, 2, \ldots, p-1$. Die Kovarianz-Stationarität erfordert zusätzlich $\sum_{i=1}^{q} a_i + \sum_{j=1}^{p} b_j < 1$. Daneben existieren abgemilderte Anforderungen für semi-starkes und schwaches GARCH; vgl. FRANKE/HÄRDLE/HAFNER (2001), S. 219 ff., STIER (2001), S. 353 ff., auch mit weiteren Eigenschaften.

eine im Vergleich zur Normalverteilung höhere Kurtosis und schwere Ränder auf und sind somit besser mit empirisch beobachtbaren Phänomenen in Einklang zu bringen.[307]

Die Optionsbewertung mit dieser zeitreihenbasierten Renditeabbildung geht – trotz einiger, z. T. fehlerhafter Vorläuferbeiträge – auf DUAN (1995) zurück. In einer Verbindung der Theorie der Bewertung bedingter Ansprüche mit der Ökonometrie wird das Prinzip der Risikoneutralität auf die „lokale“ Risikoneutralität erweitert. Danach ist die einperiodige künftige bedingte Varianz invariant gegenüber einem Wechsel des risikoneutralen Maßes.[308] Problematisch beim Einsatz von GARCH-Modellen in der Optionsbewertung[309] ist die Tatsache, dass keine analytische Lösung existiert, da die Verteilung von S_T bei dieser Modellierung nicht bekannt ist und mittels Simulation bestimmt werden muss. Für den wichtigen Spezialfall $p = q = 1$ gelingt es allerdings HESTON/NANDI (2000), eine geschlossene Bewertungsformel herzuleiten und zu zeigen, dass sich daraus das HESTON (1993)-Modell als Grenzfall ergibt, wodurch eine Verbindung der Theorie der zeitdiskreten GARCH-Bewertung mit der zeitstetigen Theorie stochastischer Volatilität hergestellt wird.[310]

Stochastische Zinssätze. Optionsbewertungsmodelle mit stochastischen Zinssätzen sind etwa die von MERTON (1973a) und AMIN/JARROW (1992). Modelle mit stochastischer Volatilität und stochastischen Zinssätzen finden sich z. B. bei KISHIMOTO (1989), BAILEY/STULZ (1989), AMIN/NG (1993), BAKSHI/CHEN (1997a), BAKSHI/CHEN (1997b), BAKSHI/CAO/CHEN (1997) und SCOTT (1997).

---

307 Vgl. etwa LÜTKEPOHL (1997), S. 63 ff. mit einem Überblick zur zeitreihenbasierten Modellierung von Volatilitäten (speziell zu den bedingten zweiten Momenten) sowie typischen empirischen Charakteristika wie z. B. signifikanter Autokorrelation in den Zeitreihen der quadrierten Renditen. Zu empirischen Studien siehe ergänzend BATES (1996b), S. 584 f.

308 Man beachte, dass die unbedingte Varianz und alle anderen bedingten Varianzen nicht invariant sind.

309 Vgl. zur konkreten Modellstruktur DUAN (1995), S. 15 ff.

310 Einen Überblick zur ARCH-Modellierung liefern z. B. PALM (1996) und SHEPHARD (1996); vgl. auch die ausführliche Bestandsaufnahme von Modellen zur Volatilitätsschätzung mit dem Schwerpunkt auf GARCH-Modellen und deren Anwendung auf Finanzmarktzeitreihen bei SPECHT (2000). SO/BOOTH/LOISTL (1997) untersuchen u. a. den DAX in den Jahren 1992 bis 1994 intraday auf ARCH-basierte Volatilitätsphänomene, die zwar vorhanden, aber bei Hochfrequenzdaten nicht signifikant sind. Zur Zusammenführung von (zeitdiskreten) GARCH-Modellen und (zeitstetigen) Modellen stochastischer Volatilität bei der Optionsbewertung vgl. etwa RITCHKEN/TREVOR (1999) und ROSSI (1996). Die Abbildung der empirischen Smile-Struktur mit GARCH-Modellen illustriert z. B. DUAN (1996).

Sprungprozesse. Mit dem Einsatz von Sprungprozessen wird die Annahme einer Diffusion für den Prozess, wie es die geometrische Brownsche Bewegung darstellt, aufgegeben. MERTON (1976a)[311] verwendet Sprungprozesse mit diversifizierbarem Sprungrisiko und unabhängigen log-normalverteilten Sprüngen; wie im BLACK/SCHOLES-Modell besteht auch hier keine Abhängigkeit von Investorpräferenzen. Da die Renditestruktur jedoch nicht durch eine dynamische Strategie nachbildbar ist, muss als strenge Nebenannahme die Diversifizierbarkeit des unsystematischen Sprungrisikos getroffen werden.[312] Weitere Sprung-Diffusionsprozesse verwenden etwa BATES (1996b) und MADAN/SENATA (1990) bzw. MADAN/CARR/CHANG (1998). NAIK (1993) modelliert Sprünge in der Volatilität, für die zwei Zustände möglich sind. Das Modell von ANDERSEN/ANDREASEN (2000) kombiniert deterministische Volatilität und Poisson-Sprungkomponenten. Ansätze mit stochastischer Volatilität und Sprung-Diffusion sind z. B. die von BATES (1996a), SCOTT (1997), BATES (2000), PAN (2002) und KOU (2002). ZHU (2000) zeigt, wie einzelne stochastische Faktoren wie Volatilität, Zinssätze und Kurssprünge als einzelne Module abgebildet und zu Modellen integriert werden können.[313]

3.7.3.2 Spezielle Modellerweiterungen

Neben den vorgestellten wichtigen Erweiterungen finden sich Ergänzungen und Modifikationen des Grundmodells, die i. d. R. auf *spezifische Anwendungsfelder* bezogen sind. Ein Beispiel hierfür ist etwa die Bewertung von *Währungsoptionen* und

---

[311] Vgl. zur näheren Analyse auch MERTON (1976b).

[312] Vgl. zu Sprung-Diffusionsmodellen mit systematischem und damit nicht diversifizierbarem Kurssprungrisiko z. B. GRÜNEWALD (1998): Eine einfache arbitrageorientierte Bewertung im Sinne von BLACK/SCHOLES ist hier nicht mehr möglich, da keine selbstfinanzierende Duplikationsstrategie existiert. Sowohl im diskreten als auch im stetigen Rahmen werden im Mittel selbstfinanzierende Handelsstrategien sowie solche lokalen und globalen Strategien untersucht, die das Risiko zusätzlich erforderlicher Investitionen in das Hedgeportefeuille minimieren. Vgl. auch GRÜNEWALD/TRAUTMANN (1997). Siehe zur Analyse der Einflüsse von Sprüngen auf Optionswerte und dem Erfordernis zusätzlicher Prämissen hinsichtlich Verteilungen und/oder Präferenzen auch TRAUTMANN/BEINERT (1999).

[313] Zu einem Rückblick auf die Entwicklung im Bereich deterministischer und stochastischer Volatilitätsmodelle, zu Modellen mit Sprung-Diffusion und einer Kombination aus mehreren dieser Komponenten siehe auch ANDERSEN/ANDREASEN (2000), S. 231 ff. Daneben stellt z. B. DAS (1997) den Zusammenhang zwischen empirischen Anomalien des BLACK/SCHOLES-Modells und deren Erklärung mit Hilfe stochastischer Volatilität und Sprungprozessen her.

die zu diesem Zweck von GARMAN/KOHLHAGEN (1983) entwickelte Anpassung des BLACK/SCHOLES-Modells durch die Einführung eines zweiten Zinssatzes. Bei *Kreditderivaten*, die eine aktuell sehr viel beachtete Form von Instrumenten darstellen, sind spezielle Modelle für Ausfallrisiken von Nöten.[314] Obwohl in der Funktionsweise identisch zu Optionen sind bei der Bewertung von *Warrants*[315] die Einflüsse aufgrund der Verbindung mit der Kapitalstruktur des emittierenden Unternehmens zu berücksichtigen.[316] Die Theorie der *Realoptionen* stellt ein weiteres spezielles Anwendungsgebiet dar, das seine Wurzeln in der Analyse der Revidierbarkeit von Investitionsentscheidungen hat, die Kosten verursachen und deren Auszahlungen stochastischer Natur sind.[317] Mit der großen Resonanz der Optionsbewertungstheorie und der Auffassung von Eigen- und Fremdkapital einer Firma als bedingten Ansprüchen auf das Firmenvermögen hat sich in der Unternehmensbewertung ein neuer Forschungszweig etablieren können.[318]

Eine Abkehr von einzelnen grundlegenden Annahmen[319] zu Gunsten einer realitätsnäheren Modellierung macht ebenfalls Modifikationen des originären Bewertungsansatzes erforderlich:

---

314 Vgl. CHANCE (1999), S. 43, SUNDARESAN (2000), S. 1591 ff.

315 Vgl. die Diskussion um die begriffliche Abgrenzung in Kapitel 2, Abschnitt 2.1.3.

316 Vgl. etwa BLACK/SCHOLES (1973), S. 648 f., GALAI/SCHNELLER (1978) oder LEONARD/SOLT (1990). Speziell die Auswirkungen einer Warrant-Emission auf den Aktienkursprozess untersuchen HANKE/PÖTZELBERGER (2000). Zur Bewertung von Optionsscheinen anhand ausgewählter Modelle KOHLER (1992), S. 142 ff. Einen Überblick zu empirischen Ergebnissen der Warrant-Bewertung liefert VELD (2000).

317 Vgl. etwa die grundlegenden Beiträge von BRENNAN/SCHWARTZ (1985) und MCDONALD/SIEGEL (1986), zur Bewertung von mit Investitionsprojekten verbundenen Handlungsspielräumen auch BREALEY/MYERS (2003), S. 616 ff.

318 Vgl. SUNDARESAN (2000), S. 1570 und S. 1595 ff., MOORE (2001), S. 187 ff. sowie STEINER/UHLIR (2001), S. 304 ff. HOMMEL/SCHOLICH/VOLLRATH (2001) beleuchten die Realoptionstheorie in einem Überblickswerk u. a. an einer Reihe von Bewertungsproblemen aus der Praxis. BALLWIESER (2002) setzt sich kritisch mit der Eignung der Optionspreistheorie für die Unternehmensbewertung auseinander und liefert einen aktuellen Literaturüberblick, in dem u. a. auf einige Fehler in bisherigen Beiträgen hingewiesen wird. In Anbetracht der restriktiven Annahmen der Realoptionstheorie, z. B. hinsichtlich der stochastischen Entwicklung des Unternehmenswertes und insbesondere wegen des fehlenden regulären Handels von Unternehmen und der somit nicht gegebenen Möglichkeit, zur Schätzung der Vermögensrendite auf Preishistorien zurückgreifen zu können („massive Datengewinnungsprobleme"), gelangt BALLWIESER zu einem eher nüchternen Urteil in Bezug auf die Praxistauglichkeit dieses Konzeptes. Vgl. hierzu auch TRAUTMANN (2001), Sp. 1605.

319 Vgl. den Annahmenkatalog in Abschnitt 3.4.2.

Die stetige Anpassung des Duplikationsportefeuilles unter *Transaktionskosten* führte zu unbegrenzten Kosten der Nachbildung des Zahlungsprofils von Optionen – das originäre Duplikationsprinzip ist bereits bei marginalen Transaktionskosten nicht mehr anwendbar. Bei Aufgabe der Annahme einer stetigen zu Gunsten einer diskreten Anpassung stellt sich das Problem, den dabei entstehenden Hedgingfehler klein zu halten. In einem viel beachteten Beitrag gelingt LELAND (1985) die Herleitung einer modifizierten Form des BLACK/SCHOLES-Modells, wenn das Duplikationsportefeuille nur zu diskreten Zeitpunkten angepasst wird – die Höhe der Transaktionskosten sowie die Länge der Anpassungsintervalle fließen dabei als zusätzliche Parameter in die Optionsbewertung ein. Eine detaillierte Ausarbeitung zur Bewertung von Optionen unter Transaktionskosten findet sich bei REISS (1998). Transaktionskosten in der Optionsbewertung könnten zwar relevant sein, sind aber schwer zu modellieren.[320]

Die Verbindung von Arbitragetheorie mit risikoneutraler Bewertung vor dem Hintergrund der *Besteuerung* von Erträgen untersuchen in Ansätzen etwa DYBVIG/ROSS (1986) im Rahmen einer Diskussion um „Klienteleffekte".[321] Für den Fall europäischer Kaufoptionen analysieren HEATH/JARROW (1987) den Einfluss von *Marginerfordernissen* vor dem Hintergrund des BLACK/SCHOLES-Modells und zeigen, dass dieses unter gewissen zusätzlichen Annahmen weiterhin anwendbar ist. FIGLEWSKI (1989a) betrachtet neben Transaktionskosten den Einfluss einer Vielzahl von Marktunvollständigkeiten, etwa die *fehlende Teilbarkeit* von Gütern und die nicht erfüllte Prämisse eines *stetigen Handels*, auf die Bewertung von Optionen und kommt zu dem Schluss, dass der arbitrageorientierte Bewertungsansatz realiter mit großen Risiken und Transaktionskosten einhergeht und nur sehr weite Wertintervalle für Gleichgewichtspreise von Optionen aufgestellt werden können. KOROLEV/LEIFERT/ROMMELFANGER (1999a) und KOROLEV/LEIFERT/ROMMELFANGER (1999b) untersuchen die Optionsbewertung bei *vager Informationslage* (z. B. bei Unsicherheit über Ausprägung der Umweltzustände) mittels Fuzzy Logik. Aufbauend auf der Arbeit von MERTON (1987) zur Fra-

---

320 BATES (2002), S. 19 zieht in diesem Punkt der bisherigen Forschung eine eher nüchterne Bilanz aufgrund fehlender wirklich neuer Erkenntnisse. Einzelne Praxisergebnisse deuten darauf hin, dass Transaktionskosten nicht der wichtigste Faktor der Optionsbewertung sind.

321 Zur bilanzrechtlichen Behandlung und Besteuerung von Optionsgeschäften auf privater und betrieblicher Ebene in Deutschland vgl. grundlegend SCHICK (1998), speziell zur aktuellen Rechtslage bei der Besteuerung auch den Überblick bei WOTSCHOFSKY/THOMAS (2003).

ge nach Kapitalmarktgleichgewichten bei unvollständiger Information zeigt BELLALAH (1999) am Beispiel von Futures-Optionen europäischen und amerikanischen Typs den Einfluss von *Informationskosten* auf die Risikoprämien von Optionen.[322]

Daneben stellt etwa RUBINSTEIN (1983) eine Verallgemeinerung des BLACK/SCHOLES-Modells vor, die eine Verbindung des Aktienkursrisikos mit der *firmenindividuellen Kapitalstruktur* enthält (Leverage-Modell). LO/WANG (1995) widmen sich der Optionsbewertung, falls die *Renditen* des Basiswertes *vorhersagbar* sind und so die Prozessdrift entgegen der üblichen Annahme in das Optionspreismodell einfließt.

3.7.4 Ansätze über die risikoneutrale Verteilung

3.7.4.1 Grundlagen

Die risikoneutrale Verteilung (engl.: *risk-neutral distribution (RND)*, auch *state price density (SPD)*) wurde bereits in Abschnitt 3.6.4.1 am Beispiel des BLACK/SCHOLES-Modells ausführlich betrachtet.[323] Die Existenz der risikoneutralen Verteilung kann im Rahmen von arbitragebasierten Modellen oder präferenzabhängigen Gleichgewichtsmodellen[324] sichergestellt werden.[325]

Im einfachsten Fall eines arbitragefreien, vollkommenen und vollständigen Kapitalmarktes, auf dem ein risikobehafteter Finanztitel zusammen mit einer risikolosen Anlageform gehandelt wird (BLACK/SCHOLES-Ökonomie), führt die Prämisse einer geometrischen Brownschen Bewegung für den Kurs des Basiswertes auf eine eindeutige selbstfinanzierende Handelsstrategie. Mit deren Hilfe kann das Profil einer (Standard-)Option durch dynamische Umschichtung eines Portefeuilles aus Basiswert und risikoloser Anlageform nachgebildet werden. Da die Replikation von jedem

322 SUNDARESAN (2000) liefert einen Überblick zu einer Vielzahl weiterer Beiträge auf dem Gebiet der Optionsbewertung unter Transaktionskosten und Marktfriktionen; vgl. SUNDARESAN (2000), S. 1580 f., 1597 f., ergänzend auch HODGES ET AL. (1992), S. 49 ff.

323 Im Folgenden wird mit der üblichen englischen Abkürzung RND gearbeitet.

324 Etwa nach LUCAS (1978) oder RUBINSTEIN (1976).

325 Vgl. AÏT-SAHALIA/LO (1998), S. 499. Zur Arbitragetheorie und dem Zusammenhang mit risikoneutralen Verteilungen vgl. auch ROSS (1978), BATES (1996b), S. 573.

Marktteilnehmer auf genau diese Weise vorgenommen werden kann und dadurch insbesondere die Risikopräferenzen der Akteure nicht in die Bewertung einfließen, kann *ohne Beschränkung der Allgemeinheit* Risikoneutralität der Marktteilnehmer unterstellt werden. Die eindeutig determinierte risikoneutrale Verteilung beschreibt dabei gerade die sich unter der Fiktion der Risikoneutralität ergebende zukünftige Kursverteilung für den Basiswert. Auf Basis des Ergebnisses von COX/ROSS (1976a) erhält man den theoretischen Wert einer Option demnach als risikolos diskontierten Erwartungswert ihrer Auszahlung unter dieser Verteilung. Die Grenzen einer solchen Bewertung sind unmittelbar ersichtlich: Wenn die Bewertung eines Anspruchs durch Duplikation möglich ist, dann ist dieser letztlich redundant. Jeder Marktteilnehmer könnte die von ihm gewünschte Option aus Basiswert und risikolosem Wertpapier – als „homemade option" – selbst herstellen. Die Notwendigkeit, Optionen als eigenständige Instrumente zu handeln, besteht nur dann, wenn diese gerade nicht aus anderen gehandelten Wertpapieren perfekt dupliziert werden können.[326]

Das Grundmodell auf einem vollkommenen und vollständigen Kapitalmarkt lässt sich auch auf alternative Kursprozesse für den Basiswert ausdehnen. Sofern unter diesen bei Ausschluss von Arbitragemöglichkeiten eine eindeutige Replikation des Zahlungsprofils der Optionen möglich ist, behält das dargestellte Bewertungsschema seine Gültigkeit. Anders ausgedrückt garantiert die Arbitragefreiheit die Existenz einer risikoneutralen Verteilung. Nach geeigneter Parametrisierung über Kursprozesse oder -verteilungsannahmen lässt sich deren Eindeutigkeit erreichen.

Mit Wegfall einzelner idealisierender Rahmenprämissen, speziell der Vollständigkeit des Marktes, ist die grundlegende Duplikationsargumentation nach BLACK/SCHOLES nicht mehr anwendbar. Unvollständigkeit eines Marktes entsteht z. B. mit der Existenz von Risikoquellen, für die aufgrund fehlender Marktinstrumente keine Absicherung erfolgen kann. Ein Beispiel ist das Vorliegen einer systematischen stochastischen Volatilität. Für Zwecke der Optionsbewertung wird man in einem solchen Fall auf ein Gleichgewichtsmodell ausweichen (müssen), in dem Prämien als Kompensation für die Übernahme systematischer Risiken gezahlt werden. Auf ein derartiges Gleichgewichtsmodell wird zwar die Terminologie der Risikoneutralität übertragen, die Implikationen

---

326 Vgl. zu dieser *Dilemma-Situation* ZIMMERMANN (1998), S. 240 f. Siehe auch BÖS (1991), S. 165 ff., der die Redundanz von Optionen beleuchtet und Bedingungen zu deren „Existenz" im Kapitalmarktgleichgewicht anhand des CAPM erarbeitet.

sind jedoch genau von denen in Arbitragemodellen wie dem von BLACK/SCHOLES abzugrenzen: Während Risikoneutralität dort als nicht einschränkende *Fiktion* Verwendung findet, wird diese unter Marktunvollständigkeit zur *Prämisse*. Die erhaltenen Ergebnisse gelten nur bei realiter vorliegender Risikoneutralität der Marktteilnehmer. Mit der Forderung nach Arbitragefreiheit kann in unvollständigen Märkten die Existenz einer risikoneutralen Verteilung sichergestellt werden. Das zugehörige, nicht näher spezifizierte Bewertungsmodell garantiert dann in jedem Fall eine arbitragefreie Bewertung von Optionen. Als einziges Problem verbleibt die fehlende Eindeutigkeit der risikoneutralen Verteilung im Falle der Marktunvollständigkeit. Der Zusammenhang zwischen risikoneutraler Verteilung und gegebenen Optionspreisen wird somit entscheidend von der Marktvollständigkeit geprägt. Falls diese nicht vorliegt, können Optionen nicht in jedem Fall repliziert werden, sodass *keine eindeutige* risikoneutrale Verteilung existiert.[327]

Um auch in unvollständigen Märkten Arbitragemöglichkeiten ausschließen zu können, wird man für die risikoneutralen Verteilungen die im Rahmen der Diskussion des BLACK/SCHOLES-Modells in (3.91) gewonnene Beziehung $E^*(S_T) = S_t e^{r(T-t)}$, die in Anlehnung an die in Abschnitt 3.6.4.1 eingeführte prozessorientierte Terminologie auch als *Martingalbedingung* bezeichnet wird, sinnvollerweise als Nebenbedingung verwenden. Falls es nämlich, trotz weiterer Risikofaktoren, die Möglichkeit zur Absicherung des durch S_t gegebenen Kursrisikos (z. B. mittels Futures) gibt, impliziert die Nichteinhaltung von (3.91) die Möglichkeit zur Arbitrage. Eine weitere Rechtfertigung für diese Nebenbedingung kann darin gesehen werden, dass im allgemeinen Fall eines Gleichgewichtsmodells nicht a priori ausgeschlossen werden kann, dass doch Marktvollständigkeit vorliegt – in diesem Fall ist die Einhaltung von (3.91) zum Aus-

---

327 Vgl. JACKWERTH (1999), S. 68, HULL (2003), S. 483. In der Notation der Martingaltheorie gibt es in unvollständigen Märkten eine ganze Familie äquivalenter Martingalmaße. Ergänzend sei darauf hingewiesen, dass mit der Anwendung des COX/ROSS (1976a)-Ansatzes der Wert einer Option über den zum *risikolosen Zinssatz* diskontierten Erwartungswert der Auszahlung unter Risikoneutralität gewonnen wird; zur Frage nach der Zulässigkeit der Übertragung dieses Vorgehens auf den Fall unvollständiger Märkte sei auf die einschlägige Literatur verwiesen. Vgl. z. B. FOUQUE/PAPANICOLAOU/SIRCAR (2000), S. 32, EPPS/EPPS (1976), S. 18 f., GARCIA/GHYSELS/RENAULT (2002), S. 6 ff., zur Bewertung von Contingent Claims in unvollständigen Märkten zudem die hoch formale Darstellung bei KARATZAS/SHREVE (1998), S. 199 ff.

schluss von Arbitragemöglichkeiten aufgrund der gegebenen Duplikationsmöglichkeit zwingend erforderlich.[328]

Ausgangspunkt einer näheren Beschäftigung mit der risikoneutralen Verteilung ist die Erkenntnis von ROSS (1976), dass sich diese aus gegebenen Optionspreisen vollständig (re-)konstruieren lässt. Mit Hilfe gegebener Marktpreise von Optionen lässt sich auf einem vollständigen Markt eine RND eindeutig identifizieren. BREEDEN/LITZENBERGER (1978) zeigen den Zusammenhang zwischen der RND und der zweiten Ableitung der Optionswertfunktion. Betrachtet werde eine europäische Kaufoption, deren Bewertungsfunktion die Bedingungen

$$\frac{\partial c_t(K)}{\partial K} \geq -e^{-r(T-t)} \quad \text{und} \quad \lim_{K\to\infty} \frac{\partial c_t(K)}{\partial K} = 0 \tag{3.115}$$

erfülle. Beide Restriktionen beschreiben das Wertverhalten an den Rändern: Bei sehr niedrigem Basispreis führt dessen Erhöhung um eine Einheit zu einem nahezu identisch hohen Rückgang der Auszahlung am Verfalltag. Bei sehr hohem Basispreis ist $c_t(K)$ nahezu null, eine Veränderung in K hat nahezu keinen Einfluss mehr. Ist $c_t(K)$ darüber hinaus konvex und differenzierbar, existiert ein risikoneutrales Wahrscheinlichkeitsmaß mit Verteilungsfunktion

$$F^*_{t,T}(S_T) = 1 + e^{r(T-t)} \frac{\partial c_t(K)}{\partial K}\bigg|_{K=S_T}. \tag{3.116}$$

Dies folgt unmittelbar aus der Definition des aktuellen Optionswertes als diskontiertem Erwartungswert der finalen Auszahlung,[329]

$$c_t(K) = e^{-r(T-t)} \int_K^\infty (S_T - K) f^*_{t,T}(S_T)\, dS_T, \tag{3.117}$$

und dem Zusammenhang

$$\frac{\partial c_t(K)}{\partial K} = -e^{-r(T-t)} \int_K^\infty f^*_{t,T}(S_T)\, dS_T = e^{-r(T-t)}(F^*_{t,T}(K) - 1) \tag{3.118}$$

[328] Aus numerischer Perspektive liegt der Vorteil einer Nebenbedingung der Form (3.91) in der dadurch verringerten Problemdimension im Rahmen einer impliziten Modellkalibrierung.

[329] Die Existenz der Dichtefunktion wird vorausgesetzt.

mit der Ersetzung $K = S_T$. Die Monotonie in K stellt sicher, dass $F^*_{t,T}(K)$ als Verteilungsfunktion nicht fallend ist. Sofern $c_t(K)$ zweimal differenzierbar ist, führt dies auf die Dichtefunktion

$$f^*_{t,T}(S_T) = e^{r(T-t)} \frac{\partial^2 c_t(K)}{\partial K^2}\bigg|_{K=S_T}. \tag{3.119}$$

Nach den beiden Restriktionen gilt

$$f^*_{t,T}(S_T) = e^{r(T-t)} \frac{\partial^2 c_t(K = S_T)}{\partial K^2} \geq 0 \tag{3.120}$$

und

$$\int_0^\infty f^*_{t,T}(K = S_T)\, dK = \int_0^\infty e^{r(T-t)} \frac{\partial^2 c_t(K = S_T)}{\partial K^2}\, dK \tag{3.121}$$

$$= e^{r(T-t)} \left(\lim_{K\to\infty} \frac{\partial c_t(K = S_T)}{\partial K} - \lim_{K\to 0} \frac{\partial c_t(K = S_T)}{\partial K} \right) \tag{3.122}$$

$$= 1, \tag{3.123}$$

d. h. $f^*_{t,T}(S_T)$ ist in der Tat eine Dichtefunktion. Die Einhaltung der *Martingalbedingung*, wonach sich der Erwartungswert des Kurses im Zeitpunkt T als risikolos aufgezinster aktueller Kurs ergibt, wird automatisch sichergestellt, da

$$\mathrm{E}^*(S_T) = \int_0^\infty S_T f^*_{t,T}(S_T)\, dS_T = -\frac{1}{e^{-r(T-t)}} \int_0^\infty \frac{\partial c_t(K = S_T)}{\partial K}\, dS_T \tag{3.124}$$

$$= \frac{1}{e^{-r(T-t)}} S_T \tag{3.125}$$

gilt. Die Bestimmung der RND (auf Basis von Arbitrageargumentationen) bedient sich dieses Resultates.[330] In diesem Zusammenhang ist darauf hinzuweisen, dass in der Literatur neben der Kursverteilung $f^*_{t,T}(S_T)$ z. T. auch alternativ die Renditeverteilung

[330] Vgl. auch AÏT-SAHALIA/LO (1998), S. 503 ff. Im diskreten Fall entspricht die Technik der RND dem Konzept *zustandsabhängiger Preise* nach ARROW (1964) und DEBREU (1959). Wird für eine Elementaranlage Ξ_i zur Zeit T nur im Zustand i eine Geldeinheit gezahlt und sonst nichts, entspricht die Summe aller auf den Zeitpunkt T bezogenen Ξ_i dem Wert einer risikolosen Anlageform, die eine Geldeinheit in T zahlt. Vgl. JACKWERTH (1999), S. 67. AÏT-SAHALIA/LO (1998), S. 499 sehen das Time-State-Preference-Modell von ARROW (1964) und DEBREU (1959) als eine der wichtigsten Errungenschaften in Entscheidungssituationen unter Unsicherheit.

$g^*_{t,T}(u)$ spezifiziert wird. Der Zusammenhang zwischen beiden Verteilungen lässt sich wie folgt veranschaulichen:

Für den Wert v_t einer Option zur Zeit t, der nur eine einzige Auszahlung $h(S_T)$ im Zeitpunkt T zugrunde liegt, gilt:

$$v_t = e^{-r(T-t)}\mathrm{E}^*(h(S_T)) = e^{-r(T-t)} \int_0^\infty h(S_T) f^*_{t,T}(S_T)\, dS_T. \tag{3.126}$$

Um von Gleichung (3.126), die sich mittels Dichtefunktion $f^*_{t,T}(S_T)$ der *Kurs*verteilung des Basiswertes bedient, auf eine Darstellung über die *Rendite*verteilung im Zeitintervall $[t,T]$ mit $g^*_{t,T}(u)$ bzw. $G^*_{t,T}(u)$ als zugehöriger Dichte- bzw. Verteilungsfunktion zu gelangen, lässt sich folgende Relation verwenden:

$$G^*_{t,T}(u) = \mathbb{P}\left(\ln\frac{S_T}{S_t} \le u\right) = \mathbb{P}\left(S_T \le S_t e^u\right) = \int_0^{S_t e^u} f^*_{t,T}(S_T)\, dS_T. \tag{3.127}$$

Differenziation nach u liefert:

$$\frac{d}{du} G^*_{t,T}(u) = \frac{d}{du} \int_0^{S_t e^u} f^*_{t,T}(S_T)\, dS_T = S_t e^u f^*_{t,T}(S_t e^u) = g^*_{t,T}(u). \tag{3.128}$$

Um diesen Zusammenhang zwischen den Dichtefunktionen von Kurs und Rendite ausnutzen zu können, lässt sich in Gleichung (3.126) z. B. die Substitutionsregel der Integralrechnung[331] anwenden, woraus man Folgendes erhält:

$$v_t = e^{-r(T-t)} \int_0^\infty h(S_T) f^*_{t,T}(S_T)\, dS_T \tag{3.129}$$

$$= e^{-r(T-t)} \int_{-\infty}^\infty h(S_t e^u) \underbrace{f^*_{t,T}(S_t e^u) S_t e^u}_{=:g^*_{t,T}(u)} du. \tag{3.130}$$

Analog ergibt sich aus der risikoneutralen Dichtefunktion $g^*_{t,T}(u)$ die zugehörige Kursdichte $f^*_{t,T}(S_T)$ über

$$f^*_{t,T}(S_T) = \frac{1}{S_T} g^*_{t,T}\left(\ln\frac{S_T}{S_t}\right). \tag{3.131}$$

□

[331] Vgl. FORSTER (2001), S. 193 f.

Wie bereits ausgeführt impliziert die Spezifikation eines Strukturmodells in einem Arbitrage- oder Gleichgewichtszusammenhang, ggf. nach adäquater Festlegung von Risikoprämien oder Investorenpräferenzen, zu einem jeden späteren Zeitpunkt eine risikoneutrale Verteilung, die i. d. R. keinem bekannten Typ entspricht. Folgendes konkrete Beispiel soll diese Verteilungsimplikation eines Strukturmodells verdeutlichen.

Beispiel: Das HULL/WHITE (1987)-Modell mit stochastischer Volatilität. Unterstellt werde wie bei BLACK/SCHOLES, dass der Kurs des Basiswertes einer Option – in einer risikoneutralen Welt – einer GBM folge, jedoch werde in diesem Fall die Momentanvarianz σ^2 selbst durch eine GBM beschrieben. Konkret gelte:

$$dS_t = rS_t\,dt + \sigma_t S_t\,dz, \tag{3.132}$$

$$d\sigma_t^2 = \phi\,\sigma_t^2\,dt + \xi\sigma_t^2\,d\omega. \tag{3.133}$$

Die Annahme einer GBM für die Varianz hat den Vorteil, dass negative (und damit widersprüchliche) Werte ausgeschlossen werden können.[332] Die Parameter ϕ und ξ können selbst von einer Vielzahl von Parametern abhängen. Unterstellt werde hier eine Form

$$\phi = a(\breve{\sigma} - \sigma_t), \tag{3.134}$$

um einen Mean-Reversion-Prozess für die Varianz mit $a \in \mathbb{R}$ und $\breve{\sigma}$ als „langfristiger" Volatilität zu modellieren.[333] Zusätzlich seien die beiden Wiener-Prozesse dz und $d\omega$ korreliert, d. h. es gelte $dz\,d\omega = \rho\,dt$ mit $\rho \in [-1; +1]$.

Ein solcher Rahmen beschreibt zwar ein im Vergleich zu BLACK/SCHOLES wesentlich komplexeres und realitätsnäheres Modell, lässt aber in dieser Allgemeinheit keine geschlossene Lösung des Optionsbewertungsproblems zu, da die Verteilung von S_T nicht bekannt ist. Hilfsweise und zur Veranschaulichung lässt sich diese mittels *Monte-Carlo-Simulation* als flexiblem numerischem Werkzeug approximieren. Über die Erzeugung einer großen Zahl unabhängiger Pfade der durch (3.132) und (3.133)

---

332 Vgl. auch HULL/WHITE (1987), S. 282 ff. mit einer fundierten Beschreibung des Modells. Statt des Prozesses von σ_t^2 ließe sich auch der von σ_t modellieren. Hier wird auf Basis des Modellrahmens von HULL/WHITE (1987) der ersten Variante gefolgt.

333 So auch eine der von HULL/WHITE (1987) vorgeschlagenen Modellvarianten. Vgl. HULL/WHITE (1987), S. 289 ff.

gegebenen Preis- und Varianzdynamiken lässt sich eine Näherung der Verteilung von S_T, d. h. des Kurses am Verfalltag, generieren, die maßgeblich die Auszahlung aus einer europäischen pfadunabhängigen Option bestimmt.

Ein nicht unwesentliches Problem liegt in der hohen Anzahl notwendiger Simulationsdurchläufe (M), die für eine gute Näherung erforderlich ist. Hinzu kommt, dass die Bestimmung einer Näherung der Verteilung von S_T es erfordert, dass die Pfade von Kurs- und Varianzprozess nach (3.132) und (3.133) vom Betrachtungszeitpunkt t bis zum Verfalltag T diskretisiert werden müssen: Konkret sind die Pfade in jedem der M Simulationsdurchläufe in N kleine, hier äquidistant gewählte Intervalle $\Delta t = (T - t)/N$ zu zerlegen.[334]

Aus je $M = 1.000.000$ simulierten Werten mit $N = 365$ wurden die in *Abbildung 3.5* abgebildeten Kursverteilungen für die exemplarische Parameterwahl $S_0 = 100$, $\breve{\sigma} = 0{,}40$, $\xi = 1{,}0$, $a = 20{,}0$, $r = 0{,}04$ und $T = 1$ für drei Korrelationsszenarien, $\rho \in \{\text{-}0{,}5; 0{,}0; +0{,}5\}$, über Kerndichteschätzungen konstruiert.

Dieses Beispiel verdeutlicht, dass eine prozessgestützte Modellierung von im Vergleich zu BLACK/SCHOLES wesentlich realitätsnäheren Prämissen mit großem Rechenaufwand verbunden sein kann. Zudem ist die Bestimmung der konkreten Prozessspezifika, hier gemäß (3.132) und (3.133), keineswegs unmittelbar aus der Empirie ableitbar. Schließlich verbleibt die Bestimmung der im diskutierten Beispiel vorgegebenen Prozessparameter, hier speziell ϕ und ρ, für die praktische Optionsbewertung als eines der Hauptprobleme.[335]

□

---

[334] Im Wesentlichen ist die Näherung hier mit $2{\cdot}N{\cdot}M$ Einzelsimulationen, die neben den Grundrechenarten vorwiegend aus der Generierung von Realisationen standard-normalverteilter Zufallsvariablen bestehen, durchzuführen. Auf Einzelheiten der Simulation soll hier nicht näher eingegangen werden. Zur Monte-Carlo-Simulation siehe ausführlich FISHMAN (1996), mit spezieller Anwendung auf die Optionsbewertung etwa KWOK (1998), S. 224 ff., CLEWLOW/STRICKLAND (1998), S. 82 ff. oder z. B. WILKENS (2000), S. 109 ff. Zum Problemfeld der Erzeugung unabhängiger Zufallszahlen sei etwa auf PRESS ET AL. (2002), S. 278 ff. verwiesen. Aufgrund des hohen Rechenbedarfs wurden die Simulationen mittels eigener C++-Programme durchgeführt.

[335] Entweder sind die Parameter implizit aus gegebenen Optionspreisen zu bestimmen – dieses Vorgehen ist aufgrund der fehlenden geschlossenen Form der Verteilung von S_T und damit auch der darauf basierenden Optionswertformeln äußerst schwierig – oder aber die Dynamiken von Kurs und Varianz werden direkt aus der historischen Zeitreihe des Optionsbasiswertes ermittelt. Hier tritt die Problematik der Verbindung zwischen realer und für Bewertungszwecke unterstellter risikoneutraler Welt auf. Siehe zu diesem Punkt auch die Diskussion in Kapitel 5, Abschnitt 5.9.

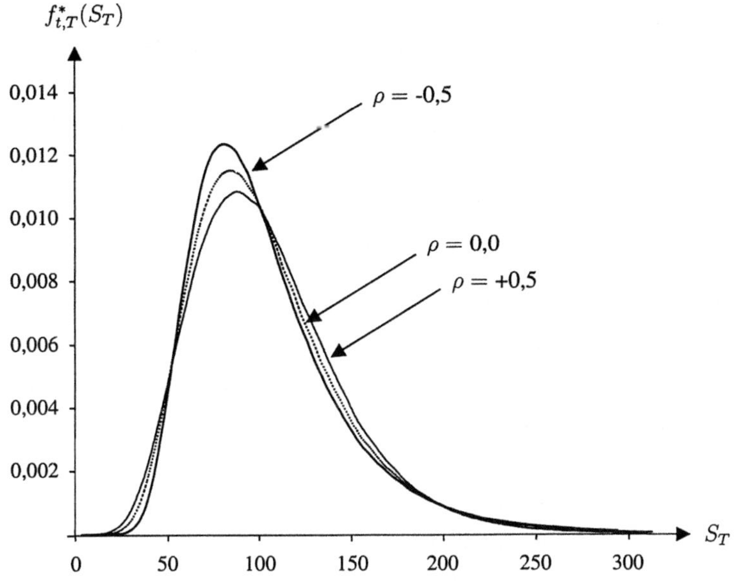

Abbildung 3.5. Prozessannahmen und damit implizierte risikoneutrale Kursverteilungen – Beispiel: Das HULL/WHITE (1987)-Modell mit stochastischer Volatilität. Mit der Festlegung eines Kursprozesses ist die risikoneutrale Kursverteilung zu jedem zukünftigen Zeitpunkt eindeutig determiniert. Die Grafik zeigt anhand des HULL/WHITE (1987)-Modells mit unterstellter stochastischer Volatilität (unter Risikoneutralität: $dS_t = rS_t\,dt + \sigma_t S_t\,dz$, $d\sigma_t^2 = \phi\sigma_t^2\,dt + \xi\sigma_t^2\,d\omega$, $\phi = a(\check{\sigma} - \sigma_t)$, $S_t\sigma_t^2\,dt = \rho\,dt$), wie sich Prozessannahmen in Kursverteilungen niederschlagen. Ausgehend von $S_0 = 100$, $\check{\sigma} = 0{,}40$, $\xi = 1{,}0$, $a = 20{,}0$ und $r = 0{,}04$ sind die Kursverteilungen in $T = 1$ für unterschiedliche Korrelationsannahmen, $\rho \in \{\text{-}0{,}5; 0{,}0; +0{,}5\}$, dargestellt. Wegen des Fehlens geschlossener Formeln wurden die Verteilungen mittels Monte-Carlo-Simulation, mit je $M = 1.000.000$ Durchläufen und $N = 365$ Diskretisierungsintervallen der Pfade von Kurs und Varianz angenähert. Die abgebildeten Dichtefunktionen sind über Kerndichteschätzungen aus den simulierten Werten gewonnen worden.

Quelle: Eigene Berechnung und Darstellung.

Der Grund für das große Interesse an der Analyse der RND besteht darin, dass Optionen zeitlich *vorwärts gerichtete* Instrumente sind. Es steht zu vermuten, dass viele Informationen hinsichtlich der *zukünftigen Marktentwicklung und -erwartung* in dieser enthalten sind. Die RND wird häufig Informationen enthalten, die nicht aus der Historie ableitbar sind, insbesondere da mittels der aktuellen Optionspreise eine schnelle Anpassung an den Markt möglich ist. Des Weiteren wird eine Extraktion von Informationen über die RND im Vergleich zu einer Analyse der Zeitreihe des Basiswertes wesentlich erleichtert.[336] Es muss allerdings einschränkend darauf hingewiesen werden, dass aus einer RND im Allgemeinen kein entsprechender stochastischer Prozess gewonnen werden kann – hierfür sind in jedem Fall, auch bei Marktvollständigkeit, weitere Annahmen nötig. Beschränkt man sich in einem vollständigen Markt etwa auf eindimensionale Diffusionsprozesse, so bieten implizite Binomial- und Trinomialbäume nach RUBINSTEIN (1994), DUPIRE (1994) und DERMAN/KANI (1994) als deterministische Volatilitätsmodelle[337] eine Möglichkeit zur Rekonstruktion eines zu einer RND passenden stochastischen Prozesses.[338]

Zur konkreten *Bestimmung der RND* und zugehöriger Bewertungsformeln sind mehrere Alternativen denkbar. Den unmittelbaren Ansatzpunkt liefert der Zusammenhang (3.119) nach BREEDEN/LITZENBERGER (1978): Unter der Voraussetzung von Monotonie und Konvexität sowie zweifacher Differenzierbarkeit der Bewertungsformel lässt sich die RND aus gegebenen Optionspreisen ermitteln. Allerdings können dabei nur Optionspreise für die wenigen gehandelten Basispreise herangezogen werden. Der Verlauf der RND zwischen den Basispreisen und an den Flanken erfordert zwangsweise Prämissen (z. B. Interpolation). Insbesondere findet beim originären Verfahren nach BREEDEN/LITZENBERGER (1978) keine Glättung der entstehenden Funktion statt. Aufgrund dieser Unzulänglichkeiten sind in der Literatur verschiedene alternative Techniken zur RND-Bestimmung vorgeschlagen worden, die im Folgenden in parametrische und nichtparametrische Ansätze unterschieden werden.[339]

---

[336] Vgl. auch CHANG/MELICK (1999), S. 5 ff. Vor einer vorschnellen Interpretation der RND als Indikator der realen zukünftigen Verteilung ist allerdings zu warnen, eine Interpretation ist sehr schwierig: Ein Zustand mit hoher Wahrscheinlichkeit unter der RND kann eine nur sehr geringe Wahrscheinlichkeit unter der realen (statistischen) Verteilung haben. So weist z. B. ein Crash im Aktienmarkt eine statistisch geringe Wahrscheinlichkeit auf, wird aber in der risikoneutralen Welt ggf. hoch bewertet – die RND ist demnach durch Ereignisse mit großen Auswirkungen und kleiner Wahrscheinlichkeit stark beeinflussbar.

[337] Diese Modelle stellen eine Verallgemeinerung des Constant-Elasticity-of-Variance (CEV)-Modells nach COX/ROSS (1976a) dar. Vgl. auch RUBINSTEIN (1995), BATES (1996b), S. 581 sowie REBONATO (1999), S. 97 ff.

[338] Vgl. auch die Erweiterungen des Konzepts impliziter Binomialbäume, etwa nach JACKWERTH (1997), DERMAN/KANI/CHRISS (1996) (Trinomialbäume mit stochastischer Volatilität) und BROWN/TOFT (1999). Einen Überblick hierzu liefert z. B. JACKWERTH (1999), S. 73 ff.

[339] Vgl. neben BAHRA (1996), S. 301 und BAHRA (1997), S. 15 ff. auch CHANG/MELICK (1999), S. 1 sowie die Überblicksbeiträge von CONT (1998), APARICIO/HODGES (1998) und JACKWERTH (1999).

3.7.4.2 Parametrische Ansätze

Parametrische Verfahren verwenden eine funktionale Vorgabe für die Gestalt der RND. Dabei kann nach den angestellten Vorüberlegungen entweder auf die risikoneutrale Kurs- oder die zugehörige Renditeverteilung Bezug genommen werden.[340]

Wichtig ist in diesem Zusammenhang die Unterscheidung in *reale* und *risikoneutrale* Verteilungsannahmen. So wurde im Zuge der Infragestellung der Normalverteilungshypothese für Renditen eine Fülle von Alternativen zur realitätsnäheren Abbildung von Renditeverteilungen vorgestellt. Zu den wichtigsten zählen hier etwa die Arbeiten von SAMUELSON (1965b), PRESS (1967), TEICHMOELLER (1971), OFFICER (1972), PRAETZ (1972), CLARK (1973), BLATTBERG/GONEDES (1974), ELTON/GRUBER (1974), EPPS/EPPS (1976), WESTERFIELD (1977), TAUCHEN/PITTS (1983) und KON (1984).[341] Im Rahmen der RND-Ermittlung ist jedoch kein unmittelbarer Zusammenhang zwischen einer adäquaten Beschreibung der Renditen des Basiswertes auf der einen Seite und der Erfassung der RND auf der anderen Seite gegeben: Letztere stellt die Verteilung nach adäquater Risikokompensation dar und wird regelmäßig anderer Gestalt als die reale Renditeverteilung sein. Während im BLACK/SCHOLES-Modell und dem zugehörigen Spezialfall normalverteilter Renditen die Risikoneutralisierung allein eine Verschiebung des Erwartungswertes der Verteilung zur Folge hat, fällt diese Transformation – insbesondere bei Berücksichtigung weiterer Risikoquellen – komplexer aus.[342] Ohne einen direkten Bezug zur *realen* Kurs- oder Renditeverteilung des Basiswertes herzustellen, liegt der Fokus der hier betrachteten Verteilungsformen darauf, die *risikoneutralisierten* Verteilungen möglichst gut abzubilden.[343] Hierzu sind in der Literatur eine Vielzahl von Vorschlägen unterbreitet worden:

---

340 Vgl. auch JACKWERTH (1999), S. 68 f., der u. a. weiter nach verallgemeinerten Verteilungen (engl.: *generalized distributions*) unterscheidet, die sich als Spezial- oder Grenzfälle einfacher Verteilungen darstellen lassen.

341 Vgl. zu einer Übersicht wichtiger Wahrscheinlichkeitsverteilungen in der Finanzwirtschaft, speziell zur Verteilung von Aktienrenditen, YU (2001), S. 149 ff., mit Anwendung in der Optionsbewertung z. B. MCDONALD (1996).

342 Vgl. zu einem Beispiel mit einer zusätzlich geänderten Varianz der Verteilung etwa WILHELM (1988), S. 494 ff.

343 Vgl. hierzu auch SAVICKAS (2002), S. 210.

Die *verallgemeinerte Beta-Verteilung zweiter Art (GB2)* wurde von BOOKSTABER/MCDONALD (1987) zur Beschreibung von Renditen vorgeschlagen.[344] MCDONALD/BOOKSTABER (1991) schlagen deren Einsatz zur Optionsbewertung vor – eine Idee, die unlängst von APARICIO/HODGES (1998) wieder aufgegriffen wurde. SHERRICK/IRWIN/FORSTER (1990) und SHERRICK/GARCIA/TIRUPATTAR (1996) verwenden *Burr-III-Verteilungen*, SHERRICK/IRWIN/FORSTER (1992) und SHERRICK/IRWIN/FORSTER (1996) favorisieren *Burr-XII-Verteilungen*.[345] Ausgehend von der Renditemodellierung mittels *stabiler Verteilungen* schlagen RACHEV/MITTNIK (1999) deren Einsatz für die Optionsbewertung vor.[346] Die Handhabung der Verteilungen gestaltet sich aufgrund der fehlenden geschlossenen Darstellung der Dichtefunktion als schwierig – die Definition erfolgt über die charakteristische Funktion.[347] Die auf BARNDORFF-NIELSEN (1977) zurückgehende *hyperbolische Verteilung*[348] untersucht KELLER (1997) theoretisch für den Einsatz in der Optionsbewertung. Noch größere Flexibilität als die vierparametrige Grundform bietet die *verallgemeinerte hyperbolische Verteilung*, die PRAUSE (1998) auf ihre Eignung zur Optionsbewertung hin analysiert.[349] POSNER/MILEVSKY (1998) verwenden Dichtefunktionen der *Johnson-Familie*, d. h. Transformationen von Normalverteilungen unter Hinzufügung von Parametern. In einer Verallgemeinerung der Student-t-Verteilung wird von LI (2000) die auf THEODOSSIOU (1998) zurückgehende *schiefe verallgemeinerte t-Verteilung* mit vier Parametern für die Modellierung der RND eingesetzt, womit eine Vielzahl von Modellen als Unterfälle abgedeckt werden

---

344 Vgl. zur Beta-Verteilung, die eine Vielzahl von Verteilungen als Spezialfälle umfasst, z. B. JOHNSON/KOTZ/BALAKRISHNAN (1995b), S. 210 ff. oder EVANS/HASTING/PEACOCK (2000), S. 34 ff. Zur GB2-Verteilung in der Optionsbewertung vgl. auch REBONATO (1999), S. 197 ff.

345 Alle vier Artikel nehmen im Rahmen der empirischen Anwendungen allerdings unzulässigerweise keinen Bezug zur Möglichkeit der vorzeitigen Ausübung der durchweg amerikanischen Optionen.

346 Vgl. RACHEV/MITTNIK (1999), S. 509 ff. sowie MITTNIK/RACHEV (1993), zu stabilen Verteilungen bereits MANDELBROT (1963) und FAMA (1963).

347 Vgl. z. B. YU (2001), S. 155 f.

348 Vgl. EBERLEIN/KELLER/PRAUSE (1998), S. 372. Die Namensgebung rührt daher, dass die logarithmierte Dichte der Verteilung eine Hyperbel ergibt. Zur Dichtefunktion siehe etwa KELLER (1997), S. 76. Zum Einsatz für die Renditemodellierung siehe u. a. EBERLEIN/KELLER (1995), EBERLEIN/KELLER/PRAUSE (1998) und KÜCHLER ET AL. (1999).

349 Vgl. auch die Studienergebnisse bei EBERLEIN/PRAUSE (2002). Ein Vorteil von hyperbolischen Verteilungen ist deren Eigenschaft, dass diese als stationäre Verteilungen eines zeitstetigen Markov-Prozesses mit einer speziellen stochastischen Differenzialgleichung auftreten. Vgl. einführend zum Zusammenhang mit *Lévy-Prozessen* KÜCHLER ET AL. (1999).

kann.[350] THEODOSSIOU (2000) wendet die *schiefe verallgemeinerte Fehlerverteilung* an, die einen Spezialfall der schiefen verallgemeinerten t-Verteilung darstellt, jedoch den Vorteil aufweist, dass die momenterzeugende Funktion und alle Momente existieren.[351] CORRADO (2001) verwendet die *verallgemeinerte Lambda-Verteilung*[352], CÂMARA (2001) setzt *inverse cosh Normalverteilungen* im Rahmen der Optionsbewertung ein.[353] FISCHER (2002) fokussiert sich auf die wichtige Klasse *unendlich teilbarer* (engl.: *infinitely divisible*) Verteilungen und analysiert diese, leider nur rudimentär, im Hinblick auf die Anwendbarkeit in der Optionsbewertung.[354] Unlängst schlägt SAVICKAS (2002) die Modellierung der RND über eine *Weibull-Verteilung* vor.

Allen Ansätzen ist gemein, dass die Dichtefunktionen i. d. R. bis zu vier Parameter aufweisen und neben leptokurtischen auch schiefe Verteilungsformen zulassen.[355] Auf Möglichkeiten der Modifikation von Verteilungen mittels Expansion und dem in dieser Arbeit verwendeten Mischansatz wird in Kapitel 4 näher eingegangen.

---

[350] Z. B. die einfache t-Verteilung und die Normalverteilung; vgl. LI (2000), S. 54 für eine entsprechende Übersicht. Siehe zur verallgemeinerten t-Verteilung auch LIM/MARTIN/MARTIN (2002), die diese parametrische Annahme für die RND mit anderen Ansätzen vergleichen. Zur Verallgemeinerung der t-Verteilungen mit der Anwendung auf Finanzmarktdaten sei ergänzend auch auf GROTTKE (2002), S. 5 ff. verwiesen.

[351] Vgl. THEODOSSIOU (2000), S. 10, ergänzend auch EVANS/HASTING/PEACOCK (2000), S. 74 ff.

[352] Vgl. CORRADO (2001), S. 218 ff. Die ursprünglich zur Erzeugung von Zufallszahlen eingesetzte Verteilung wird i. d. R. über ihre Perzentilfunktion beschrieben; siehe KARIAN/DUDEWICZ (1998), S. 9 ff.

[353] Bezeichnet X eine normalverteilte Zufallsvariable, ist $Z = a + b\cosh(X)$ invers cosh-normalverteilt, wobei a und b geeignete Lage- und Skalierungsparameter angeben mögen. Vgl. CÂMARA (2001), S. 1092.

[354] Eine Zufallsvariable X ist unendlich teilbar, falls für alle $n \in \mathbb{N}$ i. i. d. Zufallsvariablen $X_1^n, X_2^n, \ldots, X_n^n$ existieren, sodass $X \overset{d}{=} X_1^n + X_2^n + \cdots + X_n^n$ gilt; d. h. X muss für beliebiges n die gleiche Verteilung wie die Summe der Zufallsvariablen aufweisen. Die Definition lässt sich analog über die charakteristischen Funktionen oder die Faltung der Verteilungsfunktionen darstellen. Siehe auch FISCHER (2002), S. 52 ff.

[355] Ergänzend sei auf die viel beachtete Forschungsrichtung der *Extremwerttheorie und -statistik* hingewiesen, die z. B. mit der *Peaks-Over-Threshold (POT)*-Methode einen semiparametrischen Ansatz zur Verfügung stellt, mit dem nur ein Teil einer Verteilung, nämlich die Flanke(n) parametrisiert werden. Der Einsatz extremwerttheoretischer Methoden für Zwecke der Optionsbewertung ist noch Gegenstand der Forschung. Vgl. zur Einführung in die Anwendung EMBRECHTS/KLÜPPELBERG/MIKOSCH (2001), S. 283 ff., exemplarisch auch BINGHAM/KIESEL (2001), S. 17 f.

3.7.4.3 Nichtparametrische Ansätze

Nichtparametrische Verfahren[356] sind datenorientiert und abstrahieren soweit wie möglich von parametrischen Annahmen, z. B. zur Dynamik des Basiswertes in einem Optionspreismodell.[357] Mittels nichtparametrischer Ansätze wird stattdessen versucht, Informationen hinsichtlich der zukünftigen Preisverteilung des Basiswertes sowie über den Bewertungsmechanismus als solchen aus einer gegebenen Beobachtungsmenge von Optionspreisdaten mittels statistischer Analysen zu extrahieren – „[...] let the data speak for itself."[358]

Die Anwendung nichtparametrischer Verfahren bietet sich allgemein dann an, falls keine geschlossenen Bewertungsformeln vorhanden oder notwendige numerische Bewertungsverfahren zu aufwendig sind. Auch lassen sich Marktfriktionen und etwaige strukturelle Veränderungen abbilden, was im parametrischen Fall schwierig ist. Nachteile dieser Klasse von Verfahren liegen in einer hohen Varianz der ermittelten Schätzer, was durch hohe Datenmengen und sehr lange Rechenzeiten kompensiert werden muss. Speziell bei höherdimensionalen Fragestellungen, bei denen mehr als eine unabhängige Bewertungsgröße vorliegt, steigt der notwendige Stichprobenumfang exponentiell an (engl.: *curse of dimensionality*); noch größere Probleme wirft die Schätzung partieller Ableitungen – z. B. benötigt für Hedgingstrategien – auf (engl.: *curse of differentiation*).[359] Bei geringem Datenumfang ist die Anwendung nichtparametrischer Verfahren nicht sinnvoll. Aufgrund der weitestgehenden Abstraktion von konkreten Problemstrukturen besteht das Problem des Overfitting, d. h. eine zu starke

---

356 Auch: *modellfreie Ansätze.*

357 Vgl. CAMPBELL/LO/MACKINLEY (1997), S. 498 ff., CORRADO (2001), S. 215 oder HUTCHINSON/LO/POGGIO (1994), S. 852. Es werden zwar keine expliziten Annahmen zum stochastischen Verhalten der bewertungsrelevanten Einflussgrößen getroffen, dennoch sind gewisse Prämissen nötig, die jedoch im Vergleich zu parametrischen Bewertungsverfahren wesentlich schwächer sind. Vgl. AÏT-SAHALIA/LO (1998), S. 502.

358 GRAY/MACKSEY (2001), S. 7. Zu einem Überblick zu nichtparametrischen Optionsbewertungsverfahren vgl. auch GHYSELS ET AL. (1998), HERRMANN (1999), S. 53 ff., JACKWERTH (1999), S. 69 f. und GARCIA/GHYSELS/RENAULT (2002), S. 43 ff. Insbesondere erfordern diese Methoden sehr liquide Märkte, um Informationen adäquat extrahieren zu können; vgl. MCCAULEY/MELICK (1996), S. 52. Falls die Verfahren aufgrund ihrer Auslegung direkt eine Bewertungsformel bestimmen, erhält man die RND bei Bedarf gemäß BREEDEN/LITZENBERGER (1978) über die zweifache Differenziation nach dem Basispreis.

359 Vgl. z. B. HERRMANN (1999), S. 55 f.

Anpassung an die Ausgangsdatenmenge, die eine Prognose für zukünftige Datenkonstellationen problematisch macht.

JACKWERTH (1999) unterscheidet nichtparametrische Verfahren zur Optionsbewertung nach Kern(el)-Methoden, Maximum-Entropie-Verfahren und der etwas unscharf abzugrenzenden Gruppe von Verfahren zur direkten Abbildung von impliziten Volatilitäten und risikoneutralen Verteilungen (Methoden der Kurvenanpassung). Für den folgenden kurzen Überblick wird dieser Aufteilung gefolgt, wobei die erste Untergruppe um die sehr ähnlichen Verfahren der Neuronalen Netze und verwandter Techniken ergänzt wird.

Kern(el)-Methoden, Neuronale Netze und Genetische Programmierung. Kern(el)-Methoden sind stark an Regression angelehnt, deren konkrete Form jedoch nicht vorab spezifiziert wird: Ohne von einer spezifischen Form auszugehen, besteht die Grundidee darin, dass jeder beobachtete Punkt (Optionspreis oder Volatilität) das potenzielle Zentrum einer Region darstellt, in der die „wahre" Funktion liegt.[360] Das Verfahren ist sehr datenintensiv und führt speziell dort, wo wenige Daten liegen, zu wenig sinnvollen „Auffüllungen". AÏT-SAHALIA/LO (1998) demonstrieren die nichtparametrische Kernregressionstechnik, die – aufgrund des Verzichts auf Annahmen hinsichtlich der Preisdynamik und etwaiger Risikoprämien – den Nachteil verbundener Hypothesen vermeidet.[361] GRAY/MACKSEY (2001) wenden die Technik der nichtparametrischen Kernregression von AÏT-SAHALIA/LO (1998) an und untersuchen u. a. die Robustheit. AÏT-SAHALIA/DUARTE (2002) erweitern die nichtparametrische Ermittlung von Optionswertfunktionen nach AÏT-SAHALIA/LO (1998) durch Beschränkung der Werte der ersten und zweiten Ableitung der Bewertungsfunktion, um Monotonie und Konvexität der Optionswertfunktion sicherzustellen.

Der Vorschlag zum Einsatz *Neuronaler Netze*[362] für Zwecke der Optionsbewertung geht auf MALLIARIS/SALCHENBERGER (1993) zurück[363], eine der ersten umfas-

---

360 Vgl. CORRADO (2001), S. 214. Zur Technik der Kernschätzung siehe auch einführend HERRMANN (1999), S. 60 ff. und SILVERMAN (1986), S. 34 ff.

361 Vgl. AÏT-SAHALIA/LO (1998), S. 501 f.

362 In der Literatur z. T. auch nur als *Netze* oder *Netzwerke* bezeichnet.

363 Vgl. auch MALLIARIS/SALCHENBERGER (1996) mit einem Fokus auf Volatilitätsprognosen.

senden Analysen liefern HUTCHINSON/LO/POGGIO (1994). Ein gewichtiger Vorteil Neuronaler Netze als nichtparametrischen Verfahren liegt in dem Verzicht auf Prozessannahmen hinsichtlich des Basiswertes. Des Weiteren ist es möglich, Strukturveränderungen/-brüche in der Preisdynamik besser zu erfassen als es mit parametrischen möglich wäre. Nichtparametrische Verfahren sind – speziell aufgrund der einfachen Implementierung – für eine Vielzahl von Derivaten einsetzbar. Neuronale Netze können vergleichsweise genauere als auch vom Rechenaufwand her effizientere Wege zur Optionsbewertung sein, falls der dem Basispreis zugrunde liegende Preisprozess unbekannt ist. Der Einsatz bietet sich ebenfalls an, falls keine analytische Lösung des Bewertungsproblems möglich ist.[364] Als nachteilig erweist sich der sehr datenintensive Ansatz, der eine lange Historie von Datensätzen zum „Training" der Netze erfordert. Dieses Problem macht sich speziell bei wenig gehandelten Derivaten bemerkbar. Daneben kann das Phänomen des „Overfittings" auftreten. Die fehlende theoretische Fundierung, die Frage nach geeigneten Abbruchkriterien für die Suche und die Tatsache, dass es keinen „natürlichen" Weg gibt, die Netzwerktypologie festzulegen – dies muss i. d. R. experimentell geschehen – sind weitere Probleme. Auch die Interpretation der Ergebnisse ist aufgrund der fehlenden modelltheoretischen Untermauerung häufig schwierig.[365]

Eine Weiterentwicklung des Konzeptes Neuronaler Netze stellt die KOZA (1992) zugeschriebene *Genetische Programmierung* dar. Bei dieser handelt es sich um ein stochastisches Suchverfahren mit ausgeprägtem heuristischem Charakter, wobei die aus der Genetik bekannten Prinzipien der natürlichen Evolution und Vererbung zum Einsatz kommen: Nur die „Besten" einer Generation (für die Fragestellung untersuchter For-

---

[364] Vgl. HUTCHINSON/LO/POGGIO (1994), S. 851. So untersucht z. B. HANKE (1998), S. 61 ff. die Bewertung einer asiatischen Option auf Basis eines GARCH(1,1)-Modells mit Hilfe Neuronaler Netze.

HUTCHINSON/LO/POGGIO (1994) geben einen Überblick zum Bereich „Lernender Netze", u. a. zu einer der bekanntesten Ausprägung Neuronaler Netze in Form von *Multilayer Perceptrons (MLP)*; siehe HUTCHINSON/LO/POGGIO (1994), S. 853 ff. Des Weiteren diskutieren die Autoren spezielle Eigenschaften und Trainingsverfahren sowie wichtige Fragen zu Approximationsmöglichkeiten und Konvergenzverhalten einzelner Verfahren und prüfen die Eignung Neuronaler Netze – simulationsbasiert und anhand realer Daten – für Zwecke der Optionsbewertung. Siehe auch HANKE (1998), S. 9 ff. Ein Überblick zur Literatur und ausgewählten empirischen Ergebnissen findet sich z. B. bei HANKE (1998), S. 46 ff.

[365] Vgl. MALLIARIS/SALCHENBERGER (1993), S. 205. Weitere finanzwirtschaftliche Anwendungsfelder Neuronaler Netze, etwa für Zwecke der Insolvenz- oder Wechselkursprognose, zeigt ein Überblick bei QI (1996).

melausdrücke) überleben und geben ihr „Erbgut“ an die nächste Generation weiter.[366] Die Vorteile liegen in den fehlenden oder wenig restriktiven Annahmen hinsichtlich der Eingabeparameter und Modellstrukturen. Hinzu kommt bei der Genetischen Programmierung jedoch die Aufgabe, eine geeignete Auswahl zulässiger Operatoren für die zu bestimmende Lösungsformel vorzugeben. KEBER (1999) zeigt die Anwendung der Genetischen Programmierung zur Ermittlung von Approximationen für die implizite Volatilität. Die so erhaltenen Formeln[367] erweisen sich zwar als geeignet, jedoch ist – wie generell beim Einsatz der Genetischen Programmierung – die Frage nach deren Interpretierbarkeit zu stellen.[368]

Ein kürzlich von KEBER/SCHUSTER (2002) vorgestellter weiterer Ansatz ist das *Generalized Ant Programming (GAP)*, bei dem komplexe kombinatorische Probleme mit Hilfe der Nachbildung der Abläufe in realen Ameisenstaaten gelöst werden.[369]

Maximum-Entropie-Verfahren. Maximum-Entropie-Verfahren bestimmen auf nichtparametrischem Wege implizit risikoneutrale Verteilungen, indem geringstmögliche Annahmen bezüglich unbekannter Informationen getroffen werden – die erhaltenen Verteilungen liefern für beobachtete Preise solche Approximationen, die am wenigsten „vorurteilsbehaftet“sind.[370] Das aus der Informationstheorie stammende Maximum-Entropie-Prinzip[371] verwenden u. a. BUCHEN/KELLY (1996) und STUTZER (1996) zur Optionsbewertung; Letzterer führt in diesem Zusammenhang den Begriff der „kanonischen Bewertung“ ein.

Direkte Abbildung impliziter Volatilitäten und risikoneutraler Verteilungen („Kurvenanpassung“). Eine weitere Möglichkeit zum Umgang mit dem Options-

[366] Vgl. zum algorithmischen Vorgehen KEBER (2001), S. 115 ff.

[367] Vgl. KEBER (1999), S. 223.

[368] Vgl. hierzu und zu einem Literaturüberblick zu bisherigen Studien KEBER (2001), S. 122 ff. Als Einsatzbereiche in der Finanzwirtschaft bieten sich neben der Optionsbewertung und allgemein dem Wertpapierhandel z. B. auch Insolvenzprognosen an.

[369] Erste Anwendungen auf amerikanische Puts zeigen viel versprechende Ergebnisse. Die ermittelten Approximationen sind den bislang in der Literatur dokumentierten überlegen.

[370] Vgl. GUO (2001), zum Einsatz für Zwecke der Optionsbewertung auch GULKO (1999) sowie ausführlich BRANGER (2002), S. 113 ff.

[371] Siehe zur Entropie als informationstheoretischem Begriff etwa HERRMANN (1999), S. 57 ff.

bewertungsproblem besteht in dem direkten Abstellen auf die Phänomene der impliziten Volatilität nach BLACK/SCHOLES. Die Idee besteht darin, etwaige Smile-Strukturen als gegeben zu akzeptieren und diese funktional als $\Upsilon_{t,T}(K)$ zu erfassen. SHIMKO (1993) greift diesen Ansatz als einer der ersten auf und legt ein quadratisches Polynom durch die impliziten Volatilitäten. Der „Transfer" in den Raum der Optionswerte gelingt über die Anwendung der BLACK/SCHOLES-Formel, woran anschließend – nach dem Ergebnis von BREEDEN/LITZENBERGER (1978) – über die zweite Ableitung nach dem Basispreis K die risikoneutrale Dichtefunktion gewonnen werden kann. Außerhalb des Moneynessbereichs, für den Optionswerte vorliegen, wird die Dichtefunktion durch log-normalverteilte Flanken vervollständigt. Die so entstehende „dreiteilige" Verteilung ist nicht immer glatt – dies erforderte die Stetigkeit der ersten Ableitung – und insbesondere kann die Martingalbedingung nicht sichergestellt werden. Abhilfe zu Letzterem lässt sich erreichen, wenn nicht die Basispreise als Träger der Verteilung der impliziten Volatilitäten fungieren, sondern stattdessen Optionssensitivitäten (Deltas) verwendet werden.[372] So das Vorgehen von MALZ (1997), bei dem auch die willkürliche Fortsetzung an den Verteilungsenden vermieden wird. Spline-basierte Ansätze stammen etwa von CAMPA/CHANG/REIDER (1998), APARICIO/HODGES (1998) und BROWN/TOFT (1999). Daneben ist die Glattheit des Smiles Zielfunktion bei JACKWERTH (2000),[373] was u. a. eine explizite Nichtnegativitätsbedingung für die Wahrscheinlichkeiten erfordert. In einem aktuellen Beitrag erweitern BRUNNER/HAFNER (2002) den Ansatz von SHIMKO (1993) durch Fortsetzung der Verteilungsenden über Mischungen aus je zwei Log-Normalverteilungen; die Martingalbedingung wird dabei als explizite Nebenbedingung aufgestellt.

Der im Vergleich zu dem dargestellten Vorgehen naheliegendere Ansatz besteht in der direkten Abbildung risikoneutraler Verteilungen: Dies kann z. B. relativ zu einer vorgegebenen Verteilung erfolgen – etwa der Log-Normalverteilung aus dem BLACK/SCHOLES-Modell wie im Beitrag von RUBINSTEIN (1994). Die Glattheit der mittels Splines konstruierten risikoneutralen Verteilung ist Ziel bei MAYHEW (1995). Die Frage nach möglichen, für die Optimierung bedeutsamen Abstandsmaßen zwi-

---

[372] Vgl. zur Kennzahl *Delta* auch die Sensitivitätsanalysen in Kapitel 4, Abschnitt 4.4.

[373] Die Maximierung der Glattheit neben der Anpassung an die beobachteten Datenpunkte lässt sich funktional z. B. durch die Minimierung des Integrals der zweiten Ableitungen einer Funktion darstellen.

schen Verteilungen wird neben anderem bei JACKWERTH/RUBINSTEIN (1996) untersucht.[374]

3.7.4.4 Anwendungsmöglichkeiten

Risikoneutrale Verteilungen lassen sich zur Wertbestimmung für jede Art von Zahlung mit gleichem Zeithorizont verwenden, z. B. für illiquide oder exotische Optionen europäischen Typs, aber auch für eine Prognose in dem Marktsegment, in dem die RND ermittelt wurde. Dabei können wichtige empirische Phänomene (negative Schiefe, Exzess-Kurtosis, Smile-Effekte) berücksichtigt werden.[375] Mit Hilfe der RND können die empirisch nachgewiesenen Charakteristika, wie z. B. die implizite Schiefe in den Renditen des Basiswertes unter Risikoneutralität, funktional abgebildet und auf andere Optionen übertragen werden.[376]

Daneben lassen sich mittels RND auch *Ereignisstudien*, z. B. über die Betrachtung der Veränderungen der RND im Umfeld bekannt werdender Neuigkeiten, durchführen. So untersucht etwa GEMMILL (1992) den Optionsmarkt im Vorfeld von Wahlen in Großbritannien im Jahre 1987. Bei GEMMILL (1996) wird der FTSE-Indexoptionsmarkt auf etwaige Warnungen im Vorfeld des Crashs im Oktober 1987 analysiert.[377] CAMPA/CHANG (1996), CAMPA/CHANG/REIDER (1997) und MIZRACH (1996) verwenden die RND zur Analyse von Wechselkurserwartungen. LEAHY/THOMAS (1996) untersuchen den Informationsgehalt von Optionen für die Entwicklung des Kanadischen Dollars und des kanadischen Zinsniveaus im Vorfeld des Quebec-Referendums im Oktober 1995. BATES (1996c) extrahiert aus Futures-Optionen der Jahre 1984 bis 1992 Informationen zur zukünftigen Verteilung des Wechselkurses zwischen US-Dollar/DM und US-Dollar/Yen. Ähnlich analysieren GALATI/MELICK (1999) Optionspreise im

---

[374] Ein weiterer, schwer einordenbarer Vorschlag aus dem nichtparametrischen Bereich analysiert die *simultanen* Preisveränderungen in Basiswert und Derivat; siehe etwa den Beitrag von BOSSAERTS/HILLION (1997).

[375] Siehe auch BATES (1991), S. 1012.

[376] Vgl. auch GRAY/MACKSEY (2001), S. 24 ff.

[377] Sofern Informationen am Optionsmarkt vorhanden sind, die auf einen etwaigen „Crash" hindeuten, steht zu vermuten, dass etwa aus-dem-Geld notierende Puts ungewöhnlich teuer werden. Vgl. z. B. die Analyse von BATES (1996b) zu Preisen von Puts im Jahr vor dem weltweiten Aktienmarktcrash im Oktober 1987.

Zeitraum 1993 bis 1996 im Hinblick auf implizite Markterwartungen für die Entwicklung des US-Dollar/Yen-Wechselkurses bei anstehenden Zentralbankinterventionen. ACKER/ATTFIELD (2000) betrachten implizite Volatilitäten von Aktienoptionen im Vorfeld feindlicher Firmenübernahmen und stellen u. a. eine „Störung des Smiles“ fest. Als Ursache hierfür wird insbesondere die Unzulänglichkeit der Prozessannahme in Form einer geometrischen Brownschen Bewegung für den Aktienkurs gesehen. JONDEAU/ROCKINGER (2000) leiten implizite Verteilungen aus Währungsoptionen im zeitlichen Umfeld der französischen Wahlen im Jahr 1997 her und stellen fest, dass das Wahlergebnis durch gestiegene implizite Volatilitäten antizipiert wurde. COUTANT/JONDEAU/ROCKINGER (2001) ermitteln im gleichen Zusammenhang implizite Zinsverteilungen und gelangen zu vergleichbaren Ergebnissen.

Nach diesem Überblick zu Strukturmodellen auf der einen und Ansätzen zur Modellierung und Ermittlung der RND auf der anderen Seite liegt der weitere Fokus auf zweitgenannten Ansätzen. Im folgenden Kapitel wird eine Mischung von Verteilungen als höchst flexible Form zur Abbildung risikoneutraler Verteilungen – zusammen mit einem auf einer Reihenentwicklung basierenden Ansatz – auf Eignung und Implikationen im Rahmen der Optionsbewertung analysiert.

Everyone believed in the normal distribution, the mathematicians because they thought it was an experimental fact, the experimenters because they thought it was a mathematical theorem.

Jules Henri Poincaré, 1854-1912, französischer Mathematiker

Kapitel 4

Optionsbewertung unter gemischten Verteilungen

4.1 Überblick

Gegenstand dieses Kapitels ist die nähere Auseinandersetzung mit den im vorigen Kapitel diskutierten risikoneutralen Verteilungen. Wie im Rahmen der Beschreibung von Phänomenen der impliziten Volatilität ausgeführt wurde, ist das BLACK/SCHOLES-Modell nicht zu einer widerspruchsfreien Abbildung des Preisbildungsmechanismus von Optionen in der Lage. Eine mögliche Erklärung hierfür wird in der restriktiven Prozess- bzw. Verteilungsannahme gesehen. Unter der Log-Normalverteilungsprämisse für den Kurs des Basiswertes liegt, bei impliziter Betrachtungsweise, unter Risikoneutralität – aufgrund der Forderung nach Arbitragefreiheit und der dafür auf einem vollständigen Markt erforderlichen Einhaltung der Martingalbedingung $\mathrm{E}^*(S_T) = S_t e^{r(T-t)}$ – nur ein „freier" Parameter vor: die Volatilität σ.

Offenbar ist die Log-Normalverteilung, die sich aufgrund ihrer einfachen Handhabung einer großen Beliebtheit erfreut,[378] als Repräsentant der risikoneutralen Kursverteilung im Rahmen der Optionsbewertung zu einschränkend. Wird diese im Rahmen der impliziten Parameterschätzung eingesetzt, besteht die Gefahr, dass wichtige Informationen

[378] „The lognormal distribution is [...], next to the Gaussian, [...] widely viewed as the practical statistician's best friend.", MANDELBROT (1997), S. 252. Zu einer kritischen Auseinandersetzung mit der Log-Normalverteilung vgl. auch MANDELBROT (1997), S. 257 f.

aus dem Markt verborgen bleiben.[379] Im Vorfeld der Betrachtung einer alternativen Modellierung der RND ist stets kritisch die Frage zu stellen, inwieweit eine solche Modifikation des Grundmodells – vor dem Hintergrund der Implementierung und der zu ermittelnden Eingabedaten sowie der damit einhergehenden Kosten[380] – sinnvoll ist. BAKSHI/CAO/CHEN (1997) fragen zu Recht:

„What do we gain from each generalized feature?“[381]

Vor dem Hintergrund dieser Leitfrage sollten Modelle so gestaltet werden, dass einem Praxiseinsatz und der dafür erforderlichen millionenfachen schnellen Berechnung von Optionswerten nichts entgegensteht.

Im Rahmen dieses Kapitels sollen in Abwandlung des BLACK/SCHOLES-Ansatzes zwei alternative Modelle mit flexibilisierten Formen der risikoneutralen Verteilung diskutiert werden. Dabei findet eine Fokussierung auf parametrische Verfahren statt: Diese zeichnen sich im Vergleich zu nichtparametrischen Ansätzen durch eine geringere Anfälligkeit für ein „Overfitting“ – und damit vermutlich eine bessere Voraussagekraft – aus. Zudem sind bei parametrischen Ansätzen Untermodelle enthalten, die es gestatten, Aussagen zur erforderlichen Flexibilität der RND zu treffen – bei nichtparametrischen Verfahren hingegen gibt es keine „Unterfälle“.[382]

Zunächst wird in *Abschnitt 4.2* eine Variante zur Flexibilisierung der risikoneutralen *Rendite*verteilung diskutiert. Hierbei kommt eine Form der Expansion von Verteilungen zum Einsatz, die die Einbeziehung höherer Momente in die Optionsbewertung gestattet. Dabei wird ein Modell verwendet, das in fehlerhafter Form bereits publiziert wurde und das hier in korrigierter Form – erstmals – rigoros hergeleitet und auf seine Implikationen hin untersucht wird. Im Anschluss wird in *Abschnitt 4.3* die Log-Normalverteilungsannahme für den *Kurs* des Basiswertes unter Risikoneutralität aufgegeben und durch eine endliche Mischung von Log-Normalverteilungen

---

379 Vgl. auch SÖDERLIND (2000), S. 15.

380 Als *Kosten* sollen in diesem Zusammenhang sowohl der zeitliche Aufwand für die Beschaffung der Eingabedaten als auch die eigentliche Rechenzeit verstanden werden.

381 BAKSHI/CAO/CHEN (1997), S. 2004. Ähnlich auch PRAUSE (1998), S. 37: „On the one hand there is a constant interest in alternative models, on the other hand, from the practicioner's point of view, these models should improve everyday's work.“

382 Vgl. LI (2000), S. 50.

ersetzt. Speziell dieser Ansatz verspricht eine hohe Flexibilität und ist aufgrund der „Nähe" zum BLACK/SCHOLES-Modell dennoch einfach zu handhaben. Um neben dem BLACK/SCHOLES-Ansatz einen weiteren Vergleichsmaßstab zur Verfügung zu haben, wird das Mischverteilungsmodell im Anschluss durchgängig mit dem Expansionsmodell verglichen. In *Abschnitt 4.4* werden die modellspezifischen Sensitivitätskennzahlen beleuchtet, die insbesondere für das Management von Optionspositionen in der Praxis eine große Rolle spielen. Zurückkehrend zur ursprünglichen Motivation der Beschäftigung mit Alternativen zum BLACK/SCHOLES-Modell wird in *Abschnitt 4.5* untersucht, inwieweit es mit dem Mischungsmodell möglich ist, empirische Volatilitätsphänomene wie den Smile-Effekt modellkonsistent abzubilden. Dabei wird wiederum das Expansionsmodell als zusätzliches Vergleichsobjekt herangezogen. *Abschnitt 4.6* fasst die wesentlichen Ergebnisse der Analysen zusammen.

4.2 Optionsbewertung bei momentenadjustierter risikoneutraler Verteilung

4.2.1 Methodische Einordnung

In einer Erweiterung des Grundmodells von BLACK/SCHOLES soll in diesem Abschnitt eine Flexibilisierung der RND-Annahme entwickelt werden, die dort als Log-Normalverteilung für den Kurs bzw. – gleichbedeutend damit – als Normalverteilung der Rendite verankert ist. Beide Verteilungen sind jeweils durch zwei Parameter vollständig beschrieben. Die Grundidee besteht darin, eine Verallgemeinerung durch die Einbeziehung *höherer Momente* der risikoneutralen Verteilung in die Optionsbewertung zu erreichen.[383] Dabei bieten sich zwei verschiedene Vorgehensweisen an: Entweder wird die *Kursverteilung* des Basiswertes in Bezug auf höhere Momente flexibilisiert oder man setzt mit dieser Modifikation bei der *Renditeverteilung* an.

Im folgenden Abschnitt wird, aufbauend auf einem Vorschlag von CORRADO/SU (1996a), mit einer flexibilisierten Renditeverteilung gearbeitet, die auf einer

[383] Im Weiteren wird mitunter auf den expliziten Hinweis verzichtet, dass auf die Verteilung unter *Risikoneutralität* abgestellt wird.

GRAM/CHARLIER-*Reihenentwicklung* fußt. Zu einem der ersten Beiträge auf dem Gebiet der momentenbasierten Optionsbewertung zählt der von JARROW/RUDD (1982), in dem eine Reihenentwicklung der Kursverteilung auf Basis einer *Edgeworth-Expansion* durchgeführt wird.[384] Der Unterschied zum hier propagierten Ansatz auf Basis der GRAM/CHARLIER-Expansion liegt darin, dass bei JARROW/RUDD (1982) auf Basis der Kurse des Basiswertes Abweichungen in Schiefe und Kurtosis von der Log-Normalverteilung in die Bewertung einbezogen werden. Bei der GRAM/CHARLIER-Expansion hingegen wird auf die Renditen des Basiswertes Bezug genommen und deren von der Normalverteilung abweichende Schiefe und Kurtosis in die Optionsbewertung integriert. Obwohl beide Ansätze eine vergleichbare Flexibilisierung bei der Optionsbewertung ermöglichen, liegt ein gewichtiger Vorteil bei der Verwendung der Renditeverteilung darin begründet, dass jede Normalverteilung eine Schiefe von null und eine Kurtosis (Exzess-Kurtosis) von drei (null) aufweist. Verschieden parametrisierte Log-Normalverteilungen unterscheiden sich demgegenüber in ihren Werten für die höheren Momente. Die Interpretation empirischer Ergebnisse, etwa im Rahmen der Bestimmung impliziter Schiefe- und Kurtosisparameter, wird bei Verwendung der Renditeverteilung damit erleichtert, da stets auf die Abweichungen von den konstanten Referenzpunkten der Normalverteilung Bezug genommen werden kann.[385]

Eine dritte mögliche Variante besteht in der von RUBINSTEIN (1998) im Diskreten verwendeten Edgeworth-Expansion der Renditeverteilung (in Form einer Binomialverteilung). Das Problem dieses Ansatzes liegt in dem sehr eingeschränkten Wertebereich für die Modellparameter, der nicht verlassen werden darf, um die Dichteeigenschaften sicherzustellen. Speziell ein größerer zulässiger Wertebereich für die Schiefe bei der

---

[384] Vgl. auch die Darstellung bei JARROW/RUDD (1983). Zur Edgeworth-Expansion siehe z. B. HALL (1997), S. 39 ff., zu Tests des JARROW/RUDD (1982)-Ansatzes z. B. CORRADO/SU (1996b) und CORRADO/SU (1997b).

[385] Vgl. auch CORRADO/SU (1996a), S. 177; siehe zur Normalverteilung und deren Momenten z. B. JOHNSON/KOTZ/BALAKRISHNAN (1995a), S. 80 ff.

GRAM/CHARLIER-Expansion im Vergleich zur Edgeworth-Expansion nach RUBINSTEIN (1998)[386] motiviert die Verwendung des erstgenannten Verfahrens.[387]

4.2.2 Flexibilisierung der risikoneutralen Renditeverteilung: GRAM/CHARLIER-Expansion der Normalverteilung

4.2.2.1 Grundlagen

Um höhere Momente in die Renditeverteilung für den Basiswert in die Optionsbewertung einzubeziehen, bietet sich eine GRAM/CHARLIER-Entwicklung (Typ A) an. Im Folgenden soll diese Form der Reihenentwicklung zunächst allgemein erläutert werden, um dann im darauf folgenden Abschnitt auf die Optionsbewertung angewendet zu werden.

GRAM/CHARLIER-Entwicklung. Den Ausgangspunkt einer GRAM/CHARLIER-Entwicklung bildet die Dichte der Standard-Normalverteilung,

$$\varphi(x) = \frac{1}{\sqrt{2\pi}} \exp\left(-\frac{1}{2}x^2\right). \tag{4.1}$$

---

386 Vgl. RUBINSTEIN (1998), S. 21 f., JONDEAU/ROCKINGER (2001), S. 1459.

387 Zu einer Diskussion ähnlicher Modellierungsansätze sei auf die Literatur verwiesen. MADAN/MILNE (1994) etwa fassen Optionen als Elemente eines separierbaren Hilbert-Raumes auf, der im Falle einer von endlich vielen Güterpreisen abhängigen Auszahlung eine abzählbare Orthonormal-Basis aufweist. Optionen lassen sich demnach als Linearkombination der Basiselemente des Raumes darstellen. Eine solche Basis ist i. d. R. schwierig zu konstruieren: Unter gewissen Annahmen, u. a. der Vollständigkeit des Marktes, wird eine solche Basis durch die Hermite-Polynome gebildet. Call- und Putwerte lassen sich dann in Abhängigkeit dieser Basiselemente darstellen, deren Preise wiederum aus beobachteten Optionspreisen gewonnen werden können. Vgl. MADAN/MILNE (1994), S. 236 ff. mit weiteren Details; zu Erweiterungen, Tests und Spezialisierungen auch ABKEN/MADAN/RAMAMURTIE (1996). ABKEN/NANDI (1996) und JONDEAU/ROCKINGER (2001) verwenden Hermite-Polynome zur Korrektur der Normalverteilung. POTTERS/CONT/BOUCHAUD (1998) passen nur die Kurtosis einer Verteilung an – ein eher ungewöhnliches Vorgehen, da speziell die Schiefe als wichtiger Faktor gesehen wird. Daneben verwenden BACKUS ET AL. (1997) die GRAM/CHARLIER-Technik zur Optionsbewertung, allerdings mit einer gröberen Approximation als der hier diskutierten. Die Autoren liefern auch einige Differenzialanalysen, allerdings bemerkenswerterweise, ohne den bereits im Vorjahr publizierten Beitrag von CORRADO/SU (1996a) zu erwähnen.

Um eine flexibel parametrisierbare Dichtefunktion $g(x)$ zu erhalten, wird eine Reihenentwicklung von $g(x)$ bezüglich $\varphi(x)$ und deren Ableitungen durchgeführt. Konkret lässt sich eine Dichtefunktion $g(x)$ – unter gewissen Prämissen[388] – in der Form

$$g(x) = \sum_{j=0}^{\infty} \varpi_j H_j(x) \varphi(x) \tag{4.2}$$

darstellen. Hierbei bezeichnen $\varpi_j, j = 0, 1, 2, \ldots$ geeignete „Gewichte" und $H_j(x)$ das *Hermite-Polynom* der Ordnung j.

Hermite-Polynome[389] sind über die Ableitungen der Dichte der Standard-Normalverteilung wie folgt erklärt:

$$(-1)^n \frac{d^n}{dx^n} \varphi(x) = H_n(x) \varphi(x), \quad n = 1, 2, \ldots \tag{4.3}$$

mit $H_0(x) := 1$. Das Hermite-Polynom der Ordnung n erhält man demnach durch n-fache Differenziation der Dichtefunktion $\varphi(x)$ und Ausklammern von $\varphi(x)$ – verbunden mit der Vorzeichenumkehr für das Polynom bei ungeradem n. Beispielsweise errechnet sich:

$$\frac{d}{dx} \varphi(x) = -x \cdot \varphi(x) \Longrightarrow H_1(x) = (-1) \cdot (-x) = x, \tag{4.4}$$

$$\frac{d^2}{dx^2} \varphi(x) = (x^2 - 1) \cdot \varphi(x) \Longrightarrow H_2(x) = (-1)^2 \cdot (x^2 - 1) = x^2 - 1. \tag{4.5}$$

Tabelle 4.1 listet die Hermite-Polynome bis zur Ordnung 8 auf.

Nach Definition der Größen $H_j(x)$ sind noch die Gewichtungsfaktoren ϖ_j in (4.2) „geeignet" festzulegen. Hierfür ist folgende Orthogonalitätseigenschaft der Hermite-Polynome nützlich:[390]

$$\int_{-\infty}^{\infty} H_m(x) H_n(x) \varphi(x)\, dx = \begin{cases} 0, & m \neq n \\ n!, & m = n \end{cases} \tag{4.6}$$

---

[388] Siehe hierzu die Diskussion in Abschnitt 4.2.2.3.

[389] Vgl. etwa STUART/ORD (2000), S. 226 ff.

[390] Siehe etwa STUART/ORD (2000), S. 228.

Tabelle 4.1
Hermite-Polynome

Hermite-Polynome $H_n(x)$ sind über die Dichte der Standard-Normalverteilung, $\varphi(x)$, mittels

$$(-1)^n \frac{d^n}{dx^n}\varphi(x) = H_n(x)\varphi(x), \quad n = 1, 2, \ldots$$

erklärt.

n	$H_n(x)$
0	1
1	x
2	$x^2 - 1$
3	$x^3 - 3x$
4	$x^4 - 6x^2 + 3$
5	$x^5 - 10x^3 + 15x$
6	$x^6 - 15x^4 + 45x^2 - 15$
7	$x^7 - 21x^5 + 105x^3 - 105x$
8	$x^8 - 28x^6 + 210x^4 - 420x^2 + 105$
$\vdots$	$\vdots$

Multipliziert man Gleichung (4.2) auf beiden Seiten mit $H_n(x)$, erhält man:

$$H_n(x)g(x) = H_n(x)\sum_{j=0}^{\infty} \varpi_j H_j(x)\varphi(x). \tag{4.7}$$

Mittels Integration auf beiden Seiten und unter Verwendung der Eigenschaft (4.6) folgt:

$$\int_{-\infty}^{\infty} H_n(x)g(x)\,dx = \int_{-\infty}^{\infty} H_n(x)\sum_{j=0}^{\infty} \varpi_j H_j(x)\varphi(x)\,dx \tag{4.8}$$

$$\Longleftrightarrow \int_{-\infty}^{\infty} H_n(x)g(x)\,dx = \sum_{j=0}^{\infty} \varpi_j \int_{-\infty}^{\infty} H_n(x)H_j(x)\varphi(x)\,dx \tag{4.9}$$

$$\overset{(4.6)}{\Longleftrightarrow} \int_{-\infty}^{\infty} H_n(x)g(x)\,dx = \varpi_n \cdot n! \tag{4.10}$$

$$\Longleftrightarrow \varpi_n = \frac{1}{n!}\int_{-\infty}^{\infty} H_n(x)g(x)\,dx. \tag{4.11}$$

Um den Ausdruck für die Gewichte ϖ_n in (4.11) fortzuentwickeln, ist eine weitere Eigenschaft der Hermite-Polynome nützlich. Offensichtlich gilt der Zusammenhang

$$\begin{aligned}\varphi(x-t) &= \frac{1}{\sqrt{2\pi}} \exp\left(-\frac{1}{2}\left(x^2 - 2xt + t^2\right)\right) \\ &= \varphi(x) \exp\left(xt - \frac{1}{2}t^2\right).\end{aligned} \tag{4.12}$$

Entwickelt man $\varphi(x-t)$ als Funktion in t in eine *Taylorreihe* um einen Entwicklungspunkt $t_0 \in \mathbb{R}$, erhält man

$$\varphi(x-t) = \sum_{j=0}^{\infty} \frac{1}{j!} \frac{d^j \varphi(x-t)}{dt^j}\bigg|_{t=t_0} (t-t_0)^j. \tag{4.13}$$

Für $t_0 = 0$ folgt daraus wegen $\frac{d^j\varphi(x-t)}{dt^j} = (-1)^j \frac{d^j\varphi(x-t)}{dx^j}$:

$$\varphi(x-t) = \sum_{j=0}^{\infty} \frac{t^j}{j!}(-1)^j \frac{d^j\varphi(x)}{dx^j} = \sum_{j=0}^{\infty} \frac{t^j}{j!} H_j(x)\varphi(x). \tag{4.14}$$

Ersetzt man andererseits in (4.12) die Exponentialfunktion durch ihre Taylorreihe in t mit Entwicklungspunkt $t_0 = 0$,

$$\exp\left(xt - \frac{1}{2}t^2\right) = \sum_{j=0}^{\infty} \frac{t^j}{j!} \frac{d^j \exp\left(xt - \frac{1}{2}t^2\right)}{dt^j}\bigg|_{t=0}, \tag{4.15}$$

erhält man aus (4.12) und (4.14) die Beziehung

$$\varphi(x) \sum_{j=0}^{\infty} \frac{t^j}{j!} \frac{d^j \exp\left(xt - \frac{1}{2}t^2\right)}{dt^j}\bigg|_{t=0} = \varphi(x) \sum_{j=0}^{\infty} \frac{t^j}{j!} H_j(x). \tag{4.16}$$

Ein Koeffizientenvergleich der beiden Reihen in (4.16) zeigt, dass sich das n-te Hermite-Polynom $H_n(x)$ als n-ter Koeffizient von $\frac{t^j}{j!}$ in der angegebenen Exponentialreihe berechnen lässt:

$$H_n(x) = \frac{d^n \exp\left(xt - \frac{1}{2}t^2\right)}{dt^n}\bigg|_{t=0}. \tag{4.17}$$

So gilt etwa

$$H_0(x) = \exp\left(xt - \frac{1}{2}t^2\right)\Bigg|_{t=0} = 1, \tag{4.18}$$

$$H_1(x) = \frac{d\exp\left(xt - \frac{1}{2}t^2\right)}{dt}\Bigg|_{t=0} = (x-t)\exp\left(xt - \frac{1}{2}t^2\right)\Bigg|_{t=0} \tag{4.19}$$

$$= x, \tag{4.20}$$

$$H_2(x) = \frac{d^2\exp\left(xt - \frac{1}{2}t^2\right)}{dt^2}\Bigg|_{t=0} = \frac{d}{dt}(x-t)\exp\left(xt - \frac{1}{2}t^2\right)\Bigg|_{t=0} \tag{4.21}$$

$$= -\exp\left(xt - \frac{1}{2}t^2\right) + (x-t)^2\exp\left(xt - \frac{1}{2}t^2\right)\Bigg|_{t=0} \tag{4.22}$$

$$= x^2 - 1 \quad \text{usw.} \tag{4.23}$$

Allgemein erhält man das n-te Hermite-Polynom über

$$H_n(x) = x^n - \frac{n(n-1)}{2 \cdot 1!}x^{n-2} + \frac{n(n-1)(n-2)(n-3)}{2^2 \cdot 2!}x^{n-4} \tag{4.24}$$

$$- \frac{n(n-1)(n-2)(n-3)(n-4)(n-5)}{2^3 \cdot 3!}x^{n-6} + \ldots \tag{4.25}$$

Setzt man zur Abkürzung $n^{[m]} := n(n-1)(n-2)\ldots(n-(m-1))$, ergibt sich folgende Darstellung für $H_n(x)$:

$$H_n(x) = x^n - \frac{n^{[2]}}{2 \cdot 1!}x^{n-2} + \frac{n^{[4]}}{2^2 \cdot 2!}x^{n-4} - \frac{n^{[6]}}{2^3 \cdot 3!}x^{n-6} + \ldots \tag{4.26}$$

Diese Formel liefert somit eine explizite Berechnungsvorschrift für Hermite-Polynome, die alternativ zur n-fachen Differenziation der Dichte der Standard-Normalverteilung – gemäß der Definition in (4.3) – zur Bestimmung von $H_n(x)$ verwendet werden kann. Angewandt auf das noch offene Problem der Bestimmung einer expliziten Darstellung der Gewichtungsfaktoren ϖ_j aus (4.11) liefert die Hermite-Polynom-Formel (4.26):

$$\begin{aligned}
\varpi_j &= \frac{1}{j!} \int_{-\infty}^{\infty} H_j(x) g(x)\, dx && (4.27)\\
&= \frac{1}{j!} \int_{-\infty}^{\infty} \left(x^j - \frac{j^{[2]}}{2 \cdot 1!} x^{j-2} + \frac{j^{[4]}}{2^2 \cdot 2!} x^{j-4} - \frac{j^{[6]}}{2^3 \cdot 3!} x^{j-6} + \dots \right) g(x)\, dx && (4.28)\\
&= \frac{1}{j!} \left(\mu'_j - \frac{j^{[2]}}{2 \cdot 1!} \mu'_{j-2} + \frac{j^{[4]}}{2^2 \cdot 2!} \mu'_{j-4} - \frac{j^{[6]}}{2^3 \cdot 3!} \mu'_{j-6} + \dots \right) && (4.29)
\end{aligned}$$

mit μ'_j als j-tem Moment der durch $g(x)$ gegebenen Zufallsvariable. Bezogen auf die zentralen Momente μ_j errechnet sich dann unmittelbar

$$\begin{aligned}
\varpi_0 &= \frac{1}{0!} \mu_0 = 1 && (4.30)\\
\varpi_1 &= \frac{1}{1!} \mu_1 = 0 && (4.31)\\
\varpi_2 &= \frac{1}{2!} \left(\mu_2 - \frac{2^{[2]}}{2 \cdot 1!} \mu_0 \right) = \frac{1}{2} \left(\mu_2 - \frac{2 \cdot 1}{2 \cdot 1!} \right) = \frac{1}{2} (\mu_2 - 1) && (4.32)\\
\varpi_3 &= \frac{1}{3!} \left(\mu_3 - \frac{3^{[2]}}{2 \cdot 1!} \mu_1 \right) = \frac{1}{6} \mu_3 && (4.33)\\
\varpi_4 &= \frac{1}{4!} \left(\mu_4 - \frac{4^{[2]}}{2 \cdot 1!} \mu_2 + \frac{4^{[4]}}{2^2 \cdot 2!} \mu_0 \right) = \frac{1}{24} \left(\mu_4 - \frac{4 \cdot 3}{2} \mu_2 + \frac{4 \cdot 3 \cdot 2 \cdot 1}{4 \cdot 2} \right) && (4.34)\\
&= \frac{1}{24} (\mu_4 - 6\mu_2 + 3) \quad \text{usw.} && (4.35)
\end{aligned}$$

Tabelle 4.2 listet die ersten acht Gewichtungsfaktoren ϖ_j auf.

Eine Dichtefunktion $g(x) = \sum_{j=0}^{\infty} \varpi_j H_j(x) \varphi(x)$ kann somit wie folgt dargestellt werden:

$$g(x) = \left(1 + \frac{1}{2!} (\mu_2 - 1) H_2 + \frac{1}{3!} \mu_3 H_3 + \frac{1}{4!} (\mu_4 - 6\mu_2 + 3) H_4 + \dots \right) \varphi(x). \quad (4.36)$$

Nach Standardisierung von $g(x)$, d. h. für $\mu_2 = 1$, erhält man die Form

$$g(x) = \left(1 + \frac{1}{3!} \mu_3 H_3 + \frac{1}{4!} (\mu_4 - 3) H_4 + \dots \right) \varphi(x). \quad (4.37)$$

Tabelle 4.2
Gewichtungsfaktoren ϖ_j für die GRAM/CHARLIER-Entwicklung

Lässt sich die Dichtefunktion $g(x)$ einer Zufallsvariablen X in der Form $g(x) = \sum_{j=0}^{\infty} \varpi_j H_j(x)\varphi(x)$ darstellen, gilt für die „Gewichte" ϖ_j

$$\varpi_j = \frac{1}{j!}\left(\mu'_j - \frac{j^{[2]}}{2 \cdot 1!}\mu'_{j-2} + \frac{j^{[4]}}{2^2 \cdot 2!}\mu'_{j-4} - \frac{j^{[6]}}{2^3 \cdot 3!}\mu'_{j-6} + \dots\right)$$

mit μ'_j als j-tem Moment von X. Die Tabelle gibt die ersten acht Werte von ϖ_j bei Verwendung von μ_j als j-tem zentralen Moment bezüglich des Erwartungswertes von X an.

j	ϖ_j
0	1
1	0
2	$\frac{1}{2}(\mu_2 - 1)$
3	$\frac{1}{6}\mu_3$
4	$\frac{1}{24}(\mu_4 - 6\mu_2 + 3)$
5	$\frac{1}{120}(\mu_5 - 10\mu_3)$
6	$\frac{1}{720}(\mu_6 - 15\mu_4 + 45\mu_2 - 15)$
7	$\frac{1}{5.040}(\mu_7 - 21\mu_5 + 105\mu_3)$
8	$\frac{1}{40.320}(\mu_8 - 28\mu_6 + 210\mu_4 - 420\mu_2 + 105)$
$\vdots$	$\vdots$

Aufgrund der Standardisierung können in dieser letzten Darstellung die zentralen Momente μ_3 und μ_4 durch die Schiefe- und Kurtosiskoeffizienten der Verteilung, γ_1 und γ_2, ersetzt werden.[391]

$$\begin{aligned} g(x) &= \left(1 + \frac{1}{3!}\gamma_1 H_3 + \frac{1}{4!}(\gamma_2 - 3)H_4 + \dots\right)\varphi(x) \\ &= \left(1 + \frac{\gamma_1}{3!}(x^3 - 3x) + \frac{\gamma_2 - 3}{4!}(x^4 - 6x^2 + 3) + \dots\right)\varphi(x). \end{aligned} \tag{4.38}$$

Als besonders vorteilhaft erweist es sich, dass die beiden Kenngrößen γ_1 und γ_2 explizit in Gleichung (4.38) auftreten.[392] Man nennt (4.38) auch GRAM/CHARLIER-

[391] γ_1 bzw. γ_2 geben als $\mu_3/(\mu_2)^{\frac{3}{2}}$ bzw. $\mu_4/(\mu_2)^2$ gerade das mit der Varianz standardisierte dritte bzw. vierte zentrale Moment einer Verteilung an.

[392] Über $\gamma_1 = 0$ und $\gamma_2 = 3$ erhält man die Dichtefunktion der Standard-Normalverteilung.

Reihenentwicklung (vom Typ A).[393] Mit Hilfe von (4.38) hat man, aufbauend auf der Dichtefunktion der Standard-Normalverteilung, eine Dichtefunktion zur Verfügung, deren Schiefe und Kurtosis mit Hilfe der γ_i „skaliert" werden können. Eine empirische Dichtefunktion $g(x)$ kann – nach Berechnung ihrer Momente – in der Form (4.38) dargestellt werden.

4.2.2.2 Anwendung auf die Optionsbewertung

Die Idee zur Verwendung einer GRAM/CHARLIER-Reihenentwicklung in der Optionsbewertung geht auf CORRADO/SU (1996a) zurück. Leider enthält die von CORRADO/SU (1996a) publizierte Formel einen Vorzeichenfehler,[394] der offenbar nicht nur typographischer Natur ist, da die Autoren die von ihnen hergeleitete Formel z. B. auch in CORRADO/SU (1997a) in der fehlerhaften Form zitieren; die von CORRADO/SU (1996a) bzw. CORRADO/SU (1997a) präsentierten Ergebnisse zu S&P 500-Indexoptionen bzw. zu vier an der CBOE gehandelten Aktienoptionen sind daher mit Vorsicht zu interpretieren.[395] Auch die Arbeit von KRAUS (1998) zum Optionshandel an der schweizerischen SOFFEX bedient sich der fehlerhaften Formel[396] – die darauf aufbauenden Ergebnisse der Arbeit sind somit in Zweifel zu ziehen. Nachfolgend werden Optionspreisformeln auf Basis einer GRAM/CHARLIER-Reihenentwicklung in korrigierter Form hergeleitet.

---

[393] Die Darstellungsform in (4.38) wurde ursprünglich von TSCHEBYSCHEFF entwickelt, wird namentlich jedoch GRAM und CHARLIER zugeschrieben. Vgl. STUART/ORD (2000), S. 229. Man beachte, dass die GRAM/CHARLIER-Entwicklung auch auf andere Dichtefunktionen als die der Standard-Normalverteilung angewandt werden kann; vgl. SCHLEHER (1977). Dieses ist speziell dann sinnvoll, wenn die beobachteten Daten stark von der Normalverteilung abweichen und diese somit keinen geeigneten Ausgangspunkt für eine momentenbasierte Datenanpassung darstellt. Für Zwecke der Optionsbewertung bietet die Normalverteilung als Grundannahme für die risikoneutrale Verteilung der Renditen des Basiswertes jedoch einen geeigneten Ansatzpunkt.

[394] Vgl. die Formel zu Q_3 bei CORRADO/SU (1996a), S. 179.

[395] CORRADO/SU (1996a), S. 191 verwenden auch eine nicht übliche Definition der Hermite-Polynome,

$$\frac{d^n}{dx^n}\varphi(x) = H_n(x)\varphi(x), \quad n = 1, 2, \ldots \tag{4.39}$$

Der Fehler im Beitrag von CORRADO/SU (1996a) wurde unlängst von BROWN/ROBINSON (2002) erstmalig, allerdings ohne Nachweis, dokumentiert; der Einfluss wird dabei als ökonomisch signifikant eingestuft.

[396] Vgl. KRAUS (1998), S. 45 und S. 186.

Im originären BLACK/SCHOLES-Modell wird unter Risikoneutralität eine Normalverteilung für die Renditen unterstellt, die risikoneutrale Dichtefunktion der Renditen im Zeitintervall $[t, T]$ hat demnach die Form

$$g^*_{t,T}(u) = \frac{1}{\sqrt{2\pi}\sigma\sqrt{T-t}} \exp\left(-\frac{1}{2}\left(\frac{u-(r-\frac{\sigma^2}{2})(T-t)}{\sigma\sqrt{T-t}}\right)^2\right). \tag{4.40}$$

Betrachtet man stellvertretend den Fall eines europäischen Calls, erhält man dessen Wert zur Zeit t auf Basis der Normalverteilungsannahme für die Renditen über

$$c_t = e^{-r(T-t)} \int_{\ln\frac{K}{S_t}}^{\infty} (S_t e^u - K) g^*_{t,T}(u)du \tag{4.41}$$

$$= e^{-r(T-t)} \int_{\ln\frac{K}{S_t}}^{\infty} \frac{S_t e^u - K}{\sqrt{2\pi}\sigma\sqrt{T-t}} \exp\left(-\frac{1}{2}\left(\frac{u-(r-\frac{\sigma^2}{2})(T-t)}{\sigma\sqrt{T-t}}\right)^2\right) du \tag{4.42}$$

Die Substitution

$$z = z(u) := \frac{u-(r-\frac{\sigma^2}{2})(T-t)}{\sigma\sqrt{T-t}} \tag{4.43}$$

mit

$$\frac{dz}{du} = \frac{1}{\sigma\sqrt{T-t}} \Longleftrightarrow du = \sigma\sqrt{T-t}\,dz \tag{4.44}$$

führt auf

$$c_t = e^{-r(T-t)} \int_{\frac{\ln\frac{K}{S_t}-(r-\frac{\sigma^2}{2})(T-t)}{\sigma\sqrt{T-t}}}^{\infty} \frac{S_t e^{z\sigma\sqrt{T-t}+\left(r-\frac{\sigma^2}{2}\right)(T-t)} - K}{\sqrt{2\pi}\sigma\sqrt{T-t}} \sigma\sqrt{T-t}\cdot \tag{4.45}$$
$$\exp\left(-\frac{1}{2}z^2\right) dz$$

$$= e^{-r(T-t)} \int_{\frac{\ln\frac{K}{S_t}-(r-\frac{\sigma^2}{2})(T-t)}{\sigma\sqrt{T-t}}}^{\infty} \left(S_t e^{z\sigma\sqrt{T-t}+\left(r-\frac{\sigma^2}{2}\right)(T-t)} - K\right) \varphi(z)\, dz. \tag{4.46}$$

Die Darstellung in (4.46), in der der Optionswert in Abhängigkeit von der Dichtefunktion der Standard-Normalverteilung ausgedrückt ist, liefert den Ausgangspunkt für die Technik der GRAM/CHARLIER-Entwicklung. Ersetzt man $\varphi(z)$ durch eine GRAM/CHARLIER-Dichte $g(z)$ der Form (4.38) bis einschließlich zum vierten Glied,

$$g(z) := \left(1 + \frac{\gamma_1}{3!}(z^3 - 3z) + \frac{\gamma_2 - 3}{4!}(z^4 - 6z^2 + 3)\right) \varphi(z), \tag{4.47}$$

ergibt sich der Wert eines europäischen Calls als

$$c_t^{\mathrm{GC}} = e^{-r(T-t)} \int_{\frac{\ln\frac{K}{S_t}-(r-\frac{\sigma^2}{2})(T-t)}{\sigma\sqrt{T-t}}}^{\infty} \left(S_t e^{z\sigma\sqrt{T-t}+\left(r-\frac{\sigma^2}{2}\right)(T-t)} - K \right) g(z)\, dz. \tag{4.48}$$

Nach komplexen, aus Umfangsgründen in den Anhang ausgelagerten Umformungsschritten,[397] erhält man eine modifizierte Bewertungsformel der Form

$$c_t^{\mathrm{GC}} = c_t^{\mathrm{BS}} + \gamma_1 \Theta_3 + (\gamma_2 - 3)\Theta_4 \tag{4.49}$$

mit[398]

$$\Theta_3 := \frac{1}{3!} S_t \sigma \sqrt{T-t} \left[\varphi(d_1) \left(2\sigma\sqrt{T-t} - d_1 \right) + \sigma^2 (T-t) \Phi(d_1) \right], \tag{4.50}$$

$$\Theta_4 := \frac{1}{4!} S_t \sigma \sqrt{T-t} \Big[\varphi(d_1) \left(d_1^2 - 1 - 3\sigma\sqrt{T-t} \left(d_1 - \sigma\sqrt{T-t} \right) \right) \tag{4.51}$$

$$+ \sigma^3 (T-t)^{\frac{3}{2}} \Phi(d_1) \Big]$$

und

$$d_1 = \frac{\ln\frac{S_t}{K} + \left(r + \frac{\sigma^2}{2} \right)(T-t)}{\sigma\sqrt{T-t}}. \tag{4.52}$$

Der Wert eines europäischen Calls ergibt sich unter Berücksichtigung der zusätzlichen Parameter γ_1 und γ_2 als Summe des Wertes aus dem BLACK/SCHOLES-Modell und zweier Korrekturterme, die die abweichenden höheren Momente der zugrunde liegenden Renditeverteilung von der Normalverteilung abbilden. Der Vorteil von Expansionsverfahren liegt in dieser *Orthogonalität*, d. h. die additiven Korrekturgrößen lassen alle anderen Terme unverändert. Die direkte Verwendung der Verteilungsmomente in der Formel macht die besondere Attraktivität der GRAM/CHARLIER-Expansion aus.

Eine analoge Formel p_t^{GC} lässt sich auch für europäische Puts gewinnen. Zur vereinfachten Handhabung wird man eine solche jedoch aus (4.49) mit Hilfe der verteilungsfreien Put-Call-Parität, $p_t^{\mathrm{GC}} = c_t^{\mathrm{GC}} - S_t + e^{-r(T-t)}K$, gewinnen.[399]

---

[397] Rudimente einer solchen Herleitung finden sich in einem Arbeitspapier von BROWN/ROBINSON (1999).

[398] Bei CORRADO/SU (1996a), S. 179 findet sich ein Vorzeichenfehler beim Term für Θ_3 in (4.50); statt des Plus- enthält deren Formel ein Minuszeichen.

[399] Bei der direkten Herleitung einer Formel gilt es zu beachten, dass die Put-Call-Parität durch die erhaltenen Formeln für Calls und Puts *nicht erfüllt* wird, da im Rahmen der Reihenentwicklung in (4.47) Terme der Ordnung fünf und höher vernachlässigt werden. Zur Korrektur müsste eine der beiden Formeln angepasst werden.

4.2.2.3 Kritische Reflektion des Ansatzes

Die gewählte Expansion der Normalverteilung stellt bei einer endlichen Anzahl von Summengliedern eine Approximation dar, die – wie Reihenentwicklungen bei Dichtefunktionen im Allgemeinen – gewisse Probleme impliziert.

Konvergenz der Reihendarstellung. Ein Problem der Reihendarstellung einer Funktion besteht darin, dass die *Konvergenz* der Funktionenreihe sichergestellt sein muss. Die mathematische Analyse der Bedingungen, unter denen diese Konvergenz gegeben ist, würde den Rahmen der vorliegenden Arbeit übersteigen.[400] STUART/ORD (2000) streifen den Konvergenzaspekt anhand exemplarischer hinreichender Bedingungen; eine wichtige *notwendige Bedingung* für eine konvergente Darstellung einer Funktion $g(x)$ als Reihenentwicklung vom Typ A liegt darin, dass $g(x)$ durch deren Momente vollständig beschrieben ist. In Kapitel 3, Abschnitt 3.3 wurde bereits darauf hingewiesen, dass eine Verteilung nicht in jedem Fall durch ihre Momente vollständig charakterisiert werden kann. Die Dichtefunktion einer solchen Verteilung lässt sich dann nicht in eine Form gemäß (4.38) bringen.[401]

Eigenschaften einer approximativen Dichtefunktion. Ein weiteres Problem liegt darin, dass eine Dichtefunktion $g(x)$ neben $\int_{-\infty}^{\infty} g(x)dx = 1$ auch die Bedingung $g(x) \geq 0$ für alle x aus dem Träger erfüllen muss. In (4.38) wurde eine *unendliche* Reihendarstellung der Dichte $g(x)$ entwickelt, die diese Eigenschaften qua Definition erfüllt. Eine Approximation der Dichte über eine *endliche* Reihe kann aber auch *negative Funktionswerte* liefern. Des Weiteren kann eine „Irregularität" dahingehend auftreten, dass eine Approximation mit k Reihengliedern zu einer schlechteren Anpassung als mit $(k-1)$ Reihengliedern führt. Für die praktische Anwendung werden maximal sechs Reihenglieder als sinnvoll erachtet, unter Berücksichtigung der Anfälligkeit von Schätzungen höherer Momente sollten im Allgemeinen jedoch nicht mehr als die ersten vier eingesetzt werden.[402]

---

[400] Die Konvergenzbedingungen für eine GRAM/CHARLIER-Reihenentwicklung vom Typ A finden sich z. B. bei CRAMÉR (1970), S. 70 ff.

[401] Vgl. STUART/ORD (2000), S. 234 und S. 254.

[402] So auch das hier gewählte Vorgehen. Vgl. STUART/ORD (2000), S. 231 f.

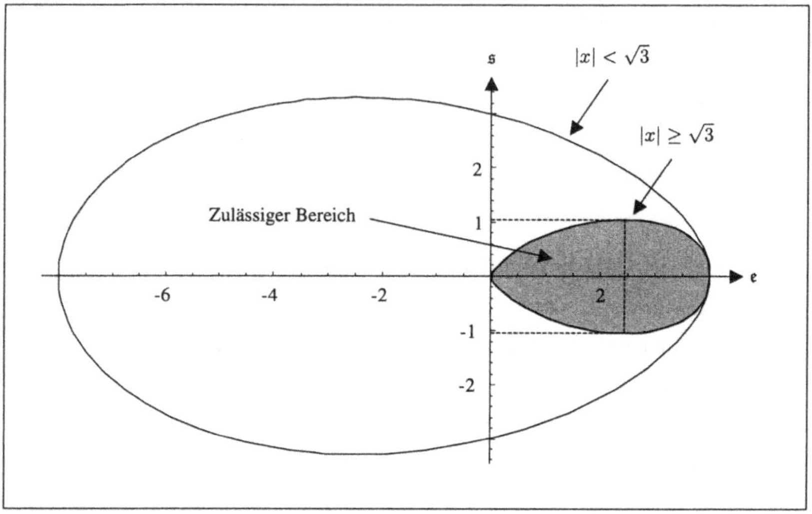

Abbildung 4.1. Zulässiger Bereich für Schiefe und Exzess-Kurtosis im Rahmen einer GRAM/CHARLIER-Expansion mit vier Reihengliedern. Die Grafik zeigt die aus der Forderung nach Einhaltung der Positivitätsbedingungen folgende Beschränkung des zulässigen Wertebereichs für Schiefe $\mathfrak{s}$ und Exzess-Kurtosis $\mathfrak{e}$. Der äußere Graph beschreibt die Einhüllende, innerhalb derer die Dichteeigenschaften für $|x| < \sqrt{3}$ eingehalten werden. Analog wird mit dem inneren Graphen der zulässige Wertebereich im Fall $|x| \geq \sqrt{3}$ illustriert. Im Ergebnis ist die maximal (minimal) zulässige Schiefe gleich 1,0493 (-1,0493), die für eine Exzess-Kurtosis von 2,4508 erreicht werden kann. Die Exzess-Kurtosis selbst hat einen maximal zulässigen Wertebereich von 0 bis 4. Alle zulässigen Kombinationen von $(\mathfrak{s}, \mathfrak{e})$ werden durch den markierten Bereich beschrieben.

Quelle: Eigene Darstellung, vgl. auch JONDEAU/ROCKINGER (2001), S. 1463.

Um sicherzustellen, dass die zur Herleitung von (4.49) verwendete risikoneutrale Renditeverteilung auch tatsächlich eine Dichte darstellt, müssen sich die Parameter γ_1 und γ_2 innerhalb gewisser Grenzen bewegen.[403] Bei einer auf vier Glieder begrenzten Reihenentwicklung,

$$g(x) = 1 + \frac{1}{3!}\gamma_1 H_3(x) + \frac{1}{4!}(\gamma_2 - 3)H_4(x) \overset{!}{\geq} 0 \;\; \forall \, x \tag{4.53}$$

werde zunächst zur Vereinfachung der Notation $\mathfrak{s} = \gamma_1$ für die Schiefe und $\mathfrak{e} = \gamma_2 - 3$ für die Exzess-Kurtosis gesetzt. Für gegebenes x wird dann durch

$$1 + \frac{\mathfrak{s}}{6}H_3(x) + \frac{\mathfrak{e}}{24}H_4(x) = 0 \tag{4.54}$$

403 Vgl. hierzu JONDEAU/ROCKINGER (2001), S. 1460 ff.

eine Gerade im $(\mathfrak{s}, \mathfrak{e})$-Raum beschrieben. Für ein geringfügig verändertes x erhält der Term auf der linken Seite ein positives oder negatives Vorzeichen. Untersuchungsgegenstand sollte daher die Bestimmung aller derjenigen $(\mathfrak{s}, \mathfrak{e})$-Tupel in Abhängigkeit von x sein, bei denen (4.54) weiterhin gilt. Diese den Rand des gesuchten Wertebereichs bestimmende Kombination wird durch die Ableitung von (4.54),

$$\frac{\mathfrak{s}}{2}H_2(x) + \frac{\mathfrak{e}}{6}H_3(x) = 0, \tag{4.55}$$

bestimmt. Den Randbereich erhält man über die simultane Lösung von (4.54) und (4.55); durch diese lassen sich Schiefe und Exzess-Kurtosis als Funktion von x schreiben:

$$\mathfrak{s}(x) = -24\frac{H_3(x)}{n(x)} = -24\frac{x^3 - 3x}{n(x)}, \tag{4.56}$$

$$\mathfrak{e}(x) = 72\frac{H_2(x)}{n(x)} = 72\frac{x^2 - 1}{n(x)}, \tag{4.57}$$

wobei $n(x) = 4H_3^2(x) - 3H_2(x)H_4(x) = x^6 - 3x^4 + 9x^2 + 9$ gilt. Offenbar hat $n(x)$ für $x = 0$ mit $n(0) = 9$ sein Minimum, d. h. der Nenner in (4.56) und (4.57) ist stets positiv.

Die Exzess-Kurtosis ist für $x \in (-\infty; -1)$ und $x \in (1; \infty)$ positiv sowie negativ für $|x| < 1$. Für die Schiefe erhält man positive Werte für $x \in (-\infty; -\sqrt{3})$ und $x \in (0; \sqrt{3})$ sowie negative für $x \in (-\sqrt{3}; 0)$ und $x \in (\sqrt{3}; \infty)$.

Die *Abbildung 4.1* zeigt die durch (4.55) beschriebenen zulässigen Wertetupel für die beiden Wertebereiche $|x| < \sqrt{3}$ (äußerer Graph) und $|x| \geq \sqrt{3}$ (innerer Graph). Den möglichen Wertebereich, in dem die Dichteeigenschaften vorliegen, erhält man als Schnittmenge beider Bereiche. Für die Exzess-Kurtosis innerhalb dieses Bereiches gilt offenbar $\mathfrak{e} \in [0; 4]$. Die Randwerte erhält man für $\mathfrak{e}(\pm\infty) = 0$ bzw. $\mathfrak{e}(\pm\sqrt{3}) = 4$. Maximale und minimale Schiefewerte ergeben sich über die Lösung von $\mathfrak{s}'(x) = x^4 - 6x^3 + 6x^2 - 18x + 9 = 0$, d. h.

$$(x_{\mathfrak{s}}^{\max}; \mathfrak{s}^{\max}) = \left(\sqrt{6}; \frac{\sqrt{6}}{\sqrt{3 + \sqrt{6}}}\right) \approx (2{,}4508; 1{,}0493), \tag{4.58}$$

$$(x_{\mathfrak{s}}^{\min}; \mathfrak{s}^{\min}) = \left(\sqrt{6}; \frac{-\sqrt{6}}{\sqrt{3 + \sqrt{6}}}\right) \approx (2{,}4508; \text{-}1{,}0493). \tag{4.59}$$

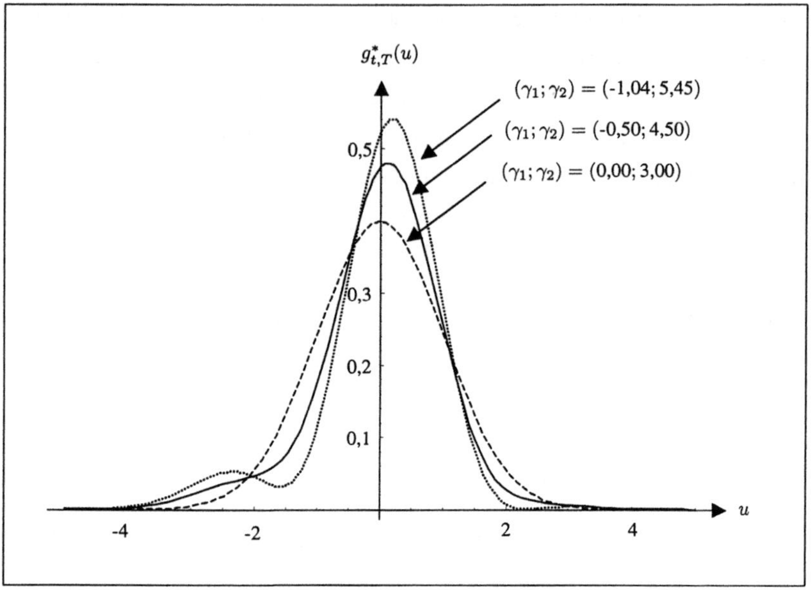

Abbildung 4.2. Beispiele zulässiger risikoneutraler Renditeverteilungen im GRAM/CHARLIER-Modell. Die Grafik zeigt neben der Standard-Normalverteilung exemplarisch zwei standardisierte GRAM/CHARLIER-Dichtefunktionen bei moderater Schiefe und Exzess-Kurtosis $(\gamma_1; \gamma_2) = (-0{,}50; 4{,}50)$ sowie für die maximal zulässige Schiefe $(\gamma_1; \gamma_2) = (-1{,}04; 5{,}45)$. Unter Einhaltung der in *Abbildung 4.1* dargestellten Parameterbereiche ist die Nichtnegativität der Funktionswerte sichergestellt. Am Graphen zur Verteilung mit extremer Schiefe ist zu erkennen, dass die GRAM/CHARLIER-Dichtefunktionen bei einigen Parameterkonstellationen multimodal ausfallen.

Quelle: Eigene Darstellung.

Zusammenfassend betrachtet sind also Schiefewerte $|\mathfrak{s}| \leq 1{,}0493$ zulässig, für die Exzess-Kurtosis gilt $\mathfrak{e} \in [0; 4]$, entsprechend $\gamma_2 \in [3; 7]$. Für jede Kombination $(\mathfrak{s}, \mathfrak{e})$ darf zudem der in *Abbildung 4.1* dargestellte Wertebereich nicht verlassen werden.[404] Über die Reihenentwicklung können somit weder extrem schiefe noch platykurtische Verteilungen abgebildet werden. Eine exemplarische Auswahl mit der aufgezeigten Einschränkung möglicher Renditeverteilungen wird in *Abbildung 4.2* dargestellt.

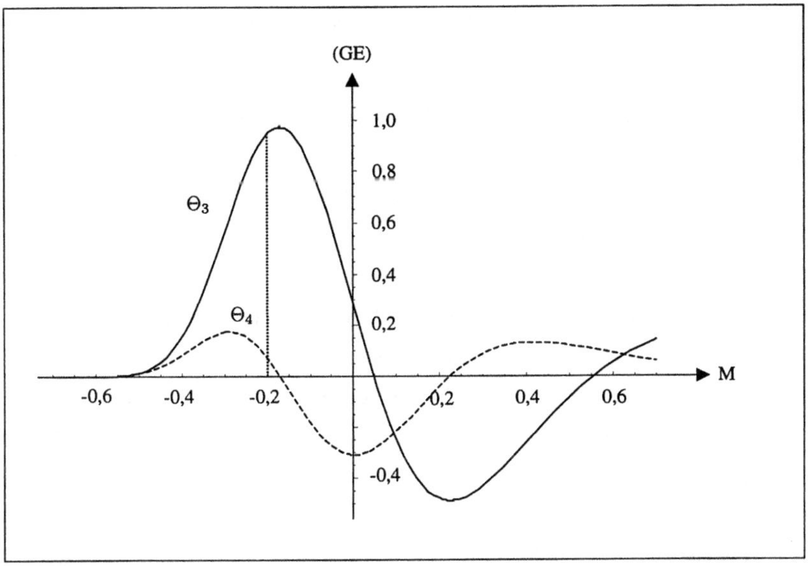

Abbildung 4.3. Korrekturterme in der Optionsbewertung bei nicht-normaler Schiefe und Kurtosis der zugrunde liegenden risikoneutralen Renditeverteilung. Am Beispiel der Datenkonstellation $K = 100$, $\sigma = 0{,}20$, $r = 0{,}03$ und $[t, T]$ mit $T - t = 1$ zeigt die Grafik die absoluten Werte der Terme $\Theta_3 = \Theta_3(\mathrm{M})$ und $\Theta_4 = \Theta_4(\mathrm{M})$ an, die – unter Berücksichtigung der Vorfaktoren γ_1 und γ_2 – den Korrekturbedarf für den BLACK/SCHOLES-Optionswert angeben. Zum Vergleich: Der BLACK/SCHOLES-Wert bei einer Moneyness von -0,2 – entsprechend einem Kurs des Basiswertes von 80 (GE) – liegt bei ca. 1,56 (GE). Demnach führt z. B. eine linksschiefe und leptokurtische risikoneutrale Renditeverteilung mit $\gamma_1 = -0{,}5$ und $\gamma_2 = 4{,}5$ zu einer Änderung des Optionswertes um $\gamma_1 \cdot \Theta_3(-0{,}2) + (\gamma_2 - 3) \cdot \Theta_4(-0{,}2) \approx -0{,}5 \cdot 0{,}9463 + (4{,}5 - 3) \cdot 0{,}0721 \approx -0{,}4732 + 0{,}1082 \approx -0{,}37$ (GE) auf 1,19 (GE). Insbesondere getrieben durch die Schiefe der Verteilung entspricht dies einer Wertverminderung um ca. 24 %.

Quelle: Eigene Darstellung.

4.2.2.4 Analyse der Korrekturterme

Der mit Formel (4.49) beschriebene Wert eines europäischen Calls ergibt sich im Rahmen der GRAM/CHARLIER-Expansion über die Addition von zwei unabhängigen Korrekturtermen (4.50) und (4.51) zum Wert aus der BLACK/SCHOLES-Formel. Zur Illustration sind in *Abbildung 4.3* für Calls die Werte der Korrekturterme Θ_3 und Θ_4 in Abhängigkeit von der Moneyness bei einer exemplarischen Parameterkonstellation von $K = 100$, $\sigma = 0{,}20$, $r = 0{,}03$ und $[t, T]$ mit $T - t = 1$ abgebildet. Gemessen in

[404] JONDEAU/ROCKINGER (2001), S. 1463 ff. geben Hinweise zur effizienten algorithmischen Implementierung dieser Bedingung.

Geldeinheiten zeigen Θ_3 und Θ_4 den Korrekturbedarf für den BLACK/SCHOLES-Wert an.

Betrachtet man stellvertretend den Fall europäischer Calls, so ist für $\gamma_1 \neq 0$, d. h. eine schiefe risikoneutrale Renditeverteilung, der Wert aus dem BLACK/SCHOLES-Modell um $\gamma_1\Theta_3$ zu erhöhen. Bei aus-dem-Geld notierenden Calls ist dieser Korrekturbetrag für $\gamma_1 > 0$ ($\gamma_1 < 0$) positiv (negativ). Die negative Schiefe von impliziten risikoneutralen Renditeverteilungen führt demnach dazu, dass eine solche Option im BLACK/SCHOLES-Modell überbewertet wird. Bei im-Geld befindlichen Calls ist der Korrekturbetrag $\gamma_1\Theta_3$ für Renditeverteilungen mit negativer Schiefe ($\gamma_1 < 0$) positiv, d. h. solche Optionen werden im originären BLACK/SCHOLES-Modell unterbewertet. Im Fall einer Renditeverteilung mit positiver Schiefe muss der BLACK/SCHOLES-Wert für im-Geld liegende Calls nach oben angepasst werden. Daneben zeigt die Grafik auch, dass sich der Effekt bei – in der Praxis sehr seltenen – Fällen sehr weit-im-Geld notierender Calls ins Gegenteil verkehren kann: Dort ist Θ_3 positiv, d. h. negative Schiefe impliziert die Reduktion des BLACK/SCHOLES-Wertes.

Hinsichtlich der Kurtosis erfährt der Optionswert nach dem BLACK/SCHOLES-Modell eine Erhöhung, wenn die Kurtosis (Exzess-Kurtosis) größer drei (null) ist und der Call weit im- oder weit aus-dem-Geld notiert. In diesen Fällen wird die Option nach BLACK/SCHOLES unterbewertet. Für nahe am-Geld liegende Calls trifft das Gegenteil zu: Bei einer leptokurtischen risikoneutralen Renditeverteilung muss der Optionswert relativ gesehen reduziert werden. Diese Analysen lassen sich unmittelbar auf den Fall von Puts übertragen. Hierfür lässt sich z. B. direkt über die Put-Call-Parität argumentieren.

Es ist abschließend auf die Einschränkung hinzuweisen, dass die exakte Einhaltung der Martingalbedingung im GRAM/CHARLIER-Modell nicht sichergestellt ist. Die im BLACK/SCHOLES-Fall erfüllte Relation $\mathrm{E}^*(S_T) = S_t e^{r(T-t)}$ wird durch die Addition der beiden Korrekturterme Θ_3 und Θ_4 gemäß (4.50) und (4.51) verletzt, die Größenordnung ist mit σ^3 allerdings von sehr untergeordneter Bedeutung. Zwar ließe sich prinzipiell durch Modifikation des Modells die Martingalbedingung explizit berücksichtigen, jedoch brächte dies den großen Nachteil mit sich, dass in die Korrekturterme Θ_3 und Θ_4 selbst Schiefe und Kurtosis der Renditeverteilung aufgenommen werden müssten.

4.3 Optionsbewertung unter der Mischverteilungshypothese

4.3.1 Grundlagen

Die im vorigen Abschnitt diskutierte Flexibilisierung der risikoneutralen Verteilung stößt insbesondere mit der Restriktion hinsichtlich zulässiger Schiefe- und Kurtosiswerte für die Rendite an ihre Grenzen. Für den Fall sehr stark von der Normalverteilung abweichender impliziter risikoneutraler Renditeverteilungen kann mit dem GRAM/CHARLIER-Modell keine ausreichende Approximation erzielt werden. Bei einer Konzentration auf parametrische Alternativen zur Ermittlung der risikoneutralen Verteilung – und solche erachten etwa SÖDERLIND/SVENSSON (1997) zur Sicherstellung einer „vernünftigen" Verteilung als notwendig[405] – steht mit den in Kapitel 3, Abschnitt 3.7.4.2 diskutierten Ansätzen eine große Auswahl von Alternativen zur Verfügung.

Im Folgenden soll eine Konzentration auf einen speziellen Ansatz stattfinden, der dem Gebiet der *Mischung von Verteilungen* (engl.: *mixture of distributions*) zuzuordnen ist. Entstammt allgemein die Realisation einer Zufallsvariablen X mit einer Wahrscheinlichkeit λ_j genau einer von k möglichen Verteilungen mit Dichtefunktionen $f_j(x)$, $j = 1, 2, \ldots, k$, so kann X selbst durch die Dichtefunktion

$$f(x) = \sum_{j=1}^{k} \lambda_j f_j(x) \quad \text{mit} \quad \sum_{j=1}^{k} \lambda_j = 1 \quad \text{und} \quad \lambda_j > 0 \;\; \forall\, j = 1, 2, \ldots, k \qquad (4.60)$$

beschrieben werden. Neben der Definition gemäß (4.60) lassen sich auch allgemeinere Mischungen von Zufallsvariablen erklären. Ist etwa eine Dichtefunktion $f(x|Q)$ von einer Gewichtungsfunktion Q mit Dichtefunktion $p(Q)$ abhängig, lässt sich über $\int_{-\infty}^{\infty} f(x|Q)p(Q)\, dQ$ eine stetige Mischung definieren.[406]

---

[405] Vgl. SÖDERLIND/SVENSSON (1997), S. 392. REBONATO (1999) fordert für die risikoneutrale Verteilung neben „Glätte" eine ausreichende Flexibilität. Vgl. REBONATO (1999), S. 97 ff.

[406] Vgl. etwa MCLACHLAN/PEEL (2000), S. 6 f. und S. 22 f. sowie STUART/ORD/ARNOLD (1999), S. 181 ff. für zugehörige Beispiele.

Der Einsatz von *endlichen diskreten Mischungen* nach (4.60) wurde für den Bereich von Aktienrenditen erstmals von KON (1984) vorgeschlagen, wobei für die einzelnen Verteilungen Normalverteilungen unterstellt wurden.[407] Im Kontext der Optionsbewertung lassen sich Mischungen unmittelbar auf das Problem der Parametrisierung risikoneutraler Verteilungen anwenden. TRAUTMANN/BEINERT (1999) etwa halten eine Mischung zweier stationärer Verteilungen für durchaus geeignet, um empirische Phänomene abzubilden.[408]

Obwohl die einzelnen Verteilungen in (4.60) durchaus unterschiedlichen Verteilungsformen entsprechen dürfen, möge im Weiteren eine Beschränkung auf Mischungen von Zufallsvariablen gleichen Verteilungstyps stattfinden. Von zentraler Bedeutung für den Einsatz von Mischungsverfahren ist die sehr gute Approximationseigenschaft für eine Vielzahl von Verteilungsformen. Beim Einsatz einer Mischung von Normalverteilungen gelingt es, mit einer gegen unendlich tendierenden Zahl von Mischungskomponenten, *jede* Verteilung mit *beliebiger Genauigkeit* zu approximieren.[409]

---

[407] Vgl. auch YU (2001), S. 151, zu neueren Untersuchungen in dieser Richtung vgl. etwa CHIN (1999) und SCHMID/STICH (1999). Siehe zu weiteren Anwendungsfällen für Mischungen von Verteilungen auch TITTERINGTON/SMITH/MAKOV (1985), S. 8 ff.

[408] Vgl. TRAUTMANN/BEINERT (1999), S. 303. Zu einer Motivation zum Einsatz von Mischverteilungen vgl. auch GESKE/TOROUS (1991), S. 301 f.

[409] Vgl. etwa SCHITTENKOPF/DORFFNER (2001) im Kontext Neuronaler Netze. TUCKER (1992) unterstreicht bereits den Erklärungsgehalt einer Mischung aus zwei Normalverteilungen. Siehe zur Anpassung von Daten an eine Mischung von Normalverteilungen mittels Maximum-Likelihood-Verfahren z. B. DAY (1969) und den auf DEMPSTER/LAIRD/RUBIN (1977) zurückgehenden EM-Algorithmus. Das Problem im Zusammenhang mit Mischungen von Normalverteilungen liegt in der Bestimmung der „optimalen" Zahl von Mischungskernen. Die gängigen Testverfahren (z. B. Likelihood Ratios) zur Ermittlung der Zahl von Kernen sind nicht anwendbar. Vgl. zu dieser Problematik z. B. MCLACHLAN/PEEL (2000), SÖDERLIND (2000), S. 15; siehe zu alternativen, kurtosisbasierten Vorschlägen zur Bestimmung der „optimalen" Zahl von Mischungskomponenten etwa VLASSIS/LIKAS (1999) und ANÉ/LABIDI (2001).

4.3.2 Anwendung auf die Optionsbewertung

4.3.2.1 Kursverteilungen als endliche diskrete Mischungen von Log-Normalverteilungen

Im Rahmen der Herleitung des BLACK/SCHOLES-Modells in Kapitel 3, Abschnitt 3.6.3 wurde gezeigt, dass aus der Annahme einer geometrischen Brownschen Bewegung gemäß (3.57) für den Kurs S_T des Basiswertes einer Option die Verteilung

$$\begin{aligned} f_{t,T}(S_T) &= \frac{1}{S_T\sigma\sqrt{T-t}} \cdot \varphi\left(\frac{\ln S_T - \ln S_t - \left(\varrho - \frac{1}{2}\sigma^2\right)(T-t)}{\sigma\sqrt{T-t}}\right) \\ &= \frac{1}{S_T\beta} \cdot \varphi\left(\frac{\ln S_T - \alpha}{\beta}\right), \quad S_T > 0 \end{aligned} \tag{4.61}$$

mit

$$\alpha = \ln S_t + \left(\varrho - \frac{\sigma^2}{2}\right)(T-t), \tag{4.62}$$

$$\beta = \sigma\sqrt{T-t} \tag{4.63}$$

resultiert.

Der Nachteil dieser Verteilungsform liegt u. a. in der starren Parametrisierung: So sind Schiefe und Exzess-Kurtosis der Log-Normalverteilung z. B. stets positiv und funktional an die Standardabweichung gebunden.[410] Abhilfe verspricht die Ersetzung von (4.61) durch eine *endliche Mischung von k Log-Normalverteilungen.* Auf diese Weise lässt sich eine „natürliche Erweiterung“ des BLACK/SCHOLES-Modellrahmens erreichen.

---

[410] Vgl. auch SAVICKAS (2002), S. 221, allgemein zur Log-Normalverteilung und deren Momenten z. B. AITCHISON/BROWN (1963), S. 8 f., JOHNSON/KOTZ/BALAKRISHNAN (1995a), S. 207 ff. oder EVANS/HASTING/PEACOCK (2000), S. 129 ff.

Konkret gelte im Zeitpunkt t für den Kurs des Basisgutes S_T zum Zeitpunkt T folgende Verteilungsannahme ($k \in \mathbb{N}$):

$$\begin{aligned} f_{t,T}^{\text{Misch}k}(S_T) &= f_{t,T}^{\text{Misch}k}(\lambda_1, \lambda_2, \ldots, \lambda_{k-1}, \alpha_1, \alpha_2, \ldots, \alpha_k, \beta_1, \beta_2, \ldots, \beta_k; S_T) \\ &= \sum_{j=1}^{k} \frac{\lambda_j}{S_T \beta_j} \cdot \varphi\left(\frac{\ln S_T - \alpha_j}{\beta_j}\right), \quad S_T > 0 \end{aligned} \tag{4.64}$$

mit

$$\sum_{j=1}^{k} \lambda_j = 1, \quad \lambda_j > 0 \;\; \forall\, j = 1, 2, \ldots, k \;\; \text{und} \tag{4.65}$$

$$\alpha_j = \ln S_t + \left(\varrho_j - \frac{\sigma_j^2}{2}\right)(T - t), \tag{4.66}$$

$$\beta_j = \sigma_j \sqrt{T - t}. \tag{4.67}$$

Die Kursverteilung im Zeitpunkt T folgt demnach einer Mischung aus k Log-Normalverteilungen mit positiven Gewichtungsparametern λ_j.[411] Die durch $f_{t,T}^{\text{Misch}k}$ gegebene Verteilung wird von $3k - 1$ Parametern determiniert: den beschreibenden Größen α_j und β_j der einzelnen Log-Normalverteilungen sowie den Gewichten λ_j, wobei sich eines aufgrund der Summation zu eins gemäß (4.65) aus den anderen ergibt. Dass (4.64) tatsächlich eine Dichtefunktion mit $f_{t,T}^{\text{Misch}k}(S_T) \geq 0 \; \forall \; S_T > 0$ und $\int_0^\infty f_{t,T}^{\text{Misch}k}(S_T)\, dS_T = 1$ beschreibt, ist offensichtlich.

Die Analogie der Verteilungsannahme zum BLACK/SCHOLES-Modell lässt sich dahingehend herstellen, dass der Kurs des Basiswertes mit Wahrscheinlichkeit λ_j einer von k geometrisch Brownschen Bewegungen (bzw. einem von k Diffusionsprozessen), beschrieben durch die Parameter α_j und β_j, folgt. Daneben führt jedoch eine Vielzahl anderer Prozesse auf Kursmischungen von Log-Normalverteilungen, z. B. bestimmte Sprungprozesse; viele weitere Verteilungsformen können durch Mischungen approximiert werden.

Mit einer Modellierung der *Kursverteilung* gemäß (4.64) als *Mischung von Log-Normalverteilungen* sind *Mischungen von Normalverteilungen* für die *Renditever-*

---

411 Der Trivialfall $\lambda_j = 0$ führte zum Wegfall der j-ten Mischungskomponente.

teilung verbunden.[412] Dieser Umstand folgt unmittelbar aus dem in Kapitel 3, Abschnitt 3.7.4.1 diskutierten Zusammenhang zwischen den Dichtefunktionen von Rendite und Kurs:[413]

$$g_{t,T}(u) = S_t e^u f_{t,T}(S_t e^u). \tag{4.68}$$

Qua Konstruktion der Kursverteilung ist die Rendite des Basiswertes im Mischungsmodell damit gemischt-normalverteilt:

$$\begin{aligned} g_{t,T}^{\text{Misch}k}(u) &= S_t e^u f_{t,T}^{\text{Misch}k}(S_t e^u) && (4.69)\\ &= S_t e^u \sum_{j=1}^{k} \frac{\lambda_j}{S_t e^u \beta_j} \cdot \varphi\left(\frac{\ln S_t e^u - \alpha_j}{\beta_j}\right) \\ &= \sum_{j=1}^{k} \frac{\lambda_j}{\sigma_j\sqrt{T-t}} \cdot \varphi\left(\frac{u - \left(\varrho_j - \frac{\sigma_j^2}{2}\right)(T-t)}{\sigma_j\sqrt{T-t}}\right) \\ &= \sum_{j=1}^{k} \frac{\lambda_j}{\acute{\beta}_j} \cdot \varphi\left(\frac{u - \acute{\alpha}_j}{\acute{\beta}_j}\right) && (4.70) \end{aligned}$$

mit

$$\acute{\alpha}_j = \left(\varrho_j - \frac{\sigma_j^2}{2}\right)(T-t), \tag{4.71}$$

$$\acute{\beta}_j = \sigma_j\sqrt{T-t}. \tag{4.72}$$

Zur Charakterisierung der Renditeverteilung wird man auf deren Momente und daraus abgeleitete Größen wie Schiefe und Kurtosis zurückgreifen. Die Momente einer gemischt-normalverteilten Zufallsgröße $X_{\text{Misch}k} = \sum_{j=1}^{k} \lambda_j X_j$ mit $X_j \sim \mathcal{N}(\acute{\alpha}_j, \acute{\beta}_j^2)$ lassen sich explizit berechnen, wobei neben den Erwartungswerten $\acute{\alpha}_j$ und Varianzen $\acute{\beta}_j^2$ auch die Mischungsparameter λ_j in die Berechnung eingehen.[414] Eine Diskussion der Verteilungen wird durch die Komplexität der entstehenden Ausdrücke sehr

---

[412] Vgl. etwa auch BRIGO/MERCURIO (2002), S. 443.

[413] Entgegen Formel (3.128) wird hier zunächst ohne Risikoneutralität gearbeitet.

[414] Vgl. zur Berechnung der Momente von Mischungen aus Normalverteilungen etwa JOHNSON/KOTZ/BALAKRISHNAN (1995a), S. 163 ff. Falls die Erwartungswerte der Mischungskerne identisch sind, liegen *Skalenmischungen* (engl.: *scale mixtures*) vor, bei denen die zugehörige Gesamtverteilung stets leptokurtisch ist. Vgl. KAEHLER/MARNET (1994), S. 208 f. Im Spezialfall homoskedastischer Mischungen werden identische Standardabweichungen verwendet. Siehe MCLACHLAN/PEEL (2000), S. 9 ff.

erschwert. Bereits im Spezialfall $k = 2$ mit einem Erwartungswert der Renditeverteilung, $\mathrm{E}(X_{\text{Misch2}})$, in Höhe von

$$\mathrm{E}(X_{\text{Misch2}}) = \lambda\acute{\alpha}_1 + (1-\lambda)\acute{\alpha}_2 \tag{4.73}$$
$$= \lambda\Big(\varrho_1 - \frac{\sigma_1^2}{2}\Big)(T-t) + (1-\lambda)\Big(\varrho_2 - \frac{\sigma_2^2}{2}\Big)(T-t) \tag{4.74}$$

ist die zugehörige Varianz $\mathrm{Var}(X_{\text{Misch2}})$ nicht nur von der Varianz der einzelnen Mischungskomponenten, $\acute{\beta}_1^2$ und $\acute{\beta}_2^2$, abhängig, sondern zusätzlich vom „Abstand" der Erwartungswerte:

$$\mathrm{Var}(X_{\text{Misch2}}) = \lambda\acute{\beta}_1^2 + (1-\lambda)\acute{\beta}_2^2 + \lambda(1-\lambda)(\acute{\alpha}_1 - \acute{\alpha}_2)^2 \tag{4.75}$$
$$= \lambda\sigma_1^2(T-t) + (1-\lambda)\sigma_2^2(T-t) \tag{4.76}$$
$$+ \lambda(1-\lambda)\Big(\Big(\varrho_1 - \frac{\sigma_1^2}{2}\Big)(T-t) - \Big(\varrho_2 - \frac{\sigma_2^2}{2}\Big)(T-t)\Big)^2.$$

Der Zusammenhang (4.75) zeigt, dass die Varianz im Mischungsfall bei $\acute{\alpha}_1 \neq \acute{\alpha}_2$ stets größer ist als bei identischen Erwartungswerten. Dabei gilt es zu beachten, dass dies im vorliegenden Kontext auch im Fall $\varrho_1 = \varrho_2$ gilt, da zusätzlich die Varianzen σ_1^2 und σ_2^2 in den Erwartungswert der Mischverteilung eingehen und somit keine reine Skalenmischung vorliegt.

4.3.2.2 Herleitung von Optionsbewertungsformeln

RITCHEY (1990) schlägt erstmals die Verwendung einer *Mischung von Normalverteilungen* für die Modellierung der Renditen im Rahmen der Optionsbewertung vor. Dies ist dahingehend zu interpretieren, dass die täglichen Renditen jeweils einer von k unabhängigen Normalverteilungen entstammen. Die Rendite ist demnach normalverteilt mit stochastisch festgelegtem Erwartungswert und Varianz gemäß Wahrscheinlichkeit λ_j. Dadurch ist die Abbildung von Szenarien mit hoher und niedriger Volatilität möglich, die resultierenden Verteilungen können sowohl Schiefe als auch Leptokurtosis aufweisen.[415] GUO (1998) hält eine endliche Mischung von Log-Normalverteilungen für einen geeigneten Kandidaten zur Ermittlung von risikoneu-

[415] RITCHEY (1990) modelliert allerdings lediglich *einperiodig* und führt einen Simulationsvergleich mit dem BLACK/SCHOLES-Modell durch. Siehe RITCHEY (1990), S. 292 ff.

tralen Verteilungen.[416] Ziel der folgenden Ausführungen ist die Gewinnung expliziter Formeln, mit Hilfe derer europäischen Standard-Optionen unter der beschriebenen Mischungsverteilung bewertet werden können. Nach Wissen des Verfassers wird hier erstmals ein Bewertungsansatz stringent aus der Verteilungsform (4.64) für den Kurs hergeleitet, wobei insbesondere aus der Martingalforderung eine explizite Nebenbedingung für das Modell erarbeitet wird.

Damit Arbitragemöglichkeiten auf einem vollständigen Markt ausgeschlossen werden können, muss eine Anlage im Basiswert der Option in jedem Zeitintervall $[t, T]$ gerade die risikolose Verzinsung erbringen:[417]

$$\mathrm{E}^*(S_T) \stackrel{!}{=} S_t e^{r(T-t)}. \tag{4.77}$$

Für den Erwartungswert der über (4.64) beschriebenen Kursverteilung gilt:[418]

$$\mathrm{E}^*(S_T) = \sum_{j=1}^{k} \lambda_j \exp\left(\alpha_j + \frac{\beta_j^2}{2}\right) \tag{4.78}$$

$$= \sum_{j=1}^{k} \lambda_j \exp\left(\ln S_t + \left(\varrho_j - \frac{\sigma_j^2}{2}\right)(T-t) + \frac{(\sigma_j \sqrt{T-t})^2}{2}\right) \tag{4.79}$$

$$= \sum_{j=1}^{k} \lambda_j S_t e^{\varrho_j (T-t)}. \tag{4.80}$$

---

416 GUO (1998) schlägt die Mischung aus Log-Normalverteilungen vor, um heterogene Erwartungen der Investoren abzubilden („homework" option prices). Daraus ergeben sich nach GUO (2001) Gleichgewichtspreise auch ohne Verwendung der üblichen Martingalrestriktion. Zu Anwendungsbeispielen vgl. auch die Arbeiten von MELICK/THOMAS (1997), BUTLER/DAVIES (1998) und GEMMILL/SAFLEKOS (2000) sowie in Ansätzen PIRKNER (1999). SCHITTENKOPF/DORFFNER (2001) schlagen die Verwendung von Mischungen von Log-Normalverteilungen über Neuronale Netze vor (engl.: *mixture density networks*), um so etwa die Verteilungsparameter zeitabhängig zu schätzen. SÖDERLIND/SVENSSON (1997) und SÖDERLIND (2000) extrahieren risikoneutrale Verteilungen aus Bondoptionen als Mischung von n bivariaten Normalverteilungen. Vgl. zur Anwendung der Mischung aus Log-Normalverteilungen auch MCCAULEY/MELICK (1996) und NEUHAUS (1995), S. 39 ff.

417 Es sei hinsichtlich der Implikation dieser Bedingungen und der Diskussion um Fiktion vs. Prämisse in unvollständigen Märkten auf die Diskussion in Kapitel 3, Abschnitt 3.7.4 sowie ergänzend auf die empirische Untersuchung von LONGSTAFF (1995) zur Einhaltung der Martingalbedingung hingewiesen.

418 Der Erwartungswert einer Log-Normalverteilung $\mathcal{LN}(a, b^2)$ beträgt allgemein $\exp(a + b^2/2)$.

Die Forderung $\mathrm{E}^*(S_T) \stackrel{!}{=} S_t e^{r(T-t)}$ führt auf

$$\sum_{j=1}^{k} \lambda_j S_t e^{\varrho_j(T-t)} \stackrel{!}{=} S_t e^{r(T-t)} \iff \sum_{j=1}^{k} \lambda_j e^{\varrho_j(T-t)} = e^{r(T-t)}. \tag{4.81}$$

An dieser Stelle wird ein wichtiger Unterschied zum BLACK/SCHOLES-Fall mit nur einer Log-Normalverteilung ($k = 1$, demnach auch $\lambda_1 = 1$) deutlich: Während dort zur Einhaltung der Martingalbedingung $\varrho_1 =: \varrho = r$ gelten muss, ist bei $k > 1$ die kompliziertere Bedingung (4.81) einzuhalten.[419] In der (4.81) erfüllenden Dichtefunktion liegt gegenüber (4.64) ein Parameter fest. Ohne Beschränkung der Allgemeinheit werde der letzte Driftparameter einer Mischung, $\varrho_k, k \geq 2$, zur Einhaltung von (4.81) verwendet. Für ϱ_k folgt demnach

$$\sum_{j=1}^{k} \lambda_j e^{\varrho_j(T-t)} = e^{r(T-t)} \iff \lambda_k e^{\varrho_k(T-t)} + \sum_{j=1}^{k-1} \lambda_j e^{\varrho_j(T-t)} = e^{r(T-t)} \tag{4.82}$$

$$\iff e^{\varrho_k(T-t)} = \frac{1}{\lambda_k}\left(e^{r(T-t)} - \sum_{j=1}^{k-1} \lambda_j e^{\varrho_j(T-t)}\right) \tag{4.83}$$

$$\iff \varrho_k = \frac{1}{T-t} \ln\left(\frac{e^{r(T-t)} - \sum_{j=1}^{k-1} \lambda_j e^{\varrho_j(T-t)}}{1 - \sum_{j=1}^{k-1} \lambda_j}\right). \tag{4.84}$$

Zur Sicherstellung der Existenz eines $\varrho_k \in \mathbb{R}$ muss dabei

$$e^{r(T-t)} - \sum_{j=1}^{k-1} \lambda_j e^{\varrho_j(T-t)} > 0 \iff \sum_{j=1}^{k-1} \lambda_j e^{(\varrho_j - r)(T-t)} < 1 \tag{4.85}$$

gelten. Die Dichtefunktionen $f_{t,T}^{\text{Misch}k}(S_T)$ gemäß (4.64) wird mit der Zusatzbedingung (4.84) in ihr risikoneutralisiertes Äquivalent $f_{t,T}^{*,\text{Misch}k}(S_T)$ transformiert.

Tabelle 4.3 zeigt anhand exemplarischer Parameterkonstellationen die sich im Falle einer Mischung aus zwei Komponenten ergebenden Kennzahlen für Kurs- und Renditeverteilungen. Die zugehörigen Graphen bei einer Variation (i) des Mischungsparameters λ, (ii) des Volatilitätsparameters σ_2 und (iii) des Driftparameters ϱ_1 finden sich in den *Abbildungen 4.4 bis 4.6*. In allen Fällen stimmt der Erwartungswert der Kursverteilung aufgrund der Martingalforderung überein. Bei Änderung im Mischungs-

419 Es gilt speziell zu beachten, dass $\sum_{j=1}^{k} \lambda_j \varrho_j (T-t) \neq r(T-t)$ gilt.

parameter λ vom Wert 1,0 hin zu 0,7 wird mehr Wahrscheinlichkeitsmasse auf den zweiten Mischungskern und – wegen $\varrho_1 = r = \varrho_2$ und $\sigma_2 > \sigma_1$ – in die Flanken der Verteilungen verlagert. Vergleichbares bewirkt ceteris paribus die Erhöhung von σ_2. Rechts- und linksschiefe risikoneutrale Renditeverteilungen lassen sich am Besten durch Variation des freien Driftparameters ϱ_1 erzeugen. Die Beispielkonstellationen zeigen die hohe Flexibilität der Mischungsverteilung, die u. a. auch Multimodalität[420] zulässt. Hinzuweisen ist auf die Eigenschaft (4.75), die wegen $\varrho_1 = r = \varrho_2$ in den Fällen I. und II. nicht zum Tragen kommt. Im dritten Rahmenszenario mit $\lambda = 0{,}6$, $\varrho_1 = \text{-}0{,}50$, $\sigma_1 = 0{,}40$ und $\sigma_2 = 0{,}80$ folgt jedoch $\varrho_2 = \ln\left(\frac{e^{0,03} - 0{,}6e^{-0,50}}{1-0{,}6}\right) \approx 0{,}5106$ und damit für die Renditeverteilung

$$\begin{aligned}
\mu_2 &= 0{,}6 \cdot 0{,}40^2 + (1-0{,}6) \cdot 0{,}80^2 \\
&\quad + 0{,}6(1-0{,}6)\left(\left(\text{-}0{,}50 - \frac{1}{2}0{,}40^2\right) - \left(0{,}5106 - \frac{1}{2}0{,}80^2\right)\right)^2 \\
&\approx 0{,}4945 \\
\Longrightarrow \sqrt{\mu_2} &\approx 0{,}7032.
\end{aligned}$$

Die Standardabweichung $\sqrt{\mu_2}$ der Renditeverteilung ist demnach wesentlich höher als im Fall $\varrho_1 = \varrho_2$ mit $\sqrt{\mu_2} \approx 0{,}5933$.

Ein Beispiel zu drei Mischungskernen ist in *Tabelle 4.4* und *Abbildung 4.7* dargestellt. Mit drei möglichen „Szenarien" gestattet eine derartige hoch parametrisierte Verteilung eine Vielzahl von Verteilungsformen; lediglich die Martingalbedingung begrenzt die möglichen Formen durch die „Verankerung" des Erwartungswertes der Kursverteilung.

---

420 Vgl. zur Modalität von gemischten Normalverteilungen, z. B. für $k = 2$, auch MCLACHLAN/PEEL (2000), S. 11 ff., zur Modalität von Mischungen von Normalverteilungen mit einigen notwendigen und hinreichenden Bedingungen für Unimodalität ROBERTSON/FRYER (1969), TITTERINGTON/SMITH/MAKOV (1985), S. 48 ff.

Tabelle 4.3

Charakteristika exemplarischer risikoneutraler Kurs-/Renditeverteilungen im Mischungsmodell mit zwei Komponenten

Die Tabelle gibt Erwartungswert, Standardabweichung, Schiefe und Kurtosis für ausgewählte exemplarische Parameterkonstellationen im Mischungsmodell mit zwei Komponenten – jeweils für Kurs- und Renditeverteilungen – an. Die zugehörigen Graphen der Verteilungen finden sich in den *Abbildungen 4.4 bis 4.6.*

I. Variation von λ ($S_t = 100$; $r = 0{,}03$; $T - t = 1$; $\varrho_1 = 0{,}03$; $\sigma_1 = 0{,}40$; $\sigma_2 = 0{,}80$)

	Kursverteilung				Renditeverteilung			
λ	μ_1	$\sqrt{\mu_2}$	γ_1	γ_2	μ_1	$\sqrt{\mu_2}$	γ_1	γ_2
1,0	103,05	42,92	1,32	6,26	-0,05	0,40	0,00	3,00
0,9	103,05	51,09	3,27	48,39	-0,07	0,46	-0,33	4,63
0,8	103,05	58,12	3,92	55,93	-0,10	0,51	-0,41	4,80
0,7	103,05	64,38	4,12	55,08	-0,12	0,56	-0,41	4,59

II. Variation von σ_2 ($S_t = 100$; $r = 0{,}03$; $T - t = 1$; $\lambda = 0{,}6$; $\varrho_1 = 0{,}03$; $\sigma_1 = 0{,}40$)

	Kursverteilung				Renditeverteilung			
σ_2	μ_1	$\sqrt{\mu_2}$	γ_1	γ_2	μ_1	$\sqrt{\mu_2}$	γ_1	γ_2
0,4	103,05	42,92	1,32	6,26	-0,05	0,40	0,00	3,00
0,6	103,05	54,28	2,16	14,42	-0,09	0,46	-0,12	3,50
0,8	103,05	70,09	4,16	51,99	-0,15	0,52	-0,38	4,30
1,0	103,05	91,61	7,80	180,12	-0,22	0,57	-0,65	4,89

III. Variation von ϱ_1 ($S_t = 100$; $r = 0{,}03$; $T - t = 1$; $\lambda = 0{,}6$; $\sigma_1 = 0{,}40$; $\sigma_2 = 0{,}80$)

	Kursverteilung				Renditeverteilung			
ϱ_1	μ_1	$\sqrt{\mu_2}$	γ_1	γ_2	μ_1	$\sqrt{\mu_2}$	γ_1	γ_2
-0,50	103,05	114,17	5,18	59,47	-0,27	0,70	0,83	3,86
-0,25	103,05	93,22	5,30	64,82	-0,19	0,62	0,52	4,24
0,00	103,05	72,16	4,43	55,91	-0,15	0,60	-0,27	4,32
0,25	103,05	64,78	1,51	11,86	-0,20	0,75	-0,86	3,67

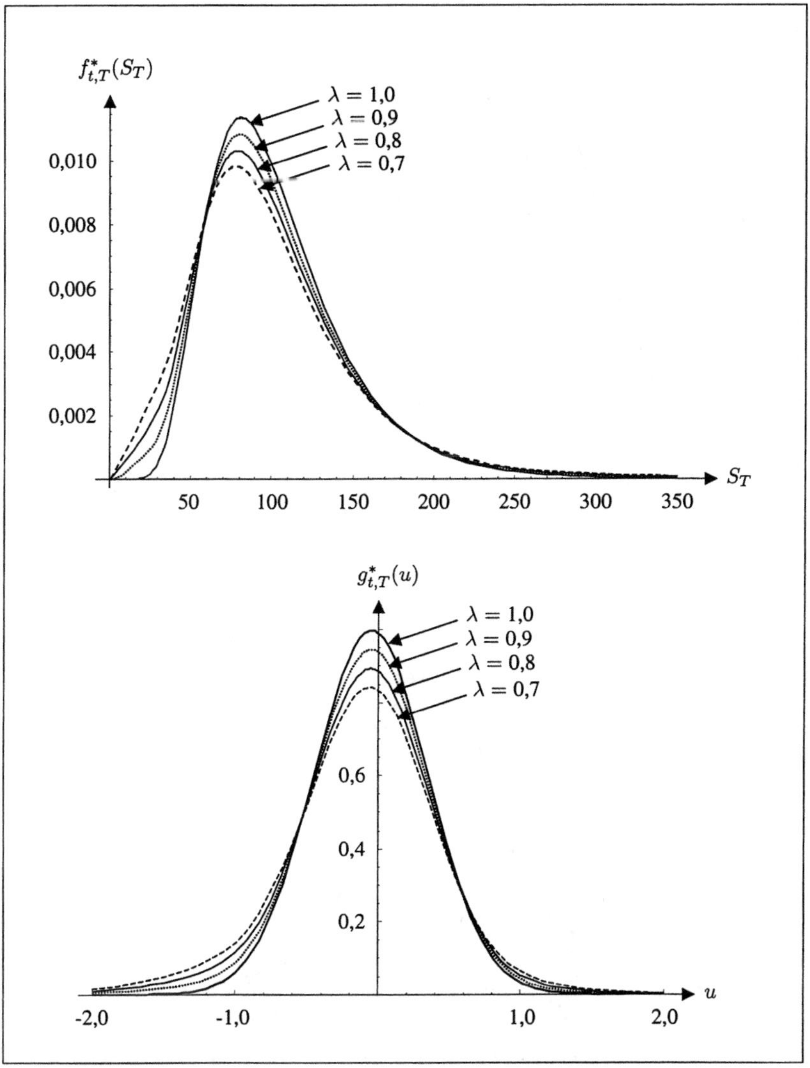

Abbildung 4.4. Flexibilisierung des BLACK/SCHOLES-Modells über eine endliche Mischung von Verteilungen (I) – Exemplarische Kurs- und Renditeverteilungen bei zwei Mischungskomponenten und Variation des Mischungsparameters λ. Die Grafiken zeigen anhand der Variation des Mischungsparameters λ exemplarisch die mögliche Gestalt der risikoneutralen Kurs- bzw. Renditeverteilungen beim Einsatz von Mischverteilungen mit zwei Komponenten. In allen Fällen gilt $S_t = 100$, $r = 0{,}03$, $T - t = 1$, $\varrho_1 = 0{,}03$, $\sigma_1 = 0{,}40$ und $\sigma_2 = 0{,}80$.

Quelle: Eigene Darstellung.

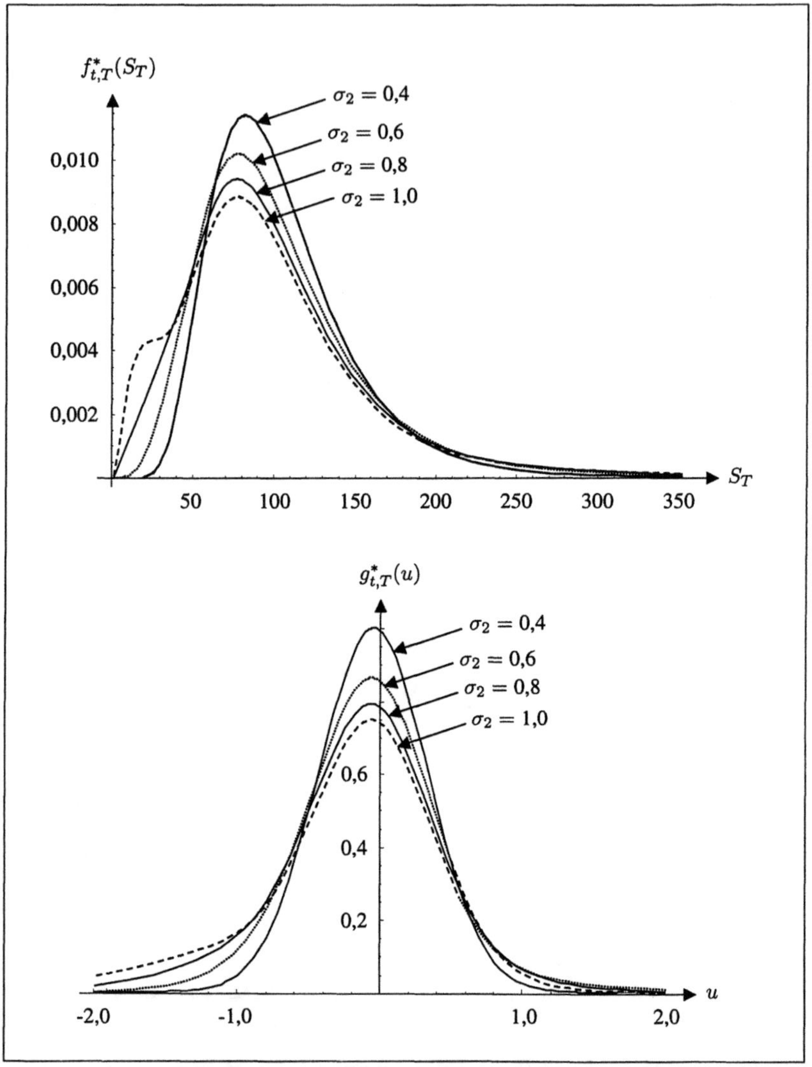

Abbildung 4.5. Flexibilisierung des BLACK/SCHOLES-Modells über eine endliche Mischung von Verteilungen (II) – Exemplarische Kurs- und Renditeverteilungen bei zwei Mischungskomponenten und Variation des Volatilitätsparameters σ_2. Die Grafiken zeigen anhand der Variation des Volatilitätsparameters σ_2 exemplarisch die mögliche Gestalt der risikoneutralen Kurs- bzw. Renditeverteilungen beim Einsatz von Mischverteilungen mit zwei Komponenten. In allen Fällen gilt $S_t = 100$, $r = 0,03$, $T - t = 1$, $\lambda = 0,6$, $\varrho_1 = 0,03$ und $\sigma_1 = 0,40$.

Quelle: Eigene Darstellung.

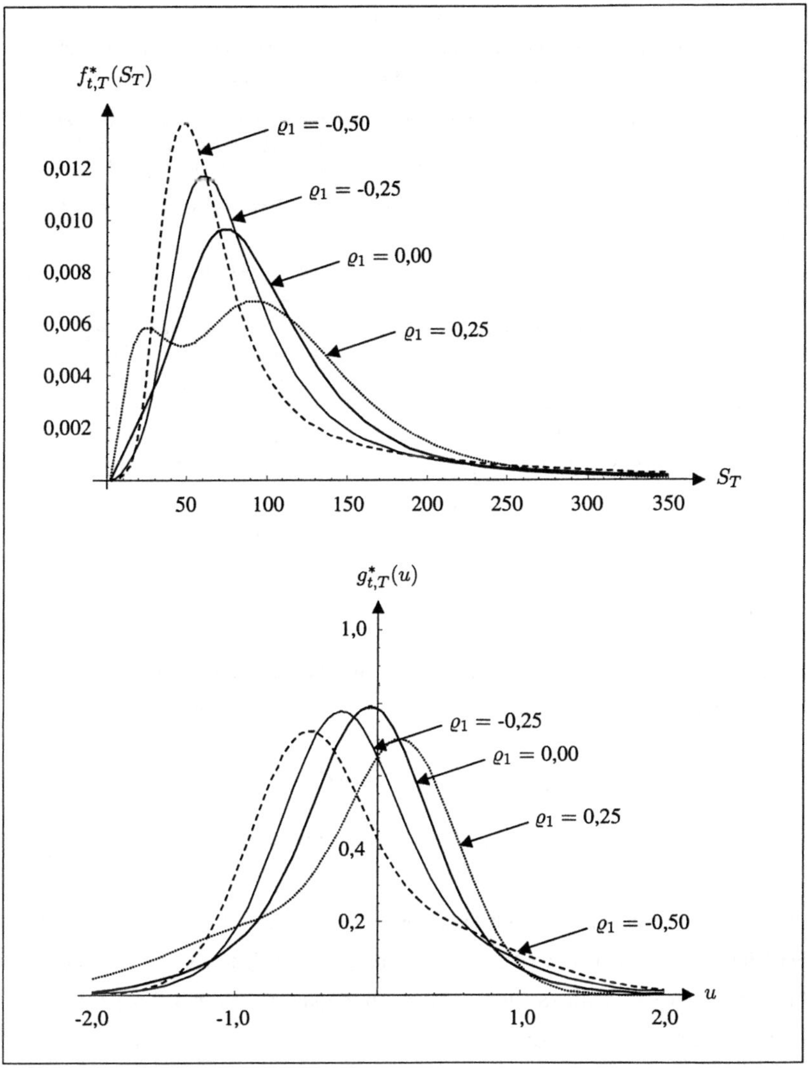

Abbildung 4.6. Flexibilisierung des BLACK/SCHOLES-Modells über eine endliche Mischung von Verteilungen (III) – Exemplarische Kurs- und Renditeverteilungen bei zwei Mischungskomponenten und Variation des Driftparameters ϱ_1. Die Grafiken zeigen anhand der Variation des Driftparameters ϱ_1 exemplarisch die mögliche Gestalt der risikoneutralen Kurs- bzw. Renditeverteilungen beim Einsatz von Mischverteilungen mit zwei Komponenten. In allen Fällen gilt $S_t = 100$, $r = 0{,}03$, $T - t = 1$, $\lambda = 0{,}6$, $\sigma_1 = 0{,}40$ und $\sigma_2 = 0{,}80$.

Quelle: Eigene Darstellung.

Tabelle 4.4
Charakteristika exemplarischer risikoneutraler Kurs-/Renditeverteilungen im Mischungsmodell mit drei Komponenten

Die Tabelle gibt Erwartungswert, Standardabweichung, Schiefe und Kurtosis für ausgewählte exemplarische Parameterkonstellationen im Mischungsmodell mit drei Komponenten – jeweils für Kurs- und Renditeverteilungen – an. Die zugehörigen Graphen der Verteilungen finden sich in *Abbildung 4.7*.

Variation von σ_1
($S_t = 100$, $r = 0{,}03$, $T - t = 1$, $\lambda_1 = 0{,}3$, $\lambda_2 = 0{,}4$, $\varrho_1 = -0{,}60$, $\varrho_2 = 0{,}20$, $\sigma_2 = 0{,}60$; $\sigma_3 = 0{,}40$)

	Kursverteilung				Renditeverteilung			
σ_1	μ_1	$\sqrt{\mu_2}$	γ_1	γ_2	μ_1	$\sqrt{\mu_2}$	γ_1	γ_2
0,60	103,05	69,26	2,04	12,74	-0,18	0,68	-0,36	3,06
0,80	103,05	72,22	1,97	12,63	-0,22	0,77	-0,70	3,60
1,00	103,05	77,18	2,54	30,49	-0,28	0,89	-0,98	4,18
1,20	103,05	85,45	5,42	267,43	-0,34	1,02	-1,20	4,66

Konkrete *Bewertungsformeln* für europäische Standard-Calls und -Puts auf Basis der Mischverteilungsprämisse erhält man nach COX/ROSS (1976a) über

$$c_t^{\text{Misch}k} = e^{-r(T-t)} \int_K^\infty (S_T - K) f_{t,T}^{*,\text{Misch}k}(S_T)\, dS_T, \tag{4.86}$$

$$p_t^{\text{Misch}k} = e^{-r(T-t)} \int_0^K (K - S_T) f_{t,T}^{*,\text{Misch}k}(S_T)\, dS_T. \tag{4.87}$$

Zur einfachen numerischen Handhabung lassen sich beide Formeln unter Verwendung der Dichte aus (4.64) und der Nebenbedingung (4.81) explizieren. Die Herleitung erfolgt analog zu der BLACK/SCHOLES-Formel in Kapitel 3, Abschnitt 3.6.4.1. So erhält man für den Wert $c_t^{\text{Misch}k}$ einer Kaufoption

$$c_t^{\text{Misch}k} = \sum_{j=1}^{k} \lambda_j e^{-r(T-t)} \int_K^\infty \frac{S_T - K}{S_T \beta_j} \cdot \varphi\left(\frac{\ln S_T - \alpha_j}{\beta_j}\right) dS_T \tag{4.88}$$

$$= \sum_{j=1}^{k} \lambda_j e^{-r(T-t)} \int_K^\infty \frac{S_T - K}{S_T \sigma_j \sqrt{T-t}} \cdot \varphi\left(\frac{\ln\frac{S_T}{S_t} - \left(\varrho_j - \frac{1}{2}\sigma_j^2\right)(T-t)}{\sigma_j\sqrt{T-t}}\right) dS_T. \tag{4.89}$$

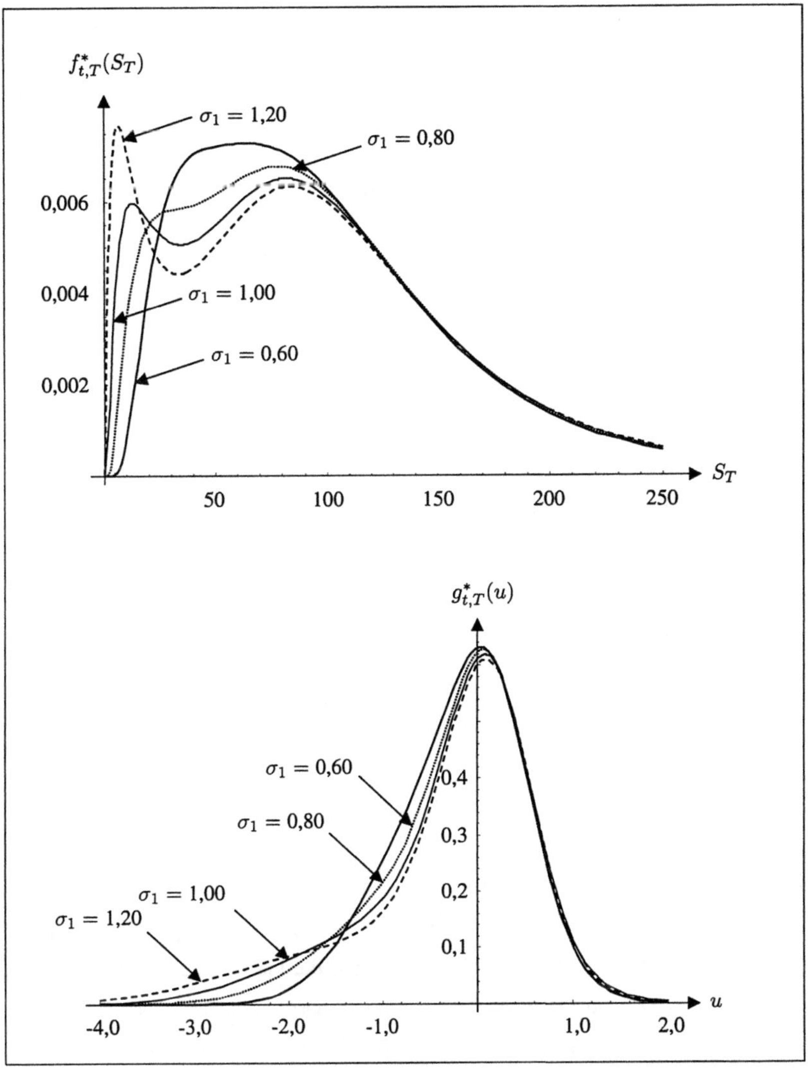

Abbildung 4.7. Flexibilisierung des BLACK/SCHOLES-Modells über eine endliche Mischung von Verteilungen (IV) – Exemplarische Kurs- und Renditeverteilungen bei drei Mischungskomponenten und Variation des Volatilitätsparameters σ_1. Die Grafiken zeigen anhand der Variation des Volatilitätsparameters σ_1 exemplarisch die mögliche Gestalt der risikoneutralen Kurs- bzw. Renditeverteilungen beim Einsatz von Mischverteilungen mit drei Komponenten. In allen Fällen gilt $S_t = 100$, $r = 0{,}03$, $T - t = 1$, $\lambda_1 = 0{,}3$, $\lambda_2 = 0{,}4$, $\varrho_1 = -0{,}60$, $\varrho_2 = 0{,}20$, $\sigma_2 = 0{,}60$ und $\sigma_3 = 0{,}40$.

Quelle: Eigene Darstellung.

Mit den Substitutionen

$$w_j := w_j(S_T) = \frac{\ln\frac{S_T}{S_t} - (\varrho_j - \frac{1}{2}\sigma_j^2)(T-t)}{\sigma_j\sqrt{T-t}}, \tag{4.90}$$

$$\frac{dw_j}{dS_T} = \frac{1}{S_T\sigma_j\sqrt{T-t}} \Longleftrightarrow dS_T = S_T\sigma_j\sqrt{T-t}\,dw_j \tag{4.91}$$

sowie den zur Vereinfachung der Notation eingeführten Größen

$$a_j := \frac{\ln\frac{K}{S_t} - (\varrho_j - \frac{1}{2}\sigma_j^2)(T-t)}{\sigma_j\sqrt{T-t}} \tag{4.92}$$

gilt

$$c_t^{\text{Misch}k} = \sum_{j=1}^{k} \lambda_j e^{-r(T-t)} \int_{a_j}^{\infty} \left(S_t e^{(\varrho_j - \frac{1}{2}\sigma_j^2)(T-t)+\sigma_j w_j\sqrt{T-t}} - K\right) \varphi(w_j)\, dw_j \tag{4.93}$$

$$= \sum_{j=1}^{k} \lambda_j \Bigg[S_t e^{(\varrho_j - r)(T-t)} \underbrace{\int_{a_j}^{\infty} e^{(-\frac{1}{2}\sigma_j^2)(T-t)+\sigma_j w_j\sqrt{T-t}} \varphi(w_j)\, dw_j}_{=:A_1^j} \tag{4.94}$$

$$- K e^{-r(T-t)} \underbrace{\int_{a_j}^{\infty} \varphi(w_j)\, dw_j}_{=:A_2^j} \Bigg]$$

$$= \sum_{j=1}^{k} \lambda_j (S_t e^{(\varrho_j - r)(T-t)} A_1^j - K e^{-r(T-t)} A_2^j). \tag{4.95}$$

Im Unterschied zum BLACK/SCHOLES-Modell und der zugehörigen Formel (3.100) fällt hier der Diskontierungsfaktor $e^{-r(T-t)}$ vor dem Kurs S_t bei $\varrho_j \neq r$ nicht heraus. Die Ausdrücke A_1^j bzw. A_2^j in (4.95) sind, bis auf die Indizierung der Variablen und die Tatsache, dass statt des Zinssatzes r explizite Driftparameter ϱ_j auftreten, identisch zu denen im BLACK/SCHOLES-Fall. Über den in Abschnitt 3.6.4.1 vorgestellten Lösungsweg erhält man damit

$$c_t^{\text{Misch}k} = \sum_{j=1}^{k} \lambda_j \left(S_t e^{(\varrho_j - r)(T-t)} \Phi(d_{j1}) - K e^{-r(T-t)} \Phi(d_{j2})\right) \tag{4.96}$$

bzw. für europäische Puts

$$p_t^{\text{Misch}k} = \sum_{j=1}^{k} \lambda_j \left(K e^{-r(T-t)} \Phi(-d_{j2}) - S_t e^{(\varrho_j - r)(T-t)} \Phi(-d_{j1}) \right), \tag{4.97}$$

wobei

$$d_{j1} = \frac{\ln \frac{S_t}{K} + (\varrho_j + \frac{1}{2}\sigma_j^2)(T-t)}{\sigma_j \sqrt{T-t}}, \quad d_{j2} = d_{j1} - \sigma_j \sqrt{T-t}, \tag{4.98}$$

$$\varrho_k = \frac{1}{T-t} \ln \left(\frac{e^{r(T-t)} - \sum_{j=1}^{k-1} \lambda_j e^{\varrho_j (T-t)}}{1 - \sum_{j=1}^{k-1} \lambda_j} \right), \tag{4.99}$$

$$\sum_{j=1}^{k-1} \lambda_j e^{(\varrho_j - r)(T-t)} < 1, \tag{4.100}$$

$$\sum_{j=1}^{k} \lambda_j = 1, \quad \lambda_j > 0 \ \forall\, j = 1, 2, \ldots, k \tag{4.101}$$

gelten möge.

Die Formeln (4.96) und (4.97) zeigen, dass die Mischungshypothese für den Kurs auf eine Linearkombination von BLACK/SCHOLES-Formelausdrücken führt. Ein besonderes Augenmerk verdienen die Parameter ϱ_j, von denen ϱ_k gemäß (4.99) festliegt: Im BLACK/SCHOLES-Modell wird der Driftparameter ϱ durch den risikolosen Zinssatz r ersetzt – hier hingegen treten die Parameter ϱ_j als „freie" Größen in den Formeln auf, lediglich ϱ_k wird zur Sicherstellung der Martingalbedingung benötigt. Der Wert eines europäischen Calls oder Puts im Modell mit k Mischungskomponenten hängt demnach (neben S_t, K, r und $T-t$) von

- den $k-1$ Gewichten λ_j,
- den $k-1$ Größen ϱ_j sowie
- den k Größen σ_j,

d. h. insgesamt $3k-2$ Parametern, ab. Für $k = 1$ führt Bedingung (4.99) auf $\varrho_1 = r$ und man erhält aus (4.96) und (4.97) das BLACK/SCHOLES-Modell als Spezialfall.

Ergänzend sei angemerkt, dass sich auch Modellparameter der Form $S_t^j := S_t e^{\varrho_j (T-t)}$ in (4.96) und (4.97) deklarieren ließen.[421] Dieses Vorgehen birgt jedoch den großen Nachteil, dass die Parameter S_t^j sowohl vom aktuellen Wert des Basiswertes S_t als auch der Restlaufzeit der Option $(T-t)$ abhängen. Eine Änderung in einer dieser exogenen Größen machte demnach eine Anpassung der internen Modellparameter erforderlich. Wird hingegen wie hier mit den Größen ϱ_j gearbeitet, ist eine derartige Modifikation nicht erforderlich.

Speziell für den Einsatz der vorgeschlagenen Mischungen lässt sich eine Vielzahl von Argumenten vorbringen:[422] Zum einen sind diese trotz hoher Flexibilität, die die Abbildung einer großen Anzahl von Verteilungsformen zulässt, weniger „anfällig" als etwa nichtparametrische Methoden zur Bestimmung der risikoneutralen Verteilungen. Des Weiteren erhält man geschlossene Bewertungsformeln, wodurch u. a. die Parameterschätzung erleichtert wird. Auch ist das BLACK/SCHOLES-Modell als Spezialfall enthalten. BLACK (1990) selbst plädiert für einen pragmatischen Umgang mit der BLACK/SCHOLES-Formel und insbesondere der Stellgröße Volatilität, die in Abhängigkeit von Moneyness, erwarteten Sprungrisiken im Kurs des Basiswertes etc. angepasst werden kann. Für die reale Anwendung berichtet BLACK (1990) von seinem Vorgehen, anstatt komplexerer Modelle wahrscheinlichkeitsgewichtete Optionswerte nach BLACK/SCHOLES zu verwenden. Ausgehend von zwei verschiedenen Volatilitäten berechnet er zwei Optionswerte, die mit einer gewissen Wahrscheinlichkeit gewichtet addiert werden.[423] Dieses Ad-hoc-Vorgehen entspricht dem hier diskutierten Mischungsmodell, das den Optionswert ebenfalls als Mischung einzelner BLACK/SCHOLES-Formelausdrücke generiert. Das von BLACK (1990) propagierte Vorgehen entspricht dem Spezialfall $\varrho_1 = \varrho_2 = r$. Das Hauptproblem von Mischungsmethoden besteht darin, dass die Anzahl der Parameter mit der Zahl der Mischungskomponenten k schnell steigt und die Gefahr eines Overfittings besteht. Auch bestehen gewisse Vorbehalte bezüglich der numerischen Stabilität, die sich insbesondere bei höheren Verteilungsmomenten bemerkbar machen.[424]

---

[421] So der Vorschlag von NEUMANN (1997), S. 5.

[422] Vgl. auch SÖDERLIND (2000), S. 3.

[423] Vgl. BLACK (1990), S. 3.

[424] Vgl. hierzu die Studien von COOPER (1999), BLISS/PANIGIRTZOGLOU (2002) sowie STUART/ORD/ARNOLD (1999), S. 179 ff. und BAHRA (1996), S. 208.

4.4 Vergleichende Sensitivitätsanalysen

4.4.1 Überblick

Neben den Bewertungsformeln selbst sind speziell die zugehörigen Sensitivitäten, d. h. die Reagibilität der theoretischen Optionswerte auf Änderungen einzelner Modellparameter, für den Praxiseinsatz von Bedeutung. Nachfolgend sollen diese Größen in Form partieller Ableitungen für das BLACK/SCHOLES-, das GRAM/CHARLIER- und das Mischungsmodell vergleichend diskutiert werden.[425] Stellvertretend werden ausschließlich Sensitivitäten für Kaufoptionen betrachtet – die Ergebnisse für Verkaufsoptionen ergeben sich auf analogem Rechenwege oder mittels partiell differenzierter Put-Call-Parität (3.47).[426]

Vorab ist darauf hinzuweisen, dass im Rahmen der folgenden Analysen vielfach auf den für die Herleitung des GRAM/CHARLIER-Modells verwendeten Zusammenhang

$$S_t\varphi(d_1) = Ke^{-r(T-t)}\varphi(d_2) \Longleftrightarrow S_t\varphi(d_1) - Ke^{-r(T-t)}\varphi(d_2) = 0$$

– vgl. Gleichung (A.18) im Anhang – Bezug genommen wird. Um die Nachvollziehbarkeit zu gewährleisten, werden beim GRAM/CHARLIER-Modell gemäß Formel (4.49) die Korrekturterme (4.50) und (4.51) durch Weglassen der in den dortigen Klammern auftretenden Terme mit dem Vorfaktor σ^2 bzw. σ^3 vereinfacht. Konkret wird daher mit den Größen

$$\Theta_3 \approx \frac{1}{3!}S_t\sigma\sqrt{T-t}\left[\varphi(d_1)\left(2\sigma\sqrt{T-t}-d_1\right)\right], \tag{4.102}$$

$$\Theta_4 \approx \frac{1}{4!}S_t\sigma\sqrt{T-t}\left[\varphi(d_1)\left(d_1^2-1-3\sigma\sqrt{T-t}\left(d_1-\sigma\sqrt{T-t}\right)\right)\right] \tag{4.103}$$

gearbeitet. Des Weiteren werden bei höheren Ableitungen in jedem Differenziationsschritt Ausdrücke der Form σ^n, $n \geq 3$ vernachlässigt.[427] In Anbetracht der real auf-

---

[425] Vor dem Hintergrund der zur Referenz i. d. R. verwendeten griechischen Buchstaben werden die Sensitivitätskennzahlen in der Praxis auch als *Greeks* bezeichnet. Siehe zu Sensitivitäten im BLACK/SCHOLES-Modell auch HULL (2003), S. 299 ff. sowie allgemein HAUG (1998), S. 10 ff.

[426] Der Spezialfall des Futures-style-Marginings mit eliminiertem Einfluss des Zinssatzes r findet keine gesonderte Würdigung, da die Resultate analog zu erhalten sind.

[427] Vordefinierte Terme wie d_1 werden während der Umformungen stets weiter mitgeführt.

tretenden Größenordnungen der Volatilität sind diese Terme nahezu ohne Bedeutung, ihre Berücksichtigung im Rahmen der Differenziation verkomplizierte die Rechnung jedoch mitunter erheblich. Bei Bedarf lassen sich die Formeln auch um diese Terme ergänzen; im praktischen Umgang mit dem GRAM/CHARLIER-Modell bietet sich darüber hinaus der numerisch einfachere Weg über Differenzenquotienten zur Berechnung partieller Ableitungen an.

Als problematisch erweist sich, dass die partiellen Ableitungen insbesondere bei den beiden komplexeren Modellen aufgrund der Vielzahl von Abhängigkeiten der Parameter untereinander i. d. R. keine allgemein gültigen Aussagen zulassen. Um dennoch einen zumindest exemplarischen Vergleich der Modelle zu ermöglichen, sind in *Tabelle 4.5* die Werte der im Weiteren analysierten Sensitivitätskennzahlen für das BLACK/SCHOLES-, das GRAM/CHARLIER- und das Mischungsmodell mit zwei Komponenten an einem konkreten numerischen Beispiel zusammengestellt.

Als Rahmenkonstellation der Parameter fungiert $K = 100$, $\sigma = 0{,}40$, $r = 0{,}03$ und $T - t = 1$. Die fünf unterstellten Kursszenarien $S_t \in \{60; 80; 100; 120; 140\}$ beschreiben somit den Fall einer weit aus-dem-Geld, aus-dem-Geld, am-Geld, im-Geld und weit im-Geld notierenden Kaufoption. Im GRAM/CHARLIER-Modell werden neben $\sigma = 0{,}40$ die Werte $\gamma_1 = \pm 0{,}80$ für die Schiefe und $\gamma_2 = 5{,}00$ für die Kurtosis der risikoneutralen Renditeverteilung angesetzt. Auf diese Weise wird jeweils ein Beispiel zu einer rechts- bzw. linksschiefen Renditeverteilung betrachtet. Im Mischungsmodell liegen statt einer „globalen" Volatilität die beiden einzelnen Standardabweichungen σ_1 und σ_2 vor, aus denen sich, unter Berücksichtigung des Abstandes der zugehörigen Erwartungswerte, die Standardabweichung der gesamten risikoneutralen Renditeverteilung ergibt.[428] Um eine Vergleichbarkeit der Optionswerte und insbesondere der Sensitivitäten zwischen dem Mischungsmodell und den beiden anderen Ansätzen zu ermöglichen, wird – neben der Festlegung von $\lambda = 0{,}60$ und $\sigma_1 = 0{,}20$ – mit dem Driftparameter $\varrho_1 \in \{-0{,}25; 0{,}03; +0{,}25\}$ zugleich die Standardabweichung σ_2 der zweiten Mischungskomponente jeweils so variiert, dass die Gesamt-Standardabweichung der risikoneutralen Renditeverteilung in allen Fällen 0,40 beträgt und damit der aus den anderen Modellen entspricht. Darüber hinaus werden für den Mischungsansatz auch Schiefe und Kurtosis der Renditeverteilung ausge-

---

[428] Vgl. hierzu die Ausführungen in Abschnitt 4.3.2.

wiesen, um einen Vergleich mit dem GRAM/CHARLIER-Modell zu ermöglichen. Die drei exemplarischen Parameterkonstellationen für das Mischungsmodell beschreiben (i) für[429] $\varrho_1 = 0{,}03$ und $\sigma_2 \approx 0{,}5724$ eine linksschiefe, leptokurtische und (ii) für die Wahl $\varrho_1 = -0{,}25$ und $\sigma_2 \approx 0{,}4181$ eine rechtsschiefe, leicht leptokurtische Renditeverteilung. Schließlich ist (iii) mit der Kombination $\varrho_1 = 0{,}25$ und $\sigma_2 \approx 0{,}2359$ eine linksschiefe, platykurtische risikoneutrale Renditeverteilung gegeben.

Dem Vergleich der Sensitivitätskennzahlen in *Tabelle 4.5* vorgelagert sind die Optionswerte als solches ausgewiesen, die sich funktional über den diskontierten Erwartungswert der Auszahlung $\max\{S_T - K; 0\}$ aus den beschriebenen Verteilungen ergeben. So weisen z. B. weit aus-dem-Geld notierende Optionen den vergleichsweise höchsten Wert bei rechtsschiefen und leptokurtischen risikoneutralen Renditeverteilungen auf (GRAM/CHARLIER-Modell mit $\gamma_1 = 0{,}80$ und $\gamma_2 = 5{,}00$ und Mischungsmodell mit $\varrho_1 = -0{,}25$ und $\sigma_2 = -0{,}4181$). Den relativ geringsten Optionswert erhält man bei der leicht linksschiefen, platykurtischen Verteilung im Mischungsmodell mit $\varrho_1 = 0{,}25$ und $\sigma_2 = 0{,}2359$. Diese „Rangfolgen“ bleiben z. T. in dem gesamten hier betrachteten Parameterbereich für den Kurs erhalten.

---

[429] Hier gilt $\varrho_1 = r$, woraus auch $\varrho_2 = r$ folgt.

Tabelle 4.5

Exemplarischer Vergleich der Sensitivitätskennzahlen zwischen BLACK/SCHOLES-, GRAM/CHARLIER- und Mischungsmodell

Die Tabelle vergleicht die Werte der Sensitivitätskennzahlen 'Delta', 'Gamma', 'Theta', 'Vega', 'Rho' und 'Alpha' im BLACK/SCHOLES-, GRAM/CHARLIER- und Mischungsmodell (mit zwei Komponenten) am Beispiel verschiedener Kursszenarien für den Basiswert. Dem Vergleich vorgelagert sind die Optionswerte als solches ausgewiesen. Als exemplarische Rahmenkonstellation der Parameter fungiert $K = 100$, $\sigma = 0{,}40$, $r = 0{,}03$ und $T - t = 1$. Im GRAM/CHARLIER-Modell werden neben $\sigma = 0{,}40$ die Werte $\gamma_1 = \pm 0{,}80$ und $\gamma_2 = 5{,}00$ angesetzt. Im Mischungsmodell mit $\lambda = 0{,}60$ und $\sigma_1 = 0{,}20$ ist, bei Variation des Driftparameters $\varrho_1 \in \{-0{,}25; 0{,}03; 0{,}25\}$, die Standardabweichung σ_2 der zweiten Mischungskomponente jeweils so festgelegt, dass die Gesamt-Standardabweichung der risikoneutralen Renditeverteilung in allen Fällen 0,40 beträgt.

	Modell	$\sqrt{\mu_2}$	γ_1	γ_2	Kurs des Basiswertes (S_t)				
					60	80	100	120	140
Optionswert	BS	0,4000	0,0000	3,0000	1,68	7,09	17,14	31,01	47,45
	GC γ_1=-0,8000, γ_2= 5,0000	0,4000	-0,8000	5,0000	1,04	5,01	14,68	29,23	46,56
	GC γ_1= 0,8000, γ_2= 5,0000	0,4000	0,8000	5,0000	3,99	9,09	17,87	31,07	47,62
	Misch2 λ = 0,6000, ϱ_1= 0,0300, σ_1=0,2000, σ_2= 0,5724	0,4000	-0,4675	5,3915	1,93	5,94	15,13	29,74	47,26
	Misch2 λ = 0,6000, ϱ_1=-0,2500, σ_1=0,2000, σ_2= 0,4181	0,4000	0,9041	3,6160	3,38	9,58	18,57	30,64	46,11
	Misch2 λ = 0,6000, ϱ_1= 0,2500, σ_1=0,2000, σ_2= 0,2359	0,4000	-0,3659	2,1638	0,46	5,54	17,30	32,18	48,46

Tabelle 4.5
Exemplarischer Vergleich der Sensitivitätskennzahlen zwischen BLACK/SCHOLES-, GRAM/CHARLIER- und Mischungsmodell [Fortsetzung]

Kennzahl	Modell	$\sqrt{\mu_2}$	γ_1	γ_2	Kurs des Basiswertes (S_t) 60	80	100	120	140
Delta	BS	0,4000	0,0000	3,0000	0,1582	0,3886	0,6083	0,7676	0,8678
	GC γ_1=-0,8000, γ_2= 5,0000	0,4000	-0,8000	5,0000	0,0872	0,3347	0,6223	0,8133	0,9072
	GC γ_1= 0,8000, γ_2= 5,0000	0,4000	0,8000	5,0000	0,1985	0,3311	0,5533	0,7561	0,8870
	Misch2 λ = 0,6000, ϱ_1= 0,0300, σ_1=0,2000, σ_2= 0,5724	0,4000	-0,4675	5,3915	0,1223	0,3078	0,6122	0,8242	0,9132
	Misch2 λ = 0,6000, ϱ_1=-0,2500, σ_1=0,2000, σ_2= 0,4181	0,4000	0,9041	3,6160	0,2312	0,3820	0,5201	0,6914	0,8469
	Misch2 λ = 0,6000, ϱ_1= 0,2500, σ_1=0,2000, σ_2= 0,2359	0,4000	-0,3659	2,1638	0,0854	0,4441	0,6925	0,7829	0,8450
Gamma	BS	0,4000	0,0000	3,0000	0,0101	0,0120	0,0096	0,0064	0,0038
	GC γ_1=-0,8000, γ_2= 5,0000	0,4000	-0,8000	5,0000	-0,0022	0,0032	0,0028	0,0004	-0,0008
	GC γ_1= 0,8000, γ_2= 5,0000	0,4000	0,8000	5,0000	-0,0061	-0,0023	0,0018	0,0021	0,0010
	Misch2 λ = 0,6000, ϱ_1= 0,0300, σ_1=0,2000, σ_2= 0,5724	0,4000	-0,4675	5,3915	0,0054	0,0138	0,0142	0,0070	0,0026
	Misch2 λ = 0,6000, ϱ_1=-0,2500, σ_1=0,2000, σ_2= 0,4181	0,4000	0,9041	3,6160	0,0085	0,0066	0,0077	0,0088	0,0063
	Misch2 λ = 0,6000, ϱ_1= 0,2500, σ_1=0,2000, σ_2= 0,2359	0,4000	-0,3659	2,1638	0,0120	0,0183	0,0070	0,0033	0,0030

Tabelle 4.5
Exemplarischer Vergleich der Sensitivitätskennzahlen zwischen BLACK/SCHOLES-, GRAM/CHARLIER- und Mischungsmodell [Fortsetzung]

					Kurs des Basiswertes (S_t)				
Kennzahl	Modell	$\sqrt{\mu_2}$	γ_1	γ_2	60	80	100	120	140
Theta	BS	0,4000	0,0000	3,0000	-3,1319	-6,8529	-8,9936	-9,1637	-8,2130
	GC γ_1=-0,8000, γ_2= 5,0000	0,4000	-0,8000	5,0000	-1,8524	-5,2877	-7,2364	-6,7888	-5,5701
	GC γ_1= 0,8000, γ_2= 5,0000	0,4000	0,8000	5,0000	-5,2643	-8,4359	-10,9538	-11,1606	-9,8940
	Misch2 λ = 0,6000, ϱ_1= 0,0300, σ_1= 0,2000, σ_2= 0,5724	0,4000	-0,4675	5,3915	-2,6138	-5,5259	-8,0155	-7,9539	-7,0984
	Misch2 λ = 0,6000, ϱ_1=-0,2500, σ_1= 0,2000, σ_2= 0,4181	0,4000	0,9041	3,6160	-6,2204	-10,8502	-13,8037	-13,5160	-10,2519
	Misch2 λ = 0,6000, ϱ_1= 0,2500, σ_1= 0,2000, σ_2= 0,2359	0,4000	-0,3659	2,1638	-2,1344	-10,9948	-17,3050	-19,1013	-17,7706
Vega	BS	0,4000	0,0000	3,0000	14,4883	30,6638	38,4139	36,6538	29,9573
	GC γ_1=-0,8000, γ_2= 5,0000	0,4000	-0,8000	5,0000	8,6336	23,1737	29,0506	23,6880	15,7841
	GC γ_1= 0,8000, γ_2= 5,0000	0,4000	0,8000	5,0000	25,1330	39,5695	49,1499	46,8529	37,9874

Tabelle 4.5
Exemplarischer Vergleich der Sensitivitätskennzahlen zwischen BLACK/SCHOLES-, GRAM/CHARLIER- und Mischungsmodell [Fortsetzung]

Kennzahl	Modell	$\sqrt{\mu_2}$	γ_1	γ_2	Kurs des Basiswertes (S_t)				
					60	80	100	120	140
Rho	BS	0,4000	0,0000	3,0000	7,8070	24,0038	43,6955	61,0996	74,0508
	GC γ_1=-0,8000, γ_2= 5,0000	0,4000	-0,8000	5,0000	4,1907	21,7647	47,5431	68,3727	80,4431
	GC γ_1= 0,8000, γ_2= 5,0000	0,4000	0,8000	5,0000	7,9220	17,4006	37,4594	59,6680	76,5519
	Misch2 λ = 0,6000, ϱ_1= 0,0300, σ_1= 0,2000, σ_2= 0,5724	0,4000	-0,4675	5,3915	15,4579	32,4249	48,1260	59,5917	67,9454
	Misch2 λ = 0,6000, ϱ_1=-0,2500, σ_1= 0,2000, σ_2= 0,4181	0,4000	0,9041	3,6160	21,9908	45,5528	66,2212	80,7564	89,2032
	Misch2 λ = 0,6000, ϱ_1= 0,2500, σ_1= 0,2000, σ_2= 0,2359	0,4000	-0,3659	2,1638	-0,4565	-5,2227	-12,9153	-11,1776	6,0388
Alpha	BS	0,4000	0,0000	3,0000	-0,0781	-0,2400	-0,4370	-0,6110	-0,7405
	GC γ_1=-0,8000, γ_2= 5,0000	0,4000	-0,8000	5,0000	-0,0419	-0,2176	-0,4754	-0,6837	-0,8044
	GC γ_1= 0,8000, γ_2= 5,0000	0,4000	0,8000	5,0000	-0,0792	-0,1740	-0,3746	-0,5967	-0,7655
	Misch2 λ = 0,6000, ϱ_1= 0,0300, σ_1= 0,2000, σ_2= 0,5724	0,4000	-0,4675	5,3915	-0,0541	-0,1868	-0,4610	-0,6916	-0,8058
	Misch2 λ = 0,6000, ϱ_1=-0,2500, σ_1= 0,2000, σ_2= 0,4181	0,4000	0,9041	3,6160	-0,1049	-0,2098	-0,3344	-0,5232	-0,7246
	Misch2 λ = 0,6000, ϱ_1= 0,2500, σ_1= 0,2000, σ_2= 0,2359	0,4000	-0,3659	2,1638	-0,0467	-0,2998	-0,5195	-0,6178	-0,6984

4.4.2 Delta

Mit *Delta* bezeichnet man die partielle Ableitung einer Optionswertfunktion nach dem Kurs des Basiswertes S_t, um das Wertverhalten einer Option in Abhängigkeit von Kursänderungen des Basisobjektes zu beschreiben. Die Kennzahl Delta ist u. a. für Zwecke der Absicherung von Vermögenspositionen von Bedeutung. Ein Delta von null etwa gibt an, dass eine solche Position immun gegen – infinitesimale – Änderungen in S_t ist.[430]

BLACK/SCHOLES-Modell. Mit Hilfe von Gleichung (A.18) gestaltet sich die Berechnung der Kennzahl Delta im BLACK/SCHOLES-Modell wie folgt:

$$\text{Delta}_t^{c,\,\text{BS}} = \frac{\partial c_t}{\partial S_t} = \frac{\partial}{\partial S_t}\left(S_t\Phi(d_1) - Ke^{-r(T-t)}\Phi(d_2)\right) \tag{4.104}$$

$$= \Phi(d_1) + S_t\varphi(d_1)\frac{\partial d_1}{\partial S_t} - \underbrace{Ke^{-r(T-t)}\varphi(d_2)}_{=S_t\varphi(d_1)\text{ nach (A.18)}}\left(\frac{\partial d_1}{\partial S_t} - \frac{\partial\sigma\sqrt{T-t}}{\partial S_t}\right) \tag{4.105}$$

$$= \Phi(d_1) \geq 0. \tag{4.106}$$

Der Optionswert nach BLACK/SCHOLES ist demnach eine im Kurs des Basiswertes monoton steigende Funktion.[431] *Abbildung 4.8* zeigt den Verlauf der Kennzahl Delta im BLACK/SCHOLES-Modell in Abhängigkeit vom Kurs des Basiswertes und der Restlaufzeit der Option. Daraus wird deutlich, dass das Delta für weit aus-dem-Geld notierende Calls einen Wert von nahezu null aufweist, d. h. dass selbst eine größere Bewegung im Kurs des Basiswertes den Wert des Calls nicht zu erhöhen vermag. Liegt die Option im entgegengesetzten Fall weit im-Geld, charakterisiert ein Delta von nahezu eins die Tatsache, dass sich Kurs des Basiswertes und Wert des Calls „im Gleichschritt bewegen“: Eine Kursveränderung im Basiswert zieht hier eine betragsmäßig identische Veränderung des Optionswertes nach sich. Beide Effekte verstärken sich mit abnehmender Restlaufzeit.

---

[430] Vgl. auch die Analyse zum *Delta-Hedging* in Kapitel 5, Abschnitt 5.8. Im Rahmen der Herleitung des BLACK/SCHOLES-Modells auf Arbitragebasis in Kapitel 3, Abschnitt 3.6 wurde das Delta zur Konstruktion des Duplikationsportefeuilles verwendet.

[431] In diesem Fall – wie auch bei allen folgenden Berechnungen – beschreibt der Wert null stets einen theoretischen „Extremwert“, der bei realiter vorkommenden Parameterkonstellationen nicht angenommen wird. Somit kann etwa für das Delta im Rahmen der praktischen Anwendung auch von strenger Monotonie ausgegangen werden.

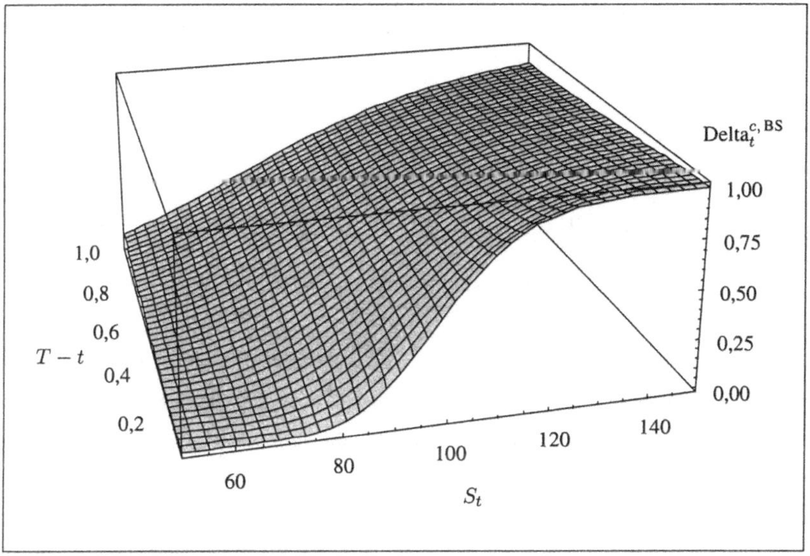

Abbildung 4.8. Kennzahl 'Delta' im BLACK/SCHOLES-Modell in Abhängigkeit vom Kurs des Basiswertes und der Restlaufzeit der Option. Die Grafik zeigt für das BLACK/SCHOLES-Modell die Werte der durch 'Delta' beschriebenen partiellen Ableitung der Optionswertfunktion eines Calls nach dem Kurs des Basiswertes in Abhängigkeit von eben diesem (S_t) und der Restlaufzeit der Option ($T - t$). Als übrige Parameterwerte werden exemplarisch $K = 100$, $\sigma = 0{,}40$ und $r = 0{,}03$ unterstellt.

Quelle: Eigene Darstellung.

Wie bereits ausgeführt, sind analoge Kennzahlen für Puts bei allen Sensitivitätskennzahlen unmittelbar über die Put-Call-Parität erhältlich. So gilt hier etwa

$$p_t^{\text{BS}} = c_t^{\text{BS}} - S_t + Ke^{-r(T-t)} \tag{4.107}$$

$$\Longrightarrow \text{Delta}_t^{p,\text{BS}} = \frac{\partial p_t^{\text{BS}}}{\partial S_t} = \frac{\partial c_t^{\text{BS}}}{\partial S_t} - \frac{\partial S_t}{\partial S_t} + \frac{\partial Ke^{-r(T-t)}}{\partial S_t} \tag{4.108}$$

$$= \Phi(d_1) - 1 \leq 0. \tag{4.109}$$

GRAM/CHARLIER-Modell. Für das GRAM/CHARLIER-Modell sind aufgrund der Orthogonalitätseigenschaft zu der partiellen Ableitung aus dem BLACK/SCHOLES-

Modell noch die Ableitungen der Korrekturterme, $\frac{\partial}{\partial S_t}(\gamma_1\Theta_3 + (\gamma_2 - 3)\Theta_4)$, zu addieren:[432]

$$
\begin{aligned}
\text{Delta}_t^{c,\,\text{GC}} &= \frac{\partial c_t^{\text{BS}}}{\partial S_t} + \gamma_1 \frac{\partial \Theta_3}{\partial S_t} + (\gamma_2 - 3)\frac{\partial \Theta_4}{\partial S_t} && (4.110)\\
&\approx \Phi(d_1) && (4.111)\\
&\quad + \varphi(d_1)\Big[\frac{\gamma_1}{3!}\Big(d_1^2 - 3d_1\sigma\sqrt{T-t} + 2\sigma^2(T-t) - 1\Big)\\
&\quad + \frac{\gamma_2 - 3}{4!}\Big(-d_1^3 + 4d_1^2\sigma\sqrt{T-t} - 3d_1\sigma^2(T-t) + 3d_1 - 4\sigma\sqrt{T-t}\Big)\Big].
\end{aligned}
$$

Die Analyse der Kennzahl Delta im GRAM/CHARLIER-Modell gestaltet sich weit weniger eindeutig als im BLACK/SCHOLES-Fall. So hängt etwa der Einfluss von Schiefe (γ_1) und Kurtosis (γ_2) der risikoneutralen Renditeverteilung von der konkreten Parameterkonstellation ab.[433] Formel (4.111) gestattet insbesondere keine eindeutige Aussage hinsichtlich des Vorzeichens von $\text{Delta}_t^{c,\,\text{GC}}$.

Mischungsmodell. Im Mischungsmodell mit k Komponenten erhält man für die Größe Delta:[434]

$$
\begin{aligned}
\text{Delta}_t^{c,\,\text{Misch}k} &= \frac{\partial c_t^{\text{Misch}k}}{\partial S_t} && (4.112)\\
&= \sum_{j=1}^{k} \lambda_j \frac{\partial}{\partial S_t}\left(S_t e^{(\varrho_j - r)(T-t)}\Phi(d_{j1}) - Ke^{-r(T-t)}\Phi(d_{j2})\right) && (4.113)\\
&= \sum_{j=1}^{k} \lambda_j e^{(\varrho_j - r)(T-t)}\Phi(d_{j1}) \geq 0. && (4.114)
\end{aligned}
$$

Wie auch im BLACK/SCHOLES-Fall ist das Delta im Mischungsmodell nach unten durch null beschränkt, d. h. der Wert einer europäischen Kaufoption steigt ceteris paribus hier ebenfalls mit dem Kurs des Basiswertes an.

---

432 Auf die Darstellung der mitunter sehr aufwendigen Zwischenrechnungen wird verzichtet.

433 Es sei an dieser Stelle an den in Abschnitt 4.2.2.3 analysierten eingeschränkten Wertebereich für γ_1 und γ_2 erinnert.

434 Obwohl sich die Berechnung als solche etwas aufwendiger gestaltet, sind die partiellen Ableitungen der Bewertungsformeln im Mischungsmodell im Wesentlichen gleich den gewichteten Summen von Sensitivitäten im BLACK/SCHOLES-Modell. Dieser Umstand erklärt sich dadurch, dass sich die Argumente d_{j1} bzw. d_{j2} von Dichte- bzw. Verteilungsfunktion der Standard-Normalverteilung vom BLACK/SCHOLES-Referenzfall nur dadurch unterscheiden, dass (i) die Driftparameter ϱ_j statt des Zinssatzes r in den Formeln auftreten und (ii) die Standardabweichungen σ_j indiziert sind.

Mit Blick auf *Tabelle 4.5* lässt sich in den beiden Konstellationen mit positiver Schiefe der risikoneutralen Renditeverteilung ein vergleichsweise höheres Delta bei den weit aus-dem-Geld notierenden – und vergleichsweise höherwertigen – Optionen feststellen. Am-Geld fällt die Sensitivität der Optionen auf Änderungen im Kurs des Basiswertes relativ betrachtet geringer aus. Im Falle linksschiefer Verteilungen zeigt sich das Gegenteil: Aufgrund der vermehrt in der rechten Flanke der Verteilungen liegenden Wahrscheinlichkeitsmasse reagiert der Wert aus-dem-Geld notierender Optionen verhältnismäßig wenig auf Kursänderungen im Basiswert.

4.4.3 Gamma

Unter der Kennzahl *Gamma* wird die zweimalige partielle Ableitung der Wertfunktion c_t nach dem zugrunde liegenden Kurs des Basiswertes S_t verstanden. Gamma gibt demnach die Veränderung des Deltas bei einer Variation im Kurs des Basiswertes an. Ein Gamma nahe null ist z. B. dann unabdingbar, falls allein auf Basis des Deltas Absicherungsstrategien für den Basiswert umgesetzt werden sollen.[435] In einem solchen Fall muss das Delta selbst möglichst invariant gegenüber Änderungen in S_t sein.

BLACK/SCHOLES-Modell. Auf Basis der Kennzahl Delta ergibt sich durch abermalige partielle Differenziation nach S_t:

$$\text{Gamma}_t^{c,\text{BS}} = \frac{\partial^2 c_t^{\text{BS}}}{\partial S_t^2} = \frac{\partial \text{Delta}_t^{c,\text{BS}}}{\partial S_t} = \frac{\partial \Phi(d_1)}{\partial S_t} = \frac{\varphi(d_1)}{S_t \sigma \sqrt{T-t}} \geq 0. \tag{4.115}$$

Der Wert eines Calls ist im Kurs des Basiswertes S_t somit eine strikt konvexe Funktion. Wie aus *Abbildung 4.9* ersichtlich, nimmt die Kennzahl Gamma für nahe am-Geld notierende Optionen ihren höchsten Wert an: Dort ändert sich das Delta in Abhängigkeit vom Kurs des Basiswertes am stärksten. Auch nimmt das Gamma im BLACK/SCHOLES-Modell mit abnehmender Restlaufzeit zu.

---

435 Vgl. hierzu wiederum die Hedging-Analysen im empirischen Teil der Arbeit, Kapitel 5, Abschnitt 5.8.

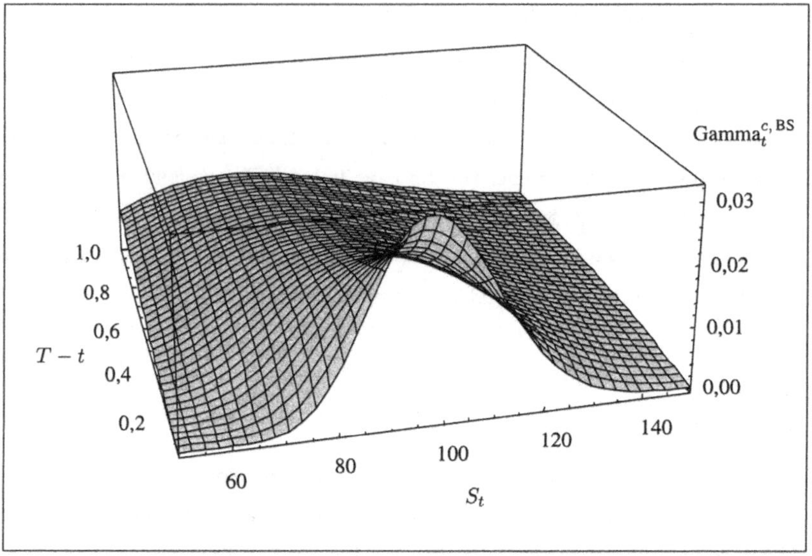

Abbildung 4.9. Kennzahl 'Gamma' im BLACK/SCHOLES-Modell in Abhängigkeit vom Kurs des Basiswertes und der Restlaufzeit der Option. Die Grafik zeigt für das BLACK/SCHOLES-Modell die Werte der durch 'Gamma' beschriebenen zweifachen partiellen Ableitung der Optionswertfunktion eines Calls nach dem Kurs des Basiswertes in Abhängigkeit von eben diesem (S_t) und der Restlaufzeit der Option ($T-t$). Als übrige Parameterwerte werden exemplarisch $K = 100$, $\sigma = 0{,}40$ und $r = 0{,}03$ unterstellt.

Quelle: Eigene Darstellung.

GRAM/CHARLIER-Modell. Hier lautet die zweifache partielle Ableitung nach S_t:

$$\text{Gamma}_t^{c,\,GC} = \frac{\partial^2 c_t^{BS}}{\partial S_t^2} + \gamma_1 \frac{\partial^2 \Theta_3}{\partial S_t^2} + (\gamma_2 - 3)\frac{\partial^2 \Theta_4}{\partial S_t^2} \tag{4.116}$$

$$\approx \frac{\varphi(d_1)}{S_t \sigma \sqrt{T-t}} \Big[1 + \tag{4.117}$$

$$\frac{\gamma_1}{3!}\Big(-d_1^3 + 3d_1^2\sigma\sqrt{T-t} - 2d_1\sigma^2(T-t) + 3d_1 - 3\sigma\sqrt{T-t}\Big) +$$

$$\frac{\gamma_2 - 3}{4!}\Big(d_1^4 - 4d_1^3\sigma\sqrt{T-t} + 3d_1^2\sigma^2(T-t) - 6d_1^2$$

$$+ 12 d_1\sigma\sqrt{T-t} - 3\sigma^2(T-t) + 3\Big)\Big].$$

Mischungsmodell. Mit Rückgriff auf das Ergebnis zur Kennzahl Delta erhält man für das Mischungsmodell ebenfalls eine Linearkombination der Gammas aus dem BLACK/SCHOLES-Modell:

$$\text{Gamma}_t^{c,\,\text{Misch}k} = \frac{\partial^2 c_t^{\text{Misch}k}}{\partial S_t^2} - \frac{\partial \text{Delta}_t^{c,\,\text{Misch}k}}{\partial S_t} \tag{4.118}$$

$$= \sum_{j=1}^{k} \lambda_j e^{(\varrho_j - r)(T-t)} \frac{\partial}{\partial S_t} \Phi(d_{j1}) \tag{4.119}$$

$$= \sum_{j=1}^{k} \lambda_j e^{(\varrho_j - r)(T-t)} \frac{\varphi(d_{j1})}{S_t \sigma_j \sqrt{T-t}} \geq 0. \tag{4.120}$$

Analog zum BLACK/SCHOLES-Fall ist der Wertebereich des Gammas nach unten durch null beschränkt, d. h. der Wert einer europäischen Kaufoption ist auch im Mischungsmodell eine im Kurs des Basiswertes konvexe Funktion.

Der Modellvergleich in *Tabelle 4.5* offenbart den Umstand, dass beim GRAM/CHARLIER-Ansatz der Fall negativer Werte für die Kennzahl Gamma auftritt: Das Delta nimmt in diesem Fall mit zunehmendem Kurs des Basiswertes ab, d. h. die Reagibilität des Optionswertes fällt bei dieser Konstellation – hier konkret bei weit aus-dem-Geld und weit im-Geld liegenden Optionen – geringer aus, wenn der Kurs zunimmt. Diese Charakteristik ist zwar mit dem BLACK/SCHOLES-Modell nicht vereinbar, aber dennoch kein Anzeichen für eine Unzulänglichkeit des konkurrierenden GRAM/CHARLIER-Ansatzes. So weisen etwa BERGMAN/GRUNDY/WIENER (1996) darauf hin, dass Optionswerte bei konvexer Auszahlungsfunktion wie z. B. $\max\{S_T - K; 0\}$ zwar i. d. R. konvex im Kurs des Basiswertes verlaufen, aber etwa bei unstetigen Kursprozessen in gewissen Bereichen auch fallend und konkav in S_t ausfallen können.

4.4.4 Theta

Die Sensitivität des Optionswertes in Bezug auf den Zeitparameter t wird mit *Theta* bezeichnet. Ein negativer Wert dieser Kennzahl symbolisiert den *Zeitwertverfall* einer Option, der sich mit Annäherung an den Verfalltag i. d. R. beschleunigt.

BLACK/SCHOLES-Modell. Die partielle Ableitung berechnet sich als:

$$\begin{aligned}\text{Theta}_t^{c,\text{BS}} &= \frac{\partial c_t^{\text{BS}}}{\partial t} = \frac{\partial}{\partial t}\left(S_t\Phi(d_1) - Ke^{-r(T-t)}\Phi(d_2)\right) \\ &= S_t\varphi(d_1)\frac{\partial d_1}{\partial t} - rKe^{-r(T-t)}\Phi(d_2) - \underbrace{Ke^{-r(T-t)}\varphi(d_2)}_{=S_t\varphi(d_1)\text{ nach (A.18)}}\frac{\partial d_2}{\partial t} \qquad (4.121)\\ &= S_t\varphi(d_1)\frac{\partial d_1}{\partial t} - rKe^{-r(T-t)}\Phi(d_2) - S_t\varphi(d_1)\left(\frac{\partial d_1}{\partial t} - \frac{\partial\sigma\sqrt{T-t}}{\partial t}\right) \qquad (4.122)\\ &= -\frac{S_t\sigma\varphi(d_1)}{2\sqrt{T-t}} - rKe^{-r(T-t)}\Phi(d_2) \leq 0. \qquad (4.123)\end{aligned}$$

Im BLACK/SCHOLES-Modell unterliegt eine Standard-Kaufoption demnach stets einem Zeitwertverfall.[436] Die grafische Darstellung in *Abbildung 4.10* zeigt darüber hinaus, dass dieser Wertverfall für am-Geld notierende Optionen betragsmäßig am größten und für weit aus-dem-Geld gelegene Optionen nahezu ohne Einfluss ist.[437]

GRAM/CHARLIER-Modell. Wiederum unter Nutzung der Orthogonalität erhält man:

$$\begin{aligned}\text{Theta}_t^{c,\text{GC}} &= \frac{\partial c_t^{\text{BS}}}{\partial t} + \gamma_1\frac{\partial\Theta_3}{\partial t} + (\gamma_2 - 3)\frac{\partial\Theta_4}{\partial t} \qquad (4.124)\\ &\approx -\frac{S_t\sigma\varphi(d_1)}{2\sqrt{T-t}}\Big[1+ \qquad (4.125)\\ &\quad \frac{\gamma_1}{3!}\Big(4\sigma\sqrt{T-t} - d_1 + 2d_1^*(T-t)(2d_1\sigma\sqrt{T-t} - d_1^2 + 1)\Big)+\\ &\quad \frac{\gamma_2 - 3}{4!}\Big(d_1^2 - 6\sigma d_1\sqrt{T-t} - 1+\\ &\quad 2d_1^*(T-t)(d_1^3 - d_1 - 3\sigma d_1^2\sqrt{T-t} - 2d_1 + 3\sigma\sqrt{T-t})\Big)\Big]\\ &\quad - rKe^{-r(T-t)}\Phi(d_2)\end{aligned}$$

---

436 „Time is always playing against you." (Sicht des Optionsinhabers) Allerdings sind bei europäischen *Verkaufsoptionen* auch Fälle möglich, in denen der Zeitwert mit Annäherung an den Verfalltag *zunimmt*. Dieses Phänomen tritt dann auf, wenn eine Option weit im-Geld und dabei zugleich unter ihrem inneren Wert notiert. Diese Konstellation eines *negativen Zeitwertes* ist nur deshalb möglich, da der innere Wert qua Ausübungsregelung erst am Verfalltag realisiert werden kann. Mit abnehmender Restlaufzeit – und damit einhergehenden abnehmenden Opportunitätskosten für die Alternativanlage des inneren Wertes – nimmt der Optionswert zu.

437 Wie man leicht feststellt, nähert sich die Kennzahl Theta mit zunehmendem S_t asymptotisch dem Wert $-rKe^{-r(T-t)}$ an.

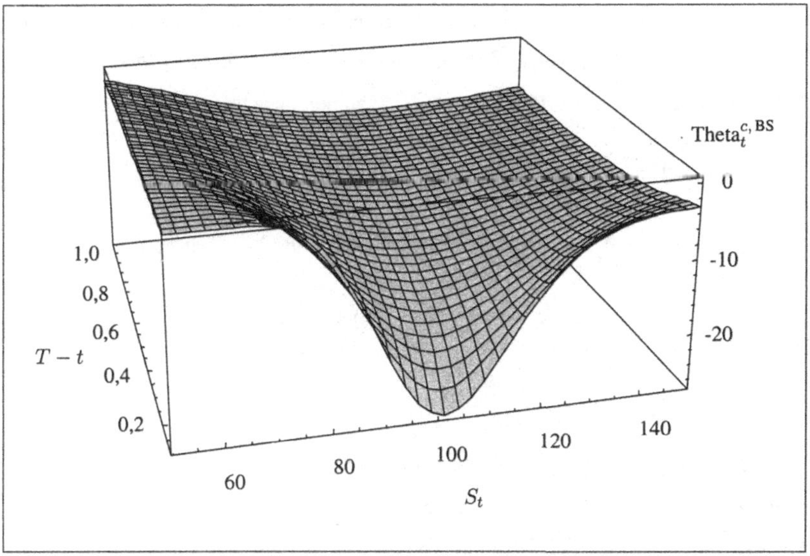

Abbildung 4.10. Kennzahl 'Theta' im BLACK/SCHOLES-Modell in Abhängigkeit vom Kurs des Basiswertes und der Restlaufzeit der Option. Die Grafik zeigt für das BLACK/SCHOLES-Modell die Werte der durch 'Theta' beschriebenen partiellen Ableitung der Optionswertfunktion eines Calls nach der Zeit in Abhängigkeit vom Kurs des Basiswertes (S_t) und der Restlaufzeit der Option ($T-t$). Als übrige Parameterwerte werden exemplarisch $K = 100$, $\sigma = 0{,}40$ und $r = 0{,}03$ unterstellt.

Quelle: Eigene Darstellung.

mit

$$d_1^* := \frac{\partial d_1}{\partial t} = \frac{\ln\frac{S_t}{K} - \left(r + \frac{1}{2}\sigma^2\right)(T-t)}{2\sigma(T-t)^{\frac{3}{2}}} \tag{4.126}$$

als partieller Ableitung der Größe d_1 nach t.

Mischungsmodell. Bei der Berechnung der Kennzahl Theta im Mischungsmodell gilt es zu beachten, dass entgegen dem BLACK/SCHOLES-Modell zusätzlich die partiellen Ableitungen des Vorfaktors $e^{(\varrho_j - r)(T-t)}$ zu berücksichtigen sind. Man erhält:

$$\text{Theta}_t^{c,\,\text{Misch}k} = \frac{\partial c_t^{\text{Misch}k}}{\partial t} \tag{4.127}$$

$$= \sum_{j=1}^{k} \lambda_j \frac{\partial}{\partial t} \left(S_t e^{(\varrho_j - r)(T-t)} \Phi(d_{j1}) - K e^{-r(T-t)} \Phi(d_{j2}) \right) \tag{4.128}$$

$$= \sum_{j=1}^{k} \lambda_j \Big[S_t e^{(\varrho_j - r)(T-t)} \left(-\frac{\sigma_j \varphi(d_{j1})}{2\sqrt{T-t}} + (r - \varrho_j)\Phi(d_{j1}) \right) \tag{4.129}$$

$$- rKe^{-r(T-t)}\Phi(d_{j2}) \Big].$$

Der Wertvergleich in *Tabelle 4.5* fördert die Charakteristik des modellspezifischen Wertverfalls von Optionen zutage. Es sei darauf hingewiesen, dass sich die ausgewiesenen Werte – bei einer Messung von Zeiträumen als Jahresbruchteile – auf ein Jahr beziehen, sodass z. B. der Wert von ca. -9,00 für am-Geld notierende Optionen im BLACK/SCHOLES-Modell dahingehend interpretiert werden kann, dass sich der aktuelle Wert einer Kaufoption in Höhe von ca. 17,14 (GE) ceteris paribus in einem Jahr approximativ um 9,00 (GE) vermindern wird. Dabei ist allerdings zu beachten, dass alle partiellen Ableitungen lediglich *lineare Näherungen* des Verlaufes der Optionswertfunktion beschreiben und somit im vorliegenden Fall nur bei infinitesimalem Fortschreiten der Zeit Gültigkeit besitzen.[438] So wird sich der Wert von -9,00 im Zeitablauf verändern, und zwar ceteris paribus betragsmäßig erhöhen, da der Zeitwertverfall mit Annäherung an den Zeitpunkt T zunimmt und die am-Geld notierende Option in T, bei unverändertem Kurs des Basiswertes, gerade einen Wert von null aufweisen muss.

Der tabellarische Modellvergleich zeigt, dass das GRAM/CHARLIER- und das Mischungsmodell mit negativer Schiefe und positiver Exzess-Kurtosis, zumindest im betrachteten Parameterbereich für den Kurs, dem tendenziell geringsten Restlaufzeiteinfluss unterliegen. Die Optionswertfunktion $c_t = c(t)$ weist bei diesen Konstellationen

---

438 Grafisch betrachtet wird im aktuellen Wert, z. B. zur Zeit t, eine Tangente an die Optionswertfunktion, hier $c_t = c(t)$, angelegt, um Wertänderungen abschätzen zu können. Je nach Verlauf der Funktion, speziell der höheren Ableitungen, wird diese Näherung bei Entfernung vom Referenzpunkt mitunter sehr ungenau.

das geringste Gefälle auf. Unter den am-Geld notierenden Optionen etwa führt das Mischungsmodell in der Parameterkonstellation $\varrho_1 = 0{,}25$ und $\sigma_2 = 0{,}2359$ zum betragsmäßig höchsten Zeitwertverlust.

4.4.5 Vega

Mit *Vega* (auch *Lambda* oder *Kappa*, selten *Epsilon*) wird die Empfindlichkeit des Wertes einer Option in Bezug auf Veränderungen der Volatilität σ beschrieben. Trotz einer z. B. im BLACK/SCHOLES-Modell als konstant unterstellten Volatilität wird zu Informationszwecken und vor dem Hintergrund der empirischen Erkenntnis, dass dies eine praxisferne Prämisse darstellt, die Sensitivität des Optionswertes in Bezug auf Änderungen in der Volatilität ermittelt.

BLACK/SCHOLES-Modell. Konkret errechnet sich:

$$\text{Vega}_t^{c,\text{BS}} = \frac{\partial}{\partial \sigma}\left(S_t\Phi(d_1) - Ke^{-r(T-t)}\Phi(d_2)\right) \tag{4.130}$$

$$= S_t\varphi(d_1)\frac{\partial d_1}{\partial \sigma} - \underbrace{Ke^{-r(T-t)}\varphi(d_2)}_{=S_t\varphi(d_1)\text{ nach (A.18)}}\frac{\partial d_2}{\partial \sigma} \tag{4.131}$$

$$= S_t\varphi(d_1)\frac{\partial d_1}{\partial \sigma} - S_t\varphi(d_1)\left(\frac{\partial d_1}{\partial \sigma} - \frac{\partial \sigma\sqrt{T-t}}{\partial \sigma}\right) \tag{4.132}$$

$$= S_t\varphi(d_1)\sqrt{T-t} \geq 0. \tag{4.133}$$

Im BLACK/SCHOLES-Modell wächst der Wert einer Standard-Kaufoption mit der Volatilität des Basiswertes. Nach *Abbildung 4.11* ist der Volatilitätseinfluss für am-Geld befindliche Optionen am größten. Notiert die Option weit aus-dem-Geld oder weit im-Geld, wirken sich Änderungen in der Volatilität kaum auf den theoretischen Optionswert aus.

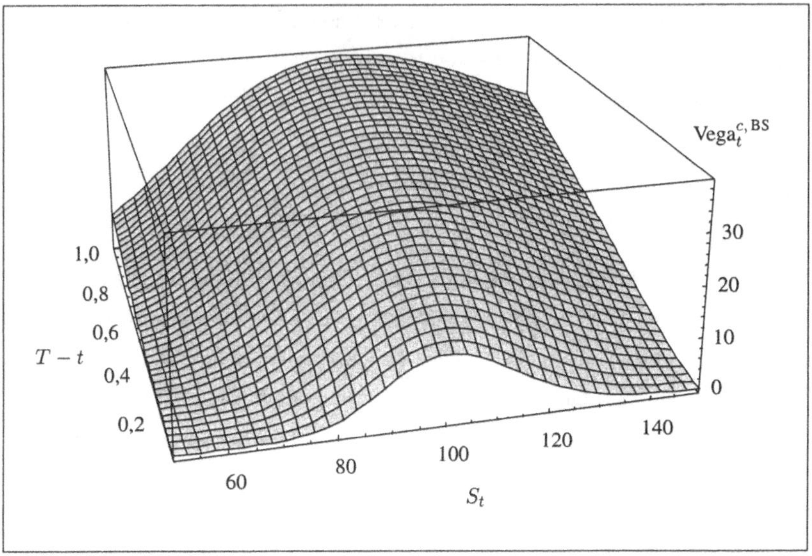

Abbildung 4.11. Kennzahl 'Vega' im BLACK/SCHOLES-Modell in Abhängigkeit vom Kurs des Basiswertes und der Restlaufzeit der Option. Die Grafik zeigt für das BLACK/SCHOLES-Modell die Werte der durch 'Vega' beschriebenen partiellen Ableitung der Optionswertfunktion eines Calls nach der Volatilität in Abhängigkeit vom Kurs des Basiswertes (S_t) und der Restlaufzeit der Option ($T-t$). Als übrige Parameterwerte werden exemplarisch $K = 100$, $\sigma = 0{,}40$ und $r = 0{,}03$ unterstellt.

Quelle: Eigene Darstellung.

GRAM/CHARLIER-Modell. Der Einfluss der Volatilität im GRAM/CHARLIER-Modell lässt sich wie folgt beschreiben:

$$\text{Vega}_t^{c,\text{GC}} = \text{Vega}_t^{c,\text{BS}} + \gamma_1 \frac{\partial \Theta_3}{\partial \sigma} + (\gamma_2 - 3)\frac{\partial \Theta_4}{\partial \sigma} \tag{4.134}$$

$$\begin{aligned} &\approx S_t \varphi(d_1)\sqrt{T-t}\Big[1+ \\ &+ \frac{\gamma_1}{3!}\Big(4\sigma\sqrt{T-t} - d_1 + d_1^{**}\sigma(d_1^2 - 2d_1\sigma\sqrt{T-t} - 1)\Big) \\ &+ \frac{\gamma_2 - 3}{4!}\Big(d_1^2 - 6d_1\sigma\sqrt{T-t} - 1+ \\ &\quad d_1^{**}(-d_1^3\sigma + 3d_1^2\sigma^2\sqrt{T-t} + 3d_1\sigma - 3\sigma^2\sqrt{T-t})\Big)\Big], \end{aligned} \tag{4.135}$$

wobei

$$d_1^{**} := \frac{\partial d_1}{\partial \sigma} = \frac{\sigma^2(T-t) - \left(\ln\frac{S_t}{K} + \left(r + \frac{1}{2}\sigma^2\right)(T-t)\right)}{\sigma^2\sqrt{T-t}} \tag{4.136}$$

$$= \sqrt{T-t} - \frac{d_1}{\sigma} \tag{4.137}$$

für die partielle Ableitung der Größe d_1 nach σ stehen möge.

Auf den Ausweis einer Kennzahl Vega für das Mischungsmodell wird verzichtet, da dessen Charakteristika nicht nur von einem Volatilitätsmaß, sondern den k Standardabweichungen σ_j, $j = 1, 2, \ldots, k$, abhängen. Bei Bedarf lassen sich partielle Ableitungen nach den einzelnen σ_j ermitteln und ggf. im Hinblick auf die Wirkung für die Gesamtvolatilität im Modell analysieren.

Der Vergleich zwischen BLACK/SCHOLES- und GRAM/CHARLIER-Modell anhand von *Tabelle 4.5* zeigt den stärksten Einfluss der Volatilität auf Optionswerte bei der rechtsschiefen Verteilung mit positiver Exzess-Kurtosis. Das Gegenteil ist für die analoge linksschiefe Verteilung zu konstatieren. Wie bereits bei der Analyse der Kennzahl Theta ist darauf hinzuweisen, dass die Größe Vega die Veränderung des Optionswertes bei einer Variation des untersuchten Parameters um eine Einheit angibt – im konkreten Fall bedeutet dies eine Änderung in der Volatilität um 1,00, entsprechend 100 %. Ein Vega in Höhe von z. B. ca. 38,41 ist demnach dahingehend auszulegen, dass eine um 0,01 bzw. 1 % erhöhte Volatilität ceteris paribus zu einer Steigerung im Optionswert um ca. 0,38 (GE) führt.

4.4.6 Rho

Die Änderung des Optionswertes bei einer Variation des Zinssatzes r wird über die Kennzahl *Rho* (selten auch mit *Ypsilon* bezeichnet) charakterisiert. Aufgrund wenig volatiler Basiszinssätze ist Rho in der Praxis allerdings von untergeordneter Bedeutung.

BLACK/SCHOLES-Modell. Man erhält hier:

$$\mathrm{Rho}_t^{c,\,\mathrm{BS}} = \frac{\partial c_t^{\mathrm{BS}}}{\partial r} = \frac{\partial}{\partial r}\left(S_t\Phi(d_1) - Ke^{-r(T-t)}\Phi(d_2)\right) \tag{4.138}$$

$$= S_t\varphi(d_1)\frac{\partial d_1}{\partial r} + K(T-t)e^{-r(T-t)}\Phi(d_2) - \underbrace{Ke^{-r(T-t)}\varphi(d_2)}_{=S_t\varphi(d_1)\text{ nach (A.18)}}\frac{\partial d_2}{\partial r} \tag{4.139}$$

$$= S_t\varphi(d_1)\frac{\partial d_1}{\partial r} + K(T-t)e^{-r(T-t)}\Phi(d_2) - S_t\varphi(d_1)\left(\frac{\partial d_1}{\partial r} - \frac{\partial\sigma\sqrt{T-t}}{\partial r}\right) \tag{4.140}$$

$$= K(T-t)e^{-r(T-t)}\Phi(d_2) \geq 0. \tag{4.141}$$

Eine Erhöhung des Zinssatzes r führt stets zu einem höheren Kaufoptionswert nach BLACK/SCHOLES, da der bei Duplikation des Anspruches entstehende Zinsaufwand zunimmt. In Ergänzung zu Formel (4.138) zeigt *Abbildung 4.12* grafisch, dass der risikolose Zins für Calls mit hohem innerem Wert ein vergleichsweise wichtiger, für weit aus-dem-Geld notierende Kaufoptionen ein eher unbedeutender Wertparameter ist. Insbesondere nimmt der Einfluss der Änderung im Zinssatz r mit Annäherung an den Verfalltag T ab.

GRAM/CHARLIER-Modell. Die Kennzahl Rho ist hier gleich

$$\mathrm{Rho}_t^{c,\,\mathrm{GC}} = \frac{\partial c_t^{\mathrm{BS}}}{\partial r} + \gamma_1\frac{\partial\Theta_3}{\partial r} + (\gamma_2 - 3)\frac{\partial\Theta_4}{\partial r} \tag{4.142}$$

$$\approx K(T-t)e^{-r(T-t)}\Bigg[\Phi(d_2) + \varphi(d_2)\cdot \tag{4.143}$$

$$\left[\frac{\gamma_1}{3!}\Big(d_1^2 - 2d_1\sigma\sqrt{T-t} - 1\Big) + \frac{\gamma_2 - 3}{4!}\Big(-d_1^3 + 3d_1^2\sigma\sqrt{T-t} + 3d_1 - 3\sigma\sqrt{T-t}\Big)\right]\Bigg].$$

Mischungsmodell. Wiederum unter Berücksichtigung der partiellen Ableitung des im Unterschied zum BLACK/SCHOLES-Modell auftretenden Vorfaktors $e^{(\varrho_j - r)(T-t)}$

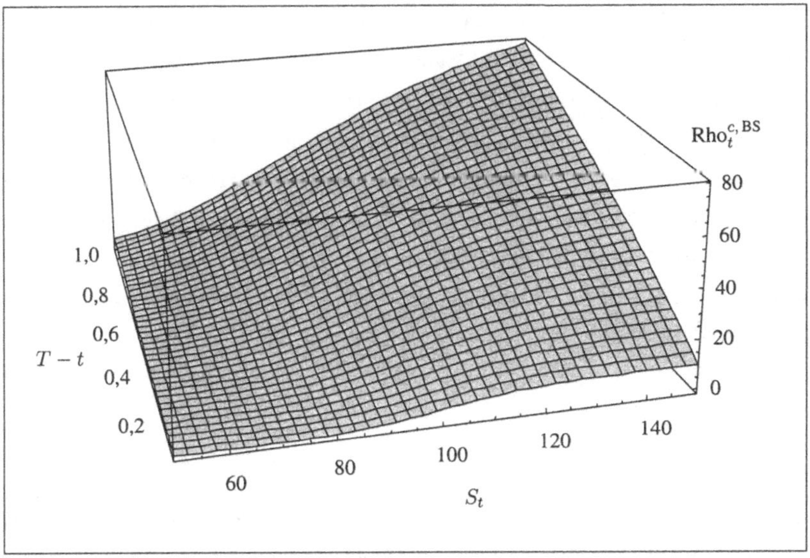

Abbildung 4.12. Kennzahl 'Rho' im BLACK/SCHOLES-Modell in Abhängigkeit vom Kurs des Basiswertes und der Restlaufzeit der Option. Die Grafik zeigt für das BLACK/SCHOLES-Modell die Werte der durch 'Rho' beschriebenen partiellen Ableitung der Optionswertfunktion eines Calls nach dem risikolosen Zinssatz in Abhängigkeit vom Kurs des Basiswertes (S_t) und der Restlaufzeit der Option ($T-t$). Als übrige Parameterwerte werden exemplarisch $K = 100$, $\sigma = 0{,}40$ und $r = 0{,}03$ unterstellt.

Quelle: Eigene Darstellung.

erhält man den Einfluss des Zinssatzes auf den Optionswert im Mischungsansatz wie folgt:

$$\mathrm{Rho}_t^{c,\,\mathrm{Misch}k} = \frac{\partial c_t^{\mathrm{Misch}k}}{\partial r} \tag{4.144}$$

$$= \sum_{j=1}^{k} \lambda_j \frac{\partial}{\partial r} \left(S_t e^{(\varrho_j - r)(T-t)} \Phi(d_{j1}) - K e^{-r(T-t)} \Phi(d_{j2}) \right) \tag{4.145}$$

$$= \sum_{j=1}^{k} \lambda_j \Big[- S_t e^{(\varrho_j - r)(T-t)} (T-t) \Phi(d_{j1}) \tag{4.146}$$

$$+ K(T-t) e^{-r(T-t)} \Phi(d_{j2}) \Big].$$

Mit Blick auf *Tabelle 4.5* fällt auf, dass in einem der Mischungsmodelle negative Werte der Größe Rho auftreten.[439] Diese Möglichkeit wird auch anhand von Formel (4.146) deutlich, in der im Gegensatz zum BLACK/SCHOLES-Modell additive Terme der Form $\lambda_j \left[-S_t e^{(\varrho_j - r)(T-t)}(T-t)\Phi(d_{j1}))\right] \leq 0$ auftreten. Den Umstand einer Abnahme des Wertes einer Kaufoption bei steigendem Zinsniveau allein anhand der Verteilungsgestalt zu erklären, dürfte schwer fallen. Es sei wiederum auf den Beitrag von BERGMAN/GRUNDY/WIENER (1996) verwiesen, die eine derartige Konstellation unter im Gegensatz zu BLACK/SCHOLES verallgemeinerten Rahmenbedingungen als möglich einstufen.

4.4.7 Alpha

Obwohl der Basispreis einer Option i. d. R. nicht veränderlich ist, wird in Theorie und Praxis z. T. eine partielle Ableitung des Optionswertes nach K ausgewiesen. Eine mögliche Bezeichnung für diese Kenngröße ist *Alpha*.

BLACK/SCHOLES-Modell. Es errechnet sich:

$$\text{Alpha}_t^{c,\text{BS}} = \frac{\partial c_t^{\text{BS}}}{\partial K} = \frac{\partial}{\partial K}\left(S_t\Phi(d_1) - Ke^{-r(T-t)}\Phi(d_2)\right) \tag{4.147}$$

$$= S_t\varphi(d_1)\frac{\partial d_1}{\partial K} - e^{-r(T-t)}\Phi(d_2) - \underbrace{Ke^{-r(T-t)}\varphi(d_2)}_{=S_t\varphi(d_1)\text{ nach (A.18)}}\frac{\partial d_2}{\partial K} \tag{4.148}$$

$$= S_t\varphi(d_1)\frac{\partial d_1}{\partial K} - e^{-r(T-t)}\Phi(d_2) - S_t\varphi(d_1)\left(\frac{\partial d_1}{\partial K} - \frac{\partial\sigma\sqrt{T-t}}{\partial K}\right) \tag{4.149}$$

$$= -e^{-r(T-t)}\Phi(d_2) \leq 0. \tag{4.150}$$

Der Optionswert im BLACK/SCHOLES-Modell ist demnach eine im Basispreis fallende Funktion. Wie in *Abbildung 4.13* deutlich wird, nimmt das Alpha seine betragsmäßig größten Werte im Bereich weit im-Geld an: Eine Erhöhung des Basisprei-

---

[439] Auch hier sei der Hinweis angebracht, dass sich die Werte von Rho auf eine Änderung des Zinssatzes in Höhe von 1,0, entsprechend 100 %, beziehen.

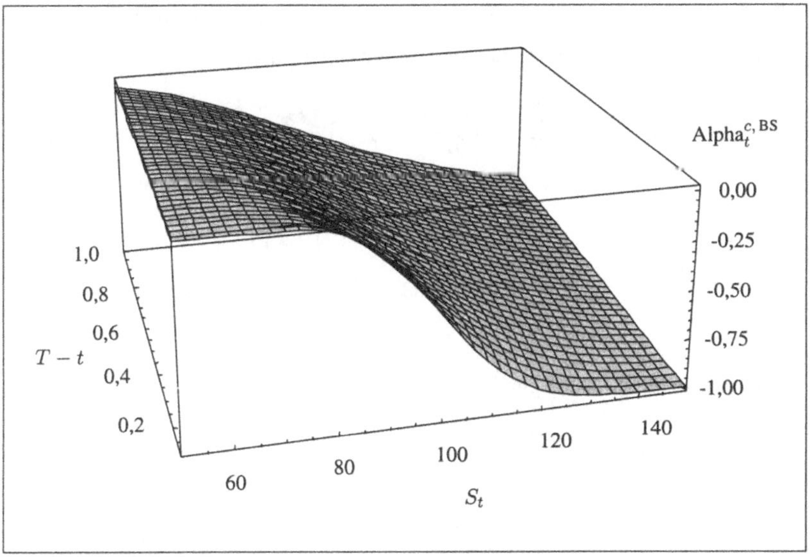

Abbildung 4.13. Kennzahl 'Alpha' im BLACK/SCHOLES-Modell in Abhängigkeit vom Kurs des Basiswertes und der Restlaufzeit der Option. Die Grafik zeigt für das BLACK/SCHOLES-Modell die Werte der durch 'Alpha' beschriebenen partiellen Ableitung der Optionswertfunktion eines Calls nach dem Basispreis in Abhängigkeit vom Kurs des Basiswertes (S_t) und der Restlaufzeit der Option ($T-t$). Als übrige Parameterwerte werden exemplarisch $K = 100$, $\sigma = 0{,}40$ und $r = 0{,}03$ unterstellt.

Quelle: Eigene Darstellung.

ses einer Option um eine Einheit führt zu einer nahezu identischen Reduktion im Wert der Option.[440]

[440] Vgl. hierzu auch die Ausführungen in Kapitel 3, Abschnitt 3.7.4, wonach zur Existenz eines risikoneutralen Wahrscheinlichkeitsmaßes die Optionswertfunktion nicht nur fallend, sondern zusätzlich konvex im Basispreis sein muss. Aus

$$\frac{\partial^2 c_t^{\mathrm{BS}}}{\partial K^2} = \frac{\partial \mathrm{Alpha}_t^{c,\,\mathrm{BS}}}{\partial K} = -e^{-r(T-t)}\frac{\partial \Phi(d_2)}{\partial K} \tag{4.151}$$

$$= -e^{-r(T-t)}\varphi(d_2)\left(\frac{\partial d_1}{\partial K} - \frac{\partial \sigma\sqrt{T-t}}{\partial K}\right) \tag{4.152}$$

$$= -e^{-r(T-t)}\varphi(d_2)\frac{\partial}{\partial K}\left(\frac{\ln S_t - \ln K + (r+\frac{1}{2}\sigma^2)(T-t)}{\sigma\sqrt{T-t}}\right) \tag{4.153}$$

$$= \frac{e^{-r(T-t)}}{K\sigma\sqrt{T-t}}\varphi(d_2) \geq 0 \tag{4.154}$$

folgt für das BLACK/SCHOLES-Modell der analytische Nachweis der Konvexität von c_t in K.

GRAM/CHARLIER-Modell. Bei Berücksichtigung von Schiefe und Kurtosis in der risikoneutralen Renditeverteilung folgt für die Größe Alpha:

$$\text{Alpha}_t^{c,\,\text{GC}} = \frac{\partial c_t^{\text{BS}}}{\partial K} + \gamma_1 \frac{\partial \Theta_3}{\partial K} + (\gamma_2 - 3)\frac{\partial \Theta_4}{\partial K} \tag{4.155}$$

$$= -e^{-r(T-t)}\Phi(d_2) + \frac{S_t}{K}\varphi(d_1) \cdot \tag{4.156}$$

$$\left[\frac{\gamma_1}{3!}\Big(d_1(2\sigma\sqrt{T-t} - d1) + 1\Big) + \right.$$

$$\left.\frac{\gamma_2 - 3}{4!}\Big(d_1^3 - 3d_1 - 3\sigma d_1^2\sqrt{T-t} + 3\sigma\sqrt{T-t}\Big)\right].$$

Mischungsmodell. Hier gilt

$$\text{Alpha}_t^{c,\,\text{Misch}k} = \frac{\partial c_t^{\text{Misch}k}}{\partial K} \tag{4.157}$$

$$= \sum_{j=1}^{k} \lambda_j \frac{\partial}{\partial K}\left(S_t e^{(\varrho_j - r)(T-t)}\Phi(d_{j1}) - Ke^{-r(T-t)}\Phi(d_{j2})\right) \tag{4.158}$$

$$= -e^{-r(T-t)}\sum_{j=1}^{k}\lambda_j\Phi(d_{j2}) \leq 0. \tag{4.159}$$

Die für das BLACK/SCHOLES-Modell festgestellte Monotonie der Optionswertfunktion im Basispreis überträgt sich auch auf den Mischungsansatz.[441]

Der Vergleich in *Tabelle 4.5* fördert u. a. zutage, dass speziell am-Geld die rechtsschiefen Verteilungen im GRAM/CHARLIER- und Mischungsmodell die betragsmäßig geringsten Werte für Alpha mit sich bringen. In diesen Fällen führt eine Erhöhung des Basispreises einer Kaufoption nur zu einem vergleichsweise geringeren Wertrückgang.

4.4.8 Sonstige Optionskennzahlen

Im Schrifttum kaum zu findende Größen sind die „Praktiker-Kennzahlen" *Volga*, die zweifache partielle Ableitung der Optionswertfunktion nach der Volatilität, und *Vanna*, die gemischte partielle Ableitung des Optionswertes nach dem Kurs des Basiswertes und nach der Volatilität. Da für das Mischungsmodell bereits keine partielle Ableitung

---

[441] Gleiches gilt für die in Fußnote 440 im BLACK/SCHOLES-Fall nachgewiesene Konvexitätseigenschaft.

nach der Volatilität gegeben ist, wird auf eine nähere Diskussion der Größen Volga und Vanna verzichtet.

Des Weiteren offenbaren die partiellen Ableitungen

$$\frac{\partial c_t^{GC}}{\partial \gamma_1} \text{ und } \frac{\partial c_t^{GC}}{\partial \gamma_2} \tag{4.160}$$

sowie

$$\frac{\partial c_t^{\text{Misch}k}}{\partial \lambda_j}, \frac{\partial c_t^{\text{Misch}k}}{\partial \varrho_j}, j = 1, 2, \ldots, k-1 \text{ und} \tag{4.161}$$

$$\frac{\partial c_t^{\text{Misch}k}}{\partial \sigma_j}, j = 1, 2, \ldots, k \tag{4.162}$$

den Einfluss der im Vergleich zum BLACK/SCHOLES-Modell in den alternativen Ansätzen zusätzlich auftretenden Parameter. Im GRAM/CHARLIER-Modell erhält man für die partiellen Ableitungen nach Schiefe- bzw. Kurtosiskoeffizienten gerade die Korrekturterme Θ_3 bzw. Θ_4, die somit – als einer der Hauptgründe für die Attraktivität dieses Modells – unmittelbar die marginale Änderung des Optionswertes bei einer Variation in den standardisierten dritten bzw. vierten Momenten der risikoneutralen Renditeverteilung beschreiben. Im Mischungsmodell gilt für den Einfluss der Gewichtungsparameter offenbar

$$\frac{\partial c_t^{\text{Misch}k}}{\partial \lambda_j} = \frac{\partial}{\partial \lambda_j} \sum_{j=1}^{k} \lambda_j \left(S_t e^{(\varrho_j - r)(T-t)} \Phi(d_{j1}) - K e^{-r(T-t)} \Phi(d_{j2})\right) \tag{4.163}$$

$$= S_t e^{(\varrho_j - r)(T-t)} \Phi(d_{j1}) - K e^{-r(T-t)} \Phi(d_{j2}), \tag{4.164}$$

d. h. der j-te „Einzel-Optionswert“ gibt gerade den marginalen Einfluss des j-ten Gewichtungskoeffizienten an. Die partiellen Ableitungen nach den einzelnen Driftparametern ϱ_j und Standardabweichungen σ_j können zur weiteren Charakterisierung des Wertmechanismus im Mischungsmodell herangezogen werden; auf eine nähere Analyse wird hier verzichtet.

Neben den Ableitungen der Bewertungsformeln lassen sich Optionen mit Hilfe weiterer Kenngrößen charakterisieren, von denen zwei herausgestellt seien: Das *Aufgeld* gibt den relativen Mehrbetrag beim Bezug des Basisinstrumentes mit Hilfe der Option gegenüber dem direkten Kauf des Basisgutes an. Für einen europäischen Call gilt damit[442]

$$\frac{c_t + K - S_t}{S_t}. \tag{4.165}$$

Optionsgeschäfte üben nicht zuletzt deshalb einen großen Reiz aus, da es möglich ist, mit im Vergleich zu reinen Kassamarktgeschäften geringem Kapitaleinsatz einen großen *Hebeleffekt* (engl.: *leverage*) zu erzielen, der sich im Falle eines Calls als S_t/c_t quantifizieren lässt. Praxisrelevant ist jedoch stets der *effektive Hebel* bzw. die *Elastizität*, z. T. auch mit *Omega* bezeichnet, in die das Delta als Sensitivität des Optionspreises in Bezug auf Kursänderungen des Basiswertes einfließt. Für einen Call gilt:

$$\text{Omega}_t^c = \frac{S_t}{c_t} \cdot \text{Delta}_t^c. \tag{4.166}$$

In Abhängigkeit vom verwendeten Bewertungsmodell ändert sich mit Delta_t^c auch der effektive Hebel der Option. Neben Aufgeld und Hebel lassen sich auch etwaige weitere Kenngrößen bei Kenntnis von c_t und dessen partiellen Ableitungen unmittelbar ermitteln.

4.5 Modellspezifische Abbildbarkeit von Volatilitätsphänomenen

Von zentraler Bedeutung in der Praxis sind die im Zusammenhang mit dem Basispreis von Optionen auftretenden Volatilitätsphänomene. Gibt die implizite Volatilität allgemein die, i. d. R. annualisierte, Standardabweichung der stetigen Rendite des Basiswertes einer Option an, so kann dieses Maß bezogen auf einen Basiswert und ein festes zukünftiges Zeitintervall $[t, T]$ nur *einen* Wert annehmen. Falls es nämlich genau eine – risikoneutrale – Verteilung gibt, die der Bewertung am Optionsmarkt zugrunde liegt, existiert genau ein solches Maß. Wie bereits in Kapitel 3, Abschnitt 3.7.2 diskutiert, führt insbesondere der Basispreiseffekt, d. h. die festgestellte funktionale Abhängigkeit der impliziten Volatilität vom Basispreis, zu einer Verwerfung der Anwendbarkeit des BLACK/SCHOLES-Modells.

---

442 In der Praxis wird vor allem das annualisierte Aufgeld ausgewiesen.

Die beiden diskutierten Modellalternativen in Form des GRAM/CHARLIER- und des Mischungsansatzes versprechen Abhilfe in Form einer Flexibilisierung der risikoneutralen Kurs- bzw. Renditeverteilungen. Um diese in Verbindung mit dem BLACK/SCHOLES-Modell zu bringen, wird dessen implizite Volatilität σ_{imp} als Ausgangspunkt gewählt, die qua Modellkonstruktion eine im Basispreis bzw. in der Moneyness konstante Funktion sein sollte. Sofern diese Voraussetzung in der Praxis verletzt ist, wird die Verwendung der Alternativmodelle motiviert. Diese sollten aufgrund der flexibleren Parametrisierung in der Lage sein, die Gestalt von σ_{imp} abzubilden. Um dieses für die beiden vorliegenden Modellvarianten zu veranschaulichen, wird σ_{imp} in funktionale Abhängigkeit zu den Parametern $(\sigma;\gamma_1;\gamma_2)$ bzw. $(\lambda_1;\lambda_2;\ldots;\lambda_{k-1};\varrho_1;\varrho_2;\ldots;\varrho_{k-1};\sigma_1;\sigma_2;\ldots;\sigma_k)$ gebracht. Hierzu kann eine Taylor-Reihenentwicklung von $c_t^{\text{BS}}(\sigma_{\text{imp}})$ um den Punkt $\sigma_{\text{imp}} = \sigma$ dienen.[443] Diese liefert:

$$
\begin{aligned}
c_t^{\text{BS}}(\sigma_{\text{imp}}) &= \sum_{i=0}^{\infty} \frac{1}{i!}\frac{\partial^i c_t^{\text{BS}}(\sigma)}{\partial \sigma^i}(\sigma_{\text{imp}}-\sigma)^i && (4.167)\\
&\approx c_t^{\text{BS}}(\sigma) + \frac{\partial c_t^{\text{BS}}(\sigma)}{\partial\sigma}(\sigma_{\text{imp}}-\sigma) + \frac{1}{2!}\frac{\partial^2 c_t^{\text{BS}}(\sigma)}{\partial\sigma^2}(\sigma_{\text{imp}}-\sigma)^2 && (4.168)\\
&= c_t^{\text{BS}}(\sigma) + S_t\varphi(d_1)\sqrt{T-t}(\sigma_{\text{imp}}-\sigma) && (4.169)\\
&\quad + \frac{1}{2}S_t\varphi(d_1)\sqrt{T-t}\,\frac{d_1 d_2}{\sigma}(\sigma_{\text{imp}}-\sigma)^2.
\end{aligned}
$$

Mit der Gleichsetzung $c_t^{\text{BS}}(\sigma_{\text{imp}}) \stackrel{!}{=} c_t^{\text{GC}}$ bzw. $c_t^{\text{BS}}(\sigma_{\text{imp}}) \stackrel{!}{=} c_t^{\text{Misch}k}$ lässt sich die implizite Volatilität approximativ funktional über das GRAM/CHARLIER-Modell bzw. das Mischungsmodell darstellen. Die implizite Volatilität σ_{imp} nach BLACK/SCHOLES wird dabei von den Parametern des jeweils alternativ betrachteten Modells abhängen.

Der Ansatz lautet bei Beschränkung auf die Taylor-Approximation erster Ordnung:

$$
\begin{aligned}
c_t^{\text{BS}} + S_t\varphi(d_1)\sqrt{T-t}(\sigma_{\text{imp}}-\sigma) &\stackrel{!}{=} c_t^{\text{GC}} && (4.170)\\
\iff \sigma_{\text{imp}} &= \sigma + \frac{c_t^{\text{GC}} - c_t^{\text{BS}}}{S_t\varphi(d_1)\sqrt{T-t}} && (4.171)
\end{aligned}
$$

443 Vgl. zu Reihenentwicklungen der impliziten Volatilität auch BUTLER/SCHACHTER (1986), CORRADO/MILLER (1996a) und CORRADO/MILLER (1996b).

bzw.

$$c_t^{\text{BS}} + S_t\varphi(d_1)\sqrt{T-t}(\sigma_{\text{imp}} - \sigma) \stackrel{!}{=} c_t^{\text{Misch}k} \tag{4.172}$$

$$\iff \sigma_{\text{imp}} = \sigma + \frac{c_t^{\text{Misch}k} - c_t^{\text{BS}}}{S_t\varphi(d_1)\sqrt{T-t}}. \tag{4.173}$$

Bezieht man die Reihenglieder bis zur Ordnung zwei mit in die Analyse ein und setzt zur Abkürzung $A_1 := S_t\varphi(d_1)\sqrt{T-t}$, $A_2 := \frac{1}{2}S_t\varphi(d_1)\sqrt{T-t}\,\frac{d_1 d_2}{\sigma}$ und $A_D := c_t^{\text{GC}} - c_t^{\text{BS}}$ bzw. $A_D := c_t^{\text{Misch}k} - c_t^{\text{BS}}$, erhält man für die implizite Volatilität σ_{imp} ein quadratisches Polynom der Form

$$A_2(\sigma_{\text{imp}} - \sigma)^2 + A_1(\sigma_{\text{imp}} - \sigma) - A_D \stackrel{!}{=} 0. \tag{4.174}$$

Die Lösungen ergeben sich über

$$(\sigma_{\text{imp}} - \sigma)^2 + \frac{A_1}{A_2}(\sigma_{\text{imp}} - \sigma) - \frac{A_D}{A_2} \stackrel{!}{=} 0 \Longrightarrow \tag{4.175}$$

$$\sigma_{\text{imp}} = \sigma - \frac{A_1}{2A_2} \pm \sqrt{\left(\frac{A_1}{2A_2}\right)^2 + \frac{A_D}{A_2}}. \tag{4.176}$$

Geschlossene Formeln dieser Art lassen sich theoretisch sogar bis zum einschließlich vierten Taylorglied erreichen,[444] im Folgenden soll jedoch zur Vereinfachung mit einer Approximation erster Ordnung gearbeitet werden.

Für das GRAM/CHARLIER-Modell gilt demnach:

$$\sigma_{\text{imp}}^{\text{GC}} = \sigma + \frac{\gamma_1\Theta_3 + (\gamma_2 - 3)\Theta_4}{S_t\varphi(d_1)\sqrt{T-t}}. \tag{4.177}$$

---

[444] Für Polynome vom Grad fünf und höher gibt es, von Spezialfällen mit einzelnen verschwindenden Koeffizienten abgesehen, keine geschlossene Lösungsformel.

Das Einsetzen der Korrekturterme (4.50) und (4.51) führt auf[445]

$$\begin{aligned}\sigma_{\text{imp}}^{\text{GC}} = \sigma + \frac{\gamma_1}{3!}\sigma\left[\left(2\sigma\sqrt{T-t} - d_1\right) + \sigma^2(T-t)\frac{\Phi(d_1)}{\varphi(d_1)}\right] \\ + \frac{\gamma_2 - 3}{4!}\sigma\Big[d_1^2 - 1 - 3\sigma\sqrt{T-t}\left(d_1 - \sigma\sqrt{T-t}\right) + \\ + \sigma^3(T-t)^{\frac{3}{2}}\frac{\Phi(d_1)}{\varphi(d_1)}\Big].\end{aligned} \tag{4.178}$$

Daraus wird ersichtlich, dass die implizite Volatilität bei der gegebenen Approximation – ceteris paribus – eine lineare Funktion in Schiefe und Exzess-Kurtosis der zugrunde liegenden risikoneutralen Renditeverteilung ist. *Abbildung 4.14* zeigt den Verlauf der impliziten Volatilität in Abhängigkeit von der Moneyness der Option bei einer Variation der Schiefe und moderater sowie ausgeprägter Exzess-Kurtosis. Der Graph (a) lässt erkennen, dass die implizite Volatilität für aus-dem-Geld (im-Geld) notierende Optionen mit der Schiefe zunimmt (abnimmt). Im Graphen (b) wird der wichtige Einfluss der Kurtosis deutlich: Eine ausgeprägte Exzess-Kurtosis der risikoneutralen Renditeverteilung führt zu einem quadratischen Verlauf der impliziten Volatilität. Die genaue Lage und insbesondere die Form (Smile, Smirk) wird zusätzlich durch die Schiefe determiniert. In *Abbildung 4.15* wird dieser Zusammenhang bestätigt: Die Steigung des Funktionsgraphen entlang der Moneyness-Achse wird im Wesentlichen durch die Schiefe bestimmt. Die Zunahme der Kurtosis trägt insbesondere zur quadratischen U-Form des Funktionsgraphen bei, für deren Erreichung in den beiden dargestellten Szenarien mit negativer und positiver Schiefe allerdings eine hohe Exzess-Kurtosis erforderlich ist.

Eine analoge Approximation erhält man für das Mischungsmodell wie folgt:

$$\sigma_{\text{imp}}^{\text{Misch}k} = \sigma + \frac{c_t^{\text{Misch}k} - c_t^{\text{BS}}}{S_t\varphi(d_1)\sqrt{T-t}} \tag{4.179}$$

$$= \sigma + \frac{\sum_{j=1}^{k}\lambda_j\left(S_t e^{(\varrho_j - r)(T-t)}\Phi(d_{j1}) - Ke^{-r(T-t)}\Phi(d_{j2})\right) - c_t^{\text{BS}}}{S_t\varphi(d_1)\sqrt{T-t}}; \tag{4.180}$$

für festes σ steuern die Parameter $\lambda_1, \lambda_2, \ldots, \lambda_{k-1}, \varrho_1, \varrho_2, \ldots, \varrho_{k-1}, \sigma_1, \sigma_2, \ldots, \sigma_k$ die Gestalt der (approximativen) impliziten Volatilität. Hier gestaltet es sich allerdings

445 Ggf. ließen sich hier, analog zu den Sensitivitätskennzahlen in Abschnitt 4.4, Ausdrücke mit höheren Potenzen von σ vernachlässigen.

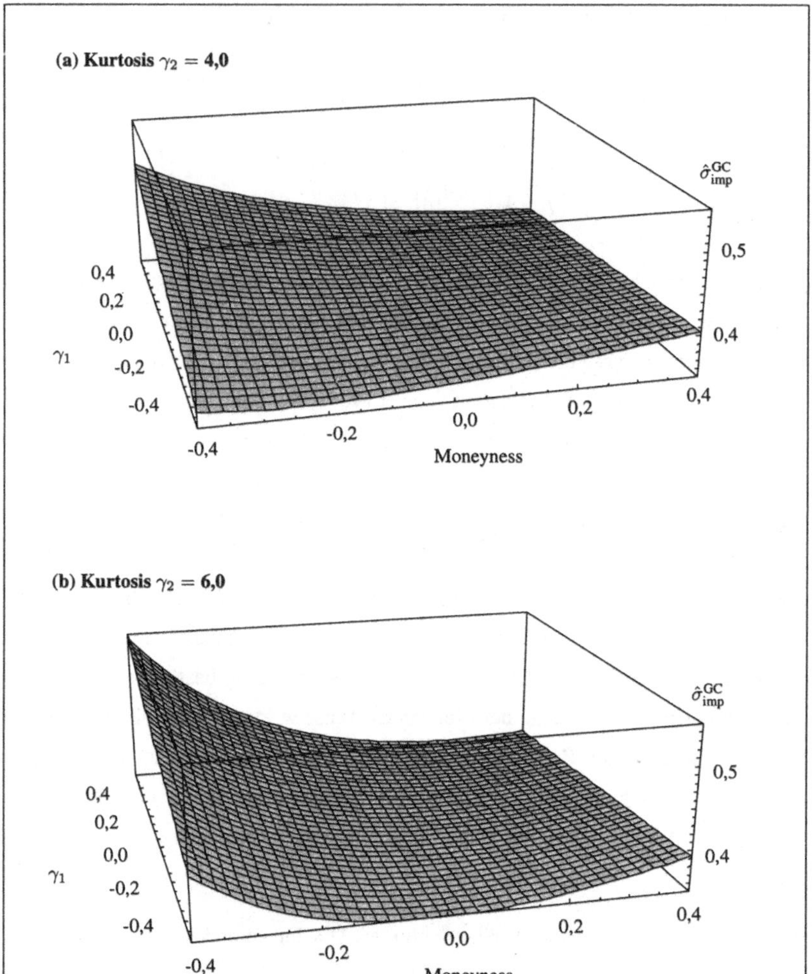

Abbildung 4.14. Abbildung der impliziten Volatilität nach BLACK/SCHOLES mit Hilfe des GRAM/CHARLIER-Modells (I) – Variation der Schiefe bei moderater und ausgeprägter Exzess-Kurtosis der risikoneutralen Renditeverteilung. Die Grafik illustriert die Möglichkeit zur Approximation der nicht konstanten impliziten Volatilität nach BLACK/SCHOLES mit Hilfe des GRAM/CHARLIER-Modells: Bei konstant gehaltener Kurtosis von (a) $\gamma_2 = 4{,}0$ bzw. (b) $\gamma_2 = 6{,}0$ ergeben sich die dargestellten Verläufe von $\hat{\sigma}_{imp}^{GC}$. Als Parameterwerte werden exemplarisch $S_t = 100$, $\sigma = 0{,}40$, $r = 0{,}03$ und $T - t = 1$ unterstellt.

Quelle: Eigene Darstellung.

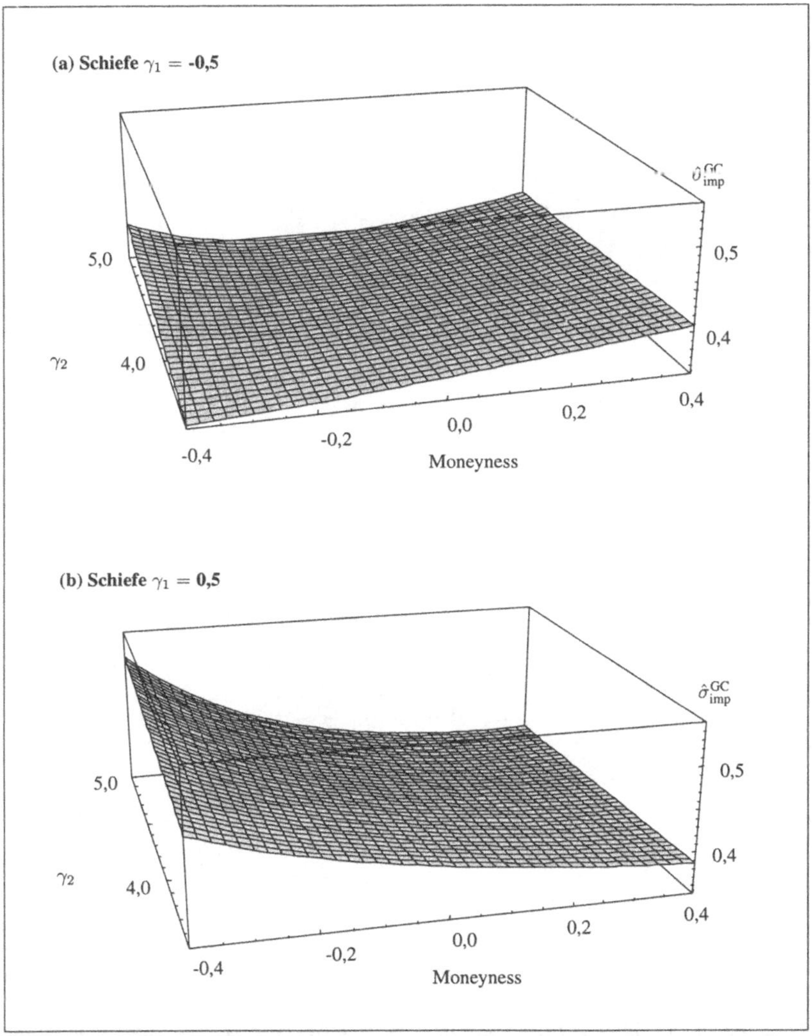

Abbildung 4.15. Abbildung der impliziten Volatilität nach BLACK/SCHOLES mit Hilfe des GRAM/CHARLIER-Modells (II) – Variation der Kurtosis bei negativer und positiver Schiefe der risikoneutralen Renditeverteilung. Die Grafik illustriert die Möglichkeit zur Approximation der nicht konstanten impliziten Volatilität nach BLACK/SCHOLES mit Hilfe des GRAM/CHARLIER-Modells: Bei konstant gehaltener Schiefe von (a) γ_1 = -0,5 bzw. (b) γ_1 = 0,5 ergeben sich die dargestellten Verläufe von $\hat{\sigma}_{imp}^{GC}$. Als Parameterwerte werden exemplarisch $S_t = 100$, $\sigma = 0{,}40$, $r = 0{,}03$ und $T - t = 1$ unterstellt.

Quelle: Eigene Darstellung.

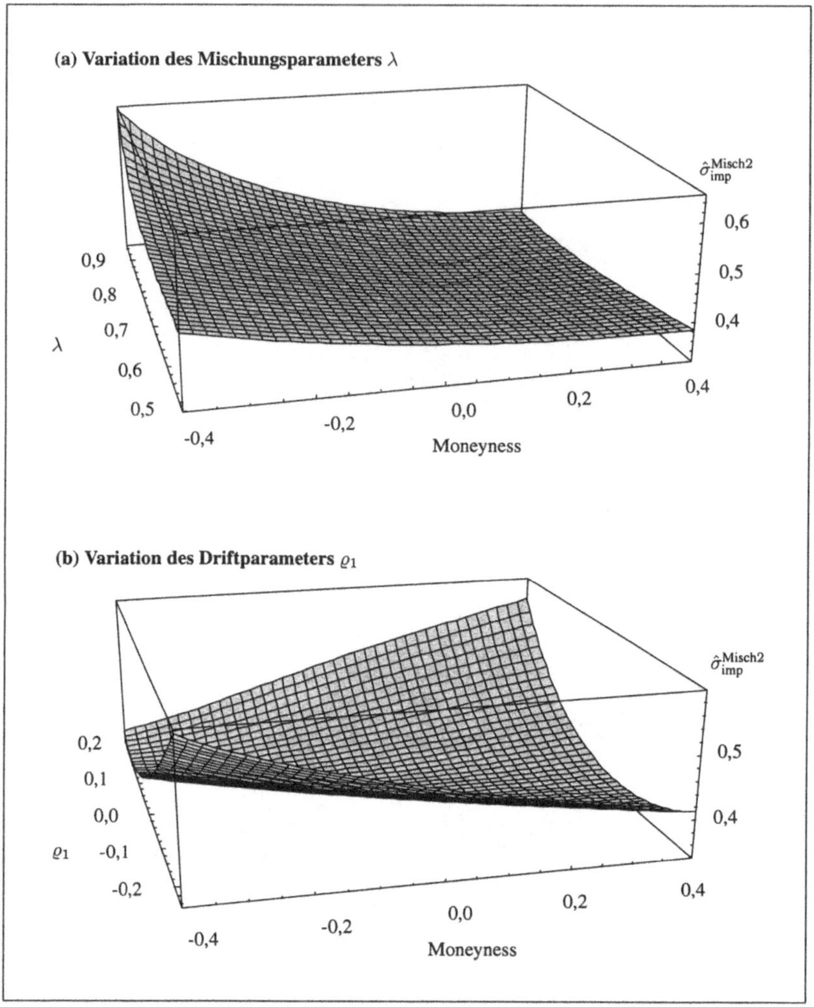

Abbildung 4.16. Abbildung der impliziten Volatilität nach BLACK/SCHOLES mit Hilfe des Mischungsmodells mit zwei Komponenten (I) – Variation des Mischungs- und des Driftparameters. Die Grafik illustriert die Möglichkeit zur Approximation der nicht konstanten impliziten Volatilität nach BLACK/SCHOLES mit Hilfe des Mischungsmodells mit zwei Komponenten: Bei einer Variation (a) des Mischungsparameters λ bzw. (b) des Driftparameters ϱ_1 ergeben sich die dargestellten Verläufe von $\hat{\sigma}_{imp}^{Misch2}$. Als Parameterwerte werden exemplarisch $S_t = 100$, $r = 0{,}03$, $T - t = 1$, $\lambda = 0{,}6$ (sofern nicht variiert), $\varrho_1 = -0{,}10$ (sofern nicht variiert), $\sigma_1 = 0{,}25$ und $\sigma_2 = 0{,}50$ unterstellt, als Entwicklungspunkt für die Approximation dient $\sigma = 0{,}40$.

Quelle: Eigene Darstellung.

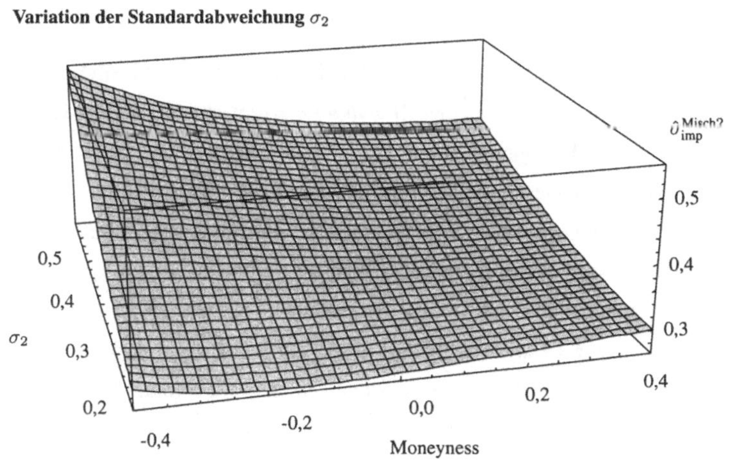

Abbildung 4.17. Abbildung der impliziten Volatilität nach BLACK/SCHOLES mit Hilfe des Mischungsmodells mit zwei Komponenten (II) – Variation der Standardabweichung einer Mischungskomponente. Die Grafik illustriert die Möglichkeit zur Approximation der nicht konstanten impliziten Volatilität nach BLACK/SCHOLES mit Hilfe des Mischungsmodells mit zwei Komponenten: Bei einer Variation der Standardabweichung σ_2 ergeben sich die dargestellten Verläufe von $\hat{\sigma}^{\text{Misch2}}_{\text{imp}}$. Als Parameterwerte werden exemplarisch $S_t = 100$, $r = 0{,}03$, $T - t = 1$, $\lambda = 0{,}6$, $\varrho_1 = -0{,}10$ und $\sigma_1 = 0{,}25$ unterstellt, als Entwicklungspunkt für die Approximation dient $\sigma = 0{,}40$.

Quelle: Eigene Darstellung.

als nachteilig, dass im Zähler von (4.180) ohne weiteres keine „Eliminierung" des BLACK/SCHOLES-Optionswertes c_t^{BS} erreicht werden kann, da dieser im Gegensatz zum GRAM/CHARLIER-Modell kein expliziter Bestandteil des Optionswertes $c_t^{\text{Misch}k}$ im Mischungsmodell ist. Bereits für $k = 2$ lässt der funktionale Zusammenhang

$$\sigma^{\text{Misch2}}_{\text{imp}} = \sigma + \frac{c_t^{\text{Misch2}} - c_t^{\text{BS}}}{S_t \varphi(d_1)\sqrt{T-t}} \tag{4.181}$$

$$= \sigma + \frac{1}{S_t \varphi(d_1)\sqrt{T-t}} \cdot \tag{4.182}$$

$$\Big[S_t\big(\lambda e^{(\varrho_1 - r)(T-t)}\Phi(d_{11}) + (1-\lambda)e^{(\varrho_2 - r)(T-t)}\Phi(d_{21}) - \Phi(d_1)\big)$$
$$- K e^{-r(T-t)}\big(\lambda\Phi(d_{12}) + (1-\lambda)\Phi(d_{22}) - \Phi(d_2)\big)\Big]$$

kaum mehr analytische Untersuchungen zum Einfluss der Modellparameter auf die implizite Volatilität zu. Bei Bedarf lassen sich allenfalls weitere Approximationen der erhaltenen Formeln, etwa über eine Reihenentwicklung der Standard-Normalverteilung mit $\Phi(x) = \frac{1}{2} + \frac{1}{\sqrt{2\pi}}\left(x - \frac{x^3}{6} + \frac{x^5}{40} - \ldots\right)$, vornehmen.

Um zumindest einen Eindruck von der Arbeitsweise und der Flexibilität der Mischungsmodelle zu vermitteln, zeigt *Abbildung 4.16* im oberen Teil die Gestalt der Approximation in Abhängigkeit von einer Variation des Mischungsparameters λ. Bei der gegebenen Parameterkonstellation mit ϱ_1 = -0,10, σ_1 = 0,25 und σ_2 = 0,50 und dem Entwicklungspunkt σ = 0,40 liegt ein konvexer Funktionsverlauf vor, der durch λ hinsichtlich der Ausprägung der Krümmung gesteuert werden kann.[446] Wie zu erwarten, zeigt sich im unteren Teil der Abbildung der bedeutende Einfluss des Driftparameters ϱ_1, der für stark negative (positive) Werte auf einen mit der Moneyness fallenden (steigenden) Verlauf der approximativen impliziten Volatilität führt. Gemäß *Abbildung 4.17* lässt sich eine quadratische Funktionsform für σ_2 = 0,20 mit dessen Erhöhung in einen mit der Moneyness fallenden Funktionsgraphen transformieren. Es verbleibt kritisch zu konstatieren, dass speziell in den Mischungsmodellen eine Differenzialanalyse zu den Einflussfaktoren des Modells auf die implizite Volatilität aufgrund der schwer handhabbaren Form der Approximation in (4.180) unbefriedigend ausfällt.

Auf eine hier nicht näher verfolgte Anwendungsmöglichkeit der Formeln zur impliziten Volatilität sei abschließend hingewiesen: Diese besteht darin, eine direkte Approximation des Volatilitäts-Smiles zu erzeugen. Statt einer Anpassung der Marktpreise an die vorgegebene Bewertungsformeln ließe sich eine unmittelbare Abbildung der impliziten Volatilität aus real beobachteten Optionstransaktionen vornehmen. Die auf diese Weise bestimmten impliziten Parametervektoren bildeten im Wesentlichen den in Kapitel 3, Abschnitt 3.7.4.3 diskutierten Ansatz von SHIMKO (1993) nach. Das Hauptproblem eines solchen Vorgehens besteht in Anbetracht der nur sehr groben und auf einen Entwicklungspunkt beschränkten Näherungsformeln in dem ausgeprägten approximativen Charakter, sodass diese Möglichkeit hier nicht näher verfolgt werden soll.

---

446 Aufgrund der Gestalt von (4.180) tritt bei dem Mischungsmodell eine zusätzliche Schwierigkeit auf: So sollte für die reale Anwendung zunächst sichergestellt werden, dass der approximative Funktionsgraph überhaupt durch den i. d. R. als Referenz verwendeten Entwicklungspunkt σ verläuft. Während dies im GRAM/CHARLIER-Modell für $\gamma_1 = 0 \wedge \gamma_2 = 3$ stets erreicht werden kann, ist eine Nullstelle des Zählers in (4.180) nicht offensichtlich.

4.6 Ergebnisse der theoretischen Analyse

Im Rahmen dieses Kapitels wurden zwei Verfahren zur Parametrisierung risikoneutraler Verteilungen hergeleitet und vergleichend diskutiert. Das auf einer GRAM/CHARLIER-Reihenentwicklung basierende Modell wurde in allen Teilschritten analysiert. Das Verfahren ist unmittelbar nachvollziehbar und erfordert im Vergleich zum BLACK/SCHOLES-Modell einen etwas höheren Aufwand bei der Berechnung von Optionswerten und Sensitivitätskennzahlen. Aufgrund der Orthogonalität der Korrekturterme fällt dieses Problem jedoch wenig ins Gewicht. Als problematisch hat sich der nur sehr eingeschränkte Parameterbereich für die implizite Schiefe und Kurtosis herausgestellt: Bei Verlassen des zulässigen Wertintervalls liegt den Bewertungsformeln, die sich eines Erwartungswertes in Bezug auf die Auszahlung bedienen, keine Dichtefunktion für den Kurs zugrunde. Modelle auf Basis von Reihenentwicklungen wurden in der Praxis häufig in unrestringierter Form verwendet – eine von Seiten des Verfassers äußerst kritisch gesehene Vorgehensweise, da sich eine im Wege der impliziten Modellkalibrierung ergebende Funktion nicht sinnvoll interpretieren lässt und im Grunde z. B. nicht zu Prognosezwecken verwendet werden dürfte.[447] Zusammenfassend betrachtet ist das GRAM/CHARLIER-Modell vor allem für Märkte mit moderater Abweichung der impliziten risikoneutralen Renditeverteilung von der Normalverteilung geeignet, um etwaige systematische Verzerrungen wie den Basispreiseffekt erklären und beseitigen zu können.

Die zweite Alternative zum BLACK/SCHOLES-Ansatz auf Basis von Mischungsmodellen ist ebenfalls konzeptionell leicht nachvollziehbar, auch wenn etwa die Einhaltung der Martingalbedingung aufgrund mehrerer vorhandener Driftparameter formal etwas komplizierter ausfällt. Trotz hoher Flexibilität behalten Mischungsmodelle einen „semiparametrischen" Charakter zur Abbildung unbekannter Verteilungen.[448] Die Form des Ansatzes führt aufgrund der „Verwandtschaft" zum BLACK/SCHOLES-Modell zu geschlossenen Bewertungsformeln. Die Struktur von Verteilungen, die mit Hilfe gemischter Log-Normalverteilungen abgebildet werden kann, unterliegt prinzipiell keiner Beschränkung. Da Verteilungen unbekannten Typs allgemein mit Hilfe

---

447 Die Praxis zeigt, dass solche Modelle trotz Verletzung der Prämissen häufig dennoch gute Prognosen liefern.

448 Siehe etwa MCLACHLAN/PEEL (2000), S. 33 f.

einer Mischung von Normalverteilungen beliebig genau angenähert werden können, trifft dieses auch für das diskutierte Mischungsmodell zu, in dem die Rendite unter Risikoneutralität gerade gemischt-normalverteilt ist.

Auf dem Wege der Sensitivitätsanalyse ist es möglich, sowohl aus dem GRAM/CHARLIER- als auch aus dem Mischungsmodell praxisrelevante Rückschlüsse auf den Umgang mit Optionen, z. B. im Rahmen des Risikomanagements, zu ziehen, sofern die Verteilungsprämisse des BLACK/SCHOLES-Modells nicht erfüllt ist. Wie gesehen ermöglicht die flexible Gestalt der Mischverteilungen eine gute Erfassung der Smile-/Sneer-/Smirk-Strukturen der impliziten Volatilität. Nachteile bestehen für das Mischungsmodell hinsichtlich der praktischen Handhabung insbesondere darin, dass im Gegensatz zu den beiden anderen Ansätzen kein einheitliches Volatilitätsmaß als Parameter übergeben wird. Vielmehr rekrutiert sich die Volatilität der gesamten Verteilung aus den k Standardabweichungen der einzelnen Komponenten. Auf diese Weise wird auch ein Modellvergleich erschwert. Die Modellstruktur des Mischungsansatzes führt darüber hinaus dazu, dass sowohl im Bezug auf Sensitivitätskennzahlen als auch hinsichtlich der Abbildbarkeit von Volatilitätsphänomenen ohne weiteres keine eindeutigen Ursache-Wirkungs-Zusammenhänge zu erhalten sind. Bedenken bei der Anwendung von Mischungsmodellen bestehen mit Blick auf die Frage nach der numerischen Stabilität: Auch wenn aufgrund der hohen Flexibilität und der Vielzahl an freien Parametern eine sehr gute Abbildung aktueller Marktstrukturen möglich ist, führt eine Instabilität der Verteilungen in aller Regel zu einer abnehmenden Prognosequalität. Letztlich ist kritisch zu konstatieren, dass es mit den diskutierten Extraktionsmöglichkeiten nicht ohne zusätzliche Annahmen möglich ist, risikoneutrale Verteilungen für beliebige zukünftige Zeitpunkte zu ermitteln. Auch ist es mittels rein verteilungsbasierter Verfahren, ohne Angabe oder Rückschluss auf die zugrunde liegenden Prozessstrukturen, nicht möglich, pfadabhängige Zahlungsansprüche (etwa die exotischer Optionen) zu bewerten.

Eine der naheliegendsten Erweiterungen der diskutierten Mischverteilungshypothese liegt in der „Dynamisierung" durch die Modellierung des zeitlichen Verlaufs der Verteilung. Mit *Markov-Switching-Modellen*[449] liegt eine mögliche geeignete Struktur vor. Markov-Switching-Modelle haben sich u. a. im Rahmen der Abbildung von Rendite-

[449] Siehe hierzu z. B. MCLACHLAN/PEEL (2000), S. 326 ff.

zeitreihen etablieren können. Anstatt, wie durch die Empirie in Frage gestellt, von stochastisch unabhängigen Renditen auszugehen, können systematische „Shifts“ oder serielle Korrelation in der Zeitreihe modelliert werden. Die Fiktion besteht darin, von – nicht explizit beobachtbaren – „Zuständen“ eines Systems, z. B. des Wertpapiermarktes, auszugehen. Im einfachsten Falle lediglich zweier als möglich erachteter Zustände lässt sich dann mit einer Folge von Binärvariablen $(Z_t)_{t \in \mathbb{N}}$ eine Markov-Kette derart modellieren, dass diese durch $Z_t = 0$ bzw. $Z_t = 1$ den Zustand im jeweiligen Zeitpunkt, z. B. an einem Börsentag, angibt. In Abhängigkeit von der Ausprägung der Z_t wird die Rendite eines Tages als Realisation einer von zwei möglichen Verteilungen betrachtet. Interpretationen für solche Regime-Switches können etwa dahin gehen, dass verschiedene Arten von Börsentagen – alternativ mit hoher oder niedriger Volatilität – vorliegen. Der Umgang mit einer solchen Struktur wird durch die nicht beobachtbare Zustandsvariable wesentlich erschwert.[450]

CHOURDAKIS/TZAVALIS (2000) diskutieren die Möglichkeiten zur Optionsbewertung, wenn der zugrunde liegende Markt einem systematischen Regime-Switching, d. h. einem Zustandswechsel der beschriebenen Form, unterliegt. Dabei lässt sich die Modellkomplexität dadurch erhöhen, dass für die Übergangswahrscheinlichkeiten zwischen den Marktzuständen keine festen, sondern zeitveränderliche Matrizen verwendet werden. Voranalysen des Verfassers mit einer solchen Erweiterung anhand der Daten aus dem empirischen Teil der Arbeit[451] haben ergeben, dass der hierfür notwendige Rechenaufwand die vorhandenen Kapazitäten sehr schnell übersteigt. Monte-Carlo-Simulation ist i. d. R. nicht umgänglich und speziell bei einer impliziten Schätzung höchst aufwendig. Auch ist kritisch die Frage danach zu stellen, ob die implizit ermittelten Parameter, etwa die Übergangswahrscheinlichkeiten, einer sinnvollen ökonomischen Interpretation zugänglich sind und nicht etwa nur als Beiprodukte einer numerischen Technik anfallen.[452]

---

450 Vgl. zum Regime-Switching im Aktienmarkt z. B. TURNER/STARTZ/NELSON (1989), im Zinsbereich etwa GRAY (1996). Siehe darüber hinaus zum Regime-Switching auf Devisenmärkten etwa WILFLING (2002) sowie mit speziellem Bezug zur Optionsbewertung KAEHLER/MARNET (1994).

451 Vgl. Kapitel 5, Abschnitt 5.3.

452 Vgl. auch CHOURDAKIS/TZAVALIS (2000), S. 15 ff., KAEHLER/MARNET (1994), S. 214 ff.

Denn nur vom Nutzen wird die Welt regiert.

Marcus Tullius Cicero, 106-43 v. Chr.,
römischer Redner und Staatsmann

Kapitel 5

Empirische Untersuchung der Modelleignung

5.1 Überblick

In diesem Kapitel werden die diskutierten Modellansätze einer ausführlichen empirischen Analyse unterzogen. In *Abschnitt 5.2* wird zunächst ein Überblick zu thematisch ähnlich gelagerten Optionsmarktstudien an der Eurex bzw. der DTB gegeben. Die für die hier dokumentierte Analyse verwendeten Datenbasen werden in *Abschnitt 5.3* näher beschrieben. Das Hauptaugenmerk liegt dabei auf durchgeführten Aufbereitungsschritten für die Datensätze. Für empirische Untersuchungen von Optionsbewertungsansätzen schlagen BAKSHI/CAO/CHEN (1997) folgende drei Leitfragen vor, an denen sich alle Modellvorschläge messen lassen müssen:

1. Welches Modell ist am wenigsten missspezifiziert?

2. Welches Modell weist den geringsten Pricing-Fehler auf?

3. Welches Modell erzielt die besten Hedging-Resultate?[453]

Vor diesem Hintergrund wird in *Abschnitt 5.4* die Notwendigkeit einer zu BLACK/SCHOLES alternativen Herangehensweise motiviert: Systematisch auftretende

[453] Vgl. BAKSHI/CAO/CHEN (1997), S. 2004.

Charakteristika der nach BLACK/SCHOLES als konstant unterstellten impliziten Volatilität bilden den Ausgangspunkt der weiteren – in insgesamt fünf Module gegliederten – Analyse. Orientiert am Vorgehen in BAKSHI/CAO/CHEN (1997) untersuchen die ersten drei Module die „Güte" der einzelnen Modelle anhand

- des Ex-post-Erklärungsgehalts protokollierter Optionspreise (engl.: *In-the-sample performance*),
- der Voraussagefähigkeit für zukünftige Optionspreise (engl.: *Out-of-the-sample performance*) sowie
- des dynamischen Verhaltens mittels der Betrachtung modellspezifischer Hedgeportefeuilles im Zeitablauf.

Der eigentlichen Untersuchung vorgelagert geht *Abschnitt 5.5* auf die im Weiteren verwendeten Abweichungsmaße sowie insbesondere wichtige ökonometrische Besonderheiten beim Umgang mit den üblicherweise im Rahmen der empirischen Optionspreisforschung aggregierten Querschnitts- und Zeitreihendaten ein. Im ersten Testmodul in *Abschnitt 5.6* werden die nicht vom Markt determinierten Modellparametervektoren aus den gegebenen und in Zeitintervallen zusammengefassten Optionsdaten ermittelt. In Abhängigkeit von der Modellkomplexität stellt diese „Kalibrierung" den rechnerisch mit Abstand aufwendigsten Schritt dar. Aufgrund der Problematik lokaler Minima der verwendeten Zielfunktionen wird der Einsatz des Simulated Annealing als Lösungsverfahren vorgeschlagen. Die auf diese Weise extrahierten impliziten Parameter und Verteilungen werden näher beleuchtet. Hinsichtlich der Optionspreise selbst wird die Anpassungsgüte der verwendeten Modelle an die beobachteten Datensätze, d. h. ex-post, anhand von Abweichungskriterien untersucht. Unter der Prämisse zumindest kurzfristig stabiler impliziter Verteilungen untersucht *Abschnitt 5.7* die Voraussagefähigkeit der Modelle für die Optionspreise des nächsten Handelsintervalls. Detaillierte Abweichungsanalysen identifizieren hier insbesondere Unterschiede in der Prognose in Abhängigkeit von Typ, Moneyness und Restlaufzeit der Optionen. Neben dem reinen Bewertungsmechanismus sind die Modellimplikationen hinsichtlich des Hedgings von Bedeutung: *Abschnitt 5.8* analysiert ein- und fünftägig gehaltene Hedgeportefeuilles modellspezifisch auf etwaige von null abweichende Erträge. Hedgefehler werden dabei in modell- und marktbedingte Komponenten aufgespalten.

Das vierte Testmodul in *Abschnitt 5.9* ändert den Fokus und beschäftigt sich mit der Frage nach der Verbindung zwischen dem Optionsmarkt und dem Markt des zugehörigen Basiswertes: Konkret wird untersucht, in welchem Ausmaße aus den Transaktionen am Optionsmarkt Rückschlüsse auf die Entwicklung des Kassamarktes möglich sind. Neben der aus dem BLACK/SCHOLES-Modell ableitbaren impliziten Volatilität werden für die anderen Modelle z. T. auch die höheren Momente, die aus den impliziten Verteilungen am Optionsmarkt gewonnen werden, auf einen etwaigen Prognosegehalt hin untersucht. Bei allen Vergleichen ist zu berücksichtigen, dass implizit aus Optionen ermittelte Verteilungen der Fiktion der Risikoneutralität unterliegen und nicht unmittelbar mit realisierten Verteilungen vergleichbar sind. *Abschnitt 5.10* schließlich hat die mögliche Anwendung aus dem Optionsmarkt gewonnener Informationen für Zwecke des Risikomanagements, betrachtet anhand des praxisüblichen Value-at-Risk-Konzepts, zum Gegenstand. *Abschnitt 5.11* fasst die wesentlichen Ergebnisse der Studie zusammen und diskutiert diese im Zusammenhang mit bisherigen Untersuchungen.

Aufgrund der großen Menge an zu verarbeitenden Daten und insbesondere der zeitkritischen Berechnungen wurden für die eigene Analyse – neben mathematischer und statistischer Standardsoftware[454] – eine Vielzahl selbst entwickelter Computerprogramme (überwiegend in C++) mit insgesamt mehreren zehntausend Zeilen Programmcode eingesetzt.[455]

454 Programmpakete: *SPSS 11.0*, *NCSS 2001*, *EViews 4.1* und *Mathematica 4.2*.

455 Alle Rechnungen wurden auf Pentium-III-Rechnern mit 1,4 GHz und 512 MB Arbeitsspeicher durchgeführt. Einzelne Optimierungsroutinen benötigten trotz der Implementierung auf Maschinenebene mittels C++-Codes, auch bedingt durch eine geforderte hohe Genauigkeit, mehr als 100 CPU-Stunden zur Ergebnisfindung. Vgl. zum Einsatz von C++ im Rahmen der Derivatebewertung z. B. auch BROOKS (2000).

5.2 Literaturüberblick zu Optionsmarktstudien

Abgrenzung. Beginnend mit BLACK/SCHOLES (1972) hat eine Vielzahl von empirischen Analysen zum US-amerikanischen Optionsmarkt ihren Niederschlag in der Literatur gefunden. Studienaufbau und -ergebnisse sind bereits vielfach ausführlich dokumentiert worden und sollen hier, auch vor dem Hintergrund der kritischen Frage nach der Übertragbarkeit der Resultate auf den europäischen Derivatemarkt, nicht im Detail dargestellt werden.[456]

Der Fokus wird im Weiteren auf Studien an der Eurex bzw. der DTB als deren Vorgängerorganisation gesetzt. Unberücksichtigt bleiben Arbeiten, die vor Gründung der DTB durchgeführt wurden, da deren Ergebnisse insbesondere aufgrund anderer Handelsusancen (Präsenz- vs. Computerbörse), -volumina und Teilnehmerstrukturen nicht mit den hier durchgeführten Analysen vergleichbar erscheinen. Dies betrifft etwa die Studie von JENTZSCH (1985), die das BLACK/SCHOLES-Modell im Zeitraum 1973 bis 1980 für Aktienoptionen an der Frankfurter Wertpapierbörse untersucht.[457, 458] Gleiches gilt für die Untersuchung von LION (1989) zum deutschen Aktienoptionsmarkt zwischen Oktober 1981 und Februar 1986 in Frankfurt am Main und Düsseldorf. Die detaillierten Studien von TRAUTMANN (1986a) und TRAUTMANN (1986b) beziehen sich auf den deutschen Aktienoptions- und Aktienoptionsscheinmarkt im Zeitraum April 1983 bis Juni 1985, in TRAUTMANN (1989) erweitert bis März 1987. Bezogen auf die Zeit zwischen April 1983 bis Dezember 1987 liefert HECKER (1993) eine Studie zu Aktienoptionen, die sich mit der Frage nach dem Informationsgehalt von Optionspreisen und etwaigen Anzeichen für Informationsasymmetrien und „Insidertransaktionen" am Optionsmarkt beschäftigt. Daneben betrachtet KRAUS (1998) an der SOFFEX gehandelte Puts auf den SMI im Zeitraum Januar 1993 bis November 1996.

---

[456] Einen ersten Überblick liefern bereits COX/ROSS (1976b), zu Beschreibungen und Zusammenfassungen früher Studien zum BLACK/SCHOLES-Modell vgl. COPELAND/WESTON (1988), S. 282 ff., KÖPKE (1995), S. 76 ff., THIEL (2001), S. 133 ff. oder BELL (1993), S. 148 ff. Letzterer diskutiert zudem ausführlich die Realitätsnähe der BLACK/SCHOLES-Annahmen und liefert einen Überblick zu diesbezüglichen empirischen Ergebnissen; siehe BELL (1993), S. 64 ff.

[457] Speziell die erst im April 1983 durchgeführte Standardisierung der Basispreise und Reduktion der Anzahl der Verfalltermine lässt einen Vergleich späterer Ergebnisse mit dieser frühen Untersuchung kaum zu.

[458] Zu sehr frühen Untersuchungen zu Optionsscheinen (Warrants) deutscher Aktiengesellschaften sei auch auf TRAUTMANN (1985) verwiesen.

Ebenfalls unter fehlender Vergleichbarkeit leiden Untersuchungen des deutschen oder europäischen Options*schein*marktes, der sich durch eine Vielzahl illiquider Scheine und eine emittentendominierte oligopolistische Marktmikrostruktur auszeichnet. HEHN (1994) untersucht im Wege einer Zeitreihenanalyse die Kurse ausgewählter abgetrennter Optionsscheine auf deutsche Aktiengesellschaften, die Ende 1990 ausstanden. HÖHLING/SCHIERECK (1995) liefern anhand von Aktien- und Indexoptionsrechten einen Vergleich zwischen DTB-Optionen und an der Frankfurter Wertpapierbörse gehandelten Optionsscheinen im Zeitraum Oktober 1990 bis März 1992. BÖNTE (1997) wendet die ARCH-Technik auf deutsche Aktien und von den Gesellschaften getrennt emittierte Optionsscheine an. Daneben stammt von THIEL (2001) eine Untersuchung zu ausgewählten an der Frankfurter Wertpapierbörse notierten Kaufoptionsscheinen auf den DAX im Zeitraum Mai 1996 bis Juni 1998.

Ergebnisse ausgewählter Optionsmarktstudien an DTB und Eurex. Zu dem in dieser Arbeit verwendeten Analysefeld vergleichbare modellgestützte Studien sind in einer komprimierten, nach Basiswerten sowie chronologisch nach Publikationsjahr sortierten Übersicht in *Tabelle 5.1* zusammengefasst.

Als umsatzstärkstes Segment haben die DAX-Optionen in der Literatur bisher die größte Aufmerksamkeit auf sich gezogen:

CAMPENHAUSEN (1995) untersucht den Handel mit DAX-Optionen zwischen August 1991 und Oktober 1992.[459] Grundlage seiner Analyse ist ein Vergleich des Modells von HESTON (1993) (mit stochastischer Volatilität) mit dem von BLACK/SCHOLES. Methodisch wird die Rendite eines Hedgeportefeuilles betrachtet, das aus dem Kauf einer Option und der Absicherung mit einem fremdfinanzierten Portefeuille im Basiswert resultiert. Bei kontinuierlicher Anpassung bis zum Ende der Optionslaufzeit liefert das BLACK/SCHOLES-Modell signifikant bessere Ergebnisse. Eine mögliche Ursache für dieses Resultat kann darin gesehen werden, dass bei BLACK/SCHOLES implizite Parameter, für den Test von HESTON (1993) z. T. auf der Historie basierende Parameterschätzungen verwendet werden.

---

459 Welche Daten genau in die Modelluntersuchung einfließen, wird nicht erläutert.

BELLEDIN/SCHLAG (1999) vergleichen drei Modelle mit stochastischer Volatilität – nach STEIN/STEIN (1991), HESTON (1993) und SCHÖBEL/ZHU (1999) – für die an der DTB im Zeitraum Juli bis Dezember 1996 gehandelten DAX-Optionen. Anhand der Analyse ausschließlich mittäglicher Optionsnotierungen einer Handelsminute kommen die Autoren zu dem Ergebnis, dass – wie aufgrund der Parametrisierung zu erwarten – das BLACK/SCHOLES-Modell In-the-sample am schlechtesten abschneidet, gefolgt von STEIN/STEIN (1991)[460] und den beiden übrigen Modellen. Hinsichtlich der Voraussagefähigkeit werden vergleichbare Ergebnisse präsentiert, wobei „einfache" Modelle z. T. besser abschneiden als die hoch parametrisierten. Hervorzuheben sind erstaunlich schlechte Prognosen des BLACK/SCHOLES-Modells für am-Geld notierende Optionen. Hinsichtlich des Hedgings zeigt die Studie für alle Modelle ähnliche Ergebnisse.

SCHMITT (2000) analysiert DAX-Optionen an der DTB zwischen Januar 1992 und Dezember 1995 anhand von Intraday-Transaktionsdaten (zwischen 11.00 und 13.00 Uhr). Gegenstand der Untersuchung sind das BLACK/SCHOLES-Modell auf Basis historischer 30-Tage-Volatilitäten und impliziter Volatilitäten sowie das NGARCH-Modell.[461] Letzteres wird ebenfalls auf Basis historischer und impliziter Parameter verwendet. Die Kalibrierung anhand historischer Volatilitäten erweist sich für alle Modelle als ungeeignet. Im Ergebnis zeigt die Studie einen für Prognosezwecke vergleichsweise höheren Erklärungsgehalt des NGARCH-Modells, lediglich bei am-Geld notierenden Kurzläufern ist der BLACK/SCHOLES-Ansatz vorzuziehen. Auf Basis von Regressionsanalysen wird deutlich, dass systematische Verzerrungen in der Prognosegüte in Bezug auf die Parameter Moneyness, Restlaufzeit und Typ der Optionen mit Einführung des NGARCH-Ansatzes stark gemildert werden können.

HERRMANN (1999) testet eine Reihe nichtparametrischer Verfahren – Kernschätzer, Neuronale Netze, lokalparametrische und entropiebasierte Verfahren – für den DAX-Optionsmarkt anhand von Transaktionsdaten des Zeitraumes Januar 1992 bis Ju-

---

460 Dieses Ergebnis begründen die Autoren mit der fehlenden Berücksichtigung der Korrelation zwischen Renditen und Volatilitätsveränderung.

461 NGARCH: *Nonlinear Asymmetric GARCH*, eine spezielle Variante von ARCH-Modellen, vgl. SCHMITT (2000), S. 99 ff.

ni 1997.[462] Die Ergebnisse im Hinblick auf die Bewertung von Optionen zeigen, dass nicht alle nichtparametrischen Verfahren besser als BLACK/SCHOLES abschneiden; die besten Resultate bei der Prognose erzielen Neuronale Netze, die allerdings einen sehr aktiven Handel zur Kalibrierung erfordern. Die Hedgingergebnisse waren durchweg und über alle Modelle hinweg sehr schlecht – der Autor vermutet als Erklärung abnormale Preisbewegungen zwischen dem DAX und der DAX-Option.[463]

KEESE (2001) untersucht das auf Trinomialbäumen fußende DERMAN/KANI/CHRISS (1996)-Modell am Beispiel von DAX-Calls im Zeitaum Januar bis September 1999 mittels täglicher Settlementpreise. Der Autor verwendet historische sowie implizite Volatilitäten auf Basis des BLACK/SCHOLES-, des DERMAN/KANI/CHRISS (1996)- sowie eines GARCH-Modells und schreibt damit ein Hedgeportefeuille für eine Option während deren Restlaufzeit fort. Auf Basis täglicher Portefeuilleanpassungen kommt er zu dem Ergebnis, dass die Güte des Hedgings nicht durch die Moneyness der Option beeinflusst wird und Hedge Ratios aus impliziten Schätzern besser als solche aus historischen Daten geeignet sind. Bei Verlängerung des Anpassungsintervalls für das Hedgeportefeuille von täglichen auf wöchentliche Abstände fallen die Hedgefehler zwei- bis dreimal höher aus.

ANDRES (1998) betrachtet Settlementpreise der DAX-Optionen an der DTB zwischen Januar 1992 und Februar 1996 und vergleicht Modellwerte auf BLACK/SCHOLES- und GARCH-Basis mit den realen Marktpreisen. Historische Schätzwerte für beide Modelle führen für die DAX-Option dabei zu sehr ähnlichen Ergebnissen.

Gegenstand der Arbeit von BOLEK (1999) sind DAX-Optionen an der DTB zwischen Juli und Dezember 1995. Aus historischen Parkettschlusskursen werden einmal täglich ARCH-, GARCH- und EGARCH-Volatilitätsschätzer[464] ermittelt. Die Erklärung von Transaktionspreisen mittels ARCH, aber auch EGARCH-Ansätzen höher-

---

462 Die Anwendung Neuronaler Netze auf den deutschen Terminmarkt anhand von DAX-Optionen zeigt darüber hinaus auch HANKE (1998). Die vom Umfang her eher wenig aussagekräftige Studie soll hier nicht näher betrachtet werden; eine der Schlussfeststellungen des Autors geht dahin, dass sich die besten Ergebnisse durch eine Kombination Neuronaler Netze mit parametrischen Modellen (mittels *hybrider Modelle*) erzielen lassen.

463 Eine Fülle weiterer Untersuchungsergebnisse findet sich bei HERRMANN (1999), S. 163 ff.; siehe auch HERRMANN/NARR (1997). Hervorhebenswert sind die vom Autor benannten 25.000 CPU-Stunden an Rechenzeit; siehe HERRMANN (1999), S. 162.

464 EGARCH: *Exponential GARCH.*

er Ordnung gelingt gut. Ähnliche Ergebnisse erhält man bei der Aufteilung anhand von Moneynessklassen. Bezüglich der Restlaufzeit ist das BLACK/SCHOLES-Modell bei Kurzläufern überlegen. Für Ein-Tages-Prognosen im Vergleich zu zeitreihenbasierten Methoden dokumentiert der Autor beste Ergebnisse für einfache Schätzer wie die implizite Volatilität, sofern nach Moneyness und Restlaufzeit differenziert wird.

Die Studie von NEUMANN (1999) hat DAX-Calls in Form von Quotierungen des Jahres 1997 zum Gegenstand, wobei für die Datenermittlung die Handelsminute des Tages mit den meisten Quotierungen herangezogen wird. Mit mindestens fünf Optionen pro Schätzung wird die Abbildung der Marktpreise durch implizite Binomialbäume, eine Mischung aus zwei Binomialverteilungen und eine Edgeworth-Expansion nach RUBINSTEIN (1998)[465] betrachtet.[466] In-the-sample liefert das RUBINSTEIN (1998)-Modell in den meisten Fällen die beste Anpassung, für die Mischung äußert NEUMANN die Vermutung einer zu geringen Anzahl von Komponenten. Eine Preisprognose wird nicht durchgeführt. Abschließend vergleicht der Autor den aus impliziten risikoneutralen Verteilungen ermittelten Value-at-Risk ex-post mit dem realisierten Verlust und kommt zu dem Schluss, dass die implizite Schätzung – trotz Verzerrung aufgrund der Unterscheidung in risikoneutrale und reale Welt – der historischen überlegen ist.[467] Erwähnenswert ist eine kleinere (Vor-)Untersuchung von NEUMANN (1997), die eine reine In-the-sample-Studie zu einer Mischung aus zwei Log-Normalverteilungen bei Anwendung auf DAX-Calls an der DTB im ersten Halbjahr 1994 zum Gegenstand hat. Das Design der Untersuchung entspricht dem von NEUMANN (1999). Als Ergebnis dokumentiert der Autor die Abmilderung der für das BLACK/SCHOLES-Modell festgestellten Unterbewertung (Überwertung) im-Geld (aus-dem-Geld) notierender Calls. Speziell für längere Laufzeiten und geringe Moneyness werden gute Ergebnisse erzielt, das BLACK/SCHOLES-Modell ist bei weit im-Geld liegenden Optionen besser geeignet.

---

465 Vgl. hierzu auch Kapitel 4, Abschnitt 4.2.

466 An einigen Ergebnissen erscheinen Zweifel angebracht: Bei der RUBINSTEIN (1998)-Verteilung etwa findet keine Begrenzung des Parameterbereichs statt, d. h. es werden mit einer impliziten Schätzung in vielen Fällen keine Dichtefunktionen gewonnen. Auch wird der adäquate Umgang mit den Unzulänglichkeiten impliziter Binomialbäume nach RUBINSTEIN (1994), z. B. negative Übergangswahrscheinlichkeiten, nicht thematisiert.

467 Vgl. hierzu auch Abschnitt 5.10.

PLATE (1999) diskutiert ein CAPM-basiertes Optionspreismodell, das bereits zeitlich vor dem BLACK/SCHOLES-Modell im Gespräch war. Auf der Grundlage lognormalverteilter Kurse und Wirtschaftssubjekten mit quadratischen Nutzenfunktionen wird so ein präferenzabhängiges Modell an Eurex-DAX-Calls zwischen Oktober bis Dezember 1998 untersucht. Hervorhebenswert, wenn auch höchst fragwürdig, erscheint die vom Autor beschriebene Ermittlung der erwarteten Wachstumsraten (a) aus historischen DAX-Ständen und (b) anhand von Befragungen „führender Marktteilnehmer", d. h. Vertreter großer deutscher Kreditinstitute und Investmenthäuser.[468] Die auf nur sehr wenigen Settlementpreisen basierende Studie führt PLATE zu dem Ergebnis, „[...] daß der Verteilungsparameter μ, der im BLACK/SCHOLES-Modell keinen Einfluß auf den Optionspreis besitzt, eine entscheidende Determinante [...] darstellt und bei der Optionsbewertung unbedingt berücksichtigt werden muß."[469] Die erzielten signifikanten, wenn auch geringen Verbesserungen im Vergleich zu BLACK/SCHOLES sieht auch der Autor u. a. vor dem Hintergrund der CAPM-Kritik, möglicher negativer Optionswerte und der nicht garantierten Arbitragefreiheit allerdings selbst kritisch.[470]

RACHEV/MITTNIK (1999)[471] studieren DAX-Optionen zwischen Februar 1992 und September 1995 mit 10, 30 und 60 Tagen bis zum Verfall anhand von Transaktionspreisen. Im Vorfeld der Anwendung einer Vielzahl von Modellen, u. a. auf Basis von Laplace-, Student- und inversen Gauß-Verteilungen, deren Parameter volumengewichtet geschätzt werden, wird zunächst der Umweg über die Anpassung der impliziten Volatilitäten nach SHIMKO (1993) gewählt.[472] In-the-sample erhalten die Autoren fast durchweg bessere Ergebnisse als BLACK/SCHOLES, der Smile kann großenteils gemindert werden. Hinsichtlich der Vorhersagefähigkeit werden ähnliche Ergebnisse dokumentiert. Ebenfalls untersuchte Modelle mit Sprungkomponenten schneiden bei der Prognose in einigen Fällen schlechter ab.

---

468 Vgl. PLATE (1999), S. 114 f.

469 PLATE (1999), S. 126. Diese Aussage ist sicherlich äußerst zweifelhaft und lässt sich allenfalls dahingehend interpretieren, dass offenbar der – zusätzliche – Parameter μ *bei dem von* PLATE *gewählten Modell* einen Teil der Fehlspezifikation des BLACK/SCHOLES-Modells auffängt.

470 Vgl. PLATE (1999), S. 131 ff.

471 Siehe RACHEV/MITTNIK (1999), S. 617 ff.

472 Vgl. hierzu auch Kapitel 3, Abschnitt 3.7.4.3.

NAGEL (2001) analysiert an der DTB gehandelte DAX-Optionen anhand ihrer Settlementpreise im Zeitraum Februar bis Dezember 1994 mit Hilfe des HESTON (1993)-Modells, sowohl auf Basis historischer als auch impliziter Parameterbestimmungen. In-the-sample zeigen sich auf Basis der historischen Schätzung zwischen BLACK/SCHOLES- und HESTON (1993)-Modell keine großen Unterschiede. Das Modell mit stochastischer Volatilität zeigt sich bemerkenswerterweise für Calls im-Geld sogar als wesentlich schlechter geeignet als der BLACK/SCHOLES-Ansatz. Out-of-the-sample ist das HESTON (1993)-Modell mit Ausnahme von aus-dem-Geld notierenden Optionen besser geeignet. Beim Hedging sind die Ergebnisse beider Modelle sehr ähnlich. Im Rahmen der impliziten Modellkalibrierung treten Variationen der impliziten Parameter je nach Laufzeit und Optionstyp, speziell bei Kurzläufern, auf. Die impliziten Parameterwerte weichen bei HESTON (1993) stark von der historischen Schätzung ab. Der Volatilitätssmile bleibt auch bei unterstellter stochastischer Volatilität bestehen, wird jedoch abgemildert. Das Hedging auf Basis impliziter Parameter liefert für beide Modelle schlechte Ergebnisse, der komplexere HESTON (1993)-Ansatz weist z. T. sogar größere Abweichungen als der nach BLACK/SCHOLES auf. Besondere Erwähnung verdient die Technik NAGELs, die nicht beobachtbare Momentanvarianz durch eine affin-lineare Transformation des täglichen Handelsvolumens zu ersetzen.[473]

Hinsichtlich des Segments der Aktienoptionen an DTB und Eurex sind bislang verhältnismäßig wenige Studien dokumentiert worden:

Die Arbeit von KÖPKE (1995) betrachtet ausschließlich Aktienkaufoptionen auf die Allianz AG im Zeitraum Januar bis Juli 1990, mithin in der sehr frühen Anlaufphase der DTB. In die Laufzeit der betrachteten Optionen fallen dabei keine Dividendenzahlungen. Der Autor verwendet ausschließlich das BLACK/SCHOLES-Modell und untersucht verschiedene Schätzfunktionen für die Volatilität, sowohl auf historischer als auch impliziter Basis. Verwendete Volatilitätsmaße zur Prognose (auf 30- und 60-Tage-Basis) werden als „ungeeignet“ klassifiziert.[474] Historische Schätzfunktionen liefern allgemein schlechte In-the-sample-Anpassungen. Beim Hedging können höchste

---

473 Vgl. NAGEL (2001), S. 61 f.

474 Hinsichtlich der Prognosefähigkeit der Volatilitätsschätzer wird in der Regressionsanalyse offenbar das Problem sich überlappender Prognoseintervalle ignoriert, sodass die Ergebnisse im Hinblick auf Signifikanz zweifelhaft erscheinen.

Erträge auf Basis eines Schätzers von GESKE/TOROUS (1991), der die fehlende Normalverteilungseigenschaft der Renditen berücksichtigt, erzielt werden.[475]

Die Arbeit von BEINERT (1997) hat die Analyse von Optionen auf fünf deutsche Aktien von April 1983 bis Dezember 1991 zum Gegenstand. Bis zum Januar 1990 basieren die Daten auf dem Frankfurter Optionsmarkt, danach werden DTB-Optionen untersucht. Zur Vermeidung der Problematik vorzeitiger Ausübung findet eine Einschränkung auf solche Aktienoptionen statt, bei denen auf den Basiswert keine Dividenden gezahlt werden. Vergleichsgegenstand des BLACK/SCHOLES-Modells ist eine auf einem Poisson-Sprung-Diffusionsprozess basierende Bewertung mit diversifizierbarem oder – alternativ – systematischem Sprungrisiko. Die empirische Untersuchung stützt sich auf die einmal pro Monat stattfindende Berechnung der Parameter des Poisson-Sprung-Diffusionsprozesses auf Basis historischer Daten und die Anwendung auf tägliche Optionspreise. Im Allgemeinen werden keine signifikanten Unterschiede festgestellt, auch nicht zwischen den beiden Sprungmodellen. Als Fazit bleibt die Feststellung, dass keine bessere Marktpreisschätzung gelungen ist. Für die umgekehrte Fragestellung nach der Antizipation von Ereignissen in Optionspreisen kann die Autorin eine solche für die Währungsunion und die Kuwait-Krise in den Jahren 1990/1991 anhand der Kurzläufer der DTB nicht nachweisen.

Die Studie von PRAUSE (1998) baut auf Transaktionsdaten von bis zu vier ausgewählten DTB-Aktienoptionen, gehandelt zwischen Juli 1992 und September 1994, auf. Bemerkenswerterweise findet für die durchweg amerikanischen Optionen zwar eine Reduktion des Barwertes um den Dividendenbarwert, nicht jedoch eine explizite Prüfung auf Rationalität vorzeitiger Ausübung statt. Ausgangspunkt sind verallgemeinerte hyperbolische Verteilungen, anhand derer Muster der impliziten Volatilität und Möglichkeiten zu deren Beseitigung durch eine alternative Verteilungsspezifikation diskutiert werden. Für den Smile-Effekt gelingt dies großenteils, wenn auch keine vollständige Eliminierung möglich ist. Des Weiteren stellt der Autor die Eignung historischer Parameterschätzungen in Frage. Daneben liefern EBERLEIN/KELLER/PRAUSE (1998) eine exemplarische, sehr rudimentäre Studie im Zusammenhang mit hyperbolischen

[475] Vgl. GESKE/TOROUS (1991), S. 300.

Verteilungen, die gleiche Daten wie die Arbeit von PRAUSE (1998) zum Gegenstand hat.[476]

Ergänzend sei auf eine Untersuchung von GASCHIK/HOFFJAN/SIEMES (2003) hingewiesen: Die Autoren betrachten Eurex-Kaufoptionen auf ausgewählte DAX-Aktien im Jahre 1999. Fragwürdig erscheint bei dieser Studie bereits die Aufbereitung der Daten. So wird für jede Option der „letzte Kurs" eines Tages verwendet[477], der zeitlich nicht mit der Kursnotierung des Basiswertes (Schlusskurs im Präsenzhandel) synchronisiert wird. Diese mangelhafte Zuordnung zwischen Kassa- und Terminmarkt muss verwundern, da innertägliche Kurse von DAX-Aktien verfügbar sind und eine Intraday-Synchronisierung der Teilmärkte heutzutage unverzichtbare Grundlage einer jeden Modelluntersuchung ist. Darüber hinaus werden Dividendenzahlungen auf die Aktien ohne stichhaltige Begründung aus der Analyse ausgeklammert. Ein damit zusammenhängender Kritikpunkt besteht in der Vernachlässigung der etwaigen rationalen vorzeitigen Ausübung der Optionen amerikanischen Typs. Modelltheoretisch rekurriert der Beitrag ausschließlich auf den originären BLACK/SCHOLES-Ansatz, dessen Prognosefähigkeit für Optionspreise beim Einsatz historischer 30- bzw. 250-Tage-Volatilitäten untersucht wird. Die Autoren gelangen zu dem Ergebnis, dass das BLACK/SCHOLES-Modell mit 30-Tage-Volatilitäten gute Preisvoraussagen ermöglicht, wobei diese jedoch stark in Abhängigkeit von Moneyness- und Restlaufzeitklasse der Option variieren.

Für den Bereich der Optionen auf den Bund- bzw. Euro-Bund-Future lassen sich lediglich zwei größere Untersuchungen benennen:

Die Studie von MADJLESSI (1996) behandelt eine spezielle Klasse von Zinsmodellen: Gauß-Zinsmodelle mit als normalverteilt unterstellten Zinssätzen.[478] Die Eignung zur Bewertung zinssensitiver Derivate wird anhand von Optionen auf den Bund-Future zwischen August 1991 und Dezember 1994 betrachtet, wobei eine Beschränkung auf wenige freitägliche Transaktionen stattfindet, die mit den nur einmal wöchentlich

---

[476] Hinsichtlich der Dividendenproblematik gilt das gleiche wie für den Beitrag von EBERLEIN/KELLER/PRAUSE (1998).

[477] Dieser entspricht nicht dem von der Eurex festgestellten Settlementpreis.

[478] Untersucht wird konkret das HEATH/JARROW/MORTON (1992)-Modell, vgl. auch Kapitel 3, Abschnitt 3.6.4.3, das – bei geeigneter Parametrisierung – eine Normalverteilung der Zinssätze impliziert.

verfügbaren Daten zum Kassamarkt für deutsche Rentenpapiere synchronisiert werden müssen. Generelles Ergebnis der Arbeit ist die Unterbewertung der Optionskontrakte: Die Volatilität wurde modellgestützt offenbar als zu gering ermittelt. Relativ gesehen höhere Abweichungen ergeben sich generell bei Puts sowie bei geringer Moneyness und kurzer Restlaufzeit.[479] Als eine Einflussgröße auf die Ergebnisse wird die Fehlbewertung des Futures selbst genannt, die der Autor ebenfalls modellgestützt untersucht. Hervorzuheben ist das Schlussfazit MADJLESSIs, wonach der Einsatz eines Zinsmodells erst dann lohnenswert erscheint, wenn die verbleibende Restlaufzeit der dem Future zugrunde liegenden Anleihen nicht viel länger als die des Bund-Future-Kontraktes ist.[480]

Eine Untersuchung von NIERMANN (1999) beschäftigt sich mit der Bewertung von Zinsfutures und hierauf bezogenen Optionen. Für die Verfallmonate März 1994 bis September 1997 verwendet der Autor das für ein Futures-style-Margining modifizierte BLACK/SCHOLES-Modell aus Kapitel 3, Abschnitt 3.6.4.3, um die Preisbildung von Optionen auf den Euro-Bund-Future und den Euro-Bobl-Future[481] zu beurteilen. Leider bleibt in dem äußerst spärlich dokumentierten Untersuchungsdesign insbesondere die Ermittlung der Volatilitätsgröße als Eingabeparameter, offenbar in Form einer Durchschnittsbildung impliziter Volatilitäten berechnet, unklar. Diese Volatilität wird für die gesamte Laufzeit eines Optionskontraktes beibehalten. Der Autor kommt

---

479 Ein Problem könnte hier in der fehlenden Bereinigung um sehr geringe Kurse (0,01 DM) und der damit einhergehenden Ganzzahligkeitsproblematik liegen.

480 Vgl. MADJLESSI (1996), S. 195 f. Für den Bereich der Euro-Bund-Future-Optionen sei ergänzend auf zwei Studien an der LIFFE hingewiesen, an der analoge Instrumente wie an DTB/Eurex und ebenfalls im Futures-style-Verfahren – bis 1998 allerdings mittels Open-outcry – gehandelt werden.

HAVERKAMP (1993) bewertet Bund-Future-Optionen an der LIFFE im Zeitraum April bis Dezember 1989 auf Basis des LONGSTAFF/SCHWARTZ (1992)-Modells. Die Ergebnisse erscheinen in Anbetracht eines Bewertungsfehlers von 3,22 DM bei durchschnittlichen Optionspreisen von 0,64 DM, entsprechend einer Abweichung von mehr als 400 %, äußerst fragwürdig. So auch MADJLESSI (1996), S. 184. HAHN (1994) führt eine Analyse von Bund-Future-Optionen an der LIFFE in den Zeiträumen Januar/Februar 1990 und Mai/Juni 1991 durch. Das Untersuchungsdesign – vor dem Hintergrund einer willkürlich wirkenden Fehlerbereinigung – umfasst lediglich die Prüfung verteilungsfreier Grenzen auf Basis von Transaktionen und Geboten. Zwar beschreibt der Autor die kursorientierte Bewertung der Optionen, führt mit Ausnahme der Berechnung impliziter Volatilitäten allerdings keine eigenen Analysen durch.

481 Der *Euro-Bobl-Future* ist der zum Euro-Bund-Future analoge Kontrakt auf Basis fiktiver Anleihen mit 4 1/2 bis 5 1/2 Jahren Laufzeit. Vgl. EUREX (2003a), S. 88 f.

zu dem Ergebnis, dass am-Geld notierende Optionen tendenziell leicht unterbewertet sind.

Neben den modellbezogenen Bewertungstests liegen für die DTB/Eurex einige Studien mit speziellen Untersuchungsobjekten vor: Bei STEPHAN (1998) werden Handelsstrategien mit der DAX-Option für die Jahre 1994 und 1995 dahingehend untersucht, ob historische und aktuell öffentlich verfügbare Informationen bereits im Optionsmarkt verarbeitet sind. Im Ergebnis der Kapitalmarkteffizienzstudie lassen sich keine Überrenditen generieren. SCHÄFER (1995) untersucht Aktienkaufoptionen an der DTB in der Zeit von Juni 1990 bis Oktober 1990. Der Fokus liegt dabei auf einer Intraday-Untersuchung zur Lead-Lag-Beziehung zwischen Options- und Kassamarkt und darauf gegründeten Handelsstrategien, die er allerdings nicht für DTB-Optionen durchführt. Für diese bleibt als Ergebnis die Diagnose eines zeitlichen „Vorsprungs" des Aktienmarktes gegenüber der DTB von 5 bis 10 Minuten.

MITTNIK/RIEKEN (2000a) betrachten DAX-Optionen im Zeitraum Februar 1992 bis September 1995 mit Blick auf die Einhaltung der Put-Call-Parität. Insbesondere aufgrund teurerer am-Geld notierender Puts im Vergleich zu Calls stellen sie statistisch und ökonomisch signifikante Verletzungen fest.[482] Auf den gleichen Zeitraum bezieht sich die Studie von MITTNIK/RIEKEN (2000b) zur Verletzung von Wertuntergrenzen bei DAX-Optionen. Diese bauen sich schnell ab und lassen kaum risikolose Gewinne zu, sodass die Autoren die Effizienz am DAX-Optionsmarkt nicht ablehnen können. NEUMANN/SCHLAG (1997) untersuchen DAX-Optionen an der DTB im ersten Halbjahr 1994 auf die Einhaltung der Martingalbedingung, analog zu LONGSTAFF (1995), durch einen Vergleich der „impliziten" Indexstände mit den beobachteten Werten. Der implizite Indexstand liegt danach sowohl bei Calls als auch bei Puts nur geringfügig, aber signifikant über dem beobachteten.[483]

---

[482] Die Begründung der Autoren, dass dies wegen der Leerverkaufsbeschränkungen in Deutschland kein Widerspruch zur Markteffizienz sein muss, ist in Anbetracht des regen Handels in DAX-Futures diskussionsbedürftig.

[483] Calls: 0,6 %, Puts: 1,4 %. Vgl. NEUMANN/SCHLAG (1997), S. 18 f.

Tabelle 5.1
Überblick zu ausgewählten Untersuchungen des DAX-, Aktien- und Euro-Bund-Future-Optionsmarktes an DTB/Eurex

Die Tabelle gibt einen Überblick zu ausgewählten modellgestützten Studien zum Optionsmarkt der DTB und der Eurex. Die Beiträge sind nach DAX-, Aktien- und [Euro-]Bund-Future-Optionen und innerhalb dieser Kategorien chronologisch nach dem Veröffentlichungsjahr sortiert.

Quelle: Eigene Zusammenstellung.

Autor/-en (Jahr)	Untersuchungszeitraum; Daten	Modell/-e außer BLACK/SCHOLES	Methodik/Ergebnisse/Besonderheiten
DAX-Optionen			
CAMPENHAUSEN, VON (1995)	August 1991 bis Oktober 1992; keine Angabe	Stochastische Volatilität: HESTON (1993)	Analyse von kontinuierlich angepassten Hedgeportefeuilles; BLACK/SCHOLES-Modell liefert signifikant bessere Ergebnisse als der Ansatz von HESTON (1993)
ANDRES (1998)	Januar 1992 und Februar 1996; Settlementpreise	GARCH nach DUAN (1995)	BLACK/SCHOLES- und GARCH-Modell auf Basis historischer Parameterbestimmungen liefern sehr ähnliche Werte
BELLEDIN/SCHLAG (1999)	Juli bis Dezember 1996; mittägliche Optionsnotierungen einer Handelsminute	Stochastische Volatilität: STEIN/STEIN (1991), HESTON (1993), SCHÖBEL/ZHU (1999)	In-the-sample: Vergleichsweise schlechte Anpassung des BLACK/SCHOLES- und STEIN/STEIN (1991)-Modells; Out-of-the-sample: Ähnliche Ergebnisse wie In-the-sample; „einfache" Modelle schneiden z. T. besser ab; Hedging: Keine signifikanten Unterschiede in den Modellen

Tabelle 5.1
Überblick zu ausgewählten Untersuchungen des DAX-, Aktien- und Euro-Bund-Future-Optionsmarktes an DTB/Eurex [Fortsetzung]

Autor/-en (Jahr)	Untersuchungszeitraum; Daten	Modell/-e außer BLACK/SCHOLES	Methodik/Ergebnisse/Besonderheiten
BOLEK (1999)	Juli und Dezember 1995; k. A.	ARCH-, GARCH- und EGARCH-Volatilitätsschätzer aus Parkettschlusskursen	Erklärung von Transaktionspreisen mittels ARCH-, aber auch EGARCH-Schätzern höherer Ordnung gelingt gut; ähnliche Ergebnisse bei der Aufteilung anhand von Moneynessklassen; für Ein-Tages-Prognosen erhält man im Vergleich mit zeitreihenbasierten Methoden beste Ergebnisse für einfache Schätzer wie die implizite Volatilität, sofern nach Moneyness und Restlaufzeit differenziert wird
HERRMANN (1999)	Januar 1992 bis Juni 1997; Intraday-Transaktionsdaten	Nichtparametrische Verfahren: Kernschätzer, Neuronale Netze, lokalparametrische und entropiebasierte Verfahren	Preisprognose: Nichtparametrische Verfahren sind nicht durchweg besser geeignet als BLACK/SCHOLES; beste Resultate liefern Neuronale Netze; Hedgingergebnisse sind bei allen Modellen sehr schlecht
NEUMANN (1999)	Januar bis Dezember 1999; nur Calls; Handelsminute mit den meisten Quotierungen des Tages, mindestens für fünf verschiedene Basispreise	Implizite Binomialbäume; Mischung aus zwei Binomialverteilungen; Edgeworth-Expansion nach RUBINSTEIN (1998)	In-the-sample liefert das RUBINSTEIN (1998)-Modell in den meisten Fällen die beste Anpassung, für die Mischung ggf. zu geringe Anzahl von Komponenten; keine Preisprognose

Tabelle 5.1
Überblick zu ausgewählten Untersuchungen des DAX-, Aktien- und Euro-Bund-Future-Optionsmarktes an DTB/Eurex [Fortsetzung]

Autor/-en (Jahr)	Untersuchungszeitraum; Daten	Modell/-e außer BLACK/SCHOLES	Methodik/Ergebnisse/Besonderheiten
			Vergleich des Value-at-Risk aus den impliziten Verteilungen ex-post mit den realisierten Verteilungen; implizite Schätzung ist der historischen überlegen – trotz zwangsläufiger Verzerrung aufgrund der Unterscheidung in risikoneutrale und reale Welt Vgl. auch die Untersuchung von NEUMANN (1997)
PLATE (1999)	Oktober bis Dezember 1998; nur Calls; mittwöchliche Settlementpreise	CAPM-basiertes Optionspreismodell	Präferenzabhängiges Modell, für das die erwartete Wachstumsrate (a) aus historischen DAX-Ständen und (b) anhand von Befragungen „führender Marktteilnehmer“ geschätzt wird; geringfügig bessere Anpassung an Marktpreise im Vergleich zu BLACK/SCHOLES
RACHEV/MITTNIK (1999)	Februar 1992 bis September 1995; nur für 10, 30 und 60 Tage Restlaufzeit; Transaktionspreise	Laplace-, Student-, inverse Gauß-Verteilungen u. a.	Zunächst: Anpassung der impliziten Volatilitäten nach SHIMKO (1993); In-the-sample: fast durchweg bessere Ergebnisse als nach BLACK/SCHOLES, der Smile kann großenteils gemindert werden; Out-of-the-sample: ähnliche Ergebnisse; Modelle mit Sprungkomponenten schneiden bei der Prognose in einigen Fällen schlechter ab

Tabelle 5.1
Überblick zu ausgewählten Untersuchungen des DAX-, Aktien- und Euro-Bund-Future-Optionsmarktes an DTB/Eurex [Fortsetzung]

Autor/-en (Jahr)	Untersuchungszeitraum; Daten	Modell/-e außer BLACK/SCHOLES	Methodik/Ergebnisse/Besonderheiten
SCHMITT (1999)	Januar 1992 bis Dezember 1995; Intraday-Transaktionsdaten (11.00 bis 13.00 Uhr)	NGARCH	Prognosen auf Basis historischer Schätzungen schneiden durchweg schlechter als solche auf impliziter Basis ab; höherer Erklärungsgehalt des NGARCH-Modells für Optionspreise im Vergleich zu BLACK/SCHOLES, mit Ausnahme von am-Geld notierenden Optionen mit kurzer Restlaufzeit
KEESE (2001)	Januar bis September 1999; nur Calls; Settlementpreise	Implizite Trinomialbäume nach DERMAN/KANI/CHRISS (1996)	Fortschreibung von Hedgeportefeuilles für Optionen während der Restlaufzeiten mittels historischer sowie impliziter Volatilitäten auf Basis des BLACK/SCHOLES-, des DERMAN/KANI/CHRISS (1996)- sowie eines GARCH-Modells; Güte des Hedgings in allen Modellen ähnlich, nicht durch die Moneyness der Option beeinflusst; Hedge Ratios aus impliziten Schätzern sind besser als solche aus historischen Daten geeignet; bei Verlängerung des Anpassungsintervalls für das Hedgeportefeuille von einem auf fünf Tage zwei- bis dreimal höherer Hedgefehler

Tabelle 5.1
Überblick zu ausgewählten Untersuchungen des DAX-, Aktien- und Euro-Bund-Future-Optionsmarktes an DTB/Eurex [Fortsetzung]

Autor/-en (Jahr)	Untersuchungszeitraum; Daten	Modell/-e außer BLACK/SCHOLES	Methodik/Ergebnisse/Besonderheiten
NAGEL (2001)	Februar bis Dezember 1994; Settlementpreise	Stochastische Volatilität: HESTON (1993)	Historische Parameterschätzungen: In-the-sample: Keine großen Unterschiede zwischen BLACK/SCHOLES- und HESTON (1993)-Modell, Letzteres schneidet bei im-Geld notierenden Calls sogar wesentlich schlechter ab. Out-of-the-sample: HESTON (1993)-Modell ist mit Ausnahme aus-dem-Geld notierender Optionen besser geeignet; Delta- und Delta-Gamma-Hedging: ähnliche Ergebnisse für beide Modelle Implizite Parameterschätzungen: Variationen der impliziten Parameter je nach Laufzeit und Optionstyp, speziell bei Kurzläufern; die impliziten Werte weichen bei HESTON (1993) stark von der historischen Schätzung ab; Volatilitätssmile bleibt bestehen, wird jedoch abgemildert; Hedging: Parameter liefert für beide Modelle schlechte Ergebnisse, der HESTON (1993)-Ansatz weist z. T. sogar größere Abweichungen als BLACK/SCHOLES auf

Tabelle 5.1
Überblick zu ausgewählten Untersuchungen des DAX-, Aktien- und Euro-Bund-Future-Optionsmarktes an DTB/Eurex [Fortsetzung]

Autor/-en (Jahr)	Untersuchungszeitraum; Daten	Modell/-e außer BLACK/SCHOLES	Methodik/Ergebnisse/Besonderheiten
Aktienoptionen			
KÖPCKE (1994)	Januar bis Juli 1990; Optionen auf die Allianz AG; nur Calls; keine Dividendenzahlungen während des Betrachtungszeitraums; Settlementpreise	–	Untersuchung verschiedener Schätzfunktionen für die Volatilität, sowohl historisch als auch implizit; Volatilitätsmaße zur Prognose (auf 30- und 60-Tage-Basis) ungeeignet; historische Schätzfunktionen liefern allgemein schlechte In-the-sample-Anpassungen; Hedging: Höchste Erträge auf Basis eines Schätzers von GESKE/TOROUS (1991)
BEINERT (1997)	Januar 1990 bis Dezember 1991; Optionen auf fünf deutsche Aktien ohne Dividendenzahlungen während der Optionslaufzeit; Settlementpreise	Poisson-Sprung-Diffusionsmodell mit/ohne diversifizierbarem Sprungrisiko	Einmal pro Monat stattfindende Kalibrierung des Poisson-Sprung-Diffusionsprozesses auf Basis historischer Daten; keine signifikanten Bewertungsunterschiede im Vergleich mit BLACK/SCHOLES, auch nicht zwischen den beiden Sprungmodellen; keine Antizipation von Ereignissen in Optionen

Tabelle 5.1
Überblick zu ausgewählten Untersuchungen des DAX-, Aktien- und Euro-Bund-Future-Optionsmarktes an DTB/Eurex [Fortsetzung]

Autor/-en (Jahr)	Untersuchungszeitraum; Daten	Modell/-e außer BLACK/SCHOLES	Methodik/Ergebnisse/Besonderheiten
PRAUSE (1999)	Juli 1992 bis September 1994; bis zu vier Basiswerte; nur Calls; Transaktionsdaten; keine Prüfung auf vorzeitige Ausübung	Verallgemeinerte hyperbolische Verteilungen	Betrachtung der Muster der impliziten Volatilität und Möglichkeiten zu deren Beseitigung durch eine alternative Verteilungsspezifikation; für den Smile-Effekt gelingt dies großenteils, wenn auch keine vollständige Eliminierung möglich ist; Eignung historischer Parameterschätzungen fraglich; vgl. auch die exemplarische Studie von EBERLEIN/KELLER/PRAUSE (1998) zu hyperbolischen Verteilungen
GASCHIK/HOFFJAN/SIEMES (2003)	Januar bis Dezember 1999; ausgewählte DAX-Aktien als Basiswerte; nur Calls; Transaktionsdaten; keine Berücksichtigung von – Dividendenzahlungen – vorzeitiger Ausübbarkeit; Verwendung von Aktien-Schlusskursen, keine Synchronisation zwischen Kassa- und Terminmarkt	–	Untersuchung der Eignung historischer 30- und 250-Tage-Volatilitäten als Eingabeparameter für das BLACK/SCHOLES-Modell; generell gute Prognoseergebnisse (bei besserer Eignung der 30-Tage-Volatilität), stark abhängig von Moneyness- und Restlaufzeitklassen

Tabelle 5.1
Überblick zu ausgewählten Untersuchungen des DAX-, Aktien- und Euro-Bund-Future-Optionsmarktes an DTB/Eurex
[Fortsetzung]

Autor/-en (Jahr)	**Untersuchungszeitraum; Daten**	**Modell/-e außer BLACK/SCHOLES**	**Methodik/Ergebnisse/Besonderheiten**
[Euro-]Bund-Future-Optionen			
MADJLESSI (1996)	August 1991 bis Dezember 1994; Transaktionen am Freitagmittag	Gauß-Zinsmodelle	Generelle Unterbewertung der Optionskontrakte; relativ gesehen höhere Abweichungen ergeben sich generell bei Puts sowie bei geringer Moneyness und kurzer Restlaufzeit; Fehlbewertung des Futures selbst
NIERMANN (1999)	Verfallmonate März 1994 bis September 1997; Euro-Bund-Future- und Euro-Bobl-Future-Optionen; Settlementpreise	–	Ermittlung der Volatilitätsgröße (Durchschnittsbildung impliziter Volatilitäten) unklar; als während der gesamten Laufzeit eines Optionskontraktes konstant unterstellte Volatilität; Ergebnis: am-Geld notierende Optionen sind tendenziell leicht unterbewertet

5.3 Aufbau der Studie

5.3.1 Untersuchungsobjekte und -zeitraum

Den Ausgangspunkt der in dieser Arbeit dokumentierten empirischen Analyse bilden alle in den Jahren 1999 und 2000 an der Eurex gehandelten Optionen auf

- den Deutschen Aktienindex,
- zehn ausgewählte Aktien aus dem Deutschen Aktienindex[484] – Allianz (ALV), BASF (BAS), Bayer (BAY), Commerzbank (CBK), Deutsche Bank (DBK), Deutsche Telekom (DTE), DaimlerChrysler (DCX), SAP (SAP)[485], Siemens (SIE), Volkswagen (VOW) sowie
- den Euro-Bund-Future (im Weiteren z. T. auch nur kurz EBF).[486]

Der Untersuchungszeitraum ist nicht nach speziellen Kriterien ausgewählt – einer Analyse mit *gezielter* Wahl des Zeitraumes, z. B. mit sehr unterschiedlichen Börsenphasen, wohnte ein „Bias" inne, da ex-post mehr Informationen verwendet würden als während der realen Untersuchungsperiode vorlagen. Eine Verallgemeinerung der Ergebnisse wäre somit höchst fragwürdig.[487]

Bei den *DAX-Optionen* handelt es sich um solche europäischen Typs, sodass die in den Kapiteln 3 und 4 dargestellten Bewertungsansätze für die Kauf- und Verkaufsoptionen unmittelbar Verwendung finden können. Basiswert der DAX-Optionen ist der DAX in Form des Performance-Index auf Basis der Notierung im Xetra-System. Als Laspeyres-Index[488] umfasst der DAX die Aktien von 30 der größten deutschen Gesellschaften, die an der Frankfurter Wertpapierbörse gelistet sind. In Gestalt des

---

[484] Die ausgewählten Basiswerte weisen den liquidesten Handel in Optionen auf.

[485] Wegen der erst am 18. Juni 2001 erfolgten Zusammenlegung von Stamm- und Vorzugsaktien noch bezogen auf die Vorzugsaktie.

[486] Die Eurex-Kürzel der drei Optionsgruppen lauten ODAX, OSTK und OGBL.

[487] Vgl. auch SCHMIDT (1981), S. 42 ff. zur z. T. in der Literatur praktizierten Wahl des Untersuchungszeitraums am Beispiel einer empirischen Widerlegung der Kapitalmarkteffizienzhypothese. Siehe zudem KRÄMER (2000), S. 97 ff. zur „Vorsortierung" von Stichproben.

[488] Zur Konstruktion von Laspeyres-Indizes vgl. z. B. BAMBERG/BAUR (2002), S. 55 ff.

Performance-Index wird bei der Berechnung des DAX von einer fiktiven Reinvestition ausgeschütteter Dividenden in das Indexportefeuille ausgegangen.[489] Da zudem Adjustierungen für alle kursbeeinflussenden Kapitalmaßnahmen wie z. B. Aktiensplits stattfinden, kann der DAX wie ein ertragsloses Gut (engl.: *non-dividend paying asset*) angesehen werden.[490] Ein DAX-Optionskontrakt weist einen Wert in Höhe von 5 € pro Indexpunkt des DAX auf, d. h. notiert die Option am Verfalltag im-Geld, sind für jeden über (unter) dem Basispreis liegenden Indexpunkt pro Kontrakt 5 € im Rahmen eines Barausgleichs zu leisten. Die Notierung der DAX-Option an der Eurex erfolgt in Indexpunkten – mit einer Genauigkeit von 0,1 Punkten, entsprechend 0,50 €. Alle Rechnungen zu den Optionen werden sinnvollerweise in Punkten durchgeführt: So weist z. B. ein Kontrakt DAX-Kaufoptionen mit einem Basispreis von 5.000 Punkten bei einem DAX-Stand von 5.200 Punkten nach der in Kapitel 3, Abschnitt 3.2 eingeführten Terminologie einen inneren Wert in Höhe von 200 Punkten (entsprechend 1.000 €) auf. Optionsprämien werden in Punkten berechnet, der Gegenwert in € ist bei Kauf[491] in voller Höhe fällig (Stock-style-Verfahren). Die Kontraktspezifikationen im Detail, speziell mit weiteren Informationen zu verfügbaren Fälligkeiten und Basispreisen der DAX-Optionskontrakte, finden sich in *Tabelle B.1* im Anhang.[492]

Die *Aktienoptionen* an der Eurex sind ausnahmslos amerikanischen Typs, d. h. eine Ausübung ist jederzeit – mit Ausnahme des Tages eines Dividendenbeschlusses – gestattet. Folglich ist eine Anwendung der für europäische Optionen ausgelegten Modelle nur unter speziellen Voraussetzungen möglich: Es lassen sich lediglich solche Optionen in die Analyse einbeziehen, bei denen eine rationale vorzeitige Ausübung aus-

---

489 Anders der *Kursindex*, der aus gewichteten Börsenkursen der DAX-Titel berechnet wird. Die Verwendung der Xetra-Notierung als Referenzgröße für die Optionen ist nach Einstellung der Parkett-Notierung am 18. Juni 1999 alternativlos. Wenn im Folgenden vom „DAX" gesprochen wird, wird stets auf die Xetra-Notierung des Performance-Index Bezug genommen.

490 Während des hier betrachteten Zeitraumes lag dem DAX noch die „alte" Indexberechnung der Deutschen Börse AG, mit den Auswahlkriterien Börsenumsatz (an der Frankfurter Wertpapierbörse inkl. Xetra) und der Marktkapitalisierung, zugrunde; vgl. DEUTSCHE BÖRSE (2001), S. 23 ff. Seit Juni 2002 gilt für die Indizes der Deutschen Börse AG eine Gewichtung auf Free-Float-Basis, d. h. auf Basis des Börsenumsatzes der frei verfügbaren Aktien; zur Berechnung vgl. DEUTSCHE BÖRSE (2003b), S. 25 ff.

491 Genauer: Am darauf folgenden Börsentag.

492 Vgl. zur Kontraktgestaltung von DAX-Optionen auch STEINER/BRUNS (2002), S. 562 ff. Es sei darauf hingewiesen, dass während des Untersuchungszeitraumes 1999/2000 noch keine DAX-Optionen mit bis zu 60 Monaten Laufzeit angeboten wurden.

Tabelle 5.2
Übersicht zu den analysierten Gruppen von Optionen

Segment	Basiswert	Ausübungsart	Abrechnung
Indexoptionen	DAX	europäisch	Stock-style-Verfahren
Aktienoptionen	Zehn DAX-Aktien	amerikanisch	Stock-style-Verfahren
Futures-Optionen	Euro-Bund-Future	amerikanisch	Futures-style-Verfahren

geschlossen werden kann. Eine solche „Filterung“ ist bei Puts im Allgemeinen nicht möglich, sodass alle Aktienverkaufsoptionen von vornherein aus der Untersuchung ausgeschlossen werden.[493] Ein Kontrakt der hier betrachteten zehn Aktienoptionen bezieht sich auf je 100 Aktien des zugrunde liegenden Basiswertes, die bei Ausübung physisch zu liefern sind – eine Ausnahme stellen die Allianz-Optionen mit einer auf 50 Aktien reduzierten Kontraktgröße dar. Die Preise der an der Eurex mit einer Genauigkeit von 0,01 € gehandelten Optionen beziehen sich auf jeweils eine Aktie. Zu den detaillierten Kontraktspezifikationen wird auf *Tabelle B.2* im Anhang verwiesen.[494]

Die dritte Analysegruppe umfasst die *Euro-Bund-Future-Optionen* der Eurex, die als Optionen amerikanischen Typs den Euro-Bund-Future-Kontrakt als Basiswert haben. Dieser Future hat eine fiktive Schuldverschreibung der Bundesrepublik Deutschland mit einer Laufzeit von 8 1/2 bis 10 1/2 Jahren und einen Kupon von 6 % p. a. als Basisinstrument. Ein Euro-Bund-Future-Kontrakt, der jeweils mit Fälligkeiten in den nächsten drei Quartalsmonaten aus dem Zyklus März–Juni–September–Dezember gehandelt wird, hat einen Wert von 100.000 €. Die Erfüllung erfolgt am Fälligkeitstag durch effektive Lieferung zugelassener Schuldverschreibungen, deren konkrete Auswahl der Short-Seite überlassen ist. Notierungen des Euro-Bund-Future werden in % vom Nominalwert mit zwei Nachkommastellen ermittelt – die minimale Preisveränderung beträgt 0,01 %, entsprechend einem Wert von 10 €. Details zur Future-

[493] Zu weiteren notwendigen Einschränkungen bei den verbleibenden amerikanischen Kaufoptionen vgl. die Bereinigung der Datenbasis in Abschnitt 5.3.3 c.

[494] Vgl. auch STEINER/BRUNS (2002), S. 517 ff. Man beachte, dass während des Untersuchungszeitraumes 1999/2000 noch keine Aktienoptionen mit bis zu 60 Monaten Laufzeit zur Verfügung standen und sich auch die sonstigen im Anhang ausgewiesenen Kontraktbedingungen geringfügig von denen der hier analysierten Optionen unterscheiden können.

Spezifikation sind in *Tabelle B.3* im Anhang zusammengefasst.[495] Bei den Euro-Bund-Future-Optionen tritt die Besonderheit auf, dass deren Basiswert von der Optionslaufzeit abhängig ist: Die Optionen, die im Gegensatz zum Future auch Verfalltermine zwischen den Quartalsmonaten aufweisen, beziehen sich stets auf den nächsten nach Optionsfälligkeit auslaufenden Euro-Bund-Future-Kontrakt. Die Januar-, Februar- und März-Optionen auf den Euro-Bund-Future etwa haben somit den März-Kontrakt als Basiswert. Die Ausübung eines Long Calls (Long Puts) führt beim Inhaber zur Eröffnung einer Long Future-Position (Short Future-Position) auf Grundlage des Basispreises der Option, der Stillhalter muss die korrespondierende Gegenposition im Euro-Bund-Future einnehmen. Die Preise der Optionen werden in Punkten auf zwei Dezimalstellen notiert – die minimale Preisveränderung beträgt 0,01 Punkte, entsprechend 10 €. Die Prämienabrechnung erfolgt in Analogie zum Basiswert im Futures-style-Verfahren. Aufbauend auf den theoretischen Überlegungen aus Kapitel 3, Abschnitt 3.5.5 ist durch diesen Abrechnungsmechanismus sichergestellt, dass sowohl Calls als auch Puts dieser Kategorie nicht rational vor ihrer Fälligkeit ausgeübt werden und daher wie Optionen europäischen Typs behandelt werden können. Zu den detaillierten Spezifikationen der Euro-Bund-Future-Optionen sei auf *Tabelle B.4* im Anhang verwiesen.[496] Hinsichtlich der empirischen Vorgehensweise ist ergänzend zu berücksichtigen, dass beim Euro-Bund-Future das Phänomen einer stark restlaufzeitabhängigen Handelsintensität auftritt: Empirisch nachgewiesen konzentriert sich der Großteil des Futuresumsatzes im jeweils nächstfälligen Kontrakt.[497] Da eine Voranalyse zeigt, dass auch die Optionen von diesem Umstand betroffen sind, wird die Untersuchung auf solche Optionen beschränkt, die sich auf den nächstfälligen Futureskontrakt beziehen. Aufgrund des quartalsweisen Auslaufens des Euro-Bund-Futures fließen jeweils maximal drei parallel gehandelte Optionen mit unterschiedlicher Fälligkeit in die Analyse ein. Wegen eines im ersten Quartal 1999 parallelen Handels im dann eingestellten Bund-Future (in DM) und der damit einhergehenden noch geringen Liquidität im Euro-

495 Vgl. zum Euro-Bund-Future sowie zu Optionen auf den Euro-Bund-Future auch DIWALD (1999), S. 56 ff.

496 Vgl. zu den Zinsfutureoptionen auch STEINER/BRUNS (2002), S. 566 ff.

497 Vgl. auch BAMBERG/DORFLEITNER (2000), die diesen Umstand anhand eines theoretischen Modells begründen.

```
EUREX                          contract time and sales sheet
S511

Grp. T Exp.D.  Ex.Pr V  Date from     Date to    Time
**** * **** ** ***** *  2000/01/01 - 2000/01/31 **:**-**:**
pro- t ex ex        v date                      match
duct y mt yr strke s year mt dy hr mn sc cs price    size    curr.
---- - -- -- ----- - ---- -- -- -- -- -- -- -------- ------- -----
ODAX C 01 00  4000 0 2000 01 03 12 28 51 11  3069.00      10  EUR
ODAX C 01 00  4000 0 2000 01 05 13 18 57 87  2550.00     670  EUR
ODAX C 01 00  4000 0 2000 01 05 13 19 21 38  2560.00     670  EUR
ODAX C 01 00  4000 0 2000 01 11 10 51 03 28  2831.40      10  EUR
ODAX C 01 00  4000 0 2000 01 21 10 33 27 75  3055.00       5  EUR
```

Abbildung 5.1. Ausschnitt aus einer Handelsstatistik zu Eurex-Optionen. Protokolliert werden neben dem Basiswert (hier in Form des DAX), Optionstyp (Call, Put), -monat und -jahr sowie neben dem Basispreis der Handelstag, die genaue Uhrzeit der Transaktion (auf 1/100 Sekunden genau), der zustande gekommene Preis und das Handelsvolumen (in Kontrakten).

Quelle: Deutsche Börse AG.

Bund-Future beginnt der Analysezeitraum für die Futures-Optionen erst bei solchen, die eine Fälligkeit ab April 1999 aufweisen.[498]

Wie in *Tabelle 5.2* zusammengefasst fließen in die Analyse die Optionen aus allen bedeutenden Handelssegmenten der Eurex ein – neben den unterschiedlichen Charakteristika der Basiswerte liegen auch verschiedene Ausübungsarten und Abrechnungsverfahren vor. Das Datenmaterial zu den Transaktionen in den Optionen wurde freundlicherweise von der Deutschen Börse AG, Frankfurt am Main zur Verfügung gestellt. Es handelt sich dabei um Textdateien, in denen die Kontraktspezifikationen, die genaue Handelszeit (engl.: *time-stamped*), Ausführungskurs und Handelsvolumen in Kontrakten angegeben sind – vgl. die exemplarische Handelsstatistik zu DAX-Optionen in *Abbildung 5.1*.

---

498 Diese Einschränkung des Analysespektrums führte zu einer Reduzierung der ursprünglichen Zahl an Optionstransaktionen von 305.538 auf 268.135. Vgl. auch *Tabelle 5.4* in Abschnitt 5.3.3 zur weiteren Aufbereitung der Daten.

5.3.2 Exogene Modellparameter

Für eine modellgestützte Analyse der drei Optionsgruppen werden je nach Basiswert verschiedene am Markt zu bestimmende Parameter benötigt.[499]

Kurse der Basiswerte der Optionen. Für Zwecke der Optionsbewertung wird idealisiert von einer zeitlich perfekten Synchronisation der Notierungen in Optionen und Basiswerten ausgegangen. Eine möglichst genaue Zuordnung der Kursdaten der Basiswerte auf die Optionen ist eine unabdingbare Voraussetzung zur Modellvalidierung.[500] Die Verwendung von Intraday-Notierungen bei allen drei Optionsgruppen gestattet diese Allokation im vorliegenden Fall.

Bei den *DAX-Optionen* wird der DAX in Form des auf dem Xetra-System quotierten Performance-Index als Kurs des Basiswertes verwendet.[501] Für die Berechnung des „Kurses" für den Basiswert der DAX-Option ließe sich alternativ der DAX-Future heranziehen, da dieser realiter zur Absicherung von DAX-Optionspositionen herangezogen wird.[502] Für dieses Vorgehen sprechen die geringeren Transaktionskosten im Vergleich zum „physischen" DAX, das fehlende Trackingrisiko, evtl. geringere Finanzierungskosten und die nur über den Future gegebene Möglichkeit des Leerverkaufes. Dagegen spricht, dass die Option expressis verbis auf den DAX bezogen ist und bei

---

499 Siehe zur Variablenmessung für Zwecke der Optionsbewertung auch RUBINSTEIN (1985), S. 464 ff.

500 Zum Erfordernis der Synchronität der Notierungen vgl. auch BATES (1996b), S. 573.

501 Die Intraday-Kursdaten auf Xetra-Basis – i. d. R. viertelminütlich quotiert – stammen aus der *Karlsruher Kapitalmarktdatenbank (KKMDB)*. Für die Jahre 1999 und 2000 standen – in Rohform – insgesamt 1.146.971 Indexstände zur Verfügung.

502 In einer frühen Studie zu Indexoptionen stellen EVNINE/RUDD (1985) die kritische Frage, wie ein Index als Portefeuille am besten beschrieben werden kann. Die ursprünglich als Hindernis gesehenen eingeschränkten Leerverkaufsmöglichkeiten steht heutzutage für den DAX ein liquider Handel in Futures gegenüber. HAFNER/WALLMEIER (2001) etwa bestimmen den Kurs für den Basiswert aus dem am jeweiligen Tag meistgehandelten Futureskontrakt und ordnen dessen Intraday-Notierung minutengenau zu. (Hierbei fließen allerdings erst ex-post bekannte Informationen in die Bewertung ein.) Daneben werden auch steuerliche Wirkungen bei Dividendenzahlungen auf die Bewertung des Futures berücksichtigt. Vgl. HAFNER/WALLMEIER (2001), S. 4 ff.

einer etwaigen Fehlbepreisung des Futures eine Verzerrung auftritt. Auch werden Futures mit mehreren Laufzeiten gehandelt.[503]

Der Kursverlauf des DAX – im Folgenden stets in Form des Xetra-Performance-Indexes – im Analysezeitraum 1999/2000 ist in *Abbildung 5.2 (a)*, auf Basis von täglichen Schlusskursen dargestellt. Ergänzend liefert *Tabelle 5.3* einige statistische Kennzahlen zum Indexverlauf: Neben den Kursen zu Beginn und zum Ende der Analyseperiode, 4. Januar 1999 und 29. Dezember 2000, sind der Zwischenstand zum Jahresende 1999 sowie die (diskreten) Renditen für die Jahre 1999 und 2000 sowie den Gesamtzeitraum 1999/2000 ausgewiesen. Ergänzt wird die Aufstellung durch Angaben zu Indexmittelwert (inkl. -standardabweichung) sowie -minimum und -maximum während der Analyseperiode. Der Aktienindex wurde im Jahre 1999 von einem wenig volatilen Verlauf auf dem Niveau von ca. 5.000 bis 5.500 Punkten geprägt. Beginnend am Jahresende 1999 schloss sich ein rapider Anstieg im Indexniveau bis auf über 8.000 Punkte an. Bis zum Ende des Jahres 2000 verlor der DAX bei moderaten Schwankungen ausgehend von diesem Höchststand ca. 20 % seines Wertes und ging auf ca. 6.500 Punkte zurück.

Bei den Aktienoptionen wird mit der Zuordnung der Xetra-Aktienkursnotierungen zu den Optionen analog zur DAX-Analysegruppe verfahren.[504] In *Abbildung 5.2 (b)* sind die Kursverläufe der Aktien während der Betrachtungsperiode exemplarisch anhand der BASF-, DaimlerChrysler- sowie der SAP-Aktie skizziert. Um eine Vergleichbarkeit der Entwicklungen zu ermöglichen, sind die Kurse per Jahresanfang 1999 auf einheitlich 100 % skaliert.[505] Ergänzend finden sich in *Tabelle 5.3* auch hier die detaillierten Statistiken zu allen zehn Basiswerten. Nach einem verhältnismäßig „ruhigen" Kursverlauf im Jahre 1999 nahmen einige der Titel an der Kursrallye des ersten Halbjahres 2000 teil – hierzu gehörten etwa die Aktien der Deutschen Telekom AG, der Siemens AG und der SAP AG. Bis zum Ende des Jahres 2000 büßten diese Titel allerdings

---

[503] Vgl. zu dieser Diskussion auch CAMPENHAUSEN (1995), S. 96 ff. Das für den DAX gelegentlich angeführte Problem des *Infrequent Trading (Staleness-Effekt)*, d. h. die verzögerte Abbildung der Marktlage durch einen nur illiquiden Handel in einigen Aktientiteln, dürfte von untergeordneter Bedeutung sein. Siehe hierzu auch BOLEK (1999), S. 40.

[504] Die Intraday-Kursdaten auf Xetra-Basis entstammen ebenfalls der KKMDB; für die hier betrachteten zehn Aktien lagen für die Jahre 1999 und 2000 – in Rohform – insgesamt 6.280.471 Kursfeststellungen vor.

[505] Dividendenzahlungen bzw. -abschläge sind in der Grafik nicht berücksichtigt.

einen größeren Teil dieser Kursgewinne wieder ein: Während im Zeitraum 1999/2000 für die Papiere der Siemens AG ein Kursanstieg von ca. 150 % erzielt wurde, verblieb für die der SAP AG lediglich ein Zuwachs von ca. 16 %, die Aktien der Deutschen Telekom notierten Ende 2000 sogar unterhalb ihres Kurses vom Jahresanfang 1999. Des Weiteren fallen z. B. mit der DaimlerChrysler AG und der Volkswagen AG DAX-Unternehmen auf, deren Aktien sich dem Aufschwung des Jahres 2000 nahezu vollständig entzogen haben – so tendierten etwa diese beiden Titel stets seitwärts bzw. leicht abwärts und schlossen am Ende der zweijährigen Analyseperiode ca. 50 % bzw. ca. 25 % unter ihren Kursen zum Jahresbeginn 1999.

Den Euro-Bund-Future-Optionen wird der jeweils unmittelbar vorausgegangene Kurs des zugehörigen Futures zugeordnet.[506] *Abbildung 5.2 (c)* zeigt den Kursverlauf des jeweils kürzest laufenden Kontraktes, *Tabelle 5.3* liefert die zugehörigen statistischen Detailinformationen. Ausgehend von den letzten Kursfeststellungen eines Tages zeigt der Kursverlauf im Jahr 1999 einen starken Abwärtstrend, der ausgehend von Notierungen von bis zu ca. 118 % zu einem Kursniveau von ca. 100 % zum Jahresbeginn 2000 führt. Als Indikator für das Kursniveau am Rentenmarkt offenbart der Kursverlauf des Euro-Bund-Future während dieses Zeitraums stark fallende Kurse für langfristige Anleihen und – aufgrund des inversen Zusammenhangs – einen Anstieg des Zinsniveaus für langfristige festverzinsliche Anlageformen. Diese Entwicklung kehrte sich im Laufe des Jahres 2000 um, fiel jedoch weniger stark aus und führte bis Ende 2000 auf ein Kursniveau von ca. 108 %.

Eine Untersuchung zur Preisbildung für die Euro-Bund-Future-Kontrakte selbst wird nicht durchgeführt[507] – die Notierungen werden als Fakten in die Analyse einbezogen.[508]

---

[506] Die Notierungen der Euro-Bund-Future-Kontrakte für die Jahre 1999 und 2000 stammen von der Deutschen Börse AG, Frankfurt am Main. Von den – in Rohform – vorliegenden 6.256.236 protokollierten Transaktionen entfielen 5.908.174 auf den jeweils nächstfälligen Kontrakt.

[507] KAISER (1997) liefert eine zeitreihenbasierte Analyse der Bund-Future-Intraday-Renditen an DTB und LIFFE im Zeitraum August 1994. AHN/CAI/CHEUNG (2002) untersuchen die Interday- und Intraday-Volatilität des (Euro-)Bund-Future an der Eurex in den Jahren 1997 und 1998 auf etwaige Volatilitätsmuster und den Einfluss makroökonomischer Daten.

[508] Die Theorie der Bewertung von Contingent Claims bezieht sich vorwiegend auf die Relation zwischen Derivat und Basiswert – weniger auf die Fundierung der Preisbildung des Letzteren selbst. Vgl. ELLIOTT/KOPP (1998), S. 2.

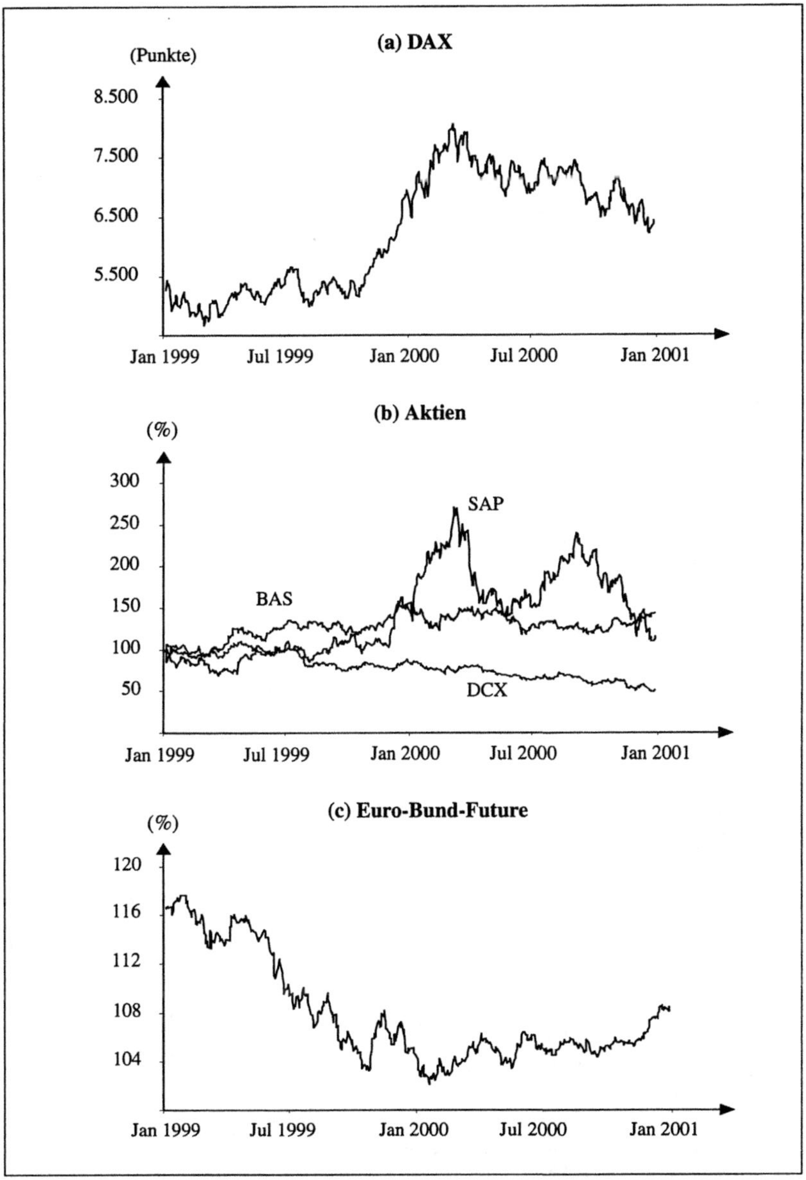

Abbildung 5.2. Kursverläufe der Optionsbasiswerte im Analysezeitraum. *Abbildung (a)* zeigt den Kursverlauf des DAX-Performance-Index anhand von täglichen Schlusskursen, *Abbildung (b)* gibt die Kursentwicklung ausgewählter DAX-Aktien (ohne etwaige Dividendenkorrekturen) wieder. In *Abbildung (c)* ist der Kurs des jeweils kürzest laufenden Euro-Bund-Future-Kontraktes (auf Basis des jeweils letzten Tageskurses) dargestellt.

Quellen: Datastream, KKMDB, Deutsche Börse AG.

Tabelle 5.3
Deskriptive Statistiken zu den Basiswerten der drei Optionsgruppen

Die Tabelle gibt – auf Basis täglicher Schlusskurse im Xetra-Handelssystem – einen Überblick zur Kursentwicklung des DAX und der zehn Aktien als Basiswerte der analysierten Index- bzw. Aktienoptionen. Zum jeweils kürzest laufenden Euro-Bund-Future-Kontrakt als Basiswert der Futures-Optionen sind die Kurse des jeweils letzten Umsatzes eines Tages zugrunde gelegt worden.

Quellen: Datastream, KKMDB, Deutsche Börse AG, eigene Berechnungen.

	Kurse (Punkte, € bzw. %)			Renditen in % (exkl. Dividenden)			Statistiken zur Kursentwicklung			
	04.01.1999	30.12.1999	29.12.2000	1999	2000	1999/2000	Mittelwert	Std. abw.	Minimum	Maximum
DAX	5.290,36	6.958,14	6.433,61	31,52	-7,54	21,61	6.236,98	977,11	4.668,52	8.064,97
ALV	342,35	334,00	398,60	-2,44	19,34	16,43	333,88	54,95	237,00	441,16
BAS	33,55	51,20	48,17	52,61	-5,92	43,58	42,50	4,87	30,07	53,02
BAY	38,10	47,10	55,87	23,62	18,62	46,64	41,80	5,00	29,88	55,89
CBK	28,20	36,70	30,89	30,14	-15,83	9,54	33,74	4,68	24,30	44,30
DBK	51,55	83,74	89,51	62,44	6,89	73,64	72,85	16,88	44,36	102,60
DCX	87,50	77,00	44,74	-12,00	-41,90	-48,87	69,55	12,93	43,29	95,45
DTE	32,43	71,00	32,10	118,93	-54,79	-1,02	50,66	16,46	31,35	103,50
SAP*	129,00	199,67	149,80	54,78	-24,98	16,12	181,59	65,09	88,42	349,96
SIE	56,60	127,00	139,20	124,38	9,61	145,94	116,18	43,08	53,36	191,51
VOW	75,20	55,77	55,69	-25,84	-0,14	-25,94	53,66	8,29	39,05	78,76
EBF	116,68	104,14	108,45	-10,75	4,14	-7,05	107,81	4,26	102,05	117,70

* Wegen eines Aktiensplits im Verhältnis 1:3 per 26.06.2000 retrograde Anpassung der Kurse bis zum 04.01.1999

Zusammenfassend betrachtet kann festgehalten werden, dass mit Hilfe der Intraday-Datenbasen für die Basiswerte das Problem asynchroner Notierungen von Basiswert und Option im Rahmen der empirischen Validierung von Optionspreismodellen bestmöglich umgangen wird.

Laufzeiten der Optionen – Kalender- vs. Handelstage. Die Frage nach der Verwendung von Kalender- oder Handelstagen hat in der Literatur zur Optionsbewertung bereits eine intensive und z. T. sehr kontroverse Diskussion erfahren. Für Zwecke der Volatilitätsberechnung wird die Wahl von Handelstagen damit begründet, dass die Kurse eines an der Börse notierten Titels nur handelstägig während der Börsenöffnungszeiten beobachtet werden können.[509] Demgegenüber werden z. B. Zinsen bezogen auf Kalendertage gezahlt. Gegen die Verwendung von Handelstagen spricht zudem, dass deren Anzahl je nach Land sowie z. T. sogar für einzelne Börsen eines Landes verschieden sind, während ein Handelsjahr stets aus 365 (366) Kalendertagen besteht.

Restlaufzeiten werden daher im Weiteren in *Kalendertagen* gemessen und in Gleichungen als Bruchteile von Kalenderjahren verwendet.[510]

Risikoloser Zinssatz. Im Rahmen der Optionsbewertungstheorie wird regelmäßig eine Anlagemöglichkeit zum – i. d. R. als konstant unterstellten – Zinssatz risikoloser Anlagen unterstellt. Hinsichtlich der Frage, welcher kurzfristige Zinssatz in der Optionsbewertung verwendet werden sollte, ist zu berücksichtigen, dass solche i. d. R. nicht innertäglich verfügbar sind und allgemein geringen Einfluss auf die Ergebnisse haben.[511] Wie in der Praxis üblich wird im Rahmen dieser Arbeit der laufzeitadäquate Geldmarktsatz – für den hier betrachteten europäischen Markt in Form des *Euribor (European Interbank Offered Rate)* – verwendet, der in Laufzeiten zwischen einem

---

[509] Allerdings werden auch in der handelsfreien Zeit Informationen über den Geschäftsverlauf bei Aktiengesellschaften oder zur gesamtwirtschaftlichen Lage bekannt.

[510] Die alternative Verwendung von Kalender- oder Handelstagen ist nur bei kurz laufenden Optionen von Bedeutung. Vgl. HAFNER/WALLMEIER (2001), S. 4. THIEL (2001) führt am Beispiel von Kaufoptionsscheinen alle empirischen Analysen *parallel* für 250 Handelstage und 365 Kalendertage pro Jahr durch; vgl. THIEL (2001), S. 165 ff. Als Begründung hierfür wird die Frage nach der „richtigen" Annualisierung historischer Volatilitäten angeführt, die die Grundlage für seine Untersuchung zum BLACK/SCHOLES-Modell darstellen.

[511] Vgl. BATES (1996b), S. 589 f., zu letzterem Punkt auch HAMMER (1989).

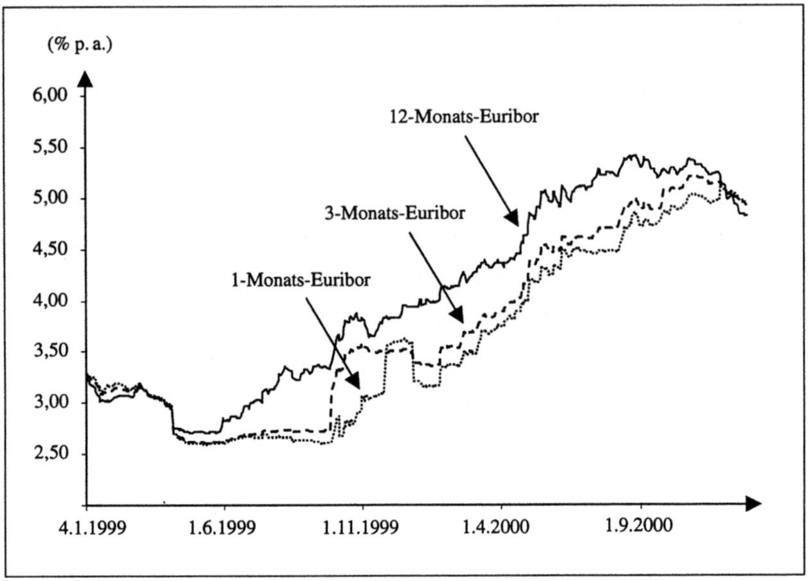

Abbildung 5.3. Verlauf ausgewählter Euribor-Sätze im Analysezeitraum.

Quelle: Datastream.

und zwölf Monaten notiert wird.[512] Bei Optionsrestlaufzeiten bis zu einem Jahr wird mit kalendertagmäßig linear interpolierten Zinssätzen gearbeitet, bei solchen von mehr als einem Jahr wird vereinfachend der Zwölf-Monats-Euribor angesetzt.[513] Eine alternative Möglichkeit stellte die Verwendung der Put-Call-Parität dar, mit Hilfe derer bei Optionen europäischen Typs aus Paaren von zeitgleich gehandelten ausstattungsgleichen Calls und Puts der risikolose Zinssatz bestimmt werden könnte.[514] Gegen diese Technik „impliziter" Zinssätze spricht, dass die Informationen aus einer der beiden Optionen „nur" für die Schätzung eines – von der Bedeutung zudem eher als untergeordnet einzuschätzenden – Parameters verwendet werden und eine solche Technik bei

---

512 Linear interpolierte und verstetigte Geldmarktzinssätze verwenden z. B. auch HAFNER/WALLMEIER (2001), S. 4. Alternativ ließe sich auch eine exponentielle Zinsberechnung anwenden. Vgl. UHLIR/SIÈVI (1990b), S. 397 f.

513 Eine Bestimmung von Zinssätzen für risikolose Anlagen mit einer Laufzeit von mehr als einem Jahr wäre zwar, z. B. über die Analyse der Kurse von Bundespapieren, prinzipiell möglich, jedoch wird hierauf – im Einklang mit der überwiegenden Zahl der empirischen Beiträge – verzichtet.

514 Vgl. BRENNER/GALAI (1986), angewandt z. B. von NEUMANN (1999), S. 120 f.

den hier auch betrachteten Optionen amerikanischen Typs nicht anwendbar ist.[515] Exemplarisch zeigt *Abbildung 5.3* den Verlauf des 1-, 3- und 12-Monats-Euribor-Satzes im Analysezeitraum 1999/2000. Es wird deutlich, dass zum einen die längerfristigen Zinssätze überwiegend oberhalb der kurzfristigen liegen und zum anderen seit Mitte des Jahres 1999 bis zum Jahresende 2000 ein starker Anstieg der Zinssätze in allen drei Laufzeitklassen zu beobachten ist.[516]

5.3.3 Datensynchronisation und Fehlerbereinigung

Vor dem Einsatz zur Modellevaluation werden die Datensätze in ihrer Rohfassung in einem mehrstufigen Verfahren bereinigt, das in *Tabelle 5.4* zusammenfassend illustriert wird.[517] Dabei ist zu berücksichtigen, dass die Bereinigung in den angegebenen Schritten sequenziell durchgeführt wird und sich die Zahl der eliminierten Datensätze somit stets auf den Datenbestand nach der vorangegangenen Bereinigung bezieht.[518]

Ergänzend wird anhand von *Tabelle 5.4* deutlich, dass die DAX-Option ein weit höheres Handelsvolumen als die Optionen auf die einzelnen Aktien aufweist. Als breit diversifizierter Index kann der DAX als Basiswert sehr gut für Zwecke der Portefeuillesteuerung eingesetzt werden und ist aus Transaktionskostenüberlegungen günstiger als Optionen auf einzelne Aktien. Für den Einsatz von Indexoptionen wird auch die bessere Prognostizierbarkeit der Volatilität im Vergleich zu Einzeltiteln angeführt. Letztlich

---

[515] In einer weiteren Alternative schätzen MARTIN/FRENCH (1987) simultan die implizite Volatilität und den impliziten risikolosen Zins; entgegen der in der Literatur überwiegend vertretenen Auffassung halten MARTIN/FRENCH (1987) auch *den* risikolosen Zinssatz für ein nicht beobachtbares Marktdatum.

[516] Ergänzend sei kritisch angemerkt, dass die tägliche Bestimmung neuer Zinssätze im Grunde die Annahme impliziert, dass diese *stochastischer* Natur sind. Es stellt sich die Frage, ob nicht vielmehr ein stochastisches Zinsmodell zur Anwendung kommen müsste.

[517] Es gilt zu beachten, dass die Bereinigung von Datenbasen nicht unkritisch gesehen wird, da ein solches Vorgehen zu Verzerrungen führen kann – wenn z. B. eine Klasse von Optionen verstärkt betroffen ist. Vgl. BATES (1996b), S. 600.

[518] Die Reihenfolge der Filterungsschritte hat nur auf kombinierte Abfragen zwischen mehreren Optionen einen Einfluss, bei denen das Ergebnis der Filterung davon abhängt, welche Datensätze bereits vorab herausgefiltert werden.

wird auch die einfache Abrechnung von Indexoptionen durch Barausgleich einer effektiven Lieferung/Abnahme von Aktien vorgezogen.[519]

a. Mangelhafte Synchronisation zwischen Optionen und Basiswerten. Die angestrebte Zuordnung der Notierungen in den Basiswerten zu den Optionen war nicht in allen Fällen zufrieden stellend möglich. Solche Optionsdatensätze, bei denen in der vorhergehenden halben Stunde keine Notierung im Basiswert verfügbar war, werden eliminiert. Zwar müsste dem Optionshandel theoretisch der letzte Kurs im Basiswert zugrunde liegen, jedoch steht zu vermuten, dass die Handelspartner bei einer fehlenden aktuellen Notierung im Basiswert entweder auf Basis von Geld-/Brief-Quotierungen arbeiten oder den letzten festgestellten Kurs anhand anderer Marktgrößen (bei Aktien z. B. mit Hilfe des zugrunde liegenden Index) fiktiv fortschreiben, um etwaige kursbeeinflussende Nachrichten für Zwecke der Preisfindung im Optionsmarkt zu antizipieren.

Der gewählte Filter wirkt sich in unterschiedlicher Form auf die drei Optionsgruppen aus. Während der DAX viertelminütlich berechnet wird, besteht die einzige Notwendigkeit zur Eliminierung von Optionsumsätzen, die vor der ersten DAX-Quotierung des Tages erfolgt sind. Hinzu kommt ein geringfügiges Problem mit der zur Verfügung stehenden Datenbasis: Aufgrund von Erfassungsproblemen aufseiten der Deutschen Börse AG wurden am 10. und 21. März 2000 keine Intraday-Notierungen des DAX aufgezeichnet. Demnach müssen die Optionstransaktionen dieser beiden Tage aufgrund der fehlenden Synchronisationsmöglichkeit aus der Betrachtung ausgeschlossen werden (2.016 Calls, 2.628 Puts). Auch die Aktienoptionen sind von der Synchronisationsfilterung nur wenig betroffen, da der liquide Handel in den betrachteten zehn DAX-Titeln zu einer hohen Dichte von Preisfeststellungen im Kassamarkt binnen eines Handelstages führt. Der Großteil der Bereinigung um insgesamt 3.647 Datensätze ist durch den skizzierten Ausfall der Intraday-Kursprotokollierung

---

[519] Vgl. BEILNER/SCHOESS (1991a), S. 315, STEINER/BRUNS (2002), S. 564. Demgegenüber sehen FRANCIS/TOY/WHITTAKER (2000) im US-amerikanischen Raum den großen Erfolg von Aktienoptionen (gemessen anhand des starken Umsatzwachstums) u. a. in der vermehrten Verwendung dieser Instrumente in Hedge-Fonds, der Attraktivität einzelner Optionsstrategien – z. B. das Schreiben von Optionen auf Aktien im eigenen Bestand (engl.: *covered call writing*) – und speziell dem stärkeren Fokus auf das Risikomanagement, gepaart mit wesentlich ausgeweiteten Informations- und Zugriffsmöglichkeiten für Aktienderivate, begründet. Vgl. FRANCIS/TOY/WHITTAKER (2000), S. 37 ff.

am 10. und 21. März 2000 bedingt, der auch die DAX-Aktien betraf. Bei den Futures-Optionen schließlich führt die Bereinigung um insgesamt 2.257 Datensätze ebenfalls nur zu einer unwesentlichen Dezimierung der Datenbasis.

Hinsichtlich der zeitlichen Synchronisation gelingt in der verbleibenden Datenbasis mit durchschnittlich weniger als 15 Sekunden Abweichung zwischen den Notierungen von Basiswert und Option in allen drei Optionsgruppen eine äußerst genaue Zusammenführung der Teilmärkte.

Tabelle 5.4
Fehlerbereinigung und Aufbereitung der Datenbasen

Ausgehend von allen im Analysezeitraum 1999/2000 an der Eurex protokollierten Transaktionen in DAX- und Euro-Bund-Future-Optionen sowie allen Umsätzen in Aktienkaufoptionen zeigt die Aufstellung die durchgeführten sequenziellen Bereinigungsschritte. Die Aufschlüsselung auf die einzelnen Aktien als Basiswerte findet sich im Anhang in Tabelle B.5.

	DAX-Optionen		Aktienoptionen	EBF-Optionen	
	Calls	**Puts**	**Calls**	**Calls**	**Puts**
I. Ausgangsdatenbasen	**913.103**	**977.461**	**760.793**	**141.248***	**126.887***
* Nur Optionen auf den nächstfälligen Euro-Bund-Future-Kontrakt					
II. Sequenzielle Bereinigungen					
a. Mangelhafte Synchronisation mit den Quotierungen der Basiswerte	-2.016	-2.628	-3.647	-1.208	-1.049
b. Restlaufzeit < 7 Kalendertage, Optionspreis < 10 · Minimum-Ticksize	-153.018	-148.865	-92.475	-49.995	-42.386
c. Verletzung der Dividendenbedingungen zur vorzeitigen Ausübung, LEPO	–	–	-128.355	–	–
d1. Verletzung verteilungsfreier Wertobergrenzen	-6	-2	-16	-4	0
d2. Verletzung verteilungsfreier Wertuntergrenzen	-3.309	-1.130	-5.972	-340	-159
d3. Identische Datensätze, Verletzung des „Gesetzes des Einheitspreises“	-148.886	-157.323	-94.009	-17.913	-15.910
d4. Verletzung von Arbitragebeziehungen zwischen Optionen gleichen Typs	-535	-1.135	-369	-97	-86
d5. Verletzung der Put-Call-Parität (Toleranz: 10 · Minimum-Ticksize)	-10.656	-10.656	–	-107	-107
e. Begrenzung der Moneyness	-6.575	-48.004	-14.048	-63	-128
III. Bereinigte Datenbasen	**588.102**	**607.718**	**421.902**	**71.521**	**67.062**

b. Minimale Restlaufzeit, minimaler Optionspreis. Bei allen drei Optionsgruppen werden solche Optionsdatensätze ausgeschlossen, die eine Restlaufzeit von weniger als sieben Kalendertagen oder einen Preis von weniger als dem Zehnfachen des für den Handel minimal zulässigen Optionspreises aufweisen.

Die Restlaufzeitfilterung eliminiert solche Transaktionen, die unmittelbar vor dem Verfall der jeweiligen Optionen stattfinden. Da Optionen innerhalb dieser einwöchigen Zeitspanne sehr nahe an ihrem inneren Wert gehandelt werden, Bewertungsmodelle aber im Wesentlichen auf den – zwangsläufig sehr nahe bei null – liegenden Zeitwert abstellen, können so Verzerrungen bei den Modellanalysen abgemildert werden. Daneben sind verstärkte Interaktionen zwischen Kassa- und Terminmarkt kurz vor Erreichen des Verfalltags dokumentiert worden; daraus resultierende temporäre gegenseitige Abhängigkeiten zwischen beiden Teilmärkten sollen jedoch nicht Gegenstand dieser Arbeit sein.[520]

Durch die Eliminierung von Optionsdatensätzen aufgrund der skizzierten Preisbedingung wird eine zu starke Verzerrung aufgrund des *Ganzzahligkeitsproblems* bei den Beurteilungen der Preismodelle vermieden: Da z. B. die DAX-Optionen an der Eurex in minimalen Schritten von 0,10 Punkten notiert werden, stehen einer Option mit einem theoretischen Wert von 0,25 Punkten realiter mögliche, geringstmöglich hiervon abweichende Werte von 0,20 Punkten bzw. 0,30 Punkten gegenüber. Ein theoretisches Modell wird daher zwangsläufig einen absoluten Fehler von 0,05 Punkten aufweisen, der aufgrund des sehr niedrigen beobachteten Optionspreises einem relativen Fehler von 20 % entspricht. Dieser „Mindestfehler" liegt nach der durchgeführten Filterung bei DAX-Optionen mit einem Preis ab 1,00 Punkten bei maximal 5 %. Es wäre durchaus eine noch weitergehende Filterung möglich: Zum einen soll jedoch die Datenbasis nicht zu weit dezimiert und damit ggf. um für die Preissystematik relevante Beobachtungen bereinigt werden. Zum anderen werden in den Analysen neben den relativen Modellfehlern parallel auch absolute Fehlergrößen ausgewiesen, sodass etwaige

---

[520] Vgl. auch STOLL/WHALEY (1986) mit Pionierstudien zu Verfalltageffekten bei Indexoptionen und -futures. Verfallzyklen können zu einer Zu-, aber auch zu einer Abnahme der Volatilität mit der Laufzeit und einem sprunghaften Anstieg bei der Einführung neuer Kontrakte führen; siehe BATES (1996b), S. 592. Für den europäischen Markt untersucht SCHLAG (1996) den Verfalltageffekt bei DAX-Optionen; speziell kurz vor Settlement der DAX-Optionen am Verfalltag zeigt sich ein starker Anstieg des Handelsvolumens sowie der Volatilität im Aktienkassamarkt.

Verzerrungen aufgrund des Ganzzahligkeitsproblems durchaus offen zutage treten und problematisiert werden können.

Von der kombinierten Restlaufzeit- und Minimalpreisfilterung betroffen war mit 301.883 (92.475, 92.381) eine größere Zahl der verbliebenen Datensätze für DAX-Optionen (Aktien-Optionen, Euro-Bund-Future-Optionen).

c. Dividendenkriterium bei Aktienoptionen, LEPO. Für die amerikanischen Eurex-Kaufoptionen auf Aktien musste die Datenbasis zur Anwendbarkeit der Modelle für europäische Optionen soweit eingeschränkt werden, dass eine rationale vorzeitige Ausübung der verbleibenden Datensätze ausgeschlossen werden kann. Hierzu wird das in Kapitel 3, Abschnitt 3.5.2.4 entwickelte Kriterium (3.33) unter Verwendung der in *Tabelle 5.5* dokumentierten Dividenden eingesetzt.[521, 522] Zusätzlich wird der jeweils aktuelle Aktienkurs um den Barwert der Dividenden, die in die Restlaufzeit der Optionen fallen, gemindert. Als Kurs wird demnach $S_t^* = S_t - \sum_{i=1}^{n} D_i e^{-r(t_i^D - t)}$ in Ansatz gebracht.[523] Dieses praxisübliche – vor allem im Rahmen der Anwendung auf europäische Optionen verbreitete – Verfahren impliziert die Prämisse, dass sich die Kursstochastik ausschließlich auf den risikobehafteten Teil des Kurses des Basiswertes bezieht.[524] Diese Aufspaltung kann durchaus kritisch gesehen werden: So werden

---

[521] Hierzu ist anzumerken, dass im vorliegenden Fall eine Dividendenbereinigung *ex-post* – unter genauer Kenntnis der Zahlungstermine und Beträge der Dividenden – vorgenommen wird. Dieses Vorgehen impliziert eine exakte Kenntnis der Dividenden in Zahlungstermin und Höhe im Zeitpunkt der jeweiligen Optionstransaktion. Während die Dividenden in Deutschland i. d. R. zu stets gleichen Zeiten eines Jahres gezahlt werden, ist deren Höhe mit größerer Unsicherheit behaftet. Da allerdings – zudem heterogene – Dividendenschätzungen im Handelszeitpunkt der Optionen nicht zu rekonstruieren sind, verbleibt für die vorliegende Studie einzig die Annahme einer genauen Kenntnis der in die Optionsrestlaufzeit fallenden Dividendenbeträge.

[522] Interessanterweise sind zu den Aktienoptionen von Seiten der Eurex keine Informationen hinsichtlich etwaiger vorzeitiger Ausübungen erhältlich. Vgl. auch SCHLAG (1995), S. 74.

[523] Vgl. hierzu etwa BLACK (1975), S. 41 und S. 61, zu einer generellen Diskussion um Dividendeneinflüsse auch MERTON (1973a), S. 151 ff. Eine automatische Anpassung von Aktienoptionen bei Dividendenzahlungen mittels Basispreisreduktion wurde bereits im April 1987 eingestellt; vgl. z. B. TRAUTMANN (1986a), S. 2-1 ff.

Es gilt zu beachten, dass die Subtraktion der diskontierten Dividenden vom Basiswert *amerikanischer* Optionen nicht hinreichend ist, um eine rationale vorzeitige Ausübung ausschließen zu können. Vgl. z. B. STEINER/UHLIR (2001), S. 268 ff.

[524] Vgl. JARROW/RUDD (1983b), S. 122 ff. und WESSELS (1992), S. 36. Bei lang laufenden Optionen ließen sich die Dividenden ggf. in stetige Größen umrechnen. Bei kurz laufenden Optionen ist ein solches Vorgehen nicht sinnvoll. Vgl. UHLIR/SIÈVI (1990a), S. 90.

Tabelle 5.5
Dividendenzahlungen auf die betrachteten DAX-Aktien seit 1999

Für die Analyse der Aktienoptionen werden die Marktpreise um den – risikolosen – Barwert der in die Optionslaufzeit fallenden Dividenden reduziert. In die Optionsbewertung fließt nur der risikobehaftete Anteil des aktuellen Aktienkurses, $S_t^* = S_t - \sum_{i=1}^n D_i e^{-r(t_i^D - t)}$, ein. In Ansatz gebracht werden die ex-post bekannten Dividendenzahlungen.

Quelle: Datastream, Geschäftsberichte der Unternehmen.

	Dividendenzahlungstermine und Höhe der Bardividenden (in €)							
ALV	08.07.1999	1,12	13.07.2000	1,25	12.07.2001	1,50	13.06.2002	1,50
BAS	30.04.1999	1,12	28.04.2000	1,13	27.04.2001	2,00*	02.05.2002	1,30
BAY	03.05.1999	1,02	02.05.2000	1,30	02.05.2001	1,40	02.05.2002	0,90
CBK	25.05.1999	0,77	29.05.2000	0,80	28.05.2001	1,00**	03.06.2002	0,40
DBK	18.05.1999	1,12	12.06.2000	1,15	18.05.2001	1,30	23.05.2002	1,30
DCX	19.05.1999	2,35	20.04.2000	2,35	12.04.2001	2,35	11.04.2002	1,00
DTE	28.05.1999	0,61	26.05.2000	0,62	30.05.2001	0,62	29.05.2002	0,37
SAP	07.05.1999	1,57	08.05.2000	1,57	04.05.2001	0,57	06.05.2002	0,58
SIE	19.02.1999	0,77	25.02.2000	1,00	23.02.2001	2,40***	18.01.2002	1,00
VOW	03.06.1999	0,77	24.05.2000	0,77	08.06.2001	1,20	17.04.2002	1,30

* inkl. 0,70 € Sonderdividende; ** inkl. 0,20 € Bonus; *** inkl. 1,00 € Sonderausschüttung.

für denselben Basiswert im Rahmen der Bewertung von Optionen mit unterschiedlicher Restlaufzeit verschiedene Prozessannahmen getroffen, falls eine unterschiedliche Zahl von Dividenden in diesen Zeitraum fällt. Der Kursprozess sollte aber von der zu bewertenden Option unabhängig sein.[525]

Die durch die Filterung hervorgerufenen Bereinigungen um insgesamt 127.507 Datensätze werden in *Tabelle 5.6* näher untersucht. Es zeigt sich, dass von den gehandelten Optionen, in deren Restlaufzeit mindestens eine Dividendenzahlung fiel, mehr als 80 % aus der weiteren Betrachtung ausgeschlossen werden. Bei einer auf die einzelnen Handelstage bezogenen Analyse fällt auf, dass für sechs der zehn Basiswerte Handelstage existieren, an denen nach der Filterung anhand des Dividendenkriteriums

[525] Vgl. WESSELS (1992), S. 66.

Tabelle 5.6
Bereinigung der Datenbasis um Aktienkaufoptionen mit potenzieller rationaler vorzeitiger Ausübung

Es werden von den Aktienoptionen mit mindestens einer Dividendenzahlung während der Restlaufzeit (N_{Div}) solche Datensätze entfernt, die die Bedingung

$$D_i \leq K\left(1 - e^{-r(t_{i+1}^D - t_i^D)}\right) \; \forall\, i < n \;\wedge\; D_n \leq K\left(1 - e^{-r(T - t_n^D)}\right)$$

nicht erfüllen ($N_{\text{Div}}^{\text{fehl}}$). So wird sichergestellt, dass die verbleibenden amerikanischen Optionen nicht rational vorzeitig ausgeübt werden und damit wie Optionen europäischen Typs behandelt werden können. Die Statistik pro Handelstag gibt die minimale, maximale und durchschnittliche Quote (letztere inkl. Standardabweichung) derjenigen Optionsdatensätze aus allen Beobachtungen (N) an, die aufgrund des Dividendenkriteriums eliminiert werden.

Quelle: Eigene Berechnungen.

	N_{Div}	$N_{\text{Div}}^{\text{fehl}}$	$N_{\text{Div}}^{\text{fehl}}/N_{\text{Div}}$	$N_{\text{Div}}^{\text{fehl}}/N$ pro Handelstag			
				Min.	Max.	Mittelw.	Std. abw.
ALV	5.445	1.633	29,99 %	0,00 %	85,71 %	5,81 %	14,55 %
BAS	10.908	10.542	96,64 %	0,00 %	100,00 %	19,54 %	25,23 %
BAY	10.709	10.255	95,76 %	0,00 %	100,00 %	20,48 %	25,32 %
CBK	14.405	13.348	92,66 %	0,00 %	100,00 %	20,91 %	23,62 %
DBK	26.181	23.142	88,39 %	0,00 %	100,00 %	22,27 %	25,77 %
DCX	26.480	25.482	96,23 %	0,00 %	100,00 %	23,49 %	25,07 %
DTE	20.656	12.586	60,93 %	0,00 %	100,00 %	14,57 %	18,84 %
SAP	5.823	2.542	43,65 %	0,00 %	95,00 %	8,28 %	19,54 %
SIE	21.598	15.877	73,51 %	0,00 %	98,94 %	14,98 %	20,27 %
VOW	14.952	12.100	80,93 %	0,00 %	96,58 %	19,57 %	20,80 %
Gesamt	157.157	127.507	81,13 %	1,95 %	81,15 %	19,10 %	16,97 %

keine Transaktionen mehr in der Datenbasis verbleiben. Von dieser „Ausdünnung“ der Datenbasis sind speziell Aktientitel mit hoher Dividendenrendite betroffen.[526]

Aufgrund des aktienähnlichen Charakters von Aktien-LEPO, deren Basispreise mit 1,00 € (oder 10,00 €) weit unter dem Kurs des Basiswertes liegen, werden diese ohnehin nur 848 Datensätze aus der weiteren Betrachtung ausgeschlossen. Beide Filte-

[526] Durch die große Zahl an Datensätzen, die aufgrund von Dividendenzahlungen auf den Basiswert aus der Analyse ausgeschlossen werden, wird die in Fußnote 521 skizzierte Problematik der Verwendung – speziell der Höhe nach – erst ex-post exakt bekannter Dividendenzahlungen abgemildert.

rungen führen somit zu einer Reduktion der nach den vorigen Schritten verbliebenen Datenbasis um weitere 128.355 Datensätze.

d. Verletzung verteilungsfreier Arbitragegrenzen. In Kapitel 3, Abschnitt 3.5 wurden die verteilungsfreien Wertgrenzen von Optionen diskutiert. Dabei wurde zwischen Wertgrenzen für einzelne Optionen und solchen in Relation zwischen mehreren Optionen unterschieden.

Eine vorgelagerte Überprüfung auf Einhalten der verteilungsfreien Wertgrenzen ist notwendig, da bei deren Verletzung die Minimalanforderung an die Markteffizienz nicht erfüllt ist – ein Vergleich verschiedener Modelle zur Bewertung wäre obsolet.[527] Die ersten beiden Bereinigungsschritte beziehen sich auf die Wertober- und Wertuntergrenzen von Calls und Puts. Im Rahmen dieser Filterung wird u. a. die Bedeutung einer adäquaten Zuordnung zwischen Options- und Basiswertnotierungen deutlich: Da der Kurs des Basiswertes sowohl verteilungsfreie Wertober- als auch Wertuntergrenze bestimmt, wird nur ein möglichst zeitnaher Kurs im Basiswert zu einer modellkonformen Bereinigung um die Arbitrage ermöglichenden Datensätze führen. In allen drei Datenbasen kam eine Verletzung der Wertobergrenze äußerst selten vor, wohingegen bei den DAX-Optionen (Aktien-Optionen, Euro-Bund-Future-Optionen) 4.439 (5.972, 499) der nach der vorhergehenden Bereinigung verbliebenen Datensätze wegen einer Verletzung der Wertuntergrenze eliminiert werden mussten.[528]

Im dritten Bereinigungsschritt werden die Datenbasen zunächst auf zeitgleich gehandelte und in allen Ausstattungsmerkmalen, im Optionspreis sowie in allen zugeordneten Parametern übereinstimmende Optionen untersucht.[529] Mehrfach vorhandene Einträge werden bis auf einen eliminiert, da diese keine zusätzlichen Informationen zur Preisbildung am Optionsmarkt enthalten.[530] Anschließend werden solche Datensätze

527 Vgl. zu Tests auf Wertgrenzenverletzungen auch ausführlich TRAUTMANN (1986a), S. 7-8 ff.

528 Die Ausnutzung auftretender Verletzungen von Wertgrenzen, z. B. – wie in der Praxis häufig – der Wertuntergrenze, hängt bei Indizes als Basiswerten von deren Handelbarkeit ab. Vgl. BATES (1996b), S. 573 f. Im Falle des DAX und eines liquiden Marktes für DAX-Futures müssten alle in Kapitel 3, Abschnitt 3.5 aufgezeigten Beziehungen bei Vorliegen eines arbitragefreien Marktes Gültigkeit besitzen.

529 Als *zeitgleich* werden Datensätze derselben Handelsminute eines Tages aufgefasst.

530 Um den Einfluss des Handelsvolumens im Weiteren adäquat beurteilen zu können, wird die Anzahl der gehandelten Kontrakte bei den eliminierten Mehrfacheinträgen gesondert protokolliert.

gelöscht, die sich lediglich im Optionspreis unterschieden und somit das Gesetz des Einheitspreises auf arbitragefreien Märkten verletzt haben. Betroffen von diesen Bereinigungsmaßnahmen waren 306.209 (94.009, 33.823) der nach den vorigen Schritten verbliebenen DAX-Optionen (Aktien-Optionen, Euro-Bund-Future-Optionen).

Die ebenfalls in Kapitel 3, Abschnitt 3.5 thematisierten Beziehungen zwischen zeitgleich gehandelten Optionen mit unterschiedlichen Basiswerten oder Restlaufzeiten sind daran gebunden, dass eine exakt zeitgleiche Notierung in allen dieser Relation zugrunde liegenden Optionen erfolgt. Die Datenbasen werden sowohl auf Verletzungen der Basispreis- als auch – sofern anwendbar – der Restlaufzeitrestriktionen unter zeitgleich gehandelten Datensätzen untersucht.[531] Bei festgestellten Verletzungen der Bedingungen müssen konsequenterweise alle beteiligten Datensätze eliminiert werden, da aufgrund der relativen Betrachtung nicht bekannt ist, welche der Optionen den Fehler „verursacht" hat. Bei diesem alternativlosen Vorgehen steht zu befürchten, dass eine größere Anzahl von Datensätzen allein deswegen gelöscht wird, da sich mindestens eine „Gegenoption" findet, die im Rahmen der Prüfung der Relation mit anderen Optionen kollidiert. Ohne den Ausreißer ließen sich die anderen Optionsdatensätze ggf. erhalten. In den drei Datenbasen (DAX-Optionen, Aktien-Optionen, Euro-Bund-Future-Optionen) mussten jedoch – auch aufgrund des sequenziellen Bereinigungsmechanismus und der in den vorigen Schritten bereits stark dezimierten Datenbasen – nur sehr wenige Optionsdatensätze herausgefiltert werden (1.670, 369, 183).

Im Zusammenhang mit der Untersuchung verteilungsfreier Arbitragebeziehungen stellt sich abschließend die Frage nach einer Bereinigung auf Basis der Put-Call-Parität. Für die europäischen DAX-Optionen ist diese in Form von Gleichung (3.47), für die amerikanischen Euro-Bund-Future-Optionen mit Abrechnung im Futures-style-Verfahren mittels Gleichung (3.51) zu verwenden. Da für die amerikanischen Aktien-

---

[531] In einigen empirischen Untersuchungen fehlen solche Bereinigungen um Verletzungen der Arbitragebeziehungen zwischen Optionen. Dieses Vorgehen muss verwundern, da es bei einer Vielzahl von Modelltests zwangsläufig zu verzerrten Ergebnissen führt. Leider tritt in diesen Untersuchungen die unterlassene Bereinigung i. d. R. nicht offen zutage: Durch Berücksichtigung der Wertunter- und Wertobergrenzen lässt sich z. B. im originären BLACK/SCHOLES-Modell zu jedem beobachteten Optionspreis eine implizite Volatilität berechnen. Betrachtet man aber nun etwa die Preise zweier europäischer Kaufoptionen, die z. B. die Basispreisbedingung (3.26) verletzen, gestattet der Vergleich der jeweiligen impliziten Volatilitäten keinen sinnvollen Vergleich beider Optionen. Vielmehr verletzen diese die in Kapitel 3, Abschnitt 3.4.2 getroffenen Grundannahmen zur Arbitragefreiheit – die berechneten impliziten Volatilitäten werden somit zu aussagelosen Größen.

optionen keine Verkaufsoptionen betrachtet werden und ohnehin lediglich eine Ungleichungsrestriktion gemäß Gleichung (3.49) bzw. (3.50) angewandt werden könnte, findet keine Bereinigung der Datenbasis von Aktienoptionen statt. Bei der Anwendung auf die beiden anderen Optionsgruppen ist eine Verletzung der Bedingung wiederum keiner der beteiligten Optionen allein zuzuschreiben, sodass Calls und Puts paarweise aus den Datenbanken entfernt werden müssen. Bei der konkreten Umsetzung ist zu beachten, dass die Put-Call-Parität im Vergleich zu den anderen Arbitragegrenzen aufgrund der *Gleichheits*beziehung eine sehr starke Restriktion darstellt; eine Prüfung auf *exakte* Einhaltung von (3.47) bzw. (3.51) würde zwangsläufig *alle* getesteten Paare von Kauf- und Verkaufsoptionen herausfiltern. Vor dem Hintergrund von Rundungsproblematiken und der Tatsache, dass z. B. für den risikolosen Zinssatz z. T. auch nur ein approximativer Wert angesetzt werden konnte, wird die Put-Call-Relation mit einer Toleranz von ± 10 % geprüft. Es werden demnach nur solche Datenpaare gelöscht, bei denen die Verkaufsoption den über die korrespondierende Kaufoption determinierten theoretischen Wert um mehr als 10 % über- bzw. unterschreitet. Hieraus resultiert für die DAX-Optionen (Euro-Bund-Future-Optionen) eine Reduktion der Datensätze um 21.312 (214).

e. Moneyness-Kriterium. Als letzter Schritt der Bereinigungen erscheint es geboten, den Bereich der Moneyness der Optionen zu begrenzen, da sehr weit im-Geld und sehr weit aus-dem-Geld notierende Optionen äußerst selten gehandelt werden und damit i. d. R. keine verlässlichen und zeitlich stabilen Informationen zur Preissystematik im Optionshandel liefern.[532] Für die DAX- und Aktienoptionen wird als Wertebereich M = [-0,25; 0,25],[533] für die Euro-Bund-Future-Optionen M = [-0,05; 0,05] festgesetzt, wodurch weitere 54.579 (14.048, 191) Datensätze zu DAX-Optionen (Aktienoptionen, Euro-Bund-Future-Optionen) gelöscht werden. Auffällig ist bei den DAX-

---

532 Bei weit aus-dem-Geld (weit im-Geld) notierenden Optionen umfasst der Zeitwert einen sehr geringen (sehr großen) Teil des Optionswertes; vgl. auch die Diskussion in Kapitel 3, Abschnitt 3.2. Zudem wird eine implizite Parameterschätzung bei Einbeziehung von Optionen mit sehr niedriger oder sehr hoher Moneyness schnell instabil, da gerade diese Optionen das Flankenverhalten der Verteilungen dominieren.

533 Zum Teil werden noch engere Grenzen, etwa ± 10 %, verwendet; vgl. z. B. die Studien von KEESE (2001) und LEHAR/SCHEICHER/SCHITTENKOPF (2002).

Optionen das große Ungleichgewicht zwischen Calls und Puts – weit mehr Transaktionen in Puts als in Calls fanden aus-dem- oder im-Geld statt.

Herauszustellen ist abschließend der *Verzicht* auf eine Filterung der Datensätze anhand der impliziten Volatilität, wie sie in einigen Studien vorgenommen wird.[534] Die implizite Volatilität ist eine *modellabhängige Größe* und sollte im Rahmen der – verteilungsfreien – Datenbereinigung nach Ansicht des Verfassers keine Verwendung finden.

Zusammenfassend betrachtet führt die in *Tabelle 5.4* mit Zahlen untermauerte Filterung letztlich auf bereinigte Datenbasen, die bei DAX-Optionen (Aktienoptionen, Euro-Bund-Future-Optionen) im Vergleich zu den Rohdaten um ca. 36,7 % (44,5 %, 54,6 %) dezimiert worden sind.

5.3.4 Deskriptive Statistiken und Klassenbildung

Um einen Eindruck von den bereinigten Optionsdatenbasen sowie den zugeordneten Parametern zu vermitteln, gibt *Tabelle 5.7* einen Überblick zu ausgewählten Größen. Für die Aktienoptionen findet sich dort eine summarische Darstellung für alle zehn Basiswerte.[535]

Für eine detaillierte Analyse der Optionsbewertungsmodelle werden die Daten in Klassen bezüglich *Moneyness* und *Restlaufzeit* aufgeteilt. Diese Klassenbildung ist im Wesentlichen willkürlich, sollte aber nach Möglichkeit die Charakteristika der Datenbasis im Hinblick auf die Intervallfestlegung berücksichtigen; so sind etwa für hoch volatile Basiswerte wie Aktien größere Moneyness-Intervalle als beim Euro-Bund-Future anzusetzen. Im Weiteren sollen die in *Tabelle 5.8* spezifizierten Aufteilungen gewählt werden, die zu den dort dargestellten Zuordnungen der Datensätze auf die Analyseklassen führen.

Bei den DAX-Optionen entfällt mehr als die Hälfte der Transaktionen auf Restlaufzeiten von maximal 30 Kalendertagen, ca. ein Drittel bezieht sich auf Optionen mit mehr

---

534 Vgl. exemplarisch zur Bereinigung anhand der Beschränkung der impliziten Volatilität HAFNER/WALLMEIER (2001) und LEHAR/SCHEICHER/SCHITTENKOPF (2002).

535 Man beachte, dass die in *Tabelle 5.7* ausgewiesenen minimalen und maximalen Kurse der Basiswerte nicht mit den Werten aus *Tabelle 5.3* übereinstimmen, da dort die Statistiken zu den jeweiligen Tagesschlussständen protokolliert sind.

als 30 und maximal 90 Kalendertagen an Restlaufzeit. Die beiden übrigen Restlaufzeitklassen fallen von ihrer Bedeutung her stark ab. Hinsichtlich der Moneyness ist eine Konzentration auf die Klassen M1 bis M3, d. h. auf weit aus-dem-Geld, aus-dem-Geld und am-Geld notierende DAX-Optionen festzustellen. Auffällig ist das Ungleichgewicht im Vergleich zu den Klassen M4 und M5: Optionen mit positivem inneren Wert werden im Vergleich zu solchen mit reinem Zeitwert sehr viel weniger gehandelt – ein Indikator dafür, dass eine „Scheue" der Marktteilnehmer vorliegt, Optionen mit einem großen Anteil an innerem Wert zu handeln.[536] In den beiden übrigen Optionsgruppen zeigt sich eine sehr ähnliche Verteilung der Transaktionen.

---

[536] Das in *Tabelle 5.7* und *Tabelle 5.8* gezeigte Bild ist zwar das *nach der Bereinigung*, ist in dieser Form aber auch in den Rohdatenbasen zu finden.

Tabelle 5.7
Deskriptive Statistiken zu den bereinigten Datenbasen

Die Tabelle gibt für die bereinigten Datenbasen der DAX-, Aktien- und Euro-Bund-Future-Optionen – bestehend aus 1.195.820, 421.902 und 138.583 Datensätzen – einen Überblick zu den Merkmalen der Optionen sowie zu diesen zugeordneten Marktgrößen. Für die summarische Darstellung der Aktienoptionen sind die rein titelspezifischen Größen Aktienkurs und Basispreis nicht gesondert ausgewiesen. Angegeben sind neben dem Minimum und Maximum der einzelnen Charakteristika jeweils die 10-, 25-, 50-, 75- und 90-Perzentile.

Quelle: Eigene Berechnungen.

		Perzentile					
	Min.	10	25	50	75	90	Max.
I. DAX-Optionen							
DAX-Stand[a]	4.601,07	5.041,47	5.266,49	6.438,74	7.116,26	7.420,69	8.136,16
Basispreis[a]	3.750	4.900	5.300	6.200	7.100	7.600	10.400
Restlaufzeit[b]	7	10	16	29	50	100	732
Zinssatz[c]	2,2824	2,6068	2,9040	3,3280	4,3780	4,8384	5,2736
Optionspreis[a]	1,00	12,00	28,70	70,50	149,00	277,10	2.345,00
Handelsvol.[d]	1	2	5	10	34	80	8.000
Moneyness	-0,2500	-0,1401	-0,0852	-0,0410	-0,0102	0,0112	0,2499
II. Aktienoptionen							
Restlaufzeit[b]	7	14	24	42	77	148	732
Zinssatz[c]	2,2824	2,6305	2,8972	3,4347	4,4548	4,8611	5,2736
Optionspreis[e]	0,10	0,53	1,03	2,00	4,30	10,00	271,50
Handelsvol.[d]	1	2	4	10	33	60	19.998
Moneyness	-0,2500	-0,1365	-0,0902	-0,0478	-0,0083	0,0313	0,2500
III. Euro-Bund-Future-Optionen							
EBF[a]	101,88	103,49	104,86	105,80	109,36	113,85	116,33
Basispreis[a]	98,00	103,50	104,50	106,00	109,50	114,00	118,50
Restlaufzeit[b]	7	10	15	22	36	58	90
Optionspreis[a]	0,10	0,13	0,20	0,35	0,60	0,95	5,67
Handelsvol.[d]	1	10	50	100	200	500	10.000
Moneyness	-0,0500	-0,0190	-0,0125	-0,0066	-0,0014	0,0018	0,0498

[a] in Punkten; [b] in Kalendertagen; [c] in % p. a. (stetige Verzinsung); [d] in Kontrakten; [e] in €.

Tabelle 5.8
Aufschlüsselung der Datenbasen nach Moneyness- und Restlaufzeitklassen

Die Aufstellung zeigt die Einordnung der nach der Bereinigung verbliebenen DAX-, Aktien- und Euro-Bund-Future-Optionstransaktionen in fünf Moneyness- (M1 bis M5) und vier bzw. drei Restlaufzeitklassen (RLZ1 bis RLZ4 bzw. RLZ3).

		Restlaufzeitklassen (nach Kalendertagen)				
Moneynessklassen		RLZ1	RLZ2	RLZ3	RLZ4	Alle
I. DAX-Optionen		≤30	31–90	91–180	>180	
M1	≤-0,075	122.157	163.492	41.327	26.663	*353.639*
M2	(-0,075; -0,025]	239.305	127.858	19.286	8.499	*394.948*
M3	(-0,025; 0,025]	253.917	94.023	15.949	9.115	*373.004*
M4	(0,025; 0,075]	28.713	16.908	4.471	3.019	*53.111*
M5	> 0,075	7.430	6.713	3.270	3.705	*21.118*
Alle		*651.522*	*408.994*	*84.303*	*51.001*	*1.195.820*
II. Aktienoptionen						
M1	≤-0,075	31.750	65.394	27.905	13.585	*138.634*
M2	(-0,075; -0,025]	52.951	64.508	14.273	5.309	*137.041*
M3	(-0,025; 0,025]	48.226	37.167	8.687	4.043	*98.123*
M4	(0,025; 0,075]	13.928	10.342	3.224	1.721	*29.215*
M5	> 0,075	6.965	6.798	3.110	2.016	*18.889*
Alle		*153.820*	*184.209*	*57.199*	*26.674*	*421.902*
		RLZ1	RLZ2	RLZ3		Alle
III. EBF-Optionen		≤30	31–60	> 60		
M1	≤-0,015	11.153	9.786	4.477	–	*25.416*
M2	(-0,015; -0,005]	42.603	9.980	2.833	–	*55.416*
M3	(-0,005; 0,005]	37.889	8.527	4.237	–	*50.653*
M4	(0,005; 0,015]	3.938	806	591	–	*5.335*
M5	> 0,015	863	467	433	–	*1.763*
Alle		*96.446*	*29.566*	*12.571*	–	*138.583*

5.4 Voranalyse: Systematische Fehlbewertung nach BLACK/SCHOLES

Um vorab festzustellen, ob die zu analysierenden Gruppen von Optionen überhaupt Widersprüche bei einer Bewertung nach BLACK/SCHOLES aufweisen, werden zunächst die modellimmanenten impliziten Volatilitäten näher betrachtet.

Individuell berechnet für jede einzelne Optionstransaktion zeigt *Tabelle 5.9* die Werte der durchschnittlichen impliziten Volatilitäten der *DAX-Optionen* – unterschieden nach Calls und Puts sowie nach den zuvor definierten Moneyness- und Restlaufzeitklassen. Um etwaige zeitraumspezifische Phänomene nicht zu ignorieren, werden die Ergebnisse zusätzlich in die zwei Subperioden 1999 und 2000 unterteilt dargestellt.

Exemplarisch schattiert hervorgehoben sind die Ergebnisse für Calls und Puts mit mittlerer Moneyness (M3, at-the-money) und kurzer Restlaufzeit (RLZ1). Betrachtet man zunächst die markierten Werte bei fester Restlaufzeit, lässt sich das Phänomen des Basispreiseffektes (Moneynesseffektes) erkennen. Ausgehend von den Optionen der Klasse M1 nimmt die implizite Volatilität in Klasse M2 ab und weist in M3 ihr Minimum auf; in den Klassen M4 und M5 steigt der Wert wieder an. Der Effekt ist sowohl für die Calls als auch für die Puts im Jahre 1999 evident. Löst man sich von den beiden schattierten Spalten und blickt auf die Klasse RLZ1 des Jahres 2000, findet man Vergleichbares, auch wenn die Werte der Gruppe M3 nicht stets das Minimum der Durchschnitte enthalten – dieses liegt hier bei den Calls in M2, bei den Puts in M4. Der in Klasse RLZ1 diagnostizierte Basispreiseffekt findet sich in abgewandelter Form auch in den Restlaufzeitklassen RLZ2 bis RLZ4 wieder: Die durchschnittlichen impliziten Volatilitäten nehmen hier bei den Calls mit der Moneyness tendenziell zu und bei den Puts ab, ohne ein Minimum bei mittlerer Moneyness aufzuweisen. Statt des für die sehr kurz laufenden Optionen diagnostizierten Smile-Effektes liegt hier vielmehr eine Sneer- oder Smirk-Charakteristik vor. Wiederum ist diese Beobachtung in beiden Subperioden zu konstatieren.

Wendet man sich den laufzeitbedingten Einflüssen auf die implizite Volatilität zu, sind die Tabellenzeilen – bei fester Moneynessklasse – zu untersuchen. Wiederum beginnend bei den hervorgehobenen Werten zeigt sich auch hier eine klare Tendenz: Die Optionen in den Klassen mit längerer Restlaufzeit, unabhängig davon, ob Calls oder

Tabelle 5.9
Implizite Volatilitäten nach BLACK/SCHOLES (I) – DAX-Optionen

Unterteilt in Moneyness- und Restlaufzeitgruppen sowie getrennt für die beiden Analysejahre 1999 und 2000 zeigt die Tabelle die mittleren impliziten Volatilitäten (in %) für Calls und Puts auf den DAX. Exemplarisch hervorgehoben sind die Werte im Jahr 1999 gehandelter Optionen mit mittlerer Moneyness (M3) und kurzer Restlaufzeit (RLZ1).

Quelle: Eigene Berechnungen.

		Calls				Puts			
		RLZ1	RLZ2	RLZ3	RLZ4	RLZ1	RLZ2	RLZ3	RLZ4
1999	M1	27,06	24,90	22,90	23,15	35,13	33,30	32,37	32,05
	M2	23,33	23,16	24,27	25,41	27,93	28,25	28,99	28,88
	M3	23,29	24,73	26,51	27,14	24,40	26,27	27,79	28,87
	M4	26,72	27,85	28,04	27,48	24,92	26,28	26,69	27,33
	M5	37,41	33,56	31,07	29,84	30,11	25,92	25,44	25,56
2000	M1	24,20	21,82	21,60	22,12	33,86	29,34	28,64	28,93
	M2	22,76	21,89	23,56	24,28	26,85	25,21	26,07	26,86
	M3	23,19	23,28	25,26	25,66	24,32	23,79	25,18	25,72
	M4	27,05	26,54	26,81	27,23	23,70	22,68	24,26	25,38
	M5	35,92	31,51	30,78	30,06	27,56	22,42	22,73	23,57

Puts, weisen höhere implizite Volatilitäten auf. Die Wertunterschiede sind dabei jedoch etwas geringer als im Falle der Unterscheidung nach Moneynessklassen. Zunächst im Jahre 1999 verharrend zeigt sich, dass diese Restlaufzeitcharakteristik offenbar nicht auf die anderen Moneynessbereiche übertragen werden kann: Entweder ist das Bild dort sehr heterogen, oder aber der Laufzeiteffekt zeigt – wie im Falle der Calls und Puts in der Moneynessklasse M5 – ein genau entgegengesetztes Profil: Mit längerer Restlaufzeit sind die impliziten Volatilitäten dort geringer als für die Kurzläufer. Sehr ähnliche Feststellungen lassen sich auch für die im Jahr 2000 gehandelten Optionen treffen. Um die Moneyness- und Restlaufzeitphänomene noch transparenter zu machen, zeigt *Abbildung 5.4* den zeitlichen Verlauf der impliziten Volatilitäten in Abhängigkeit von Moneyness und Restlaufzeit. Hierzu wurden die Werte zu Transaktionen in Calls und Puts aus je zehn Handelstagen klassenweise zusammengefasst und die entstehenden Flächen für Darstellungszwecke mittels gleitender Durchschnitte geglättet. Augenscheinlich ist die zeitlich anhaltende U-Form der impliziten Volatilität der DAX-

(a) Moneyness-Phänomene im Zeitablauf

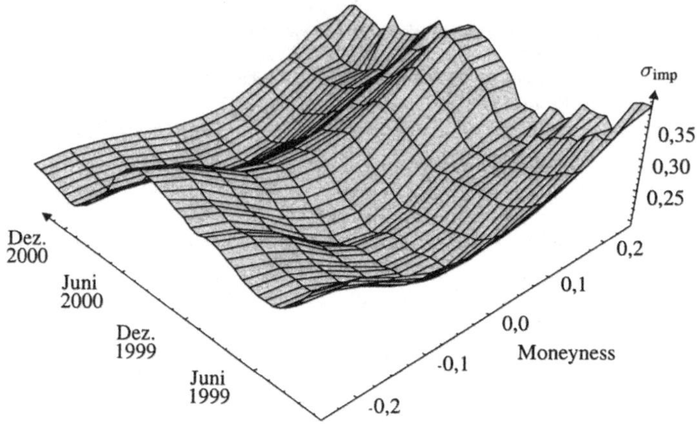

(b) Restlaufzeit-Phänomene im Zeitablauf

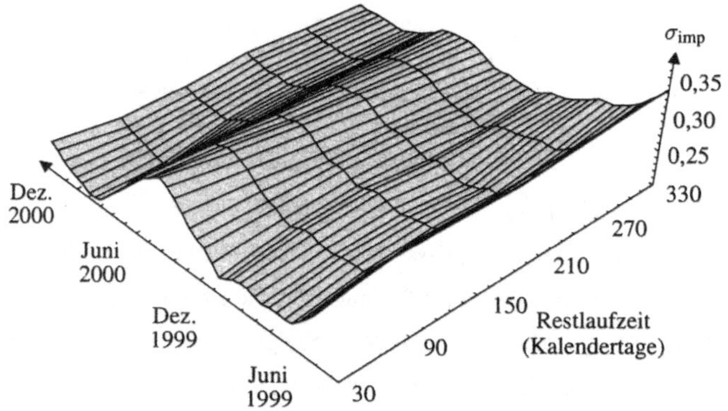

Abbildung 5.4. Entwicklung der impliziten Volatilitäten nach BLACK/SCHOLES für die DAX-Optionen in Abhängigkeit von Moneyness und Restlaufzeit. Dargestellt ist die zeitliche Entwicklung der impliziten Volatilitäten auf Basis des BLACK/SCHOLES-Modells in Abhängigkeit von Moneyness (Abbildung (a)) und Restlaufzeit der Calls und Puts (Abbildung (b)). Für Darstellungszwecke wurden die Mittelwerte aus je zehn Handelstagen des Untersuchungszeitraums gebildet; die Grafiken wurden mit Hilfe eines auf gleitenden Durchschnitten basierenden Verfahrens geglättet.

Quelle: Eigene Berechnung und Darstellung.

Tabelle 5.10
Implizite Volatilitäten nach BLACK/SCHOLES (II) – Aktienoptionen

Unterteilt in Moneyness- und Restlaufzeitgruppen sowie getrennt für die beiden Analysejahre 1999 und 2000 zeigt die Tabelle die mittleren impliziten Volatilitäten (in %) für Calls auf die Aktien der BASF und der SAP AG. Exemplarisch hervorgehoben sind die Werte im Jahr 1999 gehandelter Optionen mit mittlerer Moneyness (M3) und kurzer Restlaufzeit (RLZ1).

Quelle: Eigene Berechnungen.

		Calls – BASF				Calls – SAP			
		RLZ1	RLZ2	RLZ3	RLZ4	RLZ1	RLZ2	RLZ3	RLZ4
1999	M1	35,48	33,72	28,73	29,66	49,14	47,96	41,72	43,92
	M2	31,43	31,22	28,78	29,73	45,80	43,47	41,47	42,52
	M3	30,89	31,66	29,19	30,27	45,41	45,91	43,54	43,34
	M4	32,92	32,38	31,03	34,05	46,76	46,55	44,30	45,81
	M5	46,46	36,05	32,48	31,79	55,69	50,94	47,16	46,64
2000	M1	38,09	33,07	31,04	32,89	64,24	58,71	55,84	54,29
	M2	34,72	31,61	30,83	32,49	60,94	57,72	54,95	54,55
	M3	33,38	32,01	31,23	33,60	61,56	58,63	56,47	55,49
	M4	34,62	32,86	32,30	35,00	61,82	58,25	54,42	53,26
	M5	47,76	35,59	33,11	35,29	65,15	60,16	55,45	55,56

Optionen in Bezug auf die Moneyness. Lediglich das Volatilitätsniveau ist größeren Schwankungen unterworfen. Das Bild für die Restlaufzeit zeigt einen uneinheitlichen Verlauf: Eine mit der Restlaufzeit tendenziell steigende Volatilität wird mit Beginn des Jahres 2000 durch eine entgegengesetzte Struktur ersetzt, die sich zum Jahresende hin bereits wieder abflacht.

Für die *Aktienoptionen* sind die durchschnittlichen impliziten Volatilitäten der Calls exemplarisch für die beiden Basiswerte BASF und SAP in *Tabelle 5.10* dargestellt. Auch hier sind wiederum die Werte bei mittlerer Moneyness (M3) und kurzer Restlaufzeit (RLZ1) hervorgehoben. Wenn auch auf z. T. deutlich höherem absoluten Niveau der Werte zeigen sich vergleichbare Charakteristika in Bezug auf Basispreis und Restlaufzeit. Diese sind stellvertretend für die anderen Basiswerte in ihrer zeitlichen Entwicklung in *Abbildung 5.5* veranschaulicht. Entgegen des Beispiels der DAX-Optionen lässt sich eine nur leicht ausgeprägte U-Form diagnostizieren, die sich im Untersuchungszeitraum verstärkt von der Smile- in eine Sneerform entwickelt. Offenbar sind

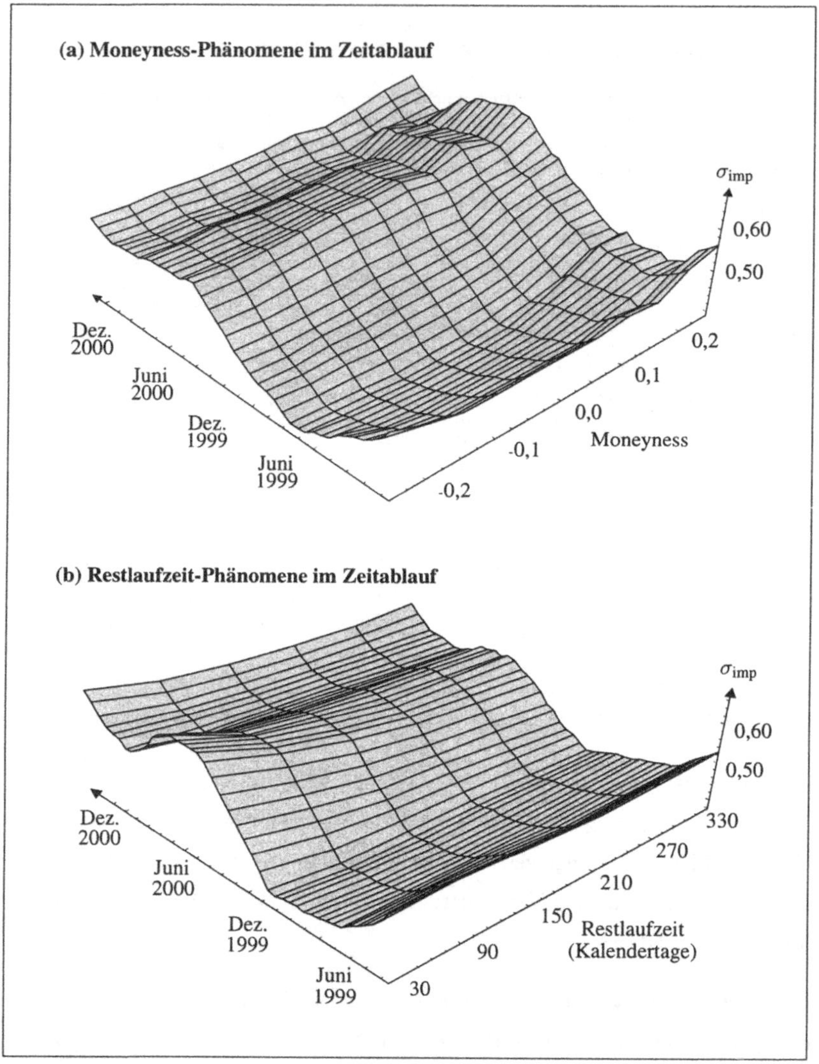

Abbildung 5.5. Entwicklung der impliziten Volatilitäten nach BLACK/SCHOLES für die Aktienoptionen – am Beispiel SAP – in Abhängigkeit von Moneyness und Restlaufzeit. Dargestellt ist die zeitliche Entwicklung der impliziten Volatilitäten auf Basis des BLACK/SCHOLES-Modells in Abhängigkeit von Moneyness (Abbildung (a)) und Restlaufzeit der Optionen (Abbildung (b)). Für Darstellungszwecke wurden die Mittelwerte aus je zehn Handelstagen des Untersuchungszeitraums gebildet; die Grafiken wurden mit Hilfe eines auf gleitenden Durchschnitten basierenden Verfahrens geglättet.

Quelle: Eigene Berechnung und Darstellung.

Tabelle 5.11
Implizite Volatilitäten nach BLACK/SCHOLES (III) – Euro-Bund-Future-Optionen

Unterteilt in Moneyness- und Restlaufzeitgruppen sowie getrennt für die beiden Analysejahre 1999 und 2000 zeigt die Tabelle die mittleren impliziten Volatilitäten (in %) für Calls und Puts auf den Euro-Bund-Future. Zur Berechnung wurde das für Futures-Optionen mit Futures-style-Margining modifizierte BLACK/SCHOLES-Modell verwendet. Exemplarisch hervorgehoben sind die Werte im Jahr 1999 gehandelter Optionen mit mittlerer Moneyness (M3) und kurzer Restlaufzeit (RLZ1).

Quelle: Eigene Berechnungen.

		Calls				Puts			
		RLZ1	RLZ2	RLZ3	RLZ4	RLZ1	RLZ2	RLZ3	RLZ4
1999	M1	7,33	6,85	6,20	–	8,31	7,74	7,05	–
	M2	6,81	6,32	5,97	–	7,35	6,89	6,54	–
	M3	6,79	6,57	6,32	–	6,97	6,80	6,37	–
	M4	7,14	6,45	6,58	–	7,20	6,94	5,92	–
	M5	8,05	6,63	7,24	–	7,55	7,22	6,05	–
2000	M1	6,84	5,94	5,25	–	7,19	6,42	5,64	–
	M2	5,92	5,36	5,08	–	6,18	5,62	5,29	–
	M3	5,55	5,33	5,24	–	5,65	5,56	5,24	–
	M4	5,95	5,35	5,39	–	6,18	6,23	5,45	–
	M5	7,05	6,23	5,67	–	7,55	7,02	5,54	–

die impliziten Volatilitäten aus-dem-Geld notierender Aktienoptionen nicht wesentlich höher als die am-Geld befindlicher Instrumente. Der diagnostizierte Umstand eines im Vergleich zu Indexoptionen geringer ausgeprägten Smiles bei Einzelwerten ist im Übrigen konsistent mit anderen in der Literatur dokumentierten Studien.[537] Die Restlaufzeitstruktur der SAP-Aktienoptionen zeigt einen tendenziell fallenden Verlauf, d. h. länger laufende Optionen werden unter solchen mit kürzerer Zeit bis zum Verfall „gepreist“.

Betrachtet man abschließend die durchschnittlichen impliziten Volatilitäten der *Euro-Bund-Future-Optionen*, zusammengestellt in *Tabelle 5.11*, treten auch hier sowohl Basispreis- als auch Laufzeiteffekte – wenn auch auf einem Volatilitätsniveau unter-

---

[537] Vgl. z. B. BAKSHI/KAPADIA/MADAN (2003) sowie BRANGER/SCHLAG (2002) zur Frage nach Gründen der relativ zu Einzelaktien stärkeren Steilheit des Index-Smiles.

halb von 10 % (p. a.) – zutage. Die ausgeprägte U-Form der impliziten Volatilitäten in Bezug auf die Moneyness, vgl. *Abbildung 5.6*, ist offenbar systematischer Natur, die Restlaufzeitstruktur ähnelt der von Aktienoptionen mit vergleichsweise höherer impliziter Volatilität der Kurzläufer.

Zusammenfassend beurteilt zeigen sich in allen drei Handelssegmenten Volatilitätsphänomene, die im Widerspruch zur BLACK/SCHOLES-Modellierung stehen und eine alternative Herangehensweise für Zwecke der Bewertung und des Risikomanagements rechtfertigen.

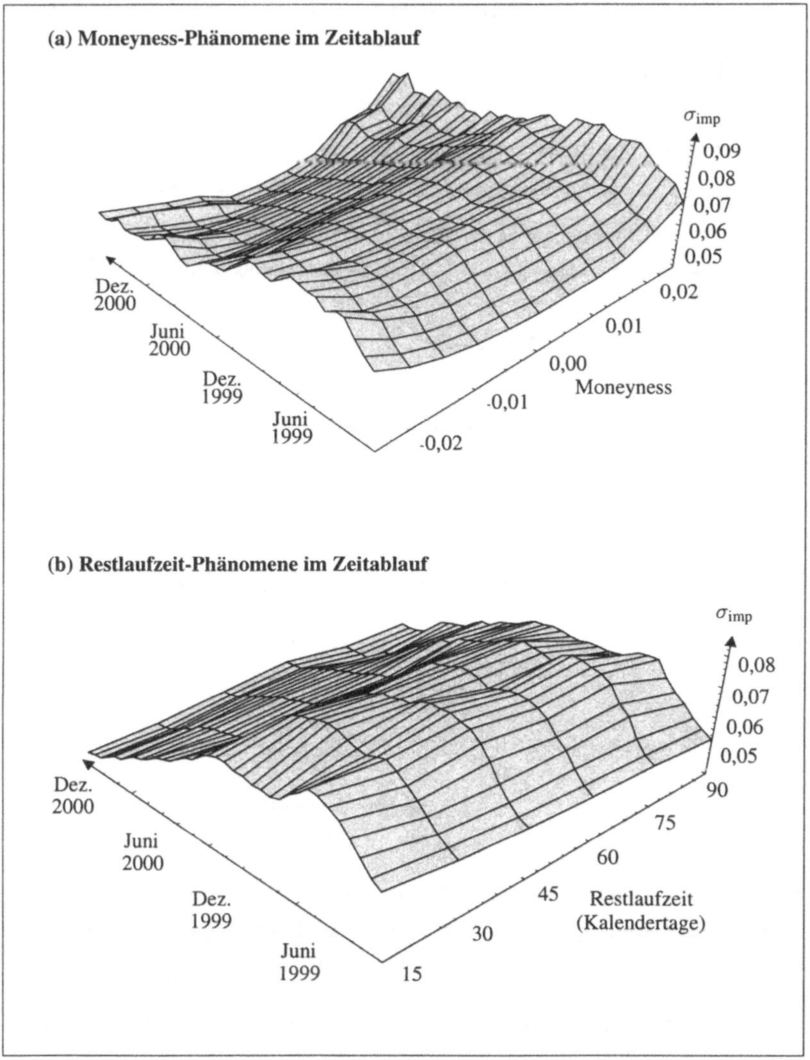

Abbildung 5.6. Entwicklung der impliziten Volatilitäten nach BLACK/SCHOLES für die Euro-Bund-Future-Optionen in Abhängigkeit von Moneyness und Restlaufzeit. Dargestellt ist die zeitliche Entwicklung der impliziten Volatilitäten auf Basis des – für das Futures-style-Margining modifizierten – BLACK/SCHOLES-Modells in Abhängigkeit von Moneyness (Abbildung (a)) und Restlaufzeit der Calls und Puts (Abbildung (b)). Für Darstellungszwecke wurden die Mittelwerte aus je zehn Handelstagen des Untersuchungszeitraums gebildet; die Grafiken wurden mit Hilfe eines auf gleitenden Durchschnitten basierenden Verfahrens geglättet.

Quelle: Eigene Berechnung und Darstellung.

5.5 Abweichungsmaße und ökonometrische Besonderheiten

Im Rahmen der empirischen Analyse werden im Folgenden die durchschnittliche Abweichungen zwischen paarweise betrachteten Modell- und Marktpreisen, $\hat{V}_i$ und V_i^{Markt}, als Gütemaße herangezogen. Mit n als Anzahl der in die Analyse einfließenden Optionsdatensätze wird konkret auf die mittlere Abweichung (engl.: *Mean Error*),

$$\text{ME} = \frac{1}{n}\sum_{i=1}^{n}\left(\hat{V}_i - V_i^{\text{Markt}}\right), \tag{5.1}$$

die mittlere absolute Abweichung (engl.: *Mean Absolute Error*),

$$\text{MAE} = \frac{1}{n}\sum_{i=1}^{n} | \hat{V}_i - V_i^{\text{Markt}} |, \tag{5.2}$$

die mittlere prozentuale Abweichung (engl.: *Mean Percentage Error*),

$$\text{MPE} = \frac{1}{n}\sum_{i=1}^{n} \frac{\hat{V}_i - V_i^{\text{Markt}}}{V_i^{\text{Markt}}}, \tag{5.3}$$

sowie die mittlere absolute prozentuale Abweichung (engl.: *Mean Absolute Percentage Error*),

$$\text{MAPE} = \frac{1}{n}\sum_{i=1}^{n} \frac{| \hat{V}_i - V_i^{\text{Markt}} |}{V_i^{\text{Markt}}}, \tag{5.4}$$

abgestellt. Der mittlere sowie der mittlere prozentuale Fehler, ME und MPE, sind Indikatoren für eine etwaige systematische Verzerrung (Bias) eines Modells. Die Größen MAE und MAPE sind Maße für die Streuung der Modell- um die Marktpreise.

Ergänzend wird der in der Ökonometrie übliche RMSE (engl.: *Root Mean Square[d] Error*),

$$\text{RMSE} = \sqrt{\frac{1}{n}\sum_{i=1}^{n}\left(\hat{V}_i - V_i^{\text{Markt}}\right)^2}, \tag{5.5}$$

bzw. der auf die prozentualen Fehler bezogene RMSPE (engl.: *Root Mean Square[d] Percentage Error*),

$$\text{RMSPE} = \sqrt{\frac{1}{n}\sum_{i=1}^{n}\left(\frac{\hat{V}_i - V_i^{\text{Markt}}}{V_i^{\text{Markt}}}\right)^2}, \tag{5.6}$$

verwendet. Im Vergleich zu den anderen vier Maßen erhalten beim RMSE und RMSPE speziell große Abweichungen aufgrund der Quadrierung ein höheres Gewicht. Der RMSE erlangt darüber hinaus im Rahmen der Untersuchung der Prognosefähigkeit besondere Bedeutung, wo der mittlere quadratische Fehler MSE (engl.: *Mean Square[d] Error*) als Quadrat des RMSE in systematische und unsystematische Anteile zerlegt wird.[538]

Neben deskriptiven Abweichungsmaßen steht die Untersuchung der *Signifikanz* von Zusammenhängen im Mittelpunkt vieler empirischer Analysen. Im Rahmen dieser Arbeit wird, wie in der empirischen Optionsanalyse üblich, mit Abweichungsmaßen gearbeitet, die einzeln für alle Beobachtungen ermittelt und sowohl durch Aggregation über alle Optionstypen (engl.: *cross-sectional data*) als auch entlang der Zeitachse (engl.: *time-series data*) zu einer Stichprobe zusammengeführt werden (engl.: *panel data*). Bei der Analyse ist zu berücksichtigen, ob insbesondere durch dieses *Pooling*[539] der Daten die Standardannahmen z. B. bei Hypothesentests und Linearregressionen verletzt werden.

Während allein durch die Verwendung von Querschnittsdaten a priori nicht bekannt ist, ob in der so generierten Stichprobe Abhängigkeitsstrukturen vorliegen, sind solche durch die Aggregation von Zeitreihendaten zu vermuten. Im vorliegenden Fall ist in diesem Zusammenhang zu berücksichtigen, dass z. B. der Begriff der (partiellen) *Autokorrelation*[540] bei einem Untersuchungsdesign über gepoolte Fehlergrößen nicht anwendbar ist: So gibt es durch das Zusammenlegen der Querschnitts- und Zeitreihendaten keine natürliche Ordnung der Datensätze, die etwa eine sinnvolle Definition eines „Lags" im Sinne der Zeitreihenanalyse zuließe. Zwar lassen sich dennoch Tests auf Autokorrelation durchführen, diese sind jedoch von ihrer Aussagefähigkeit her in Frage zu stellen. Ein Testwert z. B. auf Basis von DURBIN/WATSON zur Überprüfung auf Autokorrelation erster Ordnung[541] kann allenfalls als Indikator für das Problem seriell korrelierter Beobachtungsgrößen gelten.

---

538 Siehe zu üblichen Abweichungsmaßen im Rahmen der Optionsbewertung auch MACBETH/MERVILLE (1980), S. 291 oder HAMMER (1989), S. 161.

539 Vgl. auch PINDYCK/RUBINFELD (2001), S. 250 ff.

540 Vgl. etwa HARTUNG (2002), S. 675 ff.

541 Ein solcher Testwert liegt in den hier betrachteten Datenreihen zwischen ca. 0,2 und 0,8.

Mit fehlender Unabhängigkeit ist die Anwendbarkeit des Standardinstrumentariums der Statistik in Frage zu stellen. So erfordern z. B. parametrische Signifikanztests, speziell Differenzentests auf Mittelwertgleichheit bei verbundenen Stichproben X_i und Y_i, dass die Stichprobenvariablen $Z_i = X_i - Y_i$ unabhängig sind.[542] Gleiches gilt für den Fall des Lagevergleichs von zwei Verteilungen mittels nichtparametrischer Verfahren, z. B. nach WILCOXON.[543] Im Rahmen linearer Regressionen werden unkorrelierte, identisch normalverteilte Residuen unterstellt.[544] Bei unterschiedlicher Varianz der Regressionsfehler (*Heteroskedastizität*), einer Abweichung von der Normalverteilung und/oder bei korrelierten Residuen ist das Konfidenzniveau für die Koeffizienten verzerrt.[545]

Bemerkenswerterweise wird der Abhängigkeitsproblematik im Rahmen der empirischen Optionsforschung verhältnismäßig wenig Aufmerksamkeit geschenkt: In einigen Arbeiten zu Bewertungsmodellen wird entweder überhaupt nicht auf die Problematik der Abhängigkeit eingegangen (z. B. bei NEUMANN (1999)), wiederum andere weisen zwar auf das Problem hin, führen aber alle Analysen in Form von Hypothesentests und Regressionen dennoch in unveränderter Form durch (z. B. TRAUTMANN (1986a), THIEL (2001)).

Ein solches Vorgehen impliziert jedoch die Gefahr einer Überschätzung der Signifikanzen, sowohl bei Hypothesentests als auch bei Koeffizienten in linearen Regressio-

---

542 Vgl. z. B. BAMBERG/BAUR (2002), S. 173 ff.

543 Siehe etwa HAFNER (2001), S. 144 ff. und BÜNING/TRENKLER (1994), S. 165 ff.

544 Vgl. zur Arbeitsweise von Regressionsstudien und speziell deren Voraussetzungen einführend STEWART/GILL (1998), S. 23 ff., BACKHAUS ET AL. (2000), S. 33 ff. sowie detailliert PINDYCK/RUBINFELD (2001), S. 57 ff., STUART/ORD/ARNOLD (1999), S. 538 ff. und PODDIG/DICHTL/PETERSMEIER (2001), S. 199 ff. Insbesondere prüft die F-Statistik ein Regressionsmodell auf den Erklärungsgehalt für die Grundgesamtheit, wobei die Nullhypothese, dass alle Koeffizienten der Regressoren den Wert null aufweisen, verwendet wird. Die Koeffizienten selbst lassen sich auf Basis der jeweiligen Standardfehler mittels t-Statistik auf signifikante Abweichung von einem Referenzwert (i. d. R. null) untersuchen. Vgl. z. B. BACKHAUS ET AL. (2000), S. 10 ff.

545 Siehe zum Einfluss von Heteroskedastizität und Autokorrelation einführend z. B. GREENE (2003), S. 215 ff. und S. 250 ff.

nen. Abhilfe lässt sich leider nicht auf einfachem Wege erreichen:[546] Eine Möglichkeit besteht in der Verwendung von Ansätzen aus der Statistik, die die Verletzung der genannten Standardannahmen berücksichtigen. Beim Vorliegen von Heteroskedastizität unbekannter Form in den Residuen linearer Regressionen bietet die Korrektur nach WHITE (1980) einen möglichen Weg.[547] SCHMITT (2000) etwa führt Regressionsanalysen mit gepoolten Fehlermaßen auf diesem Wege durch. Eine alleinige Heteroskedastizitätskorrektur dürfte jedoch aufgrund der allen Analysen innewohnenden Problematik abhängiger Residuen nicht ausreichen. Im Rahmen dieser Arbeit wird daher mit dem von NEWEY/WEST (1987) vorgeschlagenen Schätzer für die Kovarianz-Matrix der Regression gearbeitet, der neben der Heteroskedastizität auch bezogen auf Autokorrelation unbekannter Ordnung konsistente Standardfehler und damit Teststatistiken für die Regressionskoeffizienten liefert.

Dabei gilt es zu beachten, dass mit der NEWEY/WEST (1987)-Korrektur allein zeitliche Abhängigkeitsstrukturen im Sinne von Autokorrelation berücksichtigt werden können. Obwohl durch das Pooling der Daten der Begriff der Autokorrelation qua Konstruktion der Stichproben – den vorstehenden Ausführungen folgend – nicht unmittelbar anwendbar ist, wird der Einsatz der Korrektur als vertretbar und sinnvoll erachtet.[548] Damit werden im Vergleich zum Standardvorgehen und zu dem nach WHITE (1980) wesentlich konservativere Standardfehler für Regressionskoeffizienten gewonnen, sodass die Gefahr einer Überschätzung der Signifikanz stark dezimiert werden kann. Den Einsatz von NEWEY/WEST (1987)-Schätzern bei gepoolten Optionspreisdaten befürworten z. B. auch CHERNOV/GHYSELS (2000). Neben dem Problem etwaiger Abhängigkeiten verbleibt bei der Arbeit mit Regressionen jedoch generell die

---

[546] Die in der Literatur, z. B. bei SAVICKAS (2002) vorgeschlagene Abhilfe, die sich aus einer Stichprobe *ergebende* Verteilung der Mittelwertdifferenzen – ohne Sicherstellung der Unabhängigkeit der Einzelbeobachtungen – zu betrachten und z. B. eine festgestellte Normalverteilung als Rechtfertigung für die Anwendbarkeit eines approximativen Zwei-Stichproben-Gauß-Tests heranzuziehen, ist nach Meinung des Verfassers fragwürdig und nicht als Alternative zu sehen: Für die Anwendbarkeit eines Hypothesentests in seiner Grundform muss a priori von der *Theorie* her *bekannt* sein, welcher Verteilung die Teststatistik unter der Nullhypothese (approximativ) unterliegt. Die Tatsache, dass eine Stichprobe tatsächlich eine solche Verteilungsform liefert, ist nicht hinreichend zur Begründung, dass der verwendete Test tatsächlich anwendbar ist.

[547] Siehe zum Themenkomplex der Heteroskedastizität auch PODDIG/DICHTL/PETERSMEIER (2001), S. 307 ff.

[548] Zum NEWEY/WEST (1987)-Schätzer und dessen Anwendungsvoraussetzungen (u. a. eine gewisse regelmäßige Struktur der Autokorrelationsbeziehung und nicht zu kleine Stichproben) vgl. z. B. DAVIDSON/MACKINNON (1993), S. 611 ff.

kritische Frage nach der Vertretbarkeit der Prämisse *linearer* Zusammenhänge zwischen den beobachteten Variablen.[549] Hinzu kommt bei der Anwendung von linearen Regressionen auf Zeitreihendaten z. B. das Problem etwaiger Scheinzusammenhänge, die durch trendbehaftete Zeitreihen induziert werden (engl.: *spurious regression*).[550]

Neben der NEWEY/WEST (1987)-Korrektur bei abhängigen Residuen wäre der wesentlich aufwendigere Einsatz eines *Bootstrap-Verfahrens* denkbar: Durch die zufällige Wahl einer Beobachtung und das Hinzufügen n weiterer Realisationen, bei denen die Gefahr einer Abhängigkeit mit der erstgezogenen Größe besteht (z. B. durch zeitliche „Nähe" im Rahmen einer Zeitreihenhistorie), lässt sich eine Bootstrap-Stichprobe generieren. Diese wird durch ausreichend häufiges Wiederholen der Prozedur solange vergrößert, bis der Umfang der ursprünglichen Stichprobe erreicht ist. Reguläre Regression mit dieser Stichprobe und m-fache Wiederholung des Gesamtexperiments (z. B. mit $m = 10.000$) ermöglicht dann die Berechnung von Konfidenzintervallen aus der Häufigkeitsverteilung der so errechneten Koeffizienten.[551]

Die Korrektur der Standardfehler aufgrund zeitlicher Abhängigkeiten ließe sich auch auf den Fall der Hypothesentests[552] übertragen. In der vorliegenden Untersuchung wird jedoch losgelöst von der Frage nach den Anwendungsvoraussetzungen auf Hypothesentests insbesondere deshalb verzichtet, da nicht nur ein Modell gegen „den Markt" zu testen ist, sondern in drei Optionsgruppen insgesamt fünf Modelle untereinander und mit den Realisationen am Markt verglichen werden müssten. Bei parametrischen oder nichtparametrischen Tests für mehr als zwei Stichproben (etwa nach FRIEDMAN,[553] dessen Verfahren das Gegenstück zum parametrischen F-Test darstellt) besteht neben der Frage nach dem Vorliegen der Testvoraussetzungen das Problem, dass z. B. zwar Unterschiede zwischen Modellwerten und Marktpreisen festgestellt werden können, aber keine Aussage hinsichtlich einer Rangfolge der Abweichungen möglich ist. Viel-

---

549 Siehe zum Themenkomplex nichtlinearer Regressionstechniken z. B. einführend DAVIDSON/MACKINNON (1993), S. 139 ff.

550 Vgl. z. B. PODDIG/DICHTL/PETERSMEIER (2001), S. 344 ff.

551 Vgl. zum Bootstrapping z. B. einführend DAVIDSON/MACKINNON (1993), S. 763 ff. oder BÜNING/TRENKLER (1994), S. 313 ff., Letztere auch zur Unterscheidung in parametrische und nichtparametrische Bootstrap-Verfahren.

552 Vgl. zum Testen von Hypothesen z. B. PODDIG/DICHTL/PETERSMEIER (2001), S. 273 ff.

553 Siehe BÜNING/TRENKLER (1994), S. 200 ff.

mehr müsste mit wiederholten Tests durch Weglassen einzelner Modelle gearbeitet werden.[554] Ein solches Vorgehen ist vor dem Hintergrund des vorliegenden Umfangs an Modellen und Datensätzen nicht praktikabel.

Nichtsdestotrotz ist mit Hilfe von Abweichungsmaßen und linearen Regressionen zur Aufdeckung von Einflussfaktoren sowie weiteren Analysen eine umfassende Beurteilung der einzelnen Modellansätze möglich. Ergänzend sei darauf hingewiesen, dass das hier verwendete Vorgehen dem Standard in der Literatur entspricht und z. B. auf Hypothesentests u. a. auch im zentralen jüngeren Beitrag zur empirischen Optionsbewertung von BAKSHI/CAO/CHEN (1997), aber etwa auch in den Monographien von SCHMITT (2000) und NAGEL (2001), verzichtet wird.

---

[554] Dem alternativen Vergleich der Modelle z. B. mittels *Likelihood-Ratio-Tests* steht u. a. entgegen, dass nicht alle Modelle Unterfälle des am allgemeinsten formulierten Ansatzes (engl.: *nested models*) sind. Vgl. zu Likelihood-Ratio-Tests etwa STEWART/GILL (1998), S. 130 ff., zur Anwendung im Rahmen der Optionsbewertung auch BARONE-ADESI (1986), S. 182 f. und FLAMOURIS/GIAMOURDIS (2002), S. 18 ff.

5.6 Testmodul I: In-the-sample-Modellgüte

5.6.1 Untersuchungsdesign

Nachdem in Abschnitt 5.4 die systematischen Unzulänglichkeiten des BLACK/SCHOLES-Modells in allen drei Gruppen von Optionen diagnostiziert wurden, soll nunmehr untersucht werden, inwieweit eine Flexibilisierung der Verteilungsform – wie in Kapitel 4 diskutiert – diese Phänomene zu erklären vermag.

Die Frage nach der *In-the-sample-Modellgüte* eines Optionspreismodells stellt darauf ab, inwieweit Marktpreise *ex-post* durch dieses erklärt werden können.[555] Die Erklärungsgüte ist dabei – sofern ein parametrisches Modell vorliegt – an die optimale Wahl der „freien" Parameter gekoppelt. Unter freien Parametern sollen solche Größen verstanden werden, deren Wert nicht deterministisch aus den Marktgegebenheiten abgeleitet werden kann.

Konkret werden folgende Modelle verglichen:

- Das BLACK/SCHOLES-Modell (*BS*),
- das BLACK/SCHOLES-Modell auf Basis von ATM-Volatilitätsschätzern (*BS-ATM*),[556]
- das Schiefe-/Kurtosis-basierte GRAM/CHARLIER-Modell (*GC*),[557]
- das „Mischungsmodell" mit zwei (*Misch2*) sowie
- mit drei Mischungskernen (*Misch3*).

Das zweitgenannte Modell bezeichne das originäre BLACK/SCHOLES-Modell, wobei für die implizite Volatilitätsberechnung jedoch nicht alle verfügbaren Optionen, sondern lediglich am-Geld notierende eingesetzt werden.

---

[555] Vgl. zum üblichen Vorgehen bei In-the-sample-Analysen in der Optionspreistheorie auch BAKSHI/CAO/CHEN (1997), S. 2014 ff.

[556] Im Weiteren wird mit der in der Literatur üblichen Abkürzung *ATM* – at-the-money – gearbeitet, die einer möglichen deutschen Bezeichnung vorgezogen wird.

[557] In der korrigierten Form sowie unter Berücksichtigung der Nebenbedingungen zur Sicherstellung der Dichteeigenschaften; siehe hierzu die Ausführungen in Kapitel 4, Abschnitt 4.2.

Ein gängiger Ansatz besteht in der Minimierung der Summe der quadrierten Abweichungen zwischen theoretischen und realen Optionswerten. Ausgehend von n_1 Modell- und Marktpreisen für Calls ($c_{t,i}$ und $c_{t,i}^{\text{Markt}}$, $i = 1, 2, \ldots, n_1$) sowie n_2 solcher Paare für Puts ($p_{t,i}$ und $p_{t,i}^{\text{Markt}}$, $i = 1, 2, \ldots, n_2$) lautet der Ansatz zur Bestimmung des optimalen Parametervektors $\vartheta = (\vartheta_1, \vartheta_2, \ldots, \vartheta_m)$:

$$\vartheta_{\text{abs}}^{\text{opt}} = \operatorname{argmin}_{\vartheta} \left[\sum_{i=1}^{n_1} \left(c_{t,i}(\vartheta) - c_{t,i}^{\text{Markt}}\right)^2 + \sum_{i=1}^{n_2} \left(p_{t,i}(\vartheta) - p_{t,i}^{\text{Markt}}\right)^2 \right]. \tag{5.7}$$

Alternativ lässt sich die Summe der quadrierten relativen Abweichungen zwischen theoretischen und realen Werten über

$$\vartheta_{\text{rel}}^{\text{opt}} = \operatorname{argmin}_{\vartheta} \left[\sum_{i=1}^{n_1} \left(\frac{c_{t,i}(\vartheta) - c_{t,i}^{\text{Markt}}}{c_{t,i}^{\text{Markt}}} \right)^2 + \sum_{i=1}^{n_2} \left(\frac{p_{t,i}(\vartheta) - p_{t,i}^{\text{Markt}}}{p_{t,i}^{\text{Markt}}} \right)^2 \right] \tag{5.8}$$

minimieren.[558]

Problematisch ist bei beiden Ansätzen, dass im Rahmen der Minimierung jeweils hochpreisigen (niedrigpreisigen) Optionen starkes Gewicht gegeben wird. Dem überwiegenden Vorgehen in der Literatur folgend wird hier gemäß (5.7) die Summe der quadrierten Abweichungen zwischen Modell- und Marktpreisen als Zielfunktion verwendet.[559] Dieser Ansatz trifft keine Unterscheidung in inneren Wert und Zeitwert der Optionen: Den Ausführungen in Kapitel 3, Abschnitt 3.2 folgend ist im Grunde lediglich der Zeitwert durch ein Bewertungsmodell zu erklären. Die Optimierung anhand von Optionswerten als Ganzen führt zu folgender „Verzerrung“: Der Wert einer Kaufoption etwa mit $S_t \gg K$ setzt sich kurz vor Fälligkeit i. d. R. zu einem großen Anteil aus dem inneren Wert und nur einem sehr kleinen Zeitwert zusammen. Verwendet man nun die absolute Differenz zwischen dem theoretischen Wert der Option und dem beobachteten Marktpreis als Gütemaß für ein Optionsbewertungsmodell, wird dem in-

---

[558] Ob in (5.8) der Fehler $c_{t,i}(\vartheta) - c_{t,i}^{\text{Markt}}$ bzw. $p_{t,i}(\vartheta) - p_{t,i}^{\text{Markt}}$ wie angegeben auf den empirisch beobachteten Wert $c_{t,i}^{\text{Markt}}$ bzw. $p_{t,i}^{\text{Markt}}$ oder alternativ auf den theoretischen Wert $c_{t,i}(\vartheta)$ bzw. $p_{t,i}(\vartheta)$ zu beziehen ist, lässt sich durchaus diskutieren. Der hier gewählte Ansatz geht davon aus, dass die beobachteten und damit fixen Werte als Ausgangspunkt dienen und demnach die Modellabweichungen in Bezug zu den Größen $c_{t,i}^{\text{Markt}}$ bzw. $p_{t,i}^{\text{Markt}}$ zu setzen sind.

[559] So z. B. auch das Vorgehen bei CORRADO/SU (1996a), BAKSHI/CAO/CHEN (1997), NEUMANN (1999) und NAGEL (2001). Die Verwendung relativer Abweichungen nach (5.8) brächte numerische Probleme mit sich, die daraus resultieren, dass die quadratischen Terme der Zielfunktion für kleine reale Optionspreise $c_{t,i}^{\text{Markt}}$ bzw. $p_{t,i}^{\text{Markt}}$ im Nenner sehr klein werden.

neren Wert, der ex definitionem modellunabhängig feststeht, ein (zu) großes Gewicht beigemessen. Dieses Problem tritt auch bei einem prozentualen Fehlermaß auf, bei dem der (absolute) „Modellfehler" in Relation zum Marktpreis gesetzt wird. Zähler und Nenner rekrutieren sich hier zu einem großen Teil aus innerem Wert und führen in der beschriebenen Konstellation zwangsweise zu (zu) geringen prozentualen Modellfehlern.

Für die Optimierung nach (5.7) werden, entgegen dem Vorgehen in der überwiegenden Zahl anderer empirischer Studien, nicht die Settlementpreise der Optionen, sondern ausschließlich *Preise protokollierter Transaktionen* verwendet.[560] Für den Einsatz von Settlementdaten spricht, dass – auch bei wenig liquiden Optionen und in breiten Intervallen von Basispreisen – zum Ende eines Tages „Preise" verfügbar sind. Des Weiteren werden Settlementpreise alle zum gleichen Zeitpunkt festgelegt und ermöglichen somit die zeitpunktbezogene Berechnung impliziter Verteilungen. Einer der gravierendsten Vorbehalte gegenüber Settlementpreisen besteht jedoch darin, dass diese von der Eurex *festgelegt* werden. Zum dabei verwendeten Vorgehen gibt es kein Regelwerk, nähere Informationen werden nicht offen gelegt.[561] Bei einer Verwendung von Settlementpreisen im Rahmen der Analyse steht daher zu befürchten, dass nicht das reale Handelsgeschehen, sondern der Preisfestsetzungsmechanismus der Börse abgebildet und analysiert wird. Dieser Effekt tritt speziell in illiquiden Marktsegmenten und bei weit vom-Geld notierenden Optionen auf.[562] Da insbesondere zu den Settlementpreisen keine Handelsbereitschaft besteht, wird im Rahmen dieser Arbeit Transaktionspreisen der Vorzug gegeben, durch die alle am Optionsmarkt verfügbaren Informationen genutzt werden. Als nachteilig erweist sich, dass bei wenig liquiden Optionen Daten nur in größeren Zeitabständen verfügbar sind und eine implizite Parameterermittlung sich daher auf längere Zeitintervalle konzentrieren muss. Dabei muss eine im Analyseintervall stabile implizite Kurs-/Renditeverteilung unterstellt werden. Effekte innerhalb des für die Kalibrierung verwendeten Zeitintervalls werden – zu Gunsten

[560] Transaktionsdaten werden z. B. auch von SCHMITT (2000), S. 139 ff. verwendet.

[561] Nach Auskunft der Eurex findet eine Ermittlung auf Basis der letzten Geld-/Brief-Quotierungen und/oder in Zusammenarbeit mit Market-Makern statt. Vgl. auch KEESE (2001), S. 107 f.

[562] Vgl. zur Problematik von Settlementdaten auch PIRKNER (1999), S. 82 ff.

einer auf die Erkennung langfristiger Muster angelegten Analyse – ausgeklammert.[563] Letztlich bringt die Verwendung z. T. mehrerer Tausend Datensätze pro Zeitintervall im Vergleich mit nur je einem Settlementpreis pro Optionsbasispreis und Tag einen weit größeren numerischen Aufwand mit sich.

Bei den DAX- und Euro-Bund-Future-Optionen werden die Transaktionen eines Tages verwendet, bei den seltener gehandelten Aktienoptionen werden je fünf Handelstage zu einem Analyseintervall zusammengefügt.[564] Als Nebenbedingung wird verlangt, dass in einem herangezogenen Intervall für jede Optionslaufzeit Transaktionen in mindestens acht verschiedenen Basispreisen vorliegen. Auf diese Weise wird sichergestellt, dass der Träger der Verteilung auf Ebene der Basispreise eine gewisse Mindestgröße aufweist.[565] Da die Analyse in Abschnitt 5.4 gezeigt hat, dass implizite Volatilitäten und damit wohl auch die impliziten Verteilungen als solche restlaufzeitabhängig sind, werden in jedem Analyseintervall individuelle Parametervektoren ***für jede Restlaufzeit*** berechnet. Für jedes der fünf zu vergleichenden Modelle ist somit die Ermittlung von insgesamt 2.660 (1.389, 664) Vektoren für die DAX-Optionen (Aktienoptionen, Euro-Bund-Future-Optionen) erforderlich.[566]

---

563 Ein weiterer Unterschied zwischen der Verwendung von Settlement- und Transaktionsdaten liegt in der Gewichtung der Beobachtungen. Bei Settlementpreisen liegt je genau eine Preisfeststellung pro Option und Basiswert für einen Tag vor. Ohne explizites Gewichtungsschema erhalten alle Beobachtungen das gleiche Gewicht. Bei der Verwendung von Transaktionsdaten findet eine „natürliche“ Gewichtung mit der Handelsintensität statt. Vgl. hier auch BATES (1996b), S. 588.

564 Mehrtägige Intervalle sind durchaus in der Literatur üblich; vgl. z. B. BEINERT (1997), S. 203 für den Aktienoptionsmarkt. LEHAR/SCHEICHER/SCHITTENKOPF (2002) verwenden für die Kalibrierung (und spätere Prognose) sogar jeweils zehn Handelstage. Siehe LEHAR/SCHEICHER/SCHITTENKOPF (2002), S. 327 f.

565 Für das BS-ATM-Modell wird, wie beim BS-Modell, zunächst von solchen Intervallen ausgegangen, die Transaktionen in Optionen mit mindestens acht verschiedenen Basispreisen aufweisen. Die impliziten Volatilitäten des BS-ATM-Modells werden dann anhand der am-Geld notierenden Optionen in diesen Intervallen ermittelt. Durch diese Vorgehensweise wird zum einen das Problem, dass i. d. R. weniger als acht verschiedene Basispreise für am-Geld liegende Optionen zur Verfügung stehen, umgangen, zum anderen ist die Vergleichbarkeit der Ergebnisse aller fünf Modelle sichergestellt.

566 Hinsichtlich des BLACK/SCHOLES-Modells ist kritisch anzumerken, dass die tägliche Schätzung von Parametern in einem Modell, das von einer *konstanten* Volatilität ausgeht, im Grunde inkonsistent ist. Vgl. auch BATES (1996b), S. 590 und BAKSHI/CAO/CHEN (1997), S. 2005.

5.6.2 Optimierungsverfahren

Die Berechnung optimaler Parametervektoren $\vartheta_{\text{abs}}^{\text{opt}}$ nach (5.7) erfordert die Bestimmung der globalen Minima m-dimensionaler Funktionen, die sich aus quadrierten Summen von in ϑ hoch nichtlinearen Termen zusammensetzen. Die Aufgabenstellung bei der Arbeit mit impliziten Parametern liegt damit nicht – wie sonst in der Empirie häufig – in der „Schätzung" von Parametern aus einer Datenhistorie, sondern der Invertierung einer Bewertungsrelation:

> „[...] implicit parameters should in principle be a matter of inversion rather than estimation."[567]

Trotz der enormen heutzutage verfügbaren Rechenleistung, die speziell in der Finanzindustrie viele Anwendungsfelder findet,[568] erweist sich eine solche Problemstellung aufgrund der Vielzahl *lokaler Minima* der Zielfunktion als nicht trivial.[569]

In Anbetracht der großen zu verarbeitenden Datenmengen, der speziellen Optimierungsproblematik und aus Gründen der Geschwindigkeit ist der Einsatz eigenen – compilierten – Programmcodes unabdingbar.[570] Für das BLACK/SCHOLES-Modell, in allgemeiner Form sowie auf Basis von ATM-Optionen, gilt $m = 1$. Das jeweilige globale Minimum der Zielfunktion lässt sich hier mit verhältnismäßig einfachem Instrumentarium bestimmen, auch wenn sich die Startpunktwahl als kritisch für das Erreichen des globalen Optimums erweisen kann. Im Falle des GRAM/CHARLIER-Modells mit $m = 3$, d. h. den implizit zu bestimmenden Parametern $(\sigma, \gamma_1, \gamma_2)$, ist das Optimierungsproblem komplexer: Bei naiv gewähltem Startvektor führen die Standard-Verfahren der nichtlinearen Optimierung, z. B. Konjugierte-Gradienten- oder Quasi-

567 BATES (1996b), S. 587.

568 „[...] a vast increase in computing technology [...] has revolutionized the financial services industry." NAGURNEY (2002), S. 901. Siehe zur Vielzahl von Anwendungen heutzutage, u. a. Portefeuilletheorie oder Gleichgewichte auf Märkten, Risikomanagement von Portefeuilles z. B. NAGURNEY (2002), S. 901 ff.

569 Auf die hohe erforderliche Rechenleistung zur Lösung des Optimierungsproblems weisen z. B. auch EBERLEIN/KELLER/PRAUSE (1998), S. 393 f. im Zusammenhang mit dem Einsatz hyperbolischer Verteilungen in der Optionsbewertung hin.

570 Auch die Möglichkeit zur „Compilierung" von Routinen, vgl. für *Mathematica* etwa SHAW (1998), S. 387 ff., bringt bei weitem nicht die erforderliche Geschwindigkeit für die hier durchzuführenden Rechnungen.

Newton-Methoden, i. d. R. nicht zu dem globalen Minimum.[571] Zielführend ist hier ein systematisches *Suchverfahren*: Der Parameterraum wird für jede Komponente in feine Suchraster aufgeteilt und anhand von Funktionsauswertungen systematisch abgesucht (Gittersuche, engl.: *grid search*). Im vorliegenden Fall erweist es sich als ausreichend, eine Diskretisierung des zulässigen Bereichs für einen der Parameter (konkret in Form von σ) vorzunehmen. Von dem in kleinen Schritten abgesuchten möglichen Wertebereich werden zur Minimierung lokal konvergente Verfahren eingesetzt.[572]

Für die Optimierung im Falle von zwei oder drei Mischungskernen, d. h. bei $m = 4$ oder $m = 7$, ist auch eine solche Gittersuche allein nicht mehr ausreichend, da der Suchalgorithmus bei adäquater Diskretisierung der Parameterintervalle viel zu langsam wird.[573] Auch spezielle für NLLS-Probleme (engl.: *Non-Linear Least Squares*) ausgelegte Optimierungsverfahren, z. B. Levenberg-Marquardt-Methoden, sind mit numerischen Problemen wie etwa schlechter Konditionierung behaftet. Aufgrund dieser Schwierigkeiten wurde im vorliegenden Fall der Einsatz des *Simulated Annealing* als Verfahren zur globalen Optimierung erwogen, das mit lokal konvergenten Optimierungsroutinen kombiniert werden kann.[574]

Simulated Annealing hat seinen Ursprung als Werkzeug einer *stochastischen* lokalen Suche nach Optima bei kombinatorischen Fragestellungen. Dort wurde es mit großem Erfolg, u. a. zur Bestimmung der bislang besten bekannten Lösungen des „Traveling-Salesman-Problems“ (kürzeste Rundreise durch N Städte) eingesetzt.[575] Mit verhältnismäßig einfacher Implementierung ist das Verfahren auf nahezu jedes Optimierungs-

---

[571] Siehe zu den üblichen Verfahren der nichtlinearen Optimierung z. B. GEIGER/KANZOW (1999), S. 67 ff.

[572] Auch wenn z. B. keine Gradientenberechnungen, sondern lediglich Funktionsauswertungen benötigt werden, ist das Problem im höherdimensionalen Raum in dem hohen Rechenaufwand zu sehen. Andererseits werden keine Anforderungen an die Gestalt der Zielfunktion gestellt. Mit einer gegen null tendierenden Rasterbreite wird das globale Optimum der Funktion gefunden. Vgl. auch PODDIG (1998), S. 238 f.

[573] Die hohe erforderliche Rechenleistung und die Komplexität von Algorithmen zur Berechnung impliziter Parameter betont bereits BATES (1996b), S. 600.

[574] Zu einer Bestandsaufnahme der Entwicklung von lokalen hin zu globalen Optimierungsverfahren siehe auch HORST/PARDALOS/THOAI (2000).

[575] Vgl. AARTS/TEN EIKELDER (2002), S. 219 f., PRESS (1967), S. 449 ff.

problem – mit fast beliebigen Nebenbedingungen – anwendbar.[576] Speziell bei komplexen Problemstellungen hat sich das Simulated Annealing als adäquates Werkzeug erwiesen:

> „Simulated annealing, if long running times are allowed, can outperform about all other algorithms with respect to effectiveness. More general conclusions cannot be drawn due to the many different quality measures that can be applied."[577]

Der Hintergrund des Simulated Annealing liegt in der Thermodynamik: Dort ist zu beobachten, dass sich Moleküle in einer Flüssigkeit oder in flüssigen Metallen bei langsamer Abkühlung und dem damit verbundenen Verlust an Bewegungsenergie streng geordnet derart in Kristallform zusammenlagern, dass der minimale Energiezustand erreicht wird. Falls jedoch der Abkühlungsvorgang zu schnell vorgenommen wird, wird dieses Energieminimum nicht erreicht – die Moleküle verbleiben z. T. in polykristallinen und damit höherenergetischen Formationen. Die Bedeutung der langsamen Abkühlung (engl.: *annealing*) lässt sich auf die Problemstellung der globalen Optimierung übertragen: Eine zu schnelle Abkühlung entspricht dem üblichen Vorgehen bei der Optimierung – z. B. bei Gradientenmethoden –, ausgehend von einer Suchrichtung unmittelbar das Funktionsminimum anzusteuern. Dabei werden *Aufwärtsschritte* ausgeschlossen, die notwendig wären, um die Suche aus der Nähe eines lokalen Minimums heraus in eine andere Region zu verlagern.[578]

Obwohl ursprünglich für den Bereich der kombinatorischen Optimierung konzipiert, lässt sich die Technik des Simulated Annealing auch bei reellwertigen Parametern und Problemstellungen im $\mathbb{R}^n$ verwenden. Als Grundkonzept kann dabei ein Polyederverfahren (engl.: *moving polytope method*) dienen. Das einfachste und bekannteste dieser ohne Gradientenauswertungen arbeitenden Verfahren ist der Downhill-Simplex-Algorithmus nach NELDER/MEAD für unrestringierte globale Aufgabenstellungen im

---

576 Vgl. z. B. AARTS/TEN EIKELDER (2002), S. 220, die allerdings auch zutreffend anmerken, dass diese Eigenschaften auch auf andere, lokale Verfahren zutreffen.

577 AARTS/TEN EIKELDER (2002), S. 220 im Rahmen der kombinatorischen Anwendung.

578 Vgl. z. B. AARTS/TEN EIKELDER (2002), S. 211 f., PRESS ET AL. (2002), S. 48 f.

$\mathbb{R}^n$.[579] Ausgehend von einem $n + 1$ Eckpunkten umfassenden Polyeder werden Funktionsauswerten durchgeführt und der Polyeder durch Vergrößerung, Kontraktion oder Spiegelung eines Eckpunktes modifiziert, um so das globale Funktionsoptimum zu bestimmen.[580] In Abwandlung dieses Grundverfahrens wird beim Simulated Annealing in jedem Optimierungsschritt zu den Funktionswerten in den Eckpunkten des Polyeders die Realisation einer Zufallsvariablen addiert, die sich proportional zu einer vorgegebenen Temperatur $\mathfrak{T}$ verhält. Des Weiteren werden die Funktionswerte an möglichen neuen Polyederecken in einem analogen Verfahren vermindert (*Metropolis-Algorithmus*).[581] Auf diese Weise werden Abwärtsschritte nicht verhindert, aber in einigen Fällen akzeptiert der Algorithmus auch Aufwärtsschritte, wobei deren Wahrscheinlichkeit an die Temperaturvorgabe $\mathfrak{T}$ gekoppelt ist. Die Hauptursache des Versagens lokaler Verfahren – die Verwendung deterministischer Akzeptanzkriterien, die eine Verbesserung der Lösung *in jedem Schritt* verlangen – kann somit durch ein stochastisches Vorgehen abgemildert werden. Im Grenzfall $\mathfrak{T} \to 0$ erhält man den originären Downhill-Simplex-Algorithmus. Beginnend mit einem hohen Wert für $\mathfrak{T}$ wird eine stochastische Suche um die bisherigen Polyederecken herum initiiert – und zwar so „weit“, wie es das aktuelle Temperaturniveau zulässt. Bei adäquater (systematischer) Verringerung von $\mathfrak{T}$ wird sich der Polyeder um das relativ gesehen kleinste während der Evaluation gefundene Funktionsminimum zusammenziehen.[582]

Leider ist der Begriff der „ausreichend langsamen“ Abkühlung nicht unmittelbar zu operationalisieren. Es ist vielmehr mit alternativen Implementierungsmöglichkeiten (engl.: *annealing schedules*) – bezogen auf die konkrete Aufgabenstellung – zu experimentieren. Im konkreten Fall wurde zusätzlich mit zwischenzeitlichen Neustarts des Algorithmus (Eliminierung der „besten“ bisherigen Eckpunkte) gearbeitet. Auch wurden ergänzend lokal-konvergente Verfahren (konjugierte Gradienten[583]) eingesetzt,

---

579 Siehe zu Polyeder-Verfahren z. B. HAMMA (2001). Man beachte, dass die Bezeichnung *Simplex* nichts mit dem gleichnamigen Verfahren der linearen Optimierung zu tun hat.

580 Siehe zum algorithmischen Vorgehen z. B. HAMMA (2001), S. 308 ff.

581 Siehe PRESS (1967), S. 449.

582 Siehe hierzu z. B. PRESS ET AL. (2002), S. 449 und S. 455 ff. Konvergenz nach Wahrscheinlichkeit (stochastische Konvergenz) ist bei Simulated-Annealing-Verfahren nur dann gewährleistet, wenn die „Abkühlung“ langsam genug vorgenommen wird – dies kann auf der anderen Seite allerdings zu nicht mehr vertretbaren Rechenzeiten führen. Vgl. LOCATELLI (2002), S. 216.

583 Vgl. etwa GEIGER/KANZOW (1999), S. 219 ff.

um eine Beschleunigung der Rechnungen in der Nähe lokaler Minima zu erreichen.[584] Auf Details der algorithmischen Implementierung soll hier nicht näher eingegangen werden.[585]

Ergänzend ist darauf hinzuweisen, dass bei der vorliegenden Aufgabenstellung dahingehende *Restriktionen* vorliegen, dass einzelne Parameter, z. B. die Gewichtungsfaktoren im Rahmen der Mischungsmodelle, gewisse Grenzen nicht verlassen dürfen. Um diese Nebenbedingungen auch in komplexen Verfahren, die ohne Gradienteneinsatz arbeiten, auf einfachem Wege integrieren zu können, werden *Strafterme* (engl.: *penalty terms*) verwendet: Im Rahmen einer Minimierungsaufgabe erhöhen diese den Zielfunktionswert, sobald der Algorithmus mit einem Suchpunkt zu nahe an eine der Grenzen herantritt. Die genaue Ausgestaltung dieser Strafterme unterliegt keiner strengen Theorie und bedarf eher empirischer Tests. Als sinnvoll erweist sich eine in Abhängigkeit von der Entfernung zum Rand lineare oder quadratische Funktion. Dabei ist zu berücksichtigen, dass eine zu hohe „Bestrafung“ dazu führen kann, dass ein in der Nähe eines der zulässigen Ränder liegendes Optimum nicht gefunden wird.[586]

5.6.3 Ergebnisse

5.6.3.1 Implizite risikoneutrale Verteilungen

Nach durchgeführter Optimierung gilt der erste Blick den impliziten risikoneutralen Verteilungen. Als Vorstufe zu deren Analyse soll zunächst ein Eindruck zur durchgeführten Bestimmung der modellspezifischen Parametervektoren vermittelt werden.

---

584 Daneben wurde – zwecks Vergleichs – mit Gittersuchverfahren und lokal-konvergenten Verfahren gearbeitet, um die mit der stochastischen Suche gefundenen Lösungen zu überprüfen und in sehr seltenen Fällen etwaige Neustarts mit geändertem Abkühlungsmechanismus durchzuführen.

585 LOCATELLI (2002) liefert einen guten Überblick zur konkreten Anwendung des Simulated Annealing auf Optimierungsprobleme im $\mathbb{R}^n$. Auf eine Präsentation der Rechenzeiten oder die Anzahl der Rechenschritte wird ebenfalls verzichtet, da dafür eine Programmierung entsprechend einer „Laborumgebung“ erforderlich wäre, die die eigene Implementierung im vorliegenden Fall nicht zu leisten vermag. Geringfügige programmiertechnische Unzulänglichkeiten könnten die Darstellung bereits verzerren.

586 Vgl. zur Diskussion um den Einsatz von Straffunktionen auch z. B. PODDIG/DICHTL/PETERSMEIER (2001), S. 642 ff. Für den Spezialfall des GRAM/CHARLIER-Modells finden sich bei JONDEAU/ROCKINGER (2001), S. 1463 ff. Hinweise zu einer effizienten algorithmischen Implementierung der Nebenbedingungen.

Zu diesem Zweck zeigen die *Abbildungen 5.7 bis 5.9* am Beispiel der Gruppe der DAX-Optionen die Häufigkeitsverteilungen der impliziten Modellparameter für alle 2.660 Optimierungen.

Nach *Abbildung 5.7* liegen die über den Ansatz in (5.7) bestimmten Größen σ^{BS} und $\sigma^{BS\text{-}ATM}$ für das BLACK/SCHOLES-Modell auf Basis aller Transaktionen und im Falle der ausschließlichen Verwendung von ATM-Optionen schwerpunktmäßig im Wertebereich von ca. 0,15 bis 0,35.[587] Beim GRAM/CHARLIER-Modell sind in derselben Abbildung tendenziell leicht höhere Werte der Standardabweichung σ^{GC} zu beobachten. Auffällig ist die Konzentration der Schiefekoeffizienten γ_1 im Bereich der betragsmäßig maximal zulässigen Schiefe. Fälle mit positiver Schiefe sind der Grafik nicht zu entnehmen. Die Kurtosisparameter γ_2 liegen im Bereich von ca. 3,4 bis 6,0 und häufen sich zwischen den Werten 4,0 und 5,0. Damit ist die Verbindung zwischen standardisierten dritten und vierten Momenten evident: Im Rahmen der theoretischen Analyse des GRAM/CHARLIER-Modells in Kapitel 4, Abschnitt 4.2.2.3 wurde gezeigt, dass die maximal zulässige positive oder negative Schiefe bei einer Kurtosis in der Nähe eines Wertes von 5,5 erreicht werden kann. Eben dieser Fall tritt hier auf: Eine mittlere zulässige Kurtosis aus dem potenziellen Wertebereich 3,0 bis 7,0 – diese „Extremwerte“ erforderten eine symmetrische Verteilung – wird im Rahmen der Optimierung mit einer ausgeprägten Schiefe der Verteilung kombiniert.

Abbildung 5.8 illustriert die Parameter im Fall des Mischungsmodells mit $k = 2$. Der Mischungsparameter $\lambda \geq 0{,}5$ gruppiert sich in einer nahezu symmetrischen Formation um ca. 75 %. Werte nahe eins, die darauf hindeuteten, dass das originäre BLACK/SCHOLES-Modell die beste Anpassung an die beobachteten Werte darstellte, kommen nur selten vor. Der zu $\lambda \geq 0{,}5$ gehörende Mischungskern $(\varrho_1; \sigma_1)$ zeigt im Erwartungswert ϱ_1 im Mittel positive Werte um ca. 0,15. Der zweite, schwächer gewichtete Mischungskern weist für den Erwartungswert ϱ_2 eine deutliche Konzentration im negativen Wertebereich auf – zusammen mit einer im Vergleich zum ersten Mischungskern erhöhten Standardabweichung. Es gilt dabei zu beachten, dass beide Mischungskomponenten miteinander verbunden sind, da die Martingalbedingung für

[587] Zur Erinnerung: Dies sind keine (gewichteten) impliziten Volatilitäten. Vgl. den Optimierungsansatz (5.7) in Abschnitt 5.6.1.

den Kurs des Optionsbasiswertes sichergestellt werden muss; d. h. z. B., dass ein stark positives ϱ_1 zwangsläufig mit einem negativen ϱ_2 einhergeht.

Aufgrund der Komplexität des Modells wird die Interpretation der Parameterwerte im Mischungsmodell mit $k = 3$ Komponenten, dargestellt in *Abbildung 5.9*, abermals erschwert. λ_1 als höchster und λ_2 als zweithöchster Gewichtungsfaktor einer Schätzung ergeben die in den ersten beiden Diagrammen dargestellten Verteilungen. Auch hier kommen Werte von λ_1 und λ_2 in der Nähe von eins selten vor, was damit auch für das dritte Gewicht $1 - \lambda_1 - \lambda_2$ gilt. Im Mittel liegen ca. zwei Drittel des Gewichtes auf dem ersten sowie ca. ein Viertel auf dem zweiten Mischungskern. Die zugehörigen Parameter in Form von Erwartungswerten und Standardabweichungen zeigen – insbesondere aufgrund der Verbindung über die Martingalbedingung – schwer interpretierbare Muster. Auffällig ist jedoch der sehr weite Parameterbereich im geringst gewichteten dritten Mischungskern; ϱ_3 liegt ca. zwischen -4,0 und +1,0, wobei sich insbesondere die Standardabweichung σ_3 in der Nähe von null konzentriert. Dieses Phänomen ist ein Indiz für eine numerische Auffälligkeit, die darin besteht, dass einzelne Mischungskerne mit Annäherung an das Optimum zu Ein-Punkt-Verteilungen mit verschwindender Standardabweichung „degenerieren“.[588]

In Anbetracht der nur unzureichend möglichen direkten Interpretation der einzelnen Parameter soll im Folgenden eine Konzentration auf die impliziten Verteilungen selbst und deren Eigenschaften stattfinden.

[588] Dieser Effekt konnte allerdings programmiertechnisch mit Hilfe von Straftermen z. T. aufgefangen werden.

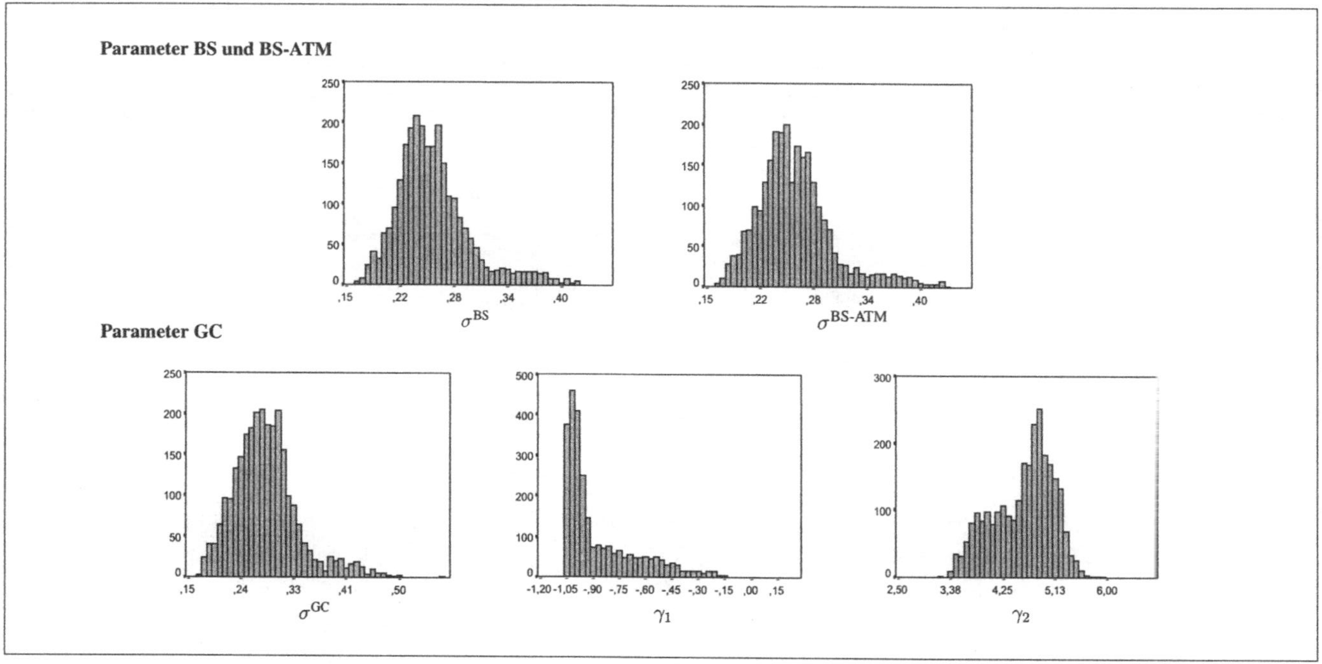

Abbildung 5.7. Verteilung der impliziten Modellparameter am Beispiel der DAX-Optionen – Modelle BS, BS-ATM und GC. Im Rahmen der Bestimmung der 2.660 impliziten Parametervektoren für die DAX-Optionen ergeben sich für das BLACK/SCHOLES-Modell (BS), das BLACK/SCHOLES-Modell auf Basis von ATM-Volatilitätsschätzern (BS-ATM) und das Schiefe-/Kurtosis-adjustierte GRAM/CHARLIER-Modell (GC) die dargestellten Verteilungen der Parameter.

Quelle: Eigene Berechnung und Darstellung.

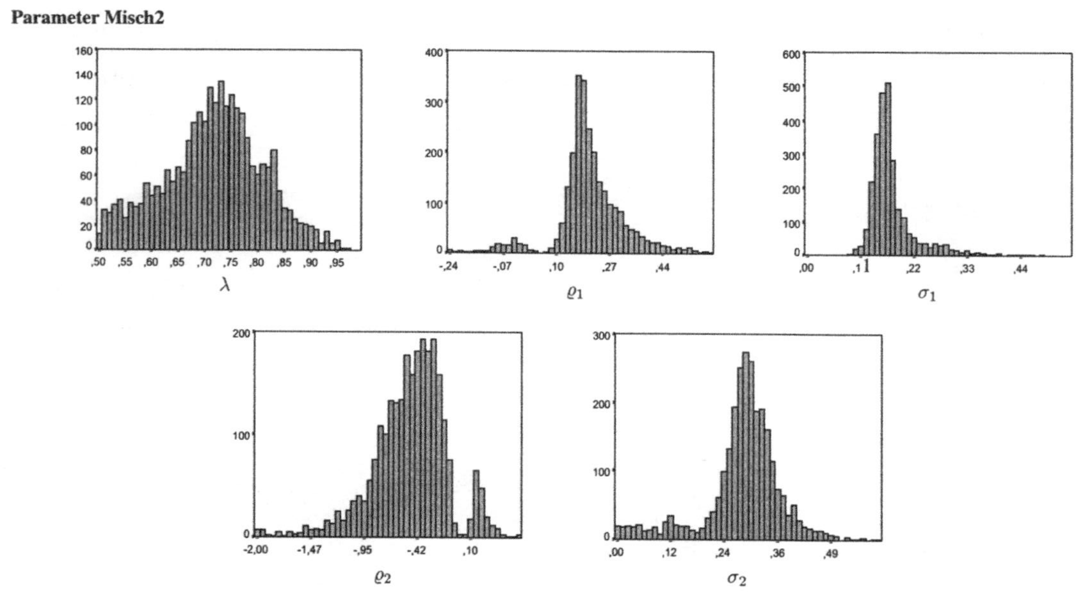

Abbildung 5.8. Verteilung der impliziten Modellparameter am Beispiel der DAX-Optionen – Modell Misch2. Im Rahmen der Bestimmung der 2.660 impliziten Parametervektoren für die DAX-Optionen ergeben sich für das Mischungsmodell mit zwei Mischungskernen (Misch2) die dargestellten Verteilungen der Parameter. Der Gewichtungsfaktor $\lambda \geq 0{,}5$ bezieht sich auf den Mischungskern $(\varrho_1; \sigma_1)$ und $(\varrho_2; \sigma_2)$ hat das Gewicht $1 - \lambda$.

Quelle: Eigene Berechnung und Darstellung.

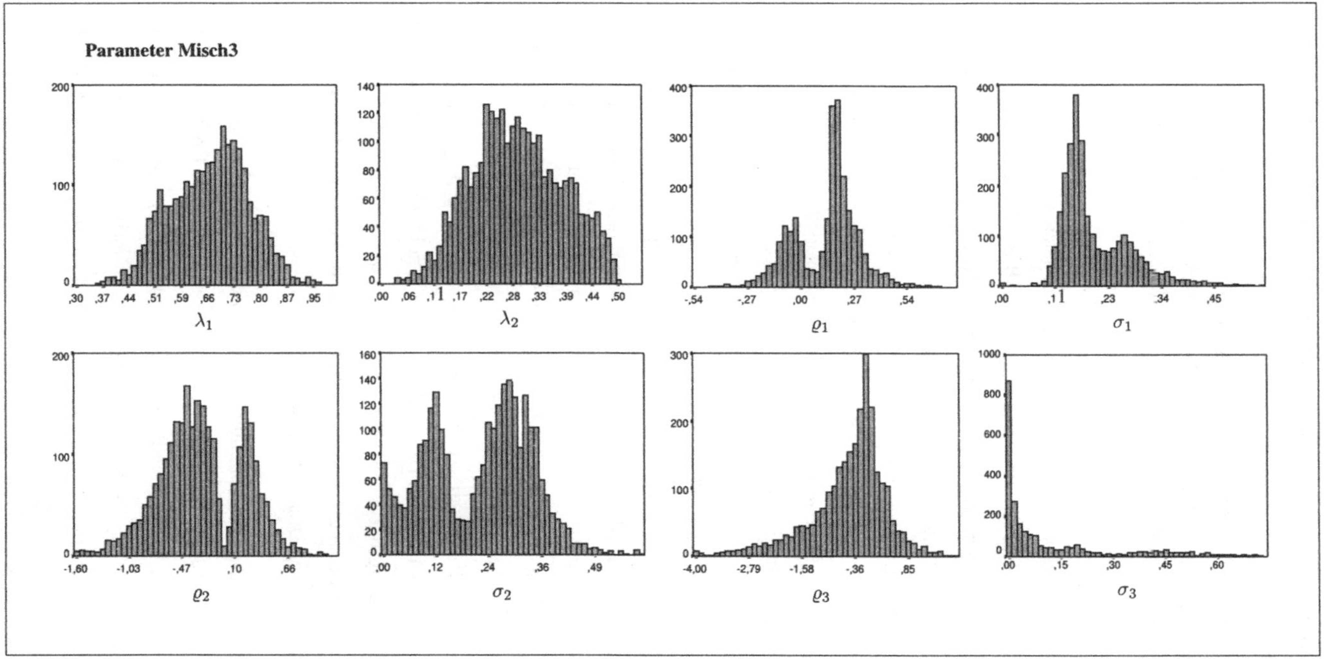

Abbildung 5.9. Verteilung der impliziten Modellparameter am Beispiel der DAX-Optionen – Modell Misch3. Im Rahmen der Bestimmung der 2.660 impliziten Parametervektoren für die DAX-Optionen ergeben sich für das Mischungsmodell mit drei Mischungskernen (Misch3) die dargestellten Verteilungen der Parameter. Die Gewichtungsfaktoren λ_1, λ_2 und $1-\lambda_1-\lambda_2$ sind in jeder Parameterberechnung absteigend sortiert und beziehen sich jeweils auf die Mischungskerne $(\varrho_1;\sigma_1)$, $(\varrho_2;\sigma_2)$ und $(\varrho_3;\sigma_3)$.

Quelle: Eigene Berechnung und Darstellung.

Um die Arbeitsweise der verschiedenen Modelle zu untersuchen, zeigt *Abbildung 5.10* anhand eines exemplarisch gewählten Handelstages (19. November 1999) die sich aus der impliziten Schätzung von DAX-Optionen ergebenden risikoneutralen Kursverteilungen. Dargestellt sind die Graphen zum BS-, GC-, Misch2- und Misch3-Modell; auf den Graphen zum BS-ATM-Fall, der analog zum Graphen des BS-Modells ausfällt, wird verzichtet.

Ausgehend von einem Indexschlussstand am Betrachtungstag von 5.962,66 (Indexpunkten) zeigen die Graphen die am Optionsmarkt auf Basis des Risikoneutralitätsprinzips antizipierten Verteilungen des Indexstandes bei Kontraktverfall 28 Kalendertage danach. Die in die Abbildung eingefügte Tabelle liefert die statistischen Kennzahlen zu dieser „Markterwartung". Zunächst ist festzustellen, dass der risikoneutrale Erwartungswert der Verteilung in allen Modellen identisch ist: Dies ist die Folge der Martingalbedingung, deren geforderte Einhaltung die „Verzinsung" des aktuellen Indexstandes mit dem risikolosen Zins (zum Betrachtungszeitpunkt interpoliert 3,022 % p. a. bei stetiger Verzinsung) auf $5.962{,}66 \cdot \exp(0{,}03022 \cdot 28/365) \approx 5.976{,}50$ (Indexpunkte) impliziert. Die übrigen Kenngrößen der Verteilungen fallen erwartungsgemäß unterschiedlich aus: So ist die Standardabweichung für den Kurs unter Risikoneutralität in den drei alternativ zum BS-Modell betrachteten Ansätzen größer. Insbesondere die höheren Momente und die daraus abgeleiteten Größen Schiefe und Kurtosis liefern aufschlussreiche Informationen: Während im BS-Modell die Log-Normalverteilung des Kurses stets rechtsschief ausfällt,[589] tritt in allen drei Alternativmodellen eine Umkehr der Schiefe hin zu Rechtssteilheit auf – und zwar umso ausgeprägter, je komplexer das Modell wird (-0,41 bis -0,94). Ein ähnliches Bild zeigt sich bei der Kurtosis: Der Log-Normalverteilung mit einem Wert von ca. 3,0 stehen weit leptokurtischere Verteilungen mit Werten bis zu 7,3 gegenüber. Offenbar führt wiederum eine erhöhte Modellkomplexität zu einer Zunahme der Kurtosis.

Mediane und Modi der einzelnen Verteilungen ergeben sich aus den dargestellten Charakteristika. Der zudem ausgewiesene Interquartilsabstand, d. h. die Breite des Intervalls zwischen 25 %- und 75 %-Quantil, $(\mathrm{F}^*_{t,T})^{-1}(0{,}75) - (\mathrm{F}^*_{t,T})^{-1}(0{,}25)$, ist in allen Modellen geringer als bei BLACK/SCHOLES, wo mehr Wahrscheinlichkeitsmasse in der „Mitte" der Verteilung konzentriert wird. Die Abbildung zeigt, dass ab einem In-

---

[589] Vgl. Kapitel 4, Abschnitt 4.3.

dexstand von ca. 5.300 und tiefer die anderen Modelle mehr Masse in den Flanken aufweisen – die impliziten risikoneutralen Kursverteilungen haben einen vergleichsweise schweren linken Rand, den die Log-Normalverteilung nicht abzubilden vermag. An der rechten Flanke ist eine solche Diskrepanz nicht festzustellen; alle Modelle zeigen hier eine ähnliche Gestalt der Verteilung.

Den Vergleich der Modelle aus Sicht der risikoneutralen Renditeverteilungen veranschaulicht *Abbildung 5.11*. Für den Zeitraum von 28 Kalendertagen besteht unter Risikoneutralität die dargestellte, vom Markt erwartete Renditeverteilung. Vor dem Hintergrund der im Schrifttum z. T. heterogenen Darstellungsweisen ist in diesem Zusammenhang darauf hinzuweisen, dass der Erwartungswert der Renditeverteilungen in den Modellen trotz Martingalbedingung *verschieden* ist. So wird zwar z. B. im BS-Modell die *Momentanrendite* ϱ durch den risikolosen stetigen Zinssatz r ersetzt; davon abzugrenzen ist jedoch der *Erwartungswert* der risikoneutralen Renditeverteilung: Dieser ist im BS-Modell gerade gleich $(r - \sigma^2/2)(T - t)$ und damit u. a. von der Volatilität σ abhängig.[590] Der Erwartungswert der Renditeverteilung ist demnach *nicht konstant*, sondern vielmehr so zu wählen, dass der Erwartungswert der risikoneutralen Kursverteilung für das Intervall $[t, T]$ auf $S_t e^{r(T-t)}$ normiert wird.[591]

Zurückkehrend zum kennzahlengestützten Modellvergleich anhand der risikoneutralen Renditeverteilungen zeigen sich ähnliche Merkmale bei der Kursverteilung. Insbesondere sind für das GC-, Misch2- und Misch3-Modell wiederum die Linksschiefe und die positive Exzess-Kurtosis im Vergleich zur Normalverteilung im BS-Modell augenfällig – auch hier mit stark zunehmenden Werten bei Erhöhung der Modellparametrisierung.

---

[590] Vgl. Kapitel 3, Abschnitt 3.6.4.1.

[591] Es ist in diesem Zusammenhang auf z. T. unterschiedliche Definitionen des Kursprozesses für Zwecke der Optionsbewertung hinzuweisen. Falls etwa im BLACK/SCHOLES-Grundmodell statt der Spezifikation

$$dS_t = \varrho S_t\, dt + \sigma S_t\, dz, \quad \varrho \in \mathbb{R},\ \sigma > 0$$

– wie in Formel (3.57) – eine alternative Prozessdefinition der Form

$$dS_t = (\varrho + \sigma^2/2) S_t\, dt + \sigma S_t\, dz, \quad \varrho \in \mathbb{R},\ \sigma > 0 \tag{5.9}$$

gewählt wird, erhält man für die Renditeverteilung gerade den Erwartungswert $\varrho(T - t)$, der dann unabhängig von der Volatilität σ ist. Die Ersetzung $\varrho = r$ liefert bei einem Vergleich der Verteilungen für einen Zeitraum der Länge $T - t$ in diesem Fall den Erwartungswert $r(T - t)$. Eine solche Argumentation liegt offenbar z. B. der Arbeit von NEUMANN (1999) zugrunde; vgl. etwa die dortige Tabelle 8.3 auf S. 126.

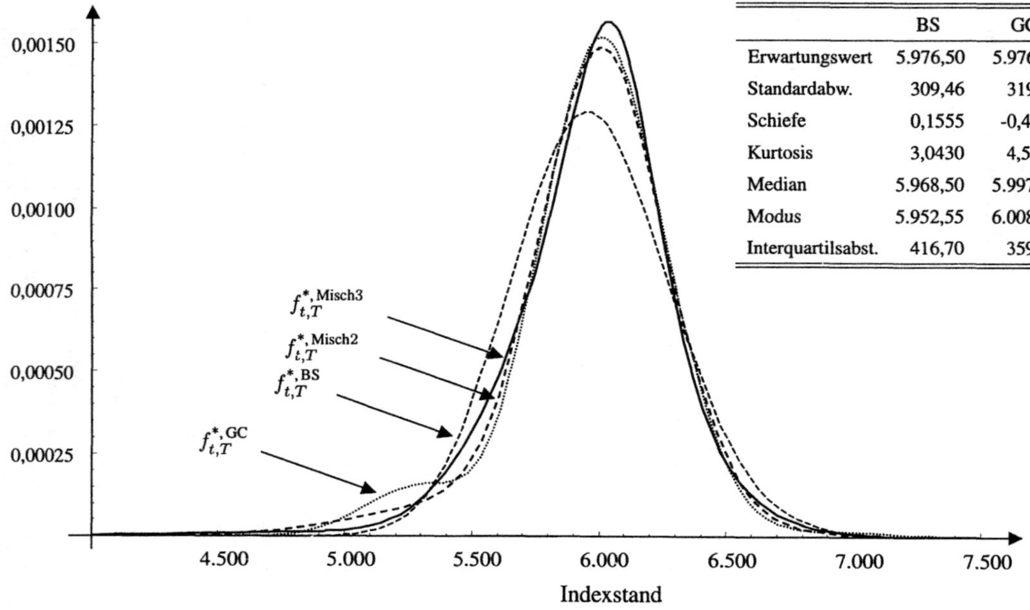

	BS	GC	Misch2	Misch3
Erwartungswert	5.976,50	5.976,50	5.976,50	5.976,50
Standardabw.	309,46	319,74	320,87	325,29
Schiefe	0,1555	-0,4148	-0,7057	-0,9402
Kurtosis	3,0430	4,5779	5,2152	7,2597
Median	5.968,50	5.997,80	5.997,00	6.001,78
Modus	5.952,55	6.008,71	6.007,13	6.034,23
Interquartilsabst.	416,70	359,49	366,59	361,34

Abbildung 5.10. Implizite risikoneutrale Kursverteilungen ($f^{*}_{t,T}$) für DAX-Optionen im exemplarischen Vergleich. Beispieldaten vom 19. November 1999, Ermittlung aus 2.247 Optionstransaktionen, Restlaufzeit der Optionen: 28 Kalendertage.

Quelle: Eigene Berechnung und Darstellung.

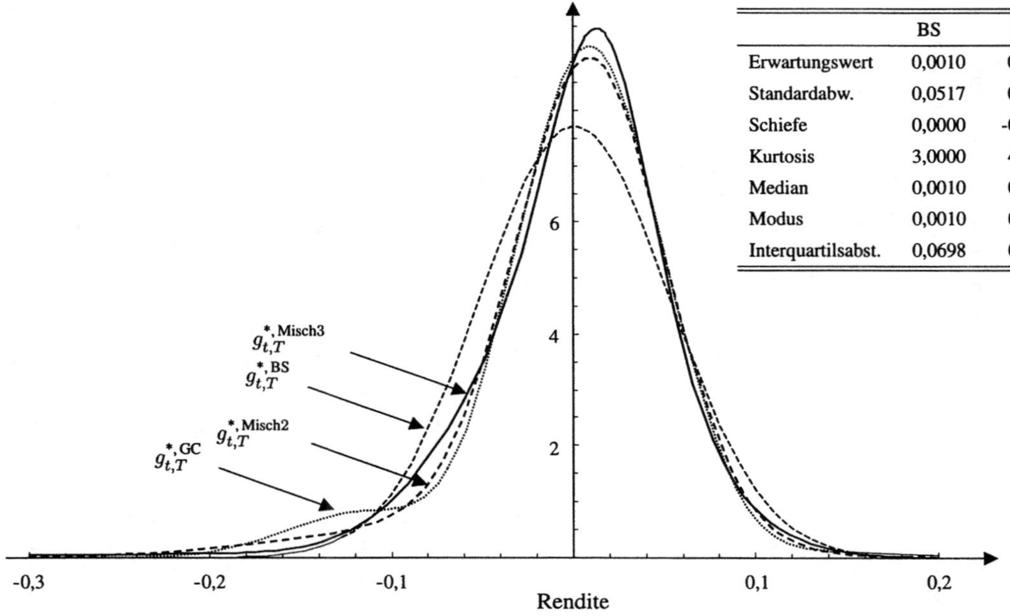

	BS	GC	Misch2	Misch3
Erwartungswert	0,0010	0,0008	0,0008	0,0008
Standardabw.	0,0517	0,0544	0,0551	0,0564
Schiefe	0,0000	-0,6852	-1,0234	-1,4775
Kurtosis	3,0000	4,7633	6,1410	10,4239
Median	0,0010	0,0059	0,0057	0,0066
Modus	0,0010	0,0093	0,0092	0,0131
Interquartilsabst.	0,0698	0,0600	0,0612	0,0603

Abbildung 5.11. Implizite risikoneutrale Renditeverteilungen ($g_{t,T}^{*}$) für DAX-Optionen im exemplarischen Vergleich. Beispieldaten vom 19. November 1999, Ermittlung aus 2.247 Optionstransaktionen, Restlaufzeit der Optionen: 28 Kalendertage.

Quelle: Eigene Berechnung und Darstellung.

Nach der Betrachtung eines konkreten Beispiels stellt sich die Frage nach der Gestalt der Verteilungen an den übrigen Tagen sowie für andere als die exemplarisch betrachtete Restlaufzeit. *Tabelle 5.12* zeigt für die DAX-Optionen die summarische Statistik zu den insgesamt 2.660 implizit ermittelten risikoneutralen Renditeverteilungen. Um die für unterschiedlich lange Zeitintervalle $[t, T]$ ermittelten Verteilungen vergleichbar und leichter interpretierbar zu machen, wird die Standardabweichung dabei jeweils in annualisierter Form ausgewiesen.[592] Hinsichtlich der mittleren Standardabweichung mit annualisierten Werten um ca. 0,25 und 0,28 erhält man für alle Ansätze ein sehr ähnliches Bild. Die Verteilungen zu den GC-, Misch2- und Misch3-Modellen weisen im Mittel eine ausgeprägte Schiefe von ca. -0,90 sowie eine Exzess-Kurtosis zwischen durchschnittlich 1,16 und 1,90 auf. Es fällt des Weiteren auf, dass insbesondere beim Mischungsmodell mit drei Komponenten ein großer Schiefebereich (-2,97 bis +1,64) abgedeckt wird. Auch kommen beim Misch2- und Misch3-Ansatz platykurtische Verteilungsformen sowie solche mit ausgeprägter Exzess-Kurtosis vor.

Die *zeitliche Entwicklung* der Renditeverteilung wird ergänzend anhand eines Beispielkontraktes und eines 50 Handelstage umfassenden Zeitraumes in *Abbildung 5.12* und *Abbildung 5.13* illustriert. Mit Annäherung an den Verfalltag T bei Fortschreiten der Zeit nimmt ceteris paribus die Standardabweichung der risikoneutralen Verteilungen, bezogen auf das kleiner werdende Restintervall $[t, T]$, erwartungsgemäß ab. Im Vergleich zur Normalverteilung beim BS-Modell zeigt der Graph zum GC-Modell während des gesamten Zeitraumes deutlich stärker ausgeprägte linke Flanken. Im Mischungsmodell mit zwei Komponenten erhält man für den Beispielkontrakt an der Mehrzahl der Handelstage eine Gestalt, die sich aus einem Mischungskern mit Erwartungswert größer null und einem zweiten Kern mit negativem Erwartungswert zusammensetzt. Während die Struktur der impliziten Renditeverteilung im Misch2-

---

[592] Der in der Literatur z. T. vorgeschlagene Vergleich über die annualisierten risikoneutralen Renditeverteilungen, vgl. z. B. AÏT-SAHALIA/LO (1998), S. 527 f., erweist sich allerdings dadurch als problematisch, dass die implizit ermittelten Verteilungen sich jeweils auf feste Zeitintervalle $[t, T]$ beziehen. Aus der Kurs- bzw. Renditeverteilung für diesen Zeitraum kann im Allgemeinen keine Aussage hinsichtlich der Verteilungsgestalt für andere Zeitintervalle gewonnen werden. Während z. B. im BLACK/SCHOLES-Modell mit unterstellter Normalverteilung der Rendite bekannt ist, dass sich die zugehörige Standardabweichung mittels $\sqrt{T-t}$ für einen beliebigen Zeithorizont skalieren lässt, kann eine solche Transformation der Verteilungsmomente für komplexere Modelle i. d. R. nicht erfolgen. So ist z. B. a priori nicht bekannt, wie sich die Momente einer für ein Intervall $[t, T]$ kalibrierten Renditeverteilung im Mischungsmodell bei einem anderen Zeithorizont von z. B. einem Jahr verhalten werden. Diese Einschränkung ist bei der Interpretation der annualisierten Volatilitätsmaße zu berücksichtigen.

Tabelle 5.12
Modellvergleich anhand der risikoneutralen Renditeverteilungen (I) – DAX-Optionen

Die Tabelle zeigt die Statistik zu den Momenten der insgesamt 2.660 implizit ermittelten risikoneutralen Renditeverteilungen. Die ausgewiesenen Werte werden dabei über alle Handelstage und Restlaufzeiten hinweg ermittelt, die Standardabweichung ist – aufgrund der besseren Vergleichbarkeit und Interpretierbarkeit – jeweils in annualisierter Form angegeben.

Quelle: Eigene Berechnungen.

Modell		Mittelwert	Std.	Min.	Max.
BS	Std.	0,2532	0,0430	0,1653	0,5015
	Schiefe	0,0000	–	–	–
	Kurtosis	3,0000	–	–	–
BS-ATM*	Std.	0,2558	0,0442	0,1638	0,4298
	Schiefe	0,0000	–	–	–
	Kurtosis	3,0000	–	–	–
GC	Std.	0,2808	0,0533	0,1746	0,5685
	Schiefe	-0,8636	0,2083	-1,0493	0,4397
	Kurtosis	4,5864	0,5046	3,1640	6,9777
Misch2	Std.	0,2741	0,0480	0,1757	0,4791
	Schiefe	-0,8602	0,2795	-1,9647	0,3653
	Kurtosis	4,1649	0,9028	1,1383	10,3138
Misch3	Std.	0,2763	0,0492	0,1757	0,6367
	Schiefe	-0,9292	0,4050	-2,9667	1,6420
	Kurtosis	4,9022	2,3710	1,7531	27,6711

* In 24 Fällen wegen zu geringer Zahl an Datensätzen keine Berechnung möglich

Fall keinen größeren Änderungen unterworfen ist, lässt sich für das Misch3-Modell eine Instabilität diagnostizieren. Zwar liegen auch hier offenbar durchweg ein bzw. zwei „Hauptkerne" vor, der dritte Mischungskern und die Mischungsparameter induzieren im Zeitablauf jedoch starke Veränderungen in der Verteilungsgestalt. Hiervon ist insbesondere die linke Flanke der Verteilung betroffen.

Für den Bereich der Aktienoptionen zeigt *Tabelle 5.13* exemplarisch die Statistik zu den impliziten Renditeverteilungen für SAP-Optionen. Im Vergleich zu den DAX-Optionen sind ähnliche Schiefe- und Kurtosisphänomene zu diagnostizieren, die Stan-

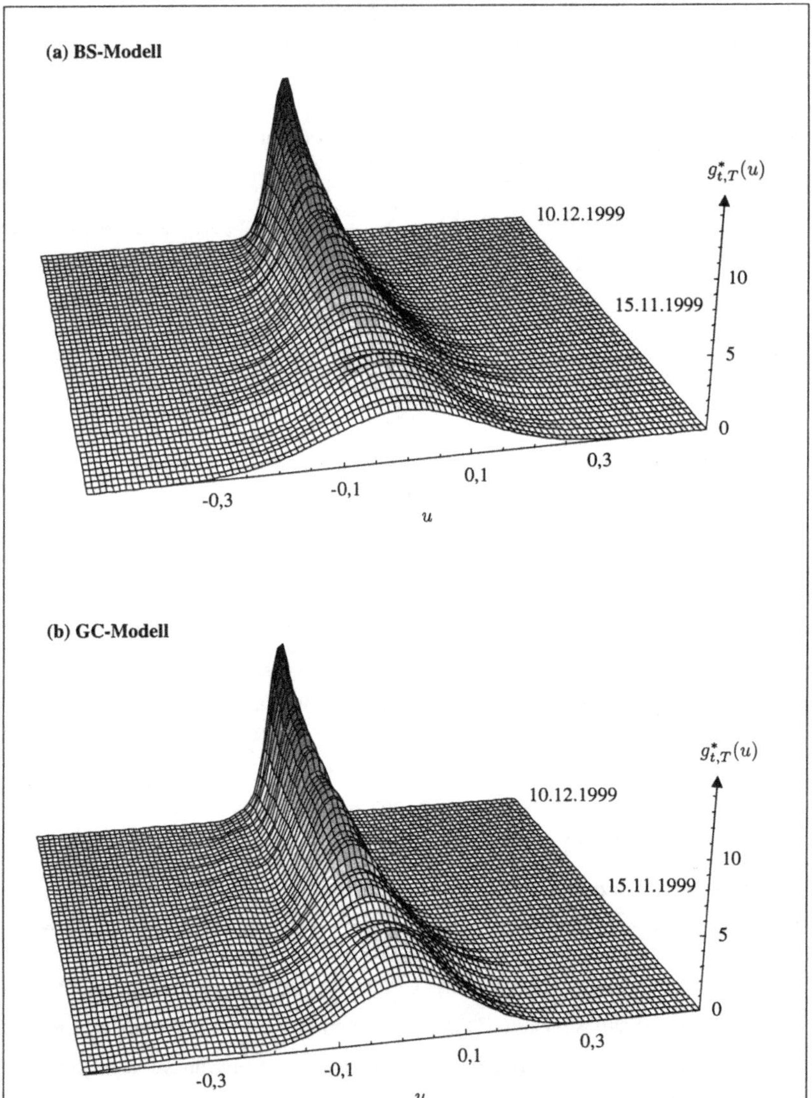

Abbildung 5.12. Risikoneutrale Renditeverteilungen für DAX-Optionen im Zeitablauf (I) – BS- und GC-Modell. Beispieldaten zum Kontrakt 12/1999 in der Zeit vom 4.10.1999 bis 10.12.1999 (50 Handelstage), Fälligkeit am 17.12.1999.

Quelle: Eigene Berechnung und Darstellung.

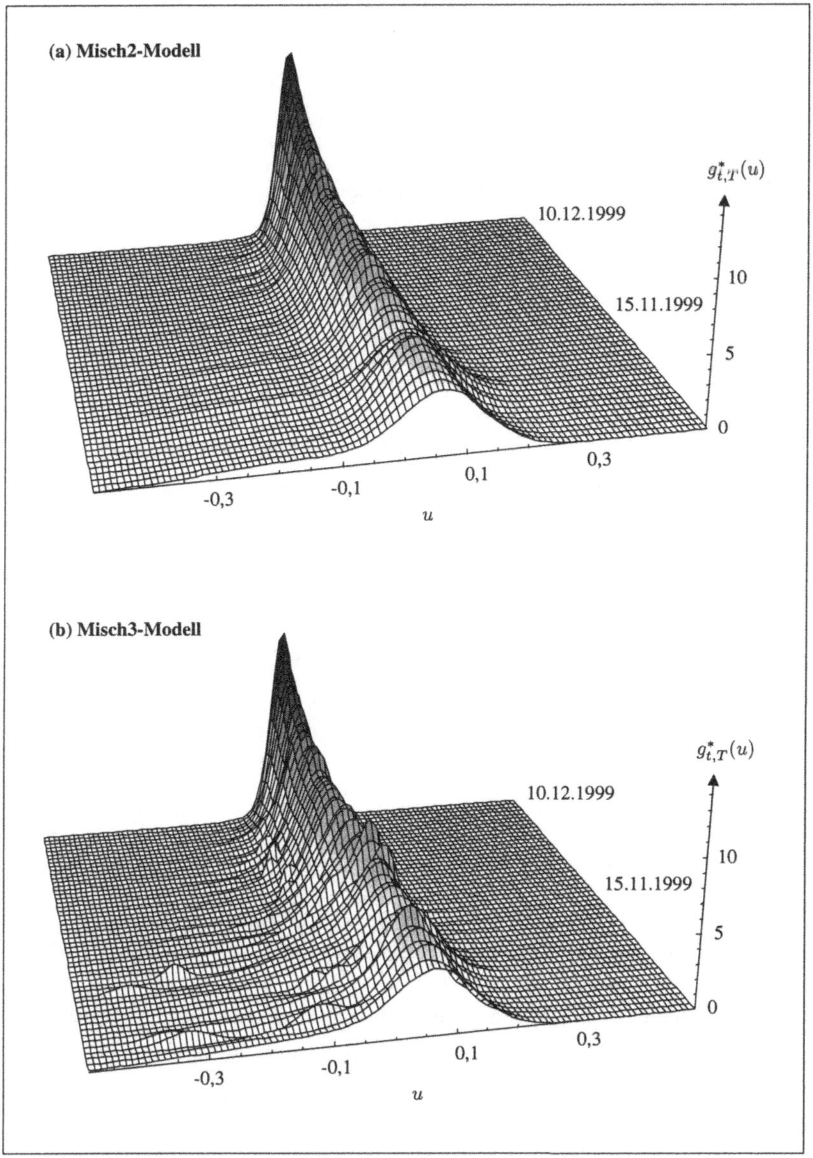

Abbildung 5.13. Risikoneutrale Renditeverteilungen für DAX-Optionen im Zeitablauf (II) – Misch2- und Misch3-Modell. Beispieldaten zum Kontrakt 12/1999 in der Zeit vom 4.10.1999 bis 10.12.1999 (50 Handelstage), Fälligkeit am 17.12.1999.

Quelle: Eigene Berechnung und Darstellung.

Tabelle 5.13
Modellvergleich anhand der risikoneutralen Renditeverteilungen (II) – Aktienoptionen am Beispiel SAP

Die Tabelle zeigt – stellvertretend für die Gruppe der Aktienoptionen anhand des Basiswertes SAP – die Statistik zu den Momenten der insgesamt 164 implizit ermittelten risikoneutralen Renditeverteilungen. Die ausgewiesenen Werte werden dabei über alle Handelstage und Restlaufzeiten hinweg ermittelt, die Standardabweichung ist – aufgrund der besseren Vergleichbarkeit und Interpretierbarkeit – jeweils in annualisierter Form angegeben.

Quelle: Eigene Berechnungen.

Modell		Mittelwert	Std.	Min.	Max.
BS	Std.	0,5521	0,0864	0,3700	0,7920
	Schiefe	0,0000	–	–	–
	Kurtosis	3,0000	–	–	–
BS-ATM*	Std.	0,5543	0,0859	0,3681	0,8054
	Schiefe	0,0000	–	–	–
	Kurtosis	3,0000	–	–	–
GC	Std.	0,6034	0,0996	0,3676	0,8190
	Schiefe	-0,3982	0,3604	-1,0492	0,5729
	Kurtosis	4,2632	0,9232	3,0013	6,7190
Misch2	Std.	0,6026	0,1192	0,3650	0,9649
	Schiefe	-0,6120	0,9536	-4,1459	0,7408
	Kurtosis	7,2691	7,8935	2,0202	41,2069
Misch3	Std.	0,6049	0,1444	0,3650	1,1031
	Schiefe	-0,6099	1,2279	-6,6730	0,7756
	Kurtosis	7,8228	12,3257	1,9008	76,3939

* In 3 Fällen wegen fehlender Datensätze keine Berechnung möglich

dardabweichung der Verteilungen bewegt sich auf wesentlich höherem Niveau. Die Linksschiefe ist im Mittel jedoch geringer ausgeprägt als beim Index, unterliegt dafür aber einer stärkeren Schwankung. Die impliziten SAP-Renditeverteilungen weisen z. T. eine hohe Exzess-Kurtosis auf, wobei die Werte ebenso wie bei der Schiefe stark streuen.

Tabelle 5.14 schließlich beleuchtet die aus den Euro-Bund-Future-Optionen extrahierten risikoneutralen Renditeverteilungen des Basiswertes. Eine annualisierte Standardabweichung von im Mittel unter 0,07 ist ein Indikator für ein eher wenig volatiles

Tabelle 5.14
Modellvergleich anhand der risikoneutralen Renditeverteilungen (III) – Euro-Bund-Future-Optionen

Die Tabelle zeigt – unter Berücksichtigung der Optionsabrechnung im Futures-style-Verfahren – die Statistik zu den Momenten der insgesamt 664 implizit ermittelten risikoneutralen Renditeverteilungen. Die ausgewiesenen Werte werden dabei über alle Handelstage und Restlaufzeiten hinweg ermittelt, die Standardabweichung ist – aufgrund der besseren Vergleichbarkeit und Interpretierbarkeit – jeweils in annualisierter Form angegeben.

Quelle: Eigene Berechnungen.

Modell		Mittelwert	Std.	Min.	Max.
BS	Std.	0,0632	0,0115	0,0401	0,0992
	Schiefe	0,0000	–	–	–
	Kurtosis	3,0000	–	–	–
BS-ATM	Std.	0,0628	0,0114	0,0399	0,0983
	Schiefe	0,0000	–	–	–
	Kurtosis	3,0000	–	–	–
GC	Std.	0,0651	0,0120	0,0407	0,1039
	Schiefe	-0,3615	0,1985	-0,9963	0,2758
	Kurtosis	3,7944	0,4422	3,0049	6,9582
Misch2	Std.	0,0652	0,0119	0,0403	0,1027
	Schiefe	-0,3810	0,2465	-1,5131	0,3364
	Kurtosis	4,1898	1,5211	1,8869	13,6832
Misch3	Std.	0,0660	0,0122	0,0409	0,1018
	Schiefe	-0,3986	0,3060	-1,7411	2,0340
	Kurtosis	5,4637	4,3208	1,9815	51,0208

Verhalten des Basiswertes. Linksschiefe und Exzess-Kurtosis liegen zwar vor, sind aber eher moderat ausgeprägt. Unterschiede in den mittleren Werten für Schiefe und Kurtosis in den Modellen sollten in Anbetracht einer mit der Modellkomplexität zunehmenden Streuung nicht überinterpretiert werden.

5.6.3.2 Abweichungsanalyse

Auf Basis der bestimmten risikoneutralen Verteilungen lässt sich untersuchen, inwieweit die auf diese Weise kalibrierten fünf betrachteten Modelle gegebene Marktpreise von Optionen abzubilden vermögen.

DAX-Optionen. Beginnend mit der Gruppe der DAX-Optionen fasst *Tabelle 5.15* die Ergebnisse der In-the-sample-Analyse zusammen. Mit Erhöhung der Modellkomplexität sinkt erwartungsgemäß der RMSE, da dieser in quadrierter Form in der Optimierungsvorschrift (5.7) zum Einsatz kommt. Im Vergleich mit dem BS- und dem BS-ATM-Modell[593] gelingt es bei den Mischungsmodellen, den RMSE im Mittel mehr als zu halbieren – bei gleichzeitiger Halbierung der Standardabweichung. Für den praktischen Einsatz von Optionen ist insbesondere die für DAX-Optionen in Indexpunkten gemessene Wertabweichung von Bedeutung: Beim ME zeigt sich, dass der Fehler durch den Einsatz der Mischungsmodelle, aber auch bereits das GC-Modell, im Mittel auf nahezu null reduziert werden kann.[594] Auch fallen die Standardabweichungen mit Zunahme der Modellparametrisierung geringer aus. Allerdings ist für alle Modelle zu konstatieren, dass im Rahmen der Optimierung „Extremwerte" vorliegen, die auch nach adäquater Parameterwahl nicht durch die Modelle erfasst werden können. So zeigt sich beim ME, dass Optionen vorliegen, die um mehr als 1.100 Punkte unterbewertet werden; Ähnliches gilt für die Überbewertung, die bis zu ca. 800 Punkten reicht.[595] Die sehr gute Anpassung anhand des ME wird bei Betrachtung des mittleren absoluten Fehlers, MAE, etwas relativiert: Ohne die Möglichkeit, Unter- und Überbewertungen zu kompensieren, leiden alle Modelle unter einer Fehlbewertung.

---

[593] Vgl. zum Problem der Anwendung des BLACK/SCHOLES-Modells auf *Indexoptionen* kritisch z. B. BROOKS/CORSON/WALES (1994), die insbesondere die Log-Normalverteilung der Indexnotierung für nicht vertretbar halten. Dem steht insbesondere entgegen, dass diese Hypothese dann nicht haltbar ist, wenn die Kurse der einzelnen Aktien aus dem Index einer geometrischen Brownschen Bewegung folgen.

[594] Wie in Abschnitt 5.3.1 ausgeführt, werden DAX-Optionen mit einer Genauigkeit von 0,1 Punkten gehandelt. In der Tabelle sind die Werte in der üblichen Genauigkeit mit zwei Nachkommastellen ausgewiesen, sodass berücksichtigt werden muss, dass ein ME von z. B. 0,02 ökonomisch betrachtet einer vollständigen Fehlerelimination entspricht.

[595] Diese Phänomene sind Ausfluss der moderat gewählten Moneynessbegrenzung im Rahmen der Datenbereinigung in Abschnitt 5.3.3, die bei DAX-Optionen ± 25 % beträgt und u. a. sehr weit im-Geld notierende Optionen zulässt.

Allerdings ist wiederum die Verbesserung der komplexeren Modelle evident: Gelingt es beim GC-Modell, den MAE relativ zum BS- und BS-ATM-Modell um ca. 2/3 zu reduzieren, beträgt diese Verbesserung bei den Mischungsmodellen ca. 3/4. In allen Fällen geht diese im Mittel gemessene Reduktion des absoluten Bewertungsfehlers mit einer Reduktion der Standardabweichung einher. Hinsichtlich der extremalen Abweichungen gilt das bereits zum ME Ausgeführte. Bei einer Verlagerung der Betrachtungsebene hin zu den relativen Fehlern ist anhand des RMSPE zunächst ein ähnliches Bild wie im Falle des RMSE festzustellen. Es gilt zu beachten, dass die Reduktion der relativen Fehler keine unmittelbare Folge aus dem Verhalten der absoluten Größen ist: Die verwendete Optimierungsvorschrift bezieht sich ausschließlich auf die quadrierten absoluten Abweichungen – hieraus ist kein unmittelbarer Rückschluss auf das Verhalten der (quadrierten) relativen Fehler möglich.[596] Die Maße MPE und MAPE haben daher einen zusätzlichen Erklärungsgehalt: Bei den mittleren relativen Abweichungen – als Maß der „Richtung" der Fehlbewertung – fällt eine Unterbewertung der Optionen durch das BS- und BS-ATM-Modell von ca. 4 % auf, die drei übrigen Modelle zeigen eine deutliche Reduktion der Fehlbewertung, bis hin zu weniger als 0,1 % im Misch3-Modell. Auch unter Aufhebung der Saldierung positiver und negativer Abweichungen schneiden insbesondere die Mischungsmodelle relativ zu BS- und BS-ATM-, aber auch zum GC-Modell sehr gut ab. Im Vergleich zum BS-Fall erreichen die Modelle Reduktionen des MAPE von ca. 80 %, relativ zum GC-Modell gesehen immerhin noch ca. 30 %. Ein abschließender Blick auf die minimalen und maximalen prozentualen und absoluten prozentualen Fehler offenbart das Auftreten von Unterbewertungen um bis zu -100 % sowie auf der anderen Seite auch sehr ausgeprägte Überbewertungen. Entgegen der absoluten Fehlermaße sind hier insbesondere niedrigpreisige Optionen betroffen, bei denen geringe absolute Wertabweichungen bereits zu hohen relativen Fehlern führen.[597]

---

[596] Eine Ausnahme stellt der Fall $\text{RMSE} = 0 \Longleftrightarrow \text{RMSPE} = 0$ dar.

[597] Vgl. auch die Diskussion um die Wahl der Optimierungsvorschrift in Abschnitt 5.6.1.

Tabelle 5.15
In-the-sample-Anpassung und -Modellgüte (I) – DAX-Optionen

Die Tabelle fasst die Ergebnisse der *In-the-sample-Analyse* zu den DAX-Optionen zusammen: Auf Basis von 1.184.277 Datensätzen wurden jeweils 2.660 – für das BS-ATM-Modell lediglich 2.636 – Parametervektoren ermittelt, aus denen sich die modellspezifischen RMSE und RMSPE ergeben. Des Weiteren sind die mittleren und mittleren absoluten (ME und MAE) sowie die mittleren prozentualen und mittleren absoluten prozentualen (MPE und MAPE) Abweichungen zwischen Modellwerten und Marktpreisen ausgewiesen.

Quelle: Eigene Berechnungen.

	RMSE		ME				MAE			
Modell	Mittel	Std.	Mittel	Std.	Min.	Max.	Mittel	Std.	Min.	Max.
BS	0,5393	0,4806	-1,86	19,17	-1.170,87	780,90	11,89	15,15	0,00	1.170,87
BS-ATM	0,5495	0,4886	-1,36	19,69	-1.205,22	486,54	12,08	15,61	0,00	1.205,22
GC	0,3553	0,3791	0,02	11,33	-1.153,90	768,35	4,20	10,53	0,00	1.153,90
Misch2	0,2370	0,2552	-0,03	9,53	-1.157,93	692,86	2,97	9,06	0,00	1.157,93
Misch3	0,2315	0,2489	-0,02	9,47	-1.157,77	680,05	2,91	9,01	0,00	1.157,77
	RMSPE		MPE (in %)				MAPE (in %)			
Modell	Mittel	Std.	Mittel	Std.	Min.	Max.	Mittel	Std.	Min.	Max.
BS	0,0553	0,0368	-3,85	45,03	-100,00	6.840,84	27,39	35,95	0,00	6.840,84
BS-ATM	0,0581	0,0404	-3,80	46,87	-100,00	7.367,10	27,90	37,85	0,00	7.367,10
GC	0,0346	0,0300	0,35	20,24	-100,00	5.677,73	8,12	18,54	0,00	5.677,73
Misch2	0,0192	0,0157	-0,61	13,57	-99,84	5.414,48	5,45	12,44	0,00	5.414,48
Misch3	0,0187	0,0155	0,07	13,18	-99,97	5.135,87	5,17	12,13	0,00	5.135,87

Neben den Fehlermaßen über alle Datensätze hinweg ist insbesondere die Abhängigkeit der Fehler von den Faktoren Moneyness und Restlaufzeit von Interesse. Zu diesem Zweck werden Analysen mit dem MAE als Maß der absoluten „Modellverzerrung" und dem MPE als Indikator für die Richtung der Abweichung durchgeführt. Die Ausprägung beider Werte für die DAX Optionen bei einer Untergliederung der Transaktionen in die fünf Moneynessklassen zeigen die Diagramme in *Abbildung 5.14*.[598] Beim absoluten Fehler zeigen sich die relativ gesehen größten Fehler des BS- und BS-ATM-Modells für die weit aus- oder im-Geld notierenden Optionen. Hier ist der Einsatz der GC- und Mischungsverfahren zielführend und ermöglicht eine z. T. um den Faktor zehn verringerte Fehlbewertung (Klasse M1). Mit Zunahme der Moneyness nimmt auch in den komplexeren Modellen die Fehlerhöhe zu. Hierbei ist allerdings der i. d. R. ohnehin mit der Moneyness wachsende Wert von Optionen zu berücksichtigen. Einen weiteren Einfluss hat die hier gewählte Technik, alle Optionen eines Betrachtungsintervalls in die Optimierung einzubeziehen. Dadurch findet eine „natürliche Gewichtung" zu Gunsten der am meisten gehandelten Optionen statt – dieses sind gerade die am-Geld notierenden in der Klasse M3.[599] Hinsichtlich der relativen Fehler offenbart das untere Diagramm die größte Verzerrung, und zwar in Form einer Unterbewertung für die aus-dem-Geld notierenden Optionen in M1. Deren Preis wird z. B. im BS-Modell im Mittel zu 15 % unterschätzt. In verminderter Form gilt dieser Effekt auch für die Klasse M5; allein aufgrund des ohnehin höheren absoluten Optionswertes fällt die relative Unterbewertung geringer aus. Auch das GC-Modell und die Mischungsansätze sind nicht frei von Verzerrungen, die sich in Fehlbewertungen von bis zu ca. 3 % in Klasse M1 niederschlagen. Eine generelle Aussage im Hinblick auf Unter- oder Überbewertung lässt sich für die Modelle nicht ableiten.

Abbildung 5.15 zeigt eine analoge Darstellung mit Bezug auf die Restlaufzeit der Optionen. Eine klare Tendenz besteht hinsichtlich der mit der Restlaufzeit zunehmenden absoluten Fehlbewertung, wiederum als Folge eines mit der Restlaufzeit i. d. R. zunehmenden Optionswertes als solchem. Größere Unterschiede offenbaren sich speziell zwischen dem GC- und den Mischungsmodellen: Ersteres weist bereits in Klas-

---

598 Auf einen tabellarischen Ausweis der konkreten Werte zu diesen Unteranalysen wird hier zu Gunsten einer komprimierten grafischen Darstellung verzichtet.

599 Weiterhin sei darauf hingewiesen, dass die äußeren Klassen M1 bzw. M5 mit $M \in [-0{,}250; -0{,}075]$ bzw. $M \in (0{,}075; 0{,}250]$ breiter sind als die drei übrigen.

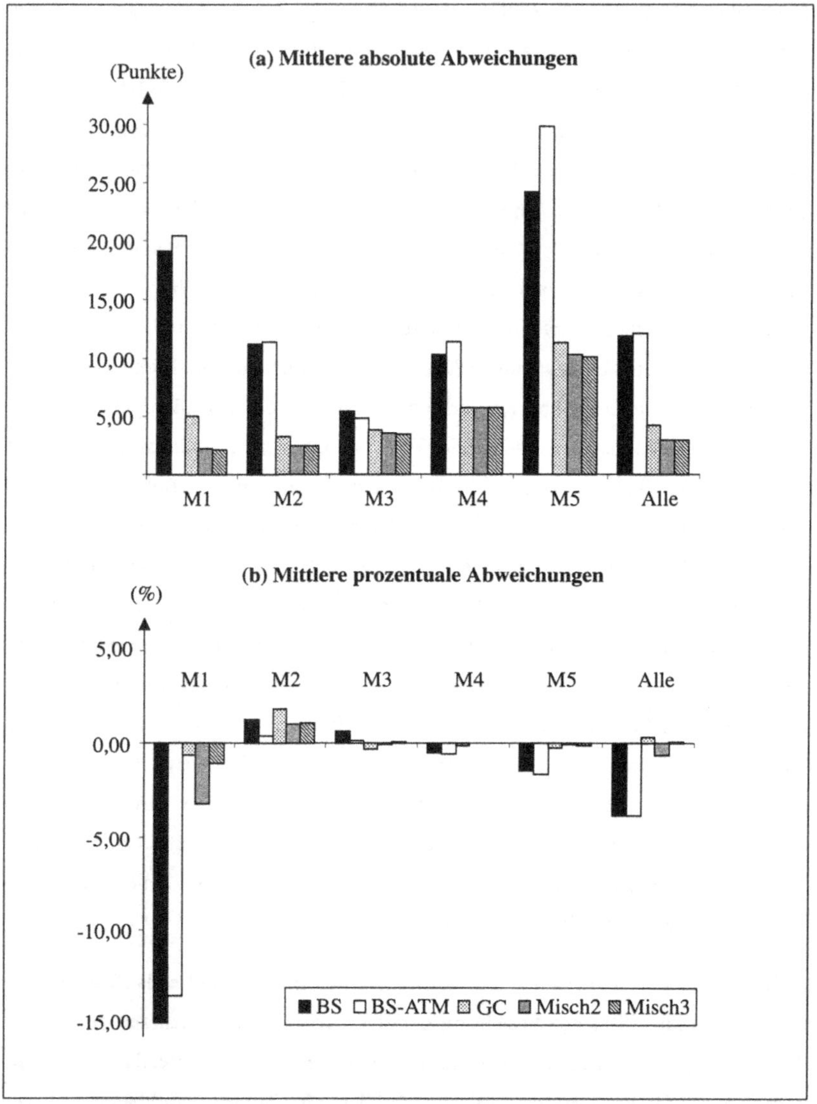

Abbildung 5.14. In-the-sample-Wertabweichungen der Modelle nach Moneynessklassen (I) – DAX-Optionen. Die Grafiken vergleichen die mittleren absoluten Abweichungen, MAE, sowie die mittleren prozentualen Abweichungen, MPE, verschiedener Optionspreismodelle im Rahmen einer *In-the-sample-Analyse* der DAX-Optionen anhand der Moneynessklassen (M1: weit aus-dem-Geld bis M5: weit im-Geld).

Quelle: Eigene Berechnung und Darstellung.

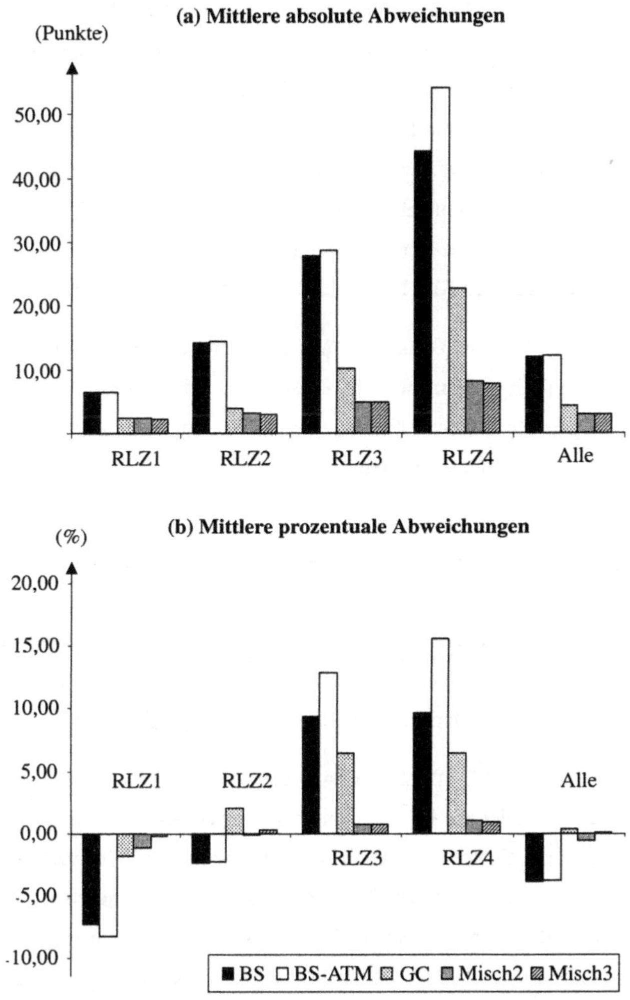

Abbildung 5.15. In-the-sample-Wertabweichungen der Modelle nach Restlaufzeitklassen (I) – DAX-Optionen. Die Grafiken vergleichen die mittleren absoluten Abweichungen, MAE, sowie die mittleren prozentualen Abweichungen, MPE, verschiedener Optionspreismodelle im Rahmen einer *In-the-sample-Analyse* der DAX-Optionen anhand der Restlaufzeitklassen (RLZ1: sehr kurz laufend bis RLZ4: lang laufend).

Quelle: Eigene Berechnung und Darstellung.

se RLZ3 einen doppelt so hohen Fehler wie die Mischungsverfahren auf. Dieser Effekt verstärkt sich für die Langläufer in RLZ4, bei denen das GC-Modell einen im Vergleich durchschnittlich dreimal höheren MAE aufweist. Bei Betrachtung der Richtung der Abweichungen anhand des MPE fällt für das BS- und BS-ATM-Modell die Umkehrung der Fehlbewertung mit der Restlaufzeit auf. Werden die Kurzläufer in RLZ1 und RLZ2 noch unterbewertet, treten in RLZ3 und RLZ4 Überbewertungen von bis zu 15 % auf. Speziell in diesen beiden Klassen wird auch die große Verbesserung der Anpassung durch den Einsatz der Mischungsmodelle evident, die Fehlbewertungen – ebenso wie in den Klassen RLZ1 und RLZ2 – bei unter 2 % zu halten.

Ergänzend lässt sich festhalten, dass der Unterschied zwischen den Modellen mit zwei und drei Mischungskernen gering ausfällt. Dieser Umstand, der aus *Tabelle 5.15* für die gesamte Datenbasis deutlich wird, überträgt sich auch auf die getrennt nach Moneyness und Restlaufzeit durchgeführte Untersuchung.

Aktienoptionen. Für den Bereich der Aktienoptionen liefert *Tabelle 5.16* eine Übersicht der sich im Rahmen der In-the-sample-Analyse ergebenden Fehlerwerte. Dabei wird auf die Angabe absoluter Maße – RMSE, ME und MAE – verzichtet, da die Optionen aufgrund verschiedener Basiswerte in ihrer Prämienhöhe titelspezifisch und damit in einer aggregierten Darstellung nicht sinnvoll vergleichbar sind.[600]

Die Werte für den RMSPE offenbaren zwar auch für die Gruppe der Aktienoptionen eine Verbesserung der Modellanpassung bei einer Höherparametrisierung, jedoch sind die Vorteile des GC-Modells und der Mischungsansätze hier im Vergleich zu den Indexoptionen wesentlich geringer. Der Preisbildungsmechanismus bei den Aktienoptionen kann offenbar durch flexiblere Verteilungsformen nur geringfügig besser als durch das originäre BLACK/SCHOLES-Modell erfasst werden. Zu berücksichtigen sind für die Aktienoptionen allerdings auch die mit je fünf Handelstagen vergleichsweise großen Zeitintervalle für die Modellkalibrierung.[601] Die prozentualen Modellfehler liegen im Mittel bei allen Modellen unter 0,80 %. Den im Mittel noch besseren Werten

---

600 Des Weiteren wird hier von einem detaillierten Ausweis der Fehlerwerte für die einzelnen Basiswerte abgesehen, da ein solcher für den In-the-sample-Bereich von untergeordneter Bedeutung ist.

601 Siehe Abschnitt 5.6.1.

aus den Mischungsmodellen sind allerdings für Zwecke der Interpretation die durchweg hohen Standardabweichungen gegenüberzustellen. Die Kenngröße MAPE verdeutlicht die Rangfolge der Modelle und die nur geringen Unterschiede im Hinblick auf die In-the-sample-Anpassung. Extremale Abweichungen der Modellwerte von den Marktpreisen nach unten und oben sind in allen Modellen gleichermaßen zu beobachten.

Tabelle 5.16
In-the-sample-Anpassung und -Modellgüte (II) – Aktienoptionen

Die Tabelle fasst die Ergebnisse der *In-the-sample-Analyse* zu den Aktienoptionen, summarisch für alle zehn Basiswerte, zusammen: Auf Basis von insgesamt 231.083 Datensätzen wurden jeweils 1.389 – für das BS-ATM-Modell lediglich 1.378 – Parametervektoren ermittelt, aus denen sich die modellspezifischen RMSPE ergeben. Des Weiteren sind die mittleren prozentualen und mittleren absoluten prozentualen (MPE und MAPE) Abweichungen zwischen Modellwerten und Marktpreisen ausgewiesen.

Auf die Angabe absoluter Maße (RMSE, ME und MAE) wird verzichtet, da die Optionen aufgrund verschiedener Basiswerte in ihrer Prämienhöhe titelspezifisch und damit in einer aggregierten Darstellung nicht sinnvoll vergleichbar sind.

Quelle: Eigene Berechnungen.

	RMSPE		MPE (in %)				MAPE (in %)			
Modell	Mittel	Std.	Mittel	Std.	Min.	Max.	Mittel	Std.	Min.	Max.
BS	0,0269	0,0122	-0,79	11,70	-100,00	766,25	6,43	9,81	0,00	766,25
BS-ATM	0,0289	0,0146	-0,48	12,52	-100,00	754,82	6,98	10,40	0,00	754,82
GC	0,0247	0,0119	0,49	9,79	-99,78	774,74	5,38	8,20	0,00	774,74
Misch2	0,0247	0,0117	0,22	9,92	-100,00	774,66	5,32	8,37	0,00	774,66
Misch3	0,0242	0,0113	0,31	9,56	-100,00	776,44	5,15	8,06	0,00	776,44

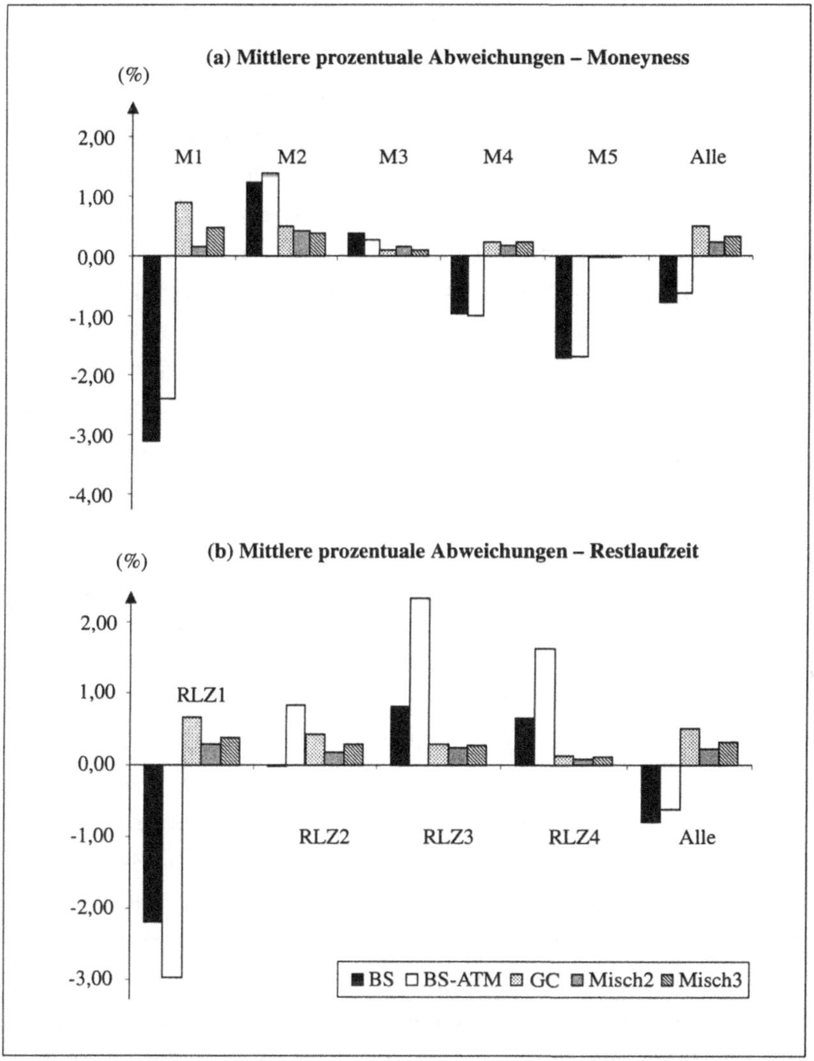

Abbildung 5.16. In-the-sample-Wertabweichungen der Modelle nach Moneyness- und Restlaufzeitklassen (II) – Aktienoptionen. Die Grafiken vergleichen die mittleren prozentualen Abweichungen, MPE, verschiedener Optionspreismodelle im Rahmen einer *In-the-sample-Analyse* der Aktienoptionen anhand der Moneyness- (M1: weit aus-dem-Geld bis M5: weit im-Geld) und Restlaufzeitklassen (RLZ1: sehr kurz laufend bis RLZ4: lang laufend). Auf einen summarischen Vergleich für alle zehn Basiswerte anhand mittlerer absoluter Abweichungen, MAE, wird aufgrund der titelspezifischen Prämienhöhe verzichtet.

Quelle: Eigene Berechnung und Darstellung.

Abbildung 5.16 vermittelt einen Eindruck der Moneyness- und Restlaufzeiteinflüsse auf die Fehlermaße. Die im oberen Diagramm dargestellte Abhängigkeit von der Moneyness zeigt insbesondere das schlechte Abschneiden des BS-Modells bei weit aus- und im-Geld notierenden Aktienoptionen. Die drei übrigen Modelle offenbaren ihre Flexibilität insbesondere bei Zunahme der Moneyness – in Klasse M5 ermöglichen GC-, Misch2- und Misch3-Modell eine nahezu perfekte Anpassung an die Daten. Festzuhalten ist darüber hinaus die generelle im Mittel auftretende Überbewertung der Optionen durch diese Modelle. Die Aufschlüsselung der relativen Modellfehler nach Restlaufzeitklassen im unteren Diagramm zeigt insbesondere die schlechte Verträglichkeit des BS-Modells mit den Kurzläufern aus RLZ1, die im Mittel mehr als 2 % unterbewertet werden. Des Weiteren fällt auch hier die durchgehende Überbewertung der Optionen durch die komplexeren Modelle auf, auch wenn sich diese mit z. T. unter 0,1 % auf sehr niedrigem und damit ökonomisch kaum relevantem Niveau bewegt.

Euro-Bund-Future-Optionen. Bei abschließender Betrachtung der Gruppe der Euro-Bund-Future-Optionen und der zugehörigen Statistik in *Tabelle 5.17* sind sehr nahe beieinander liegende Werte für die mittleren RMSE festzustellen – speziell die drei alternativ zum BS- und BS-ATM-Modell untersuchten Ansätze liefern bei vergleichbarer Standardabweichung nahezu identische Werte. Diese Erkenntnis wird auch von den mittleren und mittleren absoluten Modellfehlern bestätigt. Insbesondere die Größenordnung der Abweichungen in allen fünf Modellen zeigt, dass die absolute Fehlerhöhe im Bereich von 0,01 bis 0,03 Punkten und somit sehr nahe an der Minimum-Ticksize von 0,01 Punkten liegt. Die relativen Maße offenbaren eine Unterbewertung der Euro-Bund-Future-Optionen durch das BS- und BS-ATM-Modell sowie eine leichte Überbewertung aufseiten der anderen drei, untereinander von den Werten sehr ähnlichen Modellen. Die über den MAPE gegebene betragsmäßige relative Abweichung kann durch diese relativ zum BS- und BS-ATM-Fall im Mittel um mehr als 50 % reduziert werden.

Tabelle 5.17
In-the-sample-Anpassung und -Modellgüte (III) – Euro-Bund-Future-Optionen

Die Tabelle fasst die Ergebnisse der *In-the-sample-Analyse* zu den Euro-Bund-Future-Optionen zusammen: Auf Basis von 112.860 Datensätzen wurden 664 Parametervektoren ermittelt, aus denen sich die modellspezifischen RMSE und RMSPE ergeben. Des Weiteren sind die mittleren und mittleren absoluten (ME und MAE) sowie die mittleren prozentualen und mittleren absoluten prozentualen (MPE und MAPE) Abweichungen zwischen Modellwerten und Marktpreisen ausgewiesen.

Quelle: Eigene Berechnungen.

	RMSE		ME				MAE			
Modell	Mittel	Std.	Mittel	Std.	Min.	Max.	Mittel	Std.	Min.	Max.
BS	0,0183	0,0108	-0,0022	0,0405	-1,3748	0,9045	0,0265	0,0307	0,0000	1,3748
BS-ATM	0,0291	0,0170	-0,0063	0,0407	-1,4015	0,8554	0,0267	0,0314	0,0000	1,4015
GC	0,0142	0,0094	-0,0001	0,0291	-1,4412	0,8862	0,0148	0,0251	0,0000	1,4412
Misch2	0,0141	0,0093	-0,0001	0,0289	-1,4404	0,8580	0,0147	0,0248	0,0000	1,4404
Misch3	0,0140	0,0091	0,0000	0,0284	-1,4160	0,8656	0,0145	0,0244	0,0000	1,4160
	RMSPE		MPE (in %)				MAPE (in %)			
Modell	Mittel	Std.	Mittel	Std.	Min.	Max.	Mittel	Std.	Min.	Max.
BS	0,0334	0,0158	-1,20	13,78	-99,44	311,90	8,84	10,63	0,00	311,90
BS-ATM	0,0338	0,0160	-2,42	13,82	-99,50	294,96	8,92	10,83	0,00	294,96
GC	0,0218	0,0117	0,36	6,95	-96,45	305,59	4,01	5,69	0,00	305,59
Misch2	0,0217	0,0115	0,35	6,84	-86,88	295,86	3,97	5,58	0,00	295,86
Misch3	0,0214	0,0115	0,35	6,78	-73,88	298,50	3,92	5,54	0,00	298,50

Differenziert nach der Moneyness deckt *Abbildung 5.17* den relativ gesehen größten Unterschied zwischen BS- und BS-ATM-Modell bei weit aus-dem-Geld notierenden Optionen auf, deren Fehlbewertung ca. viermal so hoch ausfällt wie bei den zum Vergleich herangezogenen drei Modellen. Im Bereich der mittleren Moneynessklasse M3 zeigen sich nur geringe Unterschiede zwischen allen fünf Bewertungsalternativen, wohingegen die Differenz bei den im-Geld befindlichen Optionen wieder zunimmt. Speziell bei sehr hoher Moneyness kommen auch die Unterschiede zwischen GC-, Misch2- und Misch3-Modell zum Tragen, die in dieser Reihenfolge absteigende mittlere Fehlbewertungen induzieren. Mit Ausnahme der Klasse M1 zeigen alle fünf Ansätze mittlere relative Fehler von unter 2 %. Während für die BS- und BS-ATM-Modellierung keine eindeutige Tendenz der Fehlbewertung zu erkennen ist, nimmt in den anderen drei Fällen die mittlere Überbewertung mit Erhöhung der Moneyness ab und wird bei weit im-Geld notierenden Optionen leicht negativ. Vom Standpunkt der Restlaufzeit beurteilt zeigt *Abbildung 5.18* ähnliche Charakteristika wie in den beiden anderen Analysegruppen: Lang laufende Optionen mit tendenziell höherem Wert werden absolut gesehen stärker fehlbewertet. In den Klassen RLZ2 und RLZ3 lässt sich über die alternativ zum BS- bzw. BS-ATM-Referenzmodell eingesetzten Methoden nahezu eine Halbierung der mittleren absoluten Fehlbewertung erreichen. Die relativen Werte zeigen interessanterweise eine durchgehende Unterbewertung der Euro-Bund-Future-Optionen auf Basis des BS- und BS-ATM-Modells sowie eine Überbewertung aufseiten der drei komplexeren Ansätze; der mittlere relative Fehler liegt bei Letzteren allerdings in allen Fällen unter 0,5 %.

Nach dieser umfassenden Untersuchung der impliziten Verteilungen und der durch diese bedingten In-the-sample-Abweichungen zwischen Modellwerten und Marktpreisen ist es Gegenstand des nächsten Testmoduls, diesen Vergleich anhand einer Untersuchung der Prognosefähigkeit fortzuführen.

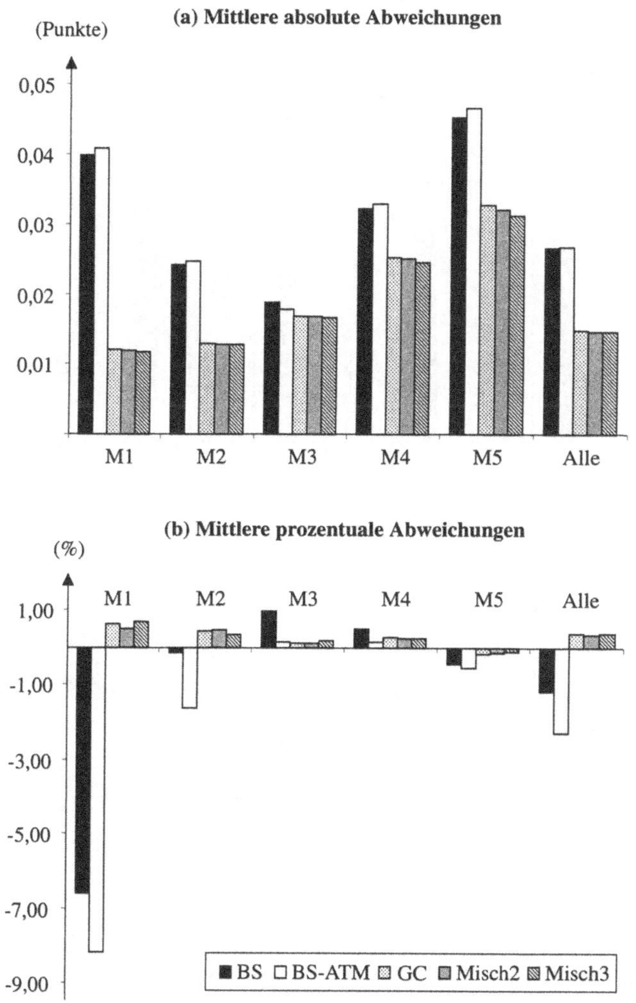

Abbildung 5.17. In-the-sample-Wertabweichungen der Modelle nach Moneynessklassen (III) – Euro-Bund-Future-Optionen. Die Grafiken vergleichen die mittleren absoluten Abweichungen, MAE, sowie die mittleren prozentualen Abweichungen, MPE, verschiedener Optionspreismodelle im Rahmen einer *In-the-sample-Analyse* der Euro-Bund-Future-Optionen anhand der Moneynessklassen (M1: weit aus-dem-Geld bis M5: weit im-Geld).

Quelle: Eigene Berechnung und Darstellung.

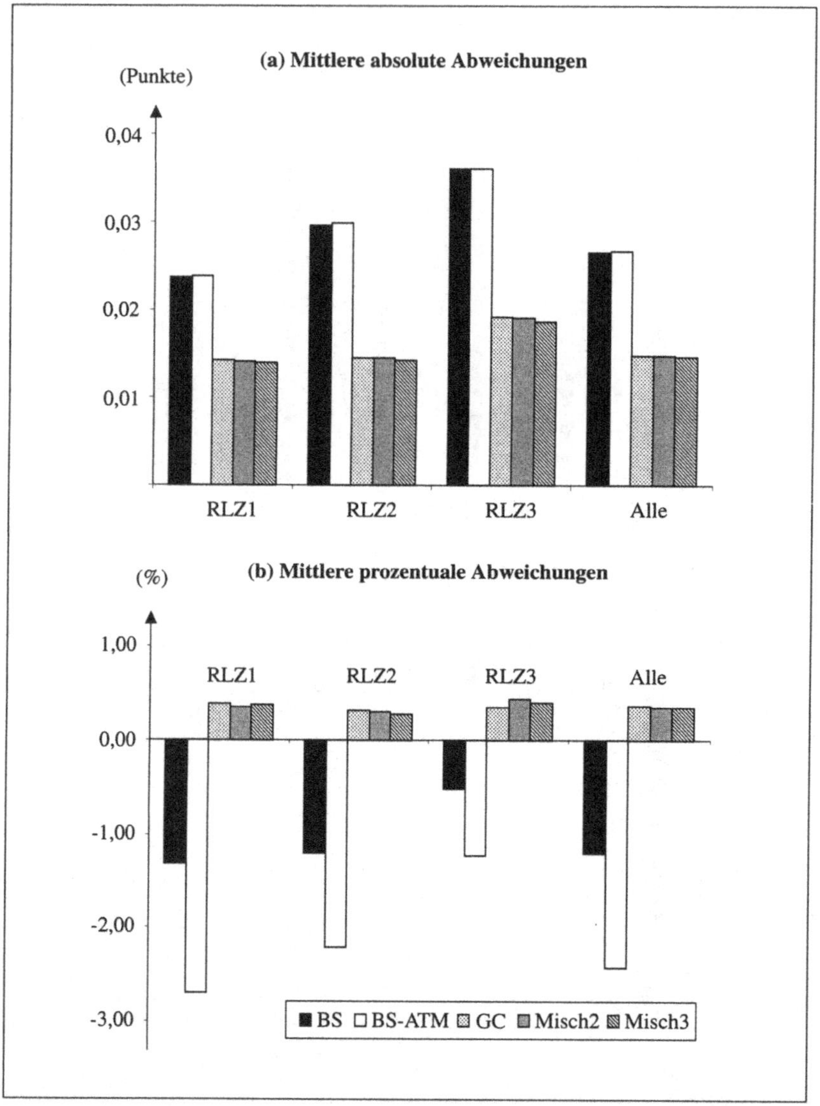

Abbildung 5.18. In-the-sample-Wertabweichungen der Modelle nach Restlaufzeitklassen (III) – Euro-Bund-Future-Optionen. Die Grafiken vergleichen die mittleren absoluten Abweichungen, MAE, sowie die mittleren prozentualen Abweichungen, MPE, verschiedener Optionspreismodelle im Rahmen einer *In-the-sample-Analyse* der Euro-Bund-Future-Optionen anhand der Restlaufzeitklassen (RLZ1: kurz laufend bis RLZ3: lang laufend).

Quelle: Eigene Berechnung und Darstellung.

5.7 Testmodul II: Out-of-the-sample-Modellgüte

5.7.1 Untersuchungsdesign

Nach der im vorigen Kapitel dokumentierten Ermittlung impliziter Parametervektoren und der Analyse der zugehörigen Verteilungen stellt sich die Frage, inwieweit auf diese Weise kalibrierte Modelle für die Prognose von Optionspreisen eingesetzt werden können.[602] Ausgehend von der Prämisse, dass eine implizit ermittelte Verteilung zumindest kurzfristig konstant ist, wird eine Prognose für ein Ein-Tagesintervall – bei Aktienoptionen für ein Fünf-Tagesintervall – durchgeführt.[603] Mit den konstant gehaltenen Verteilungsparametern einer Periode werden Modellwerte der jeweils nächsten Periode ermittelt; diese Verschiebung des Kalibrierungs- und Prognosezeitraumes um je ein Intervall wird auch als *Sliding Window Technique*[604] bezeichnet. Es gilt zu beachten, dass die Prognosen jeweils restlaufzeitadäquat erfolgen: Im Rahmen der In-the-sample-Analysen wurden individuell für jeden Verfalltermin implizite Verteilungen berechnet. Eben diese kommen für Prognosen zu Optionen mit identischem Verfalltermin zum Einsatz. Das Vorgehen bei der Sliding-Window-Technik wird in *Abbildung 5.19* illustriert. Hinsichtlich des Rechenaufwandes ist festzustellen, dass zwar die im vorigen Abschnitt durchgeführte Bestimmung der impliziten Parameter sehr rechenintensiv ausfällt, die Anwendung zur Prognose aber unmittelbar möglich ist. Die geschlossenen Bewertungsformeln erlauben eine unmittelbare Berechnung modellindividueller Optionswerte.

Wie bereits im Rahmen der Diskussion um den Begriff der Markteffizienz in Kapitel 3, Abschnitt 3.4.1 ausgeführt, liegt bei einer Untersuchung wie der vorliegenden ein Multi-Hypothesen-Problem vor. Im Rahmen der empirischen Modellevaluation wird stets die verbundene Hypothese auf

---

[602] Zu Out-of-the-sample-Analysen im Rahmen der Optionsbewertung siehe auch BAKSHI/CAO/CHEN (1997), S. 2026 ff.

[603] Wie in Abschnitt 5.6.1 ausgeführt, werden bei der Modellkalibrierung für die Aktienoptionen aufgrund des vergleichsweise illiquiden Handels je fünf Handelstage zu einem Intervall zusammengefasst. Für die Prognose werden demnach ebenfalls fünf Handelstage umfassende Zeiträume verwendet.

[604] Der Begriff findet sich etwa bei LEHAR/SCHEICHER/SCHITTENKOPF (2002), S. 327.

1. Gültigkeit des Modells

2. Korrekte Parameterspezifikation

3. Markteffizienz

4. Marktsynchronität und

5. Datengenauigkeit

untersucht.[605] Hinsichtlich des vierten Punktes besteht im vorliegenden Fall mit der Verwendung aller verfügbaren Intraday-Daten und einer nahezu sekundengenauen Zuordnung zwischen Termin- und Kassamarkt quasi eine perfekte Marktsynchronität. Der zweite und fünfte Aspekt kann ebenfalls als erfüllt angesehen werden, sofern die Auswahl der zugeordneten Parameter als modelladäquat angesehen wird: So ist z. B. die Frage, welcher Zinssatz der Modellforderung am nächsten kommt, nicht eindeutig zu beantworten, jedoch dürfte der hier eingesetzte Geldmarktzinssatz dem Anforderungsprofil ziemlich nahe kommen. Danach verbleibt vor allem – unvermeidlich – die verbundene Hypothese der Gültigkeit eines Modells bei gleichzeitigem Vorliegen von Markteffizienz. Trotz eines korrekt spezifizierten „richtigen“ Modells kann dieses im Einsatz aufgrund von Marktunvollständigkeiten oder irrational handelnden Teilnehmern schlechte Ergebnisse liefern. Die Ursache hierfür lässt sich ohne weiteres nicht ermitteln; entweder werden

- die Güter auf dem betrachteten Markt durch das getestete Modell falsch bewertet *oder*
- der Markt ordnet den Gütern einen von der Theorie her betrachtet „falschen“ Preis zu *oder*
- beide Effekte treten gemeinsam auf.

Ergänzend sei angemerkt, dass trotz bestmöglichen Einsatzes aller verfügbaren Datenquellen eine Vielzahl von Modellprämissen als nicht erfüllt angesehen werden muss:

[605] Vgl. z. B. TRAUTMANN (1986a), S. 7-5 sowie CAMPBELL/LO/MACKINLEY (1997), S. 24 f. und HULL (2003), S. 448. Siehe zudem GREEN/FIGLEWSKI (1999), S. 1466 f., die sich mit der Quantifizierung der Einflüsse der einzelnen Faktoren beschäftigen.

Dies betrifft z. B. die Forderung nach einem stetigen Handel und die Abstraktion von Transaktionskosten. In diesem Zusammenhang zitiert TRAUTMANN (1986a) MILTON FRIEDMAN dahingehend, dass die Gültigkeit und die Qualität eines Modells nicht an dessen Realitätsgehalt, sondern an seiner Fähigkeit zur Prognose gemessen werden sollte.[606] Demgegenüber lässt sich allerdings kritisch argumentieren, dass gerade die Einhaltung der Modellannahmen essentiell für einen (langfristig) erfolgreichen Einsatz und insbesondere für einen empirischen Test von Modellen ist.[607]

Nachstehend werden die Ergebnisse der für die drei Optionsgruppen durchgeführten Prognosen dokumentiert. Dabei liefert *Abschnitt 5.7.2.1* zunächst eine summarische deskriptive Abweichungsanalyse analog zum In-the-sample-Modul. Ergänzend werden einige Aspekte der Prognose, vorwiegend regressionsbasiert, in *Abschnitt 5.7.2.2* einer Detailanalyse unterzogen.

---

[606] Vgl. TRAUTMANN (1986a), S. 7-52, ohne Nachweis der Originalquelle.

[607] Vgl. hierzu im Kontext der Optionsbewertung FORTUNE (1996), S. 24: „[...] no theory derived from invalid assumptions can be valid. Even if it appears to have predictive abilities, those can slip away quickly when changes in the environment make the invalid assumptions more pivotal.“

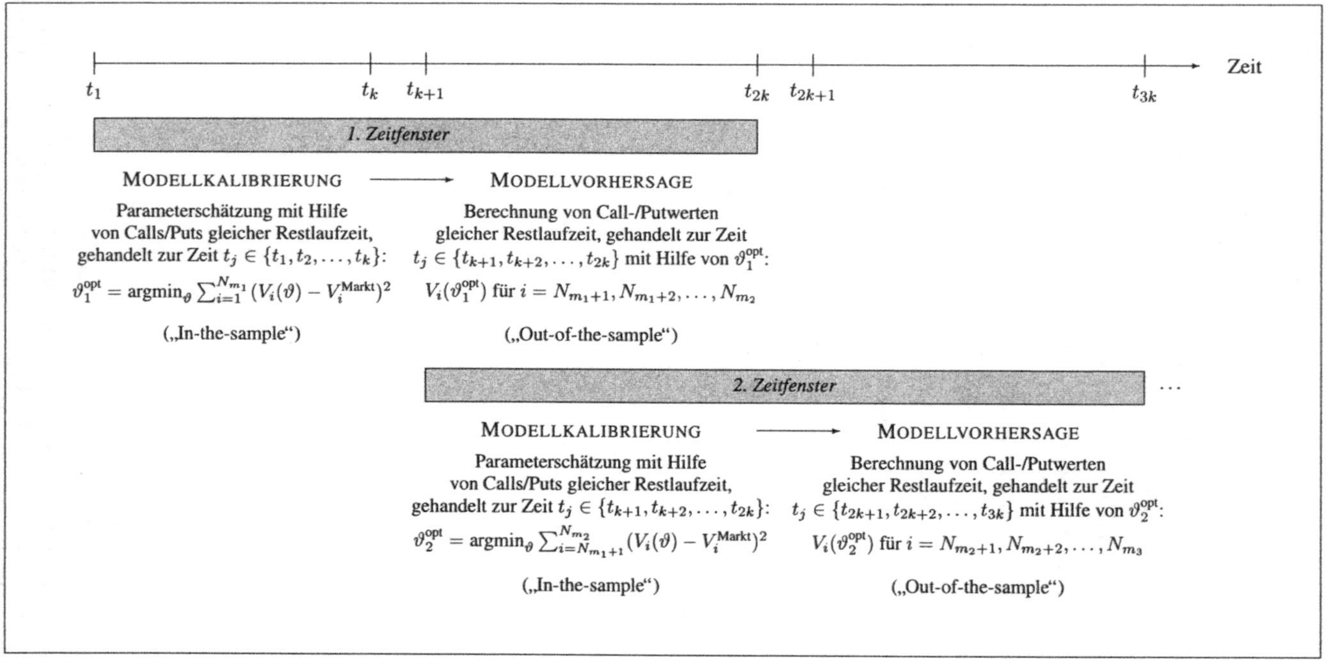

Abbildung 5.19. „Sliding-Windows"-Technik zu In-the-sample- und Out-of-the-sample-Analysen.

Quelle: Eigene Darstellung.

5.7.2 Ergebnisse

5.7.2.1 Abweichungsanalyse

DAX-Optionen. Beginnend mit den DAX-Optionen zeigt *Tabelle 5.18* zunächst in einer analog zum In-the-sample-Fall gestalteten zusammenfassenden Übersicht, wie absolute und relative Abweichungsmaße bei der Ein-Tages-Prognose der Modelle ausfallen. Wie zu erwarten sind die mittleren Verzerrungen im Vergleich zur In-the-sample-Anpassung größer – bei vergleichbarer Anzahl an untersuchten Datensätzen (ca. 1,18 Mio. in beiden Fällen). Der mittlere Fehler ME gibt Auskunft darüber, dass die Richtung der durchschnittlichen, in Punkten gemessenen Abweichungen übereinstimmt und lediglich betragsmäßig zunimmt. Wie bei allen Abweichungsmaßen geht dieser Effekt insbesondere bei GC-, Misch2- und Misch3-Modell mit einer beträchtlichen Erhöhung der Standardabweichung einher. Der MAE als Indikator für die unsaldierten absoluten Abweichungen zeigt aber auch, dass bei der Prognose die besten Ergebnisse mit den Mischungsmodellen erzielt werden – diese erreichen relativ zum BS- und BS-ATM eine Reduktion des MAE um durchschnittlich mehr als 40 %, begleitet von einer um ca. 30 % herabgesetzten Standardabweichung. Bei Betrachtung der relativen Abweichungsmaße zeigen sich vergleichbare Ergebnisse: Obwohl kein expliziter Bestandteil der Optimierungsvorschrift im In-the-sample-Fall, sprechen auch die relativen Fehler zu Gunsten der komplexeren Modelle. Der MAPE als Kennzahl der betragsmäßigen relativen Abweichung der Marktpreise von ihren prognostizierten Werten fällt für die Mischungsmodelle im Vergleich zum BS- und BS-ATM-Referenzfall um mehr als 60 % geringer aus, wobei auch die Standardabweichung mehr als halbiert wird.

Die Aufspaltung von MAE und MPE nach Moneynessklassen ist Gegenstand von *Abbildung 5.20*.[608] Diese offenbart eine sehr ähnliche Struktur wie im In-the-sample-Fall, wobei allerdings bei den absoluten Abweichungen in allen Moneynessklassen – wie bereits für die Gesamtstichprobe aus *Tabelle 5.18* ersichtlich – der mittlere „Vorsprung" der komplexeren GC-, Misch2- und Misch3-Modelle geringer ausfällt. Auch der im unteren Diagramm dargestellte relative Fehler ist kaum vom Bild bei Kalibrierung der

608 Auf tabellarische Übersichten wird wiederum zu Gunsten komprimierter grafischer Darstellungen verzichtet.

Modelle zu unterscheiden. Offenbar besteht demnach ein im Mittel zeitlich zumindest kurzfristig konstantes „Bewertungsmuster" am Markt, das sehr gute Prognosen gestattet. Die nach Restlaufzeit differenzierten MAE und MPE in *Abbildung 5.21* bestätigen eben dies, wobei ergänzend auch auf die im Prognosefall weniger deutlichen Unterschiede zwischen dem GC-Modell auf der einen und den Mischungsmodellen auf der anderen Seite hingewiesen werden muss. Innerhalb der Mischungsmodelle mit zwei oder drei Komponenten sind in allen Querschnittsanalysen im Mittel nur marginale Unterschiede festzustellen.

Aktienoptionen. In der summarisch für alle zehn Basiswerte gestalteten Abweichungsübersicht in *Tabelle 5.19* werden, wiederum in Anbetracht der basistitelspezifischen Höhe der Optionsprämien nur für die relativen Abweichungen, die Resultate der Prognose für die Aktienoptionen zusammengestellt. Im Vergleich zu den DAX- und Euro-Bund-Future-Optionen sind die Ergebnisse, basierend auf ca. 210.000 protokollierten Transaktionen in Aktienoptionen, vor dem Hintergrund des hier fünf Handelstage umfassenden Prognoseintervalls zu beurteilen. Die Richtung der mittleren relativen Abweichung, repräsentiert durch die Größe MPE, lässt keine allgemein gültige Aussage zu; insbesondere kehren sich im Mittel die Vorzeichen der Fehlbewertung im Vergleich zur In-the-sample-Analyse bei einigen Modellen um. Erwähnenswert ist das sehr viel heterogenere Bild bei den maximalen relativen Prognosefehlern. Lagen diese im vorigen Modul noch sehr nahe beieinander, sind bei der Voraussage deutliche Unterschiede festzustellen, die insbesondere zu Gunsten der beiden Mischungsmodelle sprechen, deren maximale Abweichungen um immerhin mehr als 150 € geringer ausfallen als beim BS- und GC-Modell. Das BS-ATM-Modell mit einer „Konzentration" auf am-Geld notierende Optionen weist die höchsten maximalen Prognosefehler auf. Daneben zeigt der MAPE für alle Modelle eine im Mittel deutliche „Verzerrung", die sich – aggregiert über alle zehn Basiswerte – im Fall des GC-Ansatzes und der Mischungsmodelle im Bereich von ca. 9 % und damit leicht unter den Werten für BS- und BS-ATM mit ca. 10 % bewegt.

Tabelle 5.18

Out-of-the-sample-Anpassung und -Modellgüte (I) – DAX-Optionen

Die Tabelle fasst die Ergebnisse der *Out-of-the-sample-Analyse* zu den DAX-Optionen zusammen: Auf Basis von 2.630 Ein-Tages-Prognosen werden die Werte für 1.178.789 Optionstransaktionen ihren realen Marktpreisen gegenübergestellt, woraus sich die modellspezifischen RMSE und RMSPE ergeben. Des Weiteren sind die mittleren und mittleren absoluten (ME und MAE) sowie die mittleren prozentualen und mittleren absoluten prozentualen (MPE und MAPE) Abweichungen zwischen Modellwerten und Marktpreisen ausgewiesen.

Quelle: Eigene Berechnungen.

	RMSE		ME				MAE			
Modell	Mittel	Std.	Mittel	Std.	Min.	Max.	Mittel	Std.	Min.	Max.
BS	0,5911	0,6185	-1,99	21,26	-1.205,65	797,64	13,10	16,87	0,00	1.205,65
BS-ATM	0,5911	0,6253	-1,51	20,86	-1.183,99	426,23	13,21	16,22	0,00	1.183,99
GC	0,4137	0,4909	-0,04	14,41	-1.162,59	784,17	6,64	12,78	0,00	1.162,59
Misch2	0,3187	0,3717	-0,75	13,13	-1.160,66	726,52	5,83	11,79	0,00	1.160,66
Misch3	0,3200	0,3740	-0,74	13,11	-1.160,64	718,47	5,80	11,78	0,00	1.160,64
	RMSPE		MPE (in %)				MAPE (in %)			
Modell	Mittel	Std.	Mittel	Std.	Min.	Max.	Mittel	Std.	Min.	Max.
BS	0,0585	0,0439	-3,41	48,15	-100,00	7.562,20	28,80	38,74	0,00	7.562,20
BS-ATM	0,0606	0,0467	-3,38	48,98	-100,00	7.562,71	29,22	39,45	0,00	7.562,71
GC	0,0382	0,0356	0,95	24,38	-100,00	6.074,09	12,15	21,16	0,00	6.074,09
Misch2	0,0251	0,0227	-1,34	18,54	-99,92	5.811,63	10,08	15,62	0,00	5.811,63
Misch3	0,0253	0,0229	-0,61	18,44	-100,00	5.808,42	9,81	15,62	0,00	5.808,42

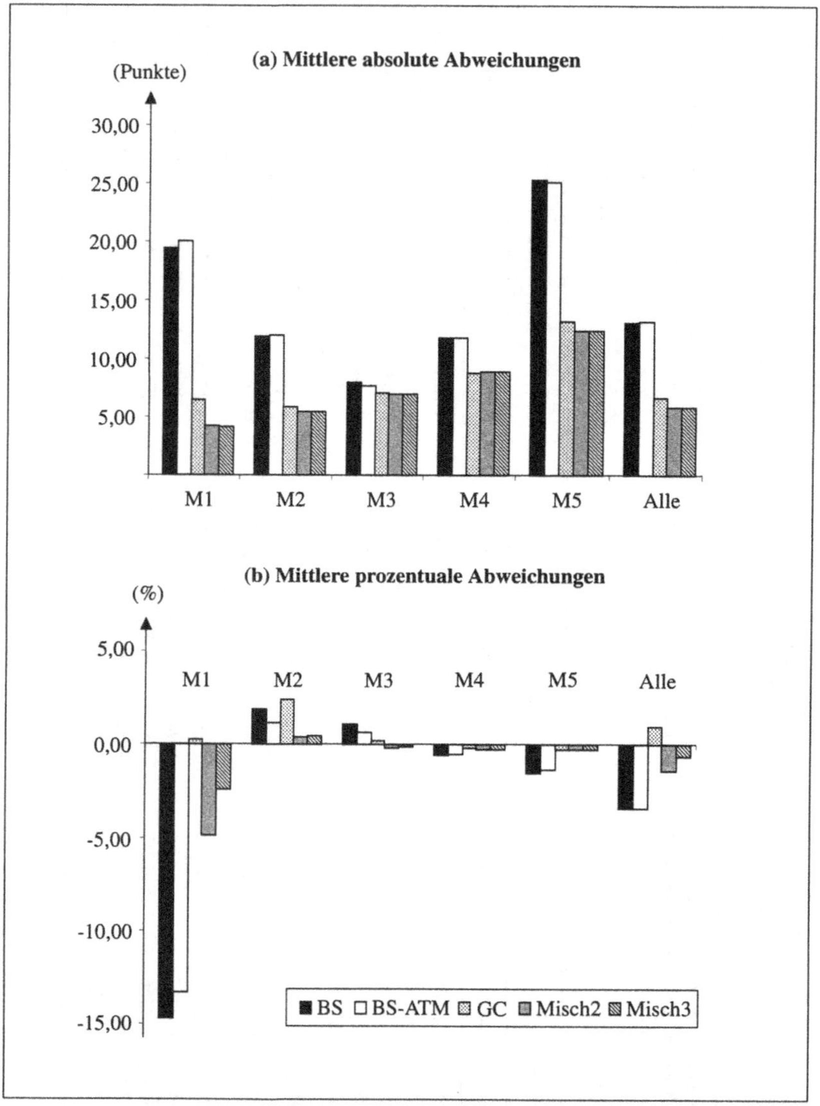

Abbildung 5.20. Out-of-the-sample-Wertabweichungen der Modelle nach Moneynessklassen (I) – DAX-Optionen. Die Grafiken vergleichen die mittleren absoluten Abweichungen, MAE, sowie die mittleren prozentualen Abweichungen, MPE, verschiedener Optionspreismodelle im Rahmen einer *Out-of-the-sample-Analyse* der DAX-Optionen anhand der Moneynessklassen (M1: weit aus-dem-Geld bis M5: weit im-Geld).

Quelle: Eigene Berechnung und Darstellung.

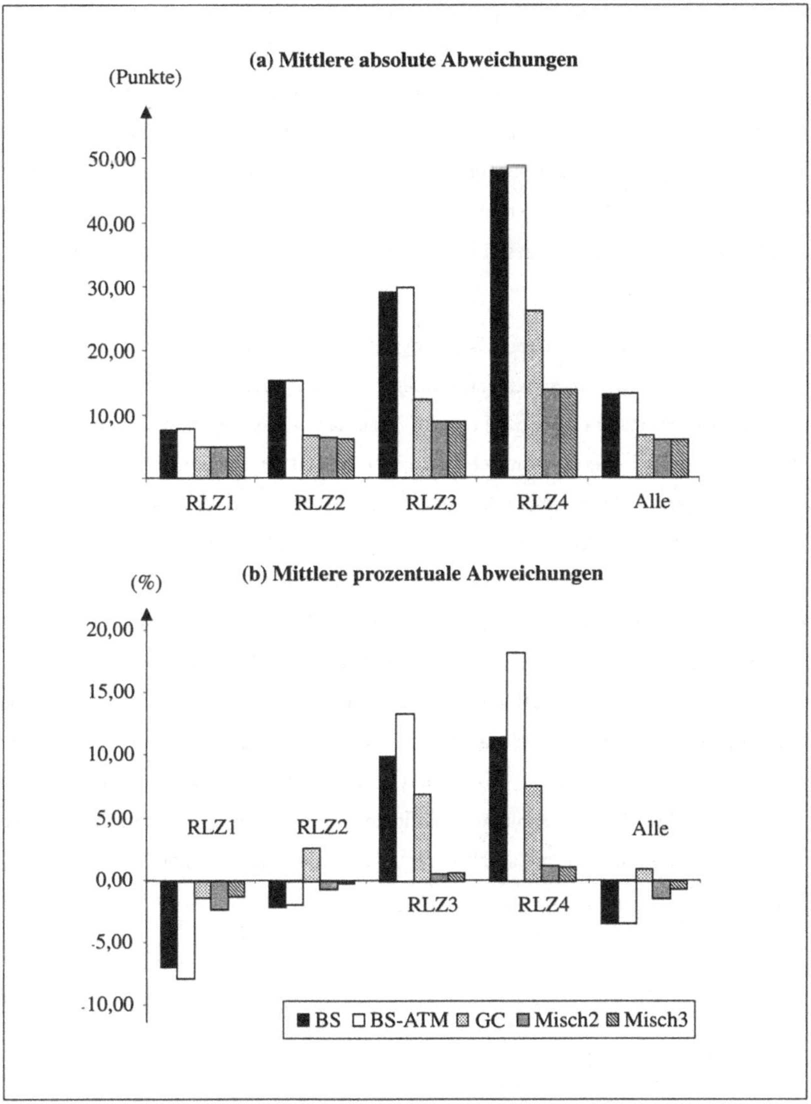

Abbildung 5.21. Out-of-the-sample-Wertabweichungen der Modelle nach Restlaufzeitklassen (I) – DAX-Optionen. Die Grafiken vergleichen die mittleren absoluten Abweichungen, MAE, sowie die mittleren prozentualen Abweichungen, MPE, verschiedener Optionspreismodelle im Rahmen einer *Out-of-the-sample-Analyse* der DAX-Optionen anhand der Restlaufzeitklassen (RLZ1: sehr kurz laufend bis RLZ4: lang laufend).

Quelle: Eigene Berechnung und Darstellung.

Mit *Abbildung 5.22* wird die Differenzierung der Ergebnisse der gesamten Stichprobe nach Moneyness und Restlaufzeit dokumentiert: Auch hier offenbart sich ein äußerst heterogenes Bild, das insbesondere bei der Unterscheidung nach der Moneyness der Optionen für die mittlere relative Abweichung dem GC-Modell durchweg die beste, d. h. am wenigsten verzerrte, Prognose attestiert. Diese Beobachtung lässt sich z. T. auf die Restlaufzeitdifferenzierung übertragen, auch wenn z. B. das Misch3-Modell speziell in den Restlaufzeitklassen RLZ3 und RLZ4 zu besseren Ergebnissen führt.

Euro-Bund-Future-Optionen. Die Prognosefähigkeit der Modelle in der Gruppe der Euro-Bund-Future-Optionen zeigt *Tabelle 5.20* in aggregierter Form. Als generelle Beobachtung im Rahmen der ca. 110.000 Voraussagen lassen sich, wie auch schon im In-the-sample-Fall, die ökonomisch betrachtet äußerst geringen Abweichungen zwischen prognostizierten Werten und realen Transaktionspreisen – und zwar für alle fünf Modelle – festhalten. Wie auch bei den DAX- und Aktienoptionen fallen die mittleren Fehler und deren Standardfehler bei der Voraussage höher aus, wobei sich für GC-, Misch2- und Misch3-Modell anhand der Maße MAE und MAPE relativ zum BS-/BS-ATM-Ansatz eine geringere Verbesserung einstellt. Beträgt etwa der „Vorsprung“ beim MAPE In-the-sample noch ca. 50 %, ist bei der Prognose eine Reduktion der Fehlbewertung um nur noch ca. 30 % erreichbar. Bei der Aufstellung von definitiven „Rangfolgen“ der Modelle – so rangiert etwa das GC-Modell bei MAE und MAPE im Mittel vor den Mischungsansätzen – sollte man in Anbetracht nur geringer absoluter Unterschiede und hoher Standardabweichungen in den Fehlermaßen Vorsicht walten lassen.

Tabelle 5.19

Out-of-the-sample-Anpassung und -Modellgüte (II) – Aktienoptionen

Die Tabelle fasst die Ergebnisse der *Out-of-the-sample-Analyse* zu den Aktienoptionen, summarisch für alle zehn Basiswerte, zusammen: Auf Basis von 1.285 Fünf-Tages-Prognosen – 1.275 beim BS-ATM-Modell – werden die Werte für 208.773 Optionstransaktionen ihren realen Marktpreisen gegenübergestellt, woraus sich die modellspezifischen RMSPE ergeben. Des Weiteren sind die mittleren prozentualen und mittleren absoluten prozentualen (MPE und MAPE) Abweichungen zwischen Modellwerten und Marktpreisen ausgewiesen.

Auf die Angabe absoluter Maße (RMSE, ME und MAE) wird verzichtet, da die Optionen aufgrund verschiedener Basiswerte in ihrer Prämienhöhe titelspezifisch und damit in einer aggregierten Darstellung nicht sinnvoll vergleichbar sind.

Quelle: Eigene Berechnungen.

	RMSPE		MPE (in %)				MAPE (in %)			
Modell	Mittel	Std.	Mittel	Std.	Min.	Max.	Mittel	Std.	Min.	Max.
BS	0,0323	0,0153	-1,41	16,21	-100,00	745,05	10,09	12,76	0,00	745,05
BS-ATM	0,0337	0,0173	-0,95	16,71	-100,00	733,18	10,50	13,04	0,00	733,18
GC	0,0309	0,0146	-0,32	14,90	-100,00	747,32	9,34	11,61	0,00	747,32
Misch2	0,0312	0,0156	-1,14	14,26	-100,00	580,42	9,00	11,12	0,00	580,42
Misch3	0,0307	0,0146	-1,77	14,28	-100,00	575,42	8,95	11,27	0,00	575,42

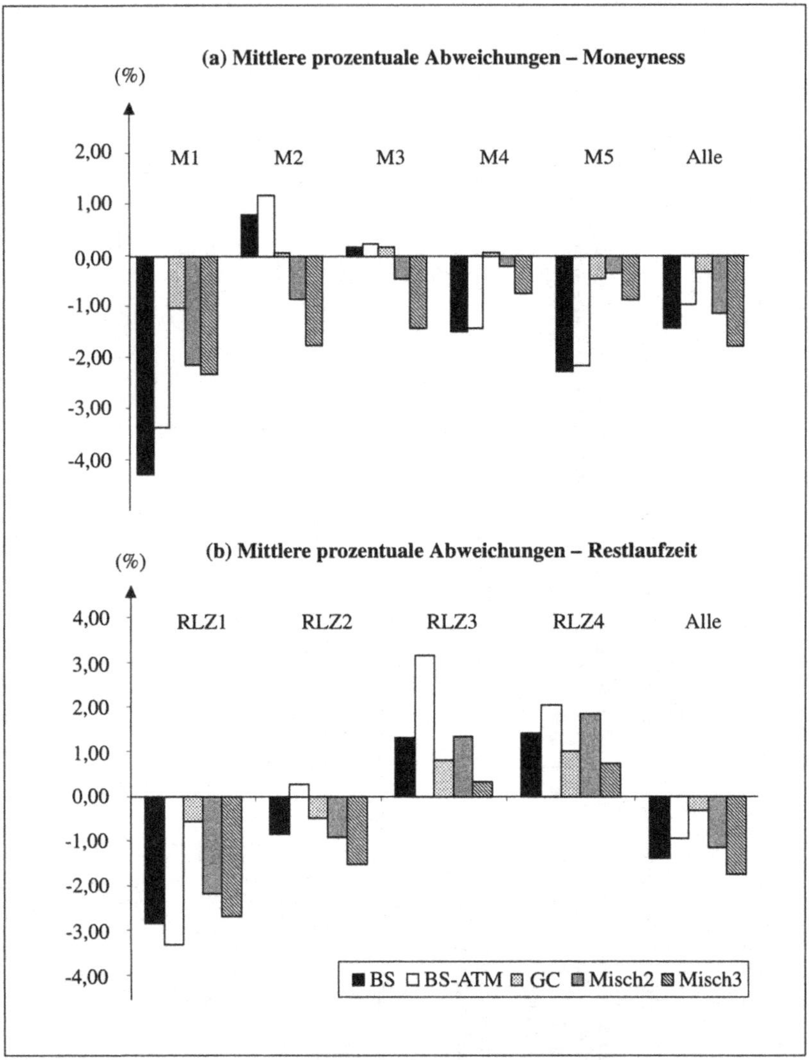

Abbildung 5.22. Out-of-the-sample-Wertabweichungen der Modelle nach Moneyness- und Restlaufzeitklassen (II) – Aktienoptionen. Die Grafiken vergleichen die mittleren prozentualen Abweichungen, MPE, verschiedener Optionspreismodelle im Rahmen einer *Out-of-the-sample-Analyse* der Aktienoptionen anhand der eingeführten Moneyness- (M1: weit aus-dem-Geld bis M5: weit im-Geld) und Restlaufzeitklassen (RLZ1: sehr kurz laufend bis RLZ4: lang laufend). Auf einen summarischen Vergleich für alle zehn Basiswerte anhand mittlerer absoluter Abweichungen, MAE, wird aufgrund der titelspezifischen Prämienhöhe verzichtet.

Quelle: Eigene Berechnung und Darstellung.

Ein abschließender Blick auf die nach Moneyness- und Restlaufzeitklassen aufgespaltenen MAE und MPE in *Abbildung 5.23* und *Abbildung 5.24* liefert weitere aufschlussreiche Erkenntnisse: Neben der im Mittel besseren Prognose des GC-Modells zeigen sich insbesondere in den Klassen M3 und M4 im Gegensatz zum In-the-sample-Fall kaum Unterschiede in den drei Modellen. Bei der relativen Betrachtung anhand des MPE tritt, verglichen mit der Kalibrierung in den Klassen M1 bis M4, für die drei komplexeren Modelle eine Umkehrung der Richtung der Abweichungen zutage. Wurden die Euro-Bund-Future-Optionen bei Berechnung der optimalen Modellparameter in diesen Klassen im Mittel leicht überbewertet, dreht sich dieser Effekt bei der Prognose in Richtung einer Unterbewertung um. Die Restlaufzeitdifferenzierung bestätigt im Wesentlichen die bisher dargestellten Ergebnisse, ohne wesentlich zur weiteren Erhellung des Prognoseverhaltens der Modelle beitragen zu können.

Tabelle 5.20

Out-of-the-sample-Anpassung und -Modellgüte (III) – Euro-Bund-Future-Optionen

Die Tabelle fasst die Ergebnisse der *Out-of-the-sample-Analyse* zu den Euro-Bund-Future-Optionen zusammen: Auf Basis von 657 Ein-Tages-Prognosen werden die Werte für 110.108 Optionstransaktionen ihren realen Marktpreisen gegenübergestellt, woraus sich die modellspezifischen RMSE und RMSPE ergeben. Des Weiteren sind die mittleren und mittleren absoluten (ME und MAE) sowie die mittleren prozentualen und mittleren absoluten prozentualen (MPE und MAPE) Abweichungen zwischen Modellwerten und Marktpreisen ausgewiesen.

Quelle: Eigene Berechnungen.

	RMSE		ME				MAE			
Modell	Mittel	Std.	Mittel	Std.	Min.	Max.	Mittel	Std.	Min.	Max.
BS	0,0199	0,0114	-0,0058	0,0481	-1,4685	1,0310	0,0332	0,0353	0,0000	1,4685
BS-ATM	0,0199	0,0113	-0,0098	0,0479	-1,5302	0,9957	0,0335	0,0356	0,0000	1,5302
GC	0,0172	0,0107	-0,0038	0,0400	-1,4931	0,9980	0,0251	0,0313	0,0000	1,4931
Misch2	0,0173	0,0107	-0,0051	0,0402	-1,4773	0,9961	0,0255	0,0315	0,0000	1,4773
Misch3	0,0174	0,0108	-0,0059	0,0404	-1,4633	0,9790	0,0257	0,0317	0,0000	1,4633
	RMSPE		MPE (in %)				MAPE (in %)			
Modell	Mittel	Std.	Mittel	Std.	Min.	Max.	Mittel	Std.	Min.	Max.
BS	0,0352	0,0169	-2,06	15,60	-99,75	355,53	10,40	11,81	0,00	355,53
BS-ATM	0,0354	0,0169	-3,22	15,58	-99,80	343,36	10,53	11,94	0,00	343,36
GC	0,0273	0,0148	-0,54	10,39	-96,73	344,14	6,95	7,73	0,00	344,14
Misch2	0,0274	0,0146	-0,92	10,42	-93,70	343,48	7,04	7,74	0,00	343,48
Misch3	0,0274	0,0149	-1,13	10,44	-93,47	337,57	7,03	7,80	0,00	337,57

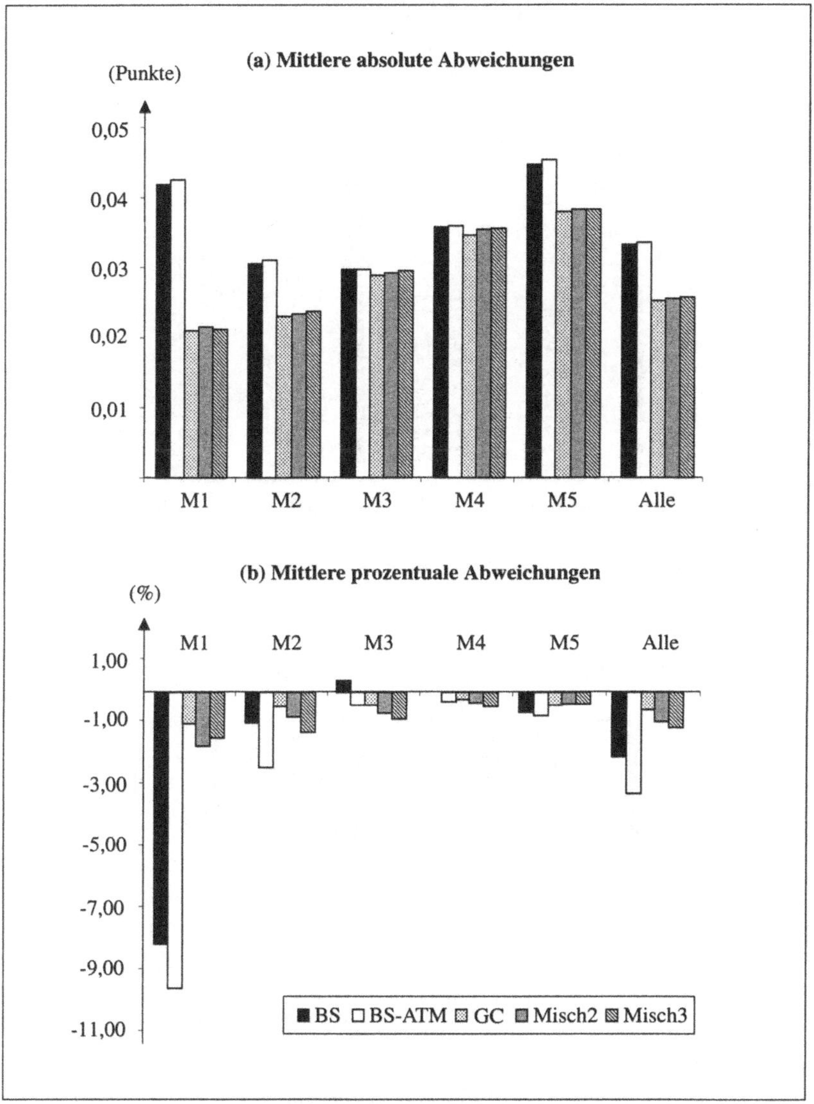

Abbildung 5.23. Out-of-the-sample-Wertabweichungen der Modelle nach Moneynessklassen (III) – Euro-Bund-Future-Optionen. Die Grafiken vergleichen die mittleren absoluten Abweichungen, MAE, sowie die mittleren prozentualen Abweichungen, MPE, verschiedener Optionspreismodelle im Rahmen einer *Out-of-the-sample-Analyse* der Euro-Bund-Future-Optionen anhand der Moneynessklassen (M1: weit aus-dem-Geld bis M5: weit im-Geld).

Quelle: Eigene Berechnung und Darstellung.

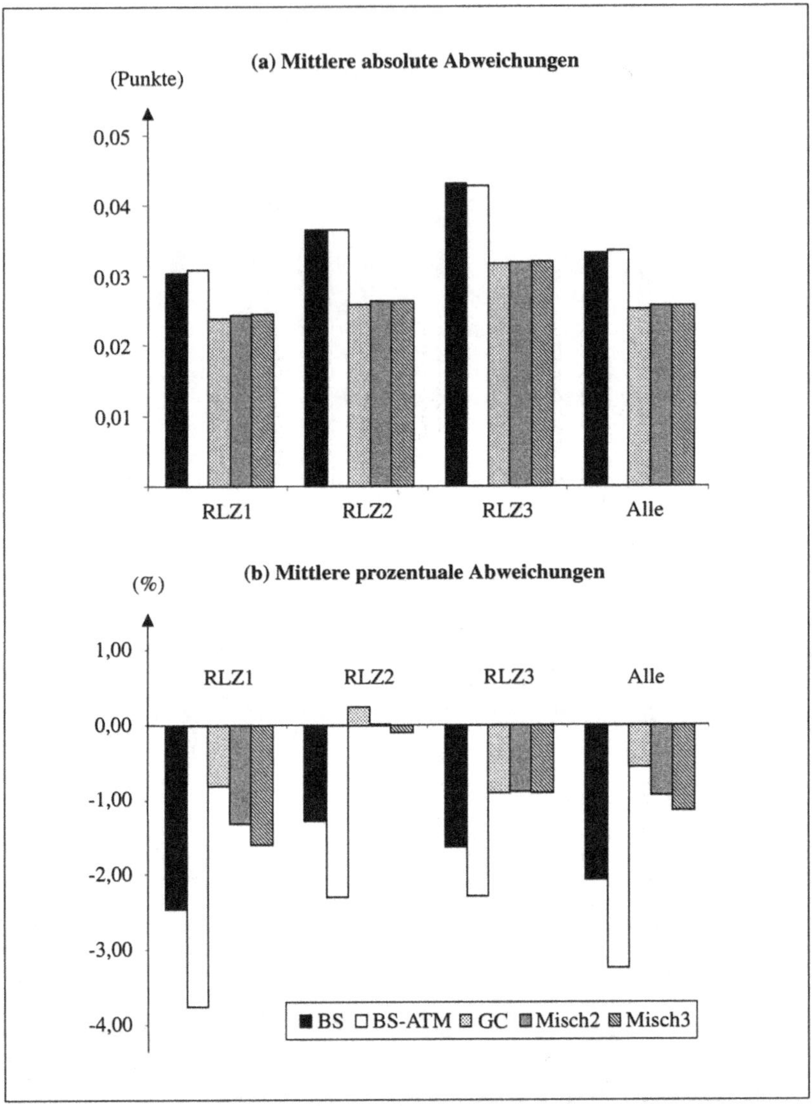

Abbildung 5.24. Out-of-the-sample-Wertabweichungen der Modelle nach Restlaufzeitklassen (III) – Euro-Bund-Future-Optionen. Die Grafiken vergleichen die mittleren absoluten Abweichungen, MAE, sowie die mittleren prozentualen Abweichungen, MPE, verschiedener Optionspreismodelle im Rahmen einer *Out-of-the-sample-Analyse* der Euro-Bund-Future-Optionen anhand der Restlaufzeitklassen (RLZ1: kurz laufend bis RLZ3: lang laufend).

Quelle: Eigene Berechnung und Darstellung.

5.7.2.2 Detailanalyse der Prognosefehler

Als Kernstück einer empirischen Untersuchung zur Eignung alternativer Bewertungsmodelle soll die Abweichungsanalyse für den Out-of-the-sample-Fall im Folgenden noch in einer größeren Detailliertheit fortgeführt werden. Hierzu wird stellvertretend auf den Prognosefehler $\hat{V}_i - V_i^{\text{Markt}}$ als Differenz zwischen prognostiziertem Optionswert $\hat{V}_i$ und realem Marktpreis V_i^{Markt} abgestellt. Als Untersuchungsverfahren dienen zum einen Regressionsanalysen zum Prognosefehler und dessen Zerlegung in unsystematische und systematische Anteile sowie zum anderen die regressionsgestützte Identifizierung von optionsspezifischen Einflussgrößen (Optionstyp, -moneyness und -restlaufzeit) auf die Fehlbewertung.

Regressionsanalyse zum Prognosefehler und dessen Zerlegung nach THEIL. In Ergänzung der summarischen deskriptiven Betrachtung verschiedener Abweichungsmaße im vorigen Abschnitt wird für alle drei Optionsgruppen eine lineare Regression des prognostizierten Wertes $\hat{V}_i$ auf den realen Marktpreis V_i^{Markt} vorgenommen:

$$V_i^{\text{Markt}} = a_0 + a_1 \hat{V}_i + \varepsilon_i. \tag{5.10}$$

Eine perfekte, unverzerrte Prognose erhält man für den Fall $a_0 = 0 \wedge a_1 = 1$. Diesem Untersuchungsziel folgend werden die Regressionskoeffizienten a_1 gegen den Wert eins auf Signifikanz getestet. In Anbetracht möglicher Heteroskedastizität und Abhängigkeiten in den Residuen wird der heteroskedastizitäts- und autokorrelationskonsistente NEWEY/WEST (1987)-Schätzer für die Ermittlung der Standardfehler der Koeffizienten verwendet wird. Wie auch in allen folgenden Regressionsanalysen wird mit R^2_{korr} als korrigiertem Bestimmtheitsmaß gearbeitet, das die Einführung zusätzlicher Regressoren durch Reduktion des einfachen R^2 „bestraft".[609]

Ein weiterer Analyseschritt besteht in der Zerlegung des mittleren quadratischen Prognosefehlers nach THEIL:[610]

$$\sum_{i=1}^{n}(\hat{V}_i - V_i^{\text{Markt}})^2 = (\bar{\hat{V}} - \bar{V}^{\text{Markt}})^2 + (\sigma_{\hat{V}} - \sigma_{V^{\text{Markt}}})^2 + 2(1-\gamma)\sigma_{\hat{V}}\sigma_{V^{\text{Markt}}} \quad (5.12)$$

mit $\bar{\hat{V}}$ und $\bar{V}^{\text{Markt}}$ als Mittelwerte sowie $\sigma_{\hat{V}}$ und $\sigma_{V^{\text{Markt}}}$ als Standardabweichungen der Modellwerte $\hat{V}_i$ und Marktpreise V_i^{Markt} der Optionen. Des Weiteren gebe γ die Korrelation zwischen $\sigma_{\hat{V}}$ und $\sigma_{V^{\text{Markt}}}$ an. Nach THEIL lässt sich der mittlere quadratische Prognosefehler gemäß (5.12) in die folgenden drei Anteile U^{M}, U^{S} und U^{C} aufspalten:

$$U^{\text{M}} = \frac{(\bar{\hat{V}} - \bar{V}^{\text{Markt}})^2}{\sum_{i=1}^{n}(\hat{V}_i - V_i^{\text{Markt}})^2}, \quad (5.13)$$

$$U^{\text{S}} = \frac{(\sigma_{\hat{V}} - \sigma_{V^{\text{Markt}}})^2}{\sum_{i=1}^{n}(\hat{V}_i - V_i^{\text{Markt}})^2}, \quad (5.14)$$

$$U^{\text{C}} = \frac{2(1-\gamma)\sigma_{\hat{V}}\sigma_{V^{\text{Markt}}}}{\sum_{i=1}^{n}(\hat{V}_i - V_i^{\text{Markt}})^2}. \quad (5.15)$$

Es fungiert dabei U^{M} als Referenzgröße, die angibt, welcher Teil des mittleren quadratischen Prognosefehlers durch einen von null verschiedenen Koeffizienten a_0 verursacht wird. Dieser *systematische* Fehler wird als materiell bedeutsam angesehen, wenn ein heuristisch ermittelter Wert von 0,1 bzw. 0,2 überschritten wird.[611] Den Einfluss

---

609 Mit n als Stichprobenumfang und j als Zahl der Regressoren gilt der Zusammenhang

$$R^2_{\text{korr}} = R^2 - \frac{j(1-R^2)}{n-j-1}; \quad (5.11)$$

vgl. z. B. BACKHAUS ET AL. (2000), S. 24. Aufgrund der Größe n im Nenner von (5.11) ist der Unterschied zwischen R^2 und R^2_{korr} lediglich bei kleinen Stichprobenumfängen von Bedeutung. Es gilt zu beachten, dass nach (5.11) auch negative Werte für R^2_{korr} auftreten können und eine Interpretation des Bestimmtheitsmaßes als der durch die Regression erklärte Anteil der Varianz, vgl. z. B. BAMBERG/BAUR (2002), S. 45 f., dadurch erschwert wird. Statt mit adjustiertem R^2 ließe sich auch mit dem Akaike-Informations- (AIC) oder Schwarz-Kriterium (SC) arbeiten, um die „Bestrafung" der Einführung zusätzlicher Regressoren zu berücksichtigen. Vgl. z. B. PODDIG/DICHTL/PETERSMEIER (2001), S. 174 f. Auch wenn der Einsatz von R^2_{korr} anstatt von R^2 bei nur einem Regressor nicht notwendig ist, wird im Folgenden einheitlich mit dem Maß R^2_{korr} gearbeitet.

610 Vgl. THEIL (1975), S. 31 ff., auch das Vorgehen bei SCHMITT (2000), S. 184 ff.

611 Vgl. z. B. PINDYCK/RUBINFELD (2001), S. 210 f.

Tabelle 5.21
Regressionsanalyse zu den Out-of-the-sample-Wertabweichungen und Zerlegung des Prognosefehlers nach THEIL (I) – DAX-Optionen

Die Marktpreise der Optionen V_i^{Markt} werden linear gegen die ermittelten Modellwerte $\hat{V}_i$ regressiert:

$$V_i^{\text{Markt}} = a_0 + a_1 \hat{V}_i + \varepsilon_i.$$

Jeweils in runden Klammern angegeben sind die t-Statistiken (zweiseitiger Test) für einen Testwert von null, bei eckigen Klammern wird auf den Wert eins getestet. In beiden Fällen werden heteroskedastizitäts- und autokorrelationskonsistente Standardfehler nach NEWEY/WEST (1987) verwendet. Zusätzlich sind die R^2_{korr}-Statistiken protokolliert. *** (**, *) gibt Signifikanz auf dem 1 %-Niveau (5 %-, 10 %-Niveau) an. Die THEILsche Zerlegung des mittleren quadratischen Prognosefehlers zeigt die Aufspaltung nach den systematischen (U^{M} und U^{S}) und unsystematischen (U^{C}) Fehleranteilen.

Quelle: Eigene Berechnungen.

Modell	a_0	a_1	R^2_{korr}	U^{M}	U^{S}	U^{C}
Alle Optionen						
BS	2,0091	0,9998	0,9805	0,0087	0,0047	0,9866
	(17,2***)	[-0,2]				
BS-ATM	2,8593	0,9905	0,9739	0,0072	0,0007	0,9921
	(23,7***)	[-11,9***]				
GC	-0,6412	1,0059	0,9911	0,0000	0,0118	0,9882
	(-7,1***)	[6,4***]				
Misch2	0,6764	1,0006	0,9926	0,0032	0,0025	0,9943
	(8,6***)	[0,7]				
Misch3	0,6861	1,0004	0,9926	0,0030	0,0024	0,9946
	(9,0***)	[0,6]				

der Abweichung des Steigungskoeffizienten a_1 vom Wert eins und den damit einhergehenden *systematischen* Fehler repräsentiert der Anteil U^{S}. Die Residualgröße U^{C} schließlich gibt den *unsystematischen* Anteil des Prognosefehlers an.

Die Ergebnisse der Regression (5.10) und der Aufspaltung des Prognosefehlers für die DAX-Optionen finden sich in *Tabelle 5.21*. Dabei werden zunächst die Werte für alle Optionstypen ausgewiesen: Die Koeffizienten a_0 sind für alle Modelle signifikant von null verschieden, d. h. es liegen signifikante Verzerrungen bei der Prognose vor. Beim BS-, Misch2- und Misch3-Modell kann die Hypothese von eins verschiedener Steigungskoeffizienten a_1 nicht verworfen werden. Als Zusatzinformation offenbart die THEILsche Zerlegung, dass in allen fünf Modellen mehr als 98,6 % des mittleren quadratischen Prognosefehlers auf unsystematische Einflüsse zurückzuführen sind. Ein

Tabelle 5.21
Regressionsanalyse zu den Out-of-the-sample-Wertabweichungen und Zerlegung des Prognosefehlers nach THEIL (I) – DAX-Optionen [Fortsetzung]

Modell	a_0	a_1	R^2_{korr}	U^{M}	U^{S}	U^{C}
Calls						
BS	-11,4753	1,0278	0,9874	0,1300	0,0721	0,7979
	(-75,5***)	[22,5***]				
BS-ATM	-10,4212	1,0177	0,9788	0,1379	0,0497	0,8124
	(-65,8 ***)	[19,4***]				
GC	-2,4754	1,0029	0,9921	0,0184	0,0057	0,9759
	(-20,8***)	[2,7***]				
Misch2	0,2695	0,9962	0,9935	0,0002	0,0000	0,9998
	(2,7***)	[-4,0***]				
Misch3	0,3103	0,9960	0,9935	0,0001	0,0001	0,9998
	(3,1***)	[-4,3***]				
Puts						
BS	13,5266	0,9773	0,9808	0,2846	0,0064	0,7090
	(126,6***)	[-21,6***]				
BS-ATM	14,1881	0,9690	0,9808	0,3090	0,0165	0,6746
	(124,8***)	[-33,6***]				
GC	0,5865	1,0147	0,9898	0,0257	0,0358	0,9385
	(6,3***)	[13,7***]				
Misch2	0,6409	1,0099	0,9911	0,0185	0,0219	0,9596
	(7,5***)	[10,0***]				
Misch3	0,6175	1,0098	0,9912	0,0180	0,0219	0,9600
	(7,4***)	[10,2***]				

verändertes Bild zeigt sich bei der Aufspaltung der Datenbasis nach Calls und Puts im zweiten Teil der Tabelle: Hier sind zum einen alle Koeffizienten a_0 und a_1 auf dem 1 %-Niveau signifikant von null bzw. eins verschieden. Zum anderen legt die Zerlegung offen, dass bei den Calls im BS- und BS-ATM-Fall mehr als 20 % systematischer Fehleranteil vorliegen. Bei den Puts ist dieser Wert mit über 29 % sogar noch bedeutend höher. Beim GC-Modell beträgt diese Quote im Falle von Calls (Puts) nur ca. 2,4 % (6,2 %), liegt aber dennoch über den Werten der Mischungsmodelle, bei deren Anwendung auf Calls der mittlere quadratische Prognosefehler wegen $U^{\text{C}} > 0{,}999$ nahezu vollständig unsystematischen Ursprungs ist; im Falle von Puts treten allerdings auch hier bis zu ca. 4 % an unsystematischem Fehleranteil auf. Die Koeffizi-

Tabelle 5.22
Regressionsanalyse zu den Out-of-the-sample-Wertabweichungen und Zerlegung des Prognosefehlers nach THEIL (II) – Aktienoptionen

Die Marktpreise der Optionen V_i^{Markt} werden linear gegen die ermittelten Modellwerte $\hat{V}_i$ regressiert:

$$V_i^{\text{Markt}} = a_0 + a_1 \hat{V}_i + \varepsilon_i.$$

Jeweils in runden Klammern angegeben sind die t-Statistiken (zweiseitiger Test) für einen Testwert von null, bei eckigen Klammern wird auf den Wert eins getestet. In beiden Fällen werden heteroskedastizitäts- und autokorrelationskonsistente Standardfehler nach NEWEY/WEST (1987) verwendet. Zusätzlich sind die R^2_{korr}-Statistiken protokolliert. *** (**, *) gibt Signifikanz auf dem 1 %-Niveau (5 %-, 10 %-Niveau) an. Die THEILsche Zerlegung des mittleren quadratischen Prognosefehler zeigt die Aufspaltung nach den systematischen (U^{M} und U^{S}) und unsystematischen (U^{C}) Fehleranteilen.

Quelle: Eigene Berechnungen.

Modell	Basiswert	a_0	a_1	R^2_{korr}	U^{M}	U^{S}	U^{C}
BS	ALV	-0,2684	1,0156	0,9895	0,0040	0,0392	0,9567
		(-7,1***)	[4,8***]				
	BAS	-0,0433	1,0283	0,9880	0,0000	0,0872	0,9128
		(-7,2***)	[7,0***]				
	BAY	-0,0151	1,0149	0,9921	0,0024	0,0423	0,9553
		(-3,5***)	[5,7***]				
	CBK	-0,0138	1,0169	0,9870	0,0073	0,0397	0,9529
		(-2,7***)	[5,2***]				
	DBK	-0,0260	1,0214	0,9910	0,0156	0,0673	0,9172
		(-4,7***)	[13,4***]				
	DCX	0,0059	0,9990	0,9860	0,0003	0,0026	0,9971
		(1,2)	[-0,4]				
	DTE	-0,0386	1,0339	0,9911	0,0373	0,1328	0,8299
		(-3,9***)	[8,0***]				
	SAP	0,1373	1,0239	0,9896	0,0579	0,0699	0,8722
		(3,2***)	[12,7***]				
	SIE	-0,0205	1,0108	0,9902	0,0047	0,0242	0,9711
		(-1,8*)	[4,3***]				
	VOW	-0,0106	0,9994	0,9877	0,0037	0,0026	0,9938
		(-4,4***)	[-0,4]				

enten der Regressionen helfen darüber hinaus bei der Quantifizierung der mittleren Fehlbewertung und insbesondere deren Richtung: So zeigt im BS-Modell bei Calls die Konstellation a_0 = -11,4753 und a_1 = 1,0278 an, dass Kaufoptionen mit geringem Marktpreis unterbewertet werden und sich dieser Effekt bei einem Marktpreis ab ca. -11,4753/(1-1,0278) ≈ 412,8 (Punkten) in eine Überbewertung umkehrt.

Tabelle 5.22
Regressionsanalyse zu den Out-of-the-sample-Wertabweichungen und Zerlegung des Prognosefehlers nach THEIL (II) – Aktienoptionen [Fortsetzung]

Modell	Basiswert	a_0	a_1	R^2_{korr}	U^{M}	U^{S}	U^{C}
BS-ATM	ALV	-0,4485	1,0088	0,9860	0,0597	0,0165	0,9238
		(-9,5***)	[2,3**]				
	BAS	-0,0532	1,0263	0,9868	0,0063	0,0740	0,9197
		(-7,0***)	[5,2***]				
	BAY	-0,0194	1,0109	0,9912	0,0019	0,0259	0,9722
		(-3,8***)	[3,4***]				
	CBK	-0,0156	1,0128	0,9872	0,0008	0,0277	0,9715
		(-2,8***)	[3,7***]				
	DBK	-0,0277	1,0198	0,9902	0,0097	0,0572	0,9331
		(-4,4***)	[10,2***]				
	DCX	0,0101	0,9910	0,9844	0,0012	0,0001	0,9987
		(1,7*)	[-3,1***]				
	DTE	-0,0429	1,0312	0,9906	0,0234	0,1149	0,8617
		(-4,5***)	[7,8***]				
	SAP	0,1460	1,0244	0,9886	0,0557	0,0683	0,8760
		(1,7*)	[7,1***]				
	SIE	-0,0237	1,0080	0,9898	0,0013	0,0165	0,9822
		(-2,0**)	[3,2***]				
	VOW	-0,0069	0,9940	0,9867	0,0090	0,0000	0,9910
		(-1,1)	[-1,8*]				
GC	ALV	-0,0180	0,9945	0,9903	0,0061	0,0000	0,9939
		(-0,5)	[-1,9*]				
	BAS	-0,0082	1,0028	0,9887	0,0008	0,0063	0,9929
		(-1,4)	[0,7]				
	BAY	0,0004	1,0007	0,9926	0,0002	0,0026	0,9972
		(0,1)	[0,3]				
	CBK	0,0005	1,0044	0,9868	0,0027	0,0090	0,9882
		(0,1)	[1,4]				
	DBK	0,0174	1,0019	0,9911	0,0077	0,0045	0,9878
		(3,2***)	[1,3]				
	DCX	0,0209	0,9876	0,9868	0,0004	0,0026	0,9970
		(4,4***)	[-5,8***]				
	DTE	-0,0121	1,0214	0,9910	0,0283	0,0661	0,9056
		(-1,2)	[5,0***]				
	SAP	0,3267	1,0134	0,9895	0,0467	0,0303	0,9231
		(3,3***)	[3,5***]				
	SIE	0,0111	1,0026	0,9902	0,0020	0,0057	0,9923
		(1,0)	[1,0]				
	VOW	-0,0001	0,9920	0,9885	0,0077	0,0004	0,9919
		(0,0)	[-2,8***]				

Tabelle 5.22
Regressionsanalyse zu den Out-of-the-sample-Wertabweichungen und Zerlegung des Prognosefehlers nach THEIL (II) – Aktienoptionen [Fortsetzung]

Modell	Basiswert	a_0	a_1	R^2_{korr}	U^{M}	U^{S}	U^{C}
Misch2	ALV	0,1257	0,9806	0,9897	0,0098	0,0195	0,9707
		(3,1***)	[-5,2***]				
	BAS	-0,0061	0,9990	0,9891	0,0035	0,0018	0,9947
		(-1,1)	[-0,3]				
	BAY	0,0031	0,9985	0,9926	0,0001	0,0007	0,9992
		(0,8)	[-0,6]				
	CBK	0,0073	1,0024	0,9871	0,0066	0,0061	0,9873
		(1,5)	[0,8]				
	DBK	0,0382	0,9949	0,9916	0,0092	0,0001	0,9907
		(7,4***)	[-3,7***]				
	DCX	0,0328	0,9889	0,9886	0,0025	0,0025	0,9950
		(7,5***)	[-5,5***]				
	DTE	-0,0048	1,0191	0,9913	0,0305	0,0570	0,9125
		(-0,5)	[4,6***]				
	SAP	0,6169	0,9968	0,9855	0,0214	0,0012	0,9775
		(8,2***)	[-1,6]				
	SIE	0,0454	0,9995	0,9905	0,0058	0,0019	0,9923
		(2,0**)	[-18,5***]				
	VOW	0,0229	0,9895	0,9894	0,0001	0,0026	0,9974
		(4,4***)	[-3,6***]				
Misch3	ALV	0,0747	0,9977	0,9908	0,0018	0,0006	0,9976
		(2,2**)	[-0,8]				
	BAS	-0,0008	1,0057	0,9890	0,0036	0,0111	0,9852
		(-0,1)	[1,5]				
	BAY	0,0055	1,0035	0,9930	0,0121	0,0069	0,9810
		(1,4)	[1,4]				
	CBK	0,0095	1,0072	0,9873	0,0227	0,0139	0,9633
		(2,0**)	[2,4**]				
	DBK	0,0449	1,0013	0,9912	0,0351	0,0036	0,9614
		(8,4***)	[0,9]				
	DCX	0,0362	0,9942	0,9887	0,0142	0,0000	0,9858
		(8,4***)	[-3,0***]				
	DTE	-0,0053	1,0252	0,9915	0,0526	0,0861	0,8613
		(-0,6)	[6,2***]				
	SAP	0,3517	1,0194	0,9894	0,0713	0,0499	0,8787
		(2,7***)	[13,1***]				
	SIE	0,0474	1,0068	0,9910	0,0237	0,0136	0,9627
		(4,4***)	[2,8***]				
	VOW	0,0177	0,9953	0,9894	0,0021	0,0000	0,9978
		(3,5***)	[-1,7*]				

Tabelle 5.23
Regressionsanalyse zu den Out-of-the-sample-Wertabweichungen und Zerlegung des Prognosefehlers nach THEIL (III) – Euro-Bund-Future-Optionen

Die Marktpreise der Optionen V_i^{Markt} werden linear gegen die ermittelten Modellwerte $\hat{V}_i$ regressiert:

$$V_i^{\text{Markt}} = a_0 + a_1 \hat{V}_i + \varepsilon_i.$$

Jeweils in runden Klammern angegeben sind die t-Statistiken (zweiseitiger Test) für einen Testwert von null, bei eckigen Klammern wird auf den Wert eins getestet. In beiden Fällen werden heteroskedastizitäts- und autokorrelationskonsistente Standardfehler nach NEWEY/WEST (1987) verwendet. Zusätzlich sind die R^2_{korr}-Statistiken protokolliert. *** (**, *) gibt Signifikanz auf dem 1 %-Niveau (5 %-, 10 %-Niveau) an. Die THEILsche Zerlegung des mittleren quadratischen Prognosefehlers zeigt die Aufspaltung nach den systematischen (U^{M} und U^{S}) und unsystematischen (U^{C}) Fehleranteilen.

Quelle: Eigene Berechnungen.

Modell	a_0	a_1	R^2_{korr}	U^{M}	U^{S}	U^{C}
Alle Optionen						
BS	0,0098	0,9920	0,9881	0,0144	0,0003	0,9853
	(13,4***)	[-6,9***]				
BS-ATM	0,0133	0,9928	0,9881	0,0398	0,0001	0,9601
	(18,4***)	[-6,3***]				
GC	0,0030	1,0014	0,9917	0,0087	0,0037	0,9876
	(5,6***)	[1,4]				
Misch2	0,0044	1,0014	0,9916	0,0155	0,0037	0,9808
	(8,0***)	[1,3]				
Misch3	0,0054	1,0010	0,9915	0,0210	0,0032	0,9758
	(9,9***)	[1,0]				

Vor dem Hintergrund der bisher lediglich entweder summarisch oder stellvertretend an einzelnen Basiswerten ausgewiesenen Ergebnisse für die Aktienoptionen, zeigt *Tabelle 5.22* nunmehr eine explizite aktienspezifische Analyse des Prognosefehlers. Offenbar liefern mit $R^2_{\text{korr}} > 0{,}98$ alle Ansätze geeignete Voraussagen für die Optionswerte. In einigen Fällen, z. B. dem Basiswert DCX im Falle des BS-Modells, ist weder a_0 noch a_1 signifikant vom Referenzwert null bzw. eins entfernt. Dies trifft des Weiteren auch auf mehrere Basiswerte unter dem GC-, Misch2- und Misch3-Modell zu. Im Hinblick auf die systematischen und unsystematischen Anteile am mittleren quadratischen Prognosefehler zeigt sich in der überwiegenden Zahl der Fälle eine Überlegenheit der komplexeren Modelle, deren unsystematischer Fehleranteil U^{C} höher ausfällt. $U^{\text{M}}+U^{\text{S}}$ ist speziell bei den sehr volatilen Basiswerten DTE und SAP erhöht und weist z. B. für

Tabelle 5.23
Regressionsanalyse zu den Out-of-the-sample-Wertabweichungen und Zerlegung des Prognosefehlers nach THEIL (III) – Euro-Bund-Future-Optionen [Fortsetzung]

Modell	a_0	a_1	R^2_{korr}	U^M	U^S	U^C
Calls						
BS	-0,0202	1,0164	0,9912	0,0775	0,0428	0,8797
	(-25,0***)	[11,6***]				
BS-ATM	-0,0166	1,0172	0,9913	0,0367	0,0483	0,9150
	(-20,8***)	[12,4***]				
GC	0,0038	0,9965	0,9921	0,0030	0,0000	0,9970
	(5,1***)	[-2,5**]				
Misch2	0,0041	0,9978	0,9920	0,0059	0,0004	0,9937
	(5,4***)	[-1,6]				
Misch3	0,0052	0,9974	0,9919	0,0102	0,0003	0,9895
	(7,0***)	[-1,9*]				
Puts						
BS	0,0389	0,9705	0,9893	0,2054	0,04254	0,7522
	(44,1***)	[-18,4***]				
BS-ATM	0,0424	0,9712	0,9894	0,2604	0,0376	0,7020
	(48,2***)	[-18,0***]				
GC	0,0023	1,0062	0,9914	0,0171	0,0123	0,9706
	(3,1***)	[4,1***]				
Misch2	0,0048	1,0047	0,9912	0,0291	0,0091	0,9618
	(6,3***)	[3,1***]				
Misch3	0,0057	1,0043	0,9912	0,0350	0,0083	0,9567
	(7,7***)	[2,9***]				

den Wert DTE sowohl im BS-/BS-ATM- als auch im Misch3-Modell mehr als 13 % an systematischem Fehleranteil auf.

Tabelle 5.23 gibt die Ergebnisse der Analyse für die Euro-Bund-Future-Optionen wieder. Bei Betrachtung aller Optionen lassen sich gegenüber dem BS- und BS-ATM-Fall bei dem GC-, Misch2- und Misch3-Modell leicht erhöhte Werte für R^2_{korr}, gleichbedeutend mit einem etwas höheren Erklärungsgehalt feststellen. Bei keinem der drei Alternativmodelle kann die Hypothese $a_1 = 1$ verworfen werden. Wiederum zeigt sich ein geringfügig anderes Bild, wenn – wie im zweiten Teil der Tabelle – nach Calls und Puts unterschieden wird. Bei Ersteren fällt für das BS-Modell ein systematischer mittlerer quadratischer Prognosefehler von mehr als 12 % (14 %) bei den Calls (Puts) auf. Die drei komplexeren Modelle unterscheiden sich kaum hinsichtlich der Voraussagefähigkeit sowie der Aufteilung in systematische und unsystematische Anteile am Prognosefehler.

Prognosefehler in Abhängigkeit von Optionsmerkmalen. Abschließend werden optionsspezifische Merkmale wie Moneyness, Restlaufzeit und Typ auf ihren Erklärungsgehalt für den Prognosefehler untersucht. Hierbei ist zu berücksichtigen, dass bei der Regressionsanalyse wegen des sehr hohen Stichprobenumfangs z. T. sehr hohe t-Werte auftreten können, obwohl die erklärenden Variablen nur einen sehr geringen Gehalt aufweisen. Um speziell den *zusätzlichen* Erklärungsgehalt einzelner Parameter beurteilen zu können, werden die Einflussgrößen Moneyness, Restlaufzeit und Call/Put zunächst allein auf den Bewertungsfehler regressiert.[612]

Die Resultate für die DAX-Optionen sind in *Tabelle 5.24* zusammengestellt. Beginnend mit dem BS-Modell zeigt sich zunächst bei einer einzelnen Betrachtung der Moneyness (M) und insbesondere der Restlaufzeit (τ) ein nur marginaler Einfluss auf die Fehlbewertung der Optionen ($R^2_{\text{korr}} < 0{,}01$). Dieser Umstand muss in Anbetracht der in der Empirie vielfach dokumentierten Phänomene im Zusammenhang mit Smile- und Term-Structure-Effekten der impliziten BS-Volatilitäten zunächst verwundern. Näheren Aufschluss liefert allerdings die nächste Einzelregression: Die Indikatorvariable (ζ) für den Optionstyp (0: Call, 1: Put) zeigt anhand eines negativen Koeffizienten $a_3 \approx -19$, dass Puts im Vergleich zu Calls stark unterbewertet werden und führt damit auch zur Klärung eines der erstgenannten Phänomene. Verwendet man statt eines einzelnen Regressors für die Restlaufzeit (τ) zwei getrennte Größen für Calls und Puts,

$$\tau^c = \tau(1 - \zeta), \tag{5.16}$$

$$\tau^p = \tau\zeta, \tag{5.17}$$

so ergibt sich für den Restlaufzeiteffekt in der vierten Regression ein signifikanter Erklärungsgehalt für den Bewertungsfehler ($R^2_{\text{korr}} \approx 0{,}30$). Die zu τ^c und τ^p gehörenden

---

[612] So auch das Vorgehen bei SCHMITT (2000), S. 186 ff.

Tabelle 5.24
Regressionsanalyse zu den Out-of-the-sample-Wertabweichungen bezogen auf Optionscharakteristika (I) – DAX-Optionen

Die Out-of-the-sample-Wertabweichungen $\hat{V}_i - V_i^{\text{Markt}}$ aus den Optionspreismodellen werden linear gegen die Moneyness (M) und die Restlaufzeit (τ) der Optionen regressiert. Zwecks Unterscheidung der Wertabweichungen nach Calls und Puts wird zusätzlich eine Indikatorvariable ζ (0: Call, 1: Put) verwendet (Koeffizienten $a_i \in \mathbb{R}$):

$$\hat{V}_i - V_i^{\text{Markt}} = a_0 + a_1 \cdot \text{M}_i + a_2 \cdot \tau_i + a_3 \cdot \zeta_i + \varepsilon_i.$$

Standardfehler in der Regression werden mit der Korrektur für Heteroskedastizität und Autokorrelation nach NEWEY/WEST (1987) ermittelt. Um den Einfluss der Restlaufzeit weiter nach dem Optionstyp aufzuschlüsseln (τ^c: Restlaufzeit Call, τ^p: Restlaufzeit Put), wird ergänzend eine Gleichung der Form ($a_{2i} \in \mathbb{R}$)

$$\hat{V}_i - V_i^{\text{Markt}} = a_0 + a_1 \cdot \text{M}_i + a_{21} \cdot \tau_i^c + a_{22} \cdot \tau_i^p + a_3 \cdot \zeta_i + \varepsilon_i$$

verwendet. Neben den jeweils in Klammern angegebenen t-Statistiken zu den ermittelten Regressionskoeffizienten (zweiseitiger Test) sind die R^2_{korr}-Statistiken protokolliert. *** (**, *) gibt Signifikanz auf dem 1 %-Niveau (5 %-, 10 %-Niveau) an. Werte für F-Tests der Regressionen sind nicht ausgewiesen, da in allen Fällen Signifikanz auf einem Niveau kleiner als 10^{-4} besteht.

Quelle: Eigene Berechnungen.

Modell	a_0	a_1	a_2	a_{21}	a_{22}	a_3	R^2_{korr}
BS	-0,8748	21,6890	–	–	–	–	0,0042
	(-9,0***)	(15,5***)					
	-1,5606	–	-0,0097	–	–	–	0,0005
	(-10,4***)		(-2,4**)				
	7,7134	–	–	–	–	-19,0857	0,2014
	(75,2***)					(-142***)	
	-0,5540	–	–	0,1361	-0,2101	–	0,2962
	(-4,1***)			(35,4***)	(-45,7***)		
	2,8952	-0,4476	–	0,1047	-0,1731	-6,9966	0,3116
	(19,3***)	(-0,3)		(24,0***)	(-32,3***)	(-30,4***)	
BS-ATM	-0,7224	15,2465	–	–	–	–	0,0022
	(-8,0***)	(10,7***)					
	-3,4785	–	0,0449	–	–	–	0,0120
	(-24,7***)		(11,7***)				
	8,3363	–	–	–	–	-19,3602	0,2154
	(76,0***)					(-141***)	
	-2,4510	–	–	0,1938	-0,1597	–	0,3323
	(-20,4***)			(61,3***)	(-36,1***)		
	0,8506	1,9298	–	0,1649	-0,1245	-6,5056	0,3464
	(6,2***)	(1,5)		(45,8***)	(-23,6***)	(-28,8***)	

Tabelle 5.24
Regressionsanalyse zu den Out-of-the-sample-Wertabweichungen bezogen auf Optionscharakteristika (I) – DAX-Optionen [Fortsetzung]

Modell	a_0	a_1	a_2	a_{21}	a_{22}	a_3	R^2_{korr}
GC	-0,8647	-15,9874	–	–	–	–	0,0050
	(-11,9***)	(-18,4***)					
	0,0343	–	-0,0018	–	–	–	0,0000
	(0,3)		(-0,6)				
	2,1054	–	–	–	–	-4,2266	0,0215
	(28,1***)					(-45,5***)	
	0,3738	–	–	0,0474	-0,0693	–	0,0733
	(3,3***)			(15,2***)	(-17,7***)		
	-0,9485	-20,9903	–	0,0479	-0,0814	0,9655	0,0829
	(-7,8***)	(-20,6***)		(13,8***)	(-17,4***)	(5,1***)	
Misch2	-0,8779	-2,5810	–	–	–	–	0,0002
	(-12,5***)	(-3,4***)					
	-0,6734	–	-0,0016	–	–	–	0,0000
	(-6,7***)		(-0,6)				
	0,2143	–	–	–	–	-1,8876	0,0052
	(3,3***)					(-23,4***)	
	-0,5696	–	–	0,0134	-0,0223	–	0,0083
	(-5,5***)			(5,2***)	(-6,1***)		
	-0,4202	-5,1908	–	0,0092	-0,0202	-0,7224	0,0092
	(-4,0***)	(-5,6***)		(3,2***)	(-4,6***)	(-4,1***)	
Misch3	-0,8927	-3,0353	–	–	–	–	0,0002
	(-12,7***)	(-4,0***)					
	-0,6477	–	-0,0020	–	–	–	0,0001
	(-6,6***)		(-0,8)				
	0,2045	–	–	–	–	-1,8515	0,0050
	(3,1***)					(-23,0***)	
	-0,5433	–	–	0,0131	-0,0228	–	0,0085
	(-5,3***)			(5,2***)	(-6,3***)		
	-0,4468	-5,6732	–	0,0092	-0,0212	-0,6548	0,0094
	(-4,3***)	(-6,0***)		(3,2***)	(-4,9***)	(-3,7***)	

Koeffizienten a_{21} und a_{22} offenbaren die *entgegengesetzte* „Richtung“ der Fehlbepreisung in Abhängigkeit von der Restlaufzeit. Bei langer Restlaufzeit sind Calls durch das BS-Modell über-, Puts hingegen unterbewertet – dieser gegenläufige Effekt führt bei der vorab durchgeführten kombinierten Analyse mit nur einem einzelnen Regressor für die Restlaufzeit zu dem zunächst verwunderlichen Ergebnis.[613] Schließlich zeigt die Regression mit allen drei vermuteten Einflussgrößen und unter Aufspaltung des Restlaufzeitregressors in getrennte Größen für Calls und Puts, wie das BS-Modell arbeitet und wo die Ursachen für dessen Fehlleistung liegen. Zunächst ist festzuhalten, dass mehr als 30 % der Streuung durch die verwendeten Regressoren erklärt werden kann. Des Weiteren lässt sich für die Moneyness die Hypothese, dass kein signifikanter Einfluss auf die Fehlbewertung besteht, nicht verwerfen. Ein anderes Bild zeigt sich bei den Restlaufzeitregressoren und der Indikatorvariable zur Unterscheidung von Calls und Puts. Das Absolutglied zeigt mit ca. 2,90 Punkten eine grundlegende Überbewertung an, die für Calls mit Zunahme der Restlaufzeit höher ausfällt. Bei Puts schlägt dieser Effekt mit $a_3 \approx$ -7,00 (Punkten) in eine Unterbewertung um, die umso größer ausfällt, je länger die Option noch läuft.

Erwartungsgemäß sind ähnliche Ergebnisse auch beim BS-ATM-Modell zu finden. Von besonderem Interesse ist die Analyse der drei komplexeren Modelle, da sich insbesondere hier zeigt, ob eine alternativ zum BS-Fall gewählte Herangehensweise in der Umsetzung lohnenswert ist. Beim GC-Modell sticht zunächst hervor, dass der in der dritten Gleichung isoliert untersuchte Unterschied zwischen Calls und Puts wesentlich geringer ausfällt als beim BS-/BS-ATM-Modell ($R^2_{\text{korr}} <$ 0,03). Bei der kombinierten Analyse mit allen Einflussfaktoren in der letzten Regression offenbart sich, dass relativ zum Referenzmodell nur noch ca. 1/4 von dessen Streuung durch Moneyness, Restlaufzeit und Optionstyp bedingt ist. Hervorhebenswert ist für das GC-Modell zum einen der auftretende signifikante Moneynesseinfluss sowie zum anderen das mit $a_3 \approx$ 0,97 (Punkten) weitaus geringere Ungleichgewicht in der Bewertung von Calls und Puts.

Die abschließende Analyse der Mischungsmodelle dokumentiert deren Leistungsfähigkeit, die sich im Bereich der DAX-Optionen vom In-the-sample-Fall auch auf die

---

613 Es sei darauf hingewiesen, dass eine solche Charakteristik für die Moneyness und den zugehörigen Koeffizienten a_1 nicht vorliegt. Die Aufspaltung nach Calls und Puts erbringt hier keine messbare Erhöhung des Erklärungsgehaltes für die Regression.

Tabelle 5.25
Regressionsanalyse zu den Out-of-the-sample-Wertabweichungen bezogen auf Optionscharakteristika (II) – Aktienoptionen

Die Out-of-the-sample-Wertabweichungen $\hat{V}_i - V_i^{\text{Markt}}$ aus den Optionspreismodellen werden linear gegen die Moneyness (M) und die Restlaufzeit (τ) der Optionen regressiert:

$$\hat{V}_i - V_i^{\text{Markt}} = a_0 + a_1 \cdot \text{M}_i + a_2 \cdot \tau_i + \varepsilon_i.$$

Standardfehler in der Regression werden mit der Korrektur für Heteroskedastizität und Autokorrelation nach NEWEY/WEST (1987) ermittelt. Neben den jeweils in Klammern angegebenen t-Statistiken zu den ermittelten Regressionskoeffizienten (zweiseitiger Test) sind die F-Testwerte und R^2_{korr}-Statistiken protokolliert. *** (**, *) gibt Signifikanz auf dem 1 %-Niveau (5 %-, 10 %-Niveau) an.

Quelle: Eigene Berechnungen.

Modell	Basiswert	a_0	a_1	a_2	F-Wert	R^2_{korr}
BS	ALV	-0,2073	-4,7010	0,0008	419,5***	0,0711
		(-4,6***)	(-10,6***)	(1,0)		
	BAS	-0,0378	-0,5566	0,0002	250,7***	0,0664
		(-5,5***)	(-8,4***)	(2,0**)		
	BAY	-0,0173	-0,2010	0,0001	51,5***	0,0172
		(-3,2***)	(-4,3***)	(0,8)		
	CBK	-0,0265	-0,1171	0,0001	31,6***	0,0711
		(-3,6***)	(-2,5**)	(1,4)		
	DBK	-0,0659	-0,6695	0,0002	596,9***	0,0370
		(-10,5***)	(-12,4***)	(1,6)		
	DCX	-0,0083	-0,0029	0,0001	4,0**	0,0002
		(-1,1)	(-0,1)	(0,6)		
	DTE	-0,0642	-0,7165	-0,0007	1.047,0***	0,0451
		(-6,0***)	(-10,3***)	(-2,3**)		
	SAP	-0,7211	-5,8943	-0,0078	227,8***	0,0372
		(-5,8***)	(-5,2***)	(-1,0)		
	SIE	-0,0525	-0,7798	-0,0005	242,8***	0,0113
		(-4,2***)	(-6,7***)	(-1,7*)		
	VOW	0,0006	-0,0760	0,0001	13,6***	0,0019
		(0,1)	(-1,4)	(1,0)		

Vorhersage überträgt: In allen fünf Einzelregression finden sich jeweils Werte für R^2_{korr} von weniger als 1 %. Die kombinierten Regressionen mit allen potenziellen Einflussgrößen dokumentieren im Vergleich zum GC-Modell insbesondere eine betragsmäßig geringere Fehlbewertung in Abhängigkeit von der Moneyness; die zusätzliche Flexibilität der Mischungsmodelle ermöglicht offenbar insbesondere, Ungleichgewichte in der Bewertung von Calls und Puts zu verarbeiten. Die Mischungsmodelle untereinander weisen ein sehr ähnliches Verhalten auf: So stimmen die Größenordnungen aller

Tabelle 5.25
Regressionsanalyse zu den Out-of-the-sample-Wertabweichungen bezogen auf Optionscharakteristika (II) – Aktienoptionen [Fortsetzung]

Modell	Basiswert	a_0	a_1	a_2	F-Wert	R^2_{korr}
BS-ATM	ALV	-0,1755	-5,3430	0,0039	641,5***	0,1050
		(-3,7***)	(-9,1***)	(4,1***)		
	BAS	-0,0404	-0,6231	0,0004	358,6***	0,0924
		(-5,9***)	(-7,3***)	(4,4***)		
	BAY	-0,0213	-0,2015	0,0003	99,1***	0,0329
		(-3,9***)	(-3,6***)	(3,5***)		
	CBK	-0,0290	-0,1172	0,0003	76,7***	0,0154
		(-4,0***)	(-2,3**)	(3,1***)		
	DBK	-0,0705	-0,6765	0,0004	654,6***	0,0404
		(-9,6***)	(-9,9***)	(2,6***)		
	DCX	-0,0242	0,0545	0,0008	232,7***	0,0143
		(-2,8***)	(0,8)	(3,9***)		
	DTE	-0,0646	-0,7199	-0,0005	915,4***	0,0397
		(-6,4***)	(-9,1***)	(-1,5)		
	SAP	-0,8694	-6,5460	-0,0059	219,6***	0,0364
		(-6,7***)	(-6,7***)	(-2,1**)		
	SIE	-0,0614	-0,8337	0,0000	244,1***	0,0114
		(-5,0***)	(-6,2***)	(0,0)		
	VOW	-0,0123	-0,0562	0,0006	108,4***	0,0151
		(-1,6)	(-0,9)	(4,4***)		
GC	ALV	-0,0504	-0,2633	0,0019	48,2***	0,0085
		(-1,1)	(-0,7)	(2,4**)		
	BAS	-0,0132	-0,0582	0,0002	27,5***	0,0075
		(-2,0**)	(-1,0)	(2,4**)		
	BAY	-0,0008	-0,0124	-0,0000	0,2	-0,0003
		(-0,2)	(-0,3)	(-0,2)		
	CBK	-0,0152	0,0657	0,0002	19,7***	0,0039
		(-2,1**)	(1,5)	(1,9*)		
	DBK	-0,0353	-0,0054	0,0002	34,3***	0,0021
		(-5,6***)	(-0,1)	(2,5**)		
	DCX	0,0086	0,2103	0,0002	56,0***	0,0034
		(1,1)	(4,2***)	(1,0)		
	DTE	-0,0357	-0,2987	-0,0006	332,0***	0,0147
		(-3,3***)	(-4,6***)	(-2,0**)		
	SAP	-0,4663	-2,7291	-0,0075	92,3***	0,0153
		(-4,2***)	(-2,2**)	(-1,4)		
	SIE	-0,0102	-0,1195	-0,0004	32,8***	0,0106
		(-0,8)	(-1,1)	(-1,4)		
	VOW	0,0142	0,0544	0,0001	5,6***	0,0006
		(1,9*)	(1,1)	(0,9)		

Tabelle 5.25
Regressionsanalyse zu den Out-of-the-sample-Wertabweichungen bezogen auf Optionscharakteristika (II) – Aktienoptionen [Fortsetzung]

Modell	Basiswert	a_0	a_1	a_2	F-Wert	R^2_{korr}
Misch2	ALV	-0,2167	0,8177	0,0056	353,7***	0,0605
		(-4,7***)	(1,9*)	(6,6***)		
	BAS	-0,0180	-0,0326	0,0004	69,5***	0,0191
		(-2,8***)	(-0,5)	(4,2***)		
	BAY	-0,0086	0,0110	0,0001	9,0***	0,0028
		(-1,7*)	(0,3)	(1,6)		
	CBK	-0,0228	0,0824	0,0002	38,6***	0,0077
		(-3,2***)	(1,9*)	(2,7***)		
	DBK	-0,0543	0,1282	0,0007	281,3***	0,0177
		(-8,7***)	(3,0***)	(7,0***)		
	DCX	-0,0239	0,1636	0,0005	139,4***	0,0086
		(-3,4***)	(3,5***)	(3,1***)		
	DTE	-0,0517	-0,2648	-0,0003	154,2***	0,0069
		(-4,9***)	(-4,2***)	(-0,9)		
	SAP	-0,7874	-2,8900	-0,0019	35,5***	0,0059
		(-5,0***)	(-3,0***)	(-0,1)		
	SIE	-0,0501	-0,0196	0,0001	3,3**	0,0001
		(-3,9***)	(-0,2)	(0,4)		
	VOW	-0,0192	0,1170	0,0005	92,9***	0,0129
		(-2,6***)	(2,5**)	(3,7***)		
Misch3	ALV	-0,2281	-1,0470	0,0020	88,2***	0,0158
		(-5,4***)	(-2,8***)	(2,6***)		
	BAS	-0,0315	-0,1593	0,0003	57,7***	0,0162
		(-4,9***)	(-2,6***)	(2,8***)		
	BAY	-0,0146	-0,0723	0,0000	7,5***	0,0026
		(-3,1***)	(-1,8*)	(0,3)		
	CBK	-0,0337	-0,0141	0,0002	22,5***	0,0046
		(-4,9***)	(-0,3)	(2,2**)		
	DBK	-0,0728	-0,0813	0,0004	119,5***	0,0076
		(-11,4***)	(-1,8 *)	(3,9***)		
	DCX	-0,0404	-0,0160	0,0003	61,9***	0,0039
		(-5,8***)	(-0,3)	(2,0**)		
	DTE	-0,0574	-0,3986	-0,0007	477,3***	0,0211
		(-5,4***)	(-6,4***)	(-2,2**)		
	SAP	-0,6552	-4,0178	-0,0089	153,2***	0,0255
		(-5,5***)	(-3,8***)	(-2,1**)		
	SIE	-0,0827	-0,3690	-0,0004	74,4***	0,0035
		(-6,8***)	(-3,3***)	(-1,4)		
	VOW	-0,0199	0,0098	0,0002	22,7***	0,0032
		(-2,8***)	(0,2)	(2,1**)		

Koeffizienten, deren t-Teststatistiken als auch die Werte der korrigierten Bestimmtheitsmaße nahezu überein.

Zweiter Untersuchungsgegenstand sind die Aktienoptionen, für die eine analog zum DAX-Indexoptionsmarkt angelegte Regressionsanalyse durchgeführt wird, deren Ergebnisse – für alle Modelle aufgeschlüsselt nach den einzelnen Basistiteln – in *Tabelle 5.25* zu finden sind. In Anbetracht der ausschließlichen Untersuchung von Kaufoptionen entfällt ein Teil der Analyseschritte aus dem vorhergehenden Teil. Eine generelle Beobachtung ist für alle auf die Aktienoptionen angewandten Modelle evident: Mit $R^2_{\text{korr}} < 0{,}11$ ist der Einfluss der Größen Moneyness und Restlaufzeit auf den Bewertungsfehler sehr gering ausgeprägt.[614] Hinzu kommt, dass in vielen Fällen für die Regressionskoeffizienten selbst auf dem 10 %-Niveau keine Signifikanz gefunden wird. Eine Verbesserung der Schätzung in Form einer geringeren durch Moneyness und Restlaufzeit bedingten Abweichung in den komplexeren Modellen ist offenbar basiswertspezifisch und fällt gering aus. Betrachtet man z. B. die Optionen auf die Allianz-Aktie, ergeben sich für das BS-, BS-ATM- und GC-Modell Werte für R^2_{korr} in Höhe von ca. 0,07, 0,11 und 0,01. Bei den Mischungsmodellen mit zwei bzw. drei Mischungskernen liegt dieser Wert wieder bei ca. 0,06 bzw. 0,02. Dieses ohnehin sehr heterogene Bild wird bei Betrachtung der Regressionskoeffizienten abermals undurchsichtiger: Während im BS-Modell der Einfluss der Restlaufzeit nicht als signifikant nachgewiesen werden kann, tritt ein solcher Effekt in den vier anderen Modellen auf (mindestens auf dem 5 %-Niveau signifikant).

Zusammenfassend muss für den Bereich der Aktienoptionen festgestellt werden, dass (i) der Einfluss von Moneyness und Restlaufzeit auf den Bewertungsfehler $\hat{V}_i - V_i^{\text{Markt}}$ sehr gering ist und (ii) keine einheitliche Struktur in der Fehlbewertung – weder innerhalb der Modelle noch unter den Basiswerten der Optionen – vorliegt.

Letztes Analyseobjekt sind die Fehlprognosen für den Bereich der Euro-Bund-Future-Optionen. Nach Einflüssen von Moneyness, Restlaufzeit und Optionstyp aufgespalten werden die Resultate in *Tabelle 5.26* quantifiziert. Beginnend mit Einzelregressionen der drei Kenngrößen auf den Bewertungsfehler zeigt sich, analog zu den DAX-

614 Auf die Dokumentation der Einzelregressionen von Moneyness und Restlaufzeit auf den Bewertungsfehler wird verzichtet. Dort zeigt sich in vielen Fällen ein ähnliches Bild wie bei der kombinierten Analyse.

Tabelle 5.26
Regressionsanalyse zu den Out-of-the-sample-Wertabweichungen bezogen auf Optionscharakteristika (III) – Euro-Bund-Future-Optionen

Die Out-of-the-sample-Wertabweichungen $\hat{V}_i - V_i^{\text{Markt}}$ aus den Optionspreismodellen werden linear gegen die Moneyness (M) und die Restlaufzeit (τ) der Optionen regressiert. Zwecks Unterscheidung der Wertabweichungen nach Calls und Puts wird zusätzlich eine Indikatorvariable ζ (0: Call, 1: Put) verwendet (Koeffizienten $a_i \in \mathbb{R}$):

$$\hat{V}_i - V_i^{\text{Markt}} = a_0 + a_1 \cdot \text{M}_i + a_2 \cdot \tau_i + a_3 \cdot \zeta_i + \varepsilon_i.$$

Standardfehler in der Regression wurden mit der Korrektur für Heteroskedastizität und Autokorrelation nach NEWEY/WEST (1987) ermittelt. Um den Einfluss der Restlaufzeit weiter nach dem Optionstyp aufzuschlüsseln (τ^c: Restlaufzeit Call, τ^p: Restlaufzeit Put), wird ergänzend eine Gleichung der Form ($a_{2i} \in \mathbb{R}$)

$$\hat{V}_i - V_i^{\text{Markt}} = a_0 + a_1 \cdot \text{M}_i + a_{21} \cdot \tau_i^c + a_{22} \cdot \tau_i^p + a_3 \cdot \zeta_i + \varepsilon_i$$

verwendet. Neben den jeweils in Klammern angegebenen t-Statistiken zu den ermittelten Regressionskoeffizienten (zweiseitiger Test) sind die R^2_{korr}-Statistiken protokolliert. *** (**, *) gibt Signifikanz auf dem 1 %-Niveau (5 %-, 10 %-Niveau) an. Werte für F-Tests der Regressionen sind nicht ausgewiesen, da in allen Fällen Signifikanz auf einem Niveau kleiner als 10^{-4} besteht.

Quelle: Eigene Berechnungen.

Modell	a_0	a_1	a_2	a_{21}	a_{22}	a_3	R^2_{korr}
BS	-0,0005	0,6381	–	–	–	–	0,0170
	(-0,9)	(11,8***)					
	-0,0040	–	-0,0001	–	–	–	0,0006
	(-4,4***)		(-2,1**)				
	0,0120	–	–	–	–	-0,0362	0,1418
	(21,2***)					(-40,2***)	
	-0,0036	–	–	0,0004	-0,0006	–	0,1240
	(-4,3***)			(13,0***)	(-17,7***)		
	0,0125	0,5594	–	0,0001	-0,0002	-0,0265	0,1587
	(10,4***)	(11,1***)		(3,3***)	(-4,7***)	(-15,9***)	
BS-ATM	-0,0050	0,5799	–	–	–	–	0,0142
	(-8,4***)	(10,8***)					
	-0,0079	–	-0,0001	–	–	–	0,0005
	(-8,8***)		(-2,1**)				
	0,0080	–	–	–	–	-0,0362	0,1429
	(14,3***)					(-40,5***)	
	-0,0076	–	–	0,0004	-0,0006	–	0,1251
	(-9,1***)			(13,1***)	(-17,8***)		
	0,0082	0,4999	–	0,0001	-0,0002	-0,0265	0,1573
	(6,8***)	(9,9***)		(3,2***)	(-5,0***)	(-15,9***)	

Tabelle 5.26
Regressionsanalyse zu den Out-of-the-sample-Wertabweichungen bezogen auf Optionscharakteristika (III) – Euro-Bund-Future-Optionen [Fortsetzung]

Modell	a_0	a_1	a_2	a_{21}	a_{22}	a_3	R^2_{korr}
GC	-0,0044	-0,0779	–	–	–	–	0,0004
	(-8,0***)	(-1,8*)					
	-0,0020	–	-0,0001	–	–	–	0,0007
	(-2,8***)		(-2,4**)				
	-0,0021	–	–	–	–	-0,0033	0,0017
	(-4,2***)					(-4,5***)	
	-0,0020	–	–	-0,0000	-0,0001	–	0,0015
	(-2,8***)			(-1,0)	(-3,6***)		
	0,0000	-0,1064	–	-0,0001	-0,0000	-0,0053	0,0033
	(0,0)	(-2,5**)		(-2,9***)	(-1,1)	(-3,7***)	
Misch2	-0,0056	-0,0713	–	–	–	–	0,0003
	(-10,2***)	(-1,7*)					
	-0,0038	–	-0,0000	–	–	–	0,0004
	(-5,4***)		(-1,8*)				
	-0,0030	–	–	–	–	-0,0042	0,0028
	(-5,8***)					(-5,6***)	
	-0,0038	–	–	-0,0000	-0,0001	–	0,0017
	(-5,2 ***)			(-0,1)	(-3,3***)		
	-0,0011	-0,0969	–	-0,0001	-0,0000	-0,0065	0,0039
	(-1,0)	(-2,3**)		(-2,6***)	(-0,4)	(-4,6***)	
Misch3	-0,0068	-0,1019	–	–	–	–	0,0006
	(-12,2***)	(-2,4**)					
	-0,0052	–	-0,0000	–	–	–	0,0001
	(-7,0***)		(-1,0)				
	-0,0040	–	–	–	–	-0,0040	0,0024
	(-7,7***)					(-1,0)	
	-0,0051	–	–	0,0000	-0,0001	–	0,0015
	(-7,0***)			(0,5)	(-2,6***)		
	-0,0031	-0,1225	–	-0,0001	-0,0000	-0,0056	0,0036
	(-2,8***)	(-2,9***)		(-1,8*)	(-0,3)	(-3,9***)	

Optionen, ein Ungleichgewicht im Bewertungsfehler für Calls und Puts. Das somit motivierte Vorgehen zur optionstypspezifischen Aufspaltung des Restlaufzeiteinflusses in der vierten Regressionstechnik deckt auch für die Euro-Bund-Future-Optionen im BS- und BS-ATM-Modell die restlaufzeitspezifische Überbewertung (Unterbewertung) von Calls (Puts) auf. In der gemeinsam für alle potenziellen erklärenden Variablen durchgeführten Regression offenbart sich mit $R^2_{\text{korr}} \approx 0{,}16$ ein moderater Einfluss dieser Größen auf den Bewertungsfehler.[615, 616]

Dass der Einsatz der komplexeren GC-, Misch2- und Misch3-Modelle auch für den Bereich der Euro-Bund-Future-Optionen sinnvoll ist, belegen die zugehörigen Regressionen: Bei allen drei Ansätzen lassen sich Verzerrungen aufgrund von Moneyness, Restlaufzeit und Optionstyp nahezu vollständig eliminieren ($R^2_{\text{korr}} < 0{,}01$). Insbesondere sind Calls und Puts konsistent mit den Modellen bewertbar, ohne dass bei einem der beiden Optionstypen relevante Über- oder Unterbewertungen auftreten. Wie bereits im Rahmen der globalen Abweichungsanalysen festgestellt, unterscheiden sich die Ergebnisse für die drei BS-Alternativen kaum – das GC-Modell zeigt die gleiche Leistung wie die beiden höher parametrisierten Mischungsmodelle.

615 Bei einer Interpretation der *absoluten Höhe* der Regressionskoeffizienten und z. B. dem Vergleich mit dem DAX-Optionssegment ist Vorsicht angebracht, da man sich stets die relevanten Wertebereiche vergegenwärtigen muss. So fällt zwar a_1 als Koeffizient für den Moneynesseinfluss im BS-Modell mit ca. 0,56 (Punkten pro Moneynesseinheit) relativ hoch aus, jedoch ist auch der real auftretende Wertebereich der Moneyness der Euro-Bund-Future-Optionen sehr eng um 0,00 konzentriert (und für Zwecke der Analyse sogar auf $\pm\,0{,}05$ begrenzt).

616 Vor dem Hintergrund der in dieser Arbeit gewählten Technik, auf Basis von Transaktions- statt mit Settlementdaten zu arbeiten, wird ergänzend für alle drei Optionsgruppen jeweils einzeln geprüft, ob (a) die Zahl der Transaktionen oder (b) der Anteil der am-Geld befindlichen Optionen in der Kalibrierungsperiode einen Einfluss auf den Bewertungsfehler aufweist. Beide Einflüsse sind zwar signifikant, jedoch mit $R^2_{\text{korr}} < 0{,}015$ nur von sehr untergeordneter Bedeutung.

5.8 Testmodul III: Hedging-Modellgüte

5.8.1 Untersuchungsdesign

Optionen ermöglichen u. a. die Absicherung von Vermögenspositionen gegen Wertschwankungen. Zur Untersuchung von Optionsbewertungsmodellen auf ihre Fähigkeit zur Erfassung dynamischer Strukturen wird regelmäßig auf fiktive Hedgeportefeuilles zurückgegriffen, die – modellspezifisch gebildet im Zeitpunkt t – im Zeitablauf, z. B. im Abstand von einem oder fünf Handelstagen, auf etwaige „Fehler" in der Absicherung analysiert werden. So lässt sich der Theorie nach ein Portefeuille, das mittels Calls bzw. Puts gegen Kursänderungen des Basiswertes abgesichert werden soll (*Delta-Hedge*), ohne Mitteleinsatz wie folgt konstruieren: Man verkaufe die Option im Zeitpunkt t und gehe gleichzeitig Positionen in Basiswert und risikoloser Anlageform (Geldanlage oder Kreditaufnahme) ein.

Bei der Betrachtung von Hedgingstrategien aus der Sicht eines Investors bezeichne im Folgenden ein positives Vorzeichen vor einer Variablen einen aus einem Verkauf resultierenden Mittelzufluss. Bei einem negativen Vorzeichen tritt im Portefeuille durch einen Kauf ein Mittelabfluss auf. Mit Π_t als Portefeuillewert im Zeitpunkt t und B_t als Geldanlage oder Kreditaufnahme zum risikolosen Zinssatz ist eine Portefeuilleimmunisierung wie folgt durchzuführen: Im Falle eines Calls verkaufe man diesen im Zeitpunkt t und erwerbe zugleich δ_t^c Einheiten des Basiswertes zum aktuellen Kurs von S_t. Da der Mittelzufluss aus dem Optionsverkauf für diese Transaktion nicht ausreicht, ist zusätzlich ein Kredit in Höhe von $B_t = \delta_t^c S_t - c_t$ aufzunehmen. Die Struktur des Hedgeportefeuilles im Zeitpunkt t gestaltet sich demnach wie folgt:

$$\Pi_t = c_t - \delta_t^c S_t + B_t \stackrel{!}{=} 0. \tag{5.18}$$

Analog sind im Falle eines verkauften Puts δ_t^p Einheiten des Basiswertes zu verkaufen.[617] Der Mittelüberschuss in Höhe von $B_t = p_t + \delta_t^p S_t$ ist zum risikolosen Zinssatz anzulegen, d. h. man erhält insgesamt

$$\Pi_t = p_t + \delta_t^p S_t - B_t \stackrel{!}{=} 0. \tag{5.19}$$

[617] Während ein solcher Leerverkauf für einen Index als Basiswert bei Vorliegen eines liquiden Futurehandels problemlos möglich ist, gestaltet sich etwa der Aufbau einer Short-Position in Aktien in Deutschland als schwierig und bleibt i. d. R. institutionellen Anlegern vorbehalten.

Die Anzahl δ_t^c bzw. δ_t^p an Einheiten des Basiswertes, die im Zeitpunkt t zu kaufen bzw. zu verkaufen ist, entspricht dem Betrag der Kennzahl *Delta* und ist modellspezifisch festzulegen.[618] Hierbei gilt der Zusammenhang

$$\delta_t^c = \frac{\partial c_t}{\partial S_t} \quad \text{bzw.} \quad \delta_t^p = \left|\frac{\partial p_t}{\partial S_t}\right|. \tag{5.20}$$

Die Betragsstriche im Falle von Puts sind wegen $\partial p_t / \partial S_t \in [-1; 0]$ erforderlich.

Die Auflösung des Portefeuilles im Zeitpunkt $t + \Delta t$ zeigt – die Gleichheit von Marktpreisen und Optionswerten in t und $t + \Delta t$ voraussetzend – die Abweichung vom Referenzwert null und gibt damit den modellindividuellen *Hedgingfehler* (engl.: *Hedging Error*) HE an:

$$\mathrm{HE}_{t+\Delta t}^c = -c_{t+\Delta t} + \delta_t^c S_{t+\Delta t} - e^{r\Delta t} B_t. \tag{5.21}$$

bzw.

$$\mathrm{HE}_{t+\Delta t}^p = -p_{t+\Delta t} - \delta_t^p S_{t+\Delta t} + e^{r\Delta t} B_t. \tag{5.22}$$

In beiden Fällen ist die Option in $t + \Delta t$ zu $c_{t+\Delta t}$ bzw. $p_{t+\Delta t}$ zurückzukaufen. Beim Hedging des Calls ist daneben die Long-Position im Basiswert aufzulösen und der Kredit zu tilgen. Analog sind bei Puts die risikolose Anlage zu liquidieren und die leerverkaufte Position im Basiswert zu schließen. Bei tatsächlicher Risikoimmunisierung sollte das Portefeuille zur Zeit $t + \Delta t$ weiterhin den Wert null aufweisen.[619] Je kleiner der absolute Betrag von HE ausfällt, desto besser sind die Modellfähigkeiten zur Risikoabsicherung.[620]

---

618 Siehe hierzu die Ausführungen in Kapitel 4, Abschnitt 4.4.

619 Vgl. bereits BLACK/SCHOLES (1972), S. 403.

620 Bei einem Test auf erzielbare Überrenditen ließe sich genauso verfahren, wobei das Ziel jedoch nicht in HE = 0, sondern HE > 0 besteht.

Für die konkrete Untersuchung[621] werden ausschließlich die letzten Transaktionen eines Tages in einem Call bzw. Put mit einem spezifischen Basispreis verwendet.[622] Ausgehend von einem Absicherungszeitraum von einem und alternativ fünf Handelstagen bei den DAX- und Euro-Bund-Future-Optionen sowie ausschließlich fünf Handelstagen bei den Aktienoptionen[623] werden für die Transaktionen in Calls und Puts des Tages t den Merkmalen nach korrespondierende Optionen zur Zeit $t + \Delta t$ ermittelt. Diese dienen als Größen $c_{t+\Delta t}$ bzw. $p_{t+\Delta t}$ zur Bestimmung des Hedgingfehlers.[624] Neben dem hier betrachteten Delta-Hedging[625] sind auch andere Hedging-Analysen denkbar, z. B. kombinierte Delta-Gamma-Strategien oder ein Delta-Vega-Hedging bei systematischem Volatilitätsrisiko. Diese leiden in der praktischen Umsetzung jedoch z. T. unter zu wenigen verfügbaren adäquaten Datensätzen.[626] Ein Hedging des Vega-Risikos ist darüber hinaus z. B. mit dem BLACK/SCHOLES-Modell nicht vereinbar, da für dieses systematische Risiken außer dem für den Kurs des Basiswertes ausgeschlossen sind.

621 Zum möglichen Aufbau einer Hedgingstudie siehe auch BAKSHI/CAO/CHEN (1997), S. 2033 ff., die geringfügig anders vorgehen.

622 Aufgrund der Konstruktion der Datenbasen sind mehrere Umsätze pro Tag in ausstattungsgleichen Optionen vorhanden, von denen mit der letzten Transaktion eines Tages jeweils nur eine näher untersucht wird. Dieser Aufbau ist konsistent mit solchen Studien, die auf Settlementpreise rekurrieren und den Hedgingerfolg auf deren Basis ermitteln. Zwar kann das hier gewählte Vorgehen kritisch gesehen werden, da der letzte Kurs eines Tages mit Schwächen wie geringer Liquidität behaftet sein kann, jedoch ist (i) das Vorgehen aufgrund des Abstellens auf Transaktions- statt auf Settlementdaten nahezu alternativlos und (ii) das Problem fehlender Liquidität bei der in der Literatur sonst üblichen Verwendung von Settlementkursen umso mehr evident. Geringfügige Modifikationen des hier gewählten Ansatzes, z. B. durch das Zusammenfassen der letzten protokollierten Transaktionen eines Tages, – so haben Voruntersuchungen gezeigt – beeinflussen die Ergebnisse nicht.

623 Fünf Handelstage sind bei Aktienoptionen der einem „Window" entsprechende Zeitraum.

624 Abweichend von der ansonsten angewandten Konvention zur Verwendung von Kalendertagen, ist es für diese Analyse unabdingbar, dass der „Zieltag" ein Handelstag ist, da nur so ein Referenzpreis der Option zur Verfügung steht. Für die Analyse werden hier ausschließlich einmalige Absicherungen in Intervallen $[t, t + \Delta t]$ betrachtet. Alternativ ließe sich – sofern ausreichend viele Beobachtungen vorliegen – die Wertentwicklung eines Hedgeportefeuilles bis zum Verfalltag der Option verfolgen. Bei einem Neuaufbau von Hedgeportefeuilles im Abstand von Δt lässt sich ein mittlerer Hedgingfehler für den gesamten Zeitraum ausweisen.

625 Vgl. zur besonderen Wichtigkeit der Kennzahl 'Delta' sowie des Delta-Hedgings auch FIGLEWSKI (1989b), S. 13 f.

626 Um ein möglichst realitätsnahes Abbild einer Hedgingstrategie zu liefern, müssten etwa die für eine Delta-Gamma-Strategie benötigten Optionen sowohl im Zeitpunkt des Aufbaus als auch der Auflösung des Hedgeportefeuilles zeitgleich gehandelt werden.

Beim Aufbau des Hedgeportefeuilles am Tag t werden die In-the-sample-Parametervektoren desselben Tages verwendet.[627] Bei Gültigkeit des Modells und bei Verwendung der „richtigen" Parameter am Tag t dürfte das Portefeuille am Ende des Absicherungszeitraumes keiner Wertveränderung unterliegen und gemäß (5.18) bzw. (5.19) weiterhin einen Wert von null aufweisen. Hierbei wird aus pragmatischen Überlegungen und in Anbetracht sehr kleiner Zeitintervalle Δt von der Problematik eines sich im Zeitablauf mit dem Kurs des Basiswertes ändernden Deltas abstrahiert.

In der Literatur i. d. R. vernachlässigt wird im Rahmen der Hedgingdiskussion das Problem, dass die Absicherung eines Portefeuilles bereits durch *Fehlbewertungen der Optionen am Markt* gestört werden kann. Dieser Umstand lässt sich stellvertretend am Beispiel von Calls wie folgt darstellen: Im Betrachtungszeitpunkt t, in dem die Option bei beschriebenem Vorgehen verkauft wird, könnte eine Differenz zwischen dem Modellwert c_t^{Modell} und dem Marktpreis c_t^{Markt} bestehen. Für $c_t^{\text{Markt}} > c_t^{\text{Modell}}$ etwa entsteht ein, der Theorie nach nicht berücksichtigter, zusätzlicher Zufluss in das Portefeuille. Analog werden für $c_t^{\text{Markt}} < c_t^{\text{Modell}}$ mit dem Verkauf der Option in t im Vergleich zur Modellannahme weniger Mittel zugeführt. Diese Problematik kehrt sich am Ende des Absicherungszeitraumes in $t + \Delta t$ gerade um, an dem die Option zurückzukaufen ist. Eine Abweichung zwischen $c_{t+\Delta t}^{\text{Modell}}$ und $c_{t+\Delta t}^{\text{Markt}}$ führt auch hier zu Mittelzuflüssen oder -abflüssen, die von dem theoretischen Hedgingansatz nicht erfasst werden können. Sofern sich die „Fehlbewertung" in beiden Fällen kompensiert, findet keine Ergebnisverzerrung statt. Dieses wird jedoch nicht der Regelfall sein: Der modellindividuelle Hedgingfehler gemäß (5.21) rekrutiert sich realiter zu einem Teil aus abnormalen Gewinnen bzw. Verlusten, die aus den Abweichungen zwischen Modellwerten und Marktpreisen in den Zeitpunkten t und $t + \Delta t$,

$$(c_{t+\Delta t}^{\text{Modell}} - c_{t+\Delta t}^{\text{Markt}}) - (c_t^{\text{Modell}} - c_t^{\text{Markt}})e^{r\Delta t}, \qquad (5.23)$$

resultieren.

[627] Bei den Aktienoptionen werden die In-the-sample-Parameter aus derselben Periode herangezogen. Für den Fall des Einsatzes lediglich sehr weniger Settlementpreise werden aufgrund befürchteter In-the-sample-Verzerrungen von BAKSHI/CAO/CHEN (1997), S. 2033 ff. die Vortagesvektoren verwendet. Eine solche Verzerrung ist in der vorliegenden Studie nicht zu befürchten, da die Modellparameter aus einer sehr großen Zahl von Optionen ermittelt werden.

Die Beurteilung der Modellgüte in der nachfolgenden dynamischen Betrachtung erfolgt über den mittleren Hedgingfehler MHE (engl.: *Mean Hedging Error*) sowie den mittleren absoluten Hedgingfehler MAHE (engl.: *Mean Absolute Hedging Error*). Diese messen für jedes Betrachtungsintervall die Abweichung des Portefeuillewertes vom Referenzwert null am Zieltag $t + \Delta t$. Aufgrund der aus der Abweichung zwischen Modellwerten und Marktpreisen resultierenden Einflüsse wird in dieser Studie der mittlere Hedgingfehler MHE ergänzend in zwei Teile aufgespalten, die angeben, ob die Abweichungen von einer perfekten Absicherung aus einer veränderten Anpassung des Marktpreises an den Modellwert oder durch den Aufbau des Hedgeportefeuilles selbst verursacht werden.[628] Bei der Interpretation dieser Aufspaltung des Hedgingfehlers ist allerdings vor einer Überinterpretation zu warnen. Die ausgewiesene „Fehlbewertung" am Markt ist *modellspezifisch* und setzt die Gültigkeit des Modells in den Zeitpunkten t und $t + \Delta t$ voraus. Daraus folgt, dass Abweichungen zwischen Markt und Modell allein *relativ* zu diesem gesehen werden dürfen. Insbesondere wäre es unzulässig, die Aufspaltung des Hedgingfehlers bei verschiedenen untersuchten Modellen miteinander zu vergleichen.[629]

5.8.2 Ergebnisse

DAX-Optionen. Die Resultate des Hedgings mit DAX-Optionen sind in *Tabelle 5.27* zusammengestellt. Mit Hilfe der vorliegenden Transaktionsdaten und unter Beschränkung der Betrachtung auf die jeweils letzten Transaktionen in einer spezifischen Option an einem Handelstag lassen sich 29.290 (26.620) bzw. 29.219 (26.091) „Paare" von Calls bzw. Puts bei einem eintägigen (fünftägigen) Zeithorizont bilden. Die Ergebnisse zeigen z. B. für Calls bei einem Intervall von einem Tag einen mittleren Hedgingfehler von 0,39 Punkten, sofern dem BS-Modell und dessen Hedge-Ratio gefolgt wird. Die Abweichung ist mit 0,34 Punkten beim BS-ATM-Modell noch geringer. Augenfällig ist der Anstieg des mittleren Fehlers in den drei komplexeren Modellen, der bis auf 0,50 Punkte führt. Ein ähnliches Bild ergibt sich auch bei Betrachtung

---

628 Vgl. zu einem ähnlichen Vorschlag im Rahmen der Analyse von Handelsstrategien GALAI (1977), S. 175 ff.

629 Für den Ausweis der Werte in den *Tabellen 5.27 bis 5.29* bedeutet dies, dass die Größen 'mittlerer Hedgefehler (Modell)' und 'mittlerer Hedgefehler (Markt)' nicht spaltenweise gelesen und interpretiert werden dürfen.

der mittleren absoluten Hedgingfehler, die in der Größenordnung bereits bei mehr als 7,00 Punkten liegen. Von der „Rangfolge" der Modelle her ergibt sich für die Puts bei eintägigem Zeithorizont ein ähnliches Bild. Für den mittleren Hedgingfehler sind ergänzend die Aufspaltungen der Abweichungen nach Markt- und Modelleinflüssen dokumentiert. Diese lassen sich z. B. dahingehend interpretieren, dass in der Betrachtungsperiode beim Hedging von Calls im BS-Modell über eintägige Perioden im Mittel 0,39 (Punkte) an Ertrag erzielt werden konnten, von denen 0,06 Punkte auf Fehlbewertungen der Optionen am Markt und 0,33 Punkte auf das Modell als solches zurückgeführt werden können. Die Ergebnisse im Hinblick auf diese Differenzierung der Hedgingergebnisse sind sehr heterogen, allerdings lässt sich eine i. d. R. vorliegende gegenläufige Tendenz der beiden Einflüsse feststellen. So kann z. B. für die Puts bei $\Delta t = 1$ (Tag) abgelesen werden, dass sich der Hedgeertrag im Misch3-Modell von durchschnittlich 0,49 (Punkten) zum einen aus einer – relativ zum idealtypischen Modellwert zu sehenden – Fehlbewertung der Optionen in Höhe von -0,51 (Punkten) sowie einem modellimmanenten Hedgingertrag von +1,00 (Punkten) zusammensetzt.

Die Ergebnisse bei Verlängerung des Betrachtungszeitraums auf fünf Handelstage sind denen im Falle eines Tages sehr ähnlich, lediglich die Fehlbewertung nimmt im Mittel bei Calls etwa um den Faktor vier, bei Puts sogar ca. um den Faktor sieben zu. Bei der Betrachtung der MAHE erhält man eine eher moderate Zunahme des Hedgingfehlers, approximativ um den Faktor 2,5.

Abbildung 5.25 und *Abbildung 5.26* illustrieren die mittleren und mittleren absoluten Hedgingfehler in Abhängigkeit von Moneyness und Restlaufzeit der Optionen.[630] Festzuhalten ist zunächst das bereits in der summarischen Übersicht diagnostizierte schlechte Ergebnis bei den komplexeren Modellen. Abgesehen von vereinzelten Ausnahmen, z. B. kurz laufenden Calls in der Klasse M1, sind die Abweichungen vom Idealwert null bei diesen Ansätzen durchweg größer als beim BS-Referenzmodell. Insbesondere das auf die am-Geld notierenden Optionen abstellende BS-ATM-Modell zeigt seine Stärke im Bereich des Hedgings – Grund hierfür dürfte der diesem Ansatz bereits in der Kalibrierung innewohnende „Durchschnittscharakter" durch die Konzentration auf Optionen mit mittlerer Moneyness sein. Die Abbildungen zeigen des Weiteren z. B.

[630] Ausgegangen wird bei der Gruppierung von den Charakteristika der im Zeitpunkt t für den Aufbau des Portefeuilles ausgewählten Optionen.

die Zunahme der absoluten Hedgingfehler mit zunehmender Moneyness und Restlaufzeit – beide Effekte können angesichts der in diesen Fällen i. d. R. ohnehin zunehmenden Optionswerte nicht verwundern. Die in *Abbildung 5.27* und *Abbildung 5.28* dokumentierten Resultate für den fünftägigen Hedginghorizont liefern keine wesentlich weiterführenden Informationen. Hervorhebenswert ist jedoch z. B. der im Vergleich zum Ein-Tages-Fall im Mittel ausschließlich positive Hedgingfehler, gleichbedeutend mit einem Hedgingertrag, bei Calls und Puts.

Tabelle 5.27
Hedging-Modellgüte (I) – DAX-Optionen

Die Tabelle fasst die Ergebnisse der *Hedging-Analyse* zu den DAX-Optionen zusammen: Untersucht wird die Wertentwicklung modellindividuell gestalteter Portefeuilles, die der Theorie folgend gegen Kursveränderungen des Basiswertes immunisiert sind (Hedgeportefeuilles). Die Wirksamkeit dieser auf diese Weise analysierten Modellkonsistenz im Zeitablauf wird anhand der mittleren und mittleren absoluten Abweichungen (MHE und MAHE) zwischen dem Wert des Hedgeportefeuilles und dem Zielwert null nach Ablauf von (a) einem und (b) fünf Handelstagen gemessen. Die mittlere Abweichung wird des Weiteren nach Markt- und Modelleinflüssen aufgespalten. Unter Verwendung des jeweils letzten Umsatzes in einer spezifischen Option an einem Handelstag werden in jedem Modell insgesamt 29.290 (26.620) Calls sowie 29.219 (26.091) Puts bei eintägigem (fünftägigem) Zeithorizont untersucht.

Quelle: Eigene Berechnungen.

	Calls						Puts					
	MHE				MAHE		MHE				MAHE	
Modell	Mittel	Std.	Mittel (Markt)	Mittel (Modell)	Mittel	Std.	Mittel	Std.	Mittel (Markt)	Mittel (Modell)	Mittel	Std.
– 1 Tag –												
BS	0,39	22,09	0,06	0,33	7,48	20,78	0,35	15,43	0,25	0,10	6,10	14,18
BS-ATM	0,34	19,17	-0,01	0,35	7,43	17,67	0,35	15,43	0,24	0,11	6,09	14,18
GC	0,43	22,40	0,39	0,04	7,82	21,00	0,44	15,99	0,23	0,21	6,76	14,50
Misch2	0,49	22,78	-0,05	0,54	8,19	21,26	0,50	16,22	-0,50	1,00	6,92	14,68
Misch3	0,50	22,75	-0,06	0,56	8,19	21,23	0,49	16,23	-0,51	1,00	6,92	14,69
– 5 Tage –												
BS	1,62	32,11	-0,40	2,02	18,48	26,30	2,37	26,86	1,54	0,83	15,89	21,79
BS-ATM	1,60	30,57	-0,49	2,09	18,53	24,36	2,35	26,87	1,51	0,84	15,84	21,83
GC	1,54	32,24	1,03	0,51	18,66	26,34	3,00	27,62	1,51	1,49	16,78	22,15
Misch2	1,72	32,93	-1,21	2,93	19,27	26,76	3,32	28,07	-2,04	5,36	17,08	22,52
Misch3	1,73	33,03	-1,16	2,89	19,31	26,85	3,33	28,03	-1,97	5,30	17,07	22,49

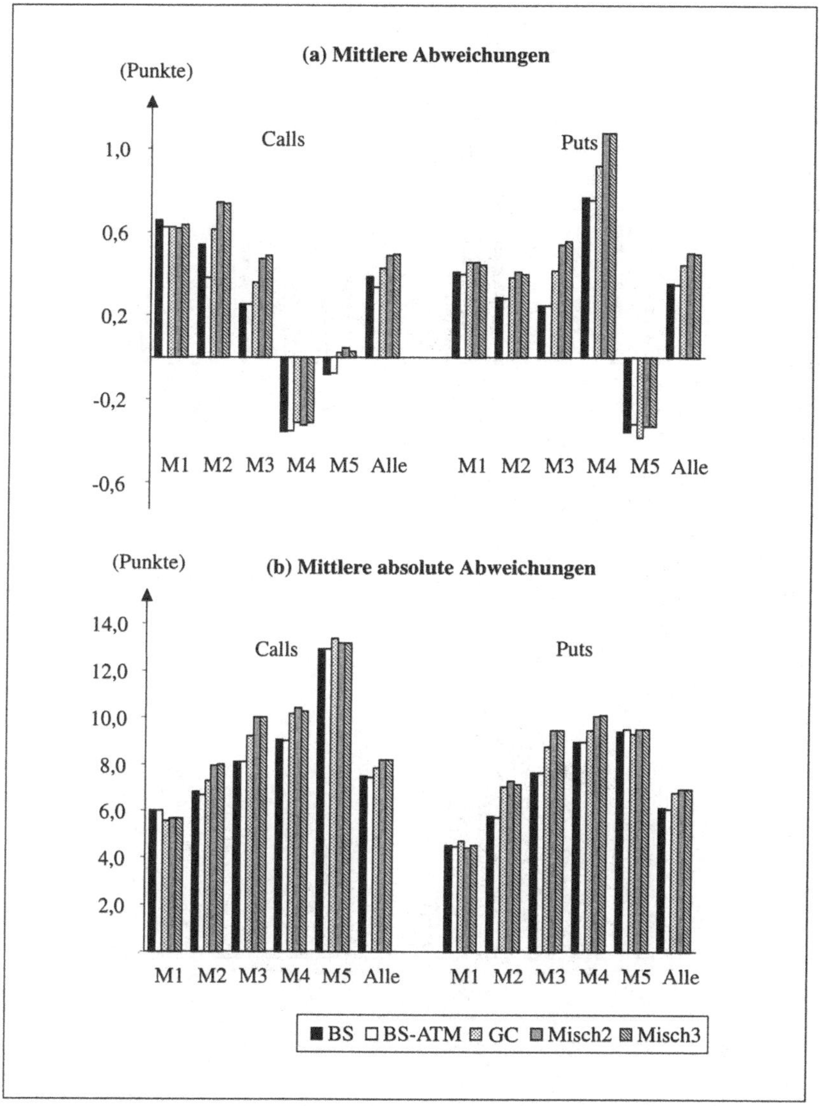

Abbildung 5.25. Hedgingfehler der Modelle nach Moneynessklassen (I) – DAX-Optionen bei eintägiger Haltedauer. Die Grafiken vergleichen, getrennt nach Calls und Puts sowie nach Moneynessklassen (M1: weit aus-dem-Geld bis M5: weit im-Geld), die mittleren sowie die mittleren absoluten Wertabweichungen modellindividuell aufgebauter Hedgeportefeuilles vom Referenzwert null. Als Haltedauer der Portefeuilles wird dabei ein Handelstag in Ansatz gebracht.

Quelle: Eigene Berechnung und Darstellung.

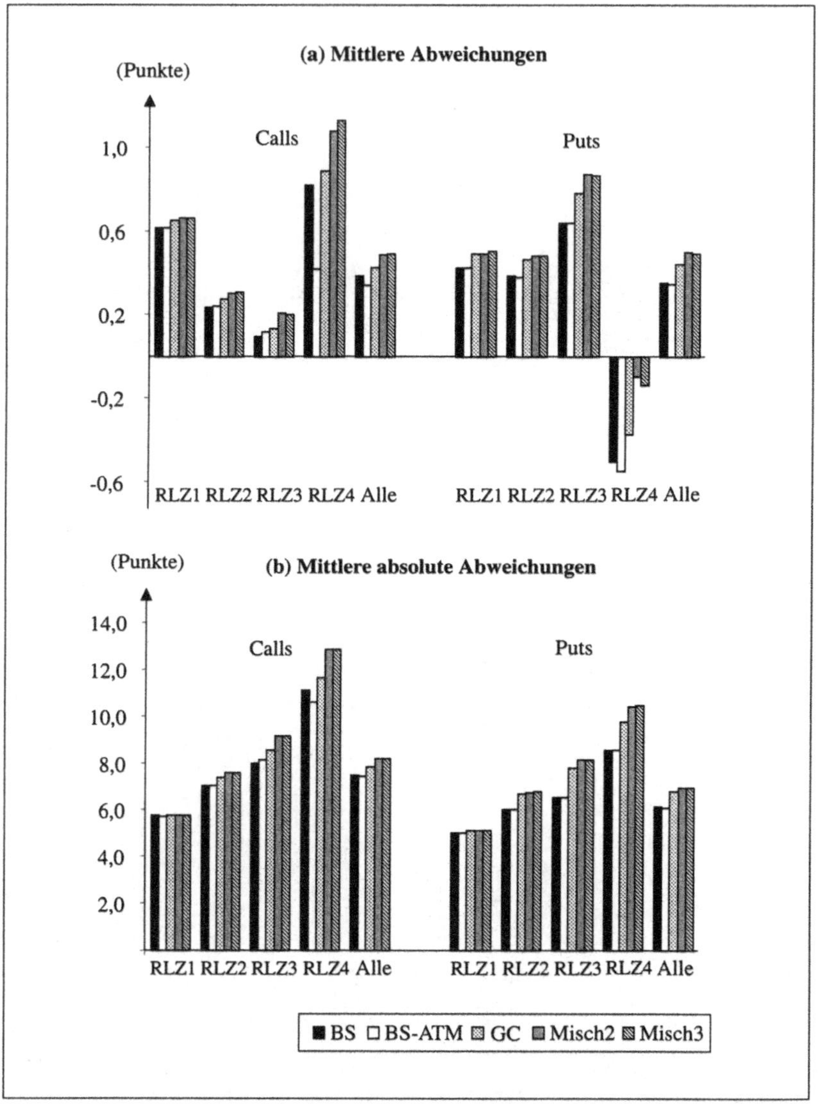

Abbildung 5.26. Hedgingfehler der Modelle nach Restlaufzeitklassen (I) – DAX-Optionen bei eintägiger Haltedauer. Die Grafiken vergleichen, getrennt nach Calls und Puts sowie nach Restlaufzeitklassen (RLZ1: sehr kurz laufend bis RLZ4: lang laufend), die mittleren sowie die mittleren absoluten Wertabweichungen modellindividuell aufgebauter Hedgeportefeuilles vom Referenzwert null. Als Haltedauer der Portefeuilles wird dabei ein Handelstag in Ansatz gebracht.

Quelle: Eigene Berechnung und Darstellung.

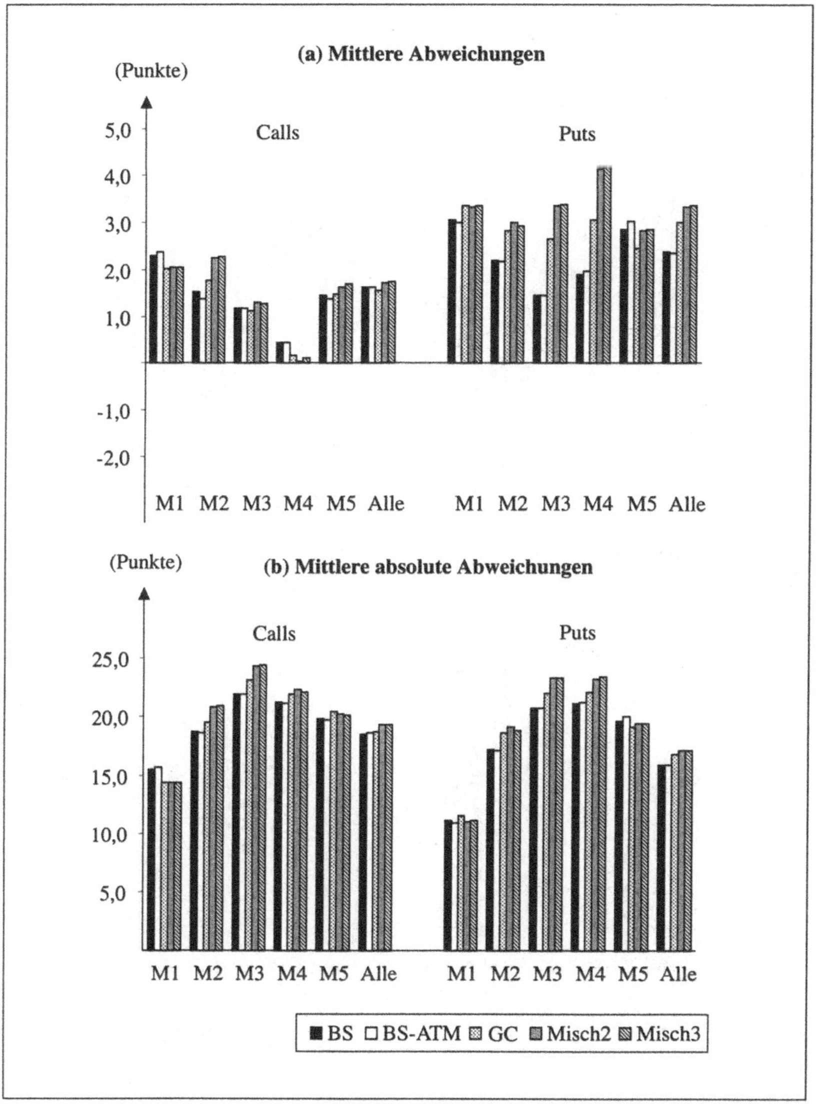

Abbildung 5.27. Hedgingfehler der Modelle nach Moneynessklassen (I) – DAX-Optionen bei fünftägiger Haltedauer. Die Grafiken vergleichen, getrennt nach Calls und Puts sowie nach Moneynessklassen (M1: weit aus-dem-Geld bis M5: weit im-Geld), die mittleren sowie die mittleren absoluten Wertabweichungen modellindividuell aufgebauter Hedgeportefeuilles vom Referenzwert null. Als Haltedauer der Portefeuilles werden dabei fünf Handelstage in Ansatz gebracht.

Quelle: Eigene Berechnung und Darstellung.

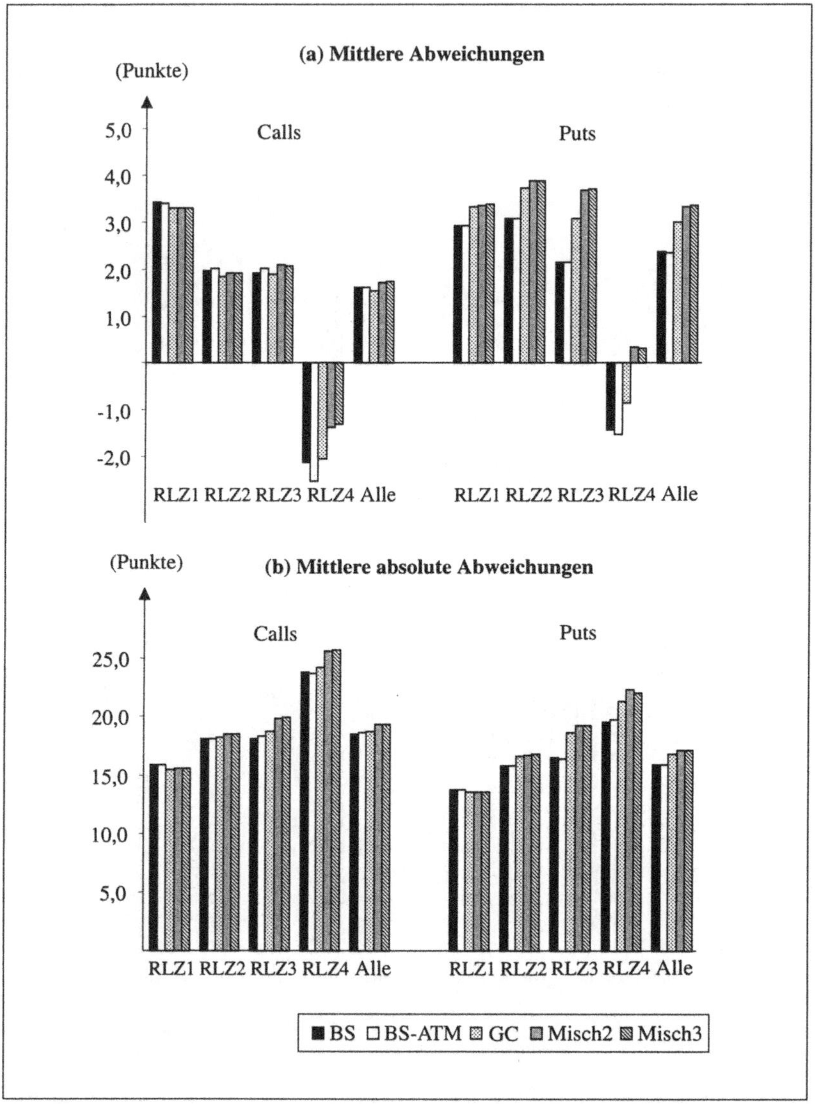

Abbildung 5.28. Hedgingfehler der Modelle nach Restlaufzeitklassen (I) – DAX-Optionen bei fünftägiger Haltedauer. Die Grafiken vergleichen, getrennt nach Calls und Puts sowie nach Restlaufzeitklassen (RLZ1: sehr kurz laufend bis RLZ4: lang laufend), die mittleren sowie die mittleren absoluten Wertabweichungen modellindividuell aufgebauter Hedgeportefeuilles vom Referenzwert null. Als Haltedauer der Portefeuilles werden dabei fünf Handelstage in Ansatz gebracht.

Quelle: Eigene Berechnung und Darstellung.

Aktienoptionen. Unterschieden nach den zehn Basiswerten dokumentiert *Tabelle 5.28* die Ergebnisse der Hedginganalyse für die Gruppe der Aktienoptionen. Mit von vornherein auf fünf Handelstage ausgeweiteten Betrachtungsintervallen können insgesamt 31.214 „Hedgingpaare" für die Kaufoptionen gebildet werden – im Minimum 1.898 für den Basiswert BAY, maximal 5.235 im Fall SIE. Generelles Ergebnis für den Bereich der Aktienoptionen ist das sehr ähnliche Verhalten aller Modelle. Größere Unterschiede offenbaren sich nur in wenigen Fällen, z. B. bei den Basiswerten ALV und SAP, für die der mittlere absolute Hedgingfehler analog zu den DAX-Optionen mit Erhöhung der Modellkomplexität zunimmt.

Auf die Dokumentation der Ergebnisse bei Aufspaltung nach Moneyness- und Restlaufzeit wird für die Aktienoptionen aus Umfangsgründen verzichtet – eine solche Differenzierung vermag keine weiteren modellspezifischen Charakteristika beim Hedging für diese Optionsgruppe aufzudecken.

Euro-Bund-Future-Optionen. Abschließend zeigt *Tabelle 5.29* die Resultate beim Hedging von Euro-Bund-Future-Optionen. Zu diesem Zweck stehen nach adäquater Zuordnung 1.167 (959) Calls sowie 1.357 (1.134) Puts bei eintägigem (fünftägigem) Zeithorizont zur Verfügung. Hervorhebenswert ist zunächst die Tatsache, dass in allen Modellen, sowohl für Calls als auch für Puts sowie bei ein- und fünftägigem Zeithorizont, negative Hedgingerträge verzeichnet werden. Deren betragsmäßige Höhe nimmt mit Erhöhung der Modellkomplexität zu. Die Aufspaltung des MHE ordnet einen größeren Teil dieser Fehlleistung den durch Abweichungen zwischen Markt- und Modellpreisen in den Zeitpunkten t und $t + \Delta t$ induzierten Verzerrungen zu. Bei der Interpretation dieser Ergebnisse – und ggf. einem vorschnellen Schluss auf permanente Arbitragemöglichkeiten – ist zu berücksichtigen, dass alle Mittelwerte von einer hohen Standardabweichung begleitet und die von null abweichenden Erträge zu Darstellungszwecken mit 10^2 multipliziert werden. In Anbetracht von Rundungsproblematiken und etwaigen Transaktionskosten lässt sich eine unmittelbare ökonomische Relevanz des festgestellten Phänomens nicht ohne weiteres begründen.

Der Vergleich zwischen Ein- und Fünf-Tages-Horizont zeigt bei den Euro-Bund-Future-Optionen ähnlich wie bei den DAX-Optionen eine Zunahme des MAHE um den Faktor zwei bis drei. *Abbildung 5.29* und *Abbildung 5.30* differenzieren die Ergebnisse für täglich aufgebaute Hedgeportefeuilles nach Erträgen in Abhängigkeit von

Tabelle 5.28
Hedging-Modellgüte (II) – Aktienoptionen

Die Tabelle fasst die Ergebnisse der *Hedging-Analyse* zu den Aktienoptionen zusammen: Untersucht wird die Wertentwicklung modellindividuell gestalteter Portefeuilles, die der Theorie folgend gegen Kursveränderungen des Basiswertes immunisiert sind (Hedgeportefeuilles). Die Wirksamkeit dieser auf diese Weise analysierten Modellkonsistenz im Zeitablauf wird anhand der mittleren und mittleren absoluten Abweichungen (MHE und MAHE) zwischen dem Wert des Hedgeportefeuilles und dem Zielwert null nach Ablauf von fünf Handelstagen gemessen. Die mittlere Abweichung wird des Weiteren nach Markt- und Modelleinflüssen aufgespalten. Unter Verwendung des jeweils letzten Umsatzes in einer spezifischen Option an einem Handelstag werden in jedem Modell, kumuliert über alle zehn Basiswerte, insgesamt 31.214 Calls im Zeitablauf (minimal 1.898 [BAY], maximal 5.235 [SIE]) untersucht.

Quelle: Eigene Berechnungen.

		MHE				MAHE	
Modell	Basiswert	Mittel	Std.	Mittel (Markt)	Mittel (Modell)	Mittel	Std.
BS	ALV	0,01	2,75	-0,03	0,04	1,70	2,17
	BAS	0,04	0,26	-0,08	0,12	0,20	0,17
	BAY	0,03	0,24	-0,07	0,10	0,18	0,16
	CBK	0,04	0,21	0,00	0,04	0,16	0,14
	DBK	-0,03	0,77	-0,02	-0,01	0,39	0,66
	DCX	0,06	0,46	0,02	0,04	0,33	0,33
	DTE	-0,05	0,67	-0,02	-0,03	0,41	0,53
	SAP	-1,45	8,57	-0,42	-1,03	4,17	7,63
	SIE	-0,04	1,20	-0,03	-0,01	0,72	0,96
	VOW	0,04	0,45	0,01	0,03	0,30	0,34
BS-ATM	ALV	-0,01	2,77	-0,03	0,03	1,71	2,18
	BAS	0,04	0,26	-0,08	0,13	0,20	0,17
	BAY	0,03	0,24	-0,07	0,09	0,18	0,16
	CBK	0,04	0,21	0,00	0,04	0,16	0,14
	DBK	-0,03	0,77	-0,01	-0,02	0,39	0,67
	DCX	0,06	0,46	0,01	0,05	0,33	0,33
	DTE	-0,05	0,67	-0,02	-0,03	0,41	0,54
	SAP	-1,49	8,64	-0,44	-1,05	4,21	7,69
	SIE	-0,04	1,20	-0,03	-0,01	0,72	0,96
	VOW	0,04	0,45	0,01	0,03	0,30	0,34

Moneyness und Restlaufzeit. Hierbei ist anzumerken, dass die festgestellten negativen durchschnittlichen Erträge zu einem größeren Teil dem Hedging weit im-Geld notie-

Tabelle 5.28
Hedging-Modellgüte (II) – Aktienoptionen [Fortsetzung]

		MHE				MAHE	
Modell	Basiswert	Mittel	Std.	Mittel (Markt)	Mittel (Modell)	Mittel	Std.
GC	ALV	-0,05	2,85	0,01	-0,06	1,77	2,24
	BAS	0,04	0,26	-0,08	0,12	0,20	0,17
	BAY	0,02	0,24	-0,07	0,09	0,17	0,16
	CBK	0,03	0,21	0,00	0,03	0,16	0,14
	DBK	-0,04	0,78	0,00	-0,04	0,39	0,68
	DCX	0,05	0,48	0,02	0,03	0,33	0,36
	DTE	-0,06	0,67	-0,02	-0,04	0,41	0,54
	SAP	-1,54	8,77	-0,28	-1,26	4,23	7,84
	SIE	-0,06	1,21	-0,02	-0,04	0,72	0,97
	VOW	0,04	0,45	0,01	0,03	0,30	0,34
Misch2	ALV	-0,06	2,83	-0,12	0,06	1,77	2,21
	BAS	0,04	0,26	-0,09	0,13	0,20	0,17
	BAY	0,01	0,27	-0,10	0,11	0,19	0,20
	CBK	0,04	0,21	-0,01	0,05	0,16	0,14
	DBK	-0,04	0,80	-0,02	-0,02	0,40	0,69
	DCX	0,05	0,49	0,00	0,05	0,33	0,36
	DTE	-0,06	0,68	-0,03	-0,03	0,41	0,54
	SAP	-1,57	8,98	-0,51	-1,06	4,34	8,02
	SIE	-0,05	1,22	-0,07	0,02	0,73	0,98
	VOW	0,03	0,46	-0,03	0,06	0,30	0,35
Misch3	ALV	-0,02	2,86	-0,14	0,12	1,77	2,24
	BAS	0,04	0,26	-0,09	0,13	0,20	0,17
	BAY	0,00	0,31	-0,13	0,13	0,20	0,23
	CBK	0,04	0,22	-0,01	0,05	0,17	0,14
	DBK	-0,04	0,80	-0,03	-0,01	0,40	0,69
	DCX	0,05	0,49	0,00	0,05	0,33	0,36
	DTE	-0,05	0,68	-0,03	-0,02	0,41	0,55
	SAP	-1,61	9,12	-0,49	-1,12	4,38	8,16
	SIE	-0,05	1,22	-0,07	0,02	0,72	0,98
	VOW	0,04	0,45	-0,02	0,06	0,30	0,34

render Optionen, sowohl Calls als auch Puts, aus der Klasse M4 zugeordnet werden können; Analoges gilt für die lang laufenden Optionen aus der Klasse RLZ3. Die Begründung ist wiederum in dem tendenziell ohnehin mit der Moneyness und Restlaufzeit steigenden Optionswert zu sehen. Die generelle Beobachtung für die GC-, Misch2- und Misch3-Modelle im Vergleich zum BS- und BS-ATM-Modell stärker verzerrter Hedgingergebnisse lässt sich in nahezu allen Moneyness- und Restlaufzeitklassen für die Euro-Bund-Future-Optionen nachvollziehen.

Abbildung 5.31 und *Abbildung 5.32* dokumentieren die differenzierten Ergebnisse eines Fünf-Tages-Hedgings und decken dabei u. a. auf, dass in diesem Fall z. B. mit sehr weit aus-dem-Geld und sehr kurz laufenden Optionen im Mittel auch positive Hedgingresultate erzielt werden.

Tabelle 5.29
Hedging-Modellgüte (III) – Euro-Bund-Future-Optionen

Die Tabelle fasst die Ergebnisse der *Hedging-Analyse* zu den Euro-Bund-Future-Optionen zusammen: Untersucht wird die Wertentwicklung modellindividuell gestalteter Portefeuilles, die der Theorie folgend gegen Kursveränderungen des Basiswertes immunisiert sind (Hedgeportefeuilles). Die Wirksamkeit dieser auf diese Weise analysierten Modellkonsistenz im Zeitablauf wird anhand der mittleren und mittleren absoluten Abweichungen (MHE und MAHE) zwischen dem Wert des Hedgeportefeuilles und dem Zielwert null nach Ablauf von (a) einem und (b) fünf Handelstagen gemessen. Die mittlere Abweichung wird des Weiteren nach Markt- und Modelleinflüssen aufgespalten. Unter Verwendung des jeweils letzten Umsatzes in einer spezifischen Option an einem Handelstag werden in jedem Modell insgesamt 1.167 (959) Calls sowie 1.357 (1.134) Puts bei eintägigem (fünftägigem) Zeithorizont untersucht. *Hinweis:* Alle angegebenen Größen sind zu Darstellungszwecken mit 10^2 multipliziert.

Quelle: Eigene Berechnungen.

	Calls						Puts					
	MHE				MAHE		MHE				MAHE	
Modell	Mittel	Std.	Mittel (Markt)	Mittel (Modell)	Mittel	Std.	Mittel	Std.	Mittel (Markt)	Mittel (Modell)	Mittel	Std.
– 1 Tag –												
BS	-0,59	5,93	-0,53	-0,06	3,83	4,56	-0,62	5,85	-0,43	-0,19	3,98	4,33
BS-ATM	-0,59	5,92	-0,51	-0,08	3,82	4,56	-0,63	5,86	-0,42	-0,21	3,99	4,34
GC	-0,78	6,32	-0,51	-0,27	4,07	4,90	-0,77	6,24	-0,61	-0,16	4,28	4,59
Misch2	-0,80	6,37	-0,61	-0,19	4,07	4,97	-0,73	6,19	-0,79	0,06	4,25	4,56
Misch3	-0,78	6,38	-0,68	-0,10	4,08	4,97	-0,75	6,22	-0,87	0,12	4,28	4,58
– 5 Tage –												
BS	-1,23	14,34	-1,38	0,15	9,19	11,08	-1,72	13,90	-1,51	-0,21	9,06	10,68
BS-ATM	-1,23	14,33	-1,27	0,04	9,17	11,07	-1,78	13,97	-1,46	-0,32	9,09	10,75
GC	-1,95	15,73	-1,08	-0,87	9,83	12,43	-2,04	15,35	-2,00	-0,04	9,94	11,87
Misch2	-2,07	15,84	-1,53	-0,54	9,85	12,58	-2,02	15,44	-2,89	0,87	9,95	11,98
Misch3	-2,12	15,92	-1,89	-0,23	9,89	12,65	-2,04	15,40	-3,20	1,16	9,94	11,94

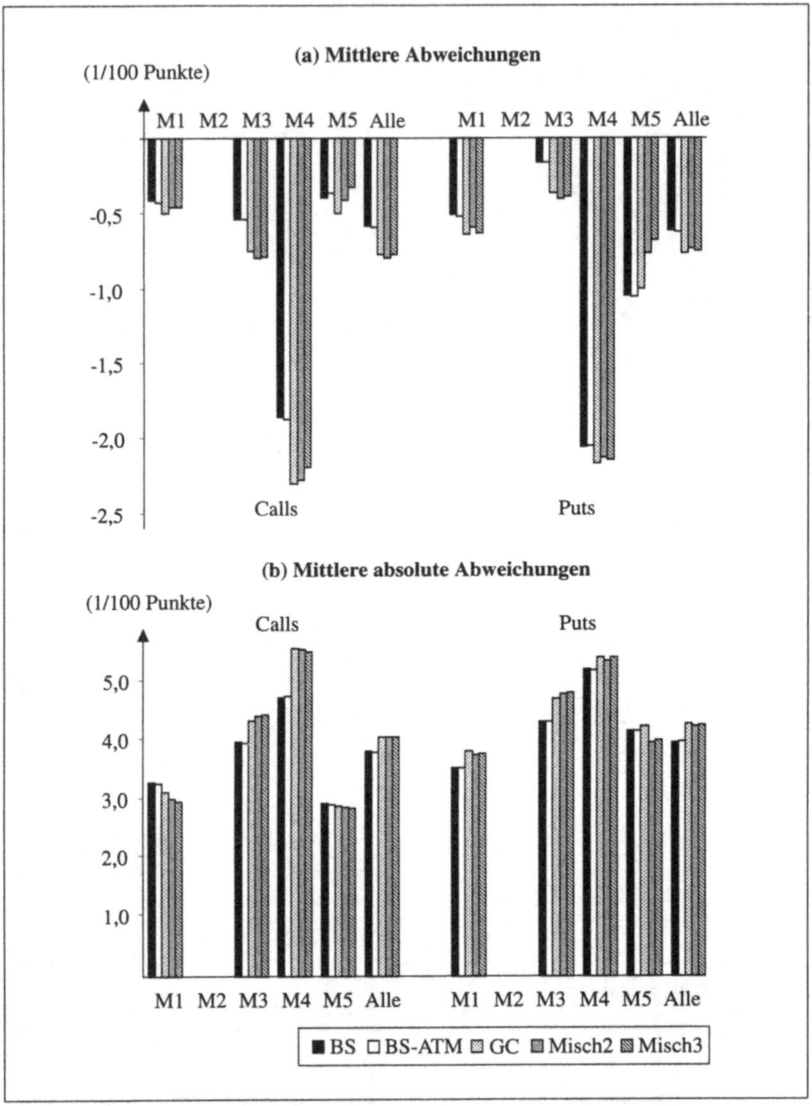

Abbildung 5.29. Hedgingfehler der Modelle nach Moneynessklassen (II) – Euro-Bund-Future-Optionen bei eintägiger Haltedauer. Die Grafiken vergleichen, getrennt nach Calls und Puts sowie nach Moneynessklassen (M1: weit aus-dem-Geld bis M5: weit im-Geld), die mittleren sowie die mittleren absoluten Wertabweichungen modellindividuell aufgebauter Hedgeportefeuilles vom Referenzwert null. Als Haltedauer der Portefeuilles wird dabei ein Handelstag in Ansatz gebracht.

Quelle: Eigene Berechnung und Darstellung.

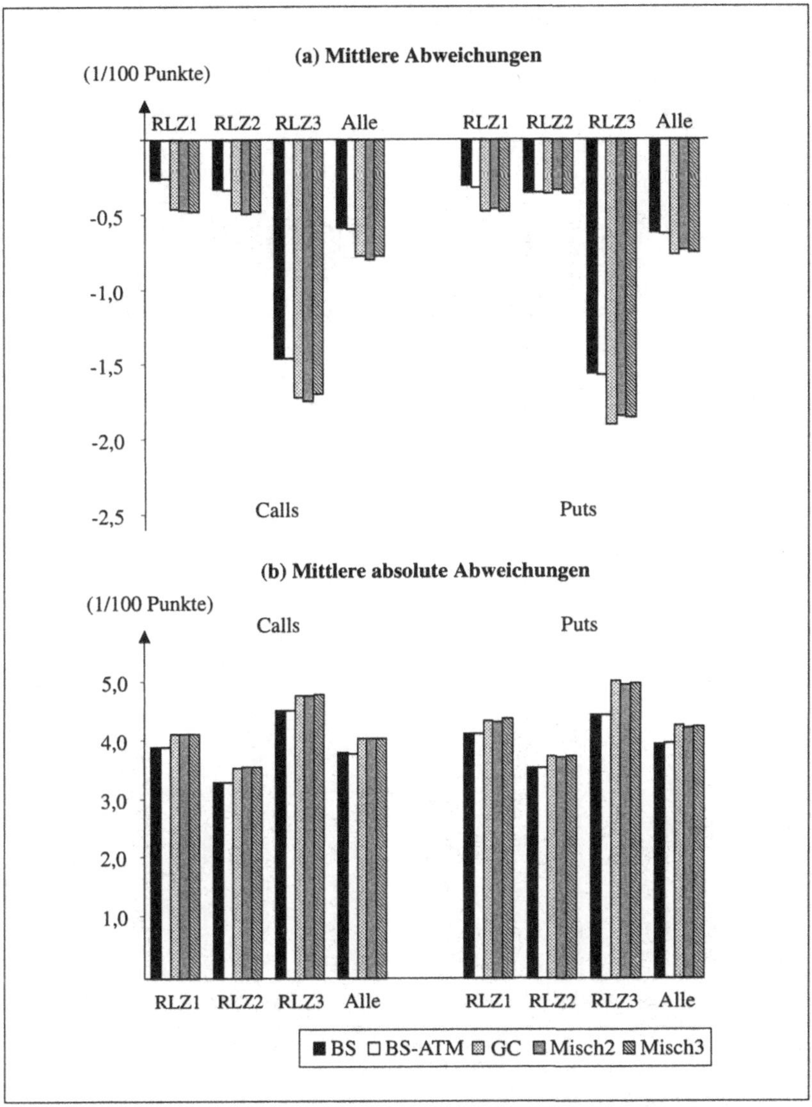

Abbildung 5.30. Hedgingfehler der Modelle nach Restlaufzeitklassen (II) – Euro-Bund-Future-Optionen bei eintägiger Haltedauer. Die Grafiken vergleichen, getrennt nach Calls und Puts sowie nach Restlaufzeitklassen (RLZ1: sehr kurz laufend bis RLZ3: lang laufend), die mittleren sowie die mittleren absoluten Wertabweichungen modellindividuell aufgebauter Hedgeportefeuilles vom Referenzwert null. Als Haltedauer der Portefeuilles wird dabei ein Handelstag in Ansatz gebracht.

Quelle: Eigene Berechnung und Darstellung.

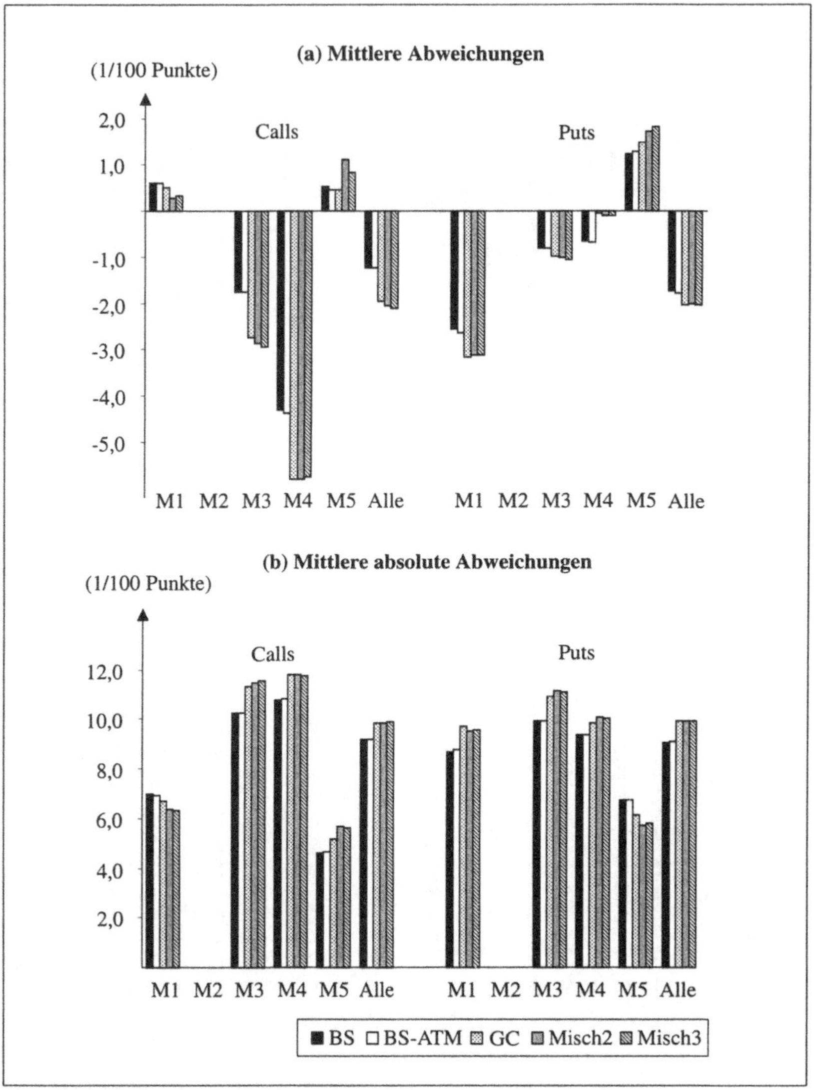

Abbildung 5.31. Hedgingfehler der Modelle nach Moneynessklassen (II) – Euro-Bund-Future-Optionen bei fünftägiger Haltedauer. Die Grafiken vergleichen, getrennt nach Calls und Puts sowie nach Moneynessklassen (M1: weit aus-dem-Geld bis M5: weit im-Geld), die mittleren sowie die mittleren absoluten Wertabweichungen modellindividuell aufgebauter Hedgeportefeuilles vom Referenzwert null. Als Haltedauer der Portefeuilles werden dabei fünf Handelstage in Ansatz gebracht.

Quelle: Eigene Berechnung und Darstellung.

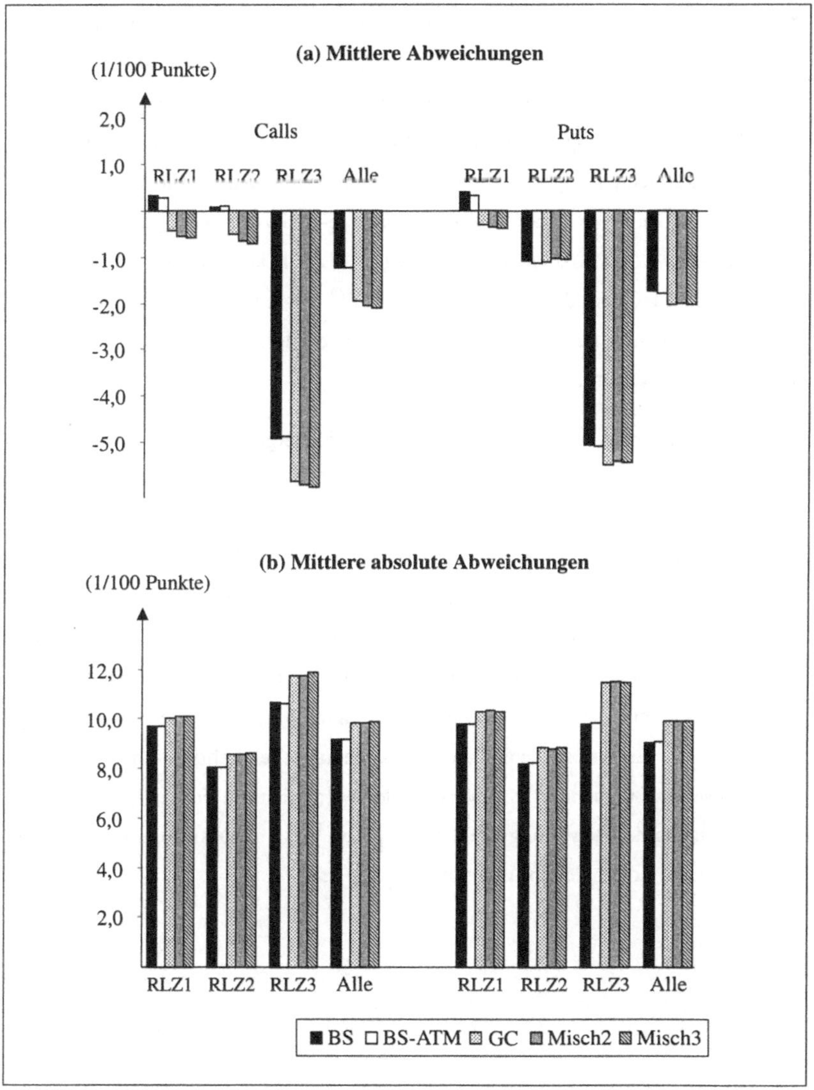

Abbildung 5.32. Hedgingfehler der Modelle nach Restlaufzeitklassen (II) – Euro-Bund-Future-Optionen bei fünftägiger Haltedauer. Die Grafiken vergleichen, getrennt nach Calls und Puts sowie nach Restlaufzeitklassen (RLZ1: sehr kurz laufend bis RLZ3: lang laufend), die mittleren sowie die mittleren absoluten Wertabweichungen modellindividuell aufgebauter Hedgeportefeuilles vom Referenzwert null. Als Haltedauer der Portefeuilles werden dabei fünf Handelstage in Ansatz gebracht.

Quelle: Eigene Berechnung und Darstellung.

Zusammenfassend lassen sich die Ergebnisse dieser dritten Teiluntersuchung wie folgt einordnen: Die Tatsache, dass gegenüber BLACK/SCHOLES modifizierte Ansätze i. d. R. zu keiner Verbesserung, sondern tendenziell eher zu einer Verschlechterung der Hedgingergebnisse führen, ist in der Literatur für die DAX-Optionen mehrfach festgestellt worden.[631] Dieses Phänomen tritt auch dann auf, wenn die Modelle in einer Out-of-the-sample-Analyse recht gut abschneiden. CAPELLE-BLANCHARD/JURCZENKO/MAILLET (2001) kommen für das Edgeworth-Expansionsmodell nach JARROW/RUDD (1982)[632] anhand des französischen Marktes für Indexoptionen zu dem Ergebnis, dass die Hedgingfähigkeit durch dieses Alternativmodell nicht wesentlich verändert wird.

Gründe für schlechte bzw. nicht verbesserte Hedgingergebnisse sind nicht unmittelbar ersichtlich: Anhand von Strukturmodellen, die Sprungrisiken modellieren, argumentieren BAKSHI/CAO/CHEN (1997) dahingehend, dass wegen sehr kurzer Hedgingintervalle und sehr selten auftretender Sprünge keine Verbesserung erzielt werden kann.[633] Daneben ist festzuhalten, dass dem Hedging auf Grundlage eines zeitstetigen Modells unvermeidlich ein Diskretisierungsfehler innewohnt.[634] Ein weiteres Problem von empirischen Tests von Handelsstrategien besteht darin, dass auf Basis von Transaktionsdaten nicht unterschieden werden kann, ob zu Geld- oder Briefkursen gehandelt wird.[635] Es besteht die Gefahr einer systematischen Fehlauswahl vermeintlich falsch bewerteter Optionen.[636] Ansonsten bleibt lediglich die Feststellung, dass eine gute Anpassung der Bewertungsfunktionen c_t bzw. p_t an die Marktpreise „zu Lasten" der Spezifikation der höheren Ableitungen gehen kann.

[631] Es sei etwa auf die Studien von HERRMANN (1999) und NAGEL (2001) in Abschnitt 5.2 verwiesen.

[632] Vgl. Kapitel 4, Abschnitt 4.2.

[633] Vgl. BAKSHI/CAO/CHEN (1997), S. 2035 f.

[634] Vgl. z. B. HUTCHINSON/LO/POGGIO (1994), S. 853.

[635] Siehe auch die Diskussion um den Aufbau der Hedgingstudie in Fußnote 622.

[636] Vgl. LÜDECKE (1996), S. 257 f.

5.9 Testmodul IV: Informationsgehalt der risikoneutralen Verteilungen für den Basismarkt

5.9.1 Untersuchungsdesign

Während sich die vorigen Untersuchungen neben der Frage der Modellkalibrierung mit der Prognose von Optionspreisen beschäftigt haben, wird der Fokus in diesem Modul geändert und stattdessen auf die Verbindung zwischen Termin- und Kassamarkt rekurriert. Konkret stellt sich die Frage, in welchem Ausmaß – auch ohne Vorliegen eines konkreten Strukturmodells – eine Verbindung zwischen der „realen Welt" der Basiswerte der Optionen und der „risikoneutralen Welt", in der die Optionsbewertung stattfindet, hergestellt werden kann.

Die Motivation für eine solche Fragestellung lässt sich wie folgt skizzieren: Der Einsatz der historischen Volatilität in der Optionsbewertung ist – wie bereits ausgeführt – in der Literatur heutzutage kaum mehr verbreitet.[637] Der Nachweis einer zeitveränderlichen Volatilität motiviert eher das umgekehrte Vorgehen und gibt Anlass zur Frage, ob die Volatilität aus den Optionspreisen die zukünftige Volatilität des Basiswertes korrekt wiedergibt.[638] Da Optionen zeitlich vorwärts gerichtete Geschäfte mit Preisen sind, die von Verteilungen der zukünftigen Volatilitäten abhängen, ziehen diese Instrumente großes Interesse auf sich: Die aus Optionen gewonnenen impliziten Volatilitäten stellen eine *Ex-ante-Schätzung* des Marktes dar, aus der man sich Einblicke in die Markterwartungen für künftige Volatilitäten erhofft, die zeitreihenbasiert nur schwer oder gar nicht zu erhalten sind. Es besteht Anlass zu der Hypothese, dass sich im Optionsmarkt auch Informationen widerspiegeln, die ihren Eingang noch nicht in den Basiswert gefunden haben.[639] Bereits BOYLE/ANANTHANARAYANAN (1977) kommen zu dem Schluss, dass die implizite Volatilität Informationen enthält, die nicht in der historischen Datenreihe ablesbar sind.

---

[637] Vgl. BATES (1996b), S. 578, SAVICKAS (2002), S. 215 f.

[638] Vgl. BATES (1996b), S. 578 ff., zudem mit einem Überblick zu einigen Arbeiten auf diesem Gebiet und der Diskussion der Resultate und Probleme. In nahezu allen Fällen werden Informationen bezüglich der zukünftigen Volatilität gefunden. Zu einem weiteren ausführlichen Rückblick auf implizite Volatilitäten und deren Informationsgehalt siehe auch FIGLEWSKI (1997), S. 65 ff.

[639] Vgl. auch BECKERS (1981) und BLACK (1990), S. 12. Zu Tests auf den Informationsgehalt von Aktienoptionspreisen siehe auch ausführlich HECKER (1993), S. 217 ff.

Die große Bedeutung der impliziten Volatilitäten zeigt sich z. B. auch in dem von der Deutschen Börse AG seit Dezember 1994 bereitgestellten *Volatilitäts-DAX (V-DAX)*, berechnet aus den impliziten Volatilitäten am-Geld notierender DAX-Optionen mit 45 Kalendertagen Restlaufzeit. Dieser V-DAX kann als Indikator des aktuellen „Preisniveaus" angesehen werden und gibt damit zugleich eine antizipierte Markterwartung für die Entwicklung des DAX wieder.[640] Die zentrale Rolle impliziter Volatilitäten wird auch daran deutlich, dass es in Finanzmärkten teilweise üblich ist, Preise für Optionen bzw. Optionsscheine allein mit der Volatilität zu identifizieren.[641] Die in Optionen zum Ausdruck kommende Volatilität für den Basiswert sollte, Rationalität und Markteffizienz vorausgesetzt, die beste Voraussage für die zukünftige Volatilität liefern. Eine allgemeine Einschätzung der empirischen Ergebnisse wird allerdings dadurch erschwert, dass eine Prognose stets mit dem verwendeten Modell verknüpft ist. Aufgrund dieser Verbindung lässt sich nicht unterscheiden, ob implizite Volatilitäten gute oder gar die besten verfügbaren Schätzer der zukünftigen Volatilität darstellen; es sind stets nur „bedingte" Aussagen möglich.[642]

Beim Einsatz komplexerer Bewertungsmodelle werden durch die Abkehr von der Normalverteilungsprämisse flexiblere Verteilungsformen für die impliziten risikoneutralen Verteilungen angenommen. Optionspreise eines Zeitintervalls liefern in diesem Fall nicht nur eine Voraussage für die antizipierte zukünftige Volatilität, sondern geben Auskunft über die gesamte risikoneutrale Verteilung, insbesondere auch deren höhere Momente.[643] Es steht zu vermuten, dass neben der Standardabweichung insbesondere die höheren Momente der risikoneutralen Verteilung weitere Informationen enthalten.[644]

Für die konkrete Umsetzung einer Prognose auf Basis impliziter Verteilungsmomente ist zu berücksichtigen, dass i. d. R. keine eindeutige funktionale Beziehung zwischen

---

640 Vgl. WAGNER (1995), S. 738 ff., DARTSCH (1999), S. 97 und DEUTSCHE BÖRSE (2003c).

641 Vgl. KWOK (1998), S. 62. Man „handelt Volatilität".

642 Vgl. JARROW (1998), S. 193 und S. 195.

643 Vgl. GEMMILL/SAFLEKOS (2000), S. 83.

644 Vgl. BAHRA (1999), S. 139.

den in realen und risikoneutralen Welten verwendeten Größen existiert.[645] Für den Spezialfall des BLACK/SCHOLES-Modells ist bekannt, dass sich die Standardabweichung der Renditeverteilung mit dem Übergang zur Risikoneutralität nicht ändert.[646] In allgemeineren Modellen wird eine komplexere Transformation der unterstellten realen Verteilung erfolgen, um daraus das risikoadjustierte Äquivalent zu erhalten. Dennoch wird ein Zusammenhang zwischen den modellimmanenten Größen und der Zeitreihe des Basiswertes bestehen. Ausgehend von der bereits durchgeführten Bestimmung impliziter risikoneutraler Verteilungen am Optionsmarkt soll im Folgenden untersucht werden, ob diese Verteilungen eine Prognosefähigkeit für die Entwicklung am Basismarkt aufweisen.[647] Dazu bieten sich drei Leitfragen an:

- Existiert überhaupt ein Zusammenhang zwischen modellspezifischen risikoneutralen Größen (z. B. Verteilungsmomenten) und Realisationen in der realen Welt?
- Ist eine Prognose für den Basismarkt *unverzerrt*?
- Ist ein für Prognosezwecke verwendeter Schätzer *informationseffizient*, d. h. existieren keine besseren Schätzer?

---

[645] Vgl. BATES (1991), S. 577. Es können nur einige sehr weit gefasste Aussagen für die Relation zwischen realer und risikoneutraler Welt getroffen werden. GRUNDY (1991) etwa untersucht den Zusammenhang zwischen der Renditeverteilung des Basiswertes und dem Wert der Option, der durch die risikoneutrale Verteilung gegeben ist. Unter der Annahme, dass der Basiswert einem Diffusionsprozess folgt, lassen sich – unter gewissen Voraussetzungen – aus den beobachteten Optionspreisen Grenzen für die Momente der realen Renditeverteilung bestimmen. Siehe zu Möglichkeiten zum Umgang und zur „Umrechnung" zwischen risikoneutraler und realer Welt auch STUTZER (1996) und in Ansätzen NEUMANN (1999), S. 84 ff., die sich zu diesem Zweck Hilfsmitteln der Informationstheorie (Kullback/Leibler-Kriterium) bedienen. Vgl. zu einer alternativen Vorgehensweise auch AÏT-SAHALIA/WANG/YARED (2001).

[646] Die resultierende Verschiebung der realen zur risikoneutralen Renditeverteilung ändert lediglich den Erwartungswert, lässt aber die Standardabweichung gleich. Vgl. hierzu Kapitel 3, Abschnitt 3.6. Nur aus diesem Grund ist es sinnvoll, einen auf realen historischen Daten basierenden Volatilitätsschätzer als Eingabegröße des BLACK/SCHOLES-Modells zu verwenden. BATES (1991) weist darauf hin, dass es selbst im BLACK/SCHOLES-Modell nicht möglich ist, die „Konsistenz" zwischen realem und risikoneutralem Prozess ohne weitere Restriktionen zu schätzen. Obwohl die (bedingte) Momentanvolatilität σ theoretisch in beiden Prozessen gleich sein und sich demnach auch in Zeitreihen und Optionspreisen wiederfinden sollte, müssen bei diskreten Zeithistorien Einschränkungen hinsichtlich der funktionalen Form des Driftparameters für den Kursprozess gemacht werden. Vgl. BATES (1996b), S. 571 mit Verweisen auf GRUNDY (1991) und LO/WANG (1995).

[647] Vgl. auch BAHRA (1999), S. 155 ff. Man beachte, dass im Folgenden z. T. von impliziten Volatilitäten gesprochen wird, auch wenn diese Bezeichnung nicht ganz der üblichen Definition entspricht: Im Rahmen der Optimierungsvorschrift (5.7) in Abschnitt 5.6.1 werden implizite Parameter gewonnen, die im Hinblick auf die Minimierung der Abweichungen „gewichtete Volatilitäten" darstellen. Auf diese Größen wird im Folgenden abgestellt, auch wenn sich der Begriff der impliziten Volatilität im Grunde auf die aus einer einzelnen Option ermittelte Kennzahl bezieht.

Bereits im Vorfeld einer Analyse ist davon auszugehen, dass speziell bei der zweiten und dritten Frage das Problem zeitveränderlicher Risikoprämien auftreten wird: Sofern neben dem Kursrisiko des Basiswertes weitere systematische Risikoquellen die Optionspreisbildung beeinflussen, verlangen rationale Marktteilnehmer hierfür eine Kompensation. Falls diese Prämien im Zeitablauf konstant ausfallen, besteht jedoch die Aussicht, auf Basis der aus dem Optionsmarkt extrahierten risikoneutralen Verteilungen eine geeignete – wenn auch verzerrte – Schätzung für die Verteilungen des Basiswertes zu erhalten.[648]

Hypothesen. Für jedes Laufzeitintervall $[t, T]$ werden die aus den risikoneutralen Verteilungen gewonnenen Ex-ante-Modellvolatilitäten $\hat{\sigma}_{t,T}$ auf ihren Informationsgehalt in Bezug auf die realisierte Volatilität $\sigma_{t,T}^{\text{real}}$ untersucht. Konkret wird eine Regression der Form

$$\sigma_{t,T}^{\text{real}} = a_0 + a_1 \hat{\sigma}_{t,T} + \varepsilon_t \tag{5.24}$$

durchgeführt. Ausgehend von n aufeinander folgenden täglichen Renditebeobachtungen r_i, $i = 1, 2, \ldots, n$ im Zeitraum $[t, T]$ und m Perioden pro Jahr wird dabei mit annualisierten Werten

$$\sigma_{t,T}^{\text{real}} = \sqrt{\frac{m}{n-1} \sum_{i=1}^{n} (r_i - \bar{r})^2} \quad \text{mit} \quad \bar{r} = \frac{1}{n} \sum_{i=1}^{n} r_i \tag{5.25}$$

gearbeitet; auch die Größen $\hat{\sigma}_{t,T}$ fließen in annualisierter Form in die Regression (5.24) ein.[649] Eine Vorhersagekraft der Größen $\hat{\sigma}_{t,T}$ für $\sigma_{t,T}^{\text{real}}$ erfordert einen signifikanten Stei-

---

648 Sofern sich eine solche „Verzerrung" als zeitstabil herausstellen sollte, ließen sich die Schätzer für die konkrete Anwendung entsprechend korrigieren.

649 Die Verwendung annualisierter Volatilitäten entspricht dem Literaturstandard, abstrahiert im vorliegenden Fall allerdings von der Problematik der fehlenden zeitlichen Skalierbarkeit der Verteilungen. Vgl. hierzu auch die Diskussion in Abschnitt 5.6, speziell Fußnote 592. Da die Annualisierung jedoch sowohl aufseiten des Regressanden als auf der des Regressors vorgenommen wird, wird die Analyse eines linearen Zusammenhangs nicht beeinträchtigt.

gungskoeffizienten a_1.[650] Eine Prüfung auf eine unverzerrte Schätzung führt auf einen verbundenen Test mit den Hypothesen[651]

$$H_0 : a_0 = 0 \wedge a_1 = 1, \tag{5.26}$$

$$H_1 : a_0 \neq 0 \vee a_1 \neq 1. \tag{5.27}$$

Zum Vergleich werden neben den impliziten auch historische Volatilitäten auf ihre Eignung zur Voraussage hin getestet:

$$\sigma_{t,T}^{\text{real}} = a_0 + a_1 \sigma_{t,T}^{\text{hist}} + \varepsilon_t, \tag{5.28}$$

wobei $\sigma_{t,T}^{\text{hist}}$ analog zu (5.25) berechnet wird. Um die Konsistenz des Ansatzes zu wahren, werden für die Bestimmung der historischen Volatilität jeweils so viele Tage herangezogen wie im Prognosezeitraum liegen. Falls implizite Volatilitätsschätzer *effizient* sind, kann eine mit diesen durchgeführte Voraussage nicht dadurch verbessert werden, dass weitere erklärende Variablen hinzugefügt werden, die Marktinformationen enthalten.[652] Ergänzend wird daher eine Untersuchung mit der Hypothese

$$\sigma_{t,T}^{\text{real}} = a_0 + a_1 \sigma_{t,T}^{\text{hist}} + a_2 \hat{\sigma}_{t,T} + \varepsilon_t \tag{5.29}$$

vorgenommen.[653] Auf diesem Wege kann beurteilt werden, ob die Effizienz einer Voraussage mit Hilfe impliziter Volatilitäten durch einen etwaigen ergänzenden Informationsgehalt der historischen Volatilität in Frage gestellt wird. Bei einem solchen Test ist allerdings wiederum auf das Problem verbundener Hypothesen hinzuweisen: Falls sich herausstellen sollte, dass aus einer historischen Zeitreihe gewonnene Informationen keinen signifikanten zusätzlichen Erklärungsbeitrag für die Prognose liefern, so gilt diese Aussage nur in Verbindung mit dem zur impliziten Volatilitätsbestimmung

---

650 Für eine Prognose in „richtiger" Richtung muss $a_1 > 0$ gelten.

651 Vgl. auch BATES (1996b), S. 593 und KRAUS (1998), S. 123 ff.

652 Vgl. auch CHRISTENSEN/PRABHALA (1998), S. 134.

653 Bei der Regression vom Typ (5.29) gilt es zu beachten, dass von der Problematik einer etwaigen Multikollinearität ($\sigma_{t,T}^{\text{hist}}$ vs. $\hat{\sigma}_{t,T}$) abstrahiert wird. Vgl. zu diesem Aspekt z. B. PINDYCK/RUBINFELD (2001), S. 95 ff.

verwendeten Modell – eine auf diese Weise diagnostizierte Markteffizienz ist nicht ohne weitere Annahmen verallgemeinerbar.[654]

Verwendete modellbezogene Schätzer. Im BS-, BS-ATM- und GC-Modell liegen mit der Volatilität Größen unter Risikoneutralität vor, die unmittelbar als $\hat{\sigma}_{t,T}$ auf ihren Informationsgehalt hin untersucht werden können. Im Rahmen der Mischungsmodelle stehen Standardabweichungen für jede einzelne der k Kurs- bzw. Renditekomponenten zur Verfügung. Für die Prognose von Volatilitäten über die Mischungsmodelle werden daher im Folgenden zwei alternative Maße verwendet. Neben der Gesamt-Standardabweichung der risikoneutralen Renditeverteilung, $\breve{\sigma}_{t,T}$, wird einem Vorschlag von BAHRA (1999) folgend ein weiterer Schätzer der Form

$$\bar{\sigma}_{t,T} := \sum_{i=1}^{k} \lambda_i \sigma_{i,t,T} \; (\neq \breve{\sigma}_{t,T}) \tag{5.30}$$

verwendet, der die Standardabweichungen der k Mischungskerne mit der Wahrscheinlichkeit λ_i gewichtet. Die Motivation zum alternativen Einsatz einer Größe der Form (5.30) ist darin zu sehen, dass die Gesamt-Standardabweichung bei gemischtnormalverteilten Renditen nicht nur von der Standardabweichung der einzelnen Mischungskerne, sondern zusätzlich vom Abstand der einzelnen Erwartungswerte untereinander abhängig ist.[655] Liegen diese weit auseinander, wird die implizite Standardabweichung aufgrund der Modellstruktur sehr hoch ausfallen und vermutlich einen Bias nach oben aufweisen. Über die – rein heuristische – Linearkombination der einzelnen Mischungskomponenten gemäß (5.30) wird versucht, einer solchen Überschätzung der realen Standardabweichung für die Renditen des Basiswertes entgegenzutreten.

Ein Problem bei der Regressionsanalyse besteht in der Verwendung überlappender Prognoseintervalle: An zwei aufeinander folgenden Tagen durchgeführte Schätzungen, die sich auf denselben Verfallzeitpunkt T beziehen, sind demnach nicht unabhängig voneinander. Eine mögliche Abhilfe könnte in der Verwendung disjunkter Prognoseintervalle bestehen. Problematisch ist hierbei, dass sich dann – selbst bei einem zweijährigen Untersuchungszeitraum – nur sehr wenige Beobachtungen einsetzen lie-

---

[654] Vgl. zu diesem Problem auch die Arbeit von LAMOUREUX/LASTRAPES (1993).

[655] Vgl. hierzu die Ausführungen in Kapitel 4, Abschnitt 4.3.

ßen. Um stattdessen mit überlappenden Prognoseintervallen arbeiten zu können, bietet sich der Einsatz eines Verfahrens nach CANINA/FIGLEWSKI (1993) an. Für den Umgang mit dem Problem der ausgeprägten Autokorrelation und Heteroskedastizität wird folgendes Vorgehen für adäquat erachtet: Es bezeichnen ε_n, $n = 1, 2, \ldots, N$ die Residuen einer Kleinste-Quadrate-Schätzung aus dem n-ten Datenpunkt der Stichprobe; X_n gebe den Zeilenvektor mit dem Absolutglied und den erklärenden Variablen für diese Beobachtung an. Im Falle einer Schätzung der Form (5.29) etwa ist $X_n = (1 \;\; \sigma_{t,T}^{\text{hist}} \;\; \hat{\sigma}_{t,T})_n$. Daneben ist eine Indikatorgröße $Q(k, n)$ zu verwenden, die den Wert eins annimmt, falls sich die Voraussageperioden der Beobachtungen k und n überschneiden, anderenfalls gelte $Q(k, n) = 0$. $(X_n)_{1,N}$ gebe die $N \times M$-Datenmatrix der X_n an (für eine Gleichung der Form (5.29) gilt $M = 3$), der Zusatz $'$ bezeichne die Transposition eines Vektors bzw. einer Matrix. Mit dieser Notation zeigen CANINA/FIGLEWSKI (1993) anhand von Monte-Carlo-Simulationen, aufbauend auf den Arbeiten von WHITE (1980) und HANSEN (1982), dass durch

$$\Omega = \left((X_n)'_{1,N}\,(X_n)_{1,N}\right)^{-1} \Psi \left((X_n)'_{1,N}\,(X_n)_{1,N}\right)^{-1} \tag{5.31}$$

mit der Hilfsgröße

$$\Psi = \sum_{n=1}^{N} \varepsilon_n^2 X_n' X_n + \sum_{k=1}^{N-1} \sum_{n=k+1}^{N} Q(k,n)\varepsilon_k \varepsilon_n \left(X_n' X_k + X_k' X_n\right) \tag{5.32}$$

ein konsistenter Schätzer für die Kovarianzmatrix der Regressionskoeffizienten gegeben ist.[656] Hierbei werden insbesondere die Standardfehler im Vergleich zu einer gewöhnlichen Schätzung aufgrund der Überlappungen in den Prognoseperioden stark reduziert. In dieser Arbeit wird für die regressionsbasierten Prognosen mit bezeichnetem Verfahren gearbeitet. Dabei gilt es zu berücksichtigen, dass die Berechnung der Hilfsgröße (5.32) zur Ermittlung der Matrix (5.31) sehr rechenaufwendig ist.

---

656 Vgl. hierzu auch FIGLEWSKI (1997), S. 61 ff. sowie KRAUS (1998), S. 133 ff., zur Ermittlung und Bedeutung von Kovarianzmatrizen in Regressionen ergänzend PODDIG/DICHTL/PETERSMEIER (2001), S. 201 ff. Man beachte, dass die Hilfsgröße (5.32) im Originalbeitrag von CANINA/FIGLEWSKI (1993) falsch bezeichnet ist, die korrigierte Version findet sich bei FIGLEWSKI (1997), S. 62.

Die Prüfung des Prognosegehaltes *höherer Momente* der risikoneutralen Verteilungen erfolgt auf analogem Wege. Die realisierte Schiefe ($\gamma_{1,t,T}^{\text{real}}$) bzw. Kurtosis ($\gamma_{2,t,T}^{\text{real}}$) wird, mit $\bar{r} = \frac{1}{n}\sum_{i=1}^{n} r_i$ als Mittelwert der jeweiligen Renditezeitreihe, über

$$\gamma_{1,t,T}^{\text{real}} = \frac{\frac{1}{n}\sum_{i=1}^{n}(r_i - \bar{r})^3}{\sqrt{\left(\frac{1}{n}\sum_{i=1}^{n}(r_i - \bar{r})^2\right)^3}} \tag{5.33}$$

bzw.

$$\gamma_{2,t,T}^{\text{real}} = \frac{\frac{1}{n}\sum_{i=1}^{n}(r_i - \bar{r})^4}{\left(\frac{1}{n}\sum_{i=1}^{n}(r_i - \bar{r})^2\right)^2} \tag{5.34}$$

ermittelt.[657] Bei der analogen Berechnung der historischen Schiefe ($\gamma_{1,t,T}^{\text{hist}}$) bzw. Kurtosis ($\gamma_{2,t,T}^{\text{hist}}$) werden, wie bei der Volatilität, jeweils so viele Tage herangezogen wie der Prognosezeitraum umfasst.

5.9.2 Ergebnisse

Die Ergebnisse der Studie für die DAX-Optionen sind in *Tabelle 5.30* zusammengestellt. Für die historischen Volatilitäten erhält man eine stark verzerrte Schätzung der zukünftigen Volatilität. Mit einem Wert für R^2_{korr} von ca. 0,03 ist die historische Volatilität offenbar eine sehr ungeeignete Größe zur Prognose der zukünftigen Marktentwicklung. Bei den implizit aus den fünf untersuchten Modellen ermittelten Größen lässt sich zwar ein höherer Erklärungsgehalt für die realisierte Volatilität ablesen, jedoch leiden auch diese Modelle in Anbetracht der signifikant von null bzw. eins verschiedenen Koeffizienten a_0 und a_1 unter einer systematischen Verzerrung. In allen Fällen deuten die Parameter $a_0 > 0$ und $a_1 < 1$ darauf hin,[658] dass die implizite Volatilität einen nach oben verzerrten Schätzer der zukünftigen Volatilität darstellt. *Abbildung 5.33* veranschaulicht diesen Zusammenhang – die Regression führt für die aus dem BS-Modell gewonnenen impliziten Größen $\sigma_{t,T}^{\text{IV}}$ auf die Relation

$$\sigma_{t,T}^{\text{real}} = 0{,}1252 + 0{,}3669\sigma_{t,T}^{\text{IV}}, \tag{5.35}$$

[657] Siehe zur empirischen Schiefe und Kurtosis einer Verteilung z. B. HARTUNG (2002), S. 47 ff.

[658] Die Signifikanz bleibt erhalten, falls einseitig auf $a_0 > 0$ bzw. $a_1 < 1$ getestet wird.

d. h., dass etwa eine implizite Volatilität von $\sigma_{t,T}^{\mathrm{IV}} = 0{,}50$ im Mittel zu einer realen Volatilität in der Höhe $\sigma_{t,T}^{\mathrm{real}} = 0{,}1252 + 0{,}3669 \cdot 0{,}50 \approx 0{,}31$ gehört. Beim Vergleich der Schätzungen auf Basis der Mischungsmodelle fällt auf, dass durch die Verwendung von $\breve{\sigma}_{t,T}$ ein durchweg höherer Wert für R^2_{korr} als beim Einsatz von $\bar{\sigma}_{t,T}$ erzielt wird. Des Weiteren dokumentiert die tabellarische Zusammenstellung, dass in keinem der fünf Modelle durch das Hinzufügen der Informationen über die historische Volatilität gemäß (5.29) eine wesentliche Erhöhung des Erklärungsgehaltes erreicht werden kann.[659] Die Teststatistiken der Koeffizienten von $\sigma_{t,T}^{\mathrm{hist}}$ belegen, dass – mit Ausnahme des BS-Modells – die Hypothese, dass $\sigma_{t,T}^{\mathrm{hist}}$ keinen zusätzlichen Erklärungsbeitrag für $\sigma_{t,T}^{\mathrm{real}}$ aufweist ($a_1 = 0$), selbst auf dem 10 %-Niveau nicht verworfen wird.

[659] Beim Vergleich der Ergebnisse ist zu berücksichtigen, dass die Zahl der in die Regressionen (5.24) und (5.29) einfließenden Datensätze unterschiedlich groß ist. So werden für das BS-Modell in der Regression vom Typ (5.24) 2.255, in der vom Typ (5.29) nur 1.831 Datensätze verwendet, da historische Volatilitäten nur rückwirkend bis zum 2. Januar 1999 Eingang in die Untersuchung finden. Ein unmittelbarer Vergleich, etwa auf Basis der korrigierten Bestimmtheitsmaße, wird somit erschwert.

Tabelle 5.30
Prognosegehalt historischer und impliziter Volatilitätsmaße (I) – DAX-Optionen

Die Tabelle analysiert den Prognosegehalt der historischen Volatilität ($\sigma_{t,T}^{\text{hist}}$) sowie der aus risikoneutralen Verteilungen gewonnenen impliziten Volatilitätsmaße ($\hat{\sigma}_{t,T}$) für die reale Volatilität des Basiswertes ($\sigma_{t,T}^{\text{real}}$) im Zeitintervall $[t, T]$:

$$\sigma_{t,T}^{\text{real}} = a_0 + a_1 \sigma_{t,T}^{\text{hist}} + \varepsilon_t \quad \text{bzw.} \quad \sigma_{t,T}^{\text{real}} = a_0 + a_2 \hat{\sigma}_{t,T} + \varepsilon_t.$$

Für das BS-, BS-ATM- und GC-Modell werden dabei die impliziten Volatilitäten $\sigma_{t,T}^{\text{IV}}$ verwendet, für die Mischungsmodelle kommen die beiden Maße $\bar{\sigma}_{t,T}$ und $\breve{\sigma}_{t,T}$ zum Einsatz. Ergänzend wird für die impliziten Maße der mögliche zusätzliche Erklärungsgehalt historischer Volatilitäten über die erweiterte Hypothese

$$\sigma_{t,T}^{\text{real}} = a_0 + a_1 \sigma_{t,T}^{\text{hist}} + a_2 \hat{\sigma}_{t,T} + \varepsilon_t$$

analysiert. Jeweils in runden Klammern angegeben sind die t-Statistiken (zweiseitiger Test) für einen Referenzwert von null, bei eckigen Klammern wird auf den Wert eins getestet. In allen Fällen werden wegen des Problems der Interkorrelation korrigierte Standardfehler nach CANINA/FIGLEWSKI (1993) und FIGLEWSKI (1997) verwendet. Zusätzlich sind die R^2_{korr}-Statistiken sowie bei zwei Regressoren die Werte der F-Tests (für die Hypothese $a_1 = a_2 = 0$) protokolliert. *** (**, *) gibt Signifikanz auf dem 1 %-Niveau (5 %-, 10 %-Niveau) an.

Quelle: Eigene Berechnungen.

Modell	Anzahl Beobachtungen	a_0	$a_1(\sigma_{t,T}^{\text{hist}})$	$a_2(\sigma_{t,T}^{\text{IV}})$	$a_2(\bar{\sigma}_{t,T})$	$a_2(\breve{\sigma}_{t,T})$	F-Wert	R^2_{korr}
Historische Volatilität	1.831	0,1742 (12,2***)	0,1970 (3,2***) [-13,1***]	–	–	–	–	0,0358
BS	2.255	0,1252 (9,9***)	–	0,3669 (7,7***) [-13,3***]	–	–	–	0,1433
	1.831	0,0728 (4,0***)	-0,1304 (-1,9*) [-16,1***]	0,7091 (8,0***) [-3,3***]	–	–	248,8***	0,2131

Tabelle 5.30
Prognosegehalt historischer und impliziter Volatilitätsmaße (I) – DAX-Optionen [Fortsetzung]

Modell	Anzahl Beobachtungen	a_0	$a_1(\sigma_{t,T}^{\text{hist}})$	$a_2(\sigma_{t,T}^{\text{IV}})$	$a_2(\bar{\sigma}_{t,T})$	$a_2(\breve{\sigma}_{t,T})$	F-Wert	R^2_{korr}
BS-ATM	2.239	0,1321 (10,6***)	–	0,3365 (7,3***) [-14,4***]	–	–	–	0,1289
	1.825	0,0820 (4,5***)	-0,1012 (-1,4) [-15,2***]	0,6409 (7,4***) [-4,1***]	–	–	216,9***	0,1914
GC	2.255	0,1416 (12,1***)	–	0,2731 (7,0***) [-18,6***]	–	–	–	0,1212
	1.831	0,0938 (5,6***)	-0,0718 (-1,0) [-15,0***]	0,5205 (7,6***) [-7,0***]	–	–	213,1***	0,1882
Misch2	2.255	0,1432 (12,7***)	–	–	0,3660 (6,9***) [-12,0***]	–	–	0,1065
	1.831	0,1081 (5,7***)	0,0223 (0,3) [-14,7***]	–	0,5192 (5,2***) [-4,8***]	–	131,7***	0,1250

Tabelle 5.30
Prognosegehalt historischer und impliziter Volatilitätsmaße (I) – DAX-Optionen [Fortsetzung]

Modell	Anzahl Beobachtungen	a_0	$a_1(\sigma_{t,T}^{\text{hist}})$	$a_2(\sigma_{t,T}^{\text{IV}})$	$a_2(\bar{\sigma}_{t,T})$	$a_2(\breve{\sigma}_{t,T})$	F-Wert	R^2_{korr}
Misch2	2.255	0,1293 (10,4***)	–	–	–	0,3235 (7,6***) [-15,9***]	–	0,1368
	1.831	0,0819 (4,7***)	-0,0795 (-1,2) [-15,6***]	–	–	0,5798 (8,0***) [-5,8***]	227,5***	0,1985
Misch3	2.255	0,1631 (18,8***)	–	–	0,2793 (6,7***) [-17,2***]	–	–	0,0802
	1.831	0,1329 (8,2***)	0,0913 (1,4) [-14,1***]	–	0,3307 (4,5***) [-9,1***]	–	91,4***	0,0899
	2.255	0,1309 (10,7***)	–	–	–	0,3149 (7,6***) [-16,5***]	–	0,1345
	1.831	0,0872 (5,1***)	-0,0698 (-1,0) [-15,4***]	–	–	0,5458 (7,7***) [-6,4***]	216,4***	0,1906

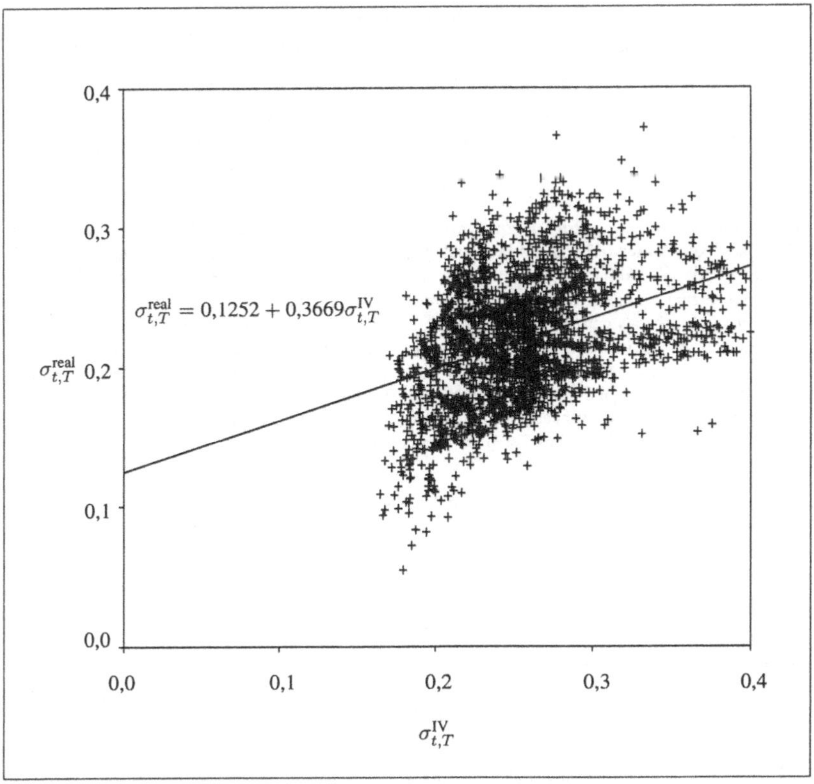

Abbildung 5.33. Beispiel zur Volatilitätsprognose mittels DAX-Optionen. Die Grafik veranschaulicht die Ergebnisse der linearen Regression der realisierten Volatilitäten des DAX ($\sigma^{\text{real}}_{t,T}$) auf die 2.255 impliziten Volatilitätsschätzer aus dem BLACK/SCHOLES-Modell ($\sigma^{\text{IV}}_{t,T}$): $\sigma^{\text{real}}_{t,T} = a_0 + a_1\sigma^{\text{IV}}_{t,T} + \varepsilon_t$.

Quelle: Eigene Berechnung und Darstellung.

Bei Differenzierung nach der Restlaufzeit, d. h. nach der Länge des Zeitintervalls $T-t$, erhält man für die DAX-Optionen die in *Tabelle 5.31* dokumentierten Ergebnisse. Für die Gruppierung werden dabei die vier Restlaufzeitklassen der Optionen verwendet und alle Schätzungen mit Hilfe von Optionen aus diesen Klassen durchgeführt. Da sich in der vorangegangenen Untersuchung bereits gezeigt hat, dass die historische Volatilität kein geeigneter Schätzer für die zukünftige Volatilität ist und insbesondere nur einen geringen zusätzlichen Erklärungsgehalt zu den implizit ermittelten Größen beitragen kann, wird auf die Analyse historischer Schätzer im Rahmen der Restlauf-

Tabelle 5.31
Prognosegehalt impliziter Volatilitätsmaße in Abhängigkeit von der Restlaufzeit (I) – DAX-Optionen

Die Tabelle analysiert den Prognosegehalt diverser aus risikoneutralen Verteilungen gewonnener impliziter Volatilitätsmaße ($\hat{\sigma}_{t,T}$) für die reale Volatilität des Basiswertes ($\sigma_{t,T}^{\text{real}}$) im Zeitintervall $[t, T]$:

$$\sigma_{t,T}^{\text{real}} = a_0 + a_1\hat{\sigma}_{t,T} + \varepsilon_t.$$

Bei der Prognose werden hierbei Subgruppen auf Basis der vier Restlaufzeitklassen der DAX-Optionen (RLZ1: sehr kurz laufend bis RLZ4: lang laufend) gebildet. Für das BS-, BS-ATM- und GC-Modell werden implizite Volatilitäten $\sigma_{t,T}^{\text{IV}}$ verwendet, für die Mischungsmodelle kommen die beiden Maße $\bar{\sigma}_{t,T}$ und $\breve{\sigma}_{t,T}$ zum Einsatz. Der Prognosegehalt der historischen Volatilität ($\sigma_{t,T}^{\text{hist}}$) hat sich in der ersten Untersuchung bereits als gering herausgestellt und wird daher in die Restlaufzeitdifferenzierung nicht einbezogen. Jeweils in runden Klammern angegeben sind die t-Statistiken (zweiseitiger Test) für einen Referenzwert von null, bei eckigen Klammern wird auf den Wert eins getestet. In allen Fällen werden wegen des Problems der Interkorrelation korrigierte Standardfehler nach CANINA/FIGLEWSKI (1993) und FIGLEWSKI (1997) verwendet. Zusätzlich sind die R^2_{korr}-Statistiken protokolliert. *** (**, *) gibt Signifikanz auf dem 1 %-Niveau (5 %-, 10 %-Niveau) an.

Quelle: Eigene Berechnungen.

Modell	Anzahl Beobachtungen	a_0	$a_1(\sigma_{t,T}^{\text{IV}})$	$a_1(\bar{\sigma}_{t,T})$	$a_1(\breve{\sigma}_{t,T})$	R^2_{korr}
RLZ1						
BS	406	0,0134 (0,4)	0,8124 (6,0***) [-1,4]	–	–	0,3439
BS-ATM	406	0,0174 (0,5)	0,7998 (5,8***) [-1,4]	–	–	0,3360
GC	406	0,0157 (0,5)	0,7616 (6,0***) [-1,9*]	–	–	0,3383
Misch2	406	0,0079 (0,2)	–	0,9224 (6,1***) [-0,5]	–	0,3295
	406	0,0086 (0,3)	–	–	0,7870 (6,2***) [-1,7*]	0,3460
Misch3	406	0,0078 (0,2)	–	0,9335 (6,0***) [-0,4]	–	0,3257
	406	0,0101 (0,3)	–	–	0,7759 (6,2***) [-1,8*]	0,3414

Tabelle 5.31
Prognosegehalt impliziter Volatilitätsmaße in Abhängigkeit von der Restlaufzeit (I) – DAX-Optionen [Fortsetzung]

Modell	Anzahl Beobachtungen	a_0	$a_1(\sigma_{t,T}^{IV})$	$a_1(\bar{\sigma}_{t,T})$	$a_1(\breve{\sigma}_{t,T})$	R^2_{korr}
RLZ2						
BS	860	0,0996 (7,2***)	0,4760 (9,3***) [-10,2***]	–	–	0,2428
BS-ATM	859	0,1070 (7,9***)	0,4475 (9,0***) [-11,1***]	–	–	0,2202
GC	860	0,1123 (8,7***)	0,3935 (9,0***) [-13,8***]	–	–	0,2241
Misch2	860	0,0897 (6,0***)	–	0,6202 (9,1***) [-5,6***]	–	0,2548
	860	0,1038 (7,6***)	–	–	0,4309 (9,1***) [-12,0***]	0,2277
Misch3	860	0,1083 (8,4***)	–	0,5416 (9,2***) [-7,8***]	–	0,2191
	860	0,1058 (7,8***)	–	–	0,4178 (9,0***) [-12,6***]	0,2253
RLZ3						
BS	459	0,2020 (13,9***)	0,0675 (1,4) [-19,2***]	–	–	0,0065
BS-ATM	459	0,2124 (14,5***)	0,0276 (0,6) [-20,2***]	–	–	0,0065
GC	459	0,2053 (15,5***)	0,0486 (1,3) [-24,6***]	–	–	0,0052
Misch2	459	0,2018 (16,0***)	–	0,0879 (1,6) [-16,7***]	–	0,0082
	459	0,2037 (14,3***)	–	–	0,0538 (1,3) [-21,7***]	0,0054

Tabelle 5.31
Prognosegehalt impliziter Volatilitätsmaße in Abhängigkeit von der Restlaufzeit (I) – DAX-Optionen [Fortsetzung]

Modell	Anzahl Beobachtungen	a_0	$a_1(\sigma^{\text{IV}}_{t,T})$	$a_1(\bar{\sigma}_{t,T})$	$a_1(\breve{\sigma}_{t,T})$	R^2_{korr}
RLZ3						
Misch3	459	0,2031 (24,7***)	–	0,0859 (2,5**) [-26,2***]	–	0,0136
	459	0,2031 (14,8***)	–	–	0,0571 (1,4) [-22,8***]	0,0060
RLZ4						
BS	530	0,2869 (24,9***)	-0,2307 (-5,6***) [-29,9***]	–	–	0,2018
BS-ATM	515	0,2906 (23,3***)	-0,2363 (-5,4***) [-28,4***]	–	–	0,2107
GC	530	0,2836 (24,8***)	-0,1870 (-5,4***) [-34,1***]	–	–	0,1967
Misch2	530	0,2548 (43,4***)	–	-0,1490 (-5,9***) [-45,7***]	–	0,1004
	530	0,2842 (24,5***)	–	–	-0,1963 (-5,4***) [-32,9***]	0,1616
Misch3	530	0,2413 (52,3***)	–	-0,0862 (-4,6***) [-58,0***]	–	0,0496
	530	0,2793 (25,8***)	–	–	-0,1800 (-5,4***) [-35,1***]	0,1501

zeitdifferenzierung verzichtet; es kommen ausschließlich Regressionen des Typs (5.24) zum Einsatz.

Es fällt auch hier eine große Homogenität in den Ergebnissen auf: In der Klasse RLZ1 etwa lassen sich kaum Unterschiede in den Werten für R^2_{korr} feststellen. Insbesondere in diesem kurzen Laufzeitbereich ermöglichen alle impliziten Modellschätzer eine ausge-

Tabelle 5.32
Prognosegehalt impliziter höherer Verteilungsmomente (I) – DAX-Optionen

Die Tabelle analysiert neben der historischen Schiefe ($\gamma_{1,t,T}^{\text{hist}}$) und der Kurtosis ($\gamma_{2,t,T}^{\text{hist}}$) den Prognosegehalt modellindividueller standardisierter höherer Momente der risikoneutralen Renditeverteilungen in Bezug auf am Markt im Zeitintervall $[t, T]$ realisierte Werte:

$$\gamma_{1,t,T}^{\text{real}} = a_0 + a_1 \cdot \gamma_{1,t,T}^{\text{hist}} + \varepsilon_t,$$
$$\gamma_{1,t,T}^{\text{real}} = a_0 + a_1 \cdot \hat{\gamma}_{1,t,T} + \varepsilon_t$$

und

$$\gamma_{2,t,T}^{\text{real}} = a_0 + a_2 \cdot \gamma_{2,t,T}^{\text{hist}} + \varepsilon_t,$$
$$\gamma_{2,t,T}^{\text{real}} = a_0 + a_2 \cdot \hat{\gamma}_{2,t,T} + \varepsilon_t.$$

Jeweils in runden Klammern angegeben sind die t-Statistiken (zweiseitiger Test) für einen Referenzwert von null, bei eckigen Klammern wird auf den Wert eins getestet. In allen Fällen werden wegen des Problems der Interkorrelation korrigierte Standardfehler nach CANINA/FIGLEWSKI (1993) und FIGLEWSKI (1997) verwendet. Zusätzlich sind die R^2_{korr}-Statistiken protokolliert. *** (**, *) gibt Signifikanz auf dem 1 %-Niveau (5 %-, 10 %-Niveau) an.

Quelle: Eigene Berechnungen.

Modell	Anzahl Beobachtungen	a_0	a_1	a_2	R^2_{korr}
Historische Momente					
	1.831	0,0351 (1,3)	0,1029 (1,6) [-14,3***]	–	0,0083
	1.831	2,6010 (19,1***)	–	0,0632 (2,2**) [-22,4***]	0,0053
Modellmomente					
GC	2.255	0,5121 (4,9***)	0,5975 (5,6***) [-3,7***]	–	0,1033
	2.255	1,8318 (6,2***)	–	0,2333 (3,6***) [-11,9***]	0,0348
Misch2	2.255	0,1623 (2,2**)	0,1913 (2,5**) [-10,5***]	–	0,0187
	2.255	3,1469 (15,7***)	–	-0,0560 (-1,1) [-21,6***]	0,0063
Misch3	2.255	0,1180 (2,3**)	0,1300 (3,2***) [-21,4***]	–	0,0184
	2.255	2,9958 (58,3***)	–	-0,0171 (-1,8*) [-108,8***]	0,0039

zeichnete Prognose der zukünftigen Volatilität. Keine der Hypothesen für die Koeffizienten, $a_0 = 0$ bzw. $a_1 = 1$, kann auf dem 5 %-Niveau verworfen werden. Das ähnliche Bild der Modelle untereinander setzt sich auch in den drei anderen Restlaufzeitbetrachtungen fort. Bei Schätzungen für Intervalle $[t, T]$ mit mehr als 30 Kalendertagen nimmt der Erklärungsgehalt der impliziten Volatilitäten im Vergleich zur Klasse RLZ1 jedoch stark ab. Auch die Größen a_0 und a_1 sind hier signifikant von null bzw. eins verschieden. Das schlechteste Ergebnis wird in der Gruppe RLZ3 erzielt, in der Optionen mit einer Laufzeit zwischen 90 und 180 Kalendertagen enthalten sind. Mit nur marginalen Werten für die Bestimmtheitsmaße kann in allen Modellen die Hypothese eines nicht vorhandenen Erklärungsgehaltes ($a_1 = 0$) der impliziten Schätzgrößen auf dem 10 %-Niveau nicht abgelehnt werden. Bemerkenswerterweise erhält man für die letzte Untergruppe und die aus DAX-Optionen mit mehr als 180 Kalendertagen Restlaufzeit geschätzten Größen eine relativ zu RLZ3 gesehene Zunahme des Erklärungsgehaltes. Dabei gilt es allerdings zu beachten, dass dort negative Werte für die Steigungskoeffizienten a_1 auftreten: Dieses Phänomen ist ein Ausdruck dafür, dass die zugehörige Regressionsgerade mit Zunahme der impliziten Volatilität fällt, d. h. im Mittel ergibt sich eine umso geringere reale Volatilität $\sigma_{t,T}^{\text{real}}$, je höher die für diese gestellte Prognose ausfällt. Dieser inverse Zusammenhang ist zwar ökonomisch wenig plausibel, führt jedoch streng ökonometrisch betrachtet zu einem relativ zur Optionsgruppe mit kürzeren Laufzeiten ansteigenden Bestimmtheitsmaß.

Tabelle 5.32 zeigt die Ergebnisse einer auf die höheren Momente der risikoneutralen Renditeverteilungen abstellenden Prognose. Konkret werden die ex-ante ermittelten impliziten Größen Schiefe und Kurtosis – ex-post – mit den real am Markt im Intervall $[t, T]$ festgestellten Größen verglichen. Analog zur Volatilität wird vorab eine Untersuchung zur Eignung der historischen Verteilungsparameter im Hinblick auf die Prognose der zukünftigen Momente durchgeführt. Es zeigt sich, dass die historischen Größen nahezu keinen Erklärungsgehalt für die realisierte Schiefe bzw. Kurtosis in der DAX-Renditeverteilung aufweisen. Die modellindividuellen Ergebnisse fallen sehr ähnlich aus. Im GC-Modell, in dem γ_1 und γ_2 als explizite Parameter auftreten, besteht offenbar ein geringer Zusammenhang zwischen der impliziten und der realen Schiefe ($R^2_{\text{korr}} \approx 0{,}1$). Bei der Kurtosis ist eine solche Verbindung kaum zu diagnostizieren ($R^2_{\text{korr}} \approx 0{,}03$). In den beiden Mischungsmodellen liegt mit $R^2_{\text{korr}} < 0{,}02$ kein messbarer linearer Zusammenhang zwischen den standardisierten impliziten und realisierten Verteilungsmomenten vor.

Für den Bereich der Aktienoptionen sind die Ergebnisse der Prognosen für Volatilität sowie höhere Momente in *Tabelle 5.33* und *Tabelle 5.34* zusammengetragen. Da alle impliziten Verteilungen basiswertabhängig sind, werden exemplarisch die Resultate für den Basiswert SAP ausgewiesen. Die Ergebnisse ähneln im Wesentlichen denen für die DAX-Optionen, obwohl die Werte der Bestimmtheitsmaße hier beim Vergleich der verwendeten Schätzer größere Unterschiede aufweisen. Die Untersuchung des Zusammenhangs zwischen den impliziten und realisierten Schätzgrößen leidet bei den Aktienoptionen unter der nur sehr geringen Zahl an Beobachtungen. Auffällig ist wiederum der in allen Fällen insignifikante Erklärungsgehalt der historischen für die realisierte Volatilität. Insbesondere stellt $\sigma_{t,T}^{\text{hist}}$ wiederum neben den modellimmanenten Schätzern keine geeignete zusätzliche erklärende Variable für die zukünftige Volatilität der Basisaktie dar. Auf eine Restlaufzeitdifferenzierung wird wegen der nur sehr wenigen Beobachtungen in den einzelnen Klassen und der damit verbundenen Problematik häufig insignifikanter Teststatistiken für die Koeffizienten verzichtet. Hinsichtlich der höheren Momente fällt das Urteil zur Prognosefähigkeit sehr ernüchternd aus: Weder die während der Optionsrestlaufzeit $T - t$ am Basismarkt realisierte Schiefe noch die Kurtosis lassen sich mit Hilfe historischer oder impliziter Maße vorhersagen. Mit Ausnahme des Misch3-Modells kann die Hypothese, dass kein Erklärungsgehalt dieser Größen vorliegt ($a_1 = 0$ für γ_1, $a_2 = 0$ für γ_2), selbst auf dem 10 %-Niveau nicht verworfen werden. Mitunter negative Werte für das korrigierte Bestimmtheitsmaß unterstreichen dieses Ergebnis.

Tabelle 5.33

Prognosegehalt historischer und impliziter Volatilitätsmaße (II) – Aktienoptionen am Beispiel SAP

Die Tabelle analysiert den Prognosegehalt der historischen Volatilität ($\sigma_{t,T}^{\text{hist}}$) sowie der aus risikoneutralen Verteilungen gewonnenen impliziten Volatilitätsmaße ($\hat{\sigma}_{t,T}$) für die reale Volatilität des Basiswertes ($\sigma_{t,T}^{\text{real}}$) im Zeitintervall $[t,T]$:

$$\sigma_{t,T}^{\text{real}} = a_0 + a_1\sigma_{t,T}^{\text{hist}} + \varepsilon_t \quad \text{bzw.} \quad \sigma_{t,T}^{\text{real}} = a_0 + a_2\hat{\sigma}_{t,T} + \varepsilon_t.$$

Für das BS-, BS-ATM- und GC-Modell werden dabei die impliziten Volatilitäten $\sigma_{t,T}^{\text{IV}}$ verwendet, für die Mischungsmodelle kommen die beiden Maße $\bar{\sigma}_{t,T}$ und $\breve{\sigma}_{t,T}$ zum Einsatz. Ergänzend wird für die impliziten Maße der mögliche zusätzliche Erklärungsgehalt historischer Volatilitäten über die erweiterte Hypothese

$$\sigma_{t,T}^{\text{real}} = a_0 + a_1\sigma_{t,T}^{\text{hist}} + a_2\hat{\sigma}_{t,T} + \varepsilon_t$$

analysiert. Jeweils in runden Klammern angegeben sind die t-Statistiken (zweiseitiger Test) für einen Referenzwert von null, bei eckigen Klammern wird auf den Wert eins getestet. In allen Fällen werden wegen des Problems der Interkorrelation korrigierte Standardfehler nach CANINA/FIGLEWSKI (1993) und FIGLEWSKI (1997) verwendet. Zusätzlich sind die R^2_{korr}-Statistiken sowie bei zwei Regressoren die Werte der F-Tests (für die Hypothese $a_1 = a_2 = 0$) protokolliert. *** (**, *) gibt Signifikanz auf dem 1 %-Niveau (5 %-, 10 %-Niveau) an.

Quelle: Eigene Berechnungen.

Modell	Anzahl Beobachtungen	a_0	$a_1(\sigma_{t,T}^{\text{hist}})$	$a_2(\sigma_{t,T}^{\text{IV}})$	$a_2(\bar{\sigma}_{t,T})$	$a_2(\breve{\sigma}_{t,T})$	F-Wert	R^2_{korr}
Historische Volatilität	142	0,5793 (6,3***)	0,0801 (0,5) [-5,8***]	–	–	–	–	0,0008
BS	157	0,2785 (2,4**)	–	0,6134 (2,8***) [-1,8*]	–	–	–	0,1332
	142	0,2615 (2,3**)	-0,2783 (-1,9*) [-8,6***]	0,9657 (3,6***) [-0,1]	–	–	20,0***	0,2122

Tabelle 5.33
Prognosegehalt historischer und impliziter Volatilitätsmaße (II) – Aktienoptionen am Beispiel SAP [Fortsetzung]

Modell	Anzahl Beobachtungen	a_0	$a_1(\sigma_{t,T}^{\text{hist}})$	$a_2(\sigma_{t,T}^{\text{IV}})$	$a_2(\bar{\sigma}_{t,T})$	$a_2(\breve{\sigma}_{t,T})$	F-Wert	R^2_{korr}
BS-ATM	154	0,3111 (2,7***)	–	0,5569 (2,5**) [-2,0**]	–	–	–	0,1063
	139	0,2813 (2,4**)	-0,2694 (-1,8*) [-8,4***]	0,9239 (3,5***) [-0,3]	–	–	16,5***	0,1839
GC	157	0,3348 (3,4***)	–	0,4679 (2,7***) [-3,1***]	–	–	–	0,0997
	142	0,3099 (3,0***)	-0,2318 (-1,7*) [-9,2***]	0,7601 (4,1***) [-1,3***]	–	–	16,3***	0,1781
Misch2	157	0,3602 (4,6***)	–	–	0,4954 (3,1***) [-3,2***]	–	–	0,1331
	142	0,3713 (4,0***)	-0,1679 (-1,3) [-8,7***]	–	0,6887 (3,5***) [-1,6]	–	18,9***	0,2026

Tabelle 5.33
Prognosegehalt historischer und impliziter Volatilitätsmaße (II) – Aktienoptionen am Beispiel SAP [Fortsetzung]

Modell	Anzahl Beobachtungen	a_0	$a_1(\sigma_{t,T}^{\text{hist}})$	$a_2(\sigma_{t,T}^{\text{IV}})$	$a_2(\bar{\sigma}_{t,T})$	$a_2(\breve{\sigma}_{t,T})$	F-Wert	R^2_{korr}
Misch2	157	0,3727 (4,6***)	–	–	–	0,4043 (2,8***) [-4,2***]	–	0,1119
	142	0,3816 (3,9***)	-0,1578 (-1,2) [-8,5***]	–	–	0,5654 (3,5***) [-2,7***]	15,3***	0,1687
Misch3	157	0,3783 (5,3***)	–	–	0,4768 (3,1***) [-3,4***]	–	–	0,1377
	142	0,3885 (4,3***)	-0,1486 (-1,1) [-8,7***]	–	0,6526 (3,4***) [-1,8*]	–	19,3***	0,2062
	157	0,3557 (5,6***)	–	–	–	0,4313 (4,1***) [-5,5***]	–	0,1931
	142	0,4236 (4,9***)	-0,1276 (-0,9) [-8,3***]	–	–	0,4609 (4,6***) [-5,3***]	18,4***	0,1980

Im Bereich der Euro-Bund-Future-Optionen zeigt *Tabelle 5.35*, inwieweit Volatilitätsprognosen aus historischen Werten und impliziten Verteilungen abgeleitet werden können. Hier ist ein im Vergleich zu den beiden anderen Optionsgruppen noch stärkerer gleichgerichteter Zusammenhang festzustellen. In dieser dritten Teiluntersuchung sind die historischen Größen für sich gesehen zwar akzeptable Schätzer der realisierten Volatilität, jedoch sind wiederum in Kombination mit den impliziten Volatilitäten nur wenige Zusatzinformationen aus der Datenhistorie ableitbar. Hervorhebenswert ist die Tatsache, dass im originären BS-Modell die Hypothesen $a_0 = 0$ und $a_1 = 1$ nicht verworfen werden können, d. h. die implizite Volatilität der Euro-Bund-Future-Optionen ist offenbar ein geeigneter Schätzer für die zukünftige Volatilität am Zinsfuturemarkt. In Anbetracht nur sehr geringer Laufzeiten der Euro-Bund-Future-Optionen wird auf eine Differenzierung der Analyse nach Restlaufzeiten verzichtet. Mittels *Tabelle 5.36* werden die höheren Verteilungsmomente der impliziten Verteilungen für den Euro-Bund-Future auf einen etwaigen Informationsgehalt hin untersucht. In keinem der Fälle ist hier ein „Gleichlauf" zwischen den standardisierten Momenten in realer und risikoneutraler Welt festzustellen. Auch historische Schiefe und Kurtosis vermögen keine geeignete Prognose der zukünftig realisierten Verteilungsmomente zu liefern.

Tabelle 5.34
Prognosegehalt impliziter höherer Verteilungsmomente (II) – Aktienoptionen am Beispiel SAP

Die Tabelle analysiert neben der historischen Schiefe ($\gamma_{1,t,T}^{\text{hist}}$) und der Kurtosis ($\gamma_{2,t,T}^{\text{hist}}$) den Prognosegehalt modellindividueller standardisierter höherer Momente der risikoneutralen Renditeverteilungen in Bezug auf am Markt im Zeitintervall $[t, T]$ realisierte Werte:

$$\gamma_{1,t,T}^{\text{real}} = a_0 + a_1 \cdot \gamma_{1,t,T}^{\text{hist}} + \varepsilon_t,$$
$$\gamma_{1,t,T}^{\text{real}} = a_0 + a_1 \cdot \hat{\gamma}_{1,t,T} + \varepsilon_t$$

und

$$\gamma_{2,t,T}^{\text{real}} = a_0 + a_2 \cdot \gamma_{2,t,T}^{\text{hist}} + \varepsilon_t,$$
$$\gamma_{2,t,T}^{\text{real}} = a_0 + a_2 \cdot \hat{\gamma}_{2,t,T} + \varepsilon_t.$$

Jeweils in runden Klammern angegeben sind die t-Statistiken (zweiseitiger Test) für einen Referenzwert von null, bei eckigen Klammern wird auf den Wert eins getestet. In allen Fällen werden wegen des Problems der Interkorrelation korrigierte Standardfehler nach CANINA/FIGLEWSKI (1993) und FIGLEWSKI (1997) verwendet. Zusätzlich sind die R^2_{korr}-Statistiken protokolliert. *** (**, *) gibt Signifikanz auf dem 1 %-Niveau (5 %-, 10 %-Niveau) an.

Quelle: Eigene Berechnungen.

Modell	Anzahl Beobachtungen	a_0	a_1	a_2	R^2_{korr}
Historische Momente					
	142	0,3336 (4,0***)	-0,0448 (-0,3) [-6,7***]	–	-0,0050
	142	3,3415 (9,0***)	–	-0,0157 (-0,2) [-13,2***]	-0,0068
Modellmomente					
GC	157	0,2587 (2,7***)	-0,0532 (-0,4) [-7,2***]	–	-0,0052
	157	2,5345 (4,2***)	–	0,2053 (1,4) [-5,5***]	0,0083
Misch2	157	0,2579 (3,3***)	-0,0349 (-0,8) [-24,0***]	–	-0,0026
	157	3,5997 (18,0***)	–	-0,0258 (-1,6) [-62,3***]	0,0109
Misch3	157	0,2766 (3,6***)	-0,0048 (-0,2) [-40,5***]	–	-0,0063
	157	3,5604 (17,8***)	–	-0,0190 (-2,4**) [-126,5***]	0,0166

Tabelle 5.35
Prognosegehalt historischer und impliziter Volatilitätsmaße (III) – Euro-Bund-Future-Optionen

Die Tabelle analysiert den Prognosegehalt der historischen Volatilität ($\sigma_{t,T}^{\text{hist}}$) sowie der aus risikoneutralen Verteilungen gewonnenen impliziten Volatilitätsmaße ($\hat{\sigma}_{t,T}$) für die reale Volatilität des Basiswertes ($\sigma_{t,T}^{\text{real}}$) im Zeitintervall $[t,T]$:

$$\sigma_{t,T}^{\text{real}} = a_0 + a_1\sigma_{t,T}^{\text{hist}} + \varepsilon_t \quad \text{bzw.} \quad \sigma_{t,T}^{\text{real}} = a_0 + a_2\hat{\sigma}_{t,T} + \varepsilon_t.$$

Für das BS-, BS-ATM- und GC-Modell werden dabei die impliziten Volatilitäten $\sigma_{t,T}^{\text{IV}}$ verwendet, für die Mischungsmodelle kommen die beiden Maße $\bar{\sigma}_{t,T}$ und $\breve{\sigma}_{t,T}$ zum Einsatz. Ergänzend wird für die impliziten Maße der mögliche zusätzliche Erklärungsgehalt historischer Volatilitäten über die erweiterte Hypothese

$$\sigma_{t,T}^{\text{real}} = a_0 + a_1\sigma_{t,T}^{\text{hist}} + a_2\hat{\sigma}_{t,T} + \varepsilon_t$$

analysiert. Jeweils in runden Klammern angegeben sind die t-Statistiken (zweiseitiger Test) für einen Referenzwert von null, bei eckigen Klammern wird auf den Wert eins getestet. In allen Fällen werden wegen des Problems der Interkorrelation korrigierte Standardfehler nach CANINA/FIGLEWSKI (1993) und FIGLEWSKI (1997) verwendet. Zusätzlich sind die R^2_{korr}-Statistiken sowie bei zwei Regressoren die Werte der F-Tests (für die Hypothese $a_1 = a_2 = 0$) protokolliert. *** (**, *) gibt Signifikanz auf dem 1 %-Niveau (5 %-, 10 %-Niveau) an.

Quelle: Eigene Berechnungen.

Modell	Anzahl Beobachtungen	a_0	$a_1(\sigma_{t,T}^{\text{hist}})$	$a_2(\sigma_{t,T}^{\text{IV}})$	$a_2(\bar{\sigma}_{t,T})$	$a_2(\breve{\sigma}_{t,T})$	F-Wert	R^2_{korr}
Historische Volatilität	610	0,0207 (4,0***)	0,5780 (7,4***) [-5,4***]	–	–	–	–	0,2725
BS	624	0,0043 (0,6)	–	0,8204 (7,1***) [-1,6]	–	–	–	0,3096
	610	0,0006 (0,1)	0,2902 (3,5***) [-8,6***]	0,5912 (4,5***) [-3,1***]	–	–	175,7***	0,3646

Tabelle 5.35
Prognosegehalt historischer und impliziter Volatilitätsmaße (III) – Euro-Bund-Future-Optionen [Fortsetzung]

Modell	Anzahl Beobachtungen	a_0	$a_1(\sigma_{t,T}^{\text{hist}})$	$a_2(\sigma_{t,T}^{\text{IV}})$	$a_2(\bar{\sigma}_{t,T})$	$a_2(\breve{\sigma}_{t,T})$	F-Wert	R^2_{korr}
BS-ATM	624	0,0044 (0,6)	–	0,8245 (7,1***) [-1,5]	–	–	–	0,3087
	610	0,0006 (0,1)	0,2925 (3,6***) [-8,6***]	0,5928 (4,5***) [-3,1***]	–	–	175,6***	0,3645
GC	624	0,0041 (0,6)	–	0,7991 (7,4***) [-1,9*]	–	–	–	0,3213
	610	0,0005 (0,1)	0,2760 (3,4***) [-8,8***]	0,5883 (4,7***) [-3,3***]	–	–	180,9***	0,3714
Misch2	624	0,0117 (1,5)	–	–	0,7511 (5,9***) [-2,0**]	–	–	0,2236
	610	0,0047 (0,7)	0,3994 (5,1***) [-7,6***]	–	0,4487 (3,5***) [-4,3***]	–	147,7***	0,3251

Tabelle 5.35
Prognosegehalt historischer und impliziter Volatilitätsmaße (III) – Euro-Bund-Future-Optionen [Fortsetzung]

Modell	Anzahl Beobachtungen	a_0	$a_1(\sigma_{t,T}^{\text{hist}})$	$a_2(\sigma_{t,T}^{\text{IV}})$	$a_2(\bar{\sigma}_{t,T})$	$a_2(\breve{\sigma}_{t,T})$	F-Wert	R^2_{korr}
Misch2	624	0,0038 (0,5)	–	–	–	0,8021 (7,3***) [-1,8*]	–	0,3155
	610	0,0001 (0,0)	0,2851 (3,5***) [-8,8***]	–	–	0,5851 (4,7***) [-3,3***]	179,4***	0,3694
Misch3	624	0,0188 (2,7***)	–	–	0,6716 (5,7***) [-2,8***]	–	–	0,2040
	610	0,0072 (1,2)	0,4259 (5,8***) [-7,8***]	–	0,4031 (3,7***) [-5,5***]	–	148,3***	0,3260
	624	0,0056 (0,8)	–	–	–	0,7653 (6,9***) [-2,1**]	–	0,3041
	610	0,0011 (0,2)	0,3034 (3,7***) [-8,4***]	–	–	0,5459 (4,5***) [-3,7***]	175,8***	0,3646

Mit Abschluss der Teilstudie sind ergänzend noch einige wichtige Aspekte herauszustellen: Bedeutsam ist im Zusammenhang mit der Prognose von Volatilitäten und höheren Momenten, dass die Relation zwischen realen und risikoneutralen Verteilungen im Zeitablauf stabil ist. Sofern dies der Fall ist, kann der diagnostizierte Bias für Prognosezwecke eliminiert werden.[660] Ergänzend sei darauf hingewiesen, dass es in der Mehrzahl der durchgeführten Regressionen auch durch das *Hinzufügen der Volatilitätsschätzer aus den Mischungsmodellen* zu den impliziten Größen aus dem BLACK/SCHOLES-Modell nicht möglich war, die Prognosequalität (gemessen am R^2_{korr}) wesentlich zu erhöhen. Auch wenn der Effizienzbegriff üblicherweise nur auf unverzerrte Schätzer Anwendung findet, lässt sich die implizite Volatilität nach BLACK/SCHOLES, in Relation zur historischen Volatilität und der aus den anderen untersuchten Modellen ermittelten Größen, als ein zwar verzerrter, aber dennoch – in Anbetracht fehlender besserer Alternativen – „effizienter" Schätzer der zukünftigen Volatilität auffassen.

Die in den drei Optionsgruppen gefundenen Ergebnisse lassen sich wie folgt in den Stand der in der Literatur dokumentierten Studien einordnen: BEINERT/TRAUTMANN (1995) untersuchen implizite Volatilitäten am deutschen Aktienoptionsmarkt, allerdings in der Periode Januar 1983 bis Dezember 1991, sodass nur ab Januar 1990 Daten der DTB zur Anwendung kommen. Als generelles Ergebnis sehen die Autoren die implizite Volatilität als schlechten Schätzer der zukünftigen Volatilität. CANINA/FIGLEWSKI (1993) selbst stellen nach ihren Ergebnissen ebenfalls eine nur geringe Voraussagekraft der impliziten Volatilitäten fest; insbesondere folgern sie, dass die historischen Informationen in der impliziten Volatilität nicht adäquat verarbeitet sind. Nach Meinung von JARROW (1998) lehnt der Beitrag von CANINA/FIGLEWSKI (1993) insbesondere die *verbundene* Hypothese rationaler Märkte und der Gültigkeit des BLACK/SCHOLES-Modells ab, wobei aufgrund des Smile-Effektes zu vermuten steht, dass die Ablehnung vorwiegend auf das verwendete Modell zurückzuführen ist.[661] Dass die implizite Volatilität ein verzerrter Schätzer der zukünftigen Volatilität ist, wurde in der Literatur – insbesondere mit Bezug auf den Aktienmarkt – schon vielfach dokumentiert. JACKWERTH/RUBINSTEIN (1996) stellen fest, dass die

660 Zur Frage der systematischen Abweichung von realisierter und impliziter Volatilität vgl. auch FORTUNE (1996), S. 25 ff.

661 Siehe JARROW (1998), S. 194.

Tabelle 5.36
Prognosegehalt impliziter höherer Verteilungsmomente (III) – Euro-Bund-Future-Optionen

Die Tabelle analysiert neben der historischen Schiefe ($\gamma_{1,t,T}^{\text{hist}}$) und der Kurtosis ($\gamma_{2,t,T}^{\text{hist}}$) den Prognosegehalt modellindividueller standardisierter höherer Momente der risikoneutralen Renditeverteilungen in Bezug auf am Markt im Zeitintervall $[t, T]$ realisierte Werte:

$$\gamma_{1,t,T}^{\text{real}} = a_0 + a_1 \cdot \gamma_{1,t,T}^{\text{hist}} + \varepsilon_t,$$
$$\gamma_{1,t,T}^{\text{real}} = a_0 + a_1 \cdot \hat{\gamma}_{1,t,T} + \varepsilon_t$$

und

$$\gamma_{2,t,T}^{\text{real}} = a_0 + a_2 \cdot \gamma_{2,t,T}^{\text{hist}} + \varepsilon_t,$$
$$\gamma_{2,t,T}^{\text{real}} = a_0 + a_2 \cdot \hat{\gamma}_{2,t,T} + \varepsilon_t.$$

Jeweils in runden Klammern angegeben sind die t-Statistiken (zweiseitiger Test) für einen Referenzwert von null, bei eckigen Klammern wird auf den Wert eins getestet. In allen Fällen werden wegen des Problems der Interkorrelation korrigierte Standardfehler nach CANINA/FIGLEWSKI (1993) und FIGLEWSKI (1997) verwendet. Zusätzlich sind die R^2_{korr}-Statistiken protokolliert. *** (**, *) gibt Signifikanz auf dem 1 %-Niveau (5 %-, 10 %-Niveau) an.

Quelle: Eigene Berechnungen.

Modell	Anzahl Beobachtungen	a_0	a_1	a_2	R^2_{korr}
Historische Momente					
	610	-0,1609	-0,0832	–	0,0068
		(-3,8***)	(-1,3) [-16,5***]		
	610	2,4459	–	0,1226	0,0251
		(12,1***)		(1,7*) [-12,4***]	
Modellmomente					
GC	624	-0,2174	-0,2056	–	0,0058
		(-3,3***)	(-1,2) [-6,8***]		
	624	2,2255	–	0,1675	0,0074
		(6,0***)		(1,6) [-8,2***]	
Misch2	624	-0,1483	-0,0247	–	-0,0014
		(-2,9***)	(-0,2) [-8,7***]		
	624	2,7614	–	0,0243	0,0006
		(20,1***)		(0,8) [-33,5***]	
Misch3	624	-0,1729	-0,0814	–	0,0014
		(-4,0***)	(-1,2) [-16,5***]		
	624	2,9152	–	-0,0094	0,0012
		(32,6***)		(-1,4) [-154,3***]	

implizite Volatilität stets einen Bias nach oben aufweist, der bei Kurzläufern stärker als bei Langläufern ausgeprägt ist.[662] Die Ursache liegt vorwiegend in dem Volatilitäts-Smirk, der zu sehr großer negativer Schiefe der risikoneutralen Verteilungen führt, die inkonsistent mit der zugrunde liegenden Zeitreihe ist.[663] Eben diese fehlende Konsistenz sieht BATES (1996b) als wichtigen Aspekt bei Optionsbewertungsmodellen. Dies betrifft insbesondere die zweiten Momente, die Änderung in den zweiten Momenten und die höheren Momente.[664] Mit der vorliegenden Untersuchung konsistent ermitteln CHRISTENSEN/PRABHALA (1998) einen hohen Informationsgehalt der impliziten Volatilitäten. Ihre Studie für den zwölf Jahre umfassenden Zeitraum von 1983 bis 1995, in der anhand von nicht überlappenden Prognoseperioden gearbeitet wird, belegt am Beispiel von S&P 100-Indexoptionen des Weiteren, dass speziell die historische Volatilität keine zusätzlichen Informationen enthält. Daneben kommen für die DAX-Volatilität auch CLAESSEN/MITTNIK (2002) zu dem Ergebnis, dass historische Renditen keine Informationen enthalten, die nicht bereits in den DAX-Optionspreisen enthalten sind.[665]

Studien zu höheren Verteilungsmomenten liegen nur sehr vereinzelt vor. NAVATTE/VILLA (2000) etwa wenden das GRAM/CHARLIER-Modell auf französische Indexoptionen an und finden einen signifikanten, allerdings mit der Ordnung der Momente sinkenden Informationsgehalt der impliziten Volatilität, Schiefe und Kurtosis. Anzumerken ist dabei, dass die Autoren mit der fehlerhaften Modellfassung von CORRADO/SU (1996a) arbeiten und zudem keine Begrenzung des Wertebereiches für Schiefe und Kurtosis – zwecks Sicherstellung der Dichteeigenschaften – vornehmen.

---

662 Vgl. JACKWERTH/RUBINSTEIN (1996), S. 1613.

663 Vgl. BATES (2002), S. 11 f.

664 Vgl. BATES (1996b), S. 567 f. Zur Problematik der Konsistenz interner Parameter in Optionspreismodellen siehe detailliert BATES (1996a) und BATES (1996b). Vgl. zur Verbindung von realen Renditezeitreihen und den Momenten der risikoneutralen Verteilung, speziell der Schiefe, auch BAKSHI/KAPADIA/MADAN (2003).

665 Auf eine Vielzahl weiterer Studien kann hier nicht näher eingegangen werden. Es sei jedoch darauf hingewiesen, dass Prognosen mit Hilfe impliziter Verteilungsparameter in vielen Teilmärkten Verbreitung gefunden haben. So betrachtet etwa JORION (1995) den Voraussagegehalt der impliziten Volatilität im Währungsoptionsmarkt. Ausgehend von der Hypothese, dass die Volatilität des Aktienkurses die Volatilität der Marktwerte des Vermögens wiedergibt, untersuchen SWIDLER/WILCOX (2002) Optionen auf Bankaktien mittels impliziter Volatilitäten auf ihren Informationsgehalt. Vgl. zur Arbeit von SWIDLER/WILCOX (2002) auch den Kommentar von CROUHY (2002).

Auch SERNA (2002) untersucht auf Basis des GRAM/CHARLIER-Modells – allerdings ebenfalls in der Fassung von CORRADO/SU (1996a) sowie ohne Prüfung der Dichteeigenschaften – den Informationsgehalt der impliziten Parameter Volatilität, Schiefe und Kurtosis. Anhand von Daten des spanischen Index-Futureoptionsmarktes im Zeitraum 1994 bis 1998 kommt er auf Basis von Regressionsanalysen zu dem Ergebnis, dass die Volatilitäten im BLACK/SCHOLES- und GRAM/CHARLIER-Modell jeweils Informationen über die zukünftige Volatilität des Basiswertes enthalten, die über den Informationsgehalt der historischen Volatilität hinausgehen. Diese Volatilitätsschätzer sind jedoch, wie auch in der vorliegenden Studie dokumentiert, verzerrt. Hinsichtlich der Schiefe und Kurtosis zeigt auch SERNA (2002), dass weder die impliziten Größen aus dem GRAM/CHARLIER-Modell noch historische Werte Informationen zur zukünftigen Schiefe oder Kurtosis der Renditeverteilung des Basiswertes enthalten.

Abschließend sei auf einige weitere Forschungsfelder hingewiesen, die mit der vorliegenden Untersuchung im Zusammenhang stehen, aber nicht explizit behandelt werden konnten. So liegt mittlerweile in der Optionsbewertung auf Basis einer *gemeinsamen Schätzung* realer und impliziter (risikoneutraler) Prozesse und Verteilungen ein viel diskutierter Forschungszweig. Die angestrebte Verbindung zweier bislang isolierter Stränge zeigt in einer Vielzahl von Studien allerdings sehr nüchterne Ergebnisse. So sind z. B. bessere Out-of-the-sample-Prognosen möglich, falls statt bivariater Informationen nur implizite Volatilitäten verwendet werden.[666] Daneben werden explizite *Zeitreihenanalysen* von impliziten Volatilitäten vorgenommen. Diese Untersuchungsmethodik fußt auf der empirischen Beobachtung, dass implizite Volatilitäten aus Aktien-, Aktienindex- und Währungsoptionen grundsätzlich seriell korreliert sind und einem stationären Mean-Reversion-Prozess folgen.[667] Für den deutschen Markt untersuchen z. B. HAFNER/WALLMEIER (2001) das Profil der impliziten Volatilität von DAX-Calls und -Puts im Zeitraum 1995 bis 1999 – bei einer festen Restlaufzeit von 45 Kalendertagen – regressionsbasiert im Hinblick auf das Zeitreihenverhalten

666 Vgl. auch CHERNOV/GHYSELS (2000).

667 Vgl. BATES (1996b), S. 592 mit einigen diesbezüglichen Studien. Siehe speziell für den deutschen Kapitalmarkt auch die Arbeit von DARTSCH (1999). Auch wenn der (stochastische) Volatilitätsprozess nicht erfasst wird bzw. werden kann, sind implizite Volatilitäten aus dem BLACK/SCHOLES-Modell relativ robuste Schätzer und geeignete Anhaltspunkte für die Volatilitätsdynamik. Vgl. BATES (1996b), S. 592 f. sowie zum Komplex der Volatilitätsermittlung auch das Sammelwerk von JARROW (1998).

von Smile-Strukturen. Sie versuchen sich an der Identifizierung von Variablen, die ggf. Einfluss auf die Änderung im Muster der Smiles haben könnten. Zwar gelingt mittels Spline-basierter Ansätze eine gute Abbildung der Smile-Profile, der Erklärungsgehalt der untersuchten Variablen, Volatilität, Schiefe, Kurtosis sowie der von Proxies für Sprungkomponenten und Marktfriktionen ist jedoch äußerst gering.[668] Auf den Einsatz der impliziten Volatilität bzw. der gesamten RND im Rahmen von *Ereignisstudien* wurde bereits in Kapitel 3, Abschnitt 3.7.4.4 eingegangen.

Letztlich ist für den Bereich impliziter Volatilitäten als Preissubstitute kritisch zu konstatieren, dass auch diese Größen den Gesetzmäßigkeiten von Angebot und Nachfrage unterliegen[669] – ein Einfluss, der in Studien wie der vorliegenden, die unter der Prämisse vollkommener Märkte arbeitet, nicht berücksichtigt wird. Zur zentralen Problematik einer adäquaten Prognose der zukünftigen Entwicklung in Finanzmärkten, speziell der Volatilität, sei mit folgendem Zitat geschlossen:

> „Volatility forecasting is [...] very much an art rather than a science [...]".[670]

---

668 Ergänzend sei auf die Untersuchung von DUMAS/FLEMING/WHALEY (1998) hingewiesen, die das Zeitreihenverhalten der impliziten Volatilität am Beispiel von S&P 500-Indexoptionen im Zeitraum 1988 bis 1993 analysieren. Zu diesem Zweck werden deterministische Volatilitätsfunktionen in Form von Polynomen in Abhängigkeit von Moneyness und Restlaufzeit eingesetzt.

669 So auch die Einschätzung von BLACK (1990), S. 12. Vgl. ergänzend die Ausführungen in Kapitel 3, Abschnitt 3.7.2, Fußnote 291.

670 FIGLEWSKI (1997), S. 2.

5.10 Testmodul V: Value-at-Risk-basiertes Risikomanagement

5.10.1 Untersuchungsdesign

Die Bedeutung eines an den realen Charakteristika der zugrunde liegenden Märkte ausgerichteten Risikomanagements von Vermögenspositionen wird heutzutage nicht mehr nur etwa für den Bankensektor, sondern für alle institutionellen und privaten Marktteilnehmer als unabdingbar angesehen. Neben etwaigen gesetzlichen Verpflichtungen ist ein adäquates Monitoring insbesondere bei stark risikobehafteten Finanzgütern wie z. B. Aktien von Nöten, um Portefeuilles als Ganzes *aktiv* managen zu können – hoch aggregierte Beurteilungsgrößen erleichtern diese Steuerung. Eines der am häufigsten verwendeten Risikomaße ist der *Value-at-Risk (VaR)*, unter dem man den absoluten Wertverlust einer risikobehafteten Vermögensposition versteht, der mit einer Wahrscheinlichkeit von $1-\kappa$ innerhalb eines bestimmten Zeitraumes $[t,T]$ nicht überschritten wird.[671] Bezeichnet $H_{t,T}$ die zugehörige Verteilungsfunktion der Wertänderung, so gilt formal

$$\mathrm{VaR}_{t,T}^{1-\kappa} = \max\{-H_{t,T}^{-1}(\kappa); 0\}. \tag{5.36}$$

Definitionsgemäß ist der Value-at-Risk gleich null, falls mit einer Wahrscheinlichkeit von $1-\kappa$ innerhalb von $[t,T]$ kein Wertverlust auftritt. *Abbildung 5.34* veranschaulicht dieses Grundkonzept. Als Werte für κ sind in der Praxis 10 %, 5 % und 1 % üblich, der Zeithorizont ist von der Charakteristik der zugrunde liegenden Wertposition abhängig. Während für Kreditportefeuilles typischerweise ein Zeitraum von einem Jahr gewählt wird, verwendet man für volatile Güter wie Aktien und insbesondere Derivate einen oder wenige Handelstage.[672]

Der Vorteil des Value-at-Risk liegt in der Zusammenfassung des Risikos in einer einzigen Kennzahl.[673] Probleme bestehen hinsichtlich der regelmäßig unterstellten Prämisse

---

671 Zur großen Bedeutung des Value-at-Risk siehe auch CHANCE (1999), S. 43.

672 Vgl. zum Value-at-Risk einführend z. B. JORION (1996) sowie JORION (2001), S. 22 ff.; DUFFIE/PAN (1997) geben einen ausführlichen Überblick zum Value-at-Risk und der Forschung in diesem Bereich.

673 Zu anderen üblichen Risikomaßen, wie z. B. *Lower Partial Moments (LPM)*, vgl. etwa PODDIG/DICHTL/PETERSMEIER (2001), S. 121 ff.

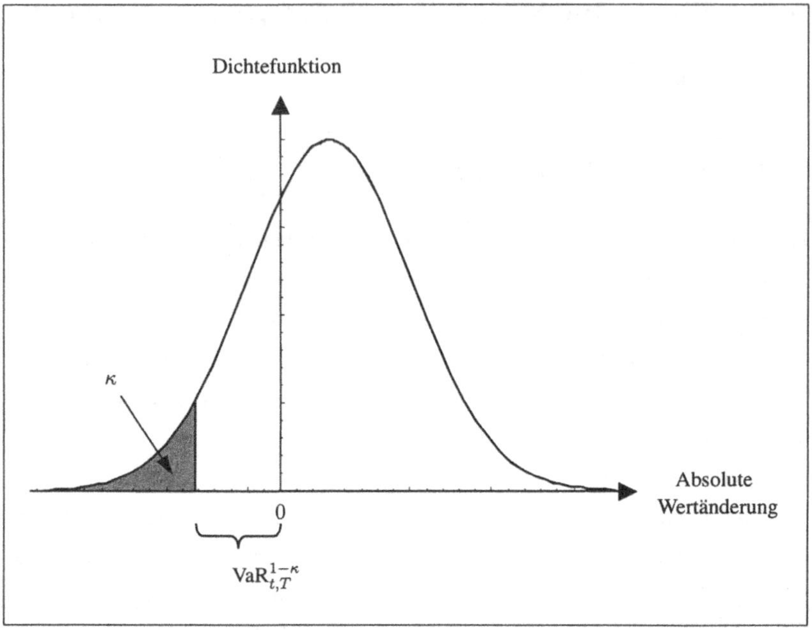

Abbildung 5.34. Konzept des Value-at-Risk. Der Value-at-Risk $\mathrm{VaR}_{t,T}^{1-\kappa}$ zum Niveau $1-\kappa$ gibt den absoluten Wertverlust einer risikobehafteten Vermögensposition an, der im Zeitintervall $[t, T]$ mit einer Wahrscheinlichkeit von $1-\kappa$ nicht überschritten wird. Für den Fall, dass mit einer Wahrscheinlichkeit von $1-\kappa$ kein Verlust entsteht, ist der Value-at-Risk definitionsgemäß gleich null.

Quelle: Eigene Darstellung.

einer Normalverteilung für die Wertänderung des Portefeuilles: So tritt bei Renditeverteilungen in Finanzmarktzeitreihen, wie bereits ausgeführt, u. a. das Problem schwerer Ränder auf. Eine Normalverteilungsannahme unterschätzt demnach das Verlustpotenzial.[674] HUISMAN/KOEDIJK/POWNALL (1998) diskutieren mögliche alternative Verteilungen für die Value-at-Risk-Ermittlung und schlagen einen speziellen Schätzer aus der Extremwerttheorie vor (*VaR-x*).[675] In eine ähnliche Richtung geht der Beitrag von MCNEIL/FREY (2000), in dem ein Ansatz aus der Extremwerttheorie mit GARCH-Zeitreihenmodellen zur Abbildung des Flankenverhaltens einer Verteilung und der Er-

[674] Die bankaufsichtsrechtliche Ad-hoc-Prozedur der Multiplikation des Value-at-Risk mit dem Faktor drei geht nach HUISMAN/KOEDIJK/POWNALL (1998) auf diesen Umstand zurück; siehe HUISMAN/KOEDIJK/POWNALL (1998), S. 59. Zur aufsichtsrechtlichen Verwendung des Value-at-Risk vgl. auch JORION (2001), S. 51 ff.

[675] Siehe zur Anwendung der Extremwerttheorie auf die Value-at-Risk-Ermittlung auch JORION (2001), S. 249 ff.

mittlung des Value-at-Risk verwendet wird. Die häufig in Frage zu stellende Normalverteilungsannahme für die Wertänderungen eines Portefeuilles nimmt VENKATARAMAN (1997) zum Anlass, eine Normalverteilung mit einer zweiten zu mischen, wobei diese zusätzliche Komponente einen Erwartungswert von null aufweist. Auf diesem Wege ist es möglich, die schweren Ränder der realen Verteilungen zu berücksichtigen.[676] Zur Abbildung des Flankenverhaltens bietet sich darüber hinaus der Einsatz von t-Verteilungen an.[677]

Der Value-at-Risk als solches ist nicht unumstritten und darf aufgrund der starken Verdichtung nicht als einziges Werkzeug zur Risikoevaluation eingesetzt werden.[678] Aufbauend auf dem skizzierten Grundkonzept stellt sich die Frage, inwieweit die im Rahmen dieser Arbeit berechneten risikoneutralen Verteilungen für Zwecke der Bestimmung des Value-at-Risk verwendet werden können. Insbesondere vor dem Hintergrund der im letzten Abschnitt 5.9 betrachteten impliziten Volatilitätsmaße ist die Anwendung unmittelbar ersichtlich: Unter Einsatz der extrahierten impliziten risikoneutralen Verteilungen, z. B. durch Berechnung der 1 %-, 5 %- oder 10 %-Quantile, lässt sich ein Risikomaß ermitteln, das als *risikoneutraler Value-at-Risk* bezeichnet werden möge. Das reale Risiko einer Vermögensposition entspricht zwar nicht dem in risikoneutralen Modellen, bei einem kurzen Zeithorizont von wenigen Tagen oder Wochen wird der Unterschied zwischen beiden jedoch als vernachlässigbar angesehen. Eine Ausnahme bilden Marktphasen mit extrem hohen Volatilitäten und Sprüngen im Kurs des Basiswertes. Auch bei einem langen Zeithorizont (z. B. bei Krediten) ist die Verwendung risikoneutraler Größen als Substitut der realen problematisch.[679]

AÏT-SAHALIA/LO (2000) befürworten eine Verbindung der risikoneutralen Verteilungen mit dem Value-at-Risk. Die Begründung ist in der unmittelbaren „Marktnähe“ zu sehen. Da sich die risikoneutralen Verteilungen in einem aus Angebot und Nachfrage resultierenden Gleichgewicht ableiten, enthalten diese wesentlich mehr Informationen

---

[676] Siehe auch DUFFIE/PAN (1997), S. 11 f.; zu Lösungsvorschlägen beim Umgang mit nicht-normalverteilten Variablen im Rahmen der Value-at-Risk-Berechnung auch HULL/WHITE (1998).

[677] Vgl. zum Einsatz von t-Verteilungen bei Finanzmarktdatenreihen z. B. GROTTKE (2002).

[678] Vgl. auch JORION (1996), S. 47.

[679] Siehe zur Diskussion um risikoneutrale vs. reale Value-at-Risk-Maße auch DUFFIE/PAN (1997), S. 11 f.

als statistische Preismodelle wie etwa der *historische Value-at-Risk*.[680] Entgegen der weitläufigen Literaturmeinung sieht NEUMANN (1999) die Anwendung impliziter risikoneutraler Verteilungen speziell bei längeren Halteperioden als vorteilhaft an.[681]

Es lassen sich im vorliegenden Zusammenhang zwei grundsätzliche Fragestellungen bei der Analyse des Value-at-Risk unterscheiden: Zum einen kann der Versuch unternommen werden, aus Optionspreisen einen – risikoneutralen – Value-at-Risk für den *Basiswert* zu ermitteln. Zum anderen lässt sich eine Value-at-Risk-Analyse aber auch auf die *Optionen* selbst beziehen: Der Value-at-Risk gibt in diesem Fall den Wertverlust an, den eine Option oder ein Optionsportefeuille bei einem gegebenen Zeithorizont mit einer gewissen Wahrscheinlichkeit maximal erleiden wird.

Gegenstand der vorliegenden Untersuchung soll der erstgenannte Ansatz sein, der Optionen dafür verwendet, Informationen über den Basiswert und dessen zukünftige Verteilungen zu extrahieren. Die zweite Fragestellung untersuchen z. B. LEHAR/SCHEICHER/SCHITTENKOPF (2002) anhand der Wertveränderung von Optionen zwischen zwei Handelstagen. Zur Ermittlung des Value-at-Risk verwenden die Autoren auf Basis impliziter Parameterschätzungen kalibrierte Modelle mit stochastischer Volatilität, aus denen – ausgehend vom Betrachtungstag t – die Verteilung des Basiswertes in $t + 1$ berechnet wird. Aus dieser lässt sich die zugehörige Verteilung der Optionswerte in $t + 1$ und damit die Verteilung der Veränderung der Optionswerte für das diskrete Intervall $[t, t + 1]$ gewinnen. Die Quantile der Verteilung geben den gesuchten Value-at-Risk für die Optionswertentwicklung an.[682]

---

680 Zu Methoden der Value-at-Risk-Ermittlung, insbesondere zur historischen Simulation und Monte-Carlo-Simulation sowie zum Delta-Normal-Verfahren, siehe z. B. JORION (2001), S. 205 ff.

681 Vgl. NEUMANN (1999), S. 4 und S. 17.

682 Die Berechnung des Value-at-Risk für Portefeuilles, die Optionen enthalten, wird generell dadurch erschwert, dass üblicherweise verwendete Verteilungsannahmen nicht sinnvoll einsetzbar sind. Die Begründung ist darin zu sehen, dass Optionen hoch nichtlinear mit dem Kurs des Basiswertes verbunden sind. Eine Normalverteilungsannahme für die Wertänderung des DAX etwa ist nicht ohne weiteres auf die Änderung im Wert von DAX-Optionen übertragbar. Deren Sensitivität auf Wertveränderungen im Basiswert ist von einer Reihe von Einflussgrößen abhängig; eine aus-dem-Geld notierende DAX-Option z. B. reagiert anders auf eine Wertänderung des DAX als eine am-Geld befindliche. STEINER/WENNINGER/WILLINSKY (2002) vergleichen verschiedene Ansätze für die Value-at-Risk-Berechnung (Varianz-Kovarianz- bzw. Delta-Normalmethode, Delta-Gamma-Ansatz, historische Simulation und Monte-Carlo-Simulation), wenn Optionen in Portefeuilles enthalten sind. Zum Value-at-Risk bei Optionspositionen siehe zudem BROWN/CHAN (1999), DUFFIE/PAN (1997), S. 23 ff. und NEUMANN (1999), S. 15 ff.

Im Folgenden soll untersucht werden, welche Charakteristika der aus Optionen gewonnene risikoneutrale Value-at-Risk aufweist. Hinsichtlich einer angestrebten Beurteilung und eines etwaigen Vergleichs von Modellen ergeben sich dabei eine Reihe von Schwierigkeiten. KUPIEC (1995) etwa schlägt einige statistische Tests für Value-at-Risk-Schätzungen vor. Hierzu gehören u. a. die Untersuchung des ersten Zeitpunktes, an dem eine Verletzung der ermittelten kritischen Grenze auftritt (engl.: *time until first failure (TUFF)*) sowie die Analyse der Anzahl innerhalb eines Zeitintervalls registrierter Wertunterschreitungen (engl.: *proportion of failures (POF)*).[683] NEUMANN (1999) äußert sich dahingehend, dass diese Testverfahren auch bei einer Untersuchung wie der vorliegenden anwendbar sein müssten.[684] Nach Auffassung des Verfassers wird bei dieser Einschätzung verkannt, dass aus verteilungsbasierten Verfahren lediglich Prognosen für den Verfallzeitpunkt T der zugehörigen Optionen abgelesen werden können. Demnach ist es nicht möglich, ohne weitere Annahmen handelstäglich einen Value-at-Risk mit einem z. B. eintägigen Horizont zu ermitteln. Eine solche Sequenz von Beobachtungen für kurze und gleich lange Intervalle sowie die daraus resultierende Verteilung von Überschreitungen des Value-at-Risk ist jedoch Grundlage der in der Literatur diskutierten Teststatistiken.[685] Diese gehen darüber hinaus von der Unabhängigkeit der einzelnen Beobachtungen aus. Wie bereits im letzten Modul diskutiert, ist eine solche stets dann nicht gegeben, wenn Überlappungen in den Prognoseintervallen auftreten. Insbesondere wird bei einer Überprüfung auf Überschreitung des über den Value-at-Risk antizipierten Wertverlustes und bei der Analyse der zugehörigen „Fehlerquote" in vielen Fällen auf *identische Verfalltermine* T Bezug genommen. Es kommt weiterhin erschwerend hinzu, dass sich die Value-at-Risk-Maße – und in der Konsequenz die aus diesen folgende Einhaltung des Konfidenzintervalls durch die Wertänderung – auf unterschiedlich lange Zeiträume beziehen. Aufgrund der skizzierten Bedenken wird im Folgenden, zu Gunsten einer statistisch unangreifbaren Darstellung, auf eine testgestützte Analyse verzichtet.

683 Vgl. auch ergänzend die Arbeit von CHRISTOFFERSEN/HAHN/INOUE (2001), in der eine Vielzahl kommerzieller Risikomanagementsysteme mit Value-at-Risk-Maßen untersucht wird und statistische Vergleichs- und Testmöglichkeiten diskutiert werden.

684 Siehe NEUMANN (1999), S. 185 f.

685 Vgl. KUPIEC (1995), S. 75 ff. sowie auch HALD (1968).

Hinsichtlich der Auswahl der Untersuchungsobjekte soll eine Beschränkung auf die Value-at-Risk-Berechnung auf Basis der DAX-Optionen erfolgen. Der DAX bietet als diversifizierter Index der wichtigsten deutschen Standardwerte einen geeigneten Ansatzpunkt für das Risikomanagement in der Aktienanlagepraxis. Ein solches isoliert für einzelne Aktientitel durchzuführen, ist nicht üblich. In der realen Anwendung wird ein Risikomanagement regelmäßig auf Portefeuilles mit einer Vielzahl unterschiedlicher Titel angewandt oder aber auf spezifische Teilgruppen von Finanzgütern (z. B. Aktien, Anleihen) bezogen. Aus diesem Grund wird auf eine – grundsätzlich mögliche – Berechnung des Value-at-Risk für Einzelaktien verzichtet. Hinsichtlich des Euro-Bund-Futures und der hierauf gehandelten Optionen wäre eine Value-at-Risk-Betrachtung gleichbedeutend mit einer Ermittlung maximaler Wertverluste im Euro-Bund-Future innerhalb eines Intervalls $[t, T]$. Wiederum vor dem Hintergrund der kritischen Frage nach der Praxisrelevanz ist zu konstatieren, dass etwa das Risikomanagement von Anleihen i. d. R. mit Hilfe spezieller Werkzeuge, z. B. auf Basis durationsbasierter Ansätze, vorgenommen wird.[686] Insbesondere aus dieser Erwägung und aufgrund der ohnehin vergleichsweise geringen Volatilität des Euro-Bund-Futures wird auf dessen Analyse im Rahmen einer Value-at-Risk-Studie verzichtet.

5.10.2 Ergebnisse

Unter Verwendung der aus DAX-Optionen ermittelten impliziten risikoneutralen Verteilungen erhält man für die Wahl von $\kappa = 10\ \%, 5\ \%$ und $1\ \%$ die in *Tabelle 5.37* dokumentierten Werte für den risikoneutralen Value-at-Risk. Diese geben die im Mittel erwarteten Verluste eines DAX-Portefeuilles (gemessen in Indexpunkten) an, die in einem Zeitraum $[t, T]$ nicht überschritten werden. Zum Vergleich ist jeweils auch der Value-at-Risk auf Basis einer historischen Volatilitätsschätzung aus realen DAX-Renditen angegeben. Unter Verwendung eben so vieler Tage wie im Intervall $[t, T]$ enthalten sind werden hierzu jeweils historische Renditen für eine Volatilitätsberechnung eingesetzt. Aus dieser Größe wird dann mit Hilfe der Normalverteilungsannahme der hier als „historisch“ bezeichnete Value-at-Risk generiert. Die durchschnittliche Zeitspanne $T - t$ im Rahmen der Schätzungen liegt bei ca. 114 Kalendertagen für das

---

686 Vgl. zum Konzept der Duration z. B. STEINER/UHLIR (2001), S. 79 ff.

implizite Vorgehen und bei ca. 92 Kalendertagen für den historisch ermittelten Value-at-Risk.[687] Neben den Statistiken zur modellspezifischen Höhe des Value-at-Risk ist in der Tabelle zusätzlich die Zahl der Fälle angegeben, in denen realiter eine Überschreitung des antizipierten Wertverlustes im DAX aufgetreten ist. Bei der Interpretation dieser Zahl und der zugehörigen Quote gilt es die vorab skizzierten Punkte zu beachten. So bezieht sich eine Vielzahl der Value-at-Risk-Ermittlungen – vorgenommen zu unterschiedlichen Zeitpunkten $t < T$ – auf identische Verfalltermine.

Auffällig, aber nach den Ergebnissen aus Abschnitt 5.9 zu erwarten, sind die in allen Fällen höheren Werte des risikoneutralen im Vergleich zum historischen Value-at-Risk. Die Berechnung des kritischen κ-Quantils einer Verteilung zielt auf den äußeren linken Rand einer Verteilung. Wie bereits in Abschnitt 5.9 exemplarisch anhand der *Abbildungen 5.10* und *5.11* verdeutlicht, liegt mit Zunahme der Modellkomplexität tendenziell mehr Wahrscheinlichkeitsmasse in den linken Flanken von Kurs- und Renditeverteilung. Da die Value-at-Risk-Berechnung aus einer Transformation eines dieser Flankenpunkte gewonnen wird, übertragen sich die Charakteristika unmittelbar: Das BS-Modell mit einer Log-Normalverteilungsprämisse für den Kurs etwa liefert aufgrund weniger ausgeprägter linker Ränder geringere Werte für den Value-at-Risk als das GC- sowie das Misch2- und Misch3-Modell. Der hier berechnete historische Value-at-Risk basiert, ebenso wie das BS-Modell, auf einer Normalverteilung der Renditen, allerdings ist die aus der Datenhistorie gewonnene Standardabweichung geringer als die im Rahmen der Optimierung in Abschnitt 5.9 extrahierte BS-Volatilität. Damit erklärt sich die ausgewiesene „Rangfolge“ der Modelle und, in der Konsequenz, die Verteilung der Quote der Unterschreitungen der kritischen Wertänderungsgrenzen.

In *Abbildung 5.35* und *Abbildung 5.36* werden die mittleren Werte des Value-at-Risk auf Basis der fünf impliziten Verteilungen und der historischen Schätzungen grafisch anhand von Restlaufzeitklassen sowie getrennt für ein Konfidenzniveau $1 - \kappa$ von 90 % und 95 % miteinander verglichen.[688] Materiell bedeutsame Unterschiede in der absoluten Höhe des Value-at-Risk und der Quote der Überschreitungen ergeben sich speziell

---

687 Die kürzere Spanne bei dem zweitgenannten Ansatz resultiert daraus, dass speziell für den Beginn der Untersuchungsperiode im Jahre 1999 nicht genügend historische Kurse zur Verfügung standen, um die historische Volatilität zu berechnen. Wie in den vorangegangenen Teilstudien dieser Arbeit wird auch hier auf die Verwendung von Informationen vor 1999 verzichtet.

688 Für $\kappa = 1$ % lagen mit Ausnahme des historischen Ansatzes keine Überschreitungen der kritischen Grenzen vor, sodass auf eine differenzierte Darstellung verzichtet wird.

Tabelle 5.37
Risikoneutraler Value-at-Risk für den DAX

Die Tabelle zeigt die auf Basis von DAX-Optionen implizit ermittelten Werte des – risikoneutralen – Value-at-Risk, separat ausgewiesen für ein Signifikanzniveau κ von 10 %, 5 % und 1 %. Zum Vergleich ist jeweils auch der Value-at-Risk auf Basis historischer Volatilitätsschätzungen aus realen DAX-Renditen angegeben. Neben den Statistiken zur modellspezifischen Höhe des Value-at-Risk ist zusätzlich die Zahl der Fälle angegeben, in denen realiter eine Überschreitung des antizipierten Wertverlustes im DAX aufgetreten ist. Bei der Interpretation dieser Zahl und der zugehörigen Quote ist zu beachten, dass sich eine Großzahl der Value-at-Risk-Ermittlungen – vorgenommen zu unterschiedlichen Zeitpunkten $t < T$ – auf *identische Verfalltermine* T bezieht. Dies impliziert, dass (i) Prognosen für verschieden lange Zeiträume $T - t$ aggregiert ausgewiesen werden und (ii) diese Voraussagen zudem voneinander abhängig sind, da sich die Prognoseintervalle überlappen. Unter dieser Problematik leiden insbesondere die angegebenen Quoten zur eingetretenen Wertverletzung, da für deren Berechnung in den einzelnen Prognosen identische DAX-Referenzwerte in den Verfallzeitpunkten T verwendet werden.

Quelle: Eigene Berechnungen.

Modell	Mittel	Std.	Min.	Max.	Schätzungen	Verletzungen	Quote
$\kappa = 10\,\%$							
Historisch	783,14	399,85	75,81	1.805,01	1.831	83	4,53 %
BS	930,01	440,91	159,10	2.224,39	2.255	60	2,66 %
BS-ATM	942,02	460,68	157,41	2.271,31	2.239	61	2,72 %
GC	1.000,66	507,19	149,22	2.525,79	2.255	55	2,44 %
Misch2	1.119,13	600,15	140,80	3.713,33	2.255	54	2,39 %
Misch3	1.101,31	603,18	145,65	4.379,00	2.255	52	2,31 %
$\kappa = 5\,\%$							
Historisch	983,32	494,06	97,13	2.237,46	1.831	21	1,80 %
BS	1.161,00	537,14	203,70	2.731,43	2.255	18	0,80 %
BS-ATM	1.174,57	559,66	201,56	2.784,23	2.239	18	0,80 %
GC	1.584,65	788,53	246,48	3.816,75	2.255	6	0,27 %
Misch2	1.471,75	712,76	211,01	4.435,00	2.255	8	0,35 %
Misch3	1.445,99	710,50	210,55	4.561,24	2.255	8	0,35 %
$\kappa = 1\,\%$							
Historisch	1.335,59	651,30	136,92	2.968,05	1.831	5	0,28 %
BS	1.560,44	691,78	286,36	3.564,56	2.255	–	–
BS-ATM	1.576,04	717,95	283,39	3.624,71	2.239	–	–
GC	2.136,72	973,22	406,51	4.867,40	2.255	–	–
Misch2	2.001,53	843,18	461,79	4.734,49	2.255	–	–
Misch3	2.042,18	869,89	429,81	5.408,90	2.255	–	–

bei längeren Laufzeiten. Bei der Interpretation der Ergebnisse ist ergänzend die Kursentwicklung des DAX im Analysezeitraum 1999/2000 zu berücksichtigen: Wie in Abschnitt 5.3.2 anhand von *Tabelle 5.3* und *Abbildung 5.2* dargelegt, konnte der DAX insbesondere bis zum ersten Quartal 2000 einen starken Aufwärtstrend verzeichnen. Die sich bis Jahresende anschließende Abwärtsbewegung war durch einen wenig volatilen Verlauf geprägt, womit sich u. a. erklärt, dass der 1 %-Value-at-Risk bei keiner der aus Optionspreisen gewonnenen Schätzungen überschritten wurde.

Auf einen weiteren Vorschlag für den Umgang mit realen und risikoneutralen Value-at-Risk-Größen sei ergänzend hingewiesen: Dieser besteht in der expliziten Berücksichtigung der Risikopräferenzen der Marktteilnehmer durch die Annahme *repräsentativer Agenten*. Deren Nutzenfunktionen[689] lassen sich mit der risikoneutralen Verteilung zusammenführen, wodurch u. a. eine Schätzung der impliziten Risikoaversion der Marktteilnehmer möglich ist.[690] Unter gewissen Rahmenbedingungen[691] und insbesondere der Existenz eines repräsentativen Investors lässt sich mit (i) dessen Präferenzen, (ii) dem stochastischen Prozess des Basiswertes und (iii) den Preisen der Derivate aus je zwei dieser Größen die dritte ableiten. Man vergleiche hierzu auch die vereinfachte intuitive Formel

> „risikoneutrale Wahrscheinlichkeit = subjektive Wahrscheinlichkeit x Korrekturfaktor für Risikoaversion"

nach JACKWERTH (2000).[692] Zumindest vom theoretischen Standpunkt aus lassen sich, auf Basis einer größeren Zahl von Optionen und Zeitreihendaten des Basiswertes, Rückschlüsse auf die Präferenzen des repräsentativen Investors ziehen.[693] Unterschieden wird von AÏT-SAHALIA/LO (2000) in einen *Economic VaR (E-VaR)* auf Basis risikoneutraler Verteilungen und einen *Statistical VaR (S-VaR)*, der aus der Datenhistorie gewonnen wird. Aus beiden zusammen lässt sich die am Markt vorherrschende

---

689 Siehe zur Modellierung von Risikoaversionsfunktionen insbesondere die grundlegende Arbeit von PRATT (1964).

690 Vgl. JACKWERTH (1999), S. 72.

691 Bei Unterstellung einer LUCAS (1978)-Ökonomie, die das stochastische Verhalten von Gleichgewichtspreisen in einer Ein-Produkt-Tauschökonomie beschreibt.

692 Siehe JACKWERTH (2000), S. 433.

693 Vgl. CONT (1998), S. 21.

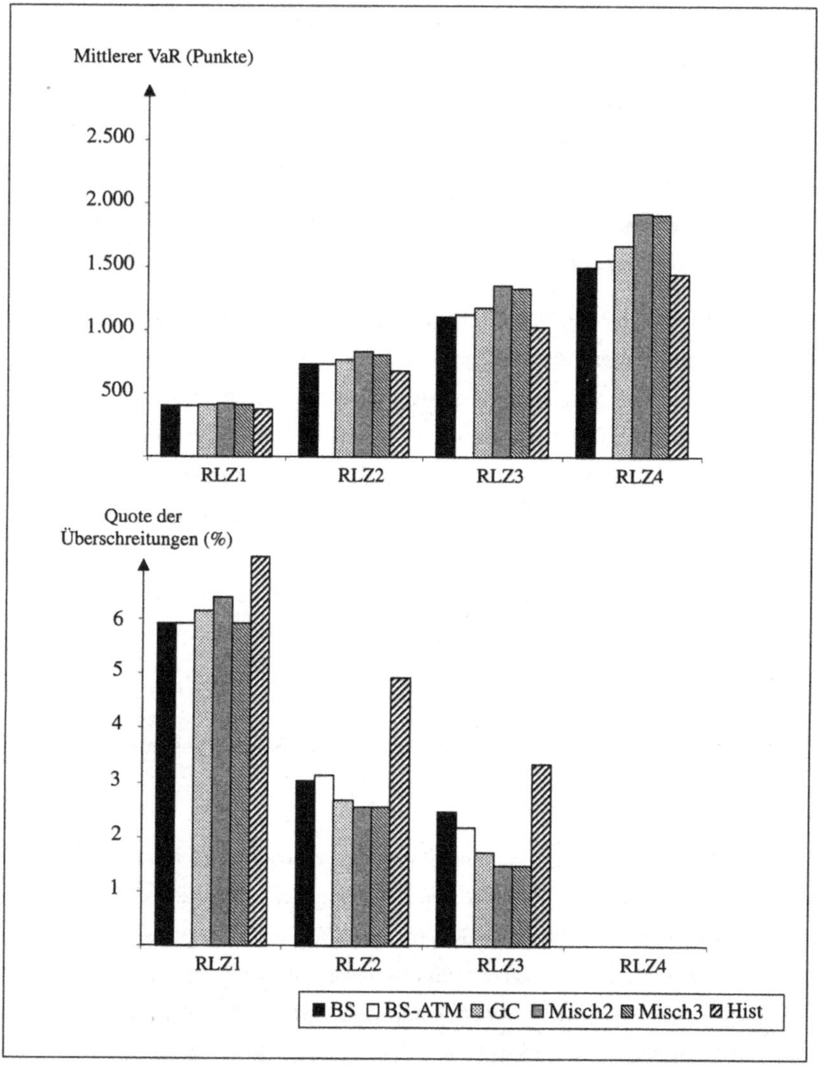

Abbildung 5.35. Vergleich des mittleren modellspezifischen risikoneutralen Value-at-Risk in Abhängigkeit von der Länge der Prognoseperiode (Konfidenzniveau: 90 %). In der Grafik werden die in *Tabelle 5.37* ausgewiesenen mittleren Werte für den DAX-Value-at-Risk und die Quote der Überschreitungen in Abhängigkeit von der Länge des betrachteten Intervalls $[t, T]$ unterschieden. Für diese Untergliederung werden die Restlaufzeitklassen der Optionen (RLZ1: sehr kurz laufend bis RLZ4: lang laufend) verwendet. Zum Vergleich ist jeweils auch der Value-at-Risk auf Basis historischer Volatilitätsschätzungen aus realen DAX-Renditen angegeben.

Quelle: Eigene Berechnung und Darstellung.

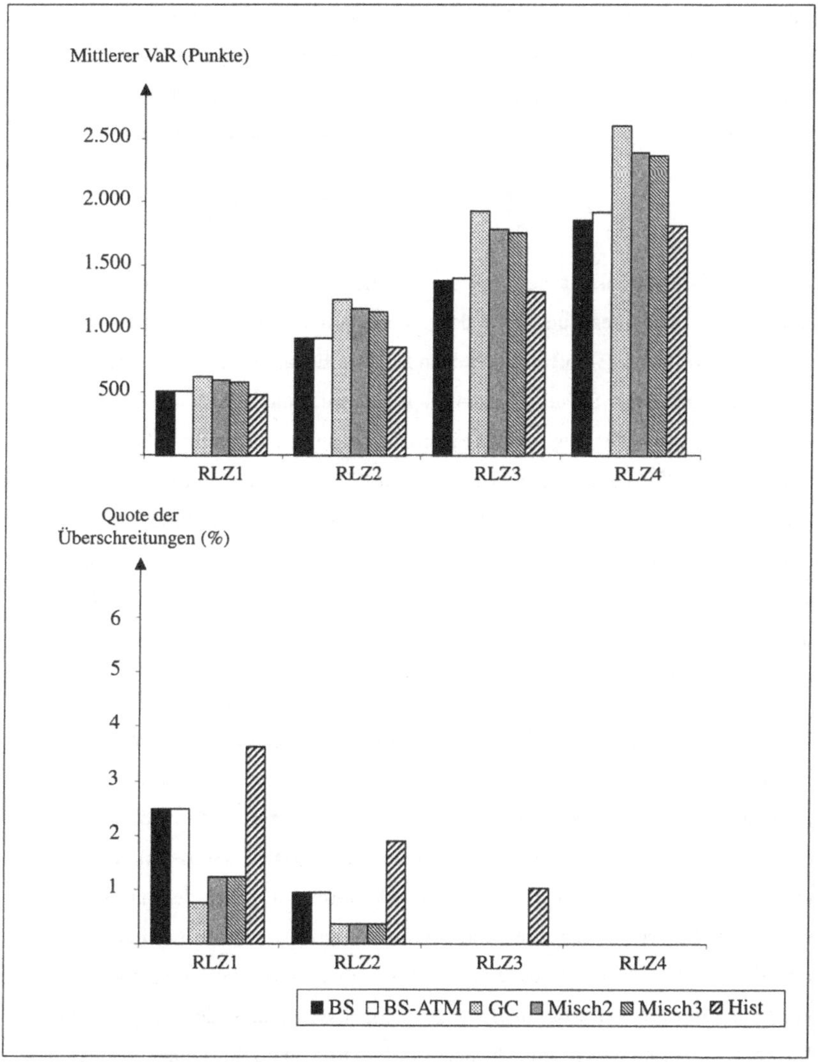

Abbildung 5.36. Vergleich des mittleren modellspezifischen risikoneutralen Value-at-Risk in Abhängigkeit von der Länge der Prognoseperiode (Konfidenzniveau: 95 %). In der Grafik werden die in *Tabelle 5.37* ausgewiesenen mittleren Werte für den DAX-Value-at-Risk und die Quote der Überschreitungen in Abhängigkeit von der Länge des betrachteten Intervalls $[t, T]$ unterschieden. Für diese Untergliederung werden die Restlaufzeitklassen der Optionen (RLZ1: sehr kurz laufend bis RLZ4: lang laufend) verwendet. Zum Vergleich ist jeweils auch der Value-at-Risk auf Basis historischer Volatilitätsschätzungen aus realen DAX-Renditen angegeben.

Quelle: Eigene Berechnung und Darstellung.

implizite Risikoaversion ermitteln.[694] AÏT-SAHALIA/LO (2000) zeigen auf Basis eines Gleichgewichtsmodells mit einem repräsentativen Agenten, dass der Quotient aus $f^*_{t,T}$ und $f_{t,T}$ – bis auf einen Skalierungsfaktor – als Schätzer der *Grenzrate der Substitution* (engl.: *marginal rate of substitution (MRS)*),[695] $\emptyset$, aufgefasst werden kann:

$$\zeta_T = \frac{f^*_{t,T}(S_T)}{f_{t,T}(S_T)} = e^{r(T-t)} \frac{W'_T(c_T)}{W'_t(c_t)} = e^{r(T-t)} \emptyset_{t,T} \tag{5.37}$$

mit W als Nutzenfunktion des Agenten. Speziell sind für den Fall einer im Definitionsbereich konstanten Funktion ζ der repräsentative Agent approximativ risikoneutral und S-VaR und E-VaR nah beieinander. Der E-VaR wird als Ergänzung, nicht jedoch als Ersatz des S-VaR gesehen – speziell aufgrund der Interpretationsschwierigkeiten und der Abhängigkeit von einem Gleichgewichtsmodell.[696] Analog zu AÏT-SAHALIA/LO (2000) geht auch JACKWERTH (2000) bei der Extraktion der Risikoaversion vor; in beiden Beiträgen betrachten die Autoren selbst diesen Ansatz allerdings mit einer gewissen Skepsis. COUTANT (1999) untersucht die Extraktion von Risikoaversionsfunktionen aus Preisen französischer Indexoptionen. In der Studie zeigen diese Funktionen eine Variation im Zeitablauf und reagieren insbesondere sehr sensitiv auf die Kursentwicklung im Basiswert der Optionen.[697]

Trotz des vom theoretischen Standpunkt aus fundierten Konzeptes wird von Seiten des Verfassers auf eine nähere Untersuchung der Risikopräferenzen eines vermeintlichen „repräsentativen Investors“ verzichtet. Der Grund liegt vor allem darin, dass eine Fiktion repräsentativer Agenten inkonsistent mit der realen Organisationsstruktur der Märkte ist.[698] Diese besteht etwa an der Eurex im Optionshandel zumindest aus der Gruppe der Market-Maker auf der einen und der Gruppe privater und institutioneller Händler auf der anderen Seite. Zweitgenannte müssten wahrscheinlich sogar eher selbst als getrennte Gruppen von Marktteilnehmern aufgefasst werden. Eine Aggregation von Risikopräferenzen zu einer einzelnen „Marktfunktion“ wird als höchst fragwürdig er-

---

694 Vgl. zum E-VaR und S-VaR auch in Ansätzen PIRKNER (1999), S. 121 ff.

695 Auch *stochastischer Diskontierungsfaktor* (engl.: *stochastic discount factor (SDF)*).

696 Vgl. AÏT-SAHALIA/LO (2000), S. 13 ff.

697 Die Autorin regt darüber hinaus an, über dieses implizite Vorgehen die Risikoaversion von Market-Makern auf Veränderungen im Zeitablauf zu untersuchen.

698 Vgl. z. B. BATES (2002), S. 18

achtet; insbesondere besteht die Gefahr, Phänomene einer solchen Funktion herauszuarbeiten, die realiter auf völlig andere Ursachen zurückzuführen sind. Auch plädiert etwa WILHELM (1988) für einen eher zurückhaltenden Umgang mit dem Konzept repräsentativer Investoren.[699] Daneben äußert sich CONT (1998) ebenfalls skeptisch zur Fiktion eines repräsentativen Investors, speziell aufgrund auftretender Paradoxa, wie z. B. dem bei Gültigkeit der Annahmen gänzlich ausbleibenden Handel.[700]

Zusammenfassend ist festzuhalten, dass ein Value-at-Risk-basierter Ansatz vor dem Hintergrund der Extraktion risikoneutraler Verteilungen – wie auch im Rahmen der Volatilitätsprognose festgestellt – in seinen Anwendungsmöglichkeiten deshalb beschränkt ist, weil sich implizit ermittelte Verteilungen auf wenige Verfallzeitpunkte von Optionen konzentrieren. Dieser Nachteil macht sich insbesondere dadurch bemerkbar, dass es auf diese Weise nicht möglich ist, einen Value-at-Risk für einen sehr kurzen Zeitraum, z. B. bezogen auf den nächsten Handelstag, zu erhalten. Ein Risikomaß innerhalb des Intervalls $[t, T]$ ließe sich nur mit Hilfe weiterer Annahmen zur zeitlichen Evolution der impliziten Verteilungen bestimmen.

---

[699] Vgl. WILHELM (1988), S. 488.

[700] Siehe CONT (1998), S. 21 f.

5.11 Zusammenfassung und Einordnung der Ergebnisse

Der empirische Teil dieser Arbeit hatte die Prüfung des BLACK/SCHOLES-, des auf einer Dichteexpansion basierenden GRAM/CHARLIER-Modells und zweier Mischungsmodelle zum Gegenstand. Anhand einer auf den drei wichtigsten Produktgruppen der Eurex aufbauenden Datenbasis der Jahre 1999/2000 konnte nach entsprechender Bereinigung und Aufbereitung zunächst in einer Voruntersuchung anhand impliziter Volatilitäten gezeigt werden, dass der originäre BLACK/SCHOLES-Ansatz offenbar fehlspezifiziert ist. Dessen Grundannahme identischer impliziter Volatilitäten für alle Optionen – unabhängig von Basispreis, Restlaufzeit und Optionstyp – konnte in allen drei Datenbasen widerlegt werden.

Motiviert durch diese Unzulänglichkeit des BLACK/SCHOLES-Modells wurde dieses – in zwei Formen – zusammen mit den drei Alternativen anhand von fünf pragmatischen Fragestellungen für jede der drei Optionsgruppen näher untersucht.[701] Im ersten Testmodul war die Frage nach einer adäquaten Parametrisierung der Modelle zu beantworten. Während z. B. das BLACK/SCHOLES-Modell durch eine Verbindung zur realen Renditezeitreihe auch mittels historischer Volatilitäten kalibriert werden könnte, ist ein solches Vorgehen bei den reinen RND-basierten Mischungsmodellen nicht ohne weiteres möglich. Diese sind speziell zur Extraktion von nicht strukturgebundenen Marktinformationen konzipiert und bedürfen daher einer Parameterbestimmung auf implizitem Wege. Für die Berechnung der impliziten Parametervektoren wurde bei allen Modellen, dem Literaturstandard entsprechend, die Minimierung der absoluten Abweichungen zwischen Marktpreisen und Modellwerten innerhalb eines Zeitintervalls von einem bzw. fünf Handelstagen verwendet. Die Entscheidung für die Orientierung an absoluten Größen hat dabei vorwiegend numerische Gründe, legt aber im Rahmen der Optimierung unvermeidlich ein höheres Gewicht auf die höherwertigen Optionen und deren Abweichung vom Marktpreis. Allerdings dürften sich ähnliche Ergebnisse

[701] Vgl. allgemein zum Umgang mit empirischen Testergebnissen für Optionen kritisch FIGLEWSKI (1989b), S. 14.

der Studie auch bei der Verwendung relativer Abweichungsmaße ergeben.[702] Hervorzuheben ist die Tatsache, dass im vorliegenden Fall nicht auf Basis von Settlement-, sondern mit Hilfe von Transaktionsdaten gearbeitet wurde. Hieraus resultierte ein um ein Vielfaches höherer Rechenaufwand, dem allerdings der gewichtige Vorteil einer losgelöst von der Preisfestsetzung der Terminbörse erfolgenden Parametrisierung der Modelle gegenübersteht.

Das Problem der numerischen Umsetzung der Optimierung bei den höher parametrisierten Modellen konnte u. a. mit Hilfe des Simulated Annealing gelöst werden. Das Verfahren erfordert zwar einen hohen Rechenaufwand, ist bei geeigneter Rechnerinfrastruktur aber auch parallelisierbar. Die so ermittelten impliziten risikoneutralen Verteilungen wurden neben einer exemplarischen Visualisierung einer näheren Analyse anhand der Verteilungsmomente unterzogen. Des Weiteren wurde im ersten Testmodul am Beispiel der DAX-Optionen eine der problematischen Eigenschaften der Mischungsmodelle, nämlich die numerische Instabilität im Zeitablauf – insbesondere bei drei Mischungskernen – sichtbar gemacht.[703]

Aufbauend auf der Kalibrierung der Modelle hat sich im Rahmen einer *In-the-sample-Analyse* gezeigt, dass die Mischungsmodelle in Anbetracht ihrer hohen Flexibilität eine sehr gute Anpassung an beobachtete Marktpreise von Optionen gestatten. Dieser Vorteil fiel bei den DAX-Optionen am deutlichsten ins Gewicht, während z. B. bei den Euro-Bund-Future-Optionen mit den Mischungsmodellen im Vergleich etwa zum einfacheren GC-Modell kaum Verbesserungen in der Anpassung erreicht werden konnten. Ergänzende Aufspaltungen nach den Einflüssen von Moneyness und Restlaufzeiten ließen die tendenziell bestehenden Vorteile der komplexeren Mischungsmodelle speziell in Moneynessbereichen weg vom-Geld deutlich werden. Zusammenfassend betrachtet hat die In-the-sample-Analyse u. a. ergeben, dass zur Extraktion von

---

702 So u. a. das Resultat von LI (2000), der verallgemeinerte schiefe t-Verteilungen anhand der parallelen Betrachtung minimaler absoluter und relativer Abweichungen im US-amerikanischen Markt untersucht.

703 Von einer solchen berichten etwa auch COOPER (1999) und BLISS/PANIGIRTZOGLOU (2002) im Rahmen der Optimierung. Daneben zeigt sich eine „Anfälligkeit" der ermittelten Parameter gegenüber kleinen Änderungen in der verwendeten Datenbasis. Bei der Bestimmung der impliziten Dichtefunktion treten gelegentlich „Anomalien" dergestalt auf, dass die Standardabweichungen einzelner Mischungskerne im Optimum der Funktion gegen null tendieren und somit zu Ein-Punkt-Verteilungen („Spikes") degenerieren. Speziell letzterem Problem konnte im Rahmen dieser Arbeit programmiertechnisch z. T. begegnet werden.

Informationen speziell aus DAX-Optionen implizite Kurs- und Renditeverteilungen verwendet werden sollten, die über einen ausreichend großen Wertebereich für Schiefe und Kurtosis verfügen: Bei Flexibilisierung der Verteilungsform treten für den Kurs im Unterschied zur Log-Normalverteilung negative Schiefewerte und eine vergleichsweise höhere Kurtosis auf. Analoges gilt für die zugehörigen impliziten risikoneutralen Renditeverteilungen im Vergleich zum BLACK/SCHOLES-Modell.

Im Rahmen einer *Out-of-the-sample-Analyse* wurde, unter Verwendung der Prämisse in kurzen Zeitintervallen konstanter risikoneutraler Verteilungen, eine Prognose für Marktpreise von Optionen vorgenommen. Unter Einsatz der Sliding-Windows-Technik hat sich für die Gruppe der DAX-Optionen gezeigt, dass die „Rangfolge" der Modelle aus der In-the-sample-Untersuchung auch bei der Prognose erhalten bleibt. Mittlere Abweichungen, sowohl in absoluter als auch in relativer Höhe, konnten im Vergleich zum BLACK/SCHOLES-Referenzfall mit dem GC-Modell stark reduziert werden. Beim Einsatz der Mischungsmodelle waren noch geringere mittlere Prognosefehler festzustellen; allerdings zeigte sich zwischen den Modellen mit zwei und drei Mischungskernen kein materiell bedeutsamer Unterschied in der Leistungsfähigkeit. Das BLACK/SCHOLES-Modell, kalibriert auf Basis aller Optionen oder ausschließlich solcher, die am-Geld notieren, litt insbesondere darunter, den Preisbildungsmechanismus bei aus-dem-Geld und im-Geld notierenden DAX-Optionen nicht adäquat erfassen zu können. Bedingt durch die ceteris paribus mit höherer Restlaufzeit i. d. R. höheren Optionswerte waren die Differenzen zwischen den einfachen und höher parametrisierten Modellen insbesondere bei lang laufenden Optionen von Bedeutung. Für die Gruppe der Aktienoptionen ergab sich ein sehr viel ernüchternderes Bild: Vor dem Hintergrund des hier fünf Handelstage umfassenden Prognoseintervalls ließen sich, aggregiert über alle zehn Basiswerte, im Falle des GC-Ansatzes und der Mischungsmodelle nur geringfügige Reduktionen in den absoluten und relativen Fehlergrößen erreichen. Die sehr uneinheitlichen Ergebnisse konnten auch bei einer Moneyness- und Restlaufzeitdifferenzierung nicht in befriedigendem Ausmaß erklärt werden. Die Prognosefähigkeit der Modelle in der Gruppe der Euro-Bund-Future-Optionen zeigte für alle fünf Modelle aus dem Blickwinkel der ökonomischen Relevanz äußerst geringe Abweichungen zwischen prognostizierten Werten und realen Transaktionspreisen. Durch den Einsatz des GC-, Misch2- und Misch3-Modells konnte relativ zum BS-/BS-ATM-Ansatz nur eine geringere Verbesserung erzielt werden.

Eine Detailanalyse der mittleren Prognosefehler und dessen Zerlegung nach THEIL ergab für die DAX-Optionen bei einer Unterscheidung in Calls und Puts eine systematische Verzerrung in der Voraussage des BS-/BS-ATM-Modells. Mit Erhöhung der Modellkomplexität konnte dieser Effekt stark vermindert werden und führte bei den Mischungsmodellen zu Prognosen, die nahezu frei von systematischen Fehlleistungen ausfielen. Der durch die Größen Moneyness, Restlaufzeit und Optionstyp erklärbare Teil der Abweichungen in der Prognose war insbesondere bei den drei komplexeren Modellen nahezu null, d. h. der Preismechanismus für DAX-Optionen war bei Anwendung dieser Alternativmodelle in Bezug auf diese Größen nahezu frei von etwaigen systematischen Abweichungen. Für den Bereich der Aktienoptionen konnte festgestellt werden, dass der systematische Anteil im Prognosefehler in den höher parametrisierten Modellen etwas geringer ausfiel. Der Einfluss von Moneyness und Restlaufzeit auf den Bewertungsfehler stellte sich, sofern überhaupt ein signifikanter Zusammenhang abgeleitet werden konnte, als sehr gering heraus. Insbesondere konnte keine einheitliche Struktur in der Fehlbewertung, weder innerhalb der Modelle noch unter den Basiswerten der Optionen, aufgedeckt werden. In der dritten Gruppe der Euro-Bund-Future-Optionen konnte mit dem Einsatz der drei BLACK/SCHOLES-Alternativen ein Ungleichgewicht in der Bewertung von Calls und Puts und ein daraus resultierender vergleichsweise höherer systematischer Anteil am Prognosefehler beseitigt werden. Das GC-Modell zeigte dabei die gleiche Leistung wie die beiden höher parametrisierten Mischungsmodelle.

Eine Analyse des *Hedgingverhaltens* hatte das Ziel, die dynamischen Fähigkeiten der Modelle für Zwecke der Risikoabsicherung zu untersuchen. Hierzu wurde die Wertentwicklung fiktiver Portefeuilles, die durch den Verkauf von Calls oder Puts und das gleichzeitige Eingehen von Positionen in Basiswert und risikoloser Anlageform (Geldanlage oder Kreditaufnahme) aufgebaut wurden, im Abstand von einem und fünf Handelstagen untersucht. Bei vorliegender Identität von Marktpreisen und Modellwerten sollte ein solches Portefeuille bei Gültigkeit des Modells und einem lediglich infinitesimalen Fortschreiten der Zeit risikolos sein und demnach keiner Wertänderung unterliegen. Im Rahmen der Konstruktion einer großen Zahl solcher Portefeuilles wurde die Fehlleistung der einzelnen Modelle anhand der sich realiter ergebenden Über- oder Untersicherungen analysiert. Aus dem entstehenden Hedgingfehler wurde darüber hinaus derjenige Anteil abgespalten, der nicht auf eine falsche modellspezifische Absicherungsstrategie, sondern auf Differenzen zwischen Marktpreisen und Modellwerten bei Aufbau und Auflösung des Portefeuilles zurückzuführen war. Abgesehen von vereinzelten Ausnahmen konnten in allen drei Optionsgruppen bei den komplexeren Modellen betragsmäßig größere mittlere Hedgingfehler als im BLACK/SCHOLES-Referenzmodell festgestellt werden. Bei einer Verlängerung des Betrachtungszeitraums von einem auf fünf Kalendertage fielen die absoluten Abweichungen bei den DAX- und Euro-Bund- Future-Optionen jeweils ca. um den Faktor zwei bis drei höher aus.

Die vierte Teilanalyse hatte die Frage nach der *Verbindung zwischen Termin- und Kassamarkt* zum Gegenstand. Ausgehend von einer im Allgemeinen nicht bekannten funktionalen Abhängigkeit zwischen realer und für Bewertungszwecke unterstellter risikoneutraler Welt wurde untersucht, inwieweit aus Letztgenannter mit Hilfe von Optionen Informationen über die reale zukünftige Entwicklung der zugehörigen Basiswerte ermittelt werden können. Konkret wurde der Prognosegehalt impliziter risikoneutraler Verteilungsmomente hypothesengestützt mit der ex-post realisierten Volatilität, Schiefe und Kurtosis der realen Verteilungen verglichen. Dem Problem sich überlappender Prognoseintervalle wurde dabei mit einem aufwendigen Verfahren nach CANINA/FIGLEWSKI (1993) zur Korrektur der Standardfehler von Koeffizienten in den Linearregressionen begegnet. Die Studie zeigte, dass die implizite Volatilität einen Erklärungsgehalt für die zukünftige Realisation der Volatilität am Basismarkt aufweist. Allerdings ist der Prognosegehalt von der verwendeten Optionsgruppe und der Länge des Prognoseintervalls abhängig. Ergänzend konnte empirisch belegt werden, dass aus Zeitreihendaten gewonnene historische Momente, speziell die historische Volatilität, keine geeigneten Schätzer für die zukünftige Entwicklung darstellen. Insbesondere ist ein Großteil der Informationen aus der historische Volatilität bereits in den aus dem Optionsmarkt gewonnenen impliziten Volatilitätsschätzern enthalten. Die Teilstudie bestätigt des Weiteren die in der Literatur dokumentierte These, dass die implizite Volatilität die reale, insbesondere aufgrund von Basispreiseffekten, überschätzt. Hinsichtlich der höheren Verteilungsmomente konnte, konsistent mit den wenigen im Schrifttum dokumentierten Ergebnissen, kein Erklärungsgehalt der impliziten und historischen Schiefe bzw. Kurtosis für die zukünftige Renditeverteilung des Basiswertes gefunden werden.

Eine unmittelbare Anwendung impliziter risikoneutraler Verteilungen besteht in der Ermittlung des *Value-at-Risk als Kenngröße im Rahmen des Risikomanagements.* Aus Optionen extrahierte Verteilungen liefern über ihre Quantile Risikomaße in Gestalt risikoneutraler Value-at-Risk-Werte. Diese lassen sich z. B. alternativ zu Maßen auf Basis historischer Datenreihen verwenden. Vor dem Hintergrund der Überschätzung der realen Volatilität durch die implizite ist dabei bereits vorab anzunehmen, dass der risikoneutrale Value-at-Risk einen sehr konservativen Schätzer für das Verlustrisiko darstellt. Verfahren, die wie der Value-at-Risk oder die zuvor durchgeführte momentengestützte Prognose auf Basis extrahierter risikoneutraler Verteilungen arbeiten, leiden dabei unter der Einschränkung, dass sich implizit ermittelte Verteilungen auf wenige verfügbare Verfallzeitpunkte von Optionen beziehen. Ohne weitere Annahmen zur Entwicklung der Verteilungsgestalt zwischen diesen Zeitpunkten können keine weiteren Informationen gewonnen werden.

Insgesamt decken sich die empirischen Ergebnisse in großen Teilen mit denen anderer Studien, auch wenn in keiner eine vergleichbare Fülle von Aspekten – zudem unterschieden nach mehreren Teilmärkten – untersucht wurde. RIPPER/GÜNZEL (1997) etwa diagnostizieren für die Jahre 1995 und 1996 einen Smile-Effekt bei DAX-Calls und -Puts mit bis zu drei Monaten Laufzeit. Die Tatsache, dass sich In-the-sample eine umso bessere Anpassung der Modellwerte an die Marktpreise erreichen lässt, je flexibler und damit i. d. R. höher parametrisiert ein Modell aufgebaut ist, erscheint unmittelbar plausibel. So kann etwa das Ergebnis der ausschließlichen In-the-sample-Analyse von NEUMANN (1999) nicht verwundern, demzufolge die Abbildung von DAX-Optionspreisen u. a. mit Hilfe impliziter Binomialbäume gut gelingt. NAGEL (2001) kommt für das HESTON (1993)-Modell bei Anwendung auf DAX-Optionen zu dem Schluss, dass die Berücksichtigung stochastischer Volatilität neben einer im Vergleich zu BLACK/SCHOLES verbesserten In-the-sample-Anpassung auch eine verbesserte Prognosefähigkeit nach sich zieht. Bei einer Hedginguntersuchung zeigen sich jedoch auch dort für das BLACK/SCHOLES-Modell die besten Ergebnisse. Insbesondere für den US-amerikanischen Markt wurde eine Vielzahl komplexer Strukturmodelle, z. B. mit stochastischer Volatilität, stochastischen Zinsen oder Sprüngen im Kurs des Basiswertes empirisch ausgiebig getestet. Die impliziten Modellparameter sollten dabei konsistent mit denen der zugehörigen Zeitreihen sein. So ist eine Volatilität des Basiswertes, die im Optionspreismodell implizit aus den beobachteten Marktpreisen der Optionen berechnet wurde, mit der tatsächlichen Volatilität des Basiswertes zu vergleichen. Hinsichtlich der internen Parameterkonsistenz kommen BAKSHI/CAO/CHEN (1997) zu dem Ergebnis, dass trotz stochastischer Volatilität, stochastischer Zinsen und Sprungkomponenten, alle Modelle misspezifiziert sind.[704] Dies bietet u. a. eine Rechtfertigung dafür, auf Strukturmodelle gänzlich zu verzichten und unmittelbar an den risikoneutralen Verteilungen anzusetzen.

Im Rahmen einer Retrospektive der hier durchgeführten verteilungsorientierten Modellierung ist die These zu sehen, dass nahezu alle im Vergleich zu BLACK/SCHOLES erweiterten Optionsbewertungsverfahren zu im Wesentlichen ähnlichen Ergebnissen führen. Für die Arbeit mit risikoneutralen Verteilungen bestätigen etwa die Arbeiten von JACKWERTH/RUBINSTEIN (1996), CAMPA/CHANG/REIDER (1998) und COUTANT/JONDEAU/ROCKINGER (2001) diese Hypothese. In der Tendenz kann der Aussage zugestimmt werden, dass mit zunehmender Komplexität und damit einhergehender verbesserter In-the-sample-Anpassung die Gefahr eines Overfitting und damit der Instabilität der impliziten Modellparameter im Zeitablauf steigt.[705] Ein solcher Effekt konnte in der vorliegenden Untersuchung beim Einsatz von mehr als zwei Mischungskernen beobachtet werden. Allerdings ist durch die Vorgabe funktionaler Grundformen der Verteilungsgestalt das Problem des Overfitting weniger evident als etwa bei nichtparametrischen Verfahren.[706]

Die Empirie hat gezeigt, dass es keine einzige Verteilung gibt, die die empirisch belegten Anomalien im BLACK/SCHOLES-Modell vollständig beseitigen kann – die Begründung ist insbesondere darin zu sehen, dass diese zeitabhängig sind. Allerdings haben sich Schiefe und Kurtosis als sehr wichtige Größen zur Modellierung impliziter Verteilungen herausgestellt. Wie der Vergleich des GC-Modells mit den Mischungsansätzen gezeigt hat, muss der zulässige Wertebereich für diese Größen breit genug sein. In der Literatur wird die Schiefe risikoneutraler Rendite- bzw. Kursverteilungen im Vergleich zur Kurtosis als wichtiger angesehen, um Phänomene wie den Smile-Effekt im BLACK/SCHOLES-Modell eliminieren zu können. Beide zusammen sind für

---

704 Vgl. BAKSHI/CAO/CHEN (1997), S. 2005 und S. 2014.

705 „[...] the more complex any model is and the larger the number of parameters it involves, the better it will fit a given data sample, and the quicker it will tend to fall apart out-of-sample."; FIGLEWSKI (1997), S. 34 f. (im Zusammenhang mit ARCH-Modellen).

706 Vgl. auch CORRADO (2001), S. 215 f.

die praktische Umsetzung eines Modells bereits ausreichend.[707] Sofern diese Aussage zutrifft – und darauf deuten auch die Ergebnisse dieser Arbeit hin –, ist dem Problem der numerischen Stabilität der Verteilungsapproximationen ein verstärktes Augenmerk zu schenken. Der GC-Ansatz ist mit verhältnismäßig geringem Aufwand einsetzbar und zeigt dabei eine hohe numerische Stabilität,[708] erbringt aber aufgrund beschränkter Parameterbereiche für Schiefe und Kurtosis keine ausreichende Flexibilität. In Anbetracht des hohen Rechenaufwandes zur Bestimmung der Mischverteilungen und des Problems der insbesondere bei drei Komponenten auftretenden Instabilität muss kritisch konstatiert werden, dass einfachere Verfahren, wie etwa eine polynomiale Approximation der Smiles nach SHIMKO (1993), durchaus adäquate Alternativen darstellen. Die etwa unlängst von BRUNNER/HAFNER (2002) vorgeschlagene Erweiterung des Ansatzes von SHIMKO (1993), bei der durch eine erhöhte Flexibilität u. a. auch die Martingalbedingung eingehalten werden kann, ist speziell aufgrund der numerisch dennoch weit weniger aufwendigeren Anwendung viel versprechend. Generell ist es einfacher, eine Approximation des Smiles durchzuführen anstatt eine risikoneutrale Wahrscheinlichkeitsverteilung auf direktem Wege zu approximieren – so ist etwa bei BLACK/SCHOLES der Smile eine konstante Funktion, der die hoch nichtlineare Log-Normalverteilung gegenübersteht.[709]

In Anbetracht der in dieser Arbeit verwendeten verteilungsbasierten Modellierung ist darauf hinzuweisen, dass mit einer solchen zwar das Problem des Basispreiseffektes gelöst werden kann, für die zeitliche Abhängigkeitsstruktur der impliziten Volatilitäten jedoch auch bei komplexeren Verteilungsformen keine modellimmanente Lösung für den Umgang mit dem Restlaufzeiteffekt gefunden werden kann. Diesem muss dadurch Rechnung getragen werden, dass *separate* Verteilungen für jedes Intervall $[t, T]$ geschätzt werden. Dieses kann als eines der zentralen Probleme bei der Verwendung verteilungsbasierter Modelle gesehen werden. Es lassen sich lediglich – statische – implizite Verteilungen für wenige Zeitpunkte, nämlich gerade die Verfallzeitpunkte T der zugehörigen Optionen, extrahieren. Die zeitliche Evolution der Verteilungen zwischen

---

707 „[...] a good SPD is feasible with as few as three parameters: one for volatility, one for skewness, and one for kurtosis.“; vgl. LI (2000), S. 49.

708 Vgl. hierzu auch FLAMOURIS/GIAMOURDIS (2002), die u. a. die Expansion der risikoneutralen Kursverteilung nach JARROW/RUDD (1982) untersuchen.

709 Vgl. JACKWERTH (2000), S. 71.

zwei aufeinander folgenden Verfallterminen T_1 und T_2 ist aufgrund der Abstraktion von konkreten Modellstrukturen nicht bestimmbar.[710] Für die Praxis ließe sich ggf. mit Approximationen arbeiten. BUTLER/DAVIES (1998) schlagen eine Ermittlung der risikoneutralen Kursverteilung für „Zwischenlaufzeiten“ T mit $T_1 < T < T_2$ über die konvexe Kombination

$$f^*_{t,T} = \frac{T_2 - T}{T_2 - T_1} f^*_{t,T_1} + \frac{T - T_1}{T_2 - T_1} f^*_{t,T_2} \tag{5.38}$$

vor. In diesem Zusammenhang sind einige numerische Probleme, z. B. die Möglichkeit negativer Funktionswerte, zu beachten.

Erweiterungsmöglichkeiten der hier verwendeten Verfahren bestehen z. B. durch die Einbeziehung der *Handelsintensität*, d. h. die Zahl der Transaktionen oder Kursstellungen in einem gewissen Zeitintervall, oder des *Handelsvolumens* in die Untersuchung.[711] Aus der Empirie ist bekannt, dass sich Eigenschaften von Finanzmarktzeitreihen z. T. über das Handelsvolumen erklären lassen, das – zumindest am Aktienmarkt – regelmäßig positiv mit der Volatilität korreliert ist.[712] Vor dem Hintergrund des in dieser Arbeit diskutierten Vorgehens ist allerdings zum einen zu berücksichtigen,

---

[710] Zur Abbildung zeitveränderlicher impliziter Verteilungen am Beispiel stochastischer Volatilitätsmodelle vgl. SKIADOPOULOS/HODGES (2001).

[711] Mit Blick auf die Unterscheidung nach *Handelsvolumen* und *Handelsintensität* sei auf die Arbeit von ANÉ/GEMAN (2000) hingewiesen, in der die Annahme normalverteilter (Aktien-)Renditen – üblicherweise aufgrund diagnostizierter Leptokurtosis und Schiefe empirisch abgelehnt – untersucht wird. Dabei wird das übliche Vorgehen, Renditen in äquidistanten Zeitintervallen zu ermitteln, in Frage gestellt. Anhand von Hochfrequenzdaten weisen die Autoren nach, dass für die Vertretbarkeit der Prämisse einer Normalverteilung die Geschäftszeit statt über die Kalenderzeit eher mittels der (kumulierten) Anzahl der Umsätze beschrieben werden sollte.

[712] Vgl. zu einem einführenden Literaturüberblick etwa NAGEL/SCHÖBEL (1998), S. 2 ff., für den deutschen Markt z. B. die Studie zur „Mischverteilungshypothese“ von LIESENFELD (1998) zu vier DAX-Aktien im Zeitraum Januar 1990 und Mai 1994. KEMPF/KORN (1999) kommen für z. B. den DAX-Future-Markt im Zeitraum September 1993 bis September 1994 zu dem Ergebnis, dass die Volumenhistorie im Vergleich mit historischen Kurs- und Renditeverläufen signifikante Zusatzinformationen für Prognosezwecke enthält. SCHLAG/STOLL (2002) analysieren den Einfluss des Handelsvolumens im DAX-Optionsmarkt für das Jahr 1998 mit der Hypothese, dass Volumina gekaufter oder verkaufter Optionen eine Wirkung am DAX-Future-Markt – verstanden als Markt für den Basiswert der Option – entfalten. Ihre Intraday-Untersuchung liefert das Ergebnis, dass offenbar das Gegenteil der Fall ist: Der Optionsmarkt „hinkt“ dem Future hinterher, wodurch die These eines „Noise Tradings“ am Optionsmarkt gestützt wird, an dem offenbar keine Informationen besser informierter Marktteilnehmer vorliegen. Wie bereits in Abschnitt 5.2 für die Arbeit von NAGEL (2001) herausgestellt, diskutieren NAGEL/SCHÖBEL (1998) die Verbindung von Optionspreisen mit dem Handelsvolumen und schlagen die Ersetzung der nicht beobachtbaren Momentanvarianz $v(t)$ durch eine Funktion des kumulierten täglichen Handelsvolumens $h(t)$, $v(t) = \alpha + \beta h(t)$, vor.

dass Effekte des Handelsvolumens i. d. R. kurzfristiger Natur sind und etwaige Informationen somit „intraday“ verarbeitet werden sollten. Zum anderen ist das methodische Vorgehen zur Einbeziehung des Handelsvolumens in implizite Verteilungsapproximationen keineswegs offenkundig. Ein anderer Vorschlag besteht in der Gewichtung der Abweichungen zwischen Modellwerten und Marktpreisen mit Hilfe des Handelsvolumens.[713] Auf eine solche Vorgehensweise wurde hier bewusst verzichtet, da diese u. a. sehr stark von der vorab durchgeführten Bereinigung abhängig ist. Werden in deren Rahmen vermehrt Umsätze einer bestimmten Kontraktgrößenordnung eliminiert, hat dies unmittelbare Folgen auf die durchgeführte Optimierung.

Darüber hinaus könnte die Beschränkung auf europäische Optionen und solche, bei denen die rationale vorzeitige Ausübung ausgeschlossen werden kann, z. T. gelockert werden. Mit Hilfe von Wertober- und Wertuntergrenzen amerikanischer Optionen ließen sich auch für diese implizite Verteilungen ermitteln, wobei allerdings mit der Einführung weiterer Parameter die Modellkomplexität zusätzlich erhöht wird.[714]

Anwendungsfelder risikoneutraler Verteilungen für einen Zeitpunkt T liegen wie diskutiert in der Bewertung beliebiger Zahlungsströme zu gleicher Zeit. Im Rahmen von Ereignisstudien ließe sich untersuchen, inwieweit sich Informationen zu zukünftigen Ereignissen bereits im Optionsmarkt wiederfinden (z. B. Ankündigungen im ökonomischen Umfeld). Speziell bei Letzterem ist in der praktischen Anwendung jedoch Vorsicht geboten, da die kritische Frage zu stellen ist, ob eine etwaige veränderte Volatilität wirklich durch ein Ereignis oder nicht doch durch andere Phänomene hervorgerufen wurde. Auch im Rahmen der vorliegenden Studie wurde großenteils auf *ökonomische Interpretationen der risikoneutralen Verteilungen* verzichtet. Während einige Autoren behaupten, z. B. „Crash-o-phobia“-Phänomene aus den risikoneutralen Verteilungen ableiten zu können,[715] ist kritisch darauf hinzuweisen, dass es im Allgemeinen keinen unmittelbaren funktionalen Zusammenhang zwischen risikoneutralen und realen Verteilungen gibt. Des Weiteren ist z. B. zu berücksichtigen, dass der Basispreiseffekt der impliziten Volatilität risikoneutrale Renditeverteilungen mit i. d. R. negativer

---

[713] Vgl. auch EBERLEIN/KELLER/PRAUSE (1998), S. 386 ff., PRAUSE (1998), S. 56 ff.

[714] Vgl. etwa die Technik von MELICK/THOMAS (1997).

[715] Vgl. z. B. die Arbeit von NEUMANN (1999).

Schiefe und im Vergleich zur Normalverteilung erhöhter Kurtosis zur Folge hat.[716] Die negative Schiefe darf demnach nicht ohne weiteres als Indikator eines erwarteten Kursrückgangs im Basiswert aufgefasst werden.[717] Insofern wird der Warnung von JACKWERTH (1999) vor einer Überinterpretation risikoneutraler Verteilungen zugestimmt:

> „[...] risk neutral distributions [...] are [...] mental constructs that are used for pricing purposes."[718]

---

[716] Vgl. BAKSHI/CAO/CHEN (1997), S. 2005.

[717] Die Ursache der Schiefe ist keineswegs offenkundig, sofern man diese nicht als bloße Folge des Smile-Effektes auffasst. In einer sehr aktuellen Untersuchung zu CBOE-Aktienoptionen extrahieren DENNIS/MAYHEW (2002) die Schiefe der risikoneutralen Kursverteilung und finden eine stärkere negative Ausprägung bei hohem Beta. Sie folgern daraus, dass das Marktrisiko wichtig bei der Bewertung von Einzeloptionen ist. Es zeigt sich eine betragsmäßig größere Schiefe, falls eine hohe Volatilität am Markt vorliegt. Die RND der Indexoptionen fällt ebenfalls sehr schief aus. Weiteren Faktoren wie dem Handelsvolumen oder der Firmengröße attestiert die Studie zwar einen Einfluss auf die Schiefe der RND, aber es wird z. B. kein Zusammenhang zum Leverage der Firma festgestellt, ebenso wenig zur Put-Call-Ratio als Maß der Marktstimmung. Insgesamt kommen die Autoren zu dem Ergebnis, dass firmenindividuelle Faktoren wichtiger als systematische Ursachen sind, um Schiefe erklären zu können.

[718] JACKWERTH (1999), S. 72.

Wir stehen selbst enttäuscht und sehn betroffen
Den Vorhang zu und alle Fragen offen.

Bertolt Brecht, eigentlich Eugen Berthold Friedrich Brecht, 1898-1956, deutscher Dramatiker, Lyriker, Erzähler und Regisseur

Kapitel 6

Schlussbetrachtung und Ausblick

Die Frage nach einem adäquaten Umgang mit Optionen und optionsähnlichen Ansprüchen ist unvermeidlich mit der Frage nach einer korrekten Wertbeimessung verbunden. Für deren Durchführung lassen sich zwei grundlegende Herangehensweisen unterscheiden. Die erste Variante besteht in der Analyse und der modelltheoretischen Abbildung aller derjenigen Faktoren, die einen Einfluss auf die Optionsbewertung haben könnten. Im Rahmen dieses *positivistischen* Vorgehens werden konkrete Prämissen für als bewertungsrelevant erachtete, unsicherheitsbehaftete Faktoren, z. B. den Kurs des Basiswertes, getroffen. Sofern auf diese Weise eine geeignete Beschreibung des Marktumfeldes gelingt, lässt sich der *Wert* einer Option modellgestützt ermitteln. Der umgekehrte Ansatz wird verfolgt, wenn der *Preis* einer Option als – durch einen nicht näher bekannten Bildungsmechanismus zustande gekommenes – gegebenes Marktdatum akzeptiert wird. Vor dem Hintergrund dieser *impliziten* Herangehensweise ist die Optionstheorie dahingehend auszulegen, dass versucht wird, diesen Marktmechanismus bestmöglich abzubilden. „Der Markt" wird dabei als geeigneter Kommunikator des von den Marktteilnehmern verwendeten Preissystems verstanden.

Die vorliegende Arbeit ist der zweiten Gruppe von Ansätzen zuzuordnen: Unter größtmöglicher Abstraktion von Annahmen hinsichtlich der stochastischen Entwicklung von Marktgrößen wird versucht, den Preismechanismus am Optionsmarkt zu extrahieren, um diesen für verschiedene Problemstellungen in der Praxis nutzbar zu machen. Die Motivation für die Verwendung implizit kalibrierter Modelle liegt in der so ermöglichten Marktorientierung. Zum einen werden alle am Optionsmarkt verfügbaren Informationen ohne zeitliche Verzögerung verarbeitet. Zum anderen ist es etwa für die Umsetzung konkreter Strategien mit Optionen in der Praxis erforderlich, mit realen Preisen statt theoretischen Werten zu arbeiten. Mit Hilfe der impliziten Herangehensweise wird eine größtmögliche Deckungsgleichheit der Werte in Modell und Realität erreicht. Die Ausklammerung konkreter Strukturmodellierungen lässt sich dahingehend begründen, dass solche bereits bei Fehlen eines bewertungsrelevanten Faktors im Rahmen der impliziten Parameterbestimmung zwangsläufig fehlspezifiziert und konkrete Aussagen mit Hilfe der Strukturparameter somit in Frage zu stellen sind. Alternativ greift die Arbeit daher methodisch auf das Konstrukt der *risikoneutralen Verteilungen* zurück, die mit einer Vielzahl von Strukturmodellen vereinbar sind. Als Repräsentanten des Marktpreismechanismus werden diese risikoneutralen Verteilungen mit Hilfe unterschiedlicher Verfahren approximiert.

Die Existenz solcher fiktiven Verteilungen kann sowohl im Rahmen von arbitragebasierten Ansätzen als auch präferenzabhängigen Gleichgewichtsmodellen sichergestellt werden. Von grundlegender Bedeutung ist die Tatsache, dass bei beiden Modelltypen mit der Arbitragefreiheit die Existenz mindestens einer risikoneutralen Verteilung garantiert ist. Zu der ersten Modellgruppe zählt etwa das auf einem vollkommenen und vollständigen Kapitalmarkt hergeleitete BLACK/SCHOLES-Modell. Ausgehend von einem Markt mit einem risikobehafteten Finanztitel und einer risikolosen Anlageform sowie der Kursstochastik in Form einer geometrischen Brownschen Bewegung für den Basiswert gibt es, bei Ausschluss von Arbitragemöglichkeiten, genau eine selbstfinanzierende Handelsstrategie, mit Hilfe derer das Profil einer (Standard-)Option durch dynamische Umschichtung eines Portefeuilles aus Basiswert und risikoloser Anlageform nachgebildet werden kann. Da die Replikation von jedem Marktteilnehmer auf genau diese Weise vorgenommen wird und dadurch insbesondere die Risikopräferenzen der Akteure nicht in die Bewertung einfließen, kann ohne Beschränkung der Allgemeinheit Risikoneutralität der Marktteilnehmer unterstellt werden. Bei alternativen Kursprozessen für den Basiswert lässt sich analog argumentieren. Nach geeigneter Parametrisierung ist in arbitragebasierten Modellen die risikoneutrale Verteilung eindeutig determiniert und als solche aus den Marktpreisen von Optionen extrahierbar.

Mit Wegfall einzelner idealisierender Rahmenprämissen, speziell der Vollständigkeit des Marktes, ist die grundlegende Duplikationsargumentation nach BLACK/SCHOLES nicht mehr anwendbar. Unvollständigkeit eines Marktes entsteht z. B. mit der Existenz von systematischen, nicht marktgehandelten Risikofaktoren, etwa in Form einer stochastischen Volatilität. Für Zwecke der Optionsbewertung wird man in einem solchen Fall auf ein Gleichgewichtsmodell ausweichen. Während Risikoneutralität in einem Arbitragemodell als nicht einschränkende Fiktion Verwendung findet, wird diese unter Marktunvollständigkeit zur Modellprämisse. Der Terminus der Risikoneutralität ist hier nicht mehr im Zusammenhang mit Präferenzfreiheit zu verstehen – die erhaltenen Ergebnisse gelten nur bei realiter vorliegender Risikoneutralität der Marktteilnehmer. Die Existenz einer risikoneutralen Verteilung bei Marktunvollständigkeit lässt sich über die Forderung nach Arbitragefreiheit sicherstellen. Das zugehörige, nicht näher spezifizierte Bewertungsmodell garantiert dann in jedem Fall eine arbitragefreie Bewertung von Optionen. Als einziges Problem verbleibt die fehlende Eindeutigkeit der risikoneutralen Verteilung. Im Rahmen der Extraktion aus gegebenen Marktpreisen kann, im Gegensatz zum Fall vollkommener und vollständiger Märkte, nur eine von ggf. unendlich vielen solchen Verteilungen extrahiert werden.

Zur konkreten Ermittlung impliziter Verteilungen werden im Rahmen dieser Arbeit unterschiedliche parametrische Verfahren verwendet: Im einfachsten Fall wird mit der im BLACK/SCHOLES-Modell unterstellten Log-Normalverteilung für den Kurs des Basiswertes einer Option gearbeitet. Die fehlende Flexibilität der Verteilungsform und die Inkonsistenz mit empirisch nachgewiesenen Phänomenen wie z. B. dem Basispreiseffekt der impliziten Volatilität werden zum Anlass genommen, eine alternative Parametrisierung der risikoneutralen Verteilung auf Basis einer endlichen Mischung von Log-Normalverteilungen zu betrachten. Zu Vergleichszwecken wird diesem erweiterten Modell zusätzlich ein Bewertungsansatz auf Basis einer Reihenentwicklung der risikoneutralen Renditeverteilung gegenübergestellt. Die theoretischen Modellierungsvorschläge werden im Anschluss einer fundierten empirischen Evaluation unterzogen.

Der Gang der Untersuchung lässt sich wie folgt resümieren: Nach einer kurzen Einführung und Motivation in *Kapitel 1* werden im Rahmen von *Kapitel 2* zunächst die wichtigsten Grundlagen des Terminhandels beleuchtet. Hierzu zählt neben einer Klassifikation von Termingeschäften und der grundlegenden Abgrenzung unbedingter und bedingter Formen z. B. auch die Einordnung moderner optionsähnlicher Instrumente wie etwa strukturierter Finanzprodukte. Des Weiteren werden die institutionellen Gegebenheiten des Terminhandels und insbesondere der Eurex – als mittlerweile weltweit umsatzstärkster Terminbörse mit einer breiten Produktpalette – näher vorgestellt. Das einführende Kapitel schließt mit einer kurzen Analyse von Einsatzbereichen für Termingeschäfte und den unterschiedlichen Motivationen der Marktteilnehmer für die Verwendung dieser Instrumente.

In *Kapitel 3* werden die notwendigen Grundlagen einer theoriegestützten Bewertung von Optionen erarbeitet. Beginnend mit einer Vorstellung wichtiger Termini und Definitionen werden – vor dem Hintergrund der Diskussion um informationseffiziente Kapitalmärkte – die für Zwecke der Optionsbewertung verwendeten Rahmenprämissen aufgestellt. In der strengsten Form beschreiben diese einen vollkommenen und vollständigen Kapitalmarkt. Motiviert durch die große praktische Relevanz erfahren im Anschluss die verteilungsfreien Eigenschaften von Optionen eine nähere Würdigung: Diese modellunabhängigen Zusammenhänge lassen sich allein aus Arbitrageüberlegungen herleiten und grenzen zum einen den Wertebereich einzelner Optionen ein, gestatten zum anderen aber auch die Ableitung allgemein gültiger Wertbeziehungen zwischen Optionen. Von besonderer Bedeutung ist darüber hinaus die Frage, unter welchen Umständen bei Optionen mit dem Recht zur vorzeitigen Ausübung unterstellt werden kann, dass eine solche unter Rationalitätsgesichtspunkten nicht erfolgen wird. Dies betrifft speziell amerikanische Optionen auf Aktien, die Dividenden ausschütten, sowie die Sonderform der im Futures-style-Verfahren abgerechneten Optionen.

Unter Einhaltung der verteilungsfreien Eigenschaften bildet das von BLACK/SCHOLES vorgestellte Konzept bis heute die zentrale Grundlage der Diskussion um die rationale Bewertung von Optionsrechten. Nach einer kurzen Retrospektive zu diesem Forschungsbereich erfahren die wichtigsten Elemente des BLACK/SCHOLES-Modells eine nähere Diskussion. Beginnend mit der Prämisse zur zeitlichen stochastischen Evolution des Kurses für den Basiswert werden – in einer großenteils eigenen Darstellung – die zentralen Argumentationsschritte und Ergebnisse des Modells erarbeitet. Ergänzend wird der Frage nach deren Übertragbarkeit auf Optionen amerikanischen Typs und auf solche mit zinssensitiven Basiswerten nachgegangen. Ausgehend von einer kursorientierten Modellierung lässt sich speziell bei Letzteren, mit gewissen Modifikationen aufgrund einer Abrechnung im Futures-style-Verfahren, ein Transfer der Modellergebnisse erreichen.

Der kaum zu überschauenden „Flut“ an Publikationen im Anschluss an den Beitrag von BLACK/SCHOLES (1973) wird im letzten Abschnitt des Kapitels mit einem eigenen Systematisierungskonzept begegnet. Motiviert durch die vor allem empirisch nachgewiesenen Defizite des originären Modells werden dessen Erweiterungen und Modifikationen in Strukturmodelle einerseits und Ansätze auf Basis risikoneutraler Verteilungen andererseits eingeordnet. Zur ersten Gruppe zählen vor allem prozessgetriebene Modelle, z. B. mit stochastischer Volatilität und stochastischer Zinsentwicklung. Von konkreten Prozessstrukturen abstrahierend umfasst die zweite Gruppe solche Ansätze, die sich unmittelbar auf die Abbildung der – durch ein nicht näher spezifiziertes Modell induzierten – risikoneutralen Verteilung konzentrieren. Diese wesentlich allgemeineren Verfahren werden weiter in parametrische und nichtparametrische Subgruppen unterschieden.

In *Kapitel 4* wird der Frage nach einer adäquaten Flexibilisierung des BLACK/SCHOLES-Ansatzes auf Basis risikoneutraler Verteilungen nachgegangen. Die erste diskutierte Alternative besteht in dem auf einer Reihenentwicklung der risikoneutralen Renditeverteilung fußenden GRAM/CHARLIER-Modell. Dieser von CORRADO/SU (1996a) vorgeschlagene Ansatz, mit Hilfe dessen die implizite Schiefe und Kurtosis der Verteilung in der Optionsbewertung berücksichtigt werden können, wird – erstmals – detailliert hergeleitet, um auf diesem Wege u. a. einen Fehler in der Originalpublikation zu beseitigen. Des Weiteren werden die einschränkenden Voraussetzungen an die zusätzlichen Parameter Schiefe und Kurtosis diskutiert, unter denen die implizite Modellkalibrierung auf eine Dichtefunktion führt. Im Anschluss wird das auf einer Linearkombination von Log-Normalverteilungen aufbauende Mischungsmodell analysiert, dessen Einsatz durch seine ausgezeichneten Approximationseigenschaften motiviert wird. Aus dem in ähnlicher Form auf RITCHEY (1990) zurückgehenden Modellansatz werden, in Ergänzung des bisherigen Standes der Literatur, explizite Bewertungsformeln hergeleitet, die die Einhaltung der Martingalbedingung sicherstellen. Mit Blick auf die praktische Anwendung werden im weiteren Verlauf die Sensitivitäten des BLACK/SCHOLES-, des GRAM/CHARLIER- sowie des Mischungsmodells berechnet und vergleichend diskutiert. Eine Analyse der Möglichkeiten zur Abbildung empirischer Volatilitätsphänomene mit Hilfe der Modelle rundet die theoretische Analyse ab, die mit einer kurzen Zusammenfassung der zentralen Ergebnisse schließt.

Das der Empirie gewidmete *Kapitel 5* beginnt mit einer Bestandsaufnahme der einschlägigen Studien zum Optionsmarkt an der Eurex bzw. der DTB als deren Vorgänger. In einer umfassenden eigenen Auswertung der Literatur werden erstmals alle relevanten Arbeiten der Jahre 1990 bis 2003 im Hinblick auf untersuchte Instrumente, verwendete Modellansätze sowie etwaige methodische Besonderheiten systematisiert. Im Vorfeld der eigenen Untersuchung wird auf einige ökonometrische Besonderheiten und Schwierigkeiten im Umgang mit den in der empirischen Optionsbewertung üblicherweise verwendeten Fehlermaßen und Testverfahren eingegangen. Mit der im Anschluss im Detail dargestellten Überprüfung der skizzierten Bewertungsansätze geht die Arbeit weit über die bisher im Schrifttum dokumentierten, vergleichbar gelagerten Studien hinaus: So ist die vorliegende Untersuchung nach Kenntnis des Verfassers die erste, die eine parallele Betrachtung von – in den Charakteristika zudem sehr unterschiedlichen – Teilmärkten vornimmt. Auf diesem Wege werden mit DAX-, Aktien- und Euro-Bund-Future-Optionen Produkte aus allen bedeutenden Handelssegmenten der Eurex untersucht. In Anbetracht von insgesamt mehr als 1,7 Mio. verarbeiteten Datensätzen stehen alle Analysen auf äußerst solidem statistischem Boden.

Nach der Dokumentation der verwendeten Datenbasen und deren Bereinigung stößt man im Rahmen der Extraktion der z. T. hoch parametrisierten risikoneutralen Verteilungen auf komplexe nichtlineare Optimierungsprobleme. Methodisch wird mit dem *Simulated Annealing* ein innovatives, heuristisches, aber in Anbetracht der komplexen Aufgabenstellung adäquates Lösungsverfahren vorgeschlagen und implementiert. Die empirische Studie deckt insgesamt fünf Teilaspekte ab, die parallel für alle drei Optionssegmente anhand von fünf verschiedenen Modellen untersucht werden. Zu diesen gehören das BLACK/SCHOLES-Modell, das auf Basis von ATM-Optionen kalibrierte BLACK/SCHOLES-Modell, das GRAM/CHARLIER-Modell sowie die Mischungsmodelle mit zwei bzw. drei Komponenten. Im Rahmen der fünf Testmodule werden die Modelle einer ausführlichen Analyse im Hinblick auf die Abbildbarkeit von Optionspreisen, die Fähigkeiten zur Preisprognose sowie im Hinblick auf die Absicherungsmöglichkeiten von Positionen im Basiswert mit Hilfe von Termingeschäften unterzogen. Ergänzend wird der Frage nach der Prognosefähigkeit der Modelle bezogen auf die zukünftige Entwicklung am Basismarkt sowie auf die etwaige Nutzung extrahierter Informationen für Zwecke des Risikomanagements nachgegangen.

Herauszustellen ist der Umstand, dass ein nicht unwesentlicher Teil der empirischen Arbeit – bereits bei der Datenaufbereitung beginnend – auf aufwendigen Sortier-, Analyse- und Optimierungsverfahren entfällt, die allesamt selbst programmiert werden mussten.

Die zentralen Ergebnisse der theoretischen und empirischen Untersuchung lassen sich wie folgt zusammenfassen:

- Das gravierendste Defizit des originären BLACK/SCHOLES-Modells liegt bei einer Betrachtung aus „impliziter Perspektive" in der Inkonsistenz mit empirischen Basispreis- und Restlaufzeitphänomenen der Volatilität. Diese Unzulänglichkeiten können anhand der durchgeführten Untersuchung in allen drei Optionssegmenten nachgewiesen werden. Die Ausprägung des Basispreiseffektes fällt für die Indexoptionen dabei am deutlichsten aus. Bei separater Betrachtung von Calls und Puts ergeben sich z. T. signifikante Unterschiede, die theoretisch deshalb nicht gerechtfertigt sind, da die implizite Volatilität bei gleicher Moneyness und Restlaufzeit für Calls und Puts aufgrund der Put-Call-Parität gleich sein müsste.[719]

- Die Volatilitätsphänomene lassen sich als Indikator einer zu restriktiven Modellierung der impliziten risikoneutralen Verteilungen von Optionsbewertungsmodellen auffassen. Die so motivierte Erweiterung in Form von Mischungsmodellen

  - ist konzeptionell leicht nachvollziehbar;
  - führt aufgrund der „Verwandtschaft" zum BLACK/SCHOLES-Modell zu geschlossenen Bewertungsformeln;
  - gestattet die einfache Berechnung von Sensitivitätskennzahlen;
  - ist mit dem empirischen Basispreiseffekt kompatibel und ermöglicht insbesondere die Erfassung von Smile-/Sneer-/Smirk-Strukturen der impliziten Volatilität.

  Das zu Vergleichszwecken herangezogene GRAM/CHARLIER-Modell

  - erfordert einen etwas höheren Aufwand bei der Berechnung von Optionswerten und Sensitivitätskennzahlen;

---

719 Vgl. hierzu auch das Konzept der „Schiefeprämie" für aus-dem-Geld notierende Calls und Puts mit vergleichbarer Moneyness bei BATES (1996b), S. 597 und BATES (1996c).

- leidet unter einem eingeschränkten Parameterbereich für implizite Schiefe und Kurtosis und ist daher nur bedingt zur Erfassung von Basispreiseffekten geeignet;
- ist aufgrund der Verteilungsform in Relation zu den Mischungsmodellen numerisch stabiler.

- Alle Modelle erfordern für den praktischen Einsatz eine häufige Neukalibrierung.[720] Während Basispreiseffekte mit den diskutierten verteilungsbasierten Ansätzen erfasst und modellimmanent verarbeitet werden können, wird der Restlaufzeitabhängigkeit der impliziten Volatilität mit einer für jedes Zeitintervall gesonderten Berechnung von Verteilungen begegnet. Der Restlaufzeiteffekt der impliziten Volatilität ist im Allgemeinen schwierig modellmäßig zu erfassen.[721]

- Mit Zunahme der Parametrisierung ist eine wesentliche Verbesserung der *Abbildung von Optionspreisen* möglich. Dieser Effekt ist zum einen von dem analysierten Handelssegment abhängig: Die Preise von DAX-Optionen etwa sind wesentlich besser mit den Mischungsmodellen als mit allen einfacheren Alternativen abbildbar. Auch bei größeren Zeitfenstern für die implizite Parameterschätzung sind die diskutierten Modelle, wie anhand der wenig liquiden Aktienoptionen gezeigt, einsetzbar. Speziell bei mehr als zwei Komponenten sind Mischungsmodelle in Anbetracht der hohen Zahl an Parametern nur mit hohem numerischem Aufwand zu kalibrieren. Insbesondere zeigt sich in der Anwendung auf reale Daten eine mit der Zahl der Parameter zunehmende Instabilität der Verteilungen im Zeitablauf.

- Die komplexeren Modelle sind gut für die *Preisprognose* geeignet. Die Ergebnisse im Hinblick auf Fehlermaße sind in allen Belangen vergleichbar mit denen anderer, etwa auf einer expliziten Modellierung stochastischer Volatilität fußender, Modelle. Das GRAM/CHARLIER- sowie die Mischungsmodelle helfen insbesondere bei der Beseitigung des Ungleichgewichts zwischen Calls und Puts.

---

720 Vgl. auch SKIADOPOULOS (1999), S. 14 und S. 26 f.

721 "[...] the term structure of implied volatilities still appears to have patterns that cannot be so easily reconciled."; SUNDARESAN (2000), S. 1575. CARR/WU (2003) dokumentieren in einem aktuellen Beitrag am Beispiel von Indexoptionen „überraschende" Restlaufzeitmuster der impliziten Volatilität, die u. a. im Widerspruch zum Zentralen Grenzwertsatz stehen.

Bei restlaufzeitabhängiger Schätzung der Modelle ist eine nahezu vollständige Eliminierung von Verzerrungen aufgrund von Optionsspezifika wie Typ, Basispreis und Restlaufzeit möglich. Der Einsatz eines komplexeren Bewertungsmodells ist am ehesten für Indexoptionen mit ausgeprägten Basispreiseffekten zu empfehlen. Bei wenig volatilen Instrumenten wie etwa den Euro-Bund-Future-Optionen lassen sich im Vergleich zu BLACK/SCHOLES kaum Verbesserungen in der Prognose erzielen. Tendenziell tritt hier in Anbetracht eines vermuteten Overfitting sogar eher eine Verschlechterung der Voraussage auf.

- Mit Blick auf das *Hedgingverhalten* für die analysierten Datenbasen ist dem Urteil von DUMAS/FLEMING/WHALEY zuzustimmen: „simpler is better".[722] Aufgedeckte Marktanomalien deuten, vor dem Hintergrund real existierender Transaktionskosten, nicht auf ökonomisch relevante Arbitragemöglichkeiten hin.[723]

- Implizite risikoneutrale Verteilungen beinhalten einen signifikanten *Prognosegehalt*: Zwar sind alle Schätzer für die reale Volatilität verzerrt, dennoch aber vom Informationsgehalt historischen Schätzgrößen überlegen. Aus Mischungsmodellen gewonnene Schätzer enthalten keine Informationen, die nicht auch etwa in der impliziten Volatilität nach BLACK/SCHOLES zum Ausdruck kommen. Höhere Momente, historisch oder implizit, haben nahezu keinen Prognosegehalt für die zukünftig realisierten Verteilungsmomente am Basismarkt.

- Mit dem praxisüblichen *Value-at-Risk* liegt ein verteilungsabhängiges Risikomaß vor, das auf Basis impliziter risikoneutraler Verteilungen berechnet werden kann. In Anbetracht einer regelmäßigen Überschätzung der realen Volatilität fällt der Value-at-Risk bei dieser Berechnungsform sehr konservativ aus und wird das Risiko tendenziell überschätzen.

Auf die allen empirischen Untersuchungen innewohnende Problematik verbundener Hypothesen zur Gültigkeit des verwendeten Modells auf der einen und dem Vorliegen

---

722 DUMAS/FLEMING/WHALEY (1998), S. 2104.

723 Vgl. auch das Resümee von BREALEY/MYERS (2003), S. 996 zur intensiven Forschung im Bereich effizienter Kapitalmärkte: „Statisticians can beat the market, but real investors have a much harder time of it."

von Markteffizienz auf der anderen Seite wurde hingewiesen. Erweiterungsmöglichkeiten des Mischungskonzeptes bestehen in vielfältiger Hinsicht, etwa über die Dynamisierung mit Hilfe von Switching-Modellen. Als problematisch gestaltet sich dabei u. a. der stark erhöhte Rechenaufwand sowie der notwendige Einsatz von Monte-Carlo-Simulation bei Verwendung zeitveränderlicher Übergangswahrscheinlichkeiten. Des Weiteren ließen sich z. B. mit dem Handelsvolumen oder der Handelsintensität weitere in der Praxis vorhandene Daten in die Analyse integrieren.

In einer zusammenfassenden Würdigung ist zunächst festzuhalten, dass die heutzutage diskutierten und im Einsatz befindlichen komplexen Bewertungsmodelle, z. B. mit stochastischer Volatilität, stochastischen Zinsen und/oder Sprungkomponenten alle missspezifiziert sind.[724] In aller Regel erhält man bei einer impliziten Modellkalibrierung einzelne Parameterwerte, die nicht mit der zugrunde liegenden realen Datenhistorie in Einklang zu bringen ist. Es stellt sich daher die kritische Frage, ob die Anwendung dieser Modelle in Anbetracht einer dennoch im Vergleich zu BLACK/SCHOLES besseren Leistungsfähigkeit gerechtfertigt ist. Mit den in dieser Arbeit diskutierten und empirisch überprüften verteilungsbasierten Techniken wird weitestgehend von der skizzierten Problematik der Zeitreiheninkonsistenz abstrahiert. Es findet vielmehr eine Konzentration auf die Abbildung des Preisbildungsmechanismus als solchem statt. Mit Hilfe dessen sind jedoch ohne weitere Annahmen weder die risikoneutralen Verteilungen für Laufzeiten zwischen Verfallterminen von Optionen berechenbar noch prozessgestützte Simulationen, z. B. zur Wertapproximation für amerikanische oder pfadabhängige exotische Optionen, möglich. In dieser Hinsicht stößt die verwendete Technik der Extraktion risikoneutraler Verteilungen an gewisse Grenzen. Bei Anwendung auf Standard-Optionen hat sich im Rahmen dieser Arbeit jedoch gezeigt, dass die verteilungsbasierten Ansätze trotz ihres statischen Charakters eine ähnlich gute (bzw. schlechte) Erfassung des Marktpreismechanismus ermöglichen wie die – durchweg fehlspezifizierten – Strukturmodelle.

Vor dem Hintergrund der Vielzahl an empirischen Ergebnissen sind die Grenzen der optionstheoretischen Modellierung zu beachten. So zeigen etwa BAKSHI/CAO/CHEN (2000), dass sich Optionspreise bei einer Veränderung des Kurses

---

[724] „[...] to rationalize the negative skewness and excess kurtosis implicit in option prices, each model with stochastic volatility requires highly implausible levels of volatility-return correlation and volatility variation."; BAKSHI/CAO/CHEN (1997), S. 2043.

für den Basiswert nicht einmal in die vom Modell vorhergesagte Richtung bewegen müssen. Von derartigen Irrationalitäten bei Optionen auf deutsche Aktien berichtet etwa auch PRAUSE (1998).[725] Daneben zeigt sich in der empirischen Forschung vielfach das Phänomen, dass Optionspreise – wie die Preise aller Güter auf Märkten – Angebot und Nachfrage unterworfen sind.[726] Es wird von Seiten des Verfassers der Auffassung FIGLEWSKIs zugestimmt, der zufolge die klassische Statistik sich bisher nicht imstande gezeigt hat, die Finanzmärkten zugrunde liegenden Dynamiken in befriedigendem Maße abzubilden. An die (zu) komplexen Modelle und deren Fähigkeiten werden zu hohe Erwartungen geknüpft.[727] Das Geschehen auf Finanzmärkten erscheint insbesondere nicht mit dem Instrumentarium analysierbar, mit dem z. B. dynamische physikalische Vorgänge beschrieben werden können.[728]

Die Arbeit sei mit einer nüchternen und zugleich provokanten Einschätzung des Verfassers beschlossen. Die intensive Forschung im Bereich der Optionsbewertungstheorie sollte sich, zur Rechtfertigung ihrer Existenz, stets an der empirischen Validierbarkeit messen lassen. Trotz der speziell in der Optionsforschung vorhandenen engen Verbindung zwischen Theorie und Praxis sieht CHANCE (1999) mittlerweile ein Verhältnis von theoretischen zu empirischen Forschungsarbeiten von ca. 20 zu 1.[729] Mehr oder weniger allen Strukturmodellen und sonstigen Ansätzen wie z. B. denen über die direkte Bestimmung der RND ist gemein, dass eine Konsistenz mit dem nach BLACK/SCHOLES bestehenden Basispreiseffekt erreicht werden kann. Sofern darüber hinaus empirische Phänomene in die Modellbildung einbezogen werden, verliert der Ansatz i. d. R. an Prognosefähigkeit. Trotz der offenkundigen, realiter vorliegenden Prämissenverletzungen erfreut sich das BLACK/SCHOLES-Modell in der Praxis nach wie vor großer Beliebtheit, dessen Anwendungsgebiete werden stetig weiter ausgedehnt. BLACK äußert sich vor mehr als einem Jahrzehnt wie folgt:

> „The Black-Scholes formula is still around, even though it depends on at least 10 unrealistic assumptions. Making the assumptions more realistic

[725] Vgl. PRAUSE (1998), S. 66 f.

[726] FIGLEWSKI (1989b), S. 12 und S. 14, PRAUSE (1998), S. 67.

[727] FIGLEWSKI (1997), S. 9.

[728] Vgl. hierzu die *Anekdote von den Jupitermonden und dem Wal* bei FIGLEWSKI (1997), S. 9 ff.

[729] Siehe CHANCE (1999), S. 36.

hasn't produced a formula that works better across a wide range of circumstances.“[730]

Diese Einschätzung dürfte bis heute ihre Gültigkeit nicht verloren haben. Interessant ist in diesem Zusammenhang die Arbeit von CHERIAN/JARROW (1998), in der untersucht wird, ob die BLACK/SCHOLES-Formel – bei fehlender Log-Normalverteilung des Basiswertes – trotzdem allein deswegen Gültigkeit besitzen kann, weil die Marktteilnehmer dies *erwarten*. Während eine solche *Self-fulfilling prophecy* in vollständigen Märkten nicht vorkommen kann, gelangen die Autoren bei Unvollständigkeit und einer realen, von der Log-Normalverteilung abweichenden Kursverteilung zu dem Ergebnis, dass sich im Gleichgewichtszustand des Marktes die BLACK/SCHOLES-Formel ergeben kann. Aus Sicht des Praktikers ist es offenbar bereits ausreichend, eine einfache Adjustierung der BLACK/SCHOLES-Formel vorzunehmen, um den marktimmanenten Preismechanismus abzubilden. Kritisch formuliert hat die Forschung bislang z. T. hoch komplexe Modelle hervorgebracht, die bei Anwendung auf empirische Daten einzig eine solche einfache Korrektur beinhalten. Alle weiteren Implikationen stellen sich, wie am Beispiel des Hedgings vielfach belegt, als kontraproduktiv heraus. Im Rahmen dieser Modelle wird versucht, einen verhältnismäßig einfachen Preisbildungsmechanismus in das enge Korsett eines theoretisch anspruchsvollen Modells zu zwängen.

Dass es, ohne eine grundlegende Änderung im Verhalten der Marktteilnehmer und -strukturen und ohne einschneidende Verwerfungen in den wirtschaftlichen Rahmenbedingungen, in absehbarer Zeit gelingen wird, ein von der Theorie weit über BLACK/SCHOLES hinausgehendes Modell zu entwickeln, das mit allen empirischen Phänomenen konsistent und dennoch für den täglichen Einsatz geeignet ist, muss bezweifelt werden.

[730] BLACK (1989a), S. 78.

Anhang A

Herleitung zum GRAM/CHARLIER-Modell
– Kapitel 4, Abschnitt 4.2.2.2, Formel (4.49) –

Um bei Anwendung der GRAM/CHARLIER-Technik die Bewertungsformel (4.49) aus dem Ansatz in (4.48),

$$c_t^{\mathrm{GC}} = e^{-r(T-t)} \int_{\frac{\ln\frac{K}{S_t}-\left(r-\frac{\sigma^2}{2}\right)(T-t)}{\sigma\sqrt{T-t}}}^{\infty} \left(S_t e^{z\sigma\sqrt{T-t}+\left(r-\frac{\sigma^2}{2}\right)(T-t)} - K \right) g(z)\, dz \qquad \text{(A.1)}$$

zu gewinnen, setze man zur Vereinfachung der Notation zunächst

$$-d_2 = \frac{\ln\frac{K}{S_t} - \left(r - \frac{\sigma^2}{2}\right)(T-t)}{\sigma\sqrt{T-t}} \qquad \text{(A.2)}$$

und

$$\eta = \ln S_t + \left(r - \frac{\sigma^2}{2}\right)(T-t). \qquad \text{(A.3)}$$

Nach Einsetzen der expliziten Dichtefunktion (4.47) lautet der Ansatz:

$$\begin{aligned} c_t^{\mathrm{GC}} &= e^{-r(T-t)} \int_{-d_2}^{\infty} \left(e^{\eta+z\sigma\sqrt{T-t}} - K \right) \left(1 + \frac{\gamma_1}{3!} H_3(z) + \frac{\gamma_2 - 3}{4!} H_4(z) \right) \varphi(z)\, dz \\ &= c_t^{\mathrm{BS}} + e^{-r(T-t)} \int_{-d_2}^{\infty} \left(e^{\eta+z\sigma\sqrt{T-t}} - K \right) \left(\frac{\gamma_1}{3!} H_3(z) + \frac{\gamma_2 - 3}{4!} H_4(z) \right) \varphi(z)\, dz. \end{aligned} \qquad \text{(A.4)}$$

Das Problem kann somit im Wesentlichen auf die Berechnung von Ausdrücken der Form

$$A_n := \int_{-d_2}^{\infty} \left(e^{\eta+z\sigma\sqrt{T-t}} - K \right) H_n(z) \varphi(z)\, dz, \quad n \in \mathbb{N} \qquad \text{(A.5)}$$

beschränkt werden. Unter Verwendung der Definition der Hermite-Polynome folgt für diese Terme die Darstellung

$$\int_{-d_2}^{\infty} \left(e^{\eta+z\sigma\sqrt{T-t}} - K \right) (-1)^n \frac{d}{dz} \frac{d^{n-1}}{dz^{n-1}} \varphi(z) dz \qquad \text{(A.6)}$$

und daraus mittels partieller Integration

$$\overbrace{\left[\left(e^{\eta+z\sigma\sqrt{T-t}}-K\right)(-1)^n(-1)^{n-1}H_{n-1}(z)\varphi(z)\right]_{-d_2}^{\infty}}^{=0} \tag{A.7}$$
$$\underbrace{-(-1)^{2n-1}}_{=1}\sigma\sqrt{T-t}\int_{-d_2}^{\infty} e^{\eta+z\sigma\sqrt{T-t}}H_{n-1}(z)\varphi(z)\,dz.$$

Dass der erste Term für die obere Integrationsgrenze $z=\infty$ gleich null ist, folgt aus Grenzwertüberlegungen, unter Beachtung der Tatsache, dass $\lim_{z\to\infty}\varphi(z)=0$ gilt.

Wendet man auf den resultierenden Term wiederum die Definition der Hermite-Polynome an, folgt:

$$\sigma\sqrt{T-t}e^{\eta}\int_{-d_2}^{\infty} e^{z\sigma\sqrt{T-t}}H_{n-1}(z)\varphi(z)\,dz \tag{A.8}$$
$$=\sigma\sqrt{T-t}e^{\eta}\int_{-d_2}^{\infty} e^{z\sigma\sqrt{T-t}}(-1)^{n-1}\frac{d^{n-1}}{dz^{n-1}}\varphi(z)\,dz \tag{A.9}$$
$$=\sigma\sqrt{T-t}e^{\eta}\int_{-d_2}^{\infty} e^{z\sigma\sqrt{T-t}}(-1)^{n-1}\frac{d}{dz}\frac{d^{n-2}}{dz^{n-2}}\varphi(z)\,dz \tag{A.10}$$
$$=\sigma\sqrt{T-t}e^{\eta}\int_{-d_2}^{\infty} e^{z\sigma\sqrt{T-t}}(-1)^{n-1}(-1)^{n-2}\frac{d}{dz}H_{n-2}(z)\varphi(z)\,dz. \tag{A.11}$$

Abermalige partielle Integration führt auf

$$\sigma\sqrt{T-t}e^{\eta}(-1)^{2n-3}\Bigg(\left[e^{z\sigma\sqrt{T-t}}H_{n-2}(z)\varphi(z)\right]_{-d_2}^{\infty} \tag{A.12}$$
$$-\sigma\sqrt{T-t}\int_{-d_2}^{\infty} e^{z\sigma\sqrt{T-t}}H_{n-2}(z)\varphi(z)\,dz\Bigg)$$
$$=\sigma\sqrt{T-t}e^{\eta}(-1)^{2n-3}(-1)e^{(-d_2)\sigma\sqrt{T-t}}H_{n-2}(-d_2)\varphi(-d_2) \tag{A.13}$$
$$+\underbrace{(-1)^{2n-2}}_{=1}(\sigma\sqrt{T-t})^2e^{\eta}\int_{-d_2}^{\infty} e^{z\sigma\sqrt{T-t}}H_{n-2}(z)\varphi(z)\,dz$$
$$=K\sigma\sqrt{T-t}H_{n-2}(-d_2)\varphi(-d_2) \tag{A.14}$$
$$+(\sigma\sqrt{T-t})^2e^{\eta}\int_{-d_2}^{\infty} e^{z\sigma\sqrt{T-t}}H_{n-2}(z)\varphi(z)\,dz.$$

Induktives Vorgehen und der Zusammenhang $d_2 = d_1 - \sigma\sqrt{T-t}$ liefern

$$K\sigma\sqrt{T-t}H_{n-2}(-d_2)\varphi(-d_2) + \sigma\sqrt{T-t}\Big[K\sigma\sqrt{T-t}H_{n-3}(-d_2)\varphi(-d_2) \tag{A.15}$$

$$+ (\sigma\sqrt{T-t})^2 e^{\eta} \int_{-d_2}^{\infty} e^{z\sigma\sqrt{T-t}} H_{n-3}(z)\varphi(z)dz\Big]$$

$$= \cdots =$$

$$= K\varphi(d_2)\sum_{j=1}^{n-1}(\sigma\sqrt{T-t})^j H_{n-1-j}(-d_2) \tag{A.16}$$

$$+ (\sigma\sqrt{T-t})^n e^{\eta} \int_{-(d_1-\sigma\sqrt{T-t})}^{\infty} e^{z\sigma\sqrt{T-t}}\varphi(z)dz$$

$$= K\varphi(d_2)\sum_{j=1}^{n-1}(\sigma\sqrt{T-t})^j H_{n-1-j}(-d_2) + (\sigma\sqrt{T-t})^n S_t e^{r(T-t)}\underbrace{(1-\Phi(-d_1))}_{=\Phi(d_1)}. \tag{A.17}$$

Um diesen Ausdruck weiter zu vereinfachen, ist folgende Relation zwischen Kurs S_t und Basispreis K nützlich:[731]

$$S_t\varphi(d_1) = Ke^{-r(T-t)}\varphi(d_2) \tag{A.18}$$

Der Nachweis gelingt am einfachsten ausgehend von der Definition der Größen d_1 und d_2:

$$d_2 = d_1 - \sigma\sqrt{T-t} \tag{A.19}$$

$$\Longrightarrow d_2^2 = d_1^2 - 2d_1\sigma\sqrt{T-t} + \sigma^2(T-t) \tag{A.20}$$

$$\Longleftrightarrow d_2^2 = d_1^2 - 2\left(\ln\left(\frac{S_t}{K}\right) + \left(r + \frac{1}{2}\sigma^2\right)(T-t)\right) + \sigma^2(T-t) \tag{A.21}$$

$$= d_1^2 - 2\ln\left(\frac{S_t e^{r(T-t)}}{K}\right) \tag{A.22}$$

[731] Vgl. auch STOLL/WHALEY (1993), S. 245; man beachte die Fehler in der dortigen Gleichung (A4.7).

Unter Verwendung der Dichtefunktion der Standard-Normalverteilung folgt dann:

$$\varphi(d_2) = \frac{1}{\sqrt{2\pi}} \exp\left(-\frac{d_2^2}{2}\right) \tag{A.23}$$

$$\varphi(d_2) = \frac{1}{\sqrt{2\pi}} \exp\left(-\frac{d_1^2}{2} + \ln\left(\frac{S_t e^{r(T-t)}}{K}\right)\right) \tag{A.24}$$

$$= \frac{1}{\sqrt{2\pi}} \exp\left(-\frac{d_1^2}{2}\right) \exp\left(\ln\left(\frac{S_t e^{r(T-t)}}{K}\right)\right) \tag{A.25}$$

$$= \varphi(d_1)\frac{S_t e^{r(T-t)}}{K} \tag{A.26}$$

$$S_t\varphi(d_1) = K e^{-r(T-t)}\varphi(d_2). \tag{A.27}$$

□

Demnach lässt sich (A.17) schließlich wie folgt vereinfachen:

$$A_n = S_t e^{r(T-t)} \left(\varphi(d_1)\sum_{j=1}^{n-1}(\sigma\sqrt{T-t})^j H_{n-1-j}(-d_2) + (\sigma\sqrt{T-t})^n\Phi(d_1))\right). \tag{A.28}$$

Für die Spezialfälle $n = 3$ bzw. $n = 4$ erhält man daraus die Formeln für Θ_3 und Θ_4 gemäß (4.50) und (4.51). Konkret errechnet sich

$$\Theta_3 = \frac{1}{3!}e^{-r(T-t)}A_3 \tag{A.29}$$

$$= \frac{1}{3!}S_t\left(\varphi(d_1)\sum_{j=1}^{2}(\sigma\sqrt{T-t})^j H_{2-j}(-d_2) + (\sigma\sqrt{T-t})^3\Phi(d_1))\right) \tag{A.30}$$

$$= \frac{1}{3!}S_t\Bigg(\varphi(d_1)\Big((\sigma\sqrt{T-t})^1 \underbrace{H_1(-d_2)}_{=-d_2} \tag{A.31}$$

$$+ (\sigma\sqrt{T-t})^2 \underbrace{H_0(-d_2)}_{=1}\Big) + (\sigma\sqrt{T-t})^3\Phi(d_1)\Bigg)$$

$$= \frac{1}{3!}S_t\left(\varphi(d_1)\left(-d_2\sigma\sqrt{T-t} + (\sigma\sqrt{T-t})^2\right) + (\sigma\sqrt{T-t})^3)\Phi(d_1)\right) \tag{A.32}$$

$$= \frac{1}{3!}S_t\sigma\sqrt{T-t}\left(\varphi(d_1)\left(-d_2 + \sigma\sqrt{T-t}\right) + (\sigma\sqrt{T-t})^2\Phi(d_1)\right) \tag{A.33}$$

$$= \frac{1}{3!} S_t \sigma \sqrt{T-t} \Bigg(\varphi(d_1) \Big(-(d_1 - \sigma\sqrt{T-t}) + \sigma\sqrt{T-t} \Big) \tag{A.34}$$

$$+ (\sigma\sqrt{T-t})^2 \Phi(d_1) \Bigg)$$

$$= \frac{1}{3!} S_t \sigma \sqrt{T-t} \Bigg(\varphi(d_1) \Big(2\sigma\sqrt{T-t} - d_1 \Big) + \sigma^2 (T-t) \Phi(d_1) \Bigg). \tag{A.35}$$

Für den zweiten Korrekturterm folgt:

$$\Theta_4 = \frac{1}{4!} e^{-r(T-t)} A_4 \tag{A.36}$$

$$= \frac{1}{4!} S_t \left(\varphi(d_1) \sum_{j=1}^{3} (\sigma\sqrt{T-t})^j H_{3-j}(-d_2) + (\sigma\sqrt{T-t})^4 \Phi(d_1) \right) \tag{A.37}$$

$$= \frac{1}{4!} S_t \Bigg(\varphi(d_1) \Big((\sigma\sqrt{T-t})^1 \underbrace{H_2(-d_2)}_{=(-d_2)^2-1} + (\sigma\sqrt{T-t})^2 \underbrace{H_1(-d_2)}_{=-d_2} \tag{A.38}$$

$$+ (\sigma\sqrt{T-t})^3 \underbrace{H_0(-d_2)}_{=1} \Big) + (\sigma\sqrt{T-t})^4 \Phi(d_1) \Bigg)$$

$$= \frac{1}{4!} S_t \Bigg(\varphi(d_1) \Big((\sigma\sqrt{T-t})(d_2^2 - 1) + (\sigma\sqrt{T-t})^2 (-d_2) + (\sigma\sqrt{T-t})^3 \Big) \tag{A.39}$$

$$+ (\sigma\sqrt{T-t})^4 \Phi(d_1) \Bigg)$$

$$= \frac{1}{4!} S_t \sigma \sqrt{T-t} \Bigg(\varphi(d_1) \Big(d_2^2 - 1 + (\sigma\sqrt{T-t})(-d_2) + (\sigma\sqrt{T-t})^2 \Big) \tag{A.40}$$

$$+ (\sigma\sqrt{T-t})^3 \Phi(d_1) \Bigg)$$

$$= \frac{1}{4!} S_t \sigma \sqrt{T-t} \Bigg(\varphi(d_1) \Big((d_1 - \sigma\sqrt{T-t})^2 - 1 \tag{A.41}$$

$$+ (\sigma\sqrt{T-t})(-d_1 + \sigma\sqrt{T-t}) + (\sigma\sqrt{T-t})^2 \Big) + (\sigma\sqrt{T-t})^3 \Phi(d_1) \Bigg)$$

$$= \frac{1}{4!} S_t \sigma \sqrt{T-t} \Bigg(\varphi(d_1) \Big(d_1^2 - 2d_1\sigma\sqrt{T-t} + (\sigma\sqrt{T-t})^2 - 1 \tag{A.42}$$

$$- d_1\sigma\sqrt{T-t} + (\sigma\sqrt{T-t})^2 + (\sigma\sqrt{T-t})^2 \Big) + (\sigma\sqrt{T-t})^3 \Phi(d_1) \Bigg)$$

$$= \frac{1}{4!} S_t \sigma \sqrt{T-t} \Bigg(\varphi(d_1) \Big(d_1^2 - 1 - 3\sigma\sqrt{T-t}(d_1 - \sigma\sqrt{T-t}) \Big) \tag{A.43}$$

$$+ \sigma^3 (T-t)^{\frac{3}{2}} \Phi(d_1). \Bigg)$$

Die Herleitung einer Bewertungsformel für Puts verläuft analog.

□

Anhang B

Tabelle B.1
Eurex-Kontraktspezifikationen von DAX-Optionen

Stand: März 2003; *Quelle*: EUREX (2003a), S. 48 f.

Basiswert	Deutscher Aktienindex (DAX)
Kontraktwert	5 € pro Indexpunkt des DAX
Erfüllung	Erfüllung durch Barausgleich, fällig am Börsentag nach dem letzten Handelstag
Preisermittlung	In Punkten, auf eine Dezimalstelle
Preisveränderung	Minimal 0,1 Punkte (entsprechend 0,50 €)
Handelszeit	8.50 bis 20.00 Uhr MEZ
Letzter Handelstag	Der dritte Freitag des Verfallmonats, sofern dies ein Börsentag ist, andernfalls der davor liegende Börsentag; Handelsschluss ist 13.00 Uhr MEZ
Täglicher Abrechnungspreis	Letztbezahlter Kontraktpreis; falls dieser älter als 15 Minuten ist oder nicht den aktuellen Marktverhältnissen entspricht, wird dieser von der Eurex festgelegt
Schlussabrechnungspreis	Wert des DAX, ermittelt auf Grundlage der am letzten Handelstag in der untertägigen Auktion (beginnend um 13.00 Uhr MEZ) im Xetra-Handelssystem zustande gekommenen Preise für die im DAX enthaltenen Werte
Verfallmonate	Die drei nächsten aufeinander folgenden Monate, die drei darauf folgenden Monate aus dem Zyklus März, Juni, September und Dezember, die vier darauf folgenden Monate aus dem Zyklus Juni und Dezember sowie zwei weitere Monate aus dem jährlichen Zyklus Dezember
Ausübung	Ausschließlich am letzten Handelstag der Optionsserie bis zum Ende der Post-Trading-Periode möglich (europäische Optionsart)
Ausübungspreise	Pro Kontraktmonat neun (fünf, fünf) verschiedene Ausübungspreise im Abstand von 50 (100, 200) Indexpunkten bei Verfallmonaten bis zu sechs (zwölf, 60) Monaten
Optionsprämie	In Punkten, Zahlung des €-Wertes am dem Kauftag folgenden Börsentag

Tabelle B.2
Eurex-Kontraktspezifikationen von Optionen auf deutsche Aktien

Stand: März 2003; *Quellen*: EUREX (2003a), S. 4 ff., *http://www.eurexchange.com.*

Basiswerte	41 ausgewählte deutsche Aktien, vorwiegend aus dem DAX (in Gruppen A, B und C eingeordnet)
Kontraktgröße	100 Aktien; Ausnahmen: Allianz, Münchener Rückversicherung, Porsche und SAP mit je 10 Aktien
Erfüllung	Physische Lieferung der zugrunde liegenden Aktien, zwei Börsentage nach der Ausübung
Preisveränderung	Minimal 0,01 €
Handelszeit	9.00 bis 20.00 Uhr MEZ
Letzter Handelstag	Der dritte Freitag des Verfallmonats, sofern dies ein Börsentag ist, andernfalls der davor liegende Börsentag
Täglicher Abrechnungspreis	Letztbezahlter Kontraktpreis; falls dieser älter als 15 Minuten ist oder nicht den aktuellen Marktverhältnissen entspricht, wird dieser von der Eurex festgelegt
Verfallmonate	*Gruppe A*: Die drei nächsten aufeinander folgenden Monate und die drei darauf folgenden Monate aus dem Zyklus März, Juni, September und Dezember
	Gruppe B: Die drei nächsten aufeinander folgenden Monate und die drei darauf folgenden Monate aus dem Zyklus März, Juni, September und Dezember sowie die beiden darauf folgenden Monate aus dem Zyklus Juni und Dezember
	Gruppe C: Die drei nächsten aufeinander folgenden Monate, die drei darauf folgenden Monate aus dem Zyklus März, Juni, September und Dezember und die vier darauf folgenden Monate aus dem Zyklus Juni und Dezember sowie die nächsten zwei Jahresverfälle (Dezember)
Ausübung	An jedem Börsentag bis 20.30 Uhr MEZ, am letzten Handelstag bis 21.00 Uhr MEZ möglich (amerikanische Optionsart), mit Ausnahme des Tages eines Dividendenbeschlusses
Ausübungspreise	Pro Verfallmonat mindestens drei Serien für jeden Call und Put; Ausübungspreisabstände zwischen 0,20 € und 20 € (doppelte Abstände bei mindestens 18 Monaten Optionslaufzeit), abhängig von der Höhe des Ausübungspreises
Optionsprämie	Zahlung der €-Werte am dem Kauftag folgenden Börsentag

Tabelle B.3
Eurex-Kontraktspezifikationen des Euro-Bund-Future

Stand: März 2003; *Quelle*: EUREX (2003a), S. 92 f.

Basiswert	Fiktive Schuldverschreibung der Bundesrepublik Deutschland mit einem Kupon von 6 % p. a. und einer (Rest-)Laufzeit von 8 1/2 bis 10 1/2 Jahren
Kontraktwert	100.000 €
Erfüllung	Abnahme bzw. Lieferung bestimmter Schuldverschreibungen (Anleihen der Bundesrepublik Deutschland) mit der geforderten Restlaufzeit und einem Mindestemissionsvolumen von 2 Mrd. €
Preisermittlung	In Prozent vom Nominalwert, auf zwei Dezimalstellen
Preisveränderung	Minimal 0,01 % (entsprechend 10 €)
Handelszeit	8.00 bis 19.00 Uhr MEZ
Liefertag	Der zehnte Kalendertag des jeweiligen Monats, sofern dieser ein Börsentag ist, ansonsten der darauf folgende Börsentag
Verfallmonate	Die jeweils nächsten drei Monate aus dem Zyklus März, Juni, September und Dezember
Letzter Handelstag	Zwei Börsentage vor dem Liefertag; Handelsschluss ist 12.30 Uhr MEZ
Täglicher Abrechnungspreis/ Schlussabrechnungspreis	Volumengewichteter Durchschnitt der Preise der letzten fünf/zehn zustande gekommenen Geschäfte, falls diese nicht älter als 15/30 Minuten sind, oder der volumengewichtete Durchschnitt der Preise aller während der letzten Handelsminute zustande gekommenen Geschäfte, sofern in dieser mehr als fünf/zehn zustande gekommen sind. Falls die Preisermittlung auf diesem Wege nicht möglich ist bzw. der ermittelte Preis die tatsächlichen Marktverhältnisse nicht richtig wiedergibt, legt die Eurex den Abrechnungspreis fest

Tabelle B.4
Eurex-Kontraktspezifikationen von Optionen auf den Euro-Bund-Future

Stand: März 2003; *Quelle*: EUREX (2003a), S. 94 f.

Basiswert	Future auf eine fiktive Schuldverschreibung der Bundesrepublik Deutschland mit einem Kupon von 6 % p. a. und einer (Rest-)Laufzeit von 8 1/2 bis 10 1/2 Jahren
Kontraktwert	Ein Euro-Bund-Future-Kontrakt
Erfüllung	Zuteilung einer entsprechenden Euro-Bund-Future-Position auf Käufer und Verkäufer
Preisermittlung	In Punkten, auf zwei Dezimalstellen genau
Preisveränderung	Minimal 0,01 Punkte (entsprechend 10 €)
Handelszeit	8.00 bis 19.00 Uhr MEZ
Täglicher Abrechnungspreis	Letztbezahlter Kontraktpreis; ggf. Festlegung durch die Eurex, falls der letzte Preis mehr als 15 Minuten zurückliegt oder dieser die aktuellen Marktverhältnisse nicht richtig wiedergibt
Verfallmonate	Die nächsten drei aufeinander folgenden Monate sowie der darauf folgende Monat aus dem Zyklus März, Juni, September und Dezember; die zugrunde liegenden Futures-Kontrakte sind entweder im gleichen oder dem Verfallmonat der Option folgenden Quartalsmonat fällig
Letzter Handelstag	Sechs Börsentage vor dem ersten Kalendertag des Verfallmonats der Option
Ausübungspreise	Für jeden Kontraktmonat werden Optionen mit neun Ausübungspreisen mit Preisabstufungen von 0,50 Punkten angeboten
Ausübung	An jedem Börsentag bis zum Verfalltag (amerikanische Optionsart), jeweils bis zum Ende der Post-Trading-Periode
Prämienabrechnung	Futures-style-Verfahren

Tabelle B.5

Fehlerbereinigung und Aufbereitung der Datenbasen – Einzelaufstellung Aktienoptionen

Ausgehend von allen im Analysezeitraum 1999/2000 an der Eurex protokollierten Transaktionen in Kaufoptionen auf die untersuchten DAX-Aktien zeigt die Aufstellung die durchgeführten sequenziellen Bereinigungsschritte für die einzelnen Basiswerte.

	ALV	BAS	BAY	CBK	DBK
I. Ausgangsdatenbasen	**30.309**	**46.792**	**51.548**	**77.484**	**105.405**
II. Sequenzielle Bereinigungen					
a. Mangelhafte Synchronisation mit den Quotierungen der Basiswerte	-124	-133	-211	-584	-709
b. Restlaufzeit < 7 Kalendertage, Optionspreis < 10 · Minimum-Ticksize	-3.174	-6.124	-6.000	-9.596	-13.600
c. Verletzung der Dividendenbedingungen zur vorzeitigen Ausübung, LEPO	-1.690	-10.594	-10.343	-13.397	-23.234
d1. Verletzung verteilungsfreier Wertobergrenzen	-2	0	-4	0	0
d2. Verletzung verteilungsfreier Wertuntergrenzen	-119	-510	-698	-744	-1.241
d3. Identische Datensätze, Verletzung des „Gesetzes des Einheitspreises“	-3.908	-4.173	-5.149	-10.204	-12.249
d4. Verletzung von Arbitragebeziehungen zwischen Optionen gleichen Typs	-21	-17	-22	-30	-109
d5. Verletzung der Put-Call-Parität (Toleranz: 10 · Minimum-Ticksize)	–	–	–	–	–
e. Begrenzung der Moneyness	-220	-140	-116	-217	-1.127
III. Bereinigte Datenbasen	**21.051**	**25.101**	**29.005**	**42.712**	**53.136**

Tabelle B.5

Fehlerbereinigung und Aufbereitung der Datenbasen – Einzelaufstellung Aktienoptionen [Fortsetzung]

Ausgehend von allen im Analysezeitraum 1999/2000 an der Eurex protokollierten Transaktionen in Kaufoptionen auf die untersuchten DAX-Aktien zeigt die Aufstellung die durchgeführten sequenziellen Bereinigungsschritte für die einzelnen Basiswerte.

	DCX	DTE	SAP	SIE	VOW
I. Ausgangsdatenbasen	**121.294**	**114.572**	**35.006**	**108.289**	**70.094**
II. Sequenzielle Bereinigungen					
a. Mangelhafte Synchronisation mit den Quotierungen der Basiswerte	-654	-437	-77	-484	-234
b. Restlaufzeit < 7 Kalendertage, Optionspreis < 10 · Minimum-Ticksize	-14.751	-13.466	-3.816	-13.446	-8.502
c. Verletzung der Dividendenbedingungen zur vorzeitigen Ausübung, LEPO	-25.582	-12.724	-2.587	-16.007	-12.197
d1. Verletzung verteilungsfreier Wertobergrenzen	0	0	0	0	10
d2. Verletzung verteilungsfreier Wertuntergrenzen	-355	-910	-97	-989	-309
d3. Identische Datensätze, Verletzung des „Gesetzes des Einheitspreises“	-14.696	-16.498	-3.695	-15.353	-8.084
d4. Verletzung von Arbitragebeziehungen zwischen Optionen gleichen Typs	-23	-62	-14	-40	-31
d5. Verletzung der Put-Call-Parität (Toleranz: 10 · Minimum-Ticksize)	–	–	–	–	–
e. Begrenzung der Moneyness	-1.776	-5.407	-1.703	-2.444	-898
III. Bereinigte Datenbasen	**63.457**	**65.068**	**23.017**	**59.526**	**39.829**

Literaturverzeichnis

AARTS, ERIK H. L./TEN EIKELDER, HUUB M. M. (2002), Simulated Annealing, in: PARDALOS, PANOS M./RESENDE, MAURICIO G. C. (HRSG.), *Handbook of Applied Optimization*, Oxford, S. 209-221.

ABKEN, PETER A./NANDI, SAIKAT (1996), Options and Volatility, *Economic Review*, Vol. 81, S. 21-35.

ABKEN, PETER A./MADAN, DILIP B./RAMAMURTIE, SAILESH (1996), Estimation of Risk-Neutral and Statistical Densities by Hermite Polynomial Approximation. With an Application to Eurodollar Futures Options, Working Paper No. 96-5, Federal Reserve Bank of Atlanta.

ACKER, DANIELLA/ATTFIELD, CLIFF (2000), Volatility Implied by Option Prices. The Case of Takeover Bids, *Journal of Business Finance & Accounting*, Vol. 27, S. 679-710.

ADAM, MICHAEL E. H. (2001), *Kombinierte Aktien-/Optionsstrategien im ein- und mehrperiodigen Fall*, Lohmar/Köln.

ADAM-MÜLLER, AXEL F./SCHÄFER, KLAUS (1998), Exotische Optionen – Merkmale, Bewertung und Einsatz, *Wirtschaftswissenschaftliches Studium*, 27. Jg., S. 559-564.

AHN, HEE-JOON/CAI, JUN/CHEUNG, YAN-LEUNG (2002), What Moves German Bund Futures Contracts on the Eurex?, *The Journal of Futures Markets*, Vol. 22, S. 679-696.

AÏT-SAHALIA, YACINE/DUARTE, JEFFERSON (2002), Nonparametric Option-Pricing under Shape Restrictions, Working Paper No. 8944, Princeton University, Version: Juni 2002, erscheint in: *Journal of Econometrics*.

AÏT-SAHALIA, YACINE/LO, ANDREW W. (1998), Nonparametric Estimation of State-Price Densities Implicit in Financial Asset Prices, *The Journal of Finance*, Vol. 53, S. 499-547.

AÏT-SAHALIA, YACINE/LO, ANDREW W. (2000), Nonparametric Risk Management and Implied Risk Aversion, *Journal of Econometrics*, Vol. 94, S. 9-51.

AÏT-SAHALIA, YACINE/WANG, YUBO/YARED, FRANCIS (2001), Do Option Markets Correctly Price the Probabilities of Movement of the Underlying Asset?, *Journal of Econometrics*, Vol. 102, S. 67-110.

AITCHISON, JOHN/BROWN, JAMES A. C. (1963), *The Lognormal Distribution with Special Reference to Its Uses in Economics*, Cambridge.

AMIN, KAUSHIK I./JARROW, ROBERT A. (1992), Pricing Options on Risky Assets in a Stochastic Interest Rate Economy, *Mathematical Finance*, Vol. 2, S. 217-237.

AMIN, KAUSHIK I./NG, VICTOR K. (1993), Option Valuation with Systematic Stochastic Volatility, *The Journal of Finance*, Vol. 48, S. 881-910.

AMMON, NORBERT (1998), Why Hedge? A Critical Review of Theory and Empirical Evidence, Discussion Paper No. 98-18, Zentrum für Europäische Wirtschaftsforschung, Mannheim.

ANDERSEN, LEIF/ANDREASEN, JESPER (2000), Jump-Diffusion Processes: Volatility Smile Fitting and Numerical Methods for Option Pricing, *Review of Derivatives Research*, Vol. 4, S. 231-262.

ANDRES, PETER (1998), *Von der Black/Scholes-Optionspreisformel zum GARCH-Optionsbewertungsmodell. Entwicklung und exemplarische Durchführung eines Ansatzes zur Überprüfung der Validität von Optionspreismodellen*, Köln.

ANÉ, THIERRY/GEMAN, HÉLYETTE (2000), Order Flow, Transaction Clock and Normality of Asset Returns, *The Journal of Finance*, Vol. 55, S. 2259-2284.

ANÉ, THIERRY/LABIDI, CHIRAZ (2001), Revisiting the Finite Mixture of Gaussian Distributions with Application to Futures Markets, *The Journal of Futures Markets*, Vol. 21, S. 347-376.

APARICIO, SILIO D./HODGES, STEWART (1998), Implied Risk-Neutral Distribution: A Comparison of Estimation Methods, Working Paper, University of Warwick, Warwick Business School, Financial Options Research Centre, Version: Juli 1998.

ARROW, KENNETH J. (1964), The Role of Securities in the Optimal Allocation of Riskbearing, *Review of Economic Studies*, Vol. 31, S. 91-96.

ASAY, MICHAEL R. (1982), A Note on the Design of Commodity Options Contracts, *The Journal of Futures Markets*, Vol. 2, S. 1-7.

BACHELIER, LOUIS J. (1900), Théorie de la Spéculation, Diss., Paris, *Annales de l'École Supérieure*, Série 3, Tôme XVII, S. 21-86. Wiederabdruck in: COOTNER, PAUL H. (HRSG.), *The Random Character of Stock Market Prices* (übersetzt von James A. Boness), Cambridge 1964, S. 17-78.

BACKHAUS, KLAUS/ERICHSON, BERND/PLINKE, WULFF/WEIBER, ROLF (2000), *Multivariate Analysemethoden. Eine anwendungsorientierte Einführung*, 9. Auflage, Berlin.

BACKUS, DAVID/FORESI, SILVERIO/LI, KAI/WU, LIUREN (1997), Accounting for Biases in Black-Scholes, Working Paper, New York University, Stern School of Business.

BAHRA, BHUPINDER (1996), Probability Distribution of Future Asset Prices Implied by Option Prices, *Bank of England Quarterly Bulletin*, Vol. 36, S. 299-311.

BAHRA, BHUPINDER (1997), Implied Risk-Neutral Probability Density Functions from Option Prices: Theory and Applications, Working Paper No. 66, Bank of England, London.

BAHRA, BHUPINDER (1999), Implied Risk-Neutral Probability Density Functions from Option Prices: A Central Bank Perspective, in: KNIGHT, JOHN L./SATCHELL, STEPHEN E. (HRSG.), *Forecasting Volatility in the Financial Markets*, Oxford, S. 137-167.

BAILEY, WARREN/STULZ, RENÉ M. (1989), The Pricing of Stock Index Options in a General Equilibrium Model, *Journal of Financial and Quantitative Analysis*, Vol. 24, S. 1-12.

BAKSHI, GURDIP/CAO, CHARLES/CHEN, ZHIWU (1997), Empirical Performance of Alternative Option Pricing Models, *The Journal of Finance*, Vol. 52, S. 2003-2049.

BAKSHI, GURDIP/CAO, CHARLES/CHEN, ZHIWU (2000), Do Call Prices and the Underlying Stock Always Move in the Same Direction?, *The Review of Financial Studies*, Vol. 13, S. 549-584.

BAKSHI, GURDIP/CHEN, ZHIWU W. (1997a), An Alternative Valuation Model for Contingent Claims, *Journal of Financial Economics*, Vol. 44, S. 123-165.

BAKSHI, GURDIP/CHEN, ZHIWU W. (1997b), Equilibrium Valuation of Foreign Exchange Claims, *The Journal of Finance*, Vol. 52, S. 799-826.

BAKSHI, GURDIP/KAPADIA, NIKUNJ/MADAN, DILIP (2003), Stock Return Characteristics, Skew Laws, and the Differential Pricing of Individual Equity Options, *The Review of Financial Studies*, Vol. 16, S. 101-143.

BALL, CLIFFORD A./ROMA, ANTONIO (1994), Stochastic Volatility Option Pricing, *Journal of Financial and Quantitative Analysis*, Vol. 29, S. 589-607.

BALL, CLIFFORD A./TOROUS, WALTER N. (1983), Bond Price Dynamics and Options, *Journal of Financial and Quantitative Analysis*, Vol. 18, S. 517-531.

BALL, CLIFFORD A./TOROUS, WALTER N. (1986), Futures Options and the Volatility of Futures Prices, *The Journal of Finance*, Vol. 41, S. 857-870.

BALLWIESER, WOLFGANG (2002), Unternehmensbewertung und Optionspreistheorie, *Die Betriebswirtschaft*, 62. Jg., S. 184-201.

BAMBERG, GÜNTER/BAUR, FRANZ (2002), *Statistik*, 12. Auflage, München/Wien.

BAMBERG, GÜNTER/DORFLEITNER, GREGOR (2000), Concentration on the Nearby Contract in Financial Futures Markets: A Stochastic Model to Explain the Phenomenon, *Journal of Economics and Finance*, Vol. 24, S. 246-259.

BAMBERG, GÜNTER/DORFLEITNER, GREGOR (2002), Is Traditional Capital Market Theory Consistent with Fat-Tailed Log Returns?, *Zeitschrift für Betriebswirtschaft*, 72. Jg., S. 865-878.

BARNDORFF-NIELSEN, OLE E. (1977), Exponentially Decreasing Distributions for the Logarithm of Particle Size, *Proceedings of the Royal Society London, Series A*, Vol. 353, S. 401-419.

BARONE, EMILIO/MENGONI, LUCA (1997), Futures-Style Options on Euro-Deposit Futures: Nihil Sub Sole Novi?, *European Financial Management*, Vol. 3, S. 99-126.

BARONE-ADESI, GIOVANNI (1986), Maximum Likelihood Tests of Option Pricing Models, in: FABOZZI, FRANK J. (HRSG.), *Advances in Futures and Options Research, Vol. 1, Part A*, Greenwich (CT) u. a., S. 181-192.

BARONE-ADESI, GIOVANNI/WHALEY, ROBERT E. (1987), Efficient Analytic Approximation of American Option Values, *The Journal of Finance*, Vol. 42, S. 301-320.

BATES, DAVID S. (1991), The Crash of '87: Was It Expected? The Evidence from Options Markets, *The Journal of Finance*, Vol. 46, S. 1009-1044.

BATES, DAVID S. (1996a), Jumps and Stochastic Volatility: Exchange Rate Processes Implicit in Deutschemark Options, *The Review of Financial Studies*, Vol. 9, S. 69-108.

BATES, DAVID S. (1996b), Testing Option Pricing Models, in: MADDALA, GANGADHARRAO S./RAO, CALYAMPUDI R. (HRSG.), *Handbook of Statistics, Vol. 14, Statistical Methods in Finance*, Amsterdam, S. 567-611.

BATES, DAVID S. (1996c), Dollar Jump Fears, 1984-1992: Distributional Abnormalities Implicit in Currency Futures Options, *Journal of International Money and Finance*, Vol. 15, S. 65-93.

BATES, DAVID S. (2000), Post-'87 Crash Fears in the S&P 500 Futures Options Markets, *Journal of Econometrics*, Vol. 94, S. 181-238.

BATES, DAVID S. (2002), Empirical Option Pricing: A Retrospection, Working Paper, University of Iowa, Version: Juni 2002.

BAUMEISTER, ALEXANDER (2000), Deutsche Strombörse als Ergebnis eines liberalisierten Strommarktes, *Wirtschaftswissenschaftliches Studium*, 29. Jg., S. 162-166.

BAUR, GEORG/WAGNER, OLIVER (2002), Das Vierte Finanzmarktförderungsgesetz – Neuerungen im Börsen- und Wertpapierhandelsrecht, *Die Bank*, o. Jg., S. 530-535.

BAXMANN, ULF G. (1991), Zur Optionsentwicklung in der Bundesrepublik Deutschland, *Die Bank*, o. Jg., S. 494-498.

BEAVER, WILLIAM H. (1981), Market Efficiency, *Accounting Review*, Vol. 56, S. 23-37.

BECK, THOMAS M. (1993), Black-Scholes Revisited: Some Important Details, *The Financial Review*, Vol. 28, S. 77-90.

BECKERS, STAN (1981), Standard Deviations Implied in Option Prices as Predictors of Future Stock Price Variability, *Journal of Banking & Finance*, Vol. 5, S. 363-381.

BEHNEN, KONRAD/NEUHAUS, GEORG (1995), *Grundkurs Stochastik*, Stuttgart.

BEIKE, ROLF (2000), *Aktien-Anleihen: Eine Einführung in strukturierte Finanzprodukte*, Stuttgart.

BEILNER, THOMAS (1992), *Futures Options. Bewertung und Anwendung*, Wiesbaden.

BEILNER, THOMAS/SCHOESS, STEPHAN (1991a), DTB-Optionen auf den DAX – Preisgestaltung und Anwendung, *Die Bank*, o. Jg., S. 315-321.

BEILNER, THOMAS/SCHOESS, STEPHAN (1991b), DTB-Optionen auf den BUND Future – Preisgestaltung und Anwendung, *Die Bank*, o. Jg., S. 374-381.

BEINERT, MICHAELA (1997), *Kurssprünge und der Wert deutscher Aktienoptionen. Auswirkungen von Aktienkurssprüngen auf den Optionswert im Zeitraum 1983 – 1991*, Wiesbaden.

BEINERT, MICHAELA/TRAUTMANN, SIEGFRIED (1995), Verlaufsmuster der impliziten Aktienvolatilität – Beobachtungen am Frankfurter Optionsmarkt und der deutschen Terminbörse, Arbeitspapier, Universität Mainz, Lehrstuhl für Finanzwirtschaft, Version: April 1995.

BELL, ANDREAS (1993), *Option Valuation in the Presence of Market Imperfections*, Frankfurt am Main.

BELLALAH, MONDHER (1999), Valuation of Futures and Commodity Options with Information Costs, *The Journal of Futures Markets*, Vol. 19, S. 645-664.

BELLEDIN, MICHAEL/SCHLAG, CHRISTIAN (1999), An Empirical Comparison of Alternative Stochastic Volatility Models, Working Paper No. 38 (Series: Finance and Accounting), Universität Frankfurt am Main.

BENNINGA, SIMON/WIENER, ZVI (1997), The Binomial Option Pricing Model, *Mathematica in Education and Research*, Vol. 6, No. 3, S. 27-34.

BERENDES, MICHAEL/BÜHLER, WOLFGANG (1994), Zinsterminkontrakte: Analyse der Preisunterschiede von Zinsforward und Zinsfuture. Zur Begründung der Preisunterschiede von Forward- und Future-Kontrakten aus dem Marking to Market und der Delivery Option, *Zeitschrift für betriebswirtschaftliche Forschung*, 46. Jg., S. 987-1021.

BERGMAN, YAACOV Z./GRUNDY, BRUCE D./WIENER, ZVI (1996), General Properties of Option Prices, *The Journal of Finance*, Vol. 51, S. 1573-1610.

BINGHAM, NICHOLAS H./KIESEL, RÜDIGER (1998), *Risk-Neutral Valuation – Pricing and Hedging of Financial Derivatives*, Berlin u. a.

BINGHAM, NICHOLAS H./KIESEL, RÜDIGER (2001), Modelling Asset Returns with Hyperbolic Distributions, in: KNIGHT, JOHN L./SATCHELL, STEPHEN E. (HRSG.): *Return Distributions in Finance*, Oxford, S. 1-20.

BLACK, FISCHER (1975), Fact and Fantasy in the Use of Options, *Financial Analysts Journal*, Vol. 31, July/August, S. 6-72.

BLACK, FISCHER (1976), The Pricing of Commodity Contracts, *Journal of Financial Economics*, Vol. 3, S. 167-179.

BLACK, FISCHER (1989a), How to Use the Holes in Black-Scholes, in: FAZ GMBH (HRSG.), *Optionen und Futures. Auftrieb für den Finanzplatz Deutschland durch die DTB?*, Frankfurt am Main, S. 78-85.

BLACK, FISCHER (1989b), How We Came up with the Option Formula, *The Journal of Portfolio Management*, Vol. 15, Winter, S. 4-8.

BLACK, FISCHER (1990), Weil die Formel so beliebt ist und weil so viele Händler und Investoren sie anwenden, neigen die Optionspreise dazu, dem Modell zu entsprechen. Mit der Formel richtig umgehen, *DTB-Dialog*, o. Jg., Heft 1, S. 2-13.

BLACK, FISCHER/DERMAN, EMANUEL/TOY, WILLIAM (1990), A One-Factor Model of Interest Rates and Its Application to Treasury Bond Options, *Financial Analysts Journal*, Vol. 46, January/February, S. 33-39.

BLACK, FISCHER/KARASINSKI, PIOTR (1992), Bond and Option Pricing when Short Rates are Lognormal, *Financial Analysts Journal*, Vol. 48, July/August, S. 52-59.

BLACK, FISCHER/SCHOLES, MYRON (1972), The Valuation of Option Contracts and a Test of Market Efficiency, *The Journal of Finance*, Vol. 27, S. 399-417.

BLACK, FISCHER/SCHOLES, MYRON (1973), The Pricing of Options and Corporate Liabilities, *The Journal of Political Economy*, Vol. 81, S. 637-654.

BLATTBERG, ROBERT C./GONEDES, NICHOLAS J. (1974), A Comparison of Stable and Student Distribution, *The Journal of Business*, Vol. 47, S. 244-280.

BLISS, ROBERT R./PANIGIRTZOGLOU, NIKOLAOS (2002), Testing the Stability of Implied Probability Density Functions, *Journal of Banking & Finance*, Vol. 26, S. 381-422.

BÖNTE, GUNNAR (1997), *Analyse deutscher Aktien und Optionsscheine mittels ARCH-Modellen unter besonderer Berücksichtigung von Verteilungen der robusten Statistik*, Diss., Erlangen/Nürnberg.

BÖS, MICHAEL (1991), *Optionsbewertung und Kapitalmarkt*, Bergisch Gladbach/Köln.

BOLEK, ADAM (1999), *Volatilitätsschwankungen und DAX-Optionen*, Wiesbaden.

BOLLEN, NICOLAS P. B./WHALEY, ROBERT E. (2003), Does Net Buying Pressure Affect the Shape of Implied Volatility Functions?, Working Paper, Vanderbilt University, Owen Graduate School of Management, Nashville (TN), Version: April 2003, erscheint in: *The Journal of Finance*, Vol. 58.

BOLLERSLEV, TIM (1986), Generalized Autoregressive Conditional Heteroskedasticity, *Journal of Econometrics*, Vol. 46, S. 307-327.

BONESS, JAMES A. (1964), Elements of a Theory of Stock-Option Value, *The Journal of Political Economy*, Vol. 72, S. 163-175.

BOOKSTABER, RICHARD M./MCDONALD, JAMES B. (1987), A General Distribution for Describing Security Price Returns, *The Journal of Business*, Vol. 60, S. 401-424.

BORCH, KARL (1984), A Note on Option Prices, *The Financial Review*, Vol. 19, S. 124-127.

BOSSAERTS, PETER/HILLION, PIERRE (1997), Local Parametric Analysis of Hedging in Discrete Time, *Journal of Econometrics*, Vol. 81, S. 243-272.

BOYLE, PHELIM P./ANANTHANARAYANAN, AMARNATH L. (1977), The Impact of Variance Estimation on Option Valuation Models, *Journal of Financial Economics*, Vol. 4, S. 375-387.

BRANGER, NICOLE (2002), *Bewertung nicht redundanter Finanzderivate mittels Entropie und Cross-Entropie*, Wiesbaden.

BRANGER, NICOLE/SCHLAG, CHRISTIAN (2002), Why is the Index Smile so Steep?, Working Paper, Universität Frankfurt am Main, Version: November 2002.

BREALEY, RICHARD A./MYERS, STEWART C. (2003), *Principles of Corporate Finance*, 7. Auflage, New York (NY).

BREEDEN, DOUGLAS T./LITZENBERGER, ROBERT H. (1978), Prices of State-Contingent Claims Implicit in Options Prices, *The Journal of Business*, Vol. 51, S. 621-651.

BRENNAN, MICHAEL J./SCHWARTZ, EDUARDO S. (1979), A Continuous-Time Approach to the Pricing of Bonds, *Journal of Banking & Finance*, Vol. 3, S. 135-155.

BRENNAN, MICHAEL J./SCHWARTZ, EDUARDO S. (1985), Evaluating Natural Resource Investments, *The Journal of Business*, Vol. 58, S. 35-57.

BRENNER, MENACHEM/GALAI, DAN (1986), Implied Interest Rates, *The Journal of Business*, Vol. 59, S. 493-507.

BRIGO, DAMIANO/MERCURIO, FABIO (2001), *Interest Rate Models – Theory and Practice*, Berlin u. a.

BRIGO, DAMIANO/MERCURIO, FABIO (2002), Lognormal-Mixture Dynamics and Calibration to Market Volatility Smiles, *International Journal of Theoretical & Applied Finance*, Vol. 5, S. 427-446.

BROADIE, MARC/DETEMPLE, JÉROME (1996), American Option Valuation: New Bounds, Approximations, and a Comparison of Existing Methods, *The Review of Financial Studies*, Vol. 9, S. 1211-1250.

BROOKS, ROBERT (2000), *Building Financial Derivatives Applications with C++*, Westport (CT).

BROOKS, ROBERT/CORSON, JON/WALES, J. DONAL (1994), The Pricing of Index Options when Assets follow a Lognormal Diffusion, *Advances in Futures and Options Research*, Vol. 7, S. 65-85.

BROWN, CHRISTINE A./CHAN, ROSEMARY (1999), Value at Risk Models and Option Portfolios, *Australian Economic Papers*, Vol. 8, No. 4, S. 107-121.

BROWN, CHRISTINE A./ROBINSON, DAVID M. (1999), Option Pricing and Higher Order Moments, Working Paper, University of Melbourne, Department of Accounting and Finance, Version: April 1999.

BROWN, CHRISTINE A./ROBINSON, DAVID M. (2002), Skewness and Kurtosis Implied by Option Prices: A Correction, *The Journal of Financial Research*, Vol. 25, S. 279-282.

BROWN, GREGORY/TOFT, KLAUS BJERRE (1999), Constructing Binomial Trees from Multiple Implied Probability Distributions, *The Journal of Derivatives*, Vol. 7, Winter, S. 83-100.

BROWN, JAMES W./CHURCHILL, RUEL V. (1993), *Fourier Series and Boundary Value Problems*, 5. Auflage, New York (NY).

BROWN, STEPHEN J. (1990), Estimating Volatility, in: FIGLEWSKI, STEPHEN ET AL. (HRSG.), *Financial Options – From Theory to Practice*, Homewood (IL), S. 516-537.

BRUNNER, BERNHARD/HAFNER, REINHOLD (2002), Arbitrage-Free Estimation of the Risk-Neutral Density from the Implied Volatility Smile, Working Paper, Universität Augsburg, Lehrstuhl für Finanz- und Bankwirtschaft, Version: Dezember 2002.

BRUNS, CHRISTOPH (1994), *Bubbles und Excess Volatility auf dem deutschen Aktienmarkt*, Wiesbaden.

BUCHEN, PETER W./KELLY, MICHAEL (1996), The Maximum Entropy Distribution of an Asset Inferred from Option Prices, *Journal of Financial and Quantitative Analysis*, Vol. 31, S. 143-159.

BÜHLER, WOLFGANG (1988), Rationale Bewertung von Optionsrechten auf Anleihen, *Zeitschrift für betriebswirtschaftliche Forschung*, 40. Jg., S. 851-883.

BÜHLER, WOLFGANG (1990), Prinzipien der Bewertung von Optionen, in: GÖPPL, HERMANN/BÜHLER, WOLFGANG/ROSEN, RÜDIGER VON (HRSG.), *Optionen und Futures*, Frankfurt am Main, S. 65-78.

BÜHLER, WOLFGANG (1991), Die Bewertung der DTB-Option auf den Bund-Future: Ein schwieriges Problem?, *DTB-Dialog*, o. Jg., Heft 2, S. 2-4 und S. 22-23.

BÜNING, HERBERT/TRENKLER, GÖTZ (1994), *Nichtparametrische statistische Methoden*, 2. Auflage, Berlin/New York.

BÜSCHGEN, HANS E. (1988), *Zinstermingeschäfte. Instrumente und Verfahren zur Risikoabsicherung an Finanzmärkten*, Frankfurt am Main.

BÜSCHGEN, HANS E. (1997), *Internationales Finanzmananagement*, 3. Auflage, Frankfurt am Main.

BURASCHI, ANDREA/JACKWERTH, JENS CARSTEN (2001), The Price of a Smile: Hedging and Spanning in Options Markets, *The Review of Financial Studies*, Vol. 14, S. 495-527.

BUTLER, CREON/DAVIES, HAYDN (1998), *Assessing Market Views on Monetary Policy: The Use of Implied Risk Neutral Probability Distributions*, Working Paper, Bank of England, Monetary Instruments and Markets Division, London.

BUTLER, J. S./SCHACHTER, BARRY (1986), Unbiased Estimation of the Black/Scholes Formula, *Journal of Financial Economics*, Vol. 14, S. 341-357.

CÂMARA, ANTÓNIO (2001), The Valuation of Options with Restrictions on Preferences and Distributions, *The Journal of Futures Markets*, Vol. 21, S. 1091-1117.

CÂMARA, ANTÓNIO (2003), A Generalization of the Brennan-Rubinstein Approach for the Pricing of Derivatives, *The Journal of Finance*, Vol. 58, S. 805-819.

CAMPA, JOSE M./CHANG, P. H. KEVIN (1996), Arbitrage-Based Tests of Target-Zone Credibility: Evidence from ERM Cross-Rate Options, *American Economic Review*, Vol. 86, S. 726-740.

CAMPA, JOSE M./CHANG, P. H. KEVIN/REIDER, ROBERT L. (1997), ERM Bandwidths for EMU and After: Evidence from Foreign Exchange Options, *Economic Policy*, Vol. 24, S. 55-89.

CAMPA, JOSE M./CHANG, P. H. KEVIN/REIDER, ROBERT L. (1998), Implied Exchange Rate Distributions: Evidence from OTC Option Markets, *Journal of International Money and Finance*, Vol. 17, S. 117-160.

CAMPBELL, JOHN Y./LO, ANDREW W./MACKINLEY, A. CRAIG (1997), *The Econometrics of Financial Markets*, Princeton (NJ).

CAMPENHAUSEN, CLAUS FREIHERR VON (1995), *Optionsbewertung bei stochastischer Volatilität – Theorie und Empirie*, Diss., St. Gallen.

CANINA, LINDA/FIGLEWSKI, STEPHEN (1993), The Informational Content of Implied Volatility, *The Review of Financial Studies*, Vol. 6, S. 659-681.

CAPELLE-BLANCHARD, GUNTHER/JURCZENKO, EMMANUEL/MAILLET, BERTRAND (2001), The Approximate Option Pricing Model: Performances and Dynamic Properties, *Journal of Multinational Financial Management*, Vol. 11, S. 427-443.

CARR, PETER/WU, LIUREN (2003), The Finite Moment Log Stable Process and Option Pricing, *The Journal of Finance*, Vol. 58, S. 753-777.

CHANCE, DON M. (1998), *Essays in Derivatives*, New Hope (PA).

CHANCE, DON M. (1999), Research Trends in Derivatives and Risk Management since Black-Scholes, *The Journal of Portfolio Management*, Vol. 25, No. 5, S. 35-45.

CHANG, P. H. KEVIN/MELICK, WILLIAM R. (1999), Background Note – Proceedings of the Workshop "Estimating and Interpreting Probability Density Functions", 14 June 1999, Bank for International Settlements (BIS), Monetary and Economic Department, Basel.

CHEN, REN-RAW/SCOTT, LOUIS (1993), Pricing Interest Rate Futures Options with Futures-Style Margining, *The Journal of Futures Markets*, Vol. 13, S. 15-22.

CHERIAN, JOSEPH A./JARROW, ROBERT A. (1998), Options Markets, Self-Fulfilling Prophecies and Implied Volatilities, *Review of Derivatives Research*, Vol. 2, S. 5-37.

CHERNOV, MIKHAIL/GHYSELS, ERIC (2000), A Study Towards a Unified Approach to the Joint Estimation of Objective and Risk Neutral Measures for the Purpose of Options Valuation, *Journal of Financial Economics*, Vol. 56, S. 407-458.

CHESNEY, MARC/SCOTT, LOUIS (1989), Pricing European Currency Options. A Comparison of the Modified Black-Scholes Model and a Random Variance Model, *Journal of Financial and Quantitative Analysis*, Vol. 24, S. 267-284.

CHICAGO BOARD OF TRADE (1997), Hrsg., *Treasury Options for Institutional Investors*, Chicago (IL).

CHICAGO BOARD OF TRADE (1999), Hrsg., *CBOT Financial Instruments Guide*, Chicago (IL).

CHICAGO BOARD OF TRADE (2000), Hrsg., *Action in the Market Place*, Chicago (IL).

CHIN, ELION I. A. (1999), *Unconditional and Conditional Modeling of Non-normal Return Densities with Application to Risk Measurement*, Diss., St. Gallen.

CHIRAS, DONALD P./MANASTER, STEVEN (1978), The Information Content of Option Prices and a Test of Market Efficiency, *Journal of Financial Economics*, Vol. 6, S. 213-234.

CHOURDAKIS, KYRIAKOS/TZAVALIS, ELIAS (2000), Option Pricing Under Discrete Shifts in Stock Returns, Working Paper No. 476, Queen Mary University of London, Version: November 2000.

CHRISTENSEN, BENT JESPER/PRABHALA, NAGPURNANAND R. (1998), The Relation Between Implied and Realized Volatility, *Journal of Financial Economics*, Vol. 50, S. 125-150.

CHRISTOFFERSEN, PETER/HAHN, JINYONG/INOUE, ATSUSHI (2001), Testing and Comparing Value-at-Risk Measures, *Journal of Empirical Finance*, Vol. 8, S. 325-342.

CLAESSEN, HOLGER/MITTNIK, STEFAN (2002), Forecasting Stock Market Volatility and the Informational Efficiency of the DAX-Index Options Markets, *The European Journal of Finance*, Vol. 8, S. 302-321.

CLARK, PETER K. (1973), A Subordinated Stochastic Process Model with Finite Variance for Speculative Prices, *Econometrica*, Vol. 41, S. 135-155.

CLEWLOW, LES/STRICKLAND, CHRIS (1998), *Implementing Derivatives Models*, Chichester.

CONT, RAMA (1998), Beyond Implied Volatility. Extracting Information from Options Pricing, Working Paper, École Polytechnique Fédérale de Lausanne.

COOPER, NEIL (1999), Testing Techniques for Estimating Implied RNDs from the Prices of European and American-Style Options, Working Paper, Bank of England, London, Version: Juli 1999.

COPELAND, THOMAS E./WESTON, J. FRED (1988), *Financial Theory and Corporate Policy*, 3. Auflage, Reading (MA) u. a.

CORRADO, CHARLES J. (2001), Option Pricing Based on the Generalized Lambda Distribution, *The Journal of Futures Markets*, Vol. 21, S. 213-236.

CORRADO, CHARLES J./MILLER, THOMAS W. JR. (1996a), Efficient Option-Implied Volatility Estimators, *The Journal of Futures Markets*, Vol. 16, S. 247-272.

CORRADO, CHARLES J./MILLER, THOMAS W. JR. (1996b), A Note on a Simple, Accurate Formula to Compute Implied Standard Deviations, *Journal of Banking & Finance*, Vol. 20, S. 595-603.

CORRADO, CHARLES J./SU, TIE (1996a), Skewness and Kurtosis in S&P 500 Index Returns Implied by Option Prices, *The Journal of Financial Research*, Vol. 19, S. 175-192.

CORRADO, CHARLES J./SU, TIE (1996b), S&P 500 Index Option Tests of Jarrow and Rudd's Approximate Option Valuation Formula, *The Journal of Futures Markets*, Vol. 16, S. 611-629.

CORRADO, CHARLES J./SU, TIE (1997a), Implied Volatility Skews and Stock Return Skewness and Kurtosis Implied by Stock Option Prices, *The European Journal of Finance*, Vol. 3, S. 73-85.

CORRADO, CHARLES J./SU, TIE (1997b), Implied Volatility Skews and Stock Index Skewness and Kurtosis Implied by S&P 500 Index Option Prices, *The Journal of Derivatives*, Vol. 4, Summer, S. 8-19.

COURTADON, GEORGES (1982), The Pricing of Options on Default-Free Bonds, *Journal of Financial and Quantitative Analysis*, Vol. 17, S. 75-100.

COUTANT, SOPHIE (1999), Implied Risk Aversion in Options Prices Using Hermite Polynomials, Working Paper, Proceedings of the Workshop "Estimating and Interpreting Probability Density Functions", 14 June 1999, Bank for International Settlements (BIS), Monetary and Economic Department, Basel.

COUTANT, SOPHIE/JONDEAU, ERIC/ROCKINGER, MICHAEL (2001), Reading PIBOR Futures Options Smiles: The 1997 Snap Election, *Journal of Banking & Finance*, Vol. 25, S. 1957-1987.

COX, JOHN C./INGERSOLL, JONATHAN E. JR./ROSS, STEPHEN A. (1981), The Relation between Forward Prices and Futures Prices, *Journal of Financial Economics*, Vol. 9, S. 321-346.

COX, JOHN C./INGERSOLL, JONATHAN E./ROSS, STEPHEN A. (1985a), An Intertemporal General Equilibrium Model of Asset Prices, *Econometrica*, Vol. 53, S. 363-384.

COX, JOHN C./INGERSOLL, JONATHAN E./ROSS, STEPHEN A. (1985b), A Theory of the Term Structure of Interest Rates, *Econometrica*, Vol. 53, S. 385-407.

COX, JOHN C./ROSS, STEPHEN A. (1976a), The Valuation of Options for Alternative Stochastic Processes, *Journal of Financial Economics*, Vol. 3, S. 145-166.

COX, JOHN C./ROSS, STEPHEN A. (1976b), A Survey of Some New Results in Financial Option Pricing Theory, *The Journal of Finance*, Vol. 31, S. 383-402.

COX, JOHN C./ROSS, STEPHEN A./RUBINSTEIN, MARK (1979), Option Pricing. A simplified Approach, *Journal of Financial Economics*, Vol. 7, S. 229-263.

COX, JOHN C./RUBINSTEIN, MARK (1985), *Options Markets*, Englewood Cliffs (NJ).

CRAMÉR, HARALD (1970), *Random Variables and Probability Distributions*, 3. Auflage, London.

CROUHY, MICHEL (2002), Comments on "Information about Bank Risks in Options Prices", *Journal of Banking & Finance*, Vol. 26, S. 1059-1064.

DARTSCH, ANDREAS (1999), *Implizite Volatilitäten am Aktien- und Optionsmarkt*, Wiesbaden.

DAS, SANJIV RANJAN (1997), Taming the Skew: Higher-Order Moments in Modeling Asset Price Processes in Finance, Working Paper No. 5976, National Bureau of Economic Research, Cambridge (MA).

DAVIDSON, RUSSELL/MACKINNON, JAMES G. (1993), *Estimation and Inference in Econometrics*, New York (NY).

DAY, N. E. (1969), Estimating the Components of a Mixture of Normal Distributions, *Biometrika*, Vol. 56, S. 463-474.

DEBREU, GERARD (1959), *Theory of Value. An Axiomatic Analysis of Economic Equilibrium*, New Haven (CT)/London.

DEMPSTER, A. P./LAIRD, N. M./RUBIN, D. B. (1977), Maximum Likelihood from Incomplete Data via the EM Algorithm, *Journal of the Royal Statistical Society, Series B*, Vol. 39, S. 1-38.

DENNIS, PATRICK/MAYHEW, STEWART (2002), Risk-Neutral Skewness: Evidence from Stock Options, *Journal of Financial and Quantitative Analysis*, Vol. 37, S. 471-493.

DERMAN, EMANUEL/KANI, IRAJ (1994), Riding on a Smile, *Risk*, Vol. 7, February, S. 32-39.

DERMAN, EMANUEL/KANI, IRAJ/CHRISS, NEIL (1996), Implied Trinomial Trees of the Volatility Smile, *The Journal of Derivatives*, Vol. 3, Summer, S. 7-22.

DEUTSCH, HANS-PETER (2001), *Derivate und Interne Modelle. Modernes Risikomanagement*, 2. Auflage, Stuttgart.

DEUTSCHE BÖRSE AG (2001), *Leitfaden zu den Aktienindizes der Deutschen Börse (Version 4.2)*, o. O., Version: August.

DEUTSCHE BÖRSE AG (2002), *Factbook 2001*, Frankfurt am Main.

DEUTSCHE BÖRSE AG (2003a), *Leitfaden Statistik – Terminmarkt (Version 1.2)*, o. O., Stand: März.

DEUTSCHE BÖRSE AG (2003b), *Leitfaden zu den Aktienindizes der Deutschen Börse (Version 5.1)*, o. O., Stand: März.

DEUTSCHE BÖRSE AG (2003c), *Leitfaden zu den Volatilitätsindizes der Deutschen Börse (Version 1.5)*, o. O., Stand: März.

DIWALD, HANS (1999), *Zinsfutures und Zinsoptionen. Erfolgreicher Einsatz an internationalen Terminmärkten*, 2. Auflage, München.

DORFLEITNER, GREGOR (2002), Stetige versus diskrete Renditen: Überlegungen zur richtigen Verwendung beider Begriffe in Theorie und Praxis, *Kredit und Kapital*, 35. Jg., S. 216-241.

DOTHAN, L. URI (1978), On the Term Structure of Interest Rates, *Journal of Financial Economics*, Vol. 6, S. 59-69.

DRESIG, TILO (2000), *Handelbarkeit von Risiken. Erfolgsfaktoren von Verbriefungen und derivativen Finanzinstrumenten*, Wiesbaden.

DUAN, JIN-CHUAN (1995), The GARCH Option Pricing Model, *Mathematical Finance*, Vol. 5, S. 13-32.

DUAN, JIN-CHUAN (1996), Cracking the Smile, *Risk*, Vol. 9, December, S. 55-59.

DUFFIE, DARRELL (1992), *Dynamic Asset Pricing Theory*, Princeton (NJ).

DUFFIE, DARRELL/PAN, JUN (1997), An Overview of Value at Risk, *The Journal of Derivatives*, Vol. 4, Spring, S. 7-49.

DUMAS, BERNARD/FLEMING, JEFF/WHALEY, ROBERT E. (1998), Implied Volatility Functions: Empirical Tests, *The Journal of Finance*, Vol. 53, S. 2059-2106.

DUPIRE, BRUNO (1994), Pricing with a Smile, *Risk*, Vol. 7, January, S. 18-20.

DYBVIG, PHILIP H./ROSS, STEPHAN A. (1986), Tax Clientels and Asset Pricing, *The Journal of Finance*, Vol. 41, S. 751-762.

EASTON, STEPHEN A. (1997), Put-Call-Parity with Futures-Style Margining, *The Journal of Futures Markets*, Vol. 17, S. 215-227.

EBERLEIN, ERNST/KELLER, ULRICH (1995), Hyperbolic Distributions in Finance, *Bernoulli*, Vol. 1, S. 281-299.

EBERLEIN, ERNST/KELLER, ULRICH/PRAUSE, KARSTEN (1998), New Insights into Smile, Mispricing and Value at Risk: The Hyperbolic Model, *The Journal of Business*, Vol. 71, S. 371-405.

EBERLEIN, ERNST/PRAUSE, KARSTEN (2002), The Generalized Hyperbolic Model: Financial Derivatives and Risk Measures, in: GEMAN, HELYETTE ET AL. (HRSG.): *Mathematical Finance – Bachelier Congress 2000. Selected Papers from the First World Congress of the Bachelier Finance Society, Paris, June 29-July 1, 2000*, Berlin u. a., S. 245-267.

EDERINGTON, LOUIS H./GUAN, WIE (2002), Measuring Implied Volatility: Is an Average Better? Which Average?, *The Journal of Futures Markets*, Vol. 22, S. 811-837.

EISENBERG, LARRY K./JARROW, ROBERT A. (1991), Option Pricing with Random Volatilities in Complete Markets, *Review of Quantitative Finance and Accounting*, Vol. 4, S. 5-17.

ELLER, ROLAND (1999), Derivative Instrumente – Überblick, Strategien, Tendenzen, in: ELLER, ROLAND (HRSG.), *Handbuch Derivativer Instrumente. Produkte, Strategien, Risikomanagement*, 2. Auflage, Stuttgart, S. 3-38.

ELLIOTT, ROBERT JAMES/KOPP, P. EKKEHARD (1998), *Mathematics of Financial Markets*, Berlin u. a.

ELSNER, JÜRGEN (1996), *Chaos und Zufall am deutschen Aktienmarkt – Eine Studie über nichtlineare Dynamiken, Volatilität und Effizienz*, Heidelberg.

ELTON, EDWIN J./GRUBER, MARTIN J. (1974), Portfolio Theory when Investment Relatives are Lognormally Distributed, *The Journal of Finance*, Vol. 29, S. 1265-1274.

EMANUEL, DAVID C./MACBETH, JAMES D. (1982), Further Results on the Constant Elasticity of Variance Call Option Pricing Model, *Journal of Financial and Quantitative Analysis*, Vol. 17, S. 533-554.

EMBRECHTS, PAUL/KLÜPPELBERG, CLAUDIA/MIKOSCH, THOMAS (2001), *Modelling Extremal Events for Insurance and Finance*, 3. Auflage, Berlin u. a.

ENGLE, ROBERT F. (1982), Autoregressive Conditional Heteroskedasticity with Estimates of the Variance of United Kingdom Inflation, *Econometrica*, Vol. 50, S. 987-1008.

EPPS, THOMAS W. (2000), *Pricing Derivative Securities*, River Edge (NJ) u. a.

EPPS, THOMAS W./EPPS, MARY LEE (1976), The Stochastic Dependence of Security Price Changes and Transaction Volumes: Implications for the Mixture-of-Distribution Hypothesis, *Econometrica*, Vol. 44, S. 305-321.

EUREX AG (2000a), Hrsg., *Eurex – Der Europäische Derivatemarkt*, Frankfurt am Main/Zürich, Stand: März.

EUREX AG (2000b), Hrsg., *Eurex – Produkte und Strategien im Kapitalmarktbereich*, Frankfurt am Main/Zürich, Stand: Dezember.

EUREX AG (2002a), Hrsg., *Eurex – Aktien- und Aktienindex-Derivate. Handelsstrategien*, Frankfurt am Main/Zürich, Stand: November.

EUREX AG (2002b), Hrsg., *Eurex – Viele Märkte, ein Clearinghaus*, Frankfurt am Main/Zürich, Stand: Juni.

EUREX AG (2003a), Hrsg., *Eurex – Produkte*, Frankfurt am Main/Zürich, Stand: März.

EUREX AG (2003b), Hrsg., *Eurex – Risk Based Margining*, Frankfurt am Main/Zürich, Stand: Januar.

EUREX AG (2003c), *Börsenordnung für die Eurex Deutschland und die Eurex Zürich*, o. O., Stand: März.

EUREX AG (2003d), *Eurex – Preisverzeichnis*, o. O., Stand: März.

EVANS, MERRAN/HASTINGS, NICHOLAS/PEACOCK, BRIAN (2000), *Statistical Distributions*, 3. Auflage, New York (NY).

EVNINE, JEREMY/RUDD, ANDREW (1985), Index Options: The Early Evidence, *The Journal of Finance*, Vol. 40, S. 743-756.

FABOZZI, FRANK J./MODIGLIANI, FRANCO (1996), *Capital Markets*, 2. Auflage, Englewood Cliffs (NJ).

FAMA, EUGENE F. (1963), Mandelbrot and the Stable Paretian Hypothesis, *The Journal of Business*, Vol. 36, S. 420-429.

FAMA, EUGENE F. (1965), The Behaviour of Stock Market Prices, *The Journal of Business*, Vol. 38, S. 34-105.

FAMA, EUGENE F. (1970), Efficient Capital Markets: A Review of Theory and Empirical Work, *The Journal of Finance*, Vol. 25, S. 383-417.

FAMA, EUGENE F. (1976a), Efficient Capital Markets: Reply, *The Journal of Finance*, Vol. 31, S. 143-145.

FAMA, EUGENE F. (1976b), *Foundations of Finance. Portfolio Decisions and Securities Prices*, New York (NY).

FAMA, EUGENE F. (1991), Efficient Capital Markets: II, *The Journal of Finance*, Vol. 46, S. 1575-1617.

FAMA, EUGENE F./FISHER, LORENCE/JENSEN, MICHAEL C./ROLL, RICHARD (1969), The Adjustment of Stock Prices to New Information, *International Economic Review*, Vol. 10, S. 1-21.

FEDERAL REGISTER (1997), o. V., Proposed Rulemaking Permitting Futures-Style Margining of Commodity Options, *Federal Register*, Vol. 62, No. 244, S. 66569-66575.

FEDERAL REGISTER (1998), o. V., Proposed Rulemaking Permitting Futures-Style Margining of Commodity Options, *Federal Register*, Vol. 63, No. 25, S. 6112-6113.

FIGLEWSKI, STEPHEN (1989a), Options Arbitrage in Imperfect Markets, *The Journal of Finance*, Vol. 44, S. 1289-1311.

FIGLEWSKI, STEPHEN (1989b), Current Issues: Options. What Does an Option Pricing Model Tell Us About Option Prices?, *Financial Analysts Journal*, Vol. 45, September/October, S. 12-15.

FIGLEWSKI, STEPHEN (1997), Forecasting Volatility, *Financial Markets, Institutions & Instruments*, Vol. 6, Nr. 1, S. 1-88.

FISCHER, MATTHIAS (2002), *Selected Infinitely Divisible Distributions as Models for Financial Return Data – Unconditional Fit and Option Pricing*, Berlin.

FISHMAN, GEORGE S. (1996), *Monte Carlo. Concepts, Algorithms, and Applications*, New York (NY) u. a.

FLAMOURIS, DIMITRIS/GIAMOURDIS, DANIEL (2002), Estimating Implied PDFs from American Options on Futures: A New Semi-Parametric Approach, *The Journal of Futures Markets*, Vol. 22, S. 1-30.

FORSTER, OTTO (2001), *Analysis 1. Differential- und Integralrechnung einer Veränderlichen*, 6. Auflage, Wiesbaden.

FORTUNE, PETER (1996), Anomalies in Option Pricing: The Black-Scholes Model Revisited, *New England Economic Review*, March/April, S. 17-40.

FOUQUE, JEAN-PIERRE/PAPANICOLAOU, GEORGE/SIRCAR, K. RONNIE (2000), *Derivatives in Financial Markets With Stochastic Volatility*, Cambridge.

FRANCIS, JACK CLARK/TOY, WILLIAM W./WHITTAKER, J. GREGG (2000), Hrsg., *The Handbook of Equity Derivatives*, New York (NY) u. a.

FRANKE, GÜNTER/HAX, HERBERT (1999), *Finanzwirtschaft des Unternehmens und Kapitalmarkt*, 4. Auflage, Berlin u. a.

FRANKE, JÜRGEN/HÄRDLE, WOLFGANG/HAFNER, CHRISTIAN (2001), *Einführung in die Statistik der Finanzmärkte*, Berlin u. a.

FRANKEN, KAI (1997), *Das Recht des Terminhandels. OTC-Optionen als Grenzfälle des Börsentermingeschäfts*, Berlin.

FRANTZMANN, HANS-JÖRG (1989), *Saisonalitäten und Bewertung am deutschen Aktien- und Rentenmarkt*, Frankfurt am Main.

FRENCH, DAN W. (1984), The Weekend Effect on the Distribution of Stock Prices: Implications for Option Pricing, *Journal of Financial Economics*, Vol. 13, S. 547-559.

GALAI, DAN (1977), Test of Market Efficiency of the Chicago Board of Options Exchange, *The Journal of Business*, Vol. 50, S. 167-197.

GALAI, DAN/SCHNELLER, MEIR I. (1978), Pricing of Warrants and the Value of the Firm, *The Journal of Finance*, Vol. 33, S. 1333-1342.

GALATI, GABRIELE/MELICK, WILLIAM (1999), Perceived Central Bank Intervention and Market Expectations: An Empirical Study of the Yen/Dollar Exchange Rate, 1993-96, Working Paper No. 77, Bank for International Settlements (BIS), Basel.

GARCIA, RENÉ/GHYSELS, ERIC/RENAULT, ÉRIC (2002), The Econometrics of Option Pricing, Working Paper, Université de Montréal, Département de Sciences Économiques, Montréal, Version: Dezember 2002.

GARMAN, MARK B. (1976), A General Theory for Asset Valuation under Diffusion Processes, Working Paper No. 50, University of California, Berkeley (CA), Institute of Business and Economic Research.

GARMAN, MARK B./KLASS, MICHAEL J. (1980), On the Estimation of Security Price Volatilities from Historical Data, *The Journal of Business*, Vol. 53, S. 67-78.

GARMAN, MARK B./KOHLHAGEN, STEVEN (1983), Foreign Currency Option Values, *Journal of International Money and Finance*, Vol. 2, S. 231-237.

GASCHIK, DAVID/HOFFJAN, ANDREAS/SIEMES, ANDREAS (2003), Prognosefähigkeit des Black & Scholes Modells. Empirische Untersuchung auf Bewertungstendenzen an der Eurex, *Finanz Betrieb*, 5. Jg., S. 96-103.

GEIGER, CARL/KANZOW, CHRISTIAN (1999), *Numerische Verfahren zur Lösung unrestringierter Optimierungsaufgaben*, Berlin u. a.

GEMMILL, GORDON (1992), Political Risk and Market Efficiency: Tests Based in British Stock and Options Markets in the 1987 Election, *Journal of Banking & Finance*, Vol. 16, S. 211-231.

GEMMILL, GORDON (1993), *Options Pricing: An International Perspective*, London.

GEMMILL, GORDON (1996), Did Option Traders Anticipate the Crash? Evidence from Volatility Smiles in the U. K. with U. S. Comparisons, *The Journal of Futures Markets*, Vol. 16, S. 881-897.

GEMMILL, GORDON/SAFLEKOS, APOSTOLOS (2000), How Useful are Implied Distributions? Evidence from Stock Index Options, *The Journal of Derivatives*, Vol. 7, Spring, S. 83-98.

GERKE, WOLFGANG/BANK, MATTHIAS (1998), *Finanzierung. Grundlagen für die Investitions- und Finanzierungsentscheidungen im Unternehmen*, Stuttgart u. a.

GESKE, ROBERT (1979a), The Valuation of Compound Options, *Journal of Financial Economics*, Vol. 7, S. 63-81.

GESKE, ROBERT (1979b), A Note on an Analytical Valuation Formula for Unprotected American Call Options on Stocks with known Dividend Yield, *Journal of Financial Economics*, Vol. 7, S. 375-380.

GESKE, ROBERT (1981), Comments on Whaley's Note, *Journal of Financial Economics*, Vol. 9, S. 213-215.

GESKE, ROBERT/JOHNSON, HERBERT E. (1984), The American Put Option Valued Analytically, *The Journal of Finance*, Vol. 39, S. 1511-1524.

GESKE, ROBERT/ROLL, RICHARD (1984), On Valuing American Call Options with the Black-Scholes European Formula, *The Journal of Finance*, Vol. 39, S. 443-455.

GESKE, ROBERT/TOROUS, WALTER N. (1991), Skewness, Kurtosis, and Black-Scholes Option Mispricing, *Statistical Papers*, Vol. 32, S. 299-309.

GESKE, ROBERT/TRAUTMANN, SIEGFRIED (1986), Option Valuation: Theory and Empirical Evidence, in: BAMBERG, GÜNTER/SPREMANN, KLAUS (HRSG.) *Capital Market Equilibria*, Berlin u. a., S. 79-134.

GHYSELS, ERIC/HARVEY, ANDREW/RENAULT, ERIC (1996), Stochastic Volatility, in: MADDALA, GANGADHARRAO S./RAO, CALYAMPUDI R. (HRSG.), *Handbook of Statistics, Vol. 14, Statistical Methods in Finance*, Amsterdam, S. 119-191.

GHYSELS, ERIC/PATILEA, VALENTIN/RENAULT, ERIC/TORRÈS, OLIVIER (1998), Non-parametric Methods and Option Pricing, in: HAND, DAVID J./JACKA, SAUL D. (HRSG.), *Statistics in Finance*, London, S. 261-282.

GIGUÈRE, GUYNEMER (1958), Warrants – A Mathematical Method for Evaluation, *The Analysts Journal*, Vol. 14, No. 5, S. 17-25.

GONEDES, NICHOLAS H. (1976), The Capital Market, the Market for Information and External Accounting, *The Journal of Finance*, Vol. 31, S. 611-630.

GRAY, STEPHEN F. (1996), Modeling the Conditional Distribution of Interest Rates as a Regime-Switching Process, *Journal of Financial Economics*, Vol. 42, S. 27-62.

GRAY, STEPHEN F./MACKSEY, AARON (2001), Nonparametric Estimation of State Price Densities: Option Pricing Applications, Working Paper, University of Queensland, Brisbane, Version: August 2001.

GREEN, T. CLIFTON/FIGLEWSKI, STEPHEN (1999), Market Risk and Model Risk for Financial Institutions Writing Options, *The Journal of Finance*, Vol. 54, S. 1465-1499.

GREENE, WILLIAM H. (2003), *Econometric Analysis*, 5. Auflage, Upper Saddle River (NJ).

GRICHNIK, DIETMAR/VORTMEYER, KARIN (2002), Ökonomische Analyse des Energiehandels am Beispiel der European Energy Exchange, Diskussionsbeitrag Nr. 319, FernUniversität Hagen, Lehrstuhl für Betriebswirtschaftslehre, insbes. Bank- und Finanzwirtschaft.

GROSSMAN, SANFORD J./STIGLITZ, JOSEPH E. (1976), Information and Competitive Price Systems, *American Economic Review*, Vol. 66, S. 246-253.

GROSSMAN, SANFORD J./STIGLITZ, JOSEPH E. (1980), On the Impossibility of Informationally Efficient Markets, *American Economic Review*, Vol. 70, S. 393-408.

GROTTKE, MARTIN (2002), *Die t-Verteilung und ihre Verallgemeinerung als Modell für Finanzmarktdaten*, Lohmar/Köln.

GRÜNBICHLER, ANDREAS (1994), Computerbörse versus Präsenzbörse, *Finanzmarkt und Portfolio Management*, 8. Jg., S. 499-507.

GRÜNEWALD, BARBARA (1998), *Absicherungsstrategien für Optionen bei Kurssprüngen*, Wiesbaden.

GRÜNEWALD, BARBARA/TRAUTMANN, SIEGFRIED (1997), Varianzminimierende Hedgingstrategien für Optionen bei möglichen Kurssprüngen, *Zeitschrift für betriebswirtschaftliche Forschung*, 49. Jg., Sonderheft 38, S. 43-87.

GRÜNWALD, LEONHARD (1980), *Optionsmarkt und Kapitalmarkteffizienz*, München.

GRUNDY, BRUCE D. (1991), Option Prices and the Underlying Asset's Return Distribution, *The Journal of Finance*, Vol. 46, S. 1045-1069.

GULKO, LES (1999), The Entropy Theory of Stock Option Pricing, *International Journal of Theoretical & Applied Finance*, Vol. 2, S. 331-355.

GUO, CHEN (1998), Option Pricing with Heterogeneous Expectations, *The Financial Review*, Vol. 33, S. 81-92.

GUO, WEIYU (2001), Maximum Entropy in Option Pricing: A Convex-Spline Smoothing Method, *The Journal of Futures Markets*, Vol. 21, S. 819-832.

HAFFNER, CHRISTIAN/LOISTL, OTTO (1999), Barrier-Optionen – Einsatzmöglichkeiten und Risikomanagement (Teil 1), *Finanz Betrieb*, 1. Jg., S. 433-439.

HAFFNER, CHRISTIAN/LOISTL, OTTO (2000), Barrier-Optionen – Einsatzmöglichkeiten und Risikomanagement (Teil 2), *Finanz Betrieb*, 2. Jg., S. 303-311.

HAFNER, REINHOLD/WALLMEIER, MARTIN (2001), The Dynamics of DAX Implied Volatilities, *Quarterly International Journal of Finance*, Vol. 1, S. 1-27.

HAFNER, ROBERT (2001), *Nichtparametrische Verfahren der Statistik*, Wien/New York (NY).

HAHN, JÖRG (1994), *Optionen auf den Bund-Future-Kontrakt der LIFFE*, Frankfurt am Main.

HAHNENSTEIN, LUTZ (2001), *Hedging mit Termingeschäften und Shareholder Value*, Wiesbaden.

HAHNENSTEIN, LUTZ/WILKENS, SASCHA/RÖDER, KLAUS (2001), Die Black-Scholes-Optionspreisformel. Eine Herleitung mit Hilfe des Prinzips der risikoneutralen Bewertung, *Wirtschaftswissenschaftliches Studium*, 30. Jg., S. 355-361.

HALD, A. (1968), The Mixed Binomial Distribution and the Posterior Distribution of p for a Continuous Prior Distribution, *Journal of the Royal Statistical Society, Series B*, Vol. 30, S. 359-367.

HALL, PETER (1997), *The Bootstrap and Edgeworth Expansions*, New York (NY).

HAMMA, BEIDI SOUMANA (2001), Local and Global Behaviour of Moving Polytope Algorithms, in: MIGDALAS, ATHANASIOS/PARDALOS, PANOS M./VÄRBRAND, PETER (HRSG.), *From Local to Global Optimization*, Dordrecht.

HAMMER, JERRY A. (1989), On Biases Reported in Studies of the Black-Scholes Option Pricing Model, *Journal of Economics and Business*, Vol. 41, S. 153-169.

HANKE, MICHAEL (1998), *Optionsbewertung mit Neuronalen Netzen*, Frankfurt am Main u. a.

HANKE, MICHAEL/PÖTZELBERGER, KLAUS (2000), Optionspreiseffekte von Warrant-Emissionen im Black/Scholes-Modell, *Finanzmarkt und Portfolio Management*, 14. Jg., S. 283-295.

HANSEN, LARS PETER (1982), Large Sample Properties of Generalized Method of Moments Estimators, *Econometrica*, Vol. 50, S. 1029-1054.

HARRISON, J. MICHAEL/KREPS, DAVID M. (1979), Martingales and Arbitrage in Multiperiod Securities Markets, *Journal of Economic Theory*, Vol. 20, S. 381-408.

HARRISON, J. MICHAEL/PLISKA, STANLEY R. (1981), Martingales and Stochastic Integrals in the Theory of Continuous Trading, *Stochastic Processes and Applications*, Vol. 11, S. 215-260.

HARTMANN-WENDELS, THOMAS/PFINGSTEN, ANDREAS/WEBER, MARTIN (2000), *Bankbetriebslehre*, 2. Auflage, Berlin u. a.

HARTUNG, JOACHIM (2002), *Statistik. Lehr- und Handbuch der angewandten Statistik*, 13. Auflage, München/Wien.

HAUG, ESPEN GAARDER (1998), *The Complete Guide to Option Pricing Formulas*, New York (NY).

HAVERKAMP, TOM (1993), *Ein Zweifaktorenmodell der Zinsstruktur. Empirische Analyse und Bewertung zinsderivativer Finanzinstrumente*, Bern.

HAWAWINI, GABRIEL (1984), *European Equity Markets: Price Behaviour and Efficiency*, New York (NY).

HEATH, DAVID C./JARROW, ROBERT A. (1987), Arbitrage, Continuous Trading, and Margin Requirements, *The Journal of Finance*, Vol. 42, S. 1129-1142.

HEATH, DAVID C./JARROW, ROBERT A./MORTON, ANDREW (1992), Bond Pricing and the Term Structure of Interest Rates: A New Methology for Contingent Claims Valuation, *Econometrica*, Vol. 60, S. 77-105.

HECKER, RENATE (1993), *Informationsgehalt von Optionspreisen. Eine empirische Untersuchung der Preisbildung am Markt für Kaufoptionen im Vorfeld abnormaler Kursbewegungen am Aktienmarkt*, Heidelberg.

HEHN, ELISABETH (1994), *Zeitreihenanalyse von Optionsscheinpreisen zur Beurteilung von Kurschancen und -risiken*, Frankfurt am Main.

HEIDORN, THOMAS (2002), *Finanzmathematik in der Bankpraxis. Vom Zins zur Option*, 4. Auflage, Wiesbaden.

HEINKE, VOLKER G. (1998), *Bonitätsrisiko und Credit Rating festverzinslicher Wertpapiere. Eine empirische Untersuchung am Euromarkt*, Bad Soden (Ts.).

HEITMANN, FRANK (1997), *Arbitragefreie Bewertung von Zinsderivaten*, Wiesbaden.

HELLWIG, MARTIN (1982), Zur Informationseffizienz des Kapitalmarktes, *Zeitschrift für Wirtschafts- und Sozialwissenschaften*, 102. Jg., S. 1-27.

HERRMANN, RALF (1999), *Nichtparametrische Optionsbewertung. Theoretische Ansätze und empirische Ergebnisse für DAX-Optionen*, Frankfurt am Main.

HERRMANN, RALF/NARR, ALEXANDER (1997), Neural Networks and the Evaluation of Derivatives. Some Insights into the Implied Pricing Mechanism of German Stock Index Options, in: O. V.: *Proceedings 10th Annual European Futures Research Symposium London, September 1997*, London, S. 1-45.

HESTON, STEVEN L. (1993), A Closed Form Solution for Options with Stochastic Volatility with Application to Bond and Currency Options, *The Review of Financial Studies*, Vol. 6, S. 327-344.

HESTON, STEVEN L./NANDI, SAIKAT (2000), A Closed-Form GARCH Option Valuation Model, *The Review of Financial Studies*, Vol. 13, S. 585-625.

HO, THOMAS S. Y. (1995), Evolution of Interest Rate Models: A Comparison, *The Journal of Derivatives*, Vol. 2, Summer, S. 9-20.

HO, THOMAS S. Y./LEE, SANG-BIN (1986), Term Structure Movements and Pricing of Interest Rate Contingent Claims, *The Journal of Finance*, Vol. 41, S. 1011-1029.

HODGES, STEWART D./SELBY, MICHAEL J. P./CLEWLOW, LES J./STRICKLAND, CHRIS R./XU, XINGZHONG G. (1992), Recent Developments in Derivative Securities: 20 Years on from Black and Scholes, *Financial Markets, Institutions & Instruments*, Vol. 1, Nr. 5, S. 41-61.

HÖHLING, JÖRG/SCHIERECK, DIRK (1995), Die Bewertung von Optionsscheinen und Optionen – eine empirische Analyse anhand von Arbitragestrategien, *Zeitschrift für Bankrecht und Bankwirtschaft*, 7. Jg., S. 170-184.

HOMMEL, ULRICH/SCHOLICH, MARTIN/VOLLRATH, ROBERT (HRSG.) (2001), *Realoptionen in der Unternehmenspraxis. Wert schaffen durch Flexibilität*, Berlin u. a.

HORST, REINER/PARDALOS, PANOS M./THOAI, NGUYEN V. (2000), *Introduction to Global Optimization*, 2. Auflage, Dordrecht.

HUISMAN, RONALD/KOEDIJK, KEES G./POWNALL, RACHEL A. J. (1998), VaR-x: Fat Tails in Financial Risk Management, *The Journal of Risk*, Vol. 1, S. 47-61.

HULL, JOHN C. (2003), *Options, Futures, and other Derivatives*, 5. Auflage, Upper Saddle River (NJ).

HULL, JOHN C./WHITE, ALAN (1987), The Pricing of Options on Assets with Stochastic Volatilities, *The Journal of Finance*, Vol. 42, S. 281-300.

HULL, JOHN C./WHITE, ALAN (1988), An Analysis of the Bias in Option Pricing Caused by a Stochastic Volatility, *Advances in Futures and Options Research*, Vol. 3, S. 27-61.

HULL, JOHN C./WHITE, ALAN (1990), Pricing Interest-Rate-Derivative Securities, *The Review of Financial Studies*, Vol. 3, S. 537-592.

HULL, JOHN C./WHITE, ALAN (1998), Value at Risk When Daily Changes in Market Variables are not Normally Distributed, *The Journal of Derivatives*, Vol. 5, Spring, S. 9-19.

HUTCHINSON, JAMES M./LO, ANDREW W./POGGIO, TOMASO (1994), A Nonparametric Approach to Pricing and Hedging Derivative Securities via Learning Networks, *The Journal of Finance*, Vol. 49, S. 851-889.

INGERSOLL, JONATHAN E. JR. (1987), *Theory of Financial Decision Making*, Savage (MY).

IOVINO, MARIA GABRIELLA (1997), Futures Options with Futures-style Marginig in the Gaussian Models Setting, *Rivista di matematica per le scienze economiche e sociale*, Vol. 20, No. 1, S. 3-21.

IRLE, ALBRECHT (1998), *Die Bewertung von Derivaten*, Stuttgart.

JACKWERTH, JENS CARSTEN (1997), Generalized Binomial Trees, *The Journal of Derivatives*, Vol. 5, Winter, S. 7-17.

JACKWERTH, JENS CARSTEN (1999), Option-Implied Risk-Neutral Distributions and Implied Binomial Trees: A Literature Review, *The Journal of Derivatives*, Vol. 7, Winter, S. 66-82.

JACKWERTH, JENS CARSTEN (2000), Recovering Risk Aversion from Option Prices and Realized Returns, *The Review of Financial Studies*, Vol. 13, S. 433-451.

JACKWERTH, JENS CARSTEN/RUBINSTEIN, MARK (1996), Recovering Probability Distributions from Option Prices, *The Journal of Finance*, Vol. 51, S. 1611-1631.

JARROW, ROBERT A. (1998), Hrsg., *Volatility. New Estimation Techniques for Pricing Derivatives*, London.

JARROW, ROBERT A./OLDFIELD, GEORGE S. (1981), Forward Contracts and Futures Contracts, *Journal of Financial Economics*, Vol. 9, S. 373-382.

JARROW, ROBERT A./RUDD, ANDREW (1982), Approximate Option Valuation for Arbitrary Stochastic Processes, *Journal of Financial Economics*, Vol. 10, S. 347-369.

JARROW, ROBERT A./RUDD, ANDREW (1983a), Test of an Approximate Option-Valuation Formula, in: BRENNER, MENACHEM (HRSG.), *Option Pricing. Theory and Applications*, Lexington, S. 81-100.

JARROW, ROBERT A./RUDD, ANDREW (1983b), *Option Pricing*, New York (NY).

JENSEN, BJARNE ASTRUP/NIELSEN, JOREN AASE (1996), Pricing by No Arbitrage, in: COX, DAVID R./HINKLEY, DAVID V./BARNDORFF-NIELSEN, OLE E. (HRSG.), *Time Series Models in Econometrics, Finance and other Fields*, London, S. 177-225.

JENSEN, MICHAEL C. (1978), Some Anomalous Evidence Regarding Market Efficiency, *Journal of Financial Economics*, Vol. 6, S. 95-101.

JENTZSCH, BETTINA (1985), *Optionspreise in der Bundesrepublik Deutschland. Empirische Überprüfung eines theoretischen Bewertungsansatzes*, Frankfurt am Main.

JOHNSON, HERBERT E. (1979), Option Pricing when the Variance is Changing, Working Paper No. 11-79, University of California, Los Angeles (CA), Graduate School of Management.

JOHNSON, HERBERT E. (1983), An Analytic Approximation for the American Put Price, *Journal of Financial and Quantitative Analysis*, Vol. 18, S. 141-148.

JOHNSON, HERBERT E./SHANNO, DAVID (1987), Option Pricing when the Variance is Changing, *Journal of Financial and Quantitative Analysis*, Vol. 22, S. 143-151.

JOHNSON, NORMAN/KOTZ, SAMUEL/BALAKRISHNAN, N. (1995a), *Continuous Univariate Distributions, Vol. 1*, 2. Auflage, New York (NY) u. a.

JOHNSON, NORMAN/KOTZ, SAMUEL/BALAKRISHNAN, N. (1995b), *Continuous Univariate Distributions, Vol. 2*, 2. Auflage, New York (NY) u. a.

JONDEAU, ERIC/ROCKINGER, MICHAEL (2000), Reading the Smile: The Message Conveyed by Methods which Infer Risk Neutral Density, *Journal of International Money and Finance*, Vol. 19, S. 885-915.

JONDEAU, ERIC/ROCKINGER, MICHAEL (2001), Gram-Charlier Densities, *Journal of Economic Dynamics and Control*, Vol. 25, S. 1457-1483.

JORION, PHILIPPE (1995), Predicting Volatility in the Foreign Exchange Market, *The Journal of Finance*, Vol. 50, S. 507-528.

JORION, PHILIPPE (1996), Risk^2: Measuring the Risk in Value-at-Risk, *Financial Analysts Journal*, Vol. 52, November/December, S. 47-56.

JORION, PHILIPPE (2001), *Value at Risk: The New Benchmark for Controlling Derivatives Risk*, 2. Auflage, New York (NY).

KAEHLER, JÜRGEN/MARNET, VOLKER (1994), Markov-Switching Models for Exchange Rate Dynamics and the Pricing of Foreign-Currency Options, in: KAEHLER, JÜRGEN/KUGLER, PETER (HRSG.), *Econometric Analysis of Financial Markets*, Heidelberg, S. 203-230.

KAISER, ULRICH (1997), The Determinants of BUND-Future Price Changes: An Ordered Probit Analysis Using DTB and LIFFE Data, Discussion Paper No. 97-09, Zentrum für Europäische Wirtschaftsforschung, Mannheim.

KAMPOVSKY, ANNE-KERSTIN (2000), *Handelsstrategien von Nichtpreisnehmern – Theorie und empirische Untersuchung*, Aachen.

KARATZAS, IOANNIS/SHREVE, STEVEN E. (1998), *Methods of Mathematical Finance*, New York (NY) u. a.

KARIAN, ZAVEN A./DUDEWICZ, EDWARD J. (2000), *Fitting Statistical Distributions: The Generalized Lambda Distribution and Generalized Bootstrap Methods*, Boca Raton (FL).

KASSOUF, SHEEN T. (1969), An Econometric Model for Option Price with Implications for Investors' Expectations and Audacity, *Econometrica*, Vol. 37, S. 685-694.

KEBER, CHRISTIAN (1999), Genetisch ermittelte Approximationen zur Bestimmung der impliziten Volatilität, *OR Spektrum*, Vol. 21, S. 205-238.

KEBER, CHRISTIAN (2001), Die Genetische Programmierung als Instrument zur theorie- und empiriegeleiteten Bewertung von derivativen Finanzierungstiteln, in: WAGNER, UDO (HRSG.), *Zum Erkenntnisstand der Betriebswirtschaftslehre am Beginn des 21. Jahrhunderts, Festschrift für Univ.-Prof. Dr. Dr. h.c. Erich Loitlsberger zum 80. Geburtstag*, Berlin, S. 113-133.

KEBER, CHRISTIAN/SCHUSTER, MATTHIAS G. (2002), Option Valuation with Generalized Ant Programming, in: LANGDON, WILLIAM B./CANTU-PAZ, ERICK/MATHIAS, KEITH ET AL. (HRSG.): *Proceedings of the Genetic and Evolutionary Computation Conference, GECCO 2002, New York, 9-13 July 2002*, New York (NY), S. 74-81.

KEESE, TILMAN ARNDT (2001), *Dynamisches Optionshedging mit impliziten Trinomialbäumen – eine Untersuchung am Beispiel des Derman-Kani-Chriss Modells*, Diss., St. Gallen.

KELLER, ULRICH (1997), *Realistic Modelling of Financial Derivatives*, Diss., Freiburg i. Br.

KEMPF, ALEXANDER/KORN, OLAF (1999), Preisprognosen mit Handelsvolumen, *Finanzmarkt und Portfolio Management*, 13. Jg., S. 178-193.

KESTING, HELMUT/SCHULTE-MATTLER, HERMANN (1992a), Herleitung der Black-Scholes-Formel aus dem binomialen Optionspreismodell, *Wirtschaftswissenschaftliches Studium*, 21. Jg., S. 167-172.

KESTING, HELMUT/SCHULTE-MATTLER, HERMANN (1992b), Das binomiale Optionspreismodell, *Wirtschaftswissenschaftliches Studium*, 21. Jg., S. 211-215.

KIRCHNER, TOBIAS/SCHLAG, CHRISTIAN (1998), An Explorative Investigation of Intraday Trading on the German Stock Market, *Finanzmarkt und Portfolio Management*, 12. Jg., S. 13-31.

KISHIMOTO, NAOKI (1989), Pricing of Contingent Claims under Interest Rate and Asset Price Risk, *The Journal of Finance*, Vol. 44, S. 571-589.

KLÄHN, JUDITH (2000), *The Predictability of German Stock Returns*, Wiesbaden.

KNIGHT, JOHN L./SATCHELL, STEPHEN E./WANG, GUOQIANG (2001), The Probability Functions of Option Prices, Risk-Neutral Pricing and Value-at-Risk, in: KNIGHT, JOHN L./SATCHELL, STEPHEN E. (HRSG.), *Return Distributions in Finance*, Oxford, S. 229-251.

KÖPF, GEORG (1987), *Ansätze zur Bewertung von Aktienoptionen. Eine kritische Analyse*, München.

KÖPKE, TORSTEN (1995), *Die Optionsbewertung an der Deutschen Terminbörse. Eine empirische Analyse*, Heidelberg.

KOHLER, HANS-PETER (1992), *Grundlagen der Bewertung von Optionen und Optionsscheinen. Darstellung und Anwendung der Modelle von Boness, Black-Scholes, Galai-Schneller und Schulz-Trautmann-Fischer*, Wiesbaden.

KON, STANLEY J. (1984), Models of Stock Returns – a Comparison, *The Journal of Finance*, Vol. 39, S. 147-165.

KORN, RALF/KORN, ELKE (2001), *Optionsbewertung und Portfolio-Optimierung*, 2. Auflage, Wiesbaden.

KOROLEV, KONSTANTIN/LEIFERT, KAI D./ROMMELFANGER, HEINRICH (1999a), Optionspreistheorie bei vagen Daten, Arbeitspapier Nr. 42 (Series: Finance and Accounting), Universität Frankfurt am Main.

KOROLEV, KONSTANTIN/LEIFERT, KAI D./ROMMELFANGER, HEINRICH (1999b), Arbitragetheorie bei vagen Erwartungen der Marktteilnehmer, Arbeitspapier Nr. 44 (Series: Finance and Accounting), Universität Frankfurt am Main.

KOU, STEVEN G. (2002), A Jump Diffusion Model for Option Pricing, *Management Science*, Vol. 48, S. 1086-1101.

KOZA, JOHN R. (1992), *Genetic Programming. On the Programming of Computers by Means of Natural Selection*, Cambridge (MA).

KRÄMER, WALTER (2000), *So lügt man mit Statistik*, München.

KRÄMER, WALTER (2002), Statistische Besonderheiten von Finanzmarktdaten, in: WAGNER, ADOLF ET AL. (HRSG.), *Jahrbücher für Nationalökonomie und Statistik, Bd. 222/2*, Stuttgart, S. 210-229.

KRÄMER, WALTER/SIBBERTSEN, PHILIPP/KLEIBER, CHRISTIAN (2002), Long Memory vs. Structural Change in Financial Time Series, *Allgemeines Statistisches Archiv*, 86. Jg., S. 83-96.

KRAUS, THOMAS (1998), *Preisbildung und Informationsverarbeitung am Optionsmarkt. Untersuchungen zur Schweizerischen Options- und Futuresbörse (SOFFEX)*, Diss., St. Gallen.

KRESS, SABINA (1996), *Effizienzorientierte Kapitalmarktregulierung*, Wiesbaden.

KRUSCHWITZ, LUTZ/SCHÖBEL, RAINER (1984a), Eine Einführung in die Optionspreistheorie (I), (II), (III), *Das Wirtschaftsstudium*, 13. Jg., S. 68-72, S. 116-121 und S. 171-176.

KRUSCHWITZ, LUTZ/SCHÖBEL, RAINER (1984b), Die Bewertung europäischer und amerikanischer Puts, *Das Wirtschaftsstudium*, 13. Jg., S. 378-386.

KÜCHLER, UWE/NEUMANN, KIRSTEN/SORENSEN, MICHEL/STRELLER, ARNFRIED (1999), Stock Returns and Hyperbolic Distributions, *Mathematical and Computer Modelling*, Vol. 29, S. 1-15.

KUO, CHENG-KUN (1991), The Valuation of Future-Style Options, *Review of Futures Markets*, Vol. 10, S. 481-487.

KUPIEC, PAUL H. (1995), Techniques for Verifying the Accuracy of Risk Measurement Models, *The Journal of Derivatives*, Vol. 3, Winter, S. 73-85.

KUTNER, GEORGE W./PORTER, DAVID C./THATCHER, JOHN G. (2001), The Proposed Introduction of Futures-style Margining in the United States: An Australian Comparison, *The Journal of Financial Research*, Vol. 24, S. 239-259.

KWOK, YUE-KUEN (1998), *Mathematical Models of Financial Derivatives*, 2. Auflage, Singapur.

LAMBERTON, DAMIEN/LAPEYRE, BERNARD (1997), *Introduction to Stochastic Calculus Applied to Finance*, 2. Auflage, London.

LAMOUREUX, CHRISTOPHER G./LASTRAPES, WILLIAM D. (1993), Forecasting Stock Return Variances: Towards an Understanding of Stochastic Implicit Volatilities, *The Review of Financial Studies*, Vol. 6, S. 293-326.

LATANÉ, HENRY A./RENDLEMAN, RICHARD J. (1976), Standard Deviations of Stock Price Ratios Implied in Option Prices, *The Journal of Finance*, Vol. 31, S. 369-381.

LATHAM, MARK (1986), Informational Efficiency and Information Subsets, *The Journal of Finance*, Vol. 41, S. 39-52.

LEAHY, MICHAEL P./THOMAS, CHARLES P. (1996), The Sovereignty Option: The Quebec Referendum and Market Views on the Canadian Dollar, International Finance Discussion Papers, No. 555, Board of Governors of the Federal Reserve System, Version: Juni 1996.

LEHAR, ALFRED/SCHEICHER, MARTIN/SCHITTENKOPF, CHRISTIAN (2002), GARCH vs. Stochastic Volatility: Option Pricing and Risk Management, *Journal of Banking & Finance*, Vol. 26, S. 323-345.

LELAND, HAYNE E. (1985), Option Pricing and Replication with Transaction Costs, *The Journal of Finance*, Vol. 40, S. 1283-1301.

LEMSTER, RALF (1992), DTB und LIFFE: Kampf der Systeme, *DTB-Dialog*, o. Jg., Heft 2, S. 26-28.

LEONARD, DAVID C./SOLT, MICHAEL E. (1990), On Using the Black-Scholes Model to Value Warrants, *The Journal of Financial Research*, Vol. 13, S. 81-92.

LEROY, STEPHEN F. (1976), Efficient Capital Markets, Comment, *The Journal of Finance*, Vol. 31, S. 139-141.

LEROY, STEPHEN F. (1989), Efficient Capital Markets and Martingales, *Journal of Economic Literature*, Vol. 27, S. 1583-1621.

LESNY, THOMAS (1996), *Futures-Optionen. Praxisbezogene Implementierung ausgewählter Strategien mit Futures-Optionen*, Rosenheim.

LEVIN, FRANK/SCHULTE-MATTLER, HERMANN (1994), Zur Effizienz des Zins-Futuremarktes in der Bundesrepublik Deutschland, *Finanzmarkt und Portfolio Management*, 8. Jg., S. 63-76.

LEWIS, ALAN L. (2000), *Option Valuation under Stochastic Volatility. With Mathematica Code*, Newport Beach (CA).

LI, FENG (2000), Option Pricing: How Flexible Should the SPD Be?, *The Journal of Derivatives*, Vol. 7, Summer, S. 49-63.

LIESENFELD, ROMAN (1998), *Preise und Handelsvolumina auf Finanzmärkten. Eine empirische Überprüfung der Mischverteilungshypothese*, Wiesbaden.

LIEU, DERMING (1990), Option Pricing with Futures-Style Margining, *The Journal of Futures Markets*, Vol. 10, S. 327-338.

LIFFE (2001), Hrsg., *LIFFE. Summary of Futures and Options Contracts*, London.

LIM, GUAY C./MARTIN, GAEL M./MARTIN, VANCE L. (2002), Parametric Pricing of Higher Order Moments in S&P 500 Options, Working Paper No. 1/2002, Monash University, Department of Econometrics and Business Statistics, Victoria, Version: Februar 2002.

LION, JOACHIM (1989), Hrsg., *Marktrationalität und Markteffizienz. Untersuchungen zum deutschen Aktienoptionsmarkt unter Berücksichtigung der Standardisierung vom 01.04.1983*, Frankfurt am Main.

LO, ANDREW W. (1987), Semi-Parametric Upper Bounds of Option Prices and Expected Payoffs, *Journal of Financial Economics*, Vol. 19, S. 373-387.

LO, ANDREW W./WANG, JIANG (1995), Implementing Option Pricing Models When Asset Returns are Predictable, *The Journal of Finance*, Vol. 50, S. 87-129.

LOCATELLI, MARCO (2002), Simulated Annealing Algorithms for Continuous Global Optimization, in: PARDALOS, PANOS M./ROMEIJN, H. EDWIN (HRSG.), *Handbook of Global Optimization, Vol. 2*, Dordrecht, S. 179-229.

LOISTL, OTTO (1990), Zur neueren Entwicklung der Finanzierungstheorie, *Die Betriebswirtschaft*, 50. Jg., S. 47-84.

LOISTL, OTTO (1994), *Kapitalmarkttheorie*, 3. Auflage, München/Wien.

LONGSTAFF, FRANCIS A. (1995), Option Pricing and the Martingale Restriction, *The Review of Financial Studies*, Vol. 8, S. 1091-1124.

LONGSTAFF, FRANCIS A./SCHWARTZ, EDUARDO S. (1992), Interest Rate Volatility and the Term Structure: A Two-Factor General Equilibrium Model, *The Journal of Finance*, Vol. 47, S. 1259-1282.

LUCAS, ROBERT E. (1978), Asset Prices in an Exchange Economy, *Econometrica*, Vol. 46, S. 1429-1446.

LUDWIG, WOLFGANG (1978), *Der Börsenterminhandel in der Bundesrepublik Deutschland. Eine statistische Analyse*, Wiesbaden.

LÜDECKE, TORSTEN (1996), *Struktur und Qualität von Finanzmärkten – Eine theoretische und empirische Analyse*, Wiesbaden.

LÜTKEPOHL, HELMUT (1997), Statistische Modellierung von Volatilitäten, *Allgemeines Statistisches Archiv*, 81. Jg., S. 62-64.

MACBETH, JAMES D./MERVILLE, LARRY J. (1979), An Empirical Examination of the Black-Scholes Call Option Pricing Model, *The Journal of Finance*, Vol. 34, S. 1173-1186.

MACBETH, JAMES D./MERVILLE, LARRY J. (1980), Tests of the Black-Scholes and Cox Call Option Valuation Models, *The Journal of Finance*, Vol. 35, S. 285-303.

MACMILLAN, LIONEL J. (1986), Analytic Approximation for the American Put Option, in: FABOZZI, FRANK J. (HRSG.), *Advances in Futures and Options Research, Vol. 3, Part A*, Greenwich (CT) u. a., S. 119-139.

MADAN, DILIP B./CARR, PETER P./CHANG, ERIC C. (1998), The Variance Gamma Process and Option Pricing, *European Finance Review*, Vol. 2, S. 79-105.

MADAN, DILIP B./MILNE, FRANK (1994), Contingent Claims Valued and Hedged by Pricing and Investing in a Basis, *Mathematical Finance*, Vol. 4, S. 223-245.

MADAN, DILIP B./SENATA, EUGENE (1990), The Variance Gamma (V. G.) Model from Share Market Returns, *The Journal of Business*, Vol. 63, S. 511-524.

MADJLESSI, FORUHAR (1996), *Gauß-Zinsmodelle und Bewertung an der Deutschen Terminbörse*, Frankfurt am Main.

MALLIARIS, MARY/SALCHENBERGER, LINDA (1993), A Neural Network Model for Estimating Option Prices, *Journal of Applied Intelligence*, Vol. 3, S. 193-206.

MALLIARIS, MARY/SALCHENBERGER, LINDA (1996), Using Neural Networks to Forecast the S&P 100 Implied Volatility, *Neurocomputing*, Vol. 10, S. 183-195.

MALZ, ALLAN MARTIN (1997), Estimating the Probability Distribution of the Future Exchange Rate from Option Prices, *The Journal of Derivatives*, Vol. 5, Winter, S. 18-36.

MANASTER, STEVEN/KOEHLER, GARY (1982), The Calculation of Implied Variances from the Black-Scholes Model: A Note, *The Journal of Finance*, Vol. 37, S. 227-230.

MANASTER, STEVEN/RENDLEMAN, RICHARD J. JR. (1982), Option Prices as Predictors of Equilibrium Stock Prices, *The Journal of Finance*, Vol. 37, S. 1043-1057.

MANDELBROT, BENOIT B. (1963), The Variation of Certain Speculative Prices, *The Journal of Business*, Vol. 36, S. 394-419.

MANDELBROT, BENOIT B. (1966), Forecast of Futures Prices, Unbiased Markets, and „Martingale" Models, *The Journal of Business*, Vol. 39, S. 242-255.

MANDELBROT, BENOIT B. (1997), *Fractals and Scaling in Finance. Discontinuity, Concentration, Risk. Selected Works of Benoit B. Mandelbrot*, New York (NY).

MARTIN, DERYL W./FRENCH, DAN W. (1987), The Characteristics of Interest Rates and Stock Variances Implied in Option Prices, *Journal of Economics and Business*, Vol. 39, S. 279-288.

MAY, AXEL (1991), Zum Stand der empirischen Forschung über Informationsverarbeitung am Aktienmarkt – ein Überblick, *Zeitschrift für betriebswirtschaftliche Forschung*, 43. Jg., S. 313-335.

MAYHEW, STEWART (1995), Implied Volatility, *Financial Analysts Journal*, Vol. 51, July/August, S. 8-20.

MCCAULEY, ROBERT/MELICK, WILL (1996), Propensity and Density, *Risk*, Vol. 9, December, S. 52-54.

MCDONALD, JAMES B. (1996), Probability Distributions for Financial Models, in: MADDALA, GANGADHARRAO S./RAO, CALYAMPUDI R. (HRSG.): *Handbook of Statistics, Vol. 14, Statistical Methods in Finance*, Amsterdam, S. 427-461.

MCDONALD, JAMES B./BOOKSTABER, RICHARD M. (1996), Option Pricing for Generalized Distributions, *Communications in Statistics, Part A – Theory and Methods*, Vol. 20, S. 4053-4068.

MCDONALD, ROBERT/SIEGEL, DAN (1986), The Value of Waiting to Invest, *Quarterly Journal of Economics*, Vol. 101, S. 707-728.

MCLACHLAN, GEOFFREY/PEEL, DAVID (2000), *Finite Mixture Models*, New York (NY).

MCNEIL, ALEXANDER/FREY, RÜDIGER (2000), Estimation of Tail-Related Risk Measures for Heteroscedastic Financial Time Series: An Extreme Value Approach, *Journal of Empirical Finance*, Vol. 7, S. 271-300.

MELICK, WILLIAM R./THOMAS, CHARLES P. (1997), Recovering an Asset's Implied Probability Density Function from Option Prices: An Application to Crude Oil During the Gulf Crisis, *Journal of Financial and Quantitative Analysis*, Vol. 32, S. 91-115.

MELINO, ANGELO/TURNBULL, STUART M. (1990), Pricing Foreign Currency Options with Stochastic Volatility, *Journal of Econometrics*, Vol. 45, S. 239-265.

MERTON, ROBERT C. (1973a), Theory of Rational Option Pricing, *The Bell Journal of Economics and Management Science*, Vol. 4, S. 141-183.

MERTON, ROBERT C. (1973b), The Relationship between Put and Call Option Prices: Comment, *The Journal of Finance*, Vol. 28, S. 183-184.

MERTON, ROBERT C. (1975), Theory of Finance from the Perspective of Continuous Time, *Journal of Financial and Quantitative Analysis*, Vol. 10, S. 659-674.

MERTON, ROBERT C. (1976a), Option Pricing When Underlying Stock Returns are Discontinuous, *Journal of Financial Economics*, Vol. 3, S. 125-144.

MERTON, ROBERT C. (1976b), The Impact on Option Pricing of Specification Error in the Underlying Stock Price Returns, *The Journal of Finance*, Vol. 31, S. 333-350.

MERTON, ROBERT C. (1987), A Simple Model of Capital Equilibrium with Incomplete Information, *The Journal of Finance*, Vol. 42, S. 483-510.

MERTON, ROBERT C. (1990), *Continuous-Time Finance*, Cambridge (MA).

MEYER, FRIEDER (1994), *Hedging mit Zins- und Aktienindex-Futures*, Köln.

MILLER, MERTON H. (1997), *Merton Miller on Derivatives*, New York (NY).

MITTNIK, STEFAN/RACHEV, SVETLOZAR T. (1993), Modeling Asset Returns with Alternative Stable Distributions, *Econometric Review*, Vol. 12, S. 261-330.

MITTNIK, STEFAN/RIEKEN, SASCHA (2000a), Put-Call Parity and the Informational Efficiency of the German DAX-Index Options Market, *International Review of Financial Analysis*, Vol. 9, S. 259-279.

MITTNIK, STEFAN/RIEKEN, SASCHA (2000b), Lower-Boundary Violations and Market-Efficiency: Evidence from the German DAX-Index Options Market, *The Journal of Futures Markets*, Vol. 20, S. 405-424.

MIZRACH, BRUCE (1996), Did Option Prices Predict the ERM Crisis?, Working Paper No. 96-10, Rutgers University, Department of Economics, New Brunswick (NJ).

MÖLLER, HANS P. (1985), Die Informationseffizienz des deutschen Aktienmarktes – eine Zusammenfassung und Analyse empirischer Untersuchungen, *Zeitschrift für betriebswirtschaftliche Forschung*, 37. Jg., S. 500-518.

MOORE, WILLIAM T. (2001), *Real Options and Option-Embedded Securities*, New York (NY).

MURPHY, JOHN J. (1999), *Technical Analysis of the Financial Markets. A Comprehensive Guide to Trading Methods and Applications*, New York (NY).

MUSIELA, MAREK/RUTKOWSKI, MAREK (1998), *Martingale Methods in Financial Modelling. Theory and Applications*, 2. Auflage, New York (NY) u. a.

NAGEL, HARTMUT (2001), *Optionsbewertung bei stochastischer Volatilität*, Wiesbaden.

NAGEL, HARTMUT/SCHÖBEL, RAINER (1998), Can Trading Volume Explain Option Prices? Tübinger Diskussionsbeitrag Nr. 128, Universität Tübingen.

NAGURNEY, ANNA (2002), Optimization in the Financial Services Industry, in: PARDALOS, PANOS M./RESENDE, MAURICIO G. C. (HRSG.), *Handbook of Applied Optimization*, Oxford, S. 901-917.

NAIK, VASANTTILAK (1993), Option Valuation and Hedging Strategies with Jumps in the Volatility of Asset Returns, *The Journal of Finance*, Vol. 48, S. 1969-1984.

NANDI, SAIKAT (1998), How Important is the Correlation between Returns and Volatility in a Stochastic Volatility Model? Empirical Evidence from Pricing and Hedging in the S&P 500 Index Options Market, *Journal of Banking & Finance*, Vol. 22, S. 589-610.

NATENBERG, SHELDON (1994), *Option Volatility Strategies*, 2. Auflage, Chicago (IL).

NAVATTE, PATRICK/VILLA, CHRISTOPHE (2000), The Information Content of Implied Volatility, Skewness and Kurtosis: The Empirical Evidence from Long Term CAC 40 Options, *European Financial Management*, Vol. 6, S. 41-56.

NEFTCI, SALIH N. (2000), *An Introduction to the Mathematics of Financial Derivatives*, 2. Auflage, San Diego (CA).

NEUHAUS, HOLGER (1995), The Information Content of Derivatives for Monetary Policy, Discussion Paper No. 3/95, Economic Research Group, Deutsche Bundesbank, Frankfurt am Main.

NEUMANN, MANFRED J. M./KLEIN, MARTIN (1982), Probleme der Theorie effizienter Märkte und ihre empirische Überprüfung, *Kredit und Kapital*, 15. Jg., S. 165-186.

NEUMANN, MARCO (1997), Option Pricing under the Mixture of Distributions Hypothesis, Diskussionspapier Nr. 208, Universität Karlsruhe (TH), Institut für Entscheidungstheorie und Unternehmensforschung.

NEUMANN, MARCO (1999), *Optionsbewertung und Risikomessung mit impliziten Binomialbäumen*, Wiesbaden.

NEUMANN, MARCO/SCHLAG, CHRISTIAN (1997), Martingale Restrictions and Implied Distributions for German Stock Index Option Prices, in: HIPP, CHRISTIAN/EICHHORN, WOLFGANG/HEILMANN, WOLF-RÜDIGER (HRSG.), *Geld, Finanzwirtschaft, Banken und Versicherungen. Beiträge zum 7. Symposium Geld, Finanzwirtschaft, Banken und Versicherungen an der Universität Karlsruhe vom 11.-13. Dezember 1996*, Karlsruhe, S. 493-528.

NEWEY, WHITNEY K./WEST, KENNETH D. (1987), A Simple, Positive Semi-Definite, Heteroscedasticity and Autocorrelation Consistent Covariance Matrix, *Econometrica*, Vol. 55, S. 703-708.

NIELSEN, LARS TYGE (1999), *Pricing and Hedging of Derivative Securities*, Oxford.

NIERMANN, WOLF (1999), *Zinsfutures und Zinsoptionen. Eine differenzierte Analyse erfolgreicher Anlagestrategien, mathematischer Bewertungsmodelle und informationstheoretischer Aspekte*, Lohmar/Köln.

NIEUWENHUIS, CONSTANTYN/SCHLOTTAU, FRANK (1995), Mal ganz anders...? Neue Ideen zur Erhöhung der Liquidität bei BUND- und BOBL-Optionen, *DTB Reporter*, März, S. 2-3.

OEHLER, ANDREAS (1992), Anomalien, „Irrationalitäten" oder „Biases" der Erwartungsnutzentheorie und ihre Relevanz für Kapitalmärkte, *Zeitschrift für Bankrecht und Bankwirtschaft*, 4. Jg., S. 97-124.

OFFICER, ROBERT R. (1972), The Distribution of Stock Returns, *Journal of the American Statistical Association*, Vol. 67, S. 807-812.

OSBORNE, M. F. M. (1959), Brownian Motion in the Stock Market, *Operations Research*, Vol. 7, S. 145-173.

OSBORNE, M. F. M. (1962), Periodic Structure in the Brownian Motion of Stock Prices, *Operations Research*, Vol. 10, S. 345-379.

PALM, FRANZ C. (1996), GARCH Models of Volatility, in: MADDALA, GANGADHARRAO S./RAO, CALYAMPUDI R. (HRSG.), *Handbook of Statistics, Vol. 14, Statistical Methods in Finance*, Amsterdam, S. 209-240.

PAN, JUN (2002), The Jump Risk Premia Implicit in Options: Evidence from Integrated Time-Series Study, *Journal of Financial Economics*, Vol. 63, S. 3-43.

PATELL, JAMES M./WOLFSON, MARK A. (1979), Anticipated Information Releases Reflected in Call Option Prices, *Journal of Accounting and Economics*, Vol. 1, S. 117-140.

PAUL, WOLFGANG/BASCHNAGEL, JÖRG (2000), *Stochastic Processes – From Physics to Finance*, Berlin u. a.

PERRIDON, LOUIS/STEINER, MANFRED (2002), *Finanzwirtschaft der Unternehmung*, 11. Auflage, München.

PETERS, EDGAR E. (1991), *Chaos and Order in the Capital Markets. A New View of Cycles, Prices, and Market Volatility*, New York (NY).

PFENNIG, MICHAEL (1998), *Optimale Steuerung des Währungsrisikos mit derivativen Instrumenten*, Wiesbaden.

PFLÜGER, MICHAEL/ULRICH, JENS (1997), Amerikanische Optionen und Dividenden im Binomialmodell, *Wirtschaftswissenschaftliches Studium*, 26. Jg., S. 62-69.

PINDYCK, ROBERT S./RUBINFELD, DANIEL L. (2001), *Econometric Models and Economic Forecasts*, 4. Auflage, New York (NY).

PIRKNER, CHRISTIAN (1999), *Option Pricing. Modeling and Extracting State-Price Densities. A New Methodology*, Diss., St. Gallen.

PLATE, MIKE (1999), *CAPM-basierte Optionsbewertung. Der Erklärungsgehalt der Risikoprämie für die Preise der DAX-Calls an der Eurex*, Diss., Dresden.

PLISKA, STANLEY R. (1998), *Introduction to Mathematical Finance – Discrete Time Models*, Malden (MA)/Oxford.

PLÖTZ, GEORG (1991), *Optionsmarkt-Ansätze: Bewertungsprobleme börsennotierter Optionen*, Wiesbaden.

PODDIG, THORSTEN (1998), *Handbuch Kursprognose. Quantitative Methoden im Asset Management*, Bad Soden (Ts.).

PODDIG, THORSTEN/DICHTL, HUBERT/PETERSMEIER, KERSTIN (2001), *Statistik, Ökonometrie, Optimierung. Methoden und ihre praktischen Anwendungen in Finanzanalyse und Portfoliomanagement*, 2. Auflage, Bad Soden (Ts.).

POSNER, STEVEN E./MILEVSKY, MOSHE ARYE (1998), Valuing Exotic Options by Approximating the SPD with Higher Moments, *Journal of Financial Engineering*, Vol. 7, S. 109-125.

POTTERS, MARC/CONT, RAMA/BOUCHAUD, JEAN-PHILIPPE (1998), Financial Markets as Adaptive Systems, *Europhysics Letters*, Vol. 41, S. 239-244.

PRAETZ, PETER D. (1972), The Distribution of Share Price Changes, *The Journal of Business*, Vol. 45, S. 49-55.

PRATT, JOHN W. (1964), Risk Aversion in the Small and in the Large, *Econometrica*, Vol. 32, S. 122-136.

PRAUSE, KARSTEN (1998), *The Generalized Hyperbolic Model: Estimation, Financial Derivatives, and Risk Measures*, Diss., Universität Freiburg i. Br.

PRESS, S. JAMES (1967), A Compound Events Model of Security Prices, *The Journal of Business*, Vol. 40, S. 317-335.

PRESS, WILLIAM H./TEUKOLSKY, SAUL A./VETTERLING, WILLIAM T./ FLANNERY, BRIAN (2002), *Numerical Recipes in C++. The Art of Scientific Computing*, 2. Auflage, Cambridge.

QI, MIN (1996), Financial Applications of Artificial Neural Networks, in: MADDALA, GANGADHARRAO S./RAO, CALYAMPUDI R. (HRSG.), *Handbook of Statistics, Vol. 14, Statistical Methods in Finance*, Amsterdam, S. 529-552.

RACHEV, SVETLOZAR T./MITTNIK, STEFAN (1999), *Stable Paretian Models in Finance*, New York (NY).

REBONATO, RICCARDOS (1999), *Volatility and Correlation. In the Pricing of Equity, FX and Interest Rate Options*, Chichester.

REISS, ARIANE (1998), *Bewertung von Optionen unter Transaktionskosten*, Heidelberg.

REISSNER, PETER (1991), *Zur analytischen Bewertung von Zinsoptionen*, Diss., Augsburg.

RENDLEMAN, RICHARD J./BARTTER, BRIT J. (1979), Two State Option Pricing, *The Journal of Finance*, Vol. 34, S. 1093-1110.

RESNICK, BRUCE G./SHEIKH, AAMIR M./SONG, YO-SHIN (1993), Time Varying Volatilities and Calculation of the Weighted Implied Standard Deviation, *Journal of Financial and Quantitative Analysis*, Vol. 28, S. 417-430.

RIPPER, KLAUS/GÜNZEL, ACHIM (1997), Volatilitäts-Smile von DAX-Optionen, *Finanzmarkt und Portfolio Management*, 11. Jg., S. 470-479.

RISTAU, RALPH/FISCHER, LEONHARD (1993), Effizienz des Market-Maker-Systems an der DTB, *DTB-Dialog*, o. Jg., Heft 2, S. 16.

RITCHEY, ROBERT J. (1990), Call Option Valuation for Discrete Normal Mixtures, *The Journal of Financial Research*, Vol. 13, S. 285-296.

RITCHKEN, PETER/TREVOR, ROB (1999), Pricing Options under Generalized GARCH and Stochastic Volatility Processes, *The Journal of Finance*, Vol. 54, S. 377-402.

ROBERTSON, C. A./FRYER, J. G. (1969), Some Descriptive Properties of Normal Mixtures, *Skandinavian Aktuarietidskrift*, Vol. 52, S. 137-146.

RODT, MARC/SCHÄFER, KLAUS (1996), Exotische Optionen – Systematik und Marktüberblick, *Die Bank*, o. Jg., S. 602-607.

RÖDER, KLAUS (1999), *Kurswirkungen von Meldungen deutscher Aktiengesellschaften*, Lohmar/Köln.

ROLL, RICHARD (1977), An Analytic Valuation Formula for Unprotected American Call Options on Stocks with Known Dividends, *Journal of Financial Economics*, Vol. 5, S. 251-258.

ROSS, STEPHEN A. (1976), Options and Efficiency, *Quarterly Journal of Economics*, Vol. 90, S. 75-89.

ROSS, STEPHEN A. (1978), A Simple Approach to the Valuation of Risky Streams, *The Journal of Business*, Vol. 51, S. 453-475.

ROSSI, PETER E. (1996), *Modelling Stock Market Volatility*, San Diego (CA).

RUBINSTEIN, MARK (1975), Securities Markets Efficiency in an Arrow-Debreu Economy, *American Economic Review*, Vol. 65, S. 812-824.

RUBINSTEIN, MARK (1976), The Valuation of Uncertain Income Streams and the Pricing of Options, *Bell Journal of Economics*, Vol. 7, S. 407-425.

RUBINSTEIN, MARK (1983), Displaced Diffusion Option Pricing, *The Journal of Finance*, Vol. 38, S. 213-217.

RUBINSTEIN, MARK (1985), Nonparametric Tests of Alternative Option Pricing Models Using All Reported Trades and Quotes on the 30 most Active CBOE Option Classes from August 23, 1976 through August 31, 1978, *The Journal of Finance*, Vol. 40, S. 455-480.

RUBINSTEIN, MARK (1994), Implied Binomial Trees, *The Journal of Finance*, Vol. 49, S. 771-818.

RUBINSTEIN, MARK (1995), As Simple as One, Two, Three, *Risk*, Vol. 8, January, S. 44-47.

RUBINSTEIN, MARK (1998), Edgeworth Binomial Trees, *The Journal of Derivatives*, Vol. 5, Spring, S. 20-27.

RUBINSTEIN, MARK (2001), Derivatives Performance Attribution, *Journal of Financial and Quantitative Analysis*, Vol. 36, S. 75-92.

RUDOLPH, BERND (1995), Derivative Finanzinstrumente: Entwicklung, Risikomanagement und bankaufsichtliche Regulierung, in: RUDOLPH, BERND (HRSG.), *Derivative Finanzinstrumente*, Stuttgart, S. 3-41.

SALGE, MATTHIAS (1997), *Rational Bubbles – Theoretical Basis, Economic Relevance, and Empirical Evidence with a Special Emphasis on the German Stock Market*, Heidelberg.

SAMTLEBEN, JÜRGEN (2003), Das Börsentermingeschäft ist tot – es lebe das Finanztermingeschäft?, *Zeitschrift für Bankrecht und Bankwirtschaft*, 15. Jg., S. 69-77.

SAMUELSON, PAUL A. (1965a), Rational Theory of Warrant Prices, *Industrial Management Review*, Vol. 6, S. 13-32.

SAMUELSON, PAUL A. (1965b), Proof that Properly Anticipated Prices Fluctuate Randomly, *Industrial Management Review*, Vol. 6, S. 41-49.

SAMUELSON, PAUL A. (2002), Modern Finance Theory within one Lifetime, in: GEMAN, HELYETTE ET AL. (HRSG.): *Mathematical Finance – Bachelier Congress 2000. Selected Papers from the First World Congress of the Bachelier Finance Society, Paris, June 29-July 1, 2000*, Berlin u. a., S. 41-45.

SANDMANN, KLAUS (2001), *Einführung in die Stochastik der Finanzmärkte*, 2. Auflage, Berlin u. a.

SAPUSEK, ANNEMARIE (1998), *Informationseffizienz auf Kapitalmärkten. Konzepte und empirische Ergebnisse*, Wiesbaden.

SAVICKAS, ROBERT (2002), A Simple Option Pricing Formula, *The Financial Review*, Vol. 37, S. 207-226.

SCHAEFER, STEPHEN M./SCHWARTZ, EDUARDO S. (1984), A Two-Factor Model of the Term Structure – An Approximate Analytical Solution, *Journal of Financial and Quantitative Analysis*, Vol. 19, S. 413-424.

SCHAEFER, STEPHEN M./SCHWARTZ, EDUARDO S. (1987), Time-Dependent Variance and the Pricing of Bond Options, *The Journal of Finance*, Vol. 42, S. 1113-1128.

SCHÄFER, BERND (1995), *Informationsverarbeitung und Preisbildung am Aktien- und Optionsmarkt. Eine empirische Intraday-Untersuchung zur Preisanpassungsgeschwindigkeit an schweizerischen und deutschen Aktien- und Optionsmärkten*, Heidelberg.

SCHARPF, PAUL/LUZ, GÜNTHER (2000), *Risikomanagement, Bilanzierung und Aufsicht von Finanzderivaten*, Stuttgart.

SCHICK, RAINER (1998), *Die Besteuerung von Optionsgeschäften*, Köln.

SCHILLER, BETTINA/MAREK, MICHAEL (2000), DTB + SOFFEX = EUREX, *Wirtschaftswissenschaftliches Studium*, 29. Jg., S. 219-221.

SCHITTENKOPF, CHRISTIAN/DORFFNER, GEORG (2001), Risk-Neutral Density Extraction from Option Prices: Improved Pricing with Mixture Density Networks, *IEEE Transactions on Neural Networks*, Vol. 12, S. 716-725.

SCHLAG, CHRISTIAN (1995), *Bewertung derivativer Finanztitel in zeitdiskreten und zustandsdiskreten Modellen*, Wiesbaden.

SCHLAG, CHRISTIAN (1996), Expiration Day Effects of Stock Index Derivatives in Germany, *European Financial Management*, Vol. 1, S. 69-95.

SCHLAG, CHRISTIAN/STOLL, HANS (2002), Price Impacts of Option Volume, Working Paper No. 01-11, Universität Frankfurt am Main, Version: März 2002.

SCHLEHER, D. C. (1977), Generalized Gram-Charlier Series with Application to the Sum of Log-Normal Variates, *IEEE Transactions on Information Theory*, Vol. 23, S. 275-280.

SCHMALENSEE, RICHARD/TRIPPI, ROBERT R. (1978), Common Stock Volatility Expectations Implied by Option Premia, *The Journal of Finance*, Vol. 33, S. 129-147.

SCHMID, FRIEDRICH/STICH, ANDREAS (1999), Distribution of German Stock Returns Normal Mixtures Revisited, in: GAUL, WOLFGANG/SCHADER, MARTIN (HRSG.), *Mathematische Methoden der Wirtschaftswissenschaften. Festschrift für Otto Opitz*, Heidelberg, S. 272-281.

SCHMIDT, REINHARD H. (1981), Eine Widerlegung der Effizienzthese?, *Zeitschrift für betriebswirtschaftliche Forschung*, 33. Jg., S. 36-46.

SCHMIDT, REINHARD H./TERBERGER, EVA (1999), *Grundzüge der Investitions- und Finanzierungstheorie*, 4. Auflage, Wiesbaden.

SCHMITT, CHRISTIAN (2000), *Ökonomische und ökonometrische Analyse der Bewertung von Optionen unter stochastischer Volatilität*, Baden-Baden.

SCHNEIDER, DIETER (1993), Wider Insiderhandelsverbot und die Informationseffizienz des Kapitalmarktes, *Der Betrieb*, 46. Jg., S. 1429-1435.

SCHÖBEL, RAINER (1987), *Zur Theorie der Rentenoption*, Berlin.

SCHÖBEL, RAINER/ZHU, JIANWEI (1999), Stochastic Volatility with an Ornstein-Uhlenbeck Process: An Extension, *European Finance Review*, Vol. 3, S. 23-46.

SCHUMANN, JOCHEN/MEYER, ULRICH/STRÖBELE, WOLFGANG (1999), *Grundzüge der mikroökonomischen Theorie*, 7. Auflage, Berlin u. a.

SCOTT, LOUIS O. (1987), Option Pricing When the Variance Changes Randomly: Theory, Estimation, and an Application, *Journal of Financial and Quantitative Analysis*, Vol. 22, S. 419-438.

SCOTT, LOUIS O. (1997), Pricing Stock Options in a Jump-Diffusion Model with Stochastic Volatility and Interest Rates, *Mathematical Finance*, Vol. 7, S. 413-426.

SERNA, GREGORIO (2002), On the Information Content of Volatility, Skewness and Kurtosis Implied in Option Prices, Working Paper, Universidad de Castilla-La Mancha, Facultad de Ciencias Económicas y Empresariales, Albacete.

SHARPE, WILLIAM F. (1978), *Investments*, 1. Auflage, Englewood Cliffs (NJ).

SHARPE, WILLIAM F./ALEXANDER, GORDON J./BAILEY, JEFFREY V. (1999), *Investments*, 6. Auflage, Englewood Cliffs (NJ).

SHAW, WILLIAM T. (1998), *Modelling Financial Derivatives with Mathematica*, Cambridge.

SHELTON, JOHN P. (1967a), The Relation of a Price of a Warrant to the Price of its Associated Stock. Part I, *Financial Analysts Journal*, Vol. 23, May/June, S. 143-151.

SHELTON, JOHN P. (1967b), The Relation of a Price of a Warrant to the Price of its Associated Stock. Part II, *Financial Analysts Journal*, Vol. 23, July/August, S. 88-99.

SHEPHARD, NEIL (1996), Statistical Aspects of ARCH and Stochastic Volatility, in: COX, DAVID R./HINKLEY, DAVID V./BARNDORFF-NIELSEN, OLE E. (HRSG.), *Time Series Models in Econometrics, Finance and Other Fields*, London, S. 1-67.

SHERRICK, BRUCE J./GARCIA, PHILIP/TIRUPATTAR, VISMANATH (1996), Recovering Probabilistic Information from Option Markets: Tests of Distributional Assumptions, *The Journal of Futures Markets*, Vol. 16, S. 545-560.

SHERRICK, BRUCE J./IRWIN, SCOTT H./FORSTER, D. LYNN (1990), Expected Soybean Futures Price Distributions: Option Based Assessments, *Review of Futures Markets*, Vol. 9, S. 386-409.

SHERRICK, BRUCE J./IRWIN, SCOTT H./FORSTER, D. LYNN (1992), Option-Based Evidence of the Nonstationarity of Expected S&P 500 Futures Price Distributions, *The Journal of Futures Markets*, Vol. 3, S. 275-290.

SHERRICK, BRUCE J./IRWIN, SCOTT H./FORSTER, D. LYNN (1996), An Examination of Option-Implied S&P 500 Futures Price Distributions, *The Financial Review*, Vol. 31, S. 667-694.

SHIMKO, DAVID (1993), Bounds of Probability, *Risk*, Vol. 6, April, S. 3-37.

SILVERMAN, B. W. (1986), *Density Estimation for Statistics and Data Analysis*, New York (NY).

SKIADOPOULOS, GEORGE (1999), Volatility Smile Consistent Option Models: A Survey, Working Paper, University of Warwick, Warwick Business School, Financial Options Research Centre, Version: November 1999.

SKIADOPOULOS, GEORGE/HODGES, STUART (2001), Simulating the Evolution of the Implied Distribution, *European Financial Management*, Vol. 7, S. 497-521.

SMITH, CLIFFORD W. (1976), Option Pricing: A Review, *Journal of Financial Economics*, Vol. 3, S. 3-51.

SMITH, CLIFFORD W./SMITHSON, CHARLES W./WILFORD, D. SYKES (1989), Why Hedge?, *Intermarket*, Vol. 6, No. 7, S. 12-17.

SO, RAYMOND W./BOOTH, G. GEOFFREY/LOISTL, OTTO (1997), An Examination of Intraday Common Volatility in the German Index Derivatives Market, *Journal of Multinational Financial Management*, Vol. 7, S. 305-316.

SÖDERLIND, PAUL (2000), Market Expectations in the UK before and after the ERM crisis, *Economica*, Vol. 67, S. 1-18.

SÖDERLIND, PAUL/SVENSSON, LARS (1997), New Techniques to Extract Market Expectations from Financial Instruments, *Journal of Monetary Economics*, Vol. 40, S. 383-429.

SPECHT, KATJA (2000), *Modelle zur Schätzung der Volatilität. Eine theoretische und empirische Analyse am Beispiel von Finanzmarktdaten*, Wiesbaden.

SPREMANN, KLAUS (1986), The Simple Analytics of Arbitrage, in: BAMBERG, GÜNTER/SPREMANN, KLAUS (HRSG.), *Capital Market Equilibria*, Berlin u. a., S. 189-207.

SPRENKLE, CASE M. (1961), Warrant Prices as Indicators of Expectations and Preferences, *Yale Economic Essays*, Vol. 1, S. 179-232. Wiederabdruck in: COOTNER, PAUL H. (HRSG.), *The Random Character of Stock Market Prices*, Cambridge (MA) 1964, S. 412-474.

STEIN, ELIAS M./STEIN, JEREMY C. (1991), Stock Price Distributions with Stochastic Volatility: An Analytical Approach, *The Review of Financial Studies*, Vol. 4, S. 1011-1023.

STEIN, JEREMY C. (1989), Overreactions in the Options Market, *The Journal of Finance*, Vol. 44, S. 1011-1023.

STEINBRENNER, HANS PETER (1996), *Bewertungen im professionellen Optionsgeschäft*, Stuttgart.

STEINER, MANFRED/BRUNS, CHRISTOPH (2002), *Wertpapiermanagement. Professionelle Wertpapieranalyse und Portfoliostrukturierung*, 8. Auflage, Stuttgart.

STEINER, MANFRED/MEYER, FRIEDER/LUTTERMANN, KATRIN (1994), Die preisliche Bewertung von Zins-Futures unter besonderer Berücksichtigung der Delivery Options und des Marking-to-Market, *Finanzmarkt und Portfolio Management*, 8. Jg., S. 332-352.

STEINER, MANFRED/WENNINGER, CHRISTIAN/WILLINSKY, CHRISTIAN (2002), Value-at-Risk-Schätzung bei Optionen – Ein empirischer Vergleich praxisüblicher Verfahren, *Financial Markets and Portfolio Management*, Vol. 16, S. 69-87.

STEINER, MANFRED/WITTROCK, CARSTEN (1993), Märkte für Instrumente zur Risikoabsicherung, in: GEBHARDT, GÜNTHER/GERKE, WOLFGANG/STEINER, MANFRED (HRSG.), *Handbuch des Finanzmanagements*, München, S. 669-719.

STEINER, PETER/UHLIR, HELMUT (2001), *Wertpapieranalyse*, 4. Auflage, Heidelberg.

STEPHAN, ULRICH (1998), *Informationseffizienz von Aktienindexoptionen*, Wiesbaden.

STEWART, JON/GILL, LEN (1998), *Econometrics*, 2. Auflage, New York (NY) u. a.

STIER, WINFRIED (2001), *Methoden der Zeitreihenanalyse*, Berlin u. a.

STOLL, HANS R. (1969), The Relationship between Put and Call Option Prices, *The Journal of Finance*, Vol. 24, S. 801-824.

STOLL, HANS R. (1973), The Relationship between Put and Call Option Prices: Reply, *The Journal of Finance*, Vol. 28, S. 185-187.

STOLL, HANS R./WHALEY, ROBERT E. (1986), *Expiration Day Effects of Index Options and Futures*, New York (NY).

STOLL, HANS R./WHALEY, ROBERT E. (1993), *Futures and Options. Theory and Applications*, Cincinatti (OH).

STREIT, MANFRED E. (1983), Heterogene Erwartungen, Preisbildung und Informationseffizienz auf spekulativen Märkten, *Zeitschrift für die gesamte Staatswissenschaft*, Nr. 139, S. 67-79.

STUART, ALAN/ORD, J. KEITH (2000), *Kendall's Advanced Theory of Statistics, Volume 1: Distribution Theory*, New York (NY).

STUART, ALAN/ORD, J. KEITH/ARNOLD, STEVEN (1999), *Kendall's Advanced Theory of Statistics, Volume 2: Classical Inference & the Linear Model*, New York (NY).

STUTZER, MICHAEL (1996), A Simple Nonparametric Approach to Derivative Security Valuation, *The Journal of Finance*, Vol. 51, S. 1633-1652.

SUNDARESAN, SURESH M. (2000), Continuous-Time Methods in Finance: A Review and an Assessment, *The Journal of Finance*, Vol. 55, S. 1569-1622.

SWIDLER, STEVE/WILCOX, JAMES A. (2002), Information about Bank Risk in Options Prices, *Journal of Banking & Finance*, Vol. 26, S. 1033-1057.

SY, MALICK (1991), Kommentar zu KUO (1991), *Review of Futures Markets*, Vol. 10, S. 488.

TAUCHEN, GEORGE E./PITTS, MARK (1998), The Price Variability – Volume Relationsip on Speculative Markets, *Econometrica*, Vol. 51, S. 485-505.

TEICHMOELLER, JOHN (1971), A Note on the Distribution of Stock Price Changes, *Journal of the American Statistical Association*, Vol. 66, S. 282-284.

TERSTEGE, UDO (1995), *Optionsbewertung: Möglichkeiten und Grenzen eines präferenz- und verteilungsfreien Ansatzes*, Wiesbaden.

THEIL, HENRI (1975), *Economic Forecasts and Policy*, 2. Auflage, Amsterdam.

THEODOSSIOU, PANAYIOTIS (1998), Financial Data and the Skewed Generalized t Distribution, *Management Science*, Vol. 44, S. 1650-1662.

THEODOSSIOU, PANAYIOTIS (2000), Skewed Generalized Error Distribution of Financial Assets and Option Pricing, Working Paper, Rutgers University, Camden (NJ).

THIEL, DIRK (2001), *Die Bewertung von Call-Optionsscheinen auf den Deutschen Aktienindex (DAX). Eine theoretische und empirische Analyse des Black & Scholes-Modells auf Basis von Intraday-Daten*, Lohmar/Köln.

THIESSEN, IRMGARD/GITH, THOMAS (1992), Neues Abrechnungsverfahren bei Optionen auf Futures, *Die Bank*, o. Jg., S. 87-90.

TITTERINGTON, D. MICHAEL/SMITH, A. F. M./MAKOV, U. E. (1985), *Statistical Analysis of Finite Mixture Distributions*, New York (NY).

TOMPKINS, ROBERT (1991), *Bund Options*, New York (NY).

TRAUTMANN, SIEGFRIED (1985), Warrant Pricing – Some Empirical Findings for Warrants Written on German Stocks, in: HENN, RUDOLF ET AL. (HRSG.), Methods of Operations Research, X. Symposium on Operations Research, Universität München, August 26-28, Part II: Sections 6-10, S. 293-306.

TRAUTMANN, SIEGFRIED (1986a), *Finanztitelbewertung bei arbitragefreien Finanzmärkten – Theoretische Analyse sowie empirische Überprüfung für den deutschen Markt für Aktienoptionen und Optionsscheine*, Karlsruhe.

TRAUTMANN, SIEGFRIED (1986b), Die Bewertung von Aktienoptionen am deutschen Kapitalmarkt – Eine empirische Überprüfung der Informationseffizienzhypothese, in: SCHNEIDER, DIETER (HRSG.), *Schriften des Vereins für Socialpolitik, Gesellschaft für Wirtschafts- und Sozialwissenschaften, Band 165*, Berlin, S. 311-327.

TRAUTMANN, SIEGFRIED (1989), Aktienoptionspreise an der Frankfurter Wertpapierbörse im Lichte der Optionsbewertungstheorie, *Finanzmarkt und Portfolio Management*, 3. Jg., S. 210-225.

TRAUTMANN, SIEGFRIED (2001), Optionsbewertungsmodelle, in: GERKE, WOLFGANG/STEINER, MANFRED (HRSG.), *Handwörterbuch des Bank- und Finanzwesens*, 3. Auflage, Stuttgart, Sp. 1596-1608.

TRAUTMANN, SIEGFRIED/BEINERT, MICHAELA (1999), Impact of Stock Price Jumps on Option Values, in: BÜHLER, WOLFGANG/HAX, HERBERT/SCHMIDT, REINHART (HRSG.), *Empirical Research on the German Capital Market*, Heidelberg, S. 303-322.

TUCKER, ALAN L. (1992), A Reexamination of Finite- and Infinite-Variance Distributions as Models of Daily Stock Returns, *Journal of Business and Economic Statistics*, Vol. 10, S. 73-81.

TURNER, CHRISTOPHER M./STARTZ, RICHARD/NELSON, CHARLES R. (1989), A Markov Model of Heteroscedasticity, Risk, and Learning in the Stock Market, *Journal of Financial Economics*, Vol. 25, S. 3-22.

UHLIR, HELMUT/SIÈVI, FRIEDEMANN (1990a), Die Bewertung der DTB-Optionskontrakte, *Die Bank*, o. Jg., S. 84-92.

UHLIR, HELMUT/SIÈVI, FRIEDEMANN (1990b), Ermittlung der Eingabeparameter für die Optionspreisberechnung, *Die Bank*, o. Jg., S. 396-399.

UHRIG, MARLIESE (1996), *Bewertung von Zinsoptionen bei stochastischer Zinsvolatilität. Ein Inversionsansatz*, Wiesbaden.

VASICEK, OLDRICH (1977), An Equilibrium Characterization of the Term Structure, *Journal of Financial Economics*, Vol. 5, S. 177-188.

VELD, CHRIS (2000), Warrant Pricing: A Review of Empirical Research, Working Paper, Center for Economic Research, Tilburg, Version: September 2000, erscheint in: *European Journal of Finance*.

VENKATARAMAN, SUBU (1997), Value at Risk for a Mixture of Normal Distributions: The Use of Quasi-Bayesian Estimation Techniques, Economic Perspectives – Federal Reserve Bank of Chicago, Chicago (IL), Version: März 1997.

VETZAL, KENNETH R. (1994), A Survey of Stochastic Continuous Time Models of the Term Structure of Interest Rates, *Insurance: Mathematics and Economics*, Vol. 14, No. 2, S. 139-161.

VLASSIS, NIKOS/LIKAS, ARISTIDIS (1999), A Kurtosis-Based Dynamic Approach to Gaussian Mixture Modeling, *IEEE Transactions on Systems, Man and Cybernetics – Part A: Systems and Humans*, Vol. 29, S. 393-399.

WAGNER, NIKLAS FLORIAN (1995), Der VDAX als Schätzer der zukünftigen Volatilität, *Die Bank*, o. Jg., S. 738-741.

WAHL, JACK (1983), *Informationsbewertung und Effizienz auf dem Kapitalmarkt*, Würzburg.

WENGER, EKKEHARD/KASERER, CHRISTOPH (1998), Präferenzfreie Bewertung derivativer Finanztitel. Zur Nobelpreisverleihung für Wirtschaftswissenschaften an Myron Scholes und Robert C. Merton, *Wirtschaftswissenschaftliches Studium*, 27. Jg., S. 29-32.

WESSELS, THOMAS (1992), *Numerische Verfahren zur Bewertung von Aktienoptionen*, Wiesbaden.

WESTERFIELD, RANDOLPH (1977), The Distribution of Common Stock Price Changes: An Application of Transactions Time and Subordinated Stochastic Models, *Journal of Financial and Quantitative Analysis*, Vol. 12, S. 743-765.

WHALEY, ROBERT E. (1981), On the Valuation of American Call Options on Stocks with Known Dividends, *Journal of Financial Economics*, Vol. 9, S. 207-211.

WHALEY, ROBERT E. (1986), Valuation of American Futures Options: Theory and Empirical Tests, *The Journal of Finance*, Vol. 41, S. 127-150.

WHITE, A. JAY (2000), *Pricing Options With Futures-Style Margining. A Genetic Adaptive Neural Network Approach*, New York (NY).

WHITE, HALBERT L. (1980), A Heteroskedasticity-Consistent Covariance Matrix Estimator and a Direct Test for Heteroskedasticity, *Econometrica*, Vol. 48, S. 817-838.

WIENER, NORBERT (1923), Differential Space, *Journal of Mathematics and Physics*, Vol. 58, S. 131-174.

WIGGINS, JAMES B. (1987), Option Values under Stochastic Volatility: Theory and Empirical Estimates, *Journal of Financial Economics*, Vol. 19, S. 351-372.

WILFLING, BERND (2002), Foreign Exchange Markets' Perceptions of EMU Participation by Finland, France, Italy, and Portugal, Working Paper, SSRN EFA (European Finance Association) 2002 Presentations Journal, Paper presented at the EFA 2002 Meeting in Berlin (preliminary electronic SSRN publication until final acceptance in a print journal).

WILFLING, BERND (2003), Interest Rate Volatility Prior to Monetary Union under Alternative Pre-Switch Regimes, Working Paper, erscheint in: *German Economic Review*, Vol. 4.

WILHELM, JOCHEN (1988), Erwartungsstruktur und bestandsökonomische Darstellung aus kapitalmarkttheoretischer Sicht, in: RUDOLPH, BERND/WILHELM, JOCHEN (HRSG.), *Bankpolitik, finanzielle Unternehmensführung und die Theorie der Finanzmärkte. Festschrift für Hans-Jacob Krümmel*, Berlin, S. 475-500.

WILKENS, MARCO/SCHOLZ, HENDRIK/VÖLKER, JÖRG (1999), Analyse und Bewertung von Aktienanleihen und Diskont-Zertifikaten, *Die Bank*, o. Jg., S. 322-327.

WILKENS, MARCO/SCHOLZ, HENDRIK/VÖLKER, JÖRG (2000), Reverse Convertibles und Discount-Zertifikate – Bewertung, Pricingrisiko und implizite Volatilität, *Finanz Betrieb*, 2. Jg., S. 171-179.

WILKENS, SASCHA (2000), *Zur Eignung numerischer Verfahren für die Optionsbewertung. Mit einer ausführlichen Einführung in Derivatehandel und -bewertung*, Karlsruhe.

WILKENS, SASCHA/KAMP, ANDREAS (2002), Wetterderivate, *Die Betriebswirtschaft*, 62. Jg., S. 116-119.

WILKENS, SASCHA/RÖDER, KLAUS (2002), „Geschützte“ Aktienanleihen als Innovation im Bereich strukturierter Finanzprodukte, *Zeitschrift für Bankrecht und Bankwirtschaft*, 14. Jg., S. 77-89.

WILMOTT, PAUL (2002), The Quantitative Finance Timeline, in: WILMOTT, PAUL/RASMUSSEN, HENRIK (HRSG.), *New Directions in Mathematical Finance*, New York (NY), S. 1-10.

WOLF, AVNER (1982), Fundamentals of Commodity Options on Futures, *The Journal of Futures Markets*, Vol. 2, S. 319-408.

WOTSCHOFSKY, STEFAN/THOMAS, MICHAEL (2003), Besteuerung von Termingeschäften, *Finanz Betrieb*, 5. Jg., S. 31-37.

YU, JUN (2001), Testing for a Finite Variance in Stock Return Distributions, in: KNIGHT, JOHN L./SATCHELL, STEPHEN E. (HRSG.), *Return Distributions in Finance*, Oxford, S. 1-20.

ZHU, JIANWEI (2000), *Modular Pricing of Options. An Application of Fourier Analysis*, Berlin.

ZIMMERMANN, HEINZ (1988), *Preisbildung und Risikoanalyse von Aktienoptionen*, Grüsch.

ZIMMERMANN, HEINZ (1998), *State-Preference Theorie und Asset Pricing. Eine Einführung*, Heidelberg.

ZIMMERMANN, HEINZ (2001), Optionsgeschäfte, in: GERKE, WOLFGANG/STEINER, MANFRED (HRSG.), *Handwörterbuch des Bank- und Finanzwesens*, 3. Auflage, Stuttgart, Sp. 1609-1622.

GPSR Compliance

The European Union's (EU) General Product Safety Regulation (GPSR) is a set of rules that requires consumer products to be safe and our obligations to ensure this.

If you have any concerns about our products, you can contact us on ProductSafety@springernature.com

In case Publisher is established outside the EU, the EU authorized representative is:

Springer Nature Customer Service Center GmbH
Europaplatz 3
69115 Heidelberg, Germany

Batch number: 10815964

Printed by Printforce, the Netherlands